STRICKEN

SCHRITT FÜR SCHRITT

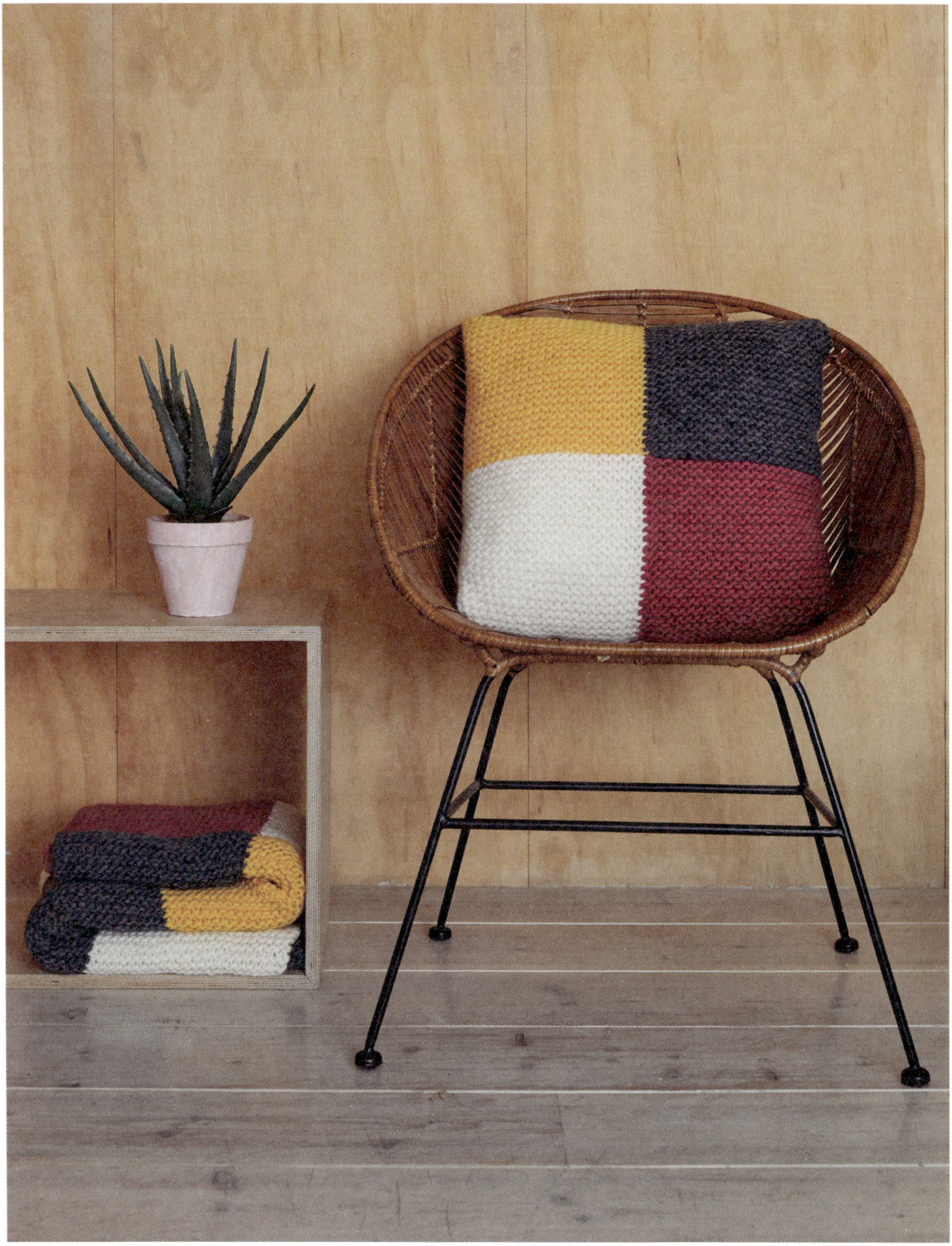

STRICKEN

SCHRITT FÜR SCHRITT

ÜBER 200 TECHNIKEN, STRICKMUSTER UND PROJEKTE FÜR EINSTEIGER

VIKKI HAFFENDEN & FREDERICA PATMORE

DK

INHALT

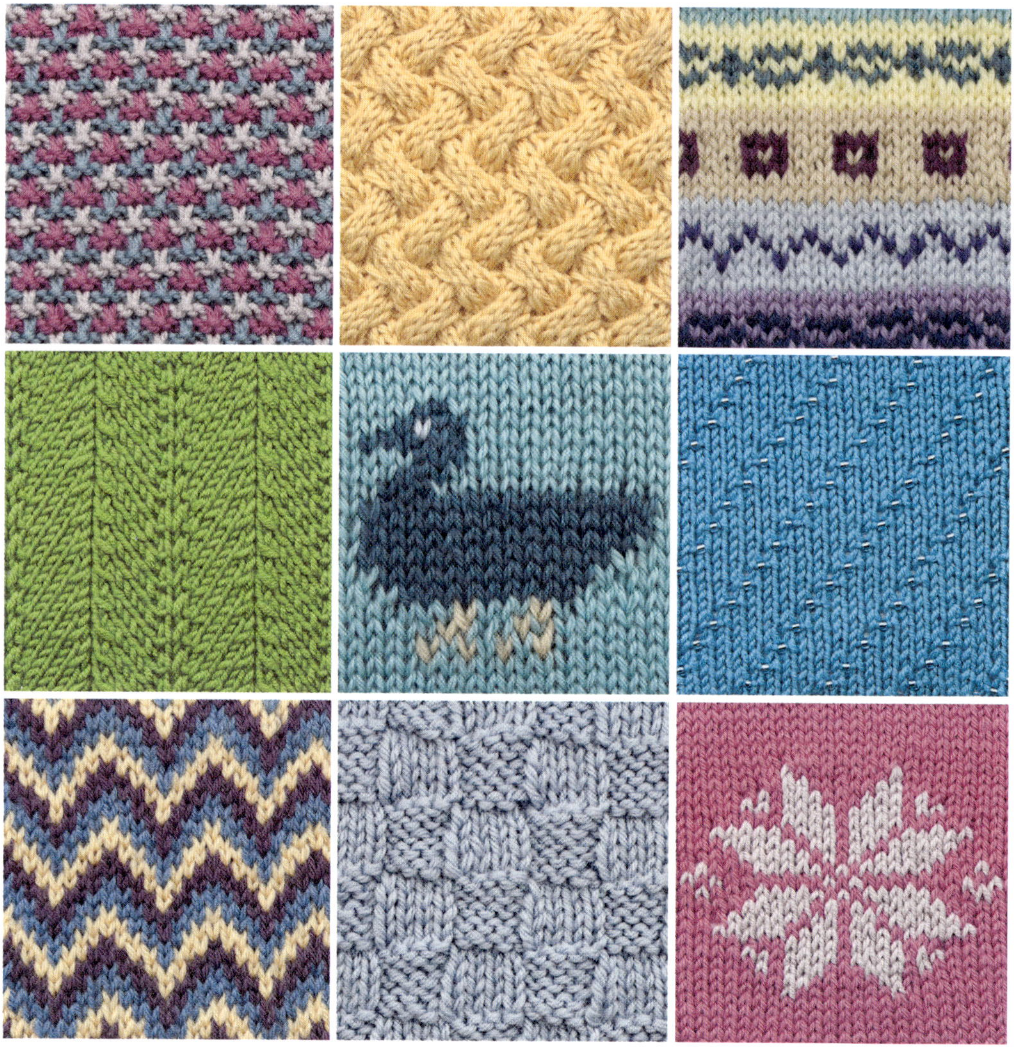

VORWORT

Dieses Buch enthält umfassende Anleitungen für zahlreiche Stricktechniken. Ob Grundtechniken für Anfänger oder Know-how für bereits Geübte – hier findet jeder Stricker etwas in dem zu ihm passenden Schwierigkeitsgrad. Jede Technik wird in einfachen Schritt-für-Schritt-Anweisungen erklärt und durch anschauliche Farbfotos illustriert. Weniger bekannte Gestaltungselemente werden detailliert aufgeführt. Auf verwandte Techniken wird verwiesen.

Falls Sie Anfänger sind, wird Sie die große Auswahl an spannenden Mustern dazu verführen, Ihr neu erlerntes Wissen schnellstens in die Tat umzusetzen. Fortgeschrittene wird das Buch befähigen, ganz neue Maschenkombinationen und individuelle Design-Details in die eigenen Strickprojekte einzubinden.

Egal wie groß Ihre Kenntnisse sind: Das Ergebnis wird professionell aussehen, wenn Sie die entsprechenden Stricktechniken korrekt anwenden. Um Ihnen hierbei zu helfen, finden Sie im Technikkapitel genaue Anleitungen zu u. a. Fertigstellung, verschiedene Kantenabschlüsse und dekorative Verzierungen. Neben einfachen Projekten für Anfänger finden sich auch solche für geübte Stricker mit hübschen Elementen. Ich hoffe, dass diese wahre Schatzkiste von Stricktechniken, Mustern und Projekten Sie ermutigt, augenblicklich Ihre Stricknadeln auszupacken und die ersten Maschen anzuschlagen!

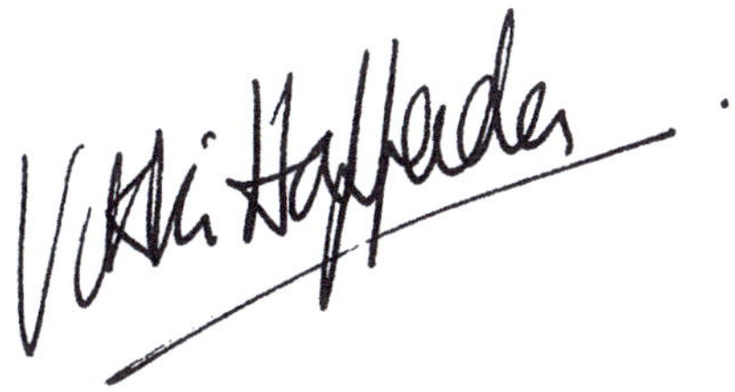

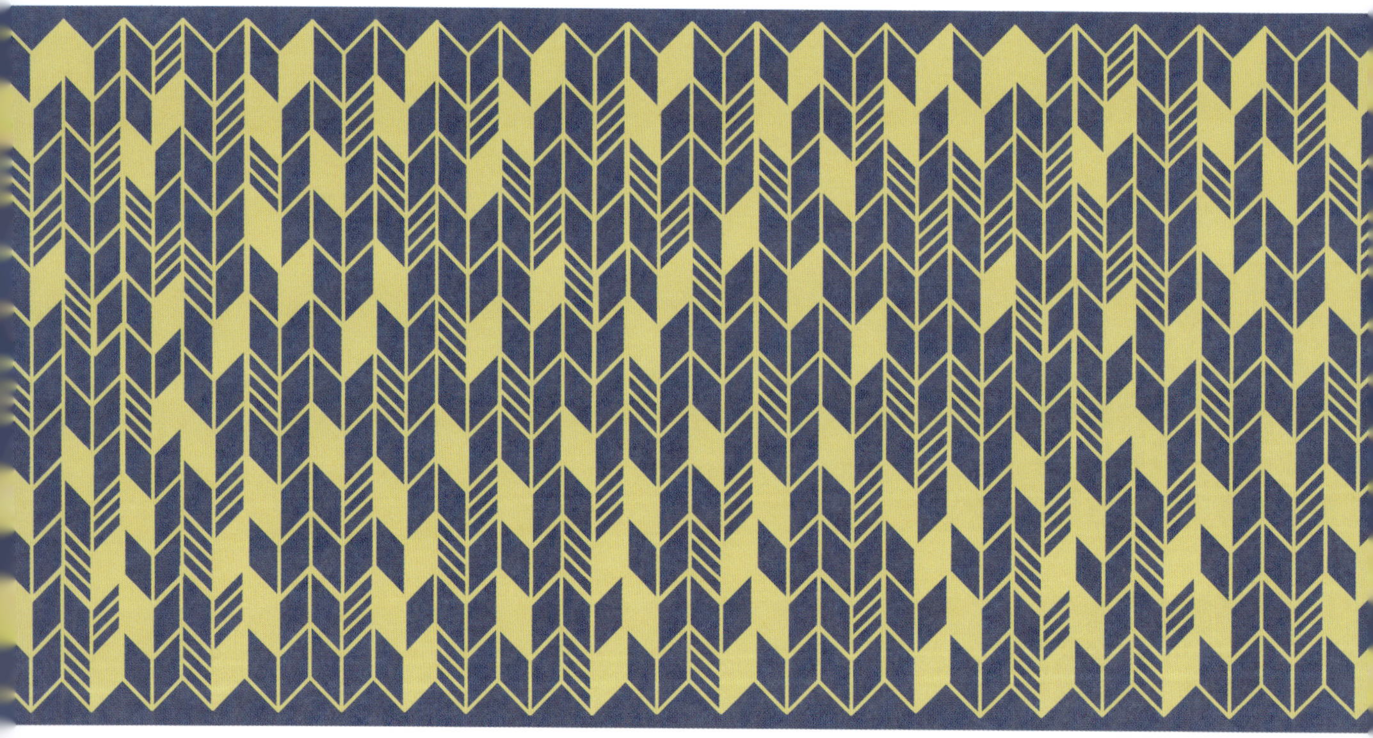

MATERIAL

GARNE

Das Garn ist der lange Faden aus versponnenen Fasern, mit dem gestrickt wird. Es gibt viele Garnarten, die sich jeweils anders anfühlen und ganz verschieden aussehen können. Handarbeitsgarne werden aus unterschiedlichen Fasern hergestellt (siehe S. 10–13) und können diverse Strukturen haben (siehe S. 14–15). Zum Stricken eignet sich letztlich jeder lange Faden – von geschmeidigem Seidengarn bis zur in Streifen geschnittenen Plastiktüte, in der Sie es nach Hause getragen haben. Außerdem haben Sie die Wahl zwischen unzähligen zarten oder kräftigen Farben.

NATURFASERN

Handarbeitsgarne bestehen aus Fasern. Diese Fasern können tierischen oder pflanzlichen Urspungs oder synthetisch produziert sein. Die Fasern werden aufbereitet und versponnen. Das Garn kann aus einer einzigen Faserart bestehen, beispielsweise Wolle. Häufig werden Fasern aber gemischt, um Haltbarkeit oder Waschbarkeit des Garns zu verbessern. Auch aus ästhetischen Gründen können Fasern gemischt werden. Wolle bekommt durch eine Beimischung von Seide beispielsweise einen edlen Glanz. Alle Fasern und Mischungen haben unterschiedliche Eigenschaften, darum ist es wichtig, für jedes Projekt das richtige Garn zu wählen.

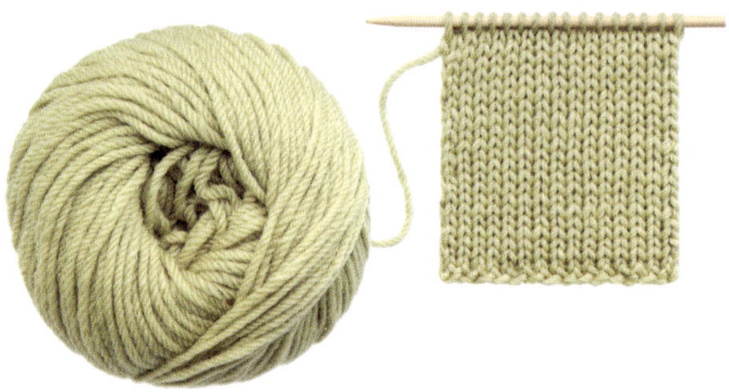

Wolle
Aus dem Schaffell bestimmter Rassen werden reine Wollgarne und Garne aus Fasermischungen hergestellt. Schurwolle ist warm und strapazierfähig. Sie eignet sich gut für Winterkleidung wie Jacken, Pullover, Mützen und Handschuhe. Manche Wollqualitäten mit kurzen, groben Fasern fühlen sich etwas kratzig auf der Haut an, es gibt aber auch angenehm weiche Garne. Wolle muss vorsichtig von Hand gewaschen werden, es sei denn, sie ist mit dem Superwash-Label gekennzeichnet.

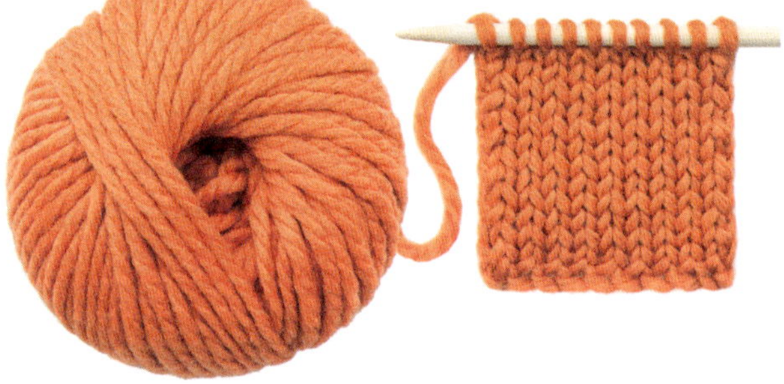

Merinowolle
Aus dem Fell von Merinoschafen wird besonders weiche Wolle gesponnen. Sie ist elastisch und glatt, aber ebenso warm wie raue Schafwolle. Merinowolle ist so weich, dass man sie direkt auf der Haut tragen kann. Sehr gut eignet sie sich für Schals, Armstulpen und Kinderkleidung. Viele Merinogarne sind durch eine Spezialbehandlung waschmaschinenfest, teils durch Kombination mit anderen Fasern.

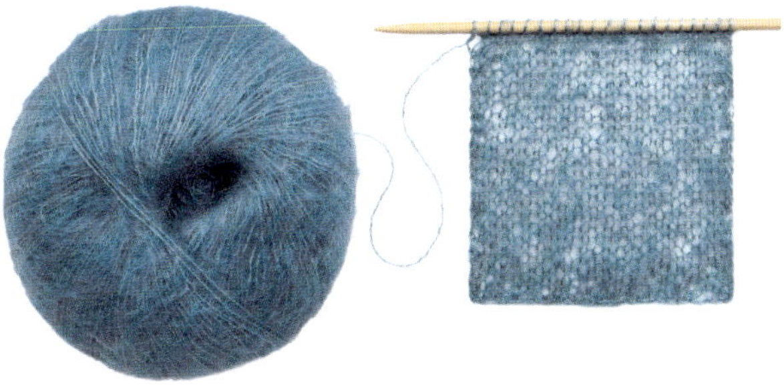

Mohair
Dieses Garn aus dem Fell einer Ziegenrasse bildet, wenn es verstrickt ist, einen weichen Flor auf der Oberfläche. Es ist nicht ganz leicht zu verarbeiten, weil man in dem Flor die Maschen und eventuelle Fehler schlecht erkennt. Es eignet sich hervorragend für Accessoires und lässige, weite Pullover. Für Babykleidung sollte es nicht verwendet werden, weil Mohairstrickwaren Härchen verlieren, die in die Atemwege gelangen können.

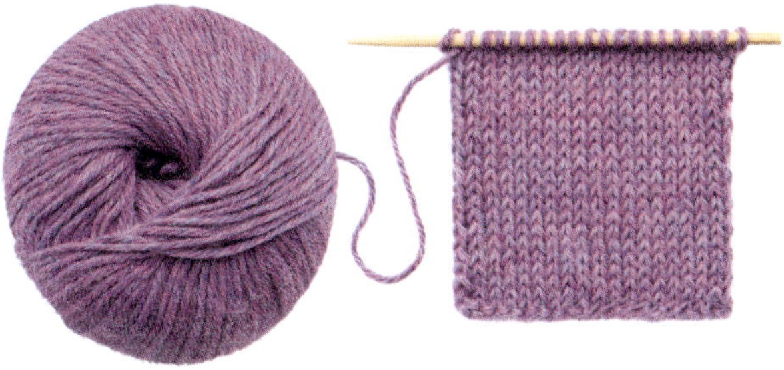

Alpaka
Das Alpaka ist eine Kamelart. Aus seinem Fell wird eines der weichsten und wärmsten Naturfasergarne hergestellt. Selbst feinfädige Kleidung isoliert an eisigen Wintertagen hervorragend. Alpakagarn eignet sich für Skimützen, Socken und gemütlich warme Pullover. Das Garn von Babyalpakas ist sogar noch weicher.

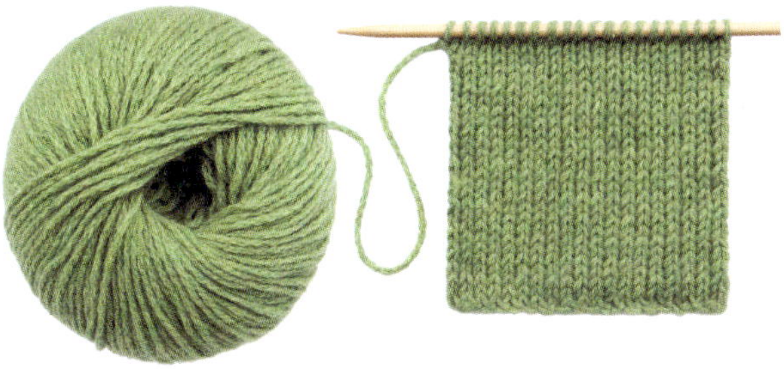

Kaschmir
Luxuriöses, samtig-weiches Kaschmirgarn wird aus dem Fell der Kaschmirziege hergestellt. Es ist sehr stabil, und weil es leicht ist, braucht man weniger als von anderen Garnen. Die Herstellung ist teuer, und die Fasern werden oft mit anderen gemischt, um diese aufzuwerten und weicher zu machen. Kaschmir fühlt sich auf der Haut gut an und eignet sich für Pullover, Mützen und Schals. Von Hand waschen oder chemisch reinigen lassen.

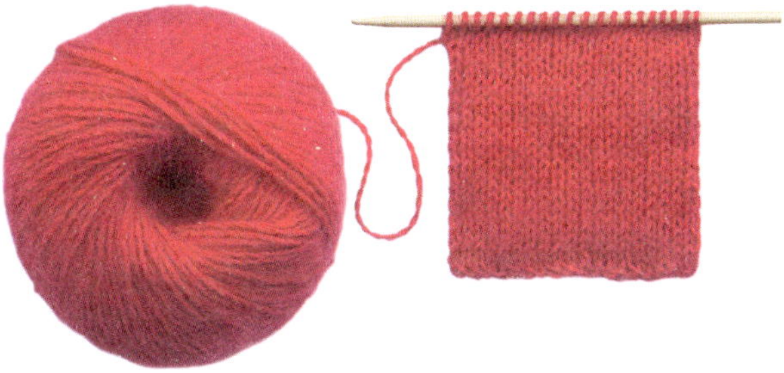

Angora
Das Garn aus dem flauschigen Fell von Angorakaninchen ist leichter und weicher als Mohair, hat aber einen ähnlichen Flor. Die Kaninchenhaare sind lang und seidig, und die daraus hergestellten Garne sind zwar weich, neigen aber zum Fusseln. Dieses Manko lässt sich reduzieren, wenn Angora mit anderen Fasern gemischt wird. Angora eignet sich hervorragend für Mützen. Für Taschen und Wohnaccessoires ist es zu empfindlich. Die Pflegehinweise auf der Banderole beachten.

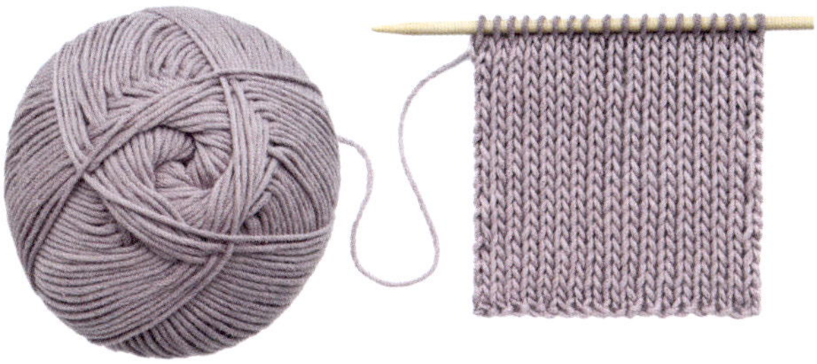

Soja- und Milchprotein
Hierbei handelt es sich um Fasern, die auf synthetischem Weg hergestellt werden, aber aus natürlichen Rohstoffen bestehen, meist Soja- und Milchproteinen (Casein). Sie werden häufig für Mischgarne verwendet. Die glatten Proteinfasern geben rauen Fasern wie Leinen oder Wolle einen weicheren Charakter. Garne mit Sojaproteinen sind nur bedingt waschmaschinenfest und wärmen nicht sehr stark. Sie eignen sich vor allem für leichte, weiche Sommerkleidung.

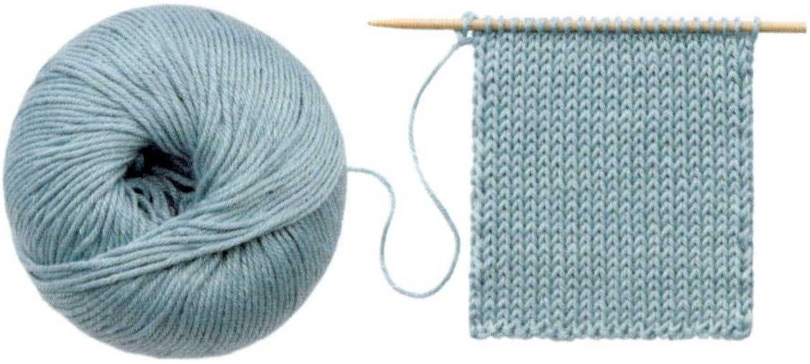

Mercerisierte Baumwolle
Das Mercerisieren ist eine mechanische und chemische Bearbeitungsweise, durch die Baumwollgarne wesentlich stabiler werden, weniger fusseln und einen edlen Glanz bekommen. Diese Garne sind etwas teurer und eignen sich vor allem für Modelle, die stabil sein sollen und ihre Form gut halten, beispielsweise eine glänzende Abendtasche, eine Sommerjacke oder eine Decke, die regelmäßig gewaschen werden soll.

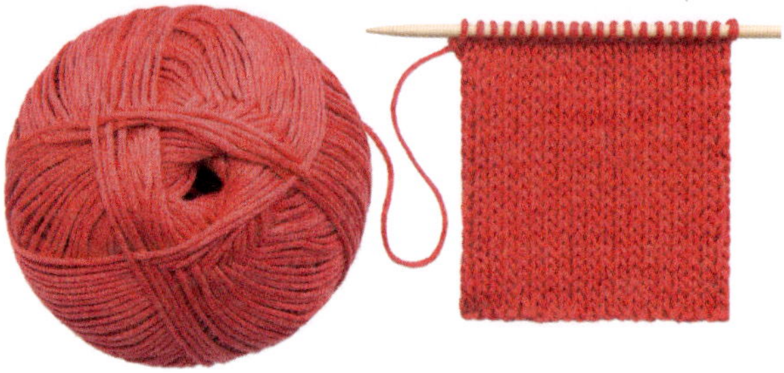

Leinen
Leinen wird aus der Flachspflanze hergestellt. Die Bastfasern haben eine fettige oder wachsige Oberfläche, doch das daraus produzierte Garn ist weich, atmungsaktiv und nimmt gut Feuchtigkeit auf. Es eignet sich hervorragend für leichte Tops und Sommerjacken.

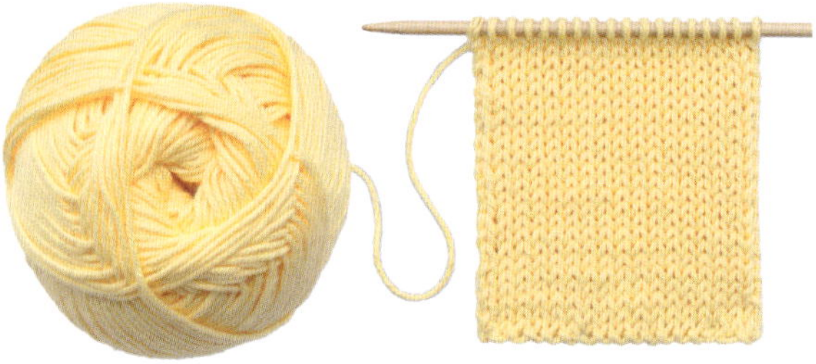

Mattes Baumwollgarn
Die Samen der Baumwollpflanze sind von einer watteartigen Fasermasse umgeben, aus der atmungsaktive, sommerliche Garne gesponnen werden. Baumwollgarne lassen sich gut waschen und sind bei richtiger Pflege sehr strapazierfähig. Sie eignen sich gut für Wohnaccessoires und gestrickte Taschen. Unbehandelte Baumwolle lässt sich ausgezeichnet färben.

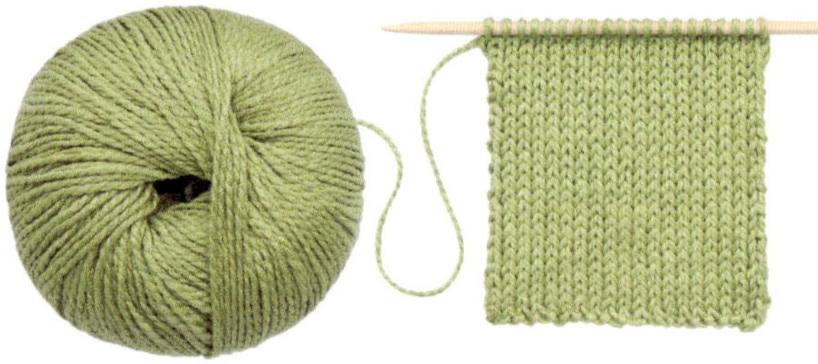

Seide
Seidenraupen fressen Maulbeerblätter und spinnen sich in einen Kokon ein, in dem sie sich zu Faltern entwickeln. Seidengarn wird aus den Fasern dieser Kokons gesponnen. Maulbeerseide ist sehr fein. Tussah-Seide ist etwas dicker und glänzt weniger stark. Beide sind bemerkenswert stabil. Wegen ihrer ungewöhnlichen Herkunft ist Seide jedoch recht kostspielig. Das edle Garn empfiehlt sich für kleine Geschenke und luxuriöse Kleidungsstücke.

SYNTHETIKFASERN

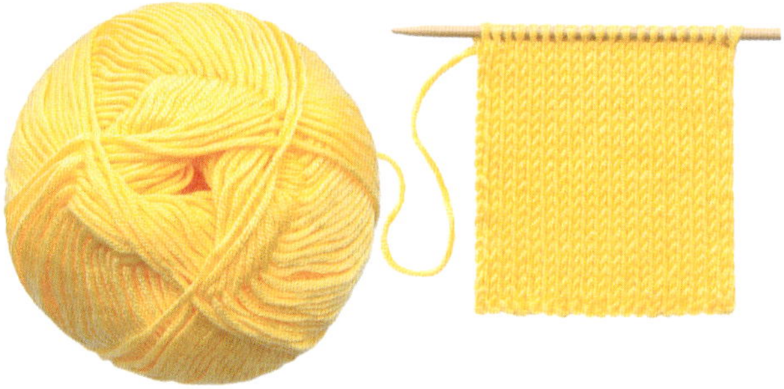

Mikrofaser
Samtig weiche Mikrofasern werden gern für Mischgarne verwendet, weil sie die anderen Fasern im Garn gut zusammenhalten. Nicht jeder mag solche synthetischen Fasern. Viele moderne Garne enthalten aber einen Synthetikanteil, damit sie leichter oder weicher werden, eine interessante Struktur bekommen oder damit sich weniger Faserknötchen (Pilling) auf der Oberfläche bilden. Allerdings bestehen zunehmend Bedenken gegen Synthetikfasern, weil beim Waschen Mikroplastik in die Umwelt gelangen kann.

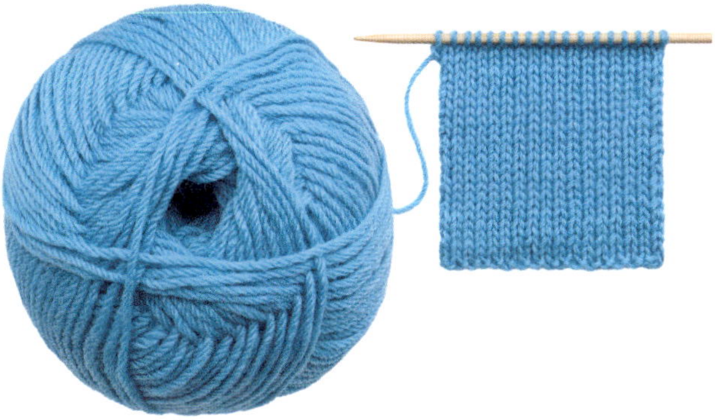

Polyamid (Nylon)
Polyamidfasern sind unglaublich stabil und sehr leicht. Wegen ihrer Elastizität eignen sie sich hervorragend für Strickwaren, darum enthalten besonders strapazierfähige Garne wie Sockengarn oder Stopfgarn oft Beimischungen von Polyamid. Wie andere Kunstfasern verbessert auch Polyamid die Waschbarkeit von Naturfasern und verhindert das Einlaufen und Verfilzen.

FASERMISCHUNGEN

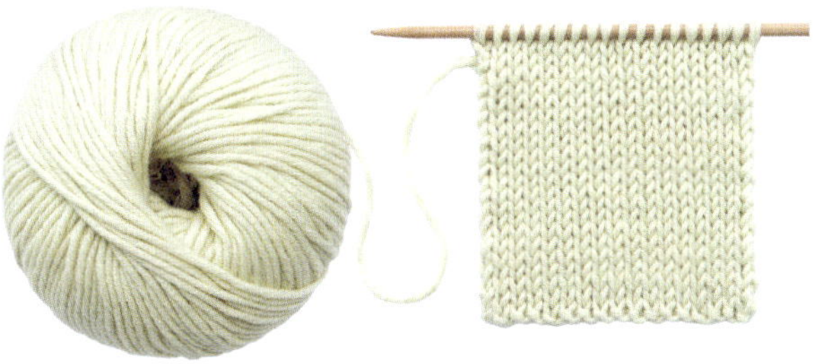

Wolle und Baumwolle
Warme (und manchmal kratzige) Wolle wird durch Beimischung von Baumwolle glatter, atmungsaktiver und besser waschbar. Diese Fasermischung empfiehlt sich für Menschen mit empfindlicher Haut und für Babys. Weil Wolle und Baumwolle Farbe unterschiedlich annehmen, wirken solche Mischgarne oft leicht meliert. Wolle fusselt weniger, wenn sie mit einer Pflanzenfaser gemischt wird.

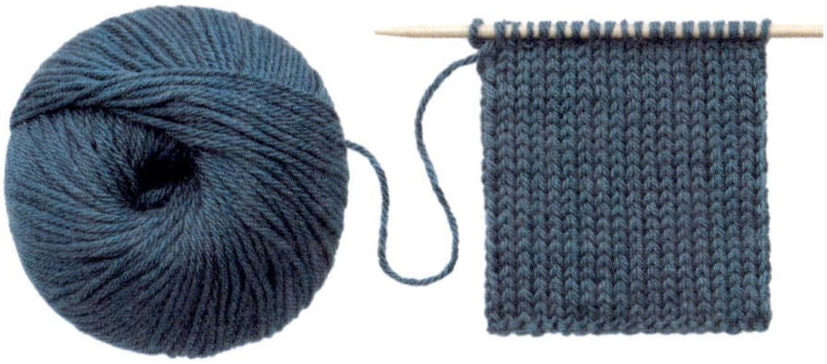

Natur-Kunstfaser-Mischungen
Synthetikfasern werden oft mit Naturfasern kombiniert, um deren Struktur, Stabilität, Waschbarkeit oder ihr Aussehen zu verbessern. Sie binden Woll- und Mohairfasern, sodass diese weniger fusseln, und verhindern das Einlaufen von Fasern tierischen Ursprungs. Strapazierfähige Mischfasergarne sind ideal für Strümpfe und Handschuhe.

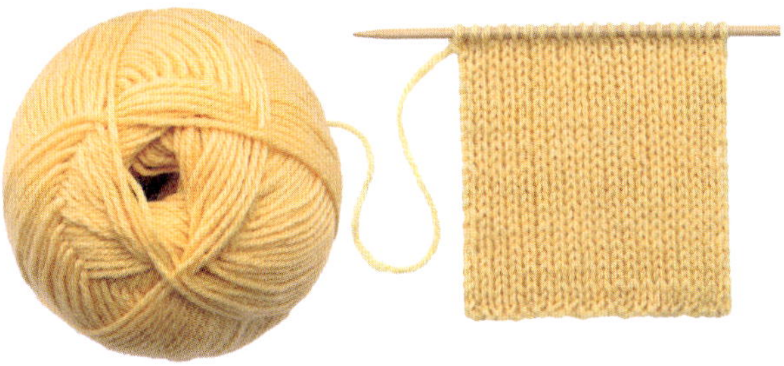

Synthetikmischungen
Verschiedene Synthetikfasern lassen sich auf vielfältige Weise kombinieren und bearbeiten, um spezielle Garnqualitäten zu produzieren – von zotteligen Effektgarnen über weiche Babygarne bis zu dickem Dochtgarn. Synthetikmischungen wärmen nicht so gut wie tierische Fasern, sie sind aber meist waschmaschinenfest, und einige können sogar in den Trockner gegeben werden.

STRUKTUR- UND EFFEKTGARNE

Wer experimentierfreudig ist, wird an Effektgarnen viel Spaß haben. Ob samtige Chenille oder andere Garne mit Textur – jedes Garn verleiht der gestrickten Fläche eine ganz eigene Optik, und manchmal sieht die Fläche gar nicht mehr wie gestrickt aus. Hier finden Sie Garne, die sich für unterschiedliche kreative Strickprojekte anbieten.

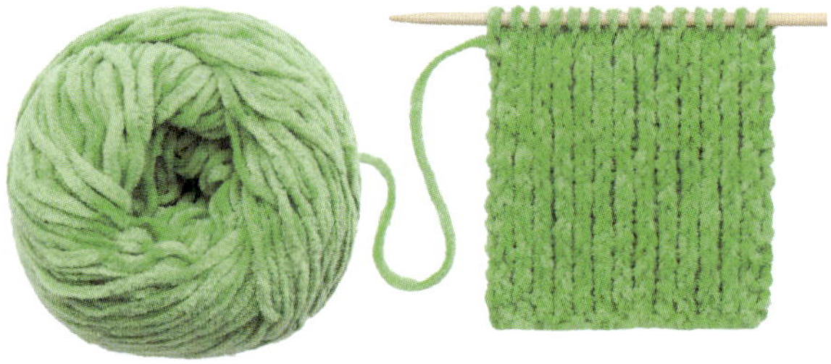

Chenille
Dieses Garn, oft eine Mischung aus Baumwolle und Kunstfasern, hat einen stabilen Kern, von dem kurze Fasern abstehen. Chenillestrick fühlt sich edel und samtig an, vor allem wenn es glatt rechts gestrickt wird. Lochmuster, Zöpfe und andere Muster wirken leicht verwischt. Chenille (frz. Raupe) ist nicht sehr strapazierfähig und eignet sich vor allem für Mützen, Schals und Kleidung für Erwachsene.

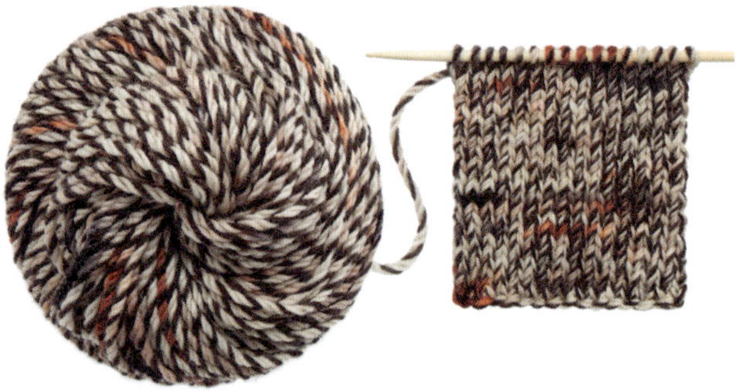

Mehrfädiges Garn
Diese Garne bestehen aus mehreren Fäden gesponnener Fasern. Ursprünglich diente die Anzahl dieser Fäden zur Angabe der Garnstärke (4-fädig, 6-fädig oder 8-fädig). Durch das Zusammendrehen der Einzelfäden wird das Garn besonders stabil. Wenn die Einzelfäden verschiedene Farben haben, entsteht später eine melierte Fläche. Die Garne sind in verschiedenen Fasermischungen erhältlich und eignen sich für fast alle Strickprojekte.

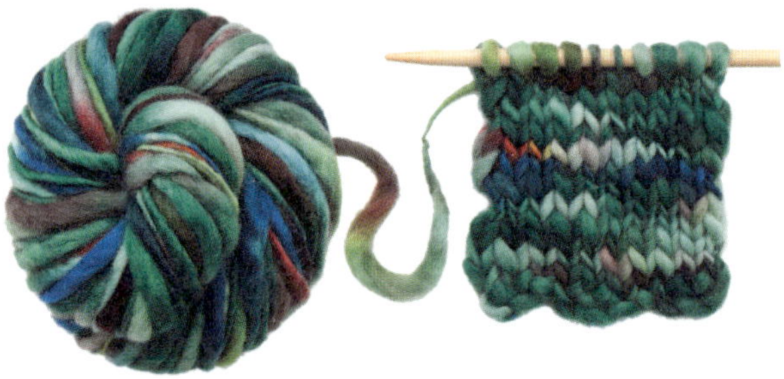

Handgesponnenes Garn
Typisch für handgesponnenes Garn ist, dass der Faden keine einheitliche Stärke hat. Durch den Wechsel aus dicken und dünnen Abschnitten erhält die gestrickte Fläche eine interessante, unregelmäßige Struktur. Solche Garne eignen sich für ungewöhnliche Accessoires und warme Oberbekleidung. Garne mit dieser Optik werden heute auch maschinell hergestellt.

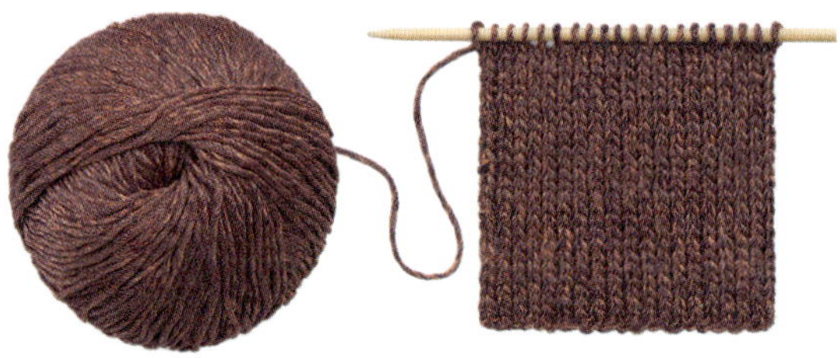

Garn mit umsponnenem Kern
Diese Garne bestehen aus zwei oder mehr unterschiedlichen Fasern. Oft bildet Wolle, Baumwolle oder eine andere weiche Faser den Kern, um den eine andere Faser, z. B. Polyamid oder eine Metallicmischung, gewickelt ist. In der gestrickten Fläche sind die einzelnen Maschen aufgrund der äußeren dichten, glatten Faserschicht gut zu erkennen.

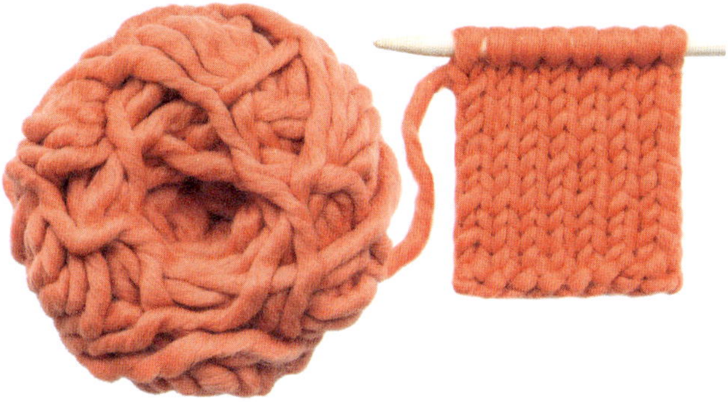

Dochtgarn

Dochtgarn ist weniger fest gedreht als durchschnittliches Handarbeitsgarn. Es kann aus Wolle, Baumwolle oder Mischungen bestehen. Auch der fertige Strick ist leicht, füllig und sehr weich. Dicke Garne werden gern so versponnen, damit die fertigen Kleidungsstücke nicht zu schwer werden und sich dadurch beim Tragen aushängen. Dochtgarn eignet sich gut für Stulpen, Kapuzenschals und andere Accessoires, die mit dicken Nadeln auch schnell fertig werden.

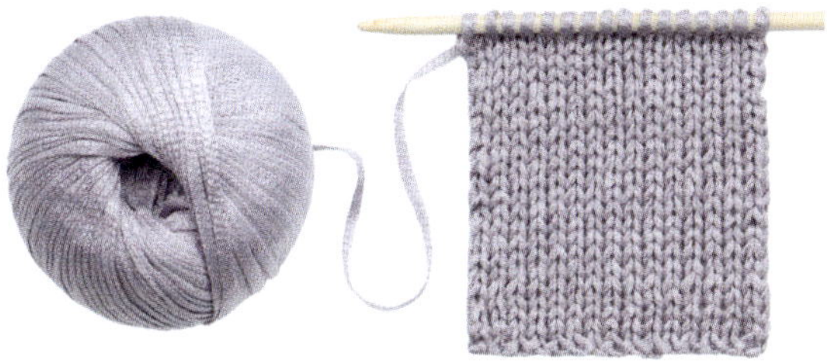

Bändchengarn

Das Hauptmerkmal dieser Garne ist der flache Faden. Falls er ursprünglich schlauchförmig war, wurde er beim Aufwickeln des Knäuels flach gedrückt. Dreht man den Faden beim Stricken ständig, entsteht ein unruhiges Maschenbild. Legt man den Faden beim Stricken immer glatt über die Nadel, fällt das Maschenbild glatt und gleichmäßig aus.

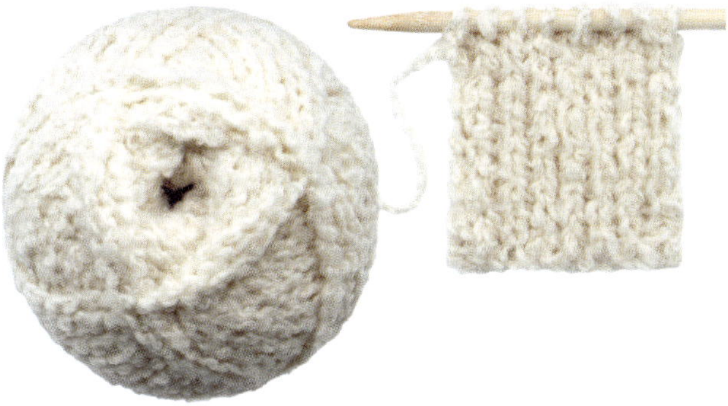

Bouclégarn

Dieses Garn besteht aus einem glatten Kern, um den wellige Fasern gelegt sind. Auf der gestrickten Fläche springen diese Wellen plastisch vor, sodass der Strick wie das Fell eines Pudels aussieht. Bouclégarne (boucle = frz. Locke) eignen sich für schlicht geschnittene Kleidungsstücke oder für Einsätze und Ränder. Am besten strickt man es glatt rechts. Das Garn sieht dicker aus als es ist, darum sollten Sie immer eine Maschenprobe stricken.

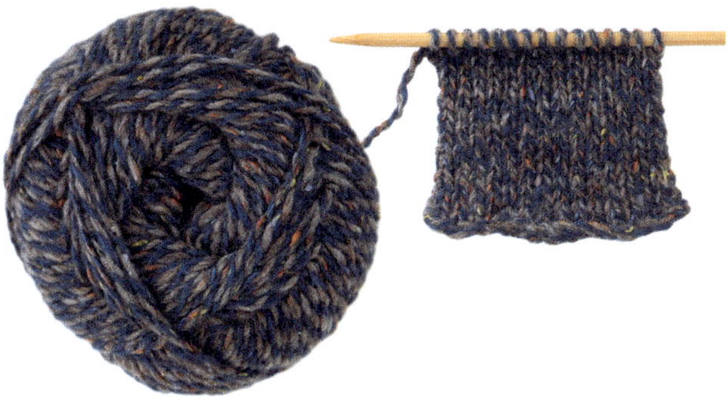

Tweedgarn

Traditioneller Tweed ist ein Gewebe aus reiner Wolle mit kleinen Einsprengseln in anderen Farben, die sich plastisch von der Strickoberfläche abheben und so die Struktur auflockern. Tweedgarn, das man von klassischen Fischerpullovern kennt, wurde ursprünglich aus ungefärbter, rohweißer Wolle und Wolle von dunkleren Schafrassen hergestellt. Heute gibt es Tweedgarne auch in vielen anderen Grundfarben mit Einsprengseln in dezenten oder kräftigen Tönen.

GARNBANDEROLEN

Alles, was Sie über ein Garn wissen müssen, steht üblicherweise auf der Banderole. Symbole geben an, wie man es verarbeitet und pflegt. Hier werden die gängigsten Symbole vorgestellt. Bewahren Sie die Banderolen immer auf, damit Sie bei Bedarf das richtige Garn nachkaufen können. Achten Sie auch darauf, dass alle Knäuel dieselbe Partienummer haben, denn der Farbton kann bei jeder Partie leicht abweichen.

Symbole
Garnhersteller verwenden in der Regel einheitliche Symbole, um Informationen über ein Garn zu geben – z. B. die geeignete Nadelstärke und die Maschenprobe.

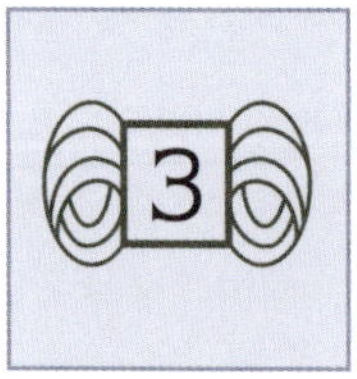

Garnstärke (optional)

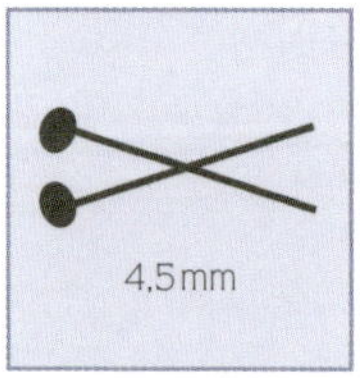

Empfohlene Nadelstärke

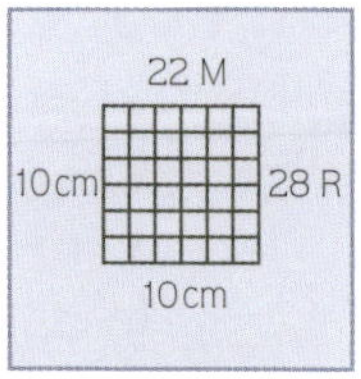

Maschenprobe 10cm × 10cm

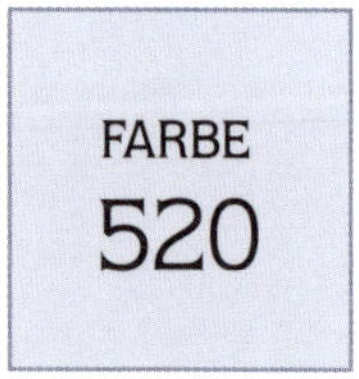

Nummer/Name der Farbe

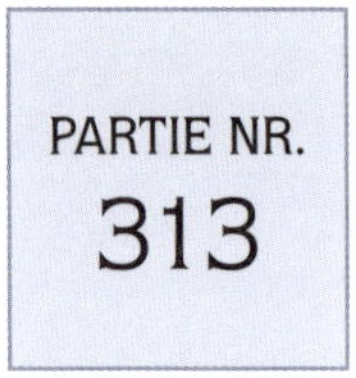

Nummer der Farbpartie

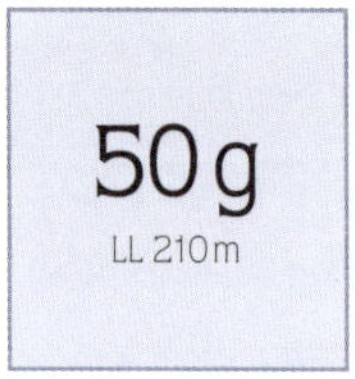

Gewicht und Lauflänge pro Knäuel

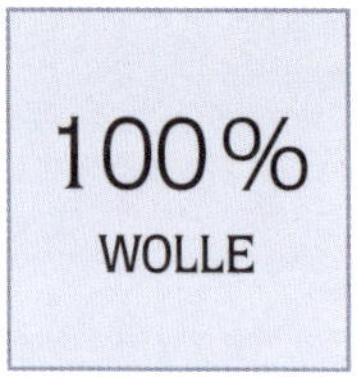

Genaue Materialangabe

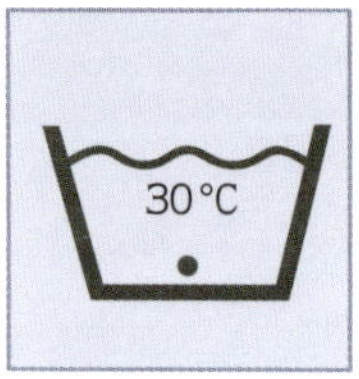

Maschinenwäsche, kalt

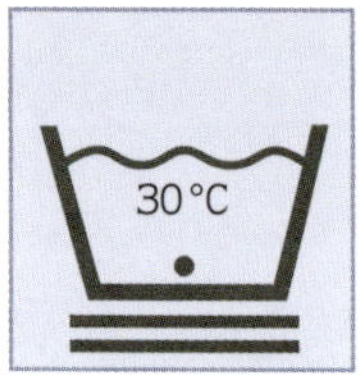

Maschinenwäsche, kalt, Schonprogramm

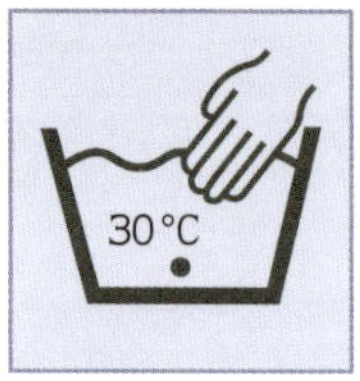

Handwäsche, kalt

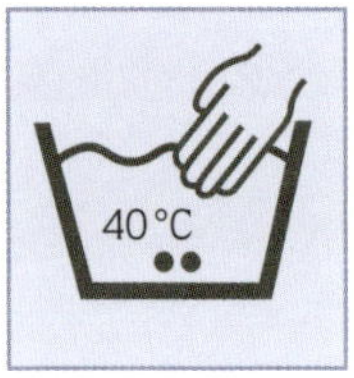

Handwäsche, warm

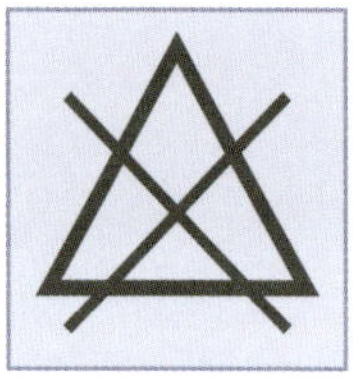
Nicht bleichen

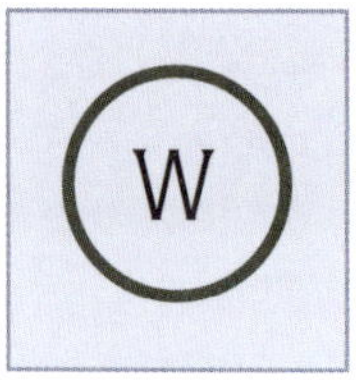

Geeignet für Nassreinigung

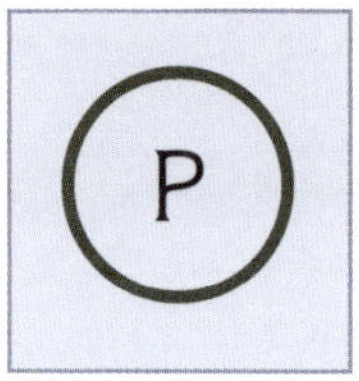

Reinigung mit Perchlorethylen

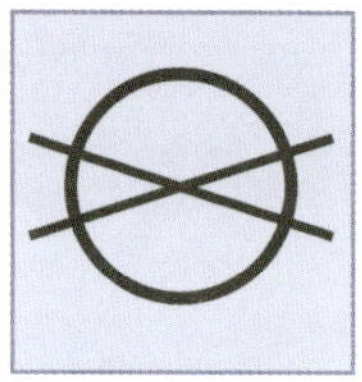
Nicht chemisch reinigen

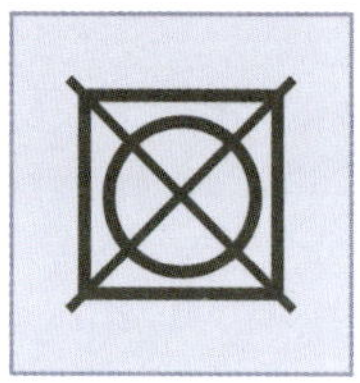
Nicht in den Trockner geben

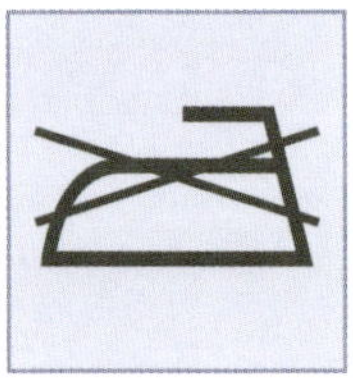
Nicht bügeln

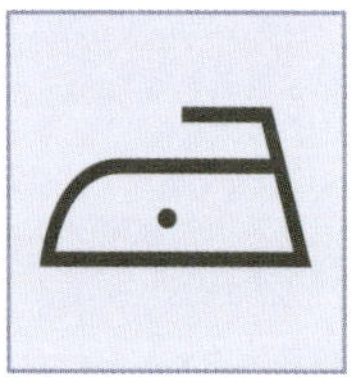
Bügeln, geringe Hitze

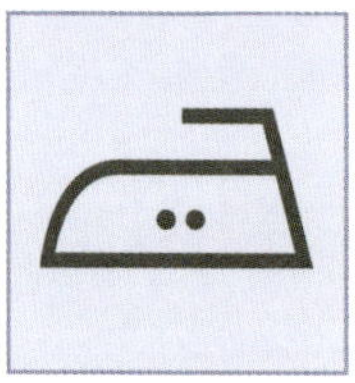
Bügeln, mittlere Hitze

Die Banderole
Auf der Banderole finden Sie wichtige Informationen über die vorliegende Garnsorte: Gewicht und Lauflänge sowie Hinweise zu Verbrauch und Pflege. Die Bandbreite der Garne reicht von dünn und leicht bis dick und schwer.

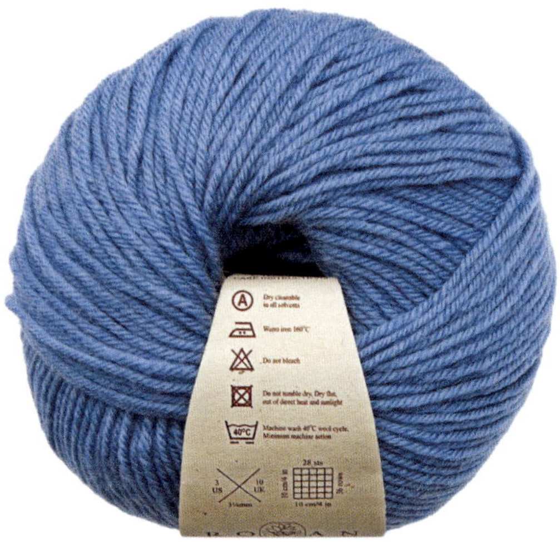

GARNFARBEN AUSWÄHLEN

Eine wichtige Entscheidung zu Beginn eines neuen Strickvorhabens ist die Auswahl der Garnfarben. Dabei kann der Farbkreis eine gute Hilfestellung geben. Er zeigt neben den gesättigten Farben auch ihre helleren Abstufungen. Die Wahl der Farben hat großen Einfluss auf die Wirkung des fertigen Modells. Norwegermuster beispielsweise kommen nur gut zur Geltung, wenn durch eine geschickte Kombination von dunklen, mittleren und hellen Farbtönen für ein ausgewogenes Maß an Kontrast gesorgt ist.

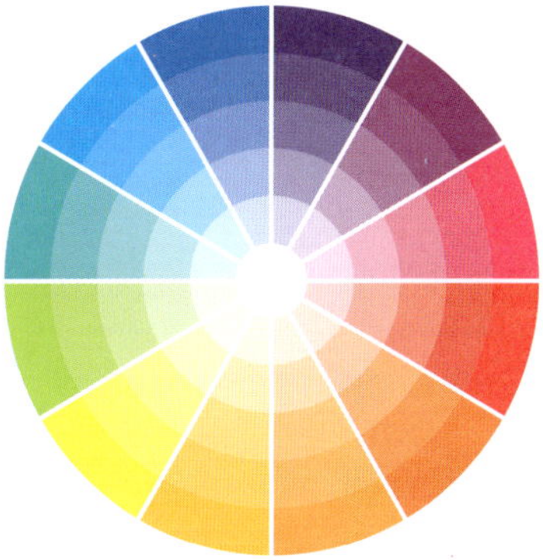

Der Farbkreis

Maler beurteilen das Zusammenwirken von Farben anhand des Farbkreises. Er besteht aus den Primärfarben Blau, Rot und Gelb. Zwischen diesen liegen die Sekundärfarben Grün, Orange und Violett sowie die Tertiärfarben, die jeweils eine Mischung aus einer Primär- und einer Sekundärfarbe sind. Benachbarte Farben harmonieren miteinander. Farben, die einander gegenüberliegen, bilden einen starken Kontrast und betonen sich dadurch gegenseitig.

Schwarz und Weiß

Schwarz und Weiß sind auf dem Farbkreis nicht vertreten, weil sie keine Farben im eigentlichen Sinne sind. Weiß ist (physikalisch) die Kombination aller Farben des Spektrums, Schwarz die völlige Abwesenheit von Farbe. Bei Garnen ist es genau umgekehrt. Schwarz ist extrem gefärbt, Weiß ist gebleicht. Beim Stricken mit schwarzem Garn sind einzelne Maschen schwierig zu sehen, und komplexe Zöpfe oder Strukturmuster kommen auf dem fertigen Kleidungsstück nicht sonderlich gut zur Geltung. In weißem Strick sieht man jedes Detail hervorragend.

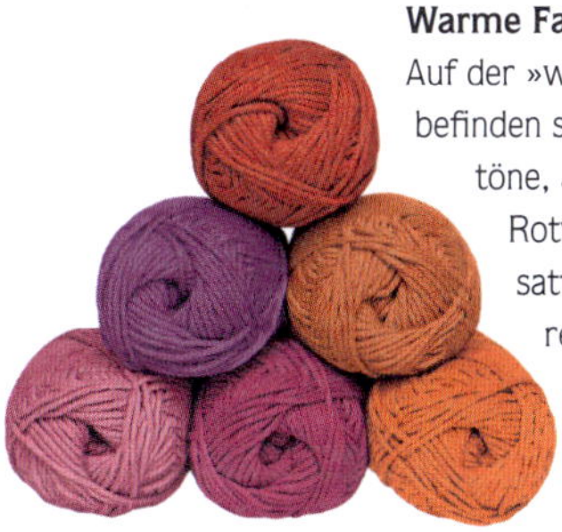

Warme Farben

Auf der »warmen« Seite des Farbspektrums befinden sich hauptsächlich Rot- und Gelbtöne, aber auch Braun, Orange und Rotviolett. Diese Farben wirken oft satt und intensiv und sehen meist recht schmeichelhaft aus. Halten Sie einfach mehrere Knäuel an Ihr Gesicht, um zu prüfen, wie Ihnen die Farben stehen.

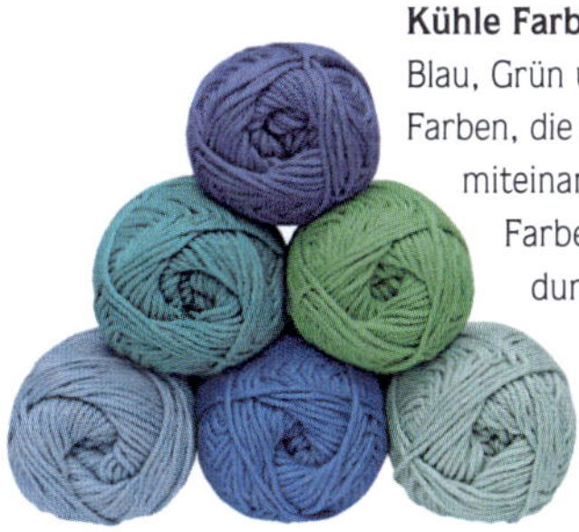

Kühle Farben

Blau, Grün und Blauviolett sind kühle Farben, die einzeln und in Kombinationen miteinander gut aussehen. Kühle Farben sind im Tonwert meist dunkler als warme. Kombiniert man sie mit warmen Farben, treten sie optisch in den Hintergrund. Für eine ausgewogene Kombination braucht man darum einen höheren Anteil kühlerer Farben.

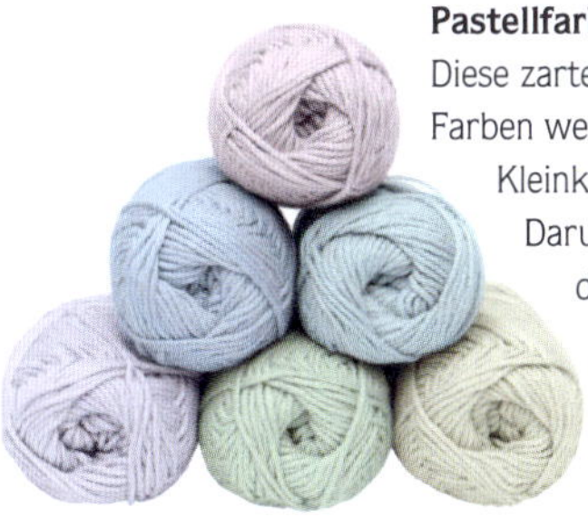

Pastellfarben

Diese zarten, kühlen Varianten kräftigerer Farben werden vor allem für Baby- und Kleinkinderkleidung gern verarbeitet. Darum sind viele geeignete Garne in diesen Farben erhältlich. Leichte Garne in hellen Bonbonfarben eignen sich aber auch ausgezeichnet für sommerliche Modelle für Erwachsene.

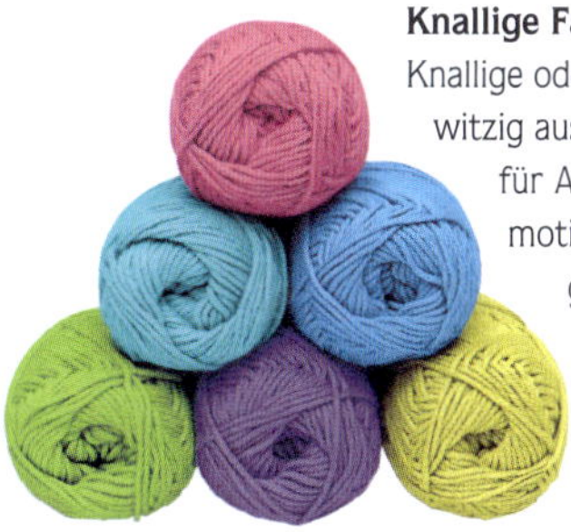

Knallige Farben

Knallige oder neonbunte Farben sehen witzig aus und eignen sich besonders für Accessoires oder Intarsienmotive. Mehrfarbige Modelle in gedämpften Farben wirken gleich viel frecher, wenn sie eine leuchtende Kante oder bunte Knöpfe bekommen. Schon ein kleiner Farbtupfer kann die Wirkung eines Modells entscheidend verändern.

GARNSTÄRKEN

Die Garnstärke hat Einfluss auf das Aussehen des Werkstücks und auf die Anzahl der Maschen, die für die Maschenprobe benötigt werden. Die Tabelle auf dieser Seite gibt einen Überblick über einige Garnstärken und typische Verwendungsmöglichkeiten. Auf Seite 19 sehen Sie, wie die Garnstärken glatt rechts gestrickt aussehen. Je nach Hersteller können die Garnstärken jedoch unterschiedliche Bezeichnungen tragen.

GARNSTÄRKEN IM ÜBERBLICK

WAS MÖCHTEN SIE STRICKEN?	MASCHENPROBE 10 CM × 10 CM	STÄRKE (SYMBOL)	EMPFOHLENE STRICKNADELSTÄRKE (CM)
SPITZE	33–40* M	0 Spitze	2–2,25
STRÜMPFE, BABYKLEIDUNG, BABYDECKEN	27–32 M	1 Extra fein	2,25–3,25
DÜNNE PULLOVER, STRÜMPFE	23–26 M	2 Fein	3,25–4
ALLE ARTEN VON STRICKARBEITEN	21–24 M	3 Dünn	3,75–4,5
DICKE PULLOVER, SCHALS, MÜTZEN, HANDSCHUHE ETC.	16–20 M	4 Mittel	4,5–5,5
SEHR DICKE PULLOVER UND JACKEN, DECKEN, WINTER-ACCESSOIRES WIE STULPEN U. A.	33–40* M	5 Dick	5,5–8
SCHWERE DECKEN, TEPPICHE ETC.	6–11 M	6 Extra dick	8–12,75
ACCESSOIRES, MATTEN, LÄUFER ETC.	Kammzug, Jumbo, Maxi	7 Kammzug	12,75–25 und dicker

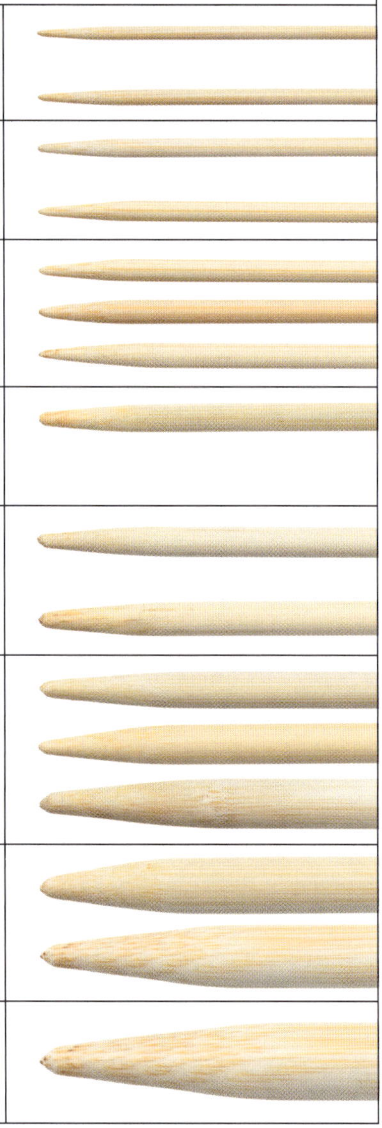

* Je nach Garnart und Hersteller gibt es hier leichte Schwankungen.

STRICKEN MIT VERSCHIEDENEN GARNSTÄRKEN

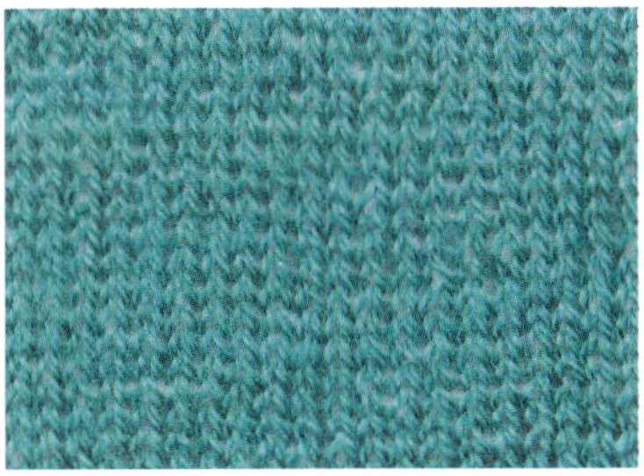

Spitzengarn
Sehr leichtes Garn mit großer Lauflänge. Strickt man es mit der empfohlenen Nadelstärke, entsteht ein feines, dünnes Maschenwerk. Verwendet man etwas dickere Nadeln, geht die Arbeit zügiger voran, und der Strick fällt lockerer und löcheriger aus.

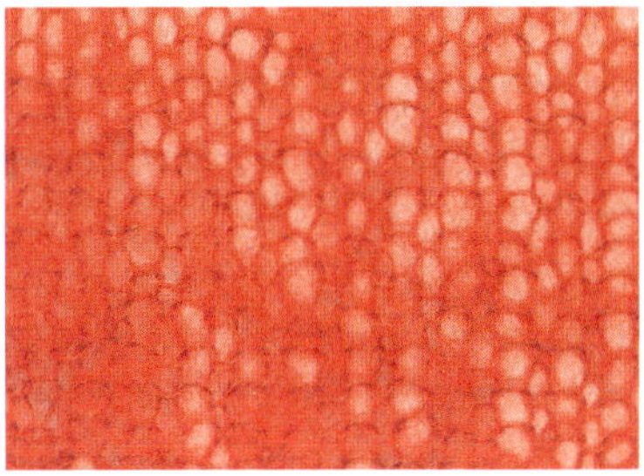

Extra fein
Dieses Garn ist perfekt für zarte, kunstvolle Lochmuster. Es hat eine große Lauflänge und wird mit dünnen Nadeln gestrickt. In so feinem Garn sind die einzelnen Maschen und Details gut zu erkennen. Für Garne mit Mohair kann eine etwas größere Nadelstärke verwendet werden.

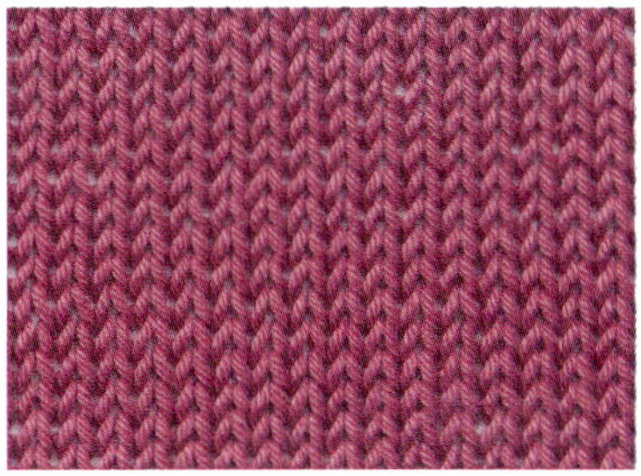

Fein/4-fädig
Dies ist eine der beliebtesten Garnstärken, weil man für ein feines, gleichmäßiges Maschenbild keine allzu dünnen Nadeln braucht. Es eignet sich gut für Socken und Babykleidung, aber auch für Modelle mit zarteren Strukturmustern oder mehrfarbigen Effekten.

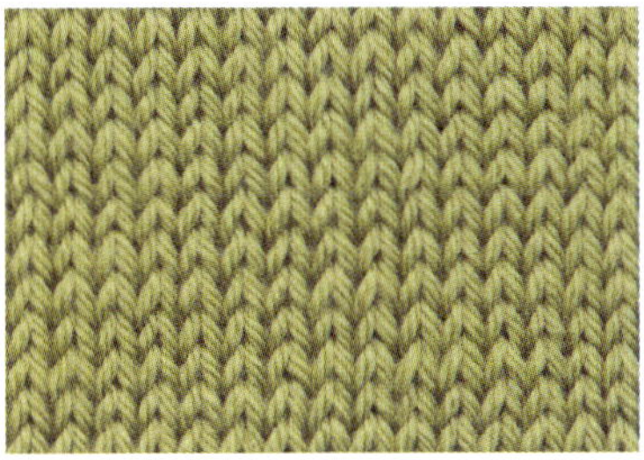

Dünn
Dies ist eine Universalgarnstärke für Decken, Spielzeug, Jacken und Pullover. Normalerweise wird dafür die Nadelstärke 4 empfohlen. Das Garn ist etwas dicker als 4-fädiges Garn, darum geht die Arbeit zügig voran.

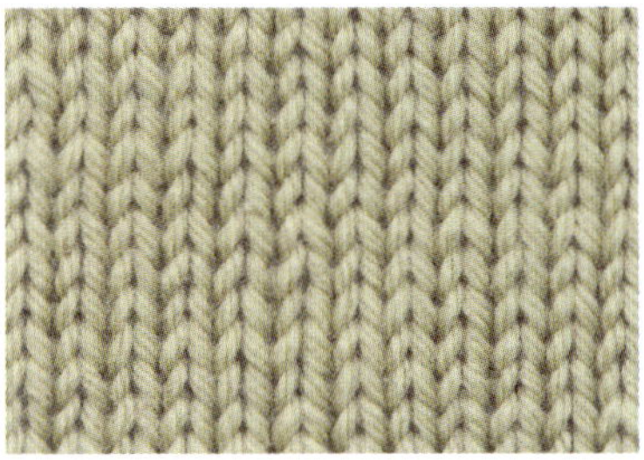

Mittel
Dieses Garn wird meist mit Nadelstärke 5 verstrickt. Es eignet sich gut für Männerpullover mit markanten Zöpfen und praktische Kleidung. Garne dieser Stärke enthalten meist Beimischungen aus Synthetik, damit sie in der Maschine gewaschen werden können.

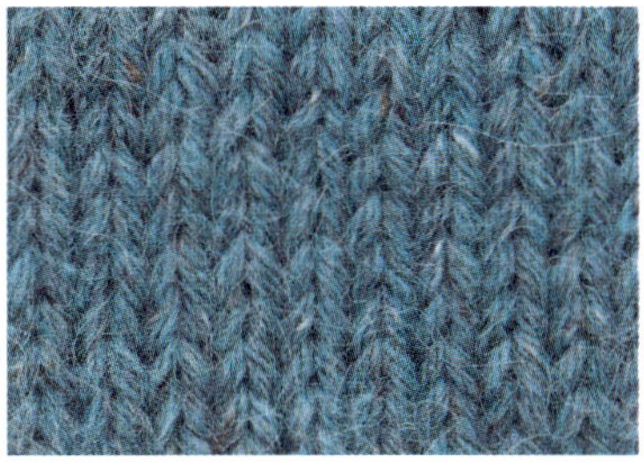

Dick
Dieses Garn ist zwar dick, besteht aber aus leichten Fasern und hängt sich darum nicht so leicht aus. Es eignet sich für dicke Oberbekleidung, Mützen und Stulpen. Mit Nadelstärke 7 geht die Arbeit flink voran – sehr praktisch für Geschenke in letzter Minute.

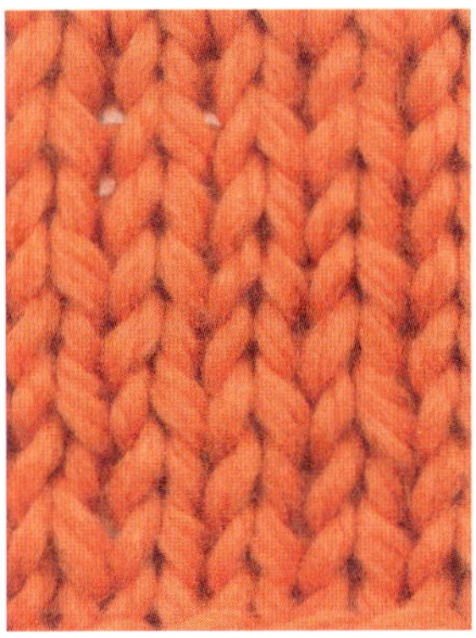

Extra dick
So dicke Garne werden mit Nadelstärke 10 (oder mehr) verarbeitet. Es ist ideal für Anfänger, weil man in den großen Maschen Fehler leicht sehen (und beheben) kann. Sehr schnell zu verarbeiten und bestens geeignet für dicke, warme Schals.

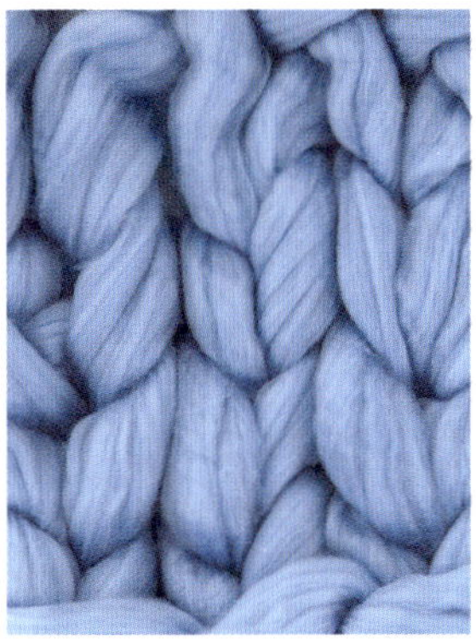

Kammzug/Jumbo
Dieses superdicke Material eignet sich gut zum Armstricken. Kleinere Teile können auch auf dicken Nadeln gestrickt werden, doch für Decken und dergleichen sind sie nicht lang genug. Selbst wenn es ausreichend lange Nadeln gäbe, wäre das Werkstück sehr schwer und unhandlich.

DEKORATIONEN

Strickarbeiten lassen sich auf vielfältige Weise herausputzen – mit Perlen und Pailletten, hübschen Borten, witzigen Verschlüssen oder attraktiven Handgriffen. Solche Details können die Wirkung einer Handarbeit vollkommen verändern, und natürlich sind sie auch eine Möglichkeit, den eigenen Stil und Ideenreichtum zum Ausdruck zu bringen.

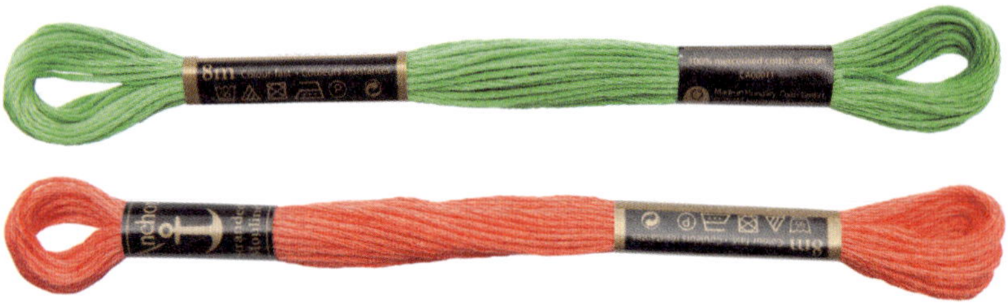

Stickgarn
Glänzendes und mattes Handstickgarn ist in sehr vielen Farben erhältlich. Mit Metallicgarn lassen sich einfarbige Strickmodelle veredeln. Verwenden Sie zum Sticken auf Strick eine Sticknadel ohne Spitze und denken Sie daran, dass bestickte Modelle in der Regel von Hand gewaschen werden müssen.

Maschinenstickgarn
Das dünne Garn wird auf Rollen verkauft. Es ist für die Maschinenstickerei gedacht. Sie könnten doppelfädiges Metallicgarn aber auch als Beilauffaden verwenden, um Ihr Werkstück zum Glitzern zu bringen. Auch Stickgarn mit Farbverlauf eignet sich als Beifaden.

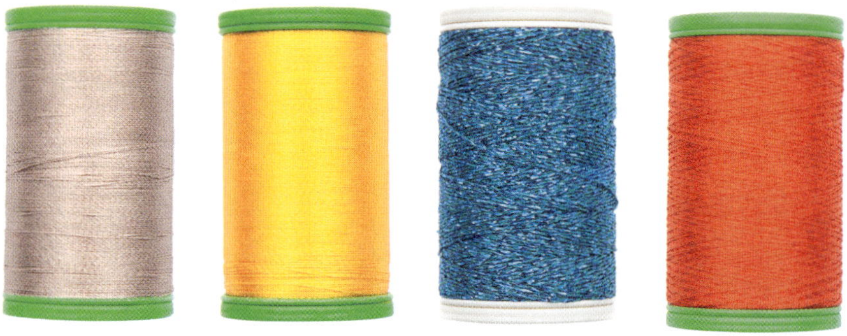

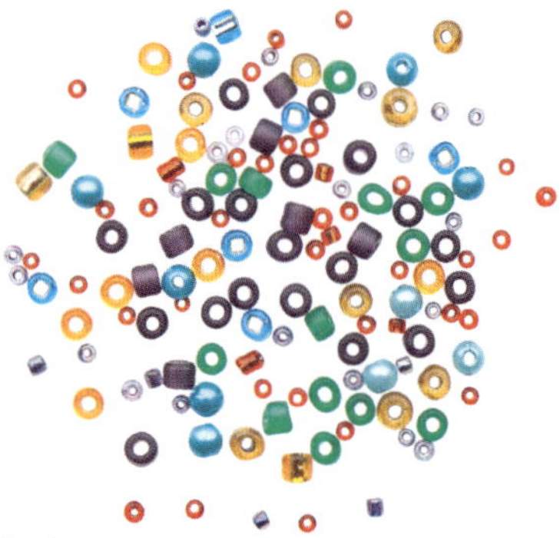

Perlen
Perlen zum Einstricken sind normalerweise waschfest und verlieren auch nach längerem Tragen nicht die Farbe. Sie sind in vielen Farben und verschiedenen Größen – für unterschiedliche Garnstärken – erhältlich.

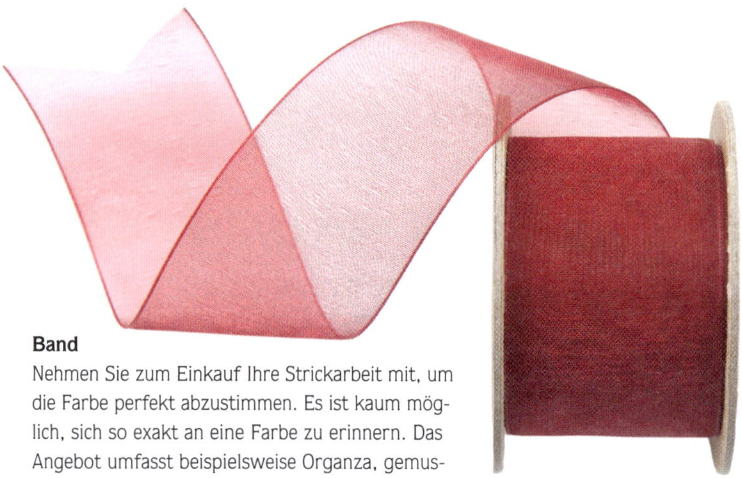

Band
Nehmen Sie zum Einkauf Ihre Strickarbeit mit, um die Farbe perfekt abzustimmen. Es ist kaum möglich, sich so exakt an eine Farbe zu erinnern. Das Angebot umfasst beispielsweise Organza, gemusterte Variationen, Streifen und Metallic. Fädeln Sie Band durch Lochmuster, nähen Sie es an Kanten oder benutzen Sie es für Schleifen oder Rosetten.

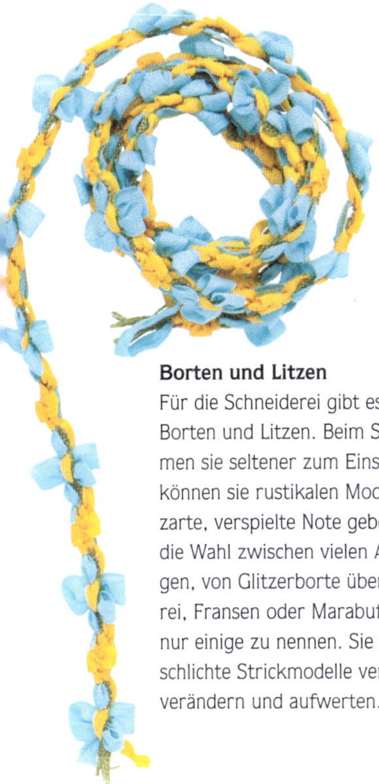

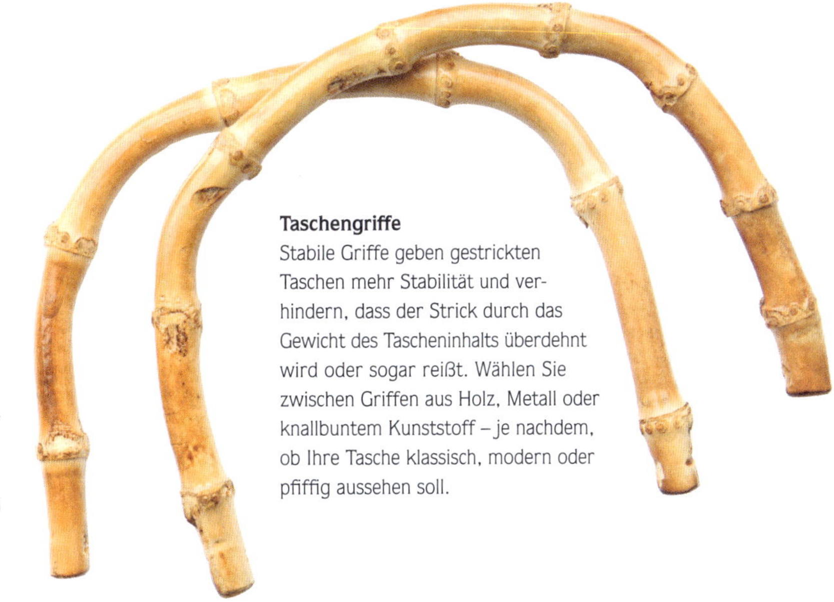

Taschengriffe
Stabile Griffe geben gestrickten Taschen mehr Stabilität und verhindern, dass der Strick durch das Gewicht des Tascheninhalts überdehnt wird oder sogar reißt. Wählen Sie zwischen Griffen aus Holz, Metall oder knallbuntem Kunststoff – je nachdem, ob Ihre Tasche klassisch, modern oder pfiffig aussehen soll.

Borten und Litzen
Für die Schneiderei gibt es zahllose Borten und Litzen. Beim Stricken kommen sie seltener zum Einsatz, dabei können sie rustikalen Modellen eine zarte, verspielte Note geben. Sie haben die Wahl zwischen vielen Ausführungen, von Glitzerborte über Lochstickerei, Fransen oder Marabufedern, um nur einige zu nennen. Sie alle können schlichte Strickmodelle verblüffend verändern und aufwerten.

Verschlüsse
Verschlüsse müssen auf den Typ des Modells und das Garn abgestimmt sein. Wenn Sie zu schwer sind, ziehen sie den Strick aus der Form. Knöpfe sind oft dekorativ, es gibt aber auch unauffälligere Verschlusslösungen wie Haken und Ösen und Druckknöpfe. Sie werden mit dem Strickgarn oder farblich genau passendem Nähgarn fixiert. Für Strickfilz empfehlen sich Druckknopfnieten. Es empfiehlt sich, die Rückseite des Stricks im Bereich des Verschlusses mit einem Stück stabilem Stoff oder einem flachen Knopf zu verstärken.

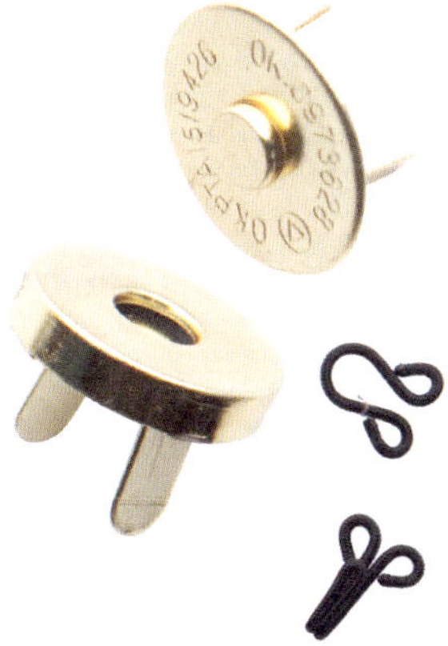

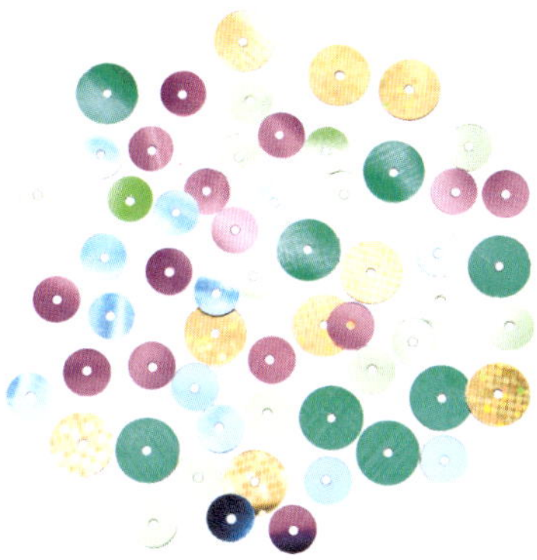

Pailletten
Pailletten kann man einstricken oder nachträglich aufsticken. Zum Einstricken sollten Sie Pailletten mit einem größeren Loch verwenden. Kaufen Sie glatte Pailletten, die flach auf dem Werkstück oder aufeinander aufliegen und darum nicht so leicht verkratzen oder die Oberflächenfarbe verlieren.

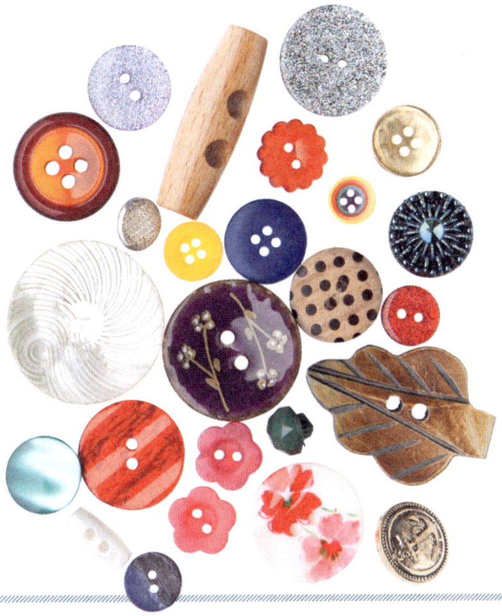

Knöpfe
Die Wahl der Knöpfe hat großen Einfluss auf die Wirkung eines Kleidungsstücks. Sie erfüllen einen praktischen Zweck, sind aber auch ein Hingucker. Wählen Sie unbedingt wasch- oder reinigungsbeständige Knöpfe, damit Sie sie nicht jedes Mal abtrennen müssen. Kokos, Perlmutt, Holz und Metall sind recht neutral und passen zu vielen Farben. Nehmen Sie zum Knopfkauf Ihre Strickarbeit mit, damit sie in Farbe und Größe wirklich gut harmonieren.

STRICKNADELN

Erfahrene Strickerinnen bevorzugen oft Nadeln eines bestimmten Typs, der zu ihrer individuellen Strickweise passt. Auch das Garn und die Stricktechnik bestimmen, welche Nadeltypen und Materialien sich am besten eignen. Die folgenden Tipps werden Ihnen helfen, für Ihr Wunschprojekt die richtigen Stricknadeln auszuwählen.

GERADE NADELN

Lange, gerade Nadeln geben der Hand guten Halt, darum sollten Anfänger mit ihnen beginnen. Kürzere Nadeln sind für kleine Projekte praktisch, lange Nadeln für breitere Werkstücke wie ein Pullover oder eine Babydecke. Sie eignen sich auch für Menschen, die beim Stricken die Nadelenden unter die Arme oder Ellenbogen klemmen.

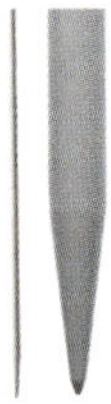

Nadelstärke

Die Stricknadelstärke entspricht ihrem Durchmesser in Millimetern. Es gibt superdünne Nadeln in der Stärke 1,5 (entspricht 1,5 mm Durchmesser) und dicke Nadeln in Stärke 25 und mehr. Dieses Maßsystem gilt auf dem europäischen Kontinent. In England und den USA werden andere Maßsysteme verwendet. Stricknadeln werden in mehreren Längen angeboten. Welche Sie wählen, hängt vom jeweiligen Projekt und von der individuellen Nadelhaltung ab.

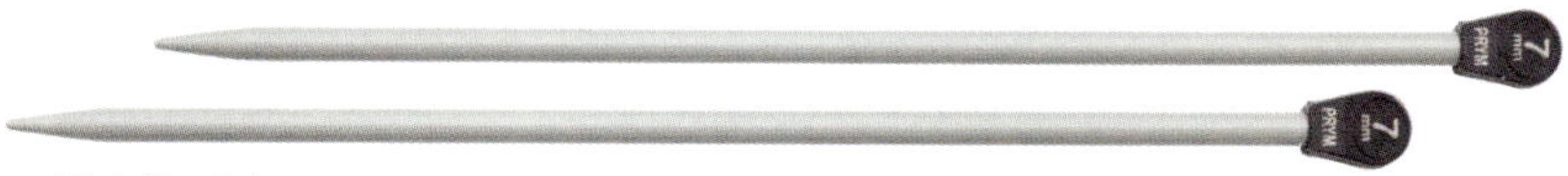

Metallnadeln

Für haarige Garne wie Wolle und Mohair sind Metallnadeln ideal. Auf anderen Nadeln gleiten diese Garne schlecht. Glatte Metallnadeln sind auch vorteilhaft für Menschen, die außergewöhnlich fest stricken. Metallnadeln in Stärken über 8 sind unhandlich und werden darum selten angeboten.

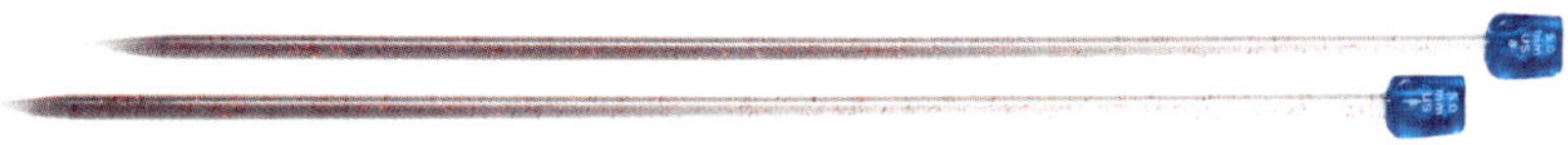

Kunststoffnadeln

Die Beschaffenheit der Oberfläche liegt zwischen Metall und Bambus. Kunststoffstricknadeln haben bei der Arbeit eine gleichmäßige Temperatur, was Menschen mit Arthritis entgegenkommt. Kunststoffnadeln mit einer Stärke von 4 oder weniger können beim Stricken schwerer Projekte aber verbiegen oder sogar durchbrechen.

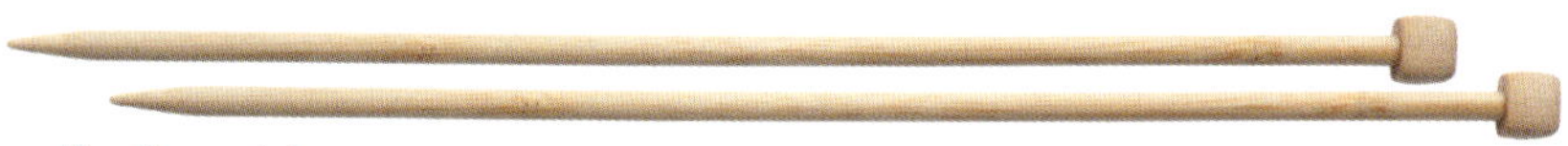

Bambusnadeln

Leichter, flexibler Bambus ist ein ausgezeichnetes Material für Stricknadeln. Sie erleichtern es, die Fadenspannung konstant zu halten, sodass ein gleichmäßiges Maschenbild entsteht. Sie eignen sich besonders gut für rutschige Garne aus Seide, mercerisierter Baumwolle oder Bambus. Arthritispatienten kommen mit diesen Nadeln gut zurecht. Dünne Nadeln passen sich mit der Zeit der Krümmung ihrer Hand an.

GARNE AUSTAUSCHEN

Normalerweise stehen zu Beginn einer Strickanleitung genaue Angaben zum verwendeten Garn: Hersteller, Name des Garns (Garntyp), Lauflänge pro Knäuel, Namen und evtl. Nummern der Farben, Maschenprobe (Anzahl der Maschen und Reihen auf 10 × 10 cm). Die Anleitung ist dann für dieses spezielle Garn entwickelt worden. Wenn Sie das Originalgarn verwenden, entsprechen die Maße des fertigen Modells den Vorgaben. Falls Ihnen die Farben nicht gefallen, können Sie natürlich bedenkenlos andere Töne desselben Garntyps verwenden.

Wollgeschäfte führen nur ein begrenztes Sortiment. Falls Sie das gewünschte Garn dort nicht finden, werden Sie sicherlich in einem der zahlreichen Internet-Shops fündig, die oft auch Produkte von ausländischen Herstellern führen. Nun mag aber nicht jeder Garne im Internet einkaufen. Vielleicht möchten Sie wissen, wie sich ein Garn anfühlt? Oder einen Lieblingsrock, zu dem der neue Pullover passen soll, zum Garnkauf mitnehmen? Möglicherweise möchten Sie auch verschiedene Farben vor einem Spiegel an Ihr Gesicht halten, um zu sehen, welche Ihnen am besten steht. Wenn Sie statt des angegebenen Originalgarns ein anderes Garn verarbeiten möchten, wählen Sie eine ähnliche Garnstärke/Lauflänge und vergleichen Sie die Angaben zur Maschenprobe: Sie sollten möglichst gleich sein.

Um den Verbrauch des neuen Garns zu ermitteln, richten Sie sich bitte nicht nach dem Gewicht, denn Garne sind unterschiedlich schwer. Ein Meter Baumwollgarn kann beispielsweise mehr als doppelt so viel wiegen wie ein Meter Mohairgarn. Rechnen Sie aus, wie viele Meter Garn für Ihr geplantes Projekt verarbeitet werden. Dafür multiplizieren Sie die Lauflänge eines Knäuels mit der Anzahl der benötigten Knäuel. Kaufen Sie von Ihrem Wunschgarn dieselbe Gesamtlauflänge (und zur Sicherheit etwas mehr). Bewahren Sie den Kassenbon auf. Originalknäuel mit intakter Banderole kann man meist innerhalb einer recht großzügigen Frist zurückgeben.

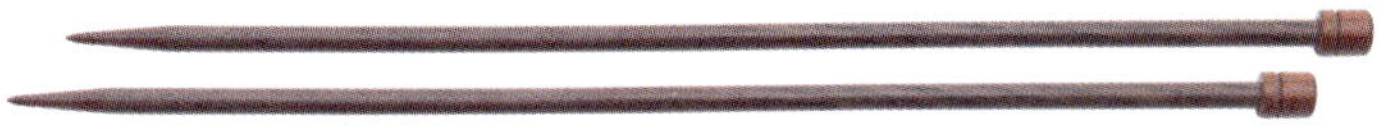

Ebenholz- und Rosenholznadeln
Diese Holznadeln fühlen sich herrlich an, sind aber nicht ganz billig. Ihre wachsartige Oberfläche wird nach längerer Benutzung glatt und angenehm griffig. Wie Bambusnadeln erleichtern sie es, mit gleichmäßiger Fadenspannung zu stricken. Sie fühlen sich solide an und verbiegen sich nicht.

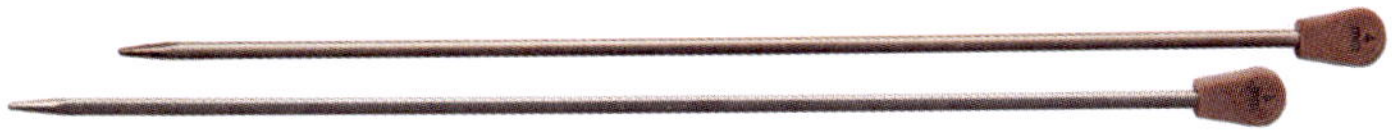

Eckige Nadeln
Die meisten Nadeln haben einen runden Querschnitt. Diese neuartigen Nadeln aus Metall oder Holz sind eckig. Sie liegen besser aufeinander, was vor allem beim Stricken mit einem Nadelspiel von Vorteil ist. Weil sie die Hände weniger beanspruchen, eignen sie sich besonders für Arthritispatienten.

NADELSPIELE UND RUNDSTRICKNADELN

Nahtlose Strickschläuche werden in Runden gestrickt. Der Durchmesser des Schlauchs bestimmt, ob man dafür ein Nadelspiel oder eine Rundstricknadel verwendet. Rundstricknadeln sind beispielsweise für Strümpfe oder Handschuhe viel zu lang, darum strickt man diese auf einem Nadelspiel. Die Maschenprobe muss mit den Nadeln gestrickt werden, die später auch für das Projekt verwendet werden sollen.

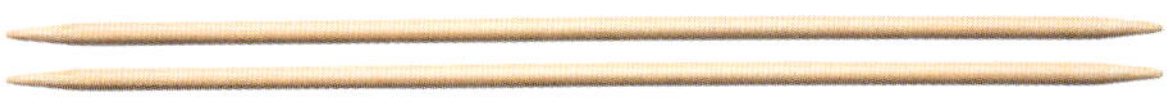

Nadelspiel aus Bambus

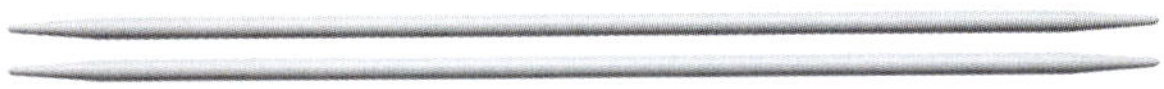

Nadelspiel aus Metall

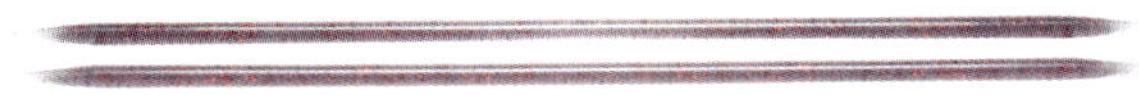

Nadelspiel aus Kunststoff

Nadelspiel
Strümpfe, Handschuhe und dünne Strickschläuche strickt man auf einem Nadelspiel. Es besteht aus fünf relativ kurzen Nadeln mit Spitzen an beiden Enden. Anfänger stellen oft fest, dass die Maschen am Nadelwechsel überdehnt werden, doch dieses Problem erledigt sich mit etwas Übung von selbst. Viele Strickerinnen bevorzugen Nadelspiele aus Bambus oder Holz, weil sie weniger rutschig sind als Metallnadeln.

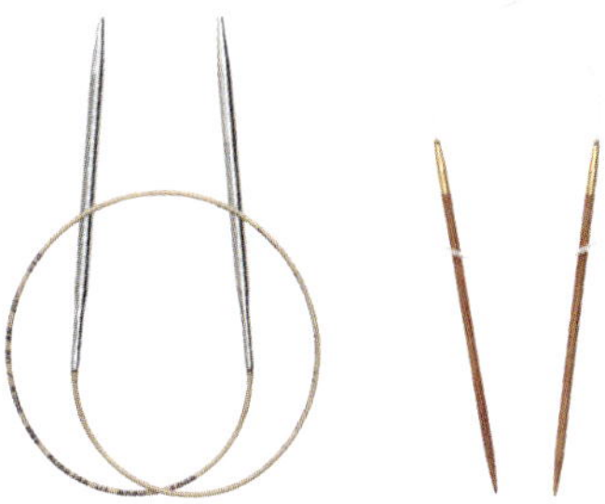

Rundnadel
Rundstricknadeln bestehen aus zwei kurzen, starren Stricknadeln mit einem flexiblen Verbindungsstück (dem Kabel) aus Kunststoff. Die Länge der Rundstricknadel muss zum ungefähren Umfang des Werkstücks passen. Für eine Mütze braucht man beispielsweise eine kürzere Rundstricknadel als für einen Pullover. In Strickanleitungen ist die Länge der Nadel normalerweise angegeben. Eine Technik zum Arbeiten mit längeren Rundnadeln wird auf Seite 121 erklärt. Rundnadeln kann man auch für nicht runde, flache Werkstücke benutzen. Am Ende der Reihe wird das Werkstück mit der Nadel einfach umgedreht.

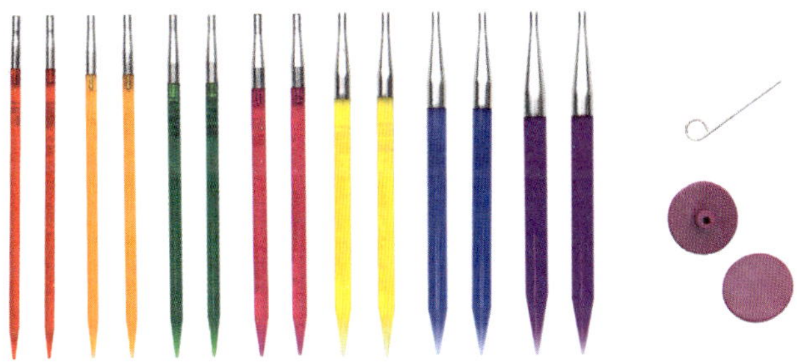

Auswechselbare Rundnadeln
Wer gern und oft mit Rundstricknadeln arbeitet, sollte über diese Anschaffung nachdenken. Das Set umfasst mehrere Verbindungsstücke in verschiedenen Längen und ein Sortiment von unterschiedlich dicken Spitzen, die einzelnen Komponenten sind aber auch separat erhältlich. Die Spitzen werden aus Metall, Kunststoff, Bambus und Karbonfaser angeboten. Man befestigt einfach die gewünschten Spitzen an den Enden eines Verbindungsstücks, um eine Rundnadel optimal zusammenzusetzen. Als Zubehör werden Stopper angeboten, die verhindern, das stillgelegte Maschen von der Nadel rutschen.

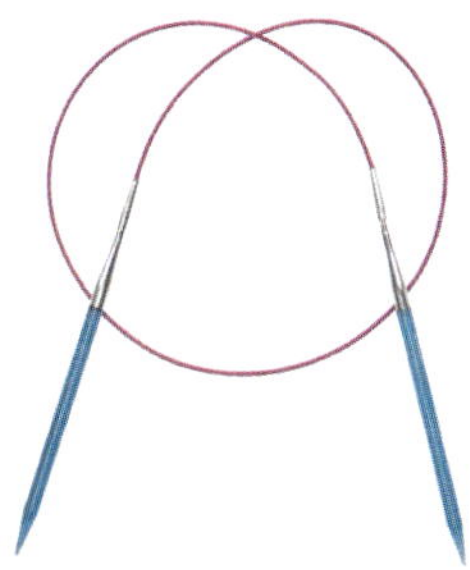

PRAKTISCHES ZUBEHÖR

Es gibt zahllose Hilfsmittel zum Stricken. Manche sind für bestimmte Arbeiten schlicht unverzichtbar, andere sind praktisch oder nur nett zu haben. Auf dieser Seite finden Sie Utensilien, die Sie unbedingt benötigen. Spezielleres Zubehör wird auf den Seiten 26–27 vorgestellt.

DIE GRUNDAUSSTATTUNG

Folgende Utensilien sollten Sie beim Stricken immer zur Hand haben. Eine Tasche, in der alles aufbewahrt wird, ist ausgesprochen praktisch, denn so kann man das Strickzeug jederzeit mitnehmen. Die Grundausstattung kann man in der Kurzwarenabteilung von Kaufhäusern oder in Wollgeschäften für relativ wenig Geld kaufen.

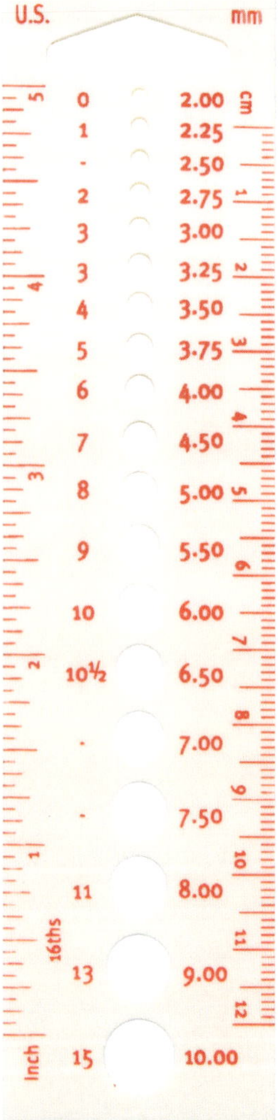

Stricknadelmaß
Die Nadelstärke ist nicht immer auf den Stricknadeln aufgedruckt, dabei ist es sehr wichtig, sie zu kennen. Mit einem Nadelprüfer aus stabilem Kunststoff lässt sie sich ermitteln. Viele Nadelprüfer haben die Form eines kleinen Lineals und können auch zum Messen der Maschenprobe verwendet werden.

Schere
Legen Sie sich eine hochwertige Schere zum Abschneiden von Fäden zu. Sie sollte scharf sein und kurze Klingen haben, damit Sie die Fadenenden nach dem Zusammennähen oder Vernähen ganz nahe am Werkstück abschneiden können.

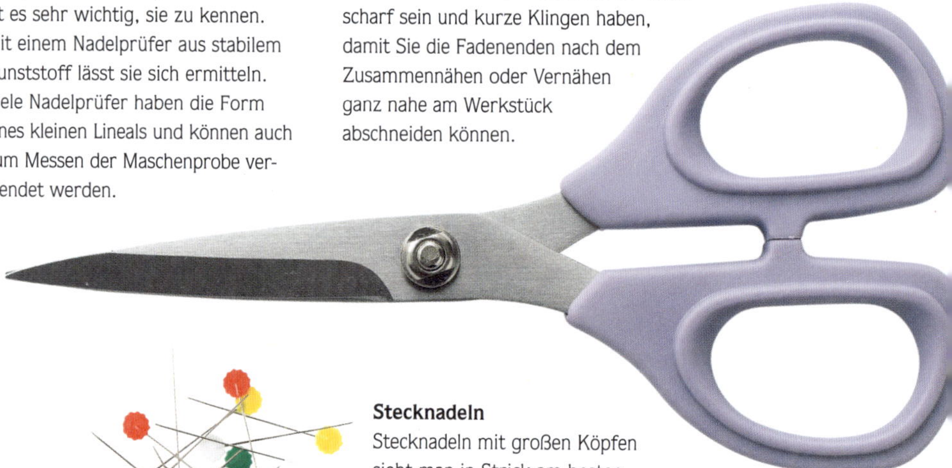

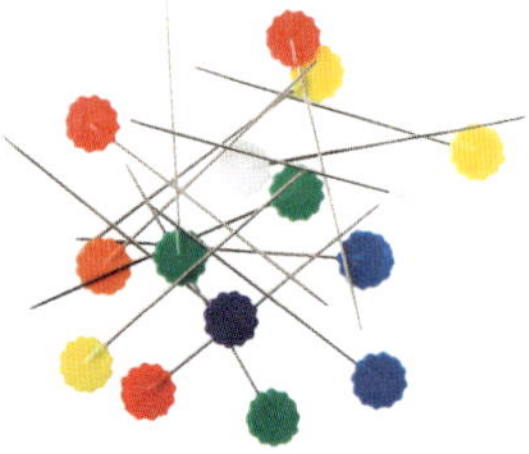

Stecknadeln
Stecknadeln mit großen Köpfen sieht man in Strick am besten. Man braucht sie zum Spannen auf das richtige Maß und zum Zusammenstecken von Kanten, die zusammengenäht werden sollen.

Maschenraffer
Sie werden benötigt, um Maschen vorübergehend stillzulegen. Alternativ können Sie einen dünnen Baumwollfaden, eine große Sicherheitsnadel oder eine Büroklammer verwenden.

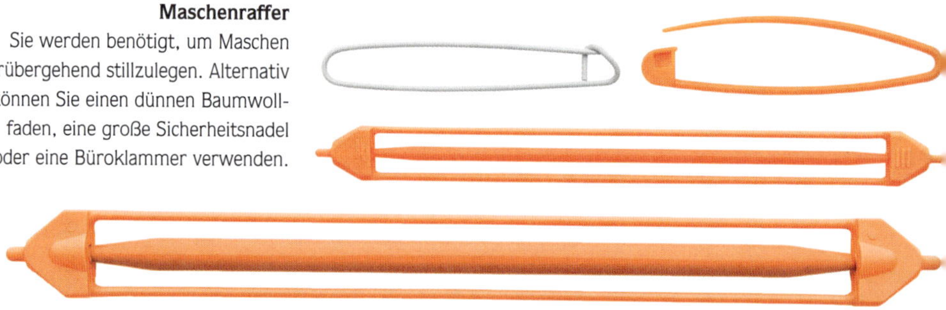

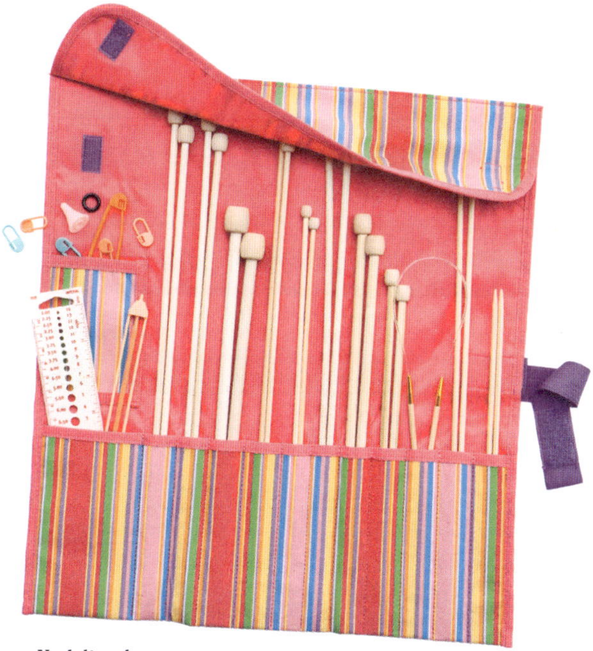

Nadeltasche

Taschen, Rollen und Schachteln, die Stricknadeln vor Schäden schützen und für Ordnung sorgen, gibt es in verschiedenen Ausführungen. Dicke Nadeln sind in einer Tasche (wie eine langes Schlampermäppchen) gut aufgehoben, für Nadelspiele empfiehlt sich eine kürzere Rolle.

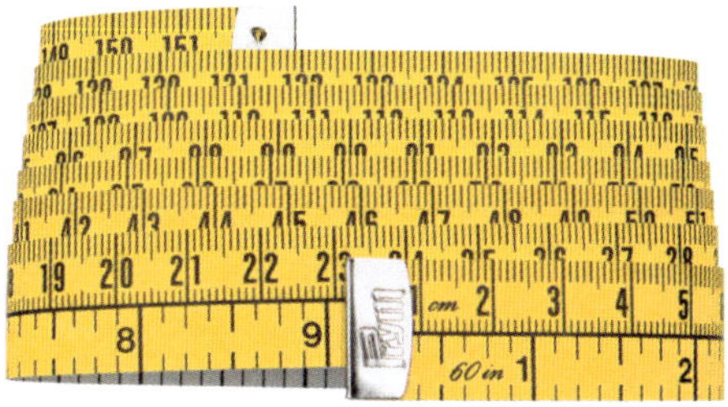

Maßband

Unerlässlich, um die Körpermaße der Person zu ermitteln, für die ein Modell gestrickt wird, oder um den Projektfortschritt zu prüfen. Natürlich brauchen Sie es auch zum Messen der Maschenprobe und der Strickarbeit.

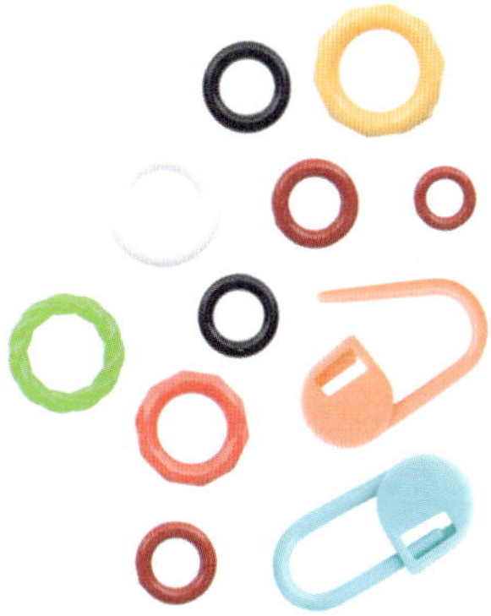

Maschenmarkierer

Praktisch zum Markieren von Anfang und Ende eines Rapports oder – beim Rundstricken – des Endes einer Runde. Wenn Sie einen geschlossenen Markierungsring erreichen, schieben Sie diesen einfach von der linken auf die rechte Nadel und setzen die Reihe fort.

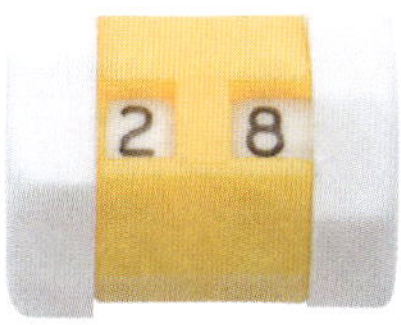

Reihenzähler

Manche Reihenzähler werden auf das Ende einer Stricknadel geschoben und an jedem Reihenende eine Stelle weitergedreht. Andere haben eine Drucktaste, die nach jeder Reihe betätigt wird.

Handarbeitstasche

Spezielle Handarbeitstaschen haben oft mehrere Fächer für Utensilien und Material. Legen Sie ein Stück Zedernholz hinein, um Wolle und Strickarbeit vor Feuchtigkeit und Motten zu schützen (siehe S. 28).

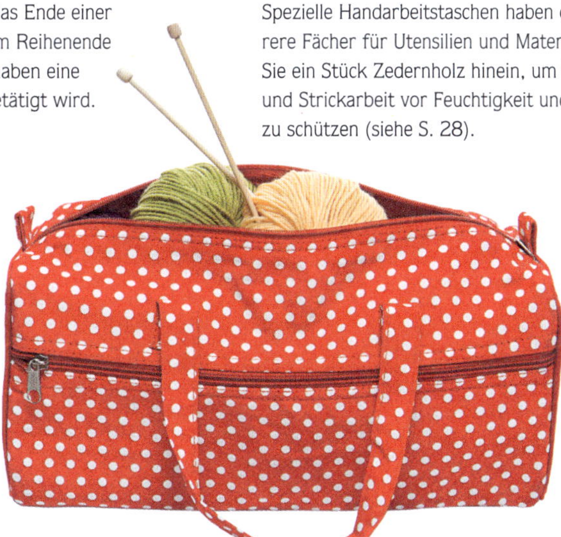

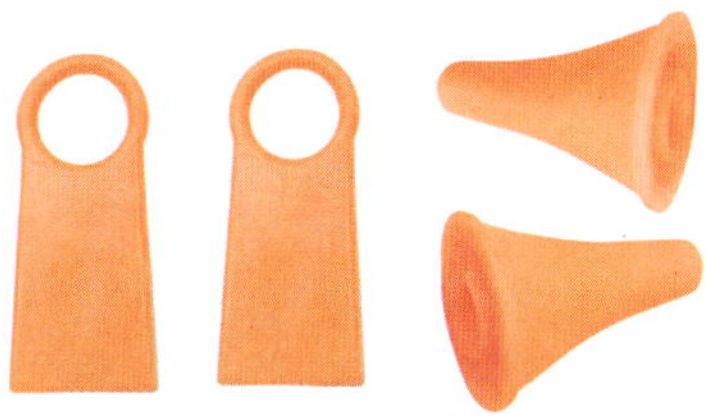

Nadelkappen

Sie verhindern, dass die Maschen bei Transport oder Lagerung von der Nadel rutschen, die Spitzen dünner Nadeln beschädigt werden oder die Nadeln Löcher in die Handarbeitstasche stechen.

Sticknadel ohne Spitze

Nadeln ohne Spitze spalten die Fäden nicht. Sie werden hauptsächlich zum Zusammennähen und zum Sticken auf Maschengrund benutzt. Die Größe des Öhrs muss auf die Stärke des Garns abgestimmt sein.

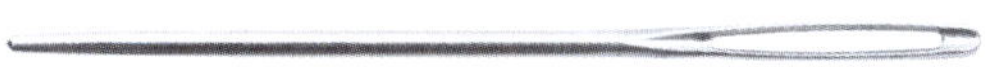

BESONDERE HILFSMITTEL

Wer sich an anspruchsvollere Modelle mit Zöpfen, Norweger- oder Lochmustern wagt, braucht manchmal spezielles Zubehör. Einsteigerinnen, die zuerst die Grundtechniken einüben, benötigen diese Utensilien noch nicht. Doch wenn Sie mehr Erfahrung haben, werden Sie einige von ihnen sicherlich zu schätzen wissen.

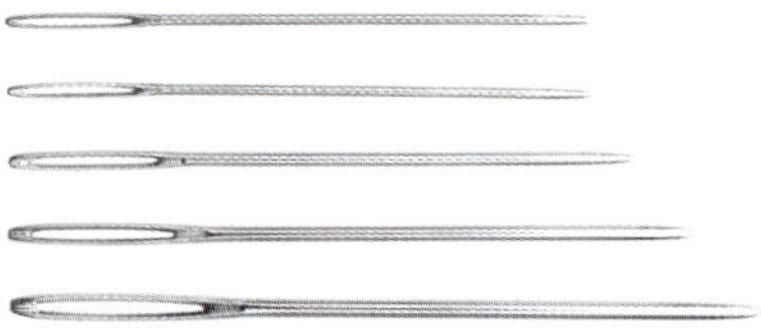

Sticknadeln mit Spitze
Spitze Nadeln mit großem Öhr braucht man zum Vernähen der Fäden nach dem Zusammennähen, zum Einsetzen von Reißverschlüssen oder zum Ansetzen von Borten oder Kanten.

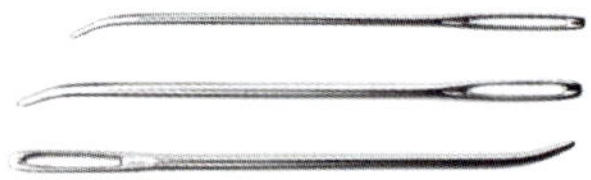

Abgewinkelte Nadeln ohne Spitze
Zum Zusammennähen und Vernähen von Fäden brauchen Sie Sticknadeln ohne Spitze, die in verschiedenen Stärken erhältlich sind. Diese Nadeln schieben die Strickfäden beiseite, statt sie zu durchstechen und dabei zu beschädigen. Mit Nadeln mit abgewinkelter Spitze geht das Zusammennähen schneller als mit geraden Nadeln. Nadeln mit einem Öhr zum Aufklappen sind praktisch zum Einlegen sehr dicker Garne.

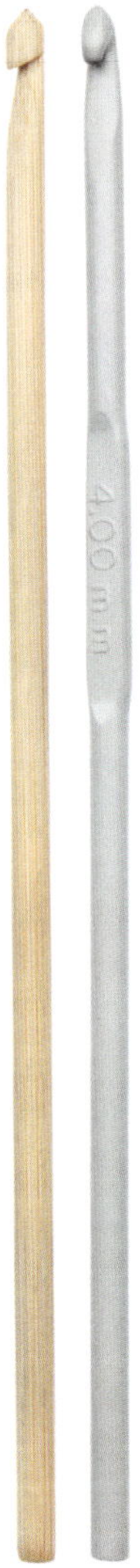

Häkelnadel
Häkelnadeln gibt es aus verschiedenen Materialien, zum Beispiel Metall, Holz und Bambus. Besonders angenehm arbeitet es sich mit Nadeln aus glattem Metall. Mit ihnen lassen sich heruntergefallene Maschen leicht retten. Sie eignen sich auch gut zum Einarbeiten von Fransen und Quasten.

Fadenschneider
Eine praktische Alternative zur Schere: Das Garn wird in eine Kerbe geschoben, um es abzuschneiden. Man kann die Fadenschneider auch an einer Kordel um den Hals tragen. Auf Flugreisen eine gute Alternative zur (verbotenen) Handarbeitsschere.

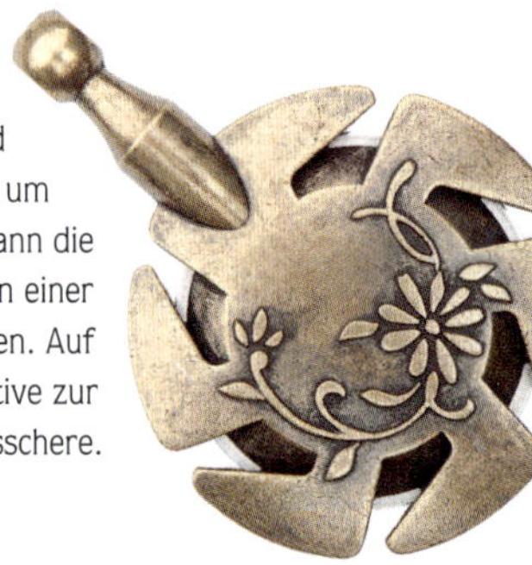

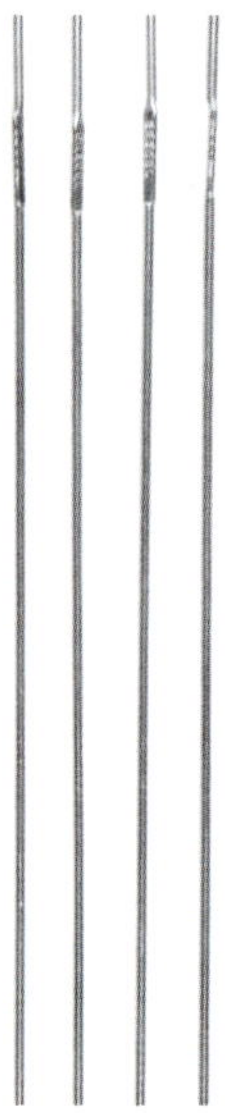

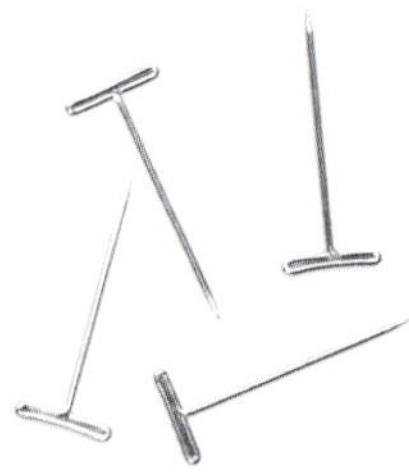

Spanndrähte und -nadeln
Sie werden zum Spannen feiner Lochmusterarbeiten benötigt. Die Drähte werden auf- und abwärts durch den Rand des Werkstücks geführt, dann wird dieses angefeuchtet und liegend getrocknet. Alternativ trockenen Strick spannen und behutsam dämpfen. Dabei nur den Dampf aufströmen lassen, ohne das Bügeleisen aufzusetzen. Die Spanndrähte können mit speziellen Nadeln noch fixiert werden.

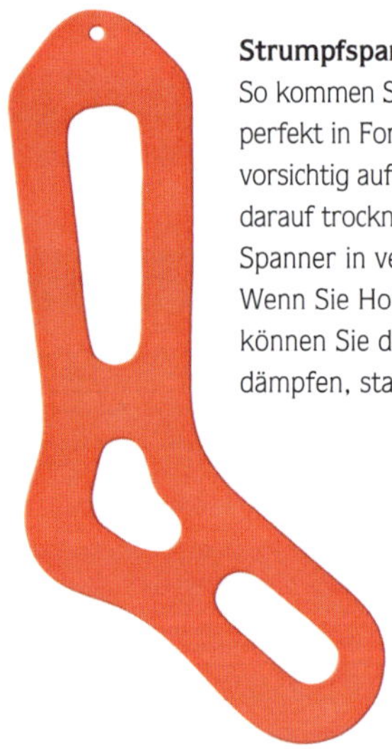

Strumpfspanner
So kommen Socken nach dem Stricken perfekt in Form: von Hand waschen, vorsichtig auf den Spanner ziehen und darauf trocknen lassen. Es gibt solche Spanner in verschiedenen Größen. Wenn Sie Holzspanner verwenden, können Sie die Socken auch nur dämpfen, statt sie zu waschen.

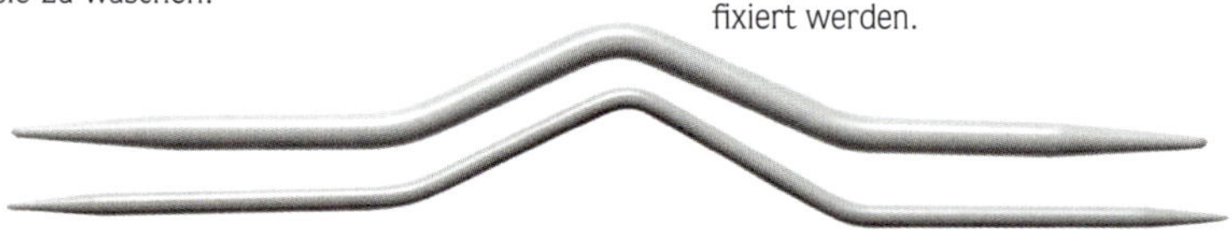

Zopfnadeln
Abgeknickte oder U-förmige Nadeln braucht man, um bei Zopfmustern Maschen vorübergehend stillzulegen. Der Knick verhindert, dass die Maschen von der Nadel rutschen. In der Stärke sollten sie denen des Werkstücks entsprechen oder dünner sein.

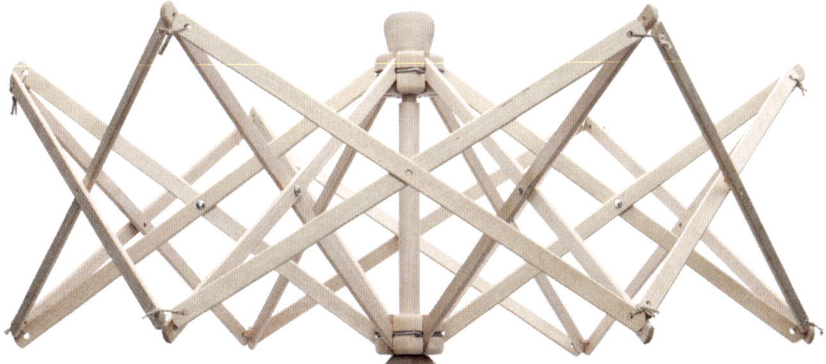
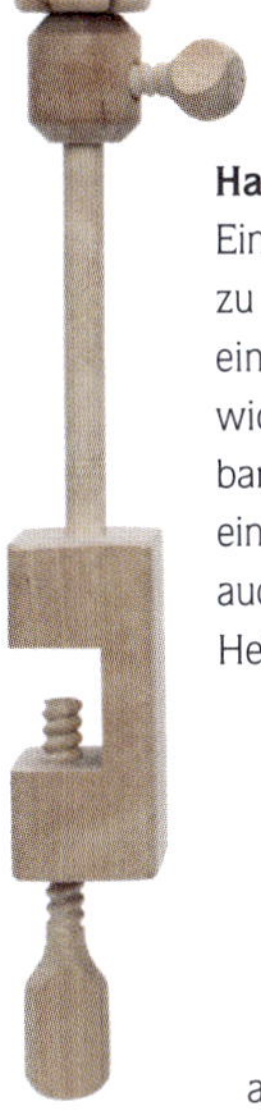

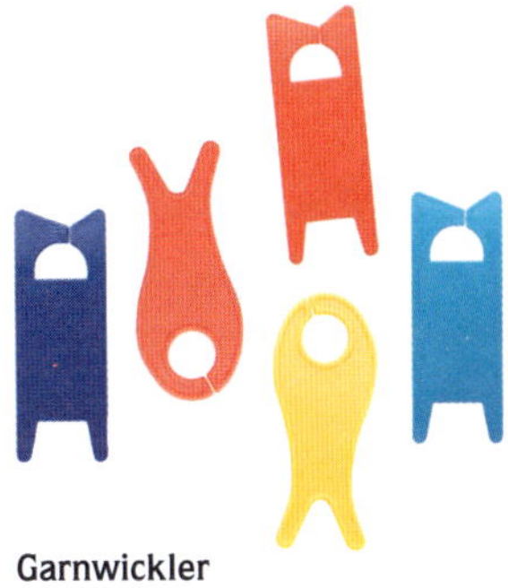

Garnwickler
Bei der Intarsientechnik (siehe S. 102) arbeitet man in verschiedenen Bereichen einer Reihe mit separaten Fäden. Diese kleinen Garnwickler sorgen dafür, dass sich die Fäden nicht verheddern.

Haspel
Eine Haspel benutzt man, um Strangwolle zu halten, während man den Faden mit einem mechanischen Knäuelwickler aufwickelt. Der Strang wird um die verstellbaren Arme der Haspel gelegt. Wer solch ein Gerät nicht besitzt, kann den Strang auch um eine Stuhllehne legen oder einen Helfer bitten, ihn zu halten.

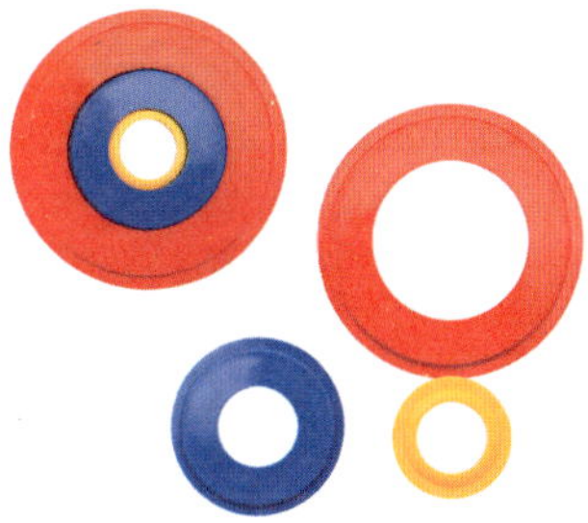

Pomponringe
Runde Kunststoffringe sind praktisch zum Herstellen von dekorativen Pompons. Das Garn wird um zwei Ringe gewickelt, dann am Rand aufgeschnitten und zwischen den Ringen mit einem Faden fest verschnürt. Man kann solche Ringe auch aus Pappe zuschneiden.

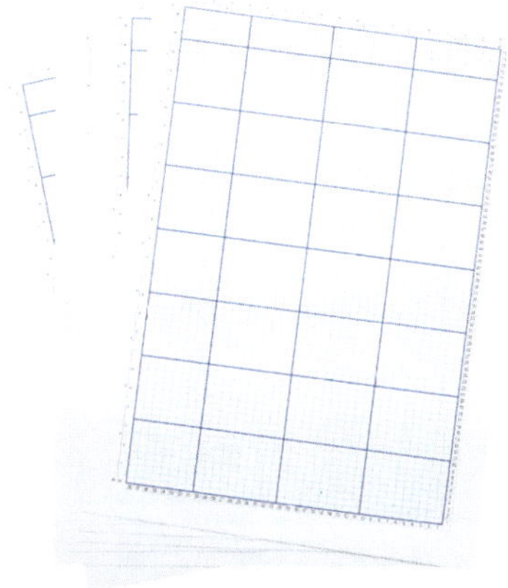

Zählmusterpapier
Spezielles Zählmusterpapier ist ideal zum Vorzeichnen von Strickmustern. Gestrickte Maschen sind schließlich nicht quadratisch, darum erscheint ein Muster auf normalem Karopapier immer verzerrt. Das wirkt sich allerdings nur beim Entwerfen neuer Muster aus. Zum Abzählen ist Karopapier völlig ausreichend.

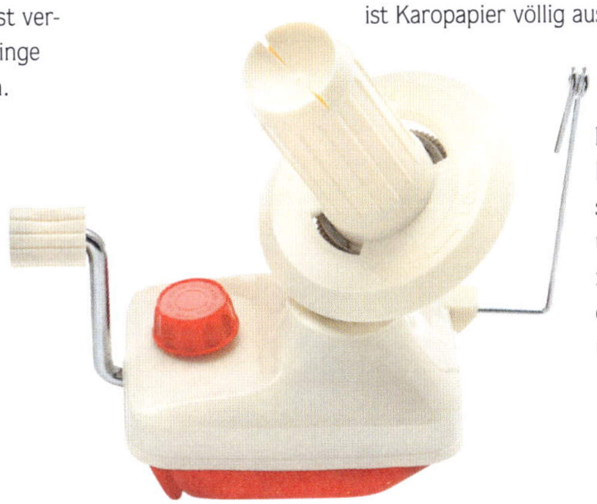

Knäuelwickler
Mit diesem Hilfsmittel lässt sich Strangwolle schnell zu Knäueln wickeln. Es eignet sich auch, um mehrere Fäden vor dem Stricken gleichmäßig zusammenzuwickeln. Zieht man einen Faden durch die Mitte des anderen Knäuels, werden die Fäden umeinander gedreht.

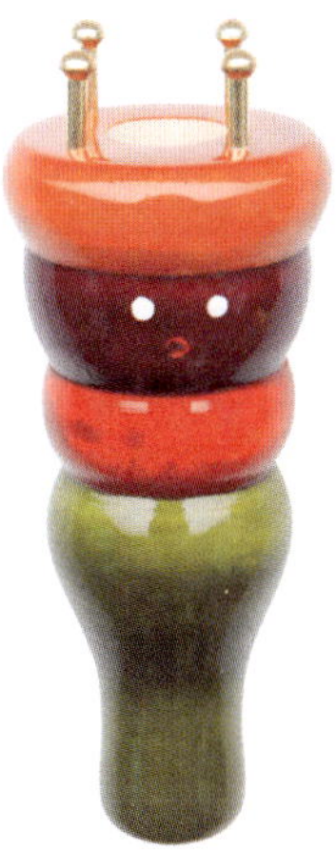

Strickliesel
Dünne, gestrickte Kordeln lassen sich leicht mit einer Strickliesel herstellen. Schneller geht es mit einer mechanischen Strickmühle. Die meisten Modelle eignen sich am besten für 4-fädiges Sockengarn. Prima, um Kinder an das Stricken heranzuführen!

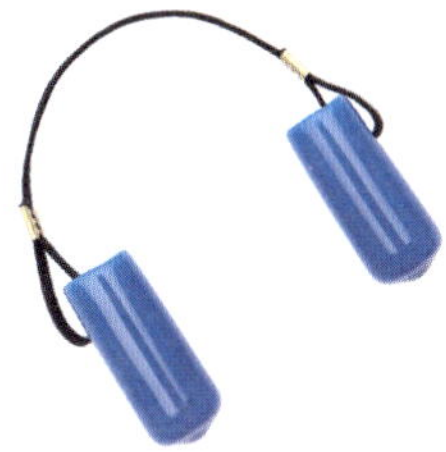

Nadelkappen
Solche Kappen mit einem Verbindungsgummi steckt man auf ein Nadelspiel, damit die Maschen nicht herunterrutschen können, wenn man das unvollendete Strickzeug verstaut.

DIE RICHTIGE PFLEGE

Wenn ein Strickmodell fertig ist, möchte man es natürlich vor Schäden schützen und möglichst lange im Topzustand erhalten. Motten sind die größte Bedrohung. Sie legen Eier in Naturfasern, und die Larven fressen Löcher in den Strick. Zum Glück gibt es Hilfsmittel, die dafür sorgen, dass Handgestricktes lange wie neu aussieht.

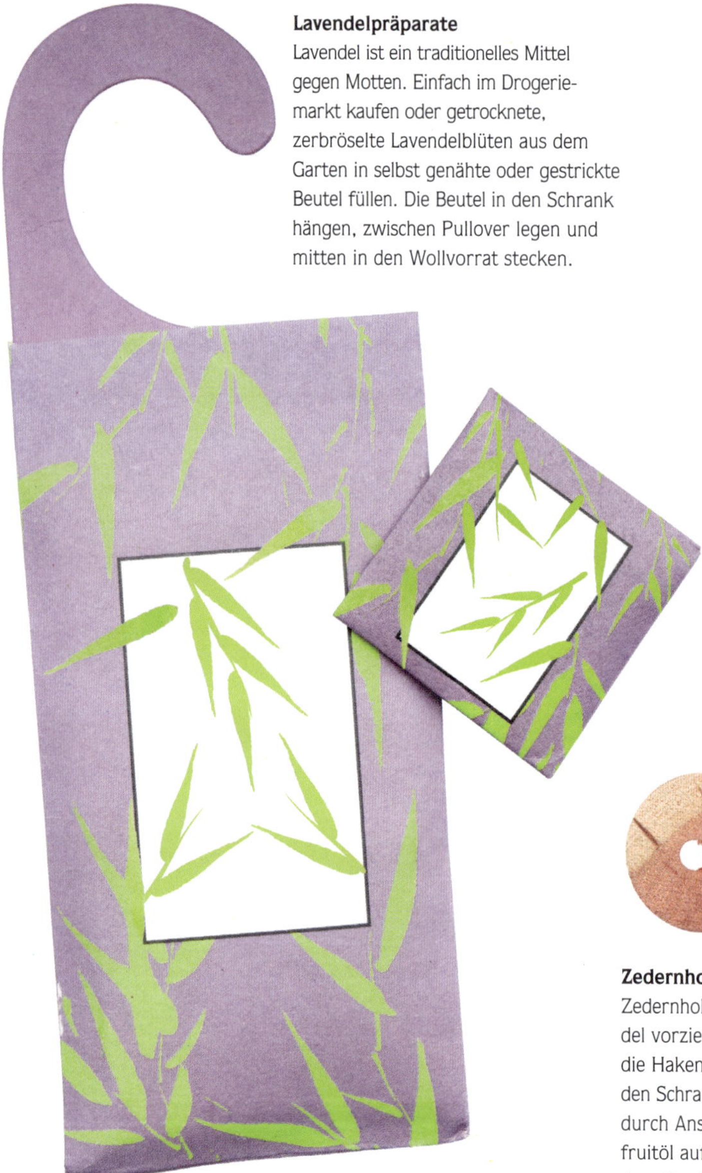

Lavendelpräparate
Lavendel ist ein traditionelles Mittel gegen Motten. Einfach im Drogeriemarkt kaufen oder getrocknete, zerbröselte Lavendelblüten aus dem Garten in selbst genähte oder gestrickte Beutel füllen. Die Beutel in den Schrank hängen, zwischen Pullover legen und mitten in den Wollvorrat stecken.

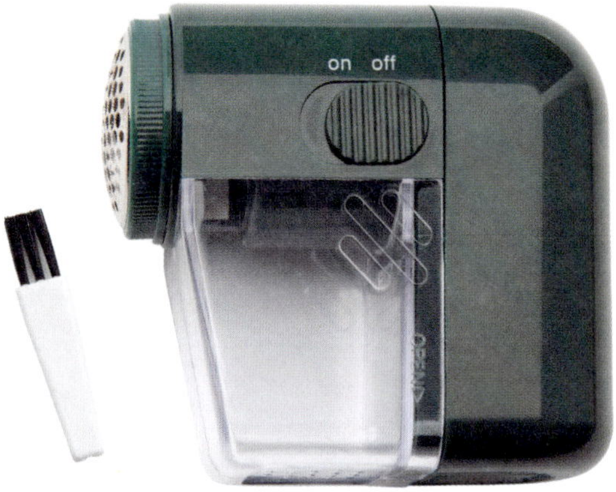

Knötchenrasierer
Manche Strickwaren neigen zum Pilling – sie bilden mit der Zeit Knötchen auf der Oberfläche. Weichspüler kann dieses Problem verstärken. Mit einem speziellen Rasierer lassen sich die Knötchen gut entfernen.

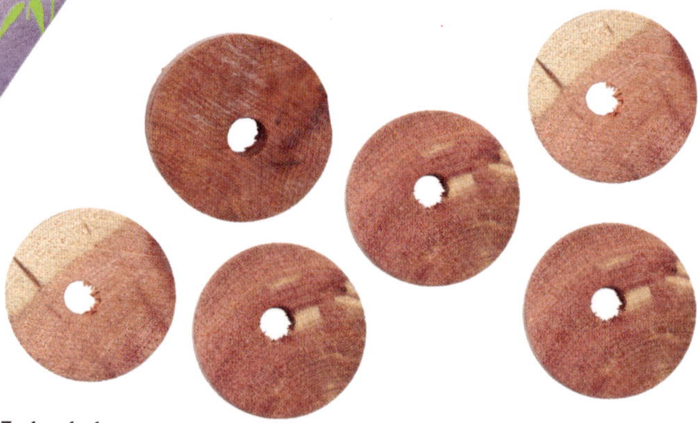

Zedernholz
Zedernholz hat einen dezenten Duft, den manche Menschen sogar dem Lavendel vorziehen – beide werden von Motten gemieden. Ringe stülpt man über die Haken von Kleiderbügeln. Würfel und Scheiben legt man hier und da in den Schrank oder in den Wollkorb. Der Duft lässt mit der Zeit nach, kann aber durch Anschleifen aufgefrischt werden. Alternativ etwas ätherisches Grapefruitöl auf jedes Klötzchen geben, das wirkt zusätzlich antibakteriell. Nach dem Trocknen die Klötzchen wieder in den Schrank oder Wollkorb legen.

Kleiderbeutel
Aufbewahrungsbeutel sind praktisch für Saisonkleidung, die länger eingelagert wird. Neben einfachen Reißverschlussbeuteln gibt es Plastikbeutel mit Lavendelduft und Vakuumbeutel, die besonders wenig Platz brauchen. Die Beutel gut verschließen, damit weder Feuchtigkeit noch Insekten eindringen können. Nur Umfalten genügt nicht: Motten schlüpfen durch die kleinste Lücke.

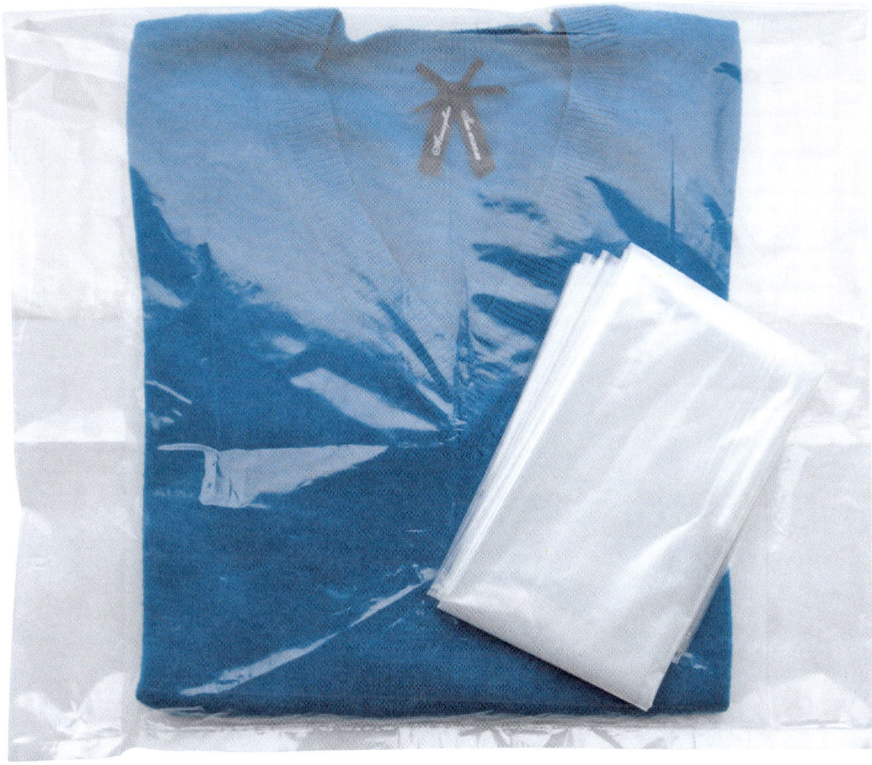

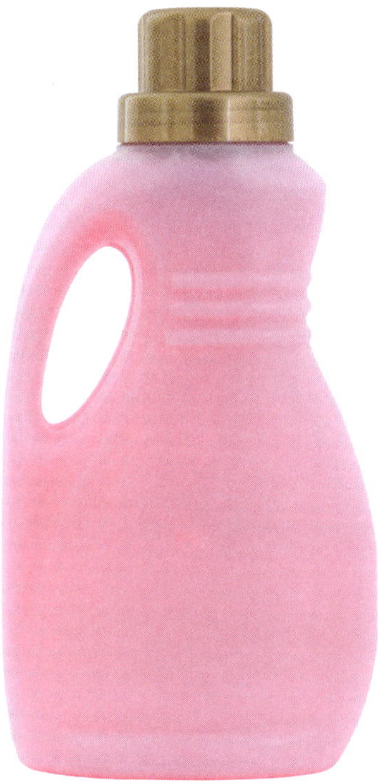

Wollwaschmittel
Spezielles Wollwaschmittel ist sehr mild. Es reinigt die Fasern schonend, ohne das Garn zu beschädigen oder die Farbe auszubleichen. Viel entscheidender als das Produkt ist allerdings die mechanische Behandlung: Reiben, Rubbeln und Wringen vermeiden, sonst verfilzt oder verformt sich das Strickgut.

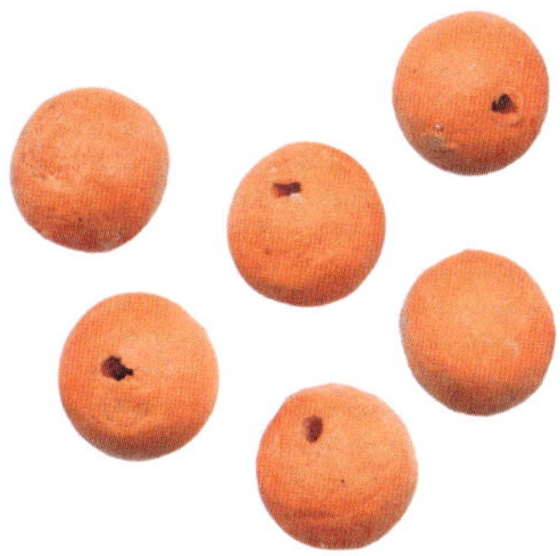

Mottenkugeln
Die Kügelchen enthalten einen Stoff, der Motten und andere Schädlinge vertreibt. Sie werden in Kleidungstaschen gesteckt oder zwischen Kleidungsstücke gelegt. Manche haben einen strengen, sehr hartnäckigen Geruch.

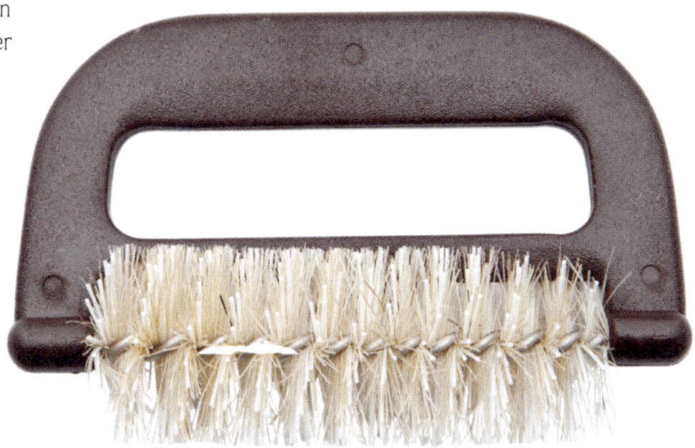

Mohairbürste
Der weiche Flor von Mohair wird durch Waschen, Tragen oder Liegen im Schrank flacher. Manche Bereiche, zum Beispiel die Unterseiten von Ärmeln, neigen zum Verfilzen. Mit einer Mohairbürste kann der Flor behutsam wieder aufgelockert werden.

TECHNIKEN

GRUNDTECHNIKEN

Stricken zu lernen dauert nicht lange. Sie brauchen zunächst nur einige wenige Grundtechniken zu beherrschen: Maschen anschlagen oder aufnehmen, rechte und linke Maschen stricken und am Schluss abketten. Das genügt bereits, um einfache, rechteckige Werkstücke wie Schals oder Babydecken zu stricken.

ANFANGSSCHLINGE

Bevor es richtig losgeht, wird eine Anfangsschlinge (auch Laufknoten genannt) gearbeitet. Diese bildet die erste Masche auf der Nadel und die Ausgangsbasis für die verschiedenen Anschlagtechniken.

1 Legen Sie das Fadenende wie abgebildet zu einer Schlaufe.

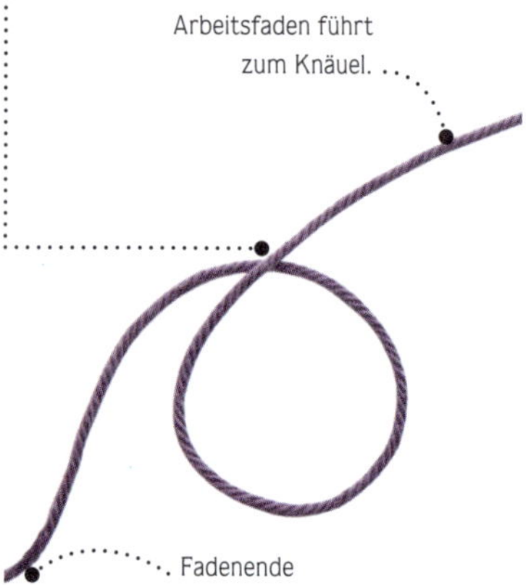

2 Nun die Nadel durch die Schlaufe stecken und den Arbeitsfaden durchholen, sodass eine Schlinge entsteht.

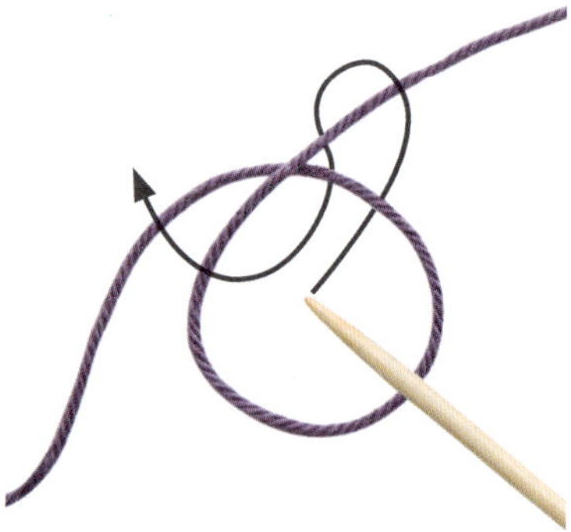

3 Die erste Masche liegt auf der Nadel. Darunter befindet sich ein lockerer Knoten.

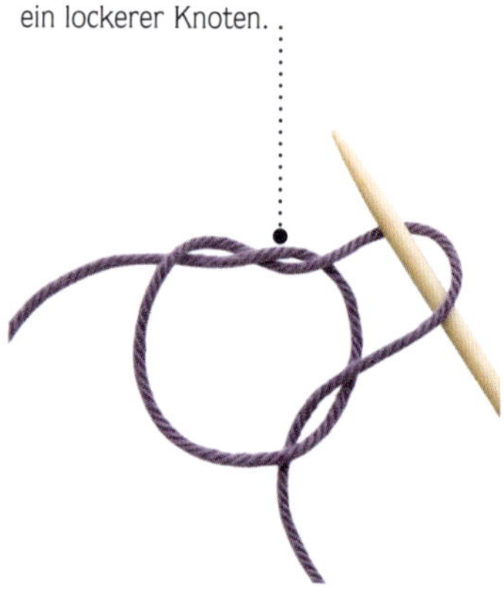

4 Ziehen Sie nun den Knoten und die Anfangsschlinge fest.

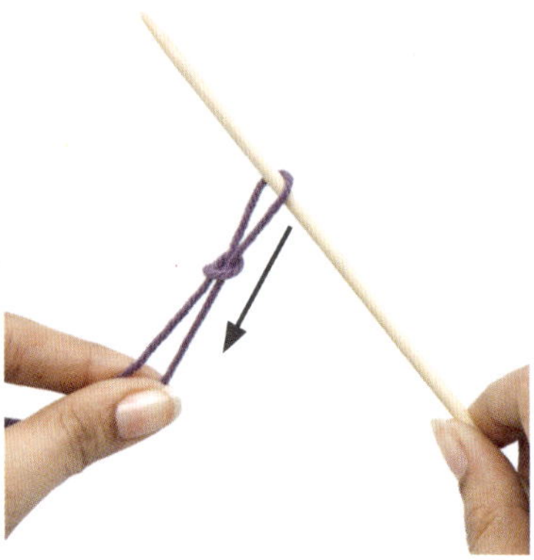

5 Die Anfangsschlinge soll fest genug auf der Nadel sitzen, um nicht herabzugleiten, jedoch nicht so fest, dass die zweite Nadel nicht mehr hindurchpasst.

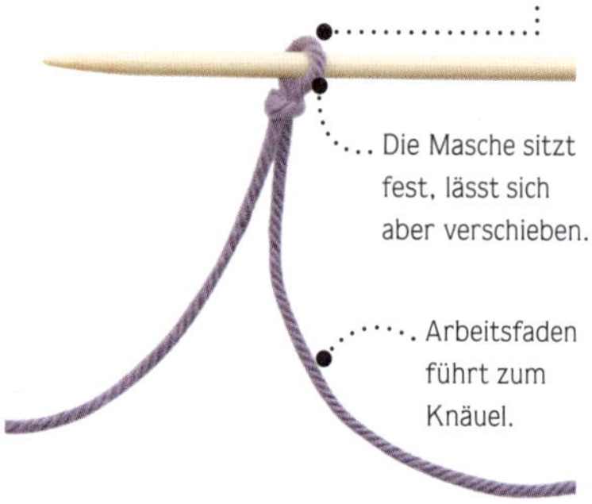

6 Das Fadenende 10–15 cm lang hängen, damit es sich später gut vernähen lässt. Manche Modelle erfordern ein extra langes Fadenende, z. B. für Nähte oder andere Zwecke.

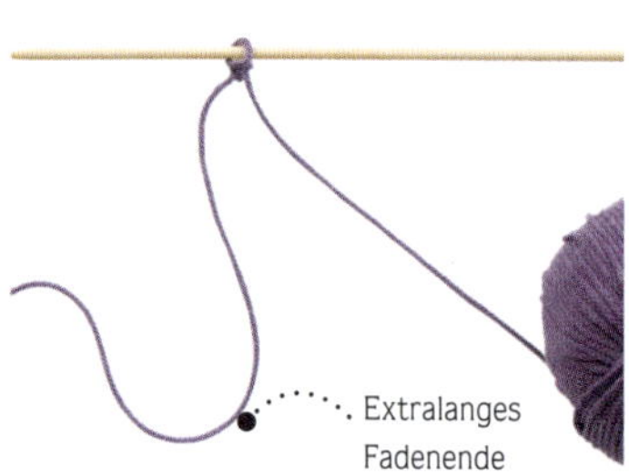

GARN UND NADELN HALTEN

Machen Sie sich nun damit vertraut, wie Garn und Nadeln gehalten werden. In Deutschland strickt man meist nach der linkshändigen Methode, in anderen Ländern Europas wird eher rechtshändig gestrickt. Das Ergebnis ist dasselbe. Probieren Sie einfach aus, mit welcher Technik Sie besser zurechtkommen.

RECHTSHÄNDIG STRICKEN

1 Das Garn wird mit der rechten Hand gehalten. Hier sehen Sie eine mögliche Art, den Faden so um die Finger zu wickeln, dass er weder zu straff noch zu locker durch die Hand gleitet.

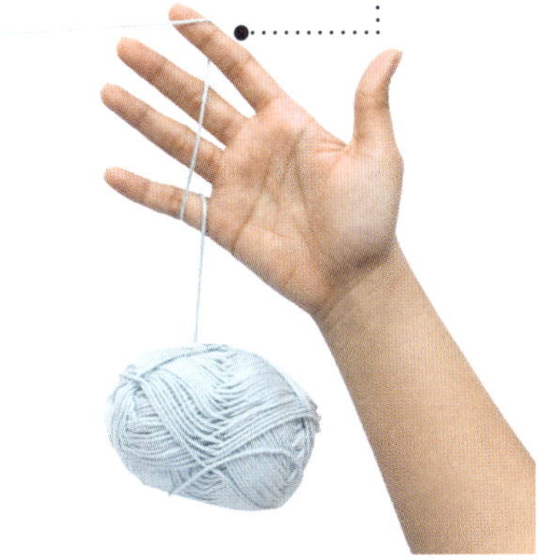

2 Wenn Ihnen die eben gezeigte Methode nicht liegt, probieren Sie es wie auf diesem Foto. Oder erfinden Sie kurzum eine eigene Methode, die Ihnen gut von der Hand geht.

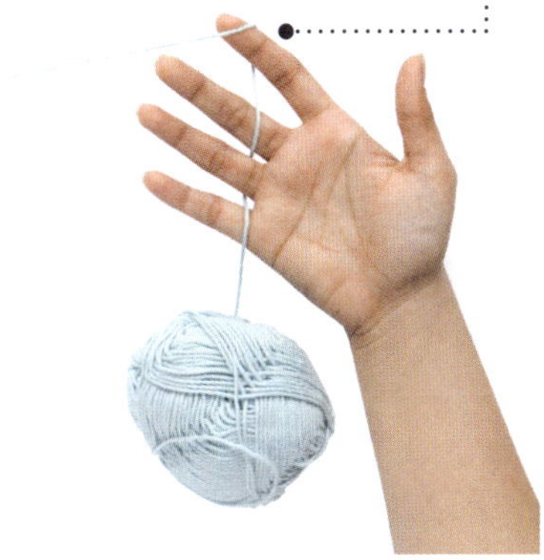

3 Die Maschen werden von rechts nach links abgestrickt. Der Faden wird mit dem rechten Zeigefinger über die (rechte) Arbeitsnadel gelegt und dann durch die Masche geholt.

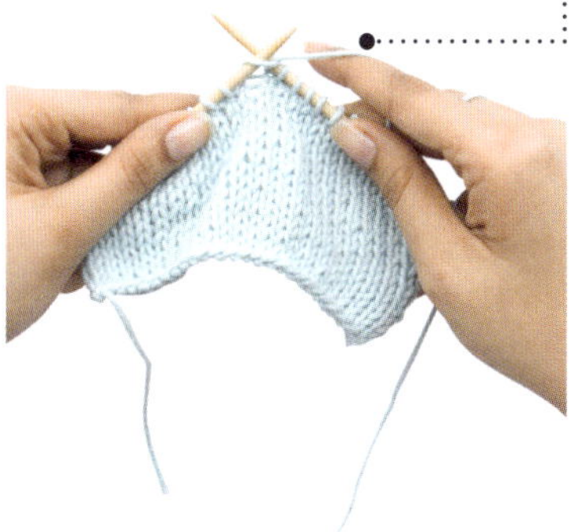

LINKSHÄNDIG STRICKEN

1 Den Faden straff, aber nicht zu fest in der linken Hand halten. Er soll leicht, aber nicht widerstandslos durch die Hand gleiten.

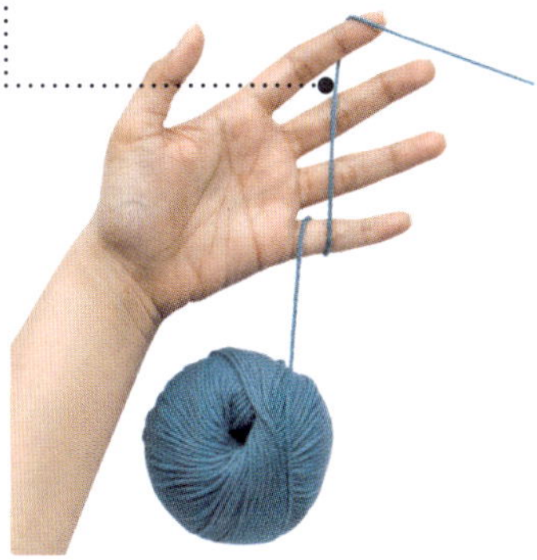

2 Probieren Sie einfach aus, wie Sie den Faden am besten führen können. Es gibt dabei kein Richtig oder Falsch.

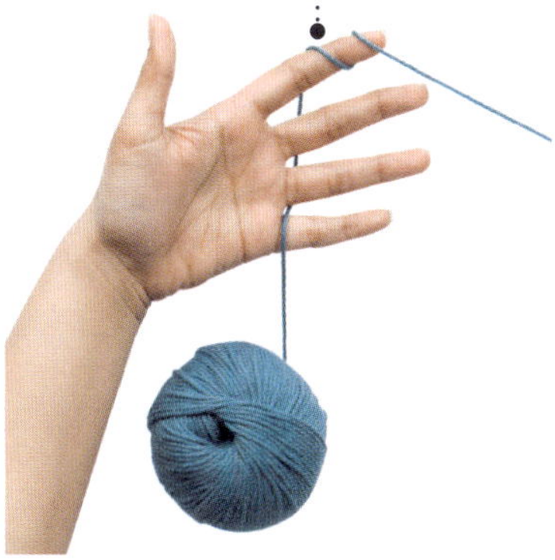

3 Die Strickrichtung ist dieselbe wie bei der rechtshändigen Methode, doch hier wird der Faden mit dem linken Zeigefinger vor oder hinter die Masche gelegt und mit der rechten Hand durchgeholt.

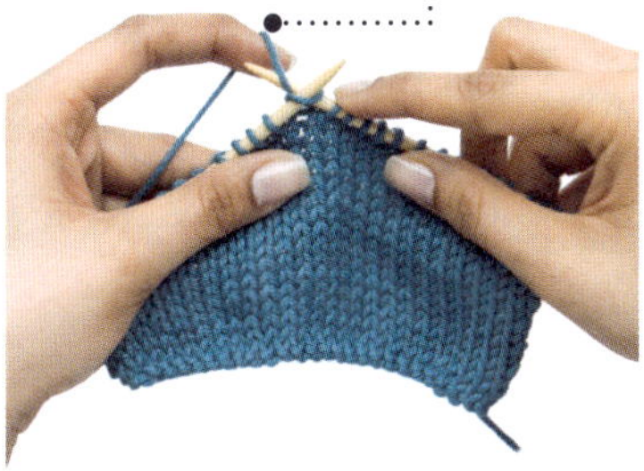

ZÜGIG LINKS UND RECHTS STRICKEN

Mit dieser Methode gehen rechte Maschen besonders zügig von der Hand: ideal für kraus rechts gestrickte Arbeiten oder Strümpfe und andere Modelle, die in Runden glatt rechts gestrickt werden. Falls das Maschenwerk zu locker ausfällt, nehmen Sie einfach etwas dünnere Stricknadeln.

Für rechte und linke Maschen den Faden um den kleinen Finger wickeln, aber über die Handrückenseite der übrigen Finger führen.

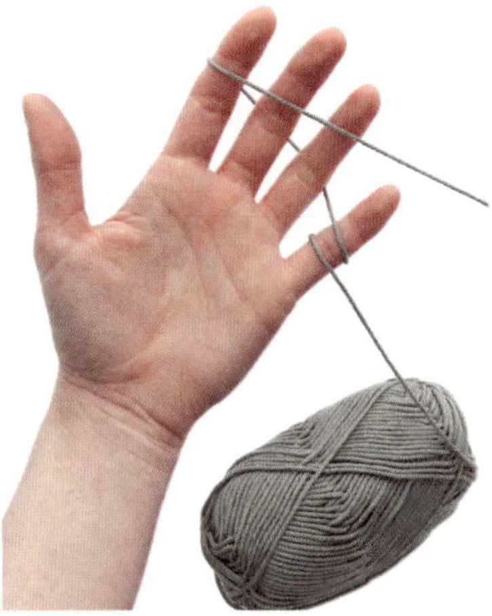

RECHTE MASCHEN LINKSHÄNDIG STRICKEN

1 Den Faden mit dem Zeigefinger hochhalten. Mit der Spitze des Mittelfingers den Faden kurz vor der ersten Masche an die Nadel halten.

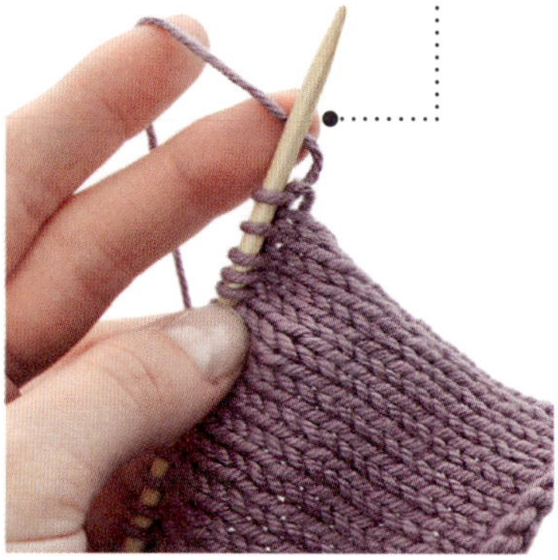

2 Die rechte Nadel einstechen, den Faden durch die Masche auf der linken Nadel holen. Die Masche von der linken Nadel gleiten lassen.

3 Am Ende der Reihe den Faden nicht von der linken Hand lösen. Einfach die Nadeln tauschen.

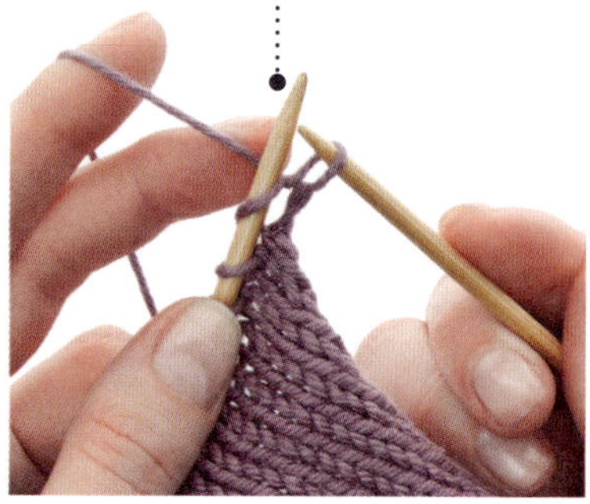

LINKE MASCHEN LINKSHÄNDIG STRICKEN

1 Den Faden wie zum Rechtsstricken führen. Den Zeigefinger heben, den Mittelfinger an die Spitze der linken Nadel setzen. Von rechts nach links in die Masche einstechen. Die Nadel vor den Arbeitsfaden legen.

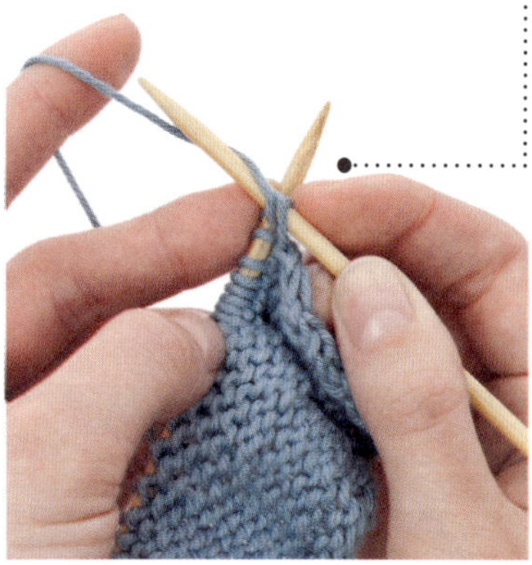

2 Den linken Zeigefinger beugen, um den Faden um die Nadel zu legen. Den linken Mittelfinger während dieses gesamten Vorgangs nicht von der Nadel lösen.

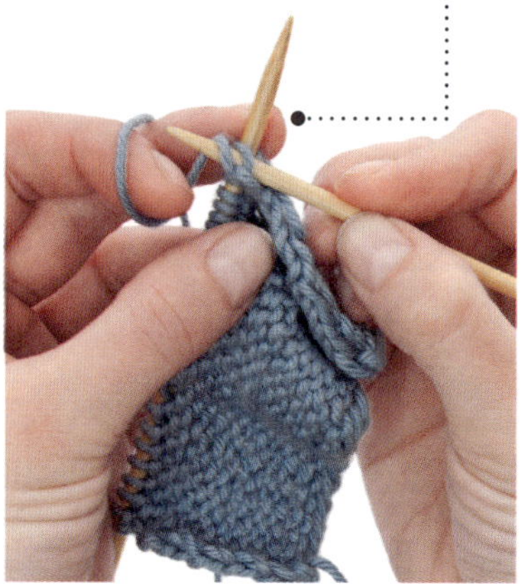

3 Die rechte Nadelspitze etwas wegziehen, sodass sich die Masche auf der rechten Nadel weitet. Den Arbeitsfaden durchholen und die Masche von der linken Nadel gleiten lassen.

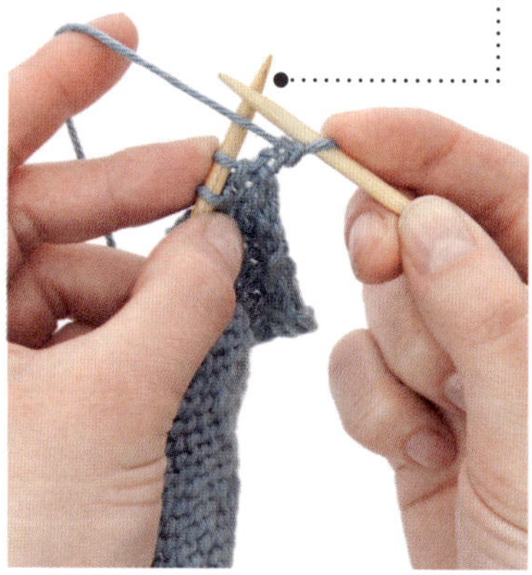

VERDREHTE LINKE MASCHEN KORRIGIEREN

1 Eine Masche sieht verdreht aus, wenn das vordere Maschenglied hinter dem hinteren liegt.

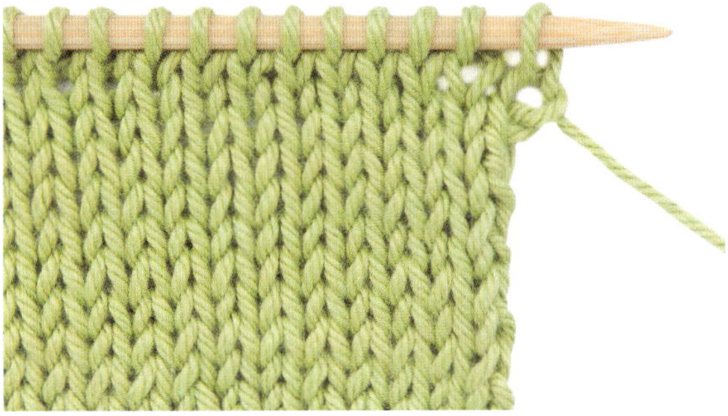

2 Solche Verdrehungen können auftreten, wenn man den Faden beim Abstricken in der falschen Richtung um die Nadel legt. Zum Korrigieren stechen Sie in der folgenden Reihe einfach von hinten in die entsprechende Masche ein.

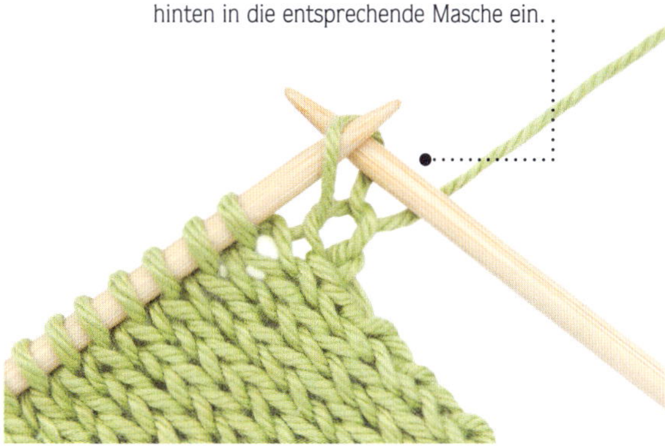

EINFÄDIGE ANSCHLAGTECHNIKEN

Die folgenden Anschlagtechniken werden mit einem Faden gearbeitet. Sie sind recht locker, können aber durch verschränktes Abstricken mehr Festigkeit bekommen. Das doppelte Aufschlingen ergibt eine dekorative Kante. Aufstricken (siehe S. 36) und Kordelanschlag (siehe S. 37) empfehlen sich, wenn am Rand eines Werkstücks mehrere Maschen aufgenommen werden müssen. Aufgestrickte Kanten an glatt rechts gestrickten Werkstücken neigen dazu, sich zu rollen. Mit einem zweifädigen Anschlag (siehe S. 39) lässt sich das vermeiden.

AUFSCHLINGEN (auch einfach geschlungener Anschlag oder Daumenanschlag genannt)

1 Das Aufschlingen ist die einfachste Methode. Dafür hält man die Nadel mit der Anfangsschlinge in der rechten Hand. Das Garn wie gezeigt um den Daumen legen und mit den übrigen Fingern festhalten. Dann die Nadel in Pfeilrichtung um den Faden führen.

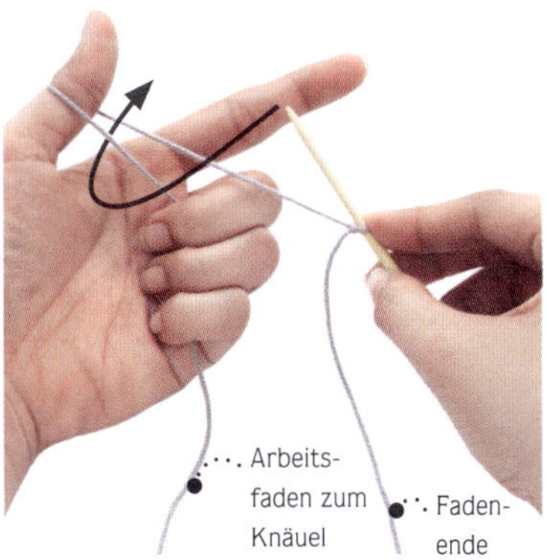

2 Den Faden vom Daumen gleiten lassen. Die so entstandene Schlaufe neben die Anfangsschlinge gleiten lassen und festziehen.

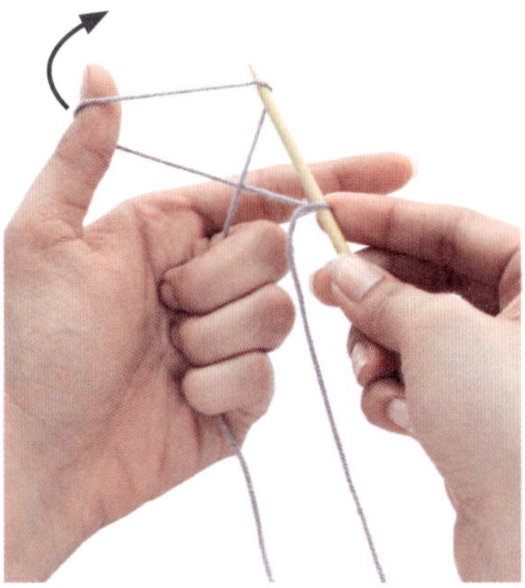

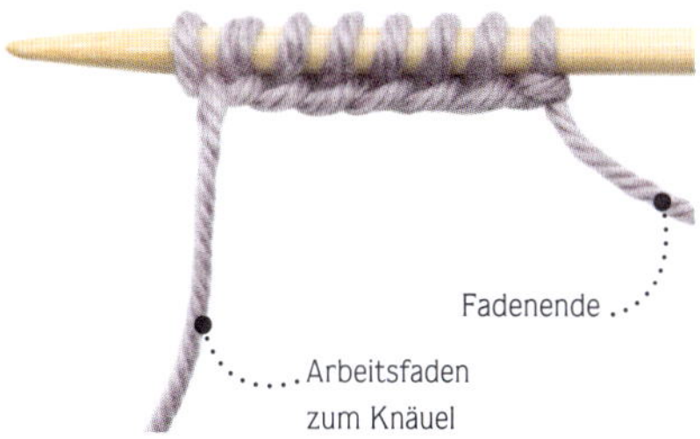

3 Das Garn wieder um den Daumen legen. Den Vorgang wiederholen, bis so viele Maschen auf der Nadel liegen, wie erforderlich sind.

AUFSTRICKEN

1 Halten Sie Garn und Nadeln, wie auf S. 33 beschrieben, mit der Anfangsschlinge auf der linken Nadel. Dann die rechte Nadel wie in der Abbildung gezeigt von vorn in die Masche einstechen.

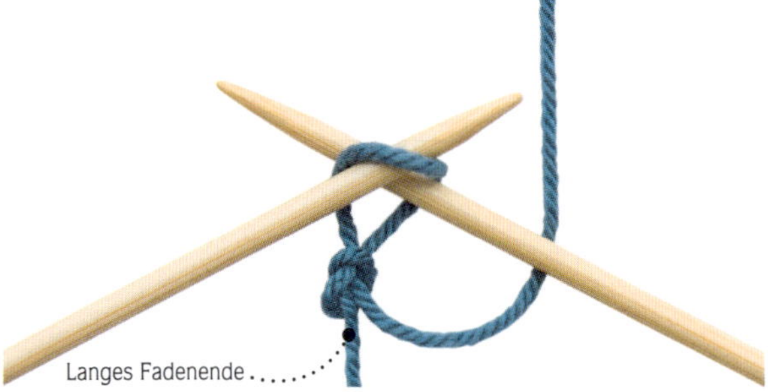

2 Nun den hinter den Nadeln liegenden Faden mit der rechten Nadel von hinten nach vorn durch die Masche holen. Dabei mit dem Zeige- oder Mittelfinger der linken Hand die Maschen auf der linken Nadel festhalten.

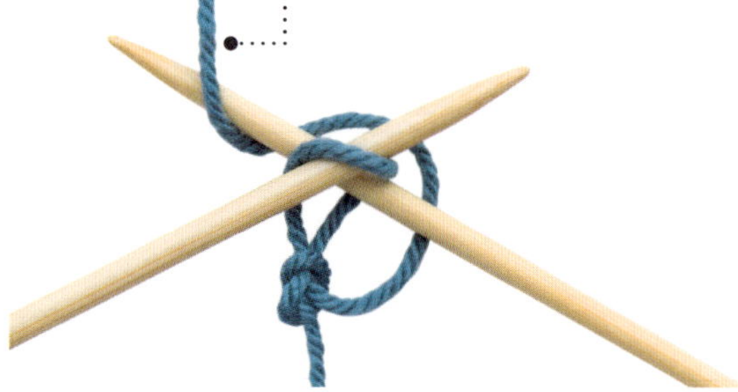

3 Diese Methode heißt »Aufstricken«, weil man bei ihr im Grunde ebenso vorgeht wie beim Stricken rechter Maschen.

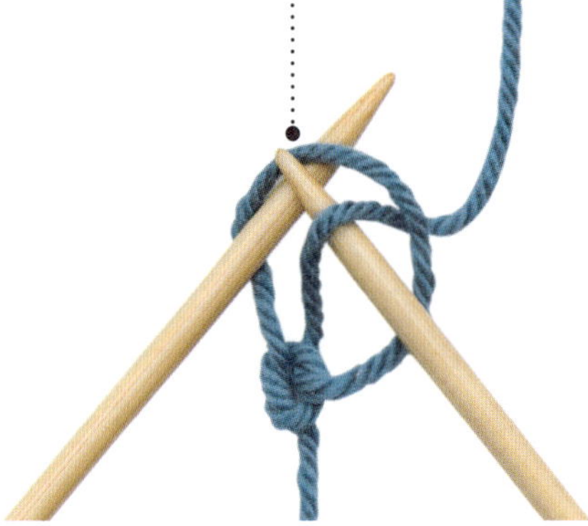

4 Nun mit der linken Nadel in Pfeilrichtung in die neue Masche stechen und diese auf der linken Nadel ablegen. Soll die Anschlagkante fester werden, mit der linken Nadel von rechts unten nach links oben einstechen, sodass die Masche noch mehr gedreht wird.

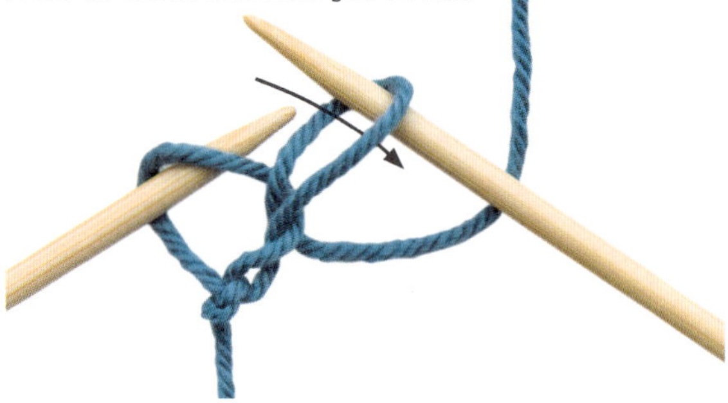

5 Beide Fäden fest anziehen. Dadurch rutscht die neue Masche eng neben die Anfangsmasche.

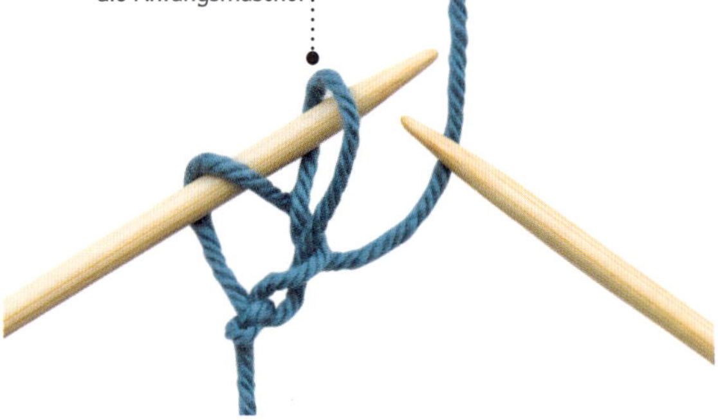

6 Auf diese Weise fortfahren, bis die gewünschte Maschenzahl erreicht ist. Für einen sehr lockeren Anschlag mit der linken Hand zwei Nadeln parallel halten.

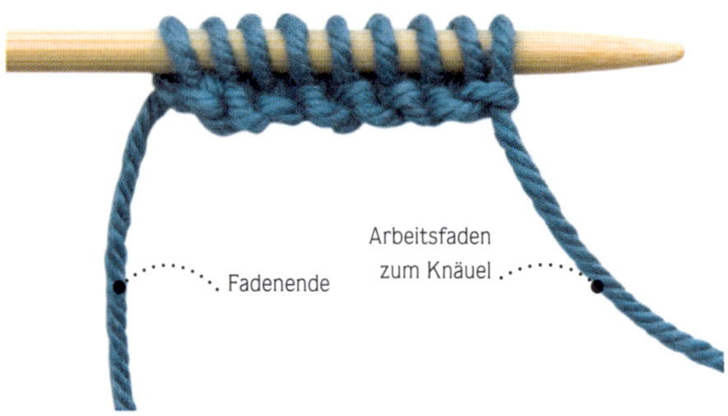

KORDELANSCHLAG

1 Zunächst Schritte 1–5 des aufgestrickten Anschlags arbeiten (siehe linke Seite). Dann die rechte Nadel wie gezeigt zwischen die beiden Maschen und unter die linke Nadel stechen.

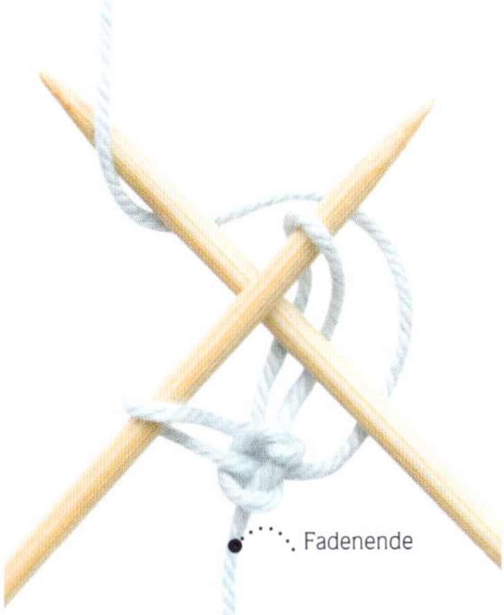

2 Das Garn mit der rechten Nadel nach vorn durchholen. Beim Anschlagen für Einerrippen in diese dritte und alle folgenden ungeraden Maschen wie zum Linksstricken von hinten einstechen.

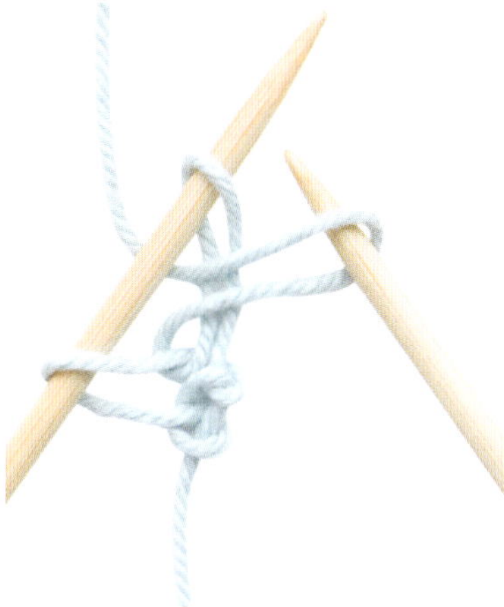

3 Die neue Masche auf die linke Nadel gleiten lassen (wie linke Seite Schritt 4). So weiterarbeiten, bis die benötigte Maschenzahl erreicht ist. Immer zwischen den jeweils letzten beiden Maschen einstechen.

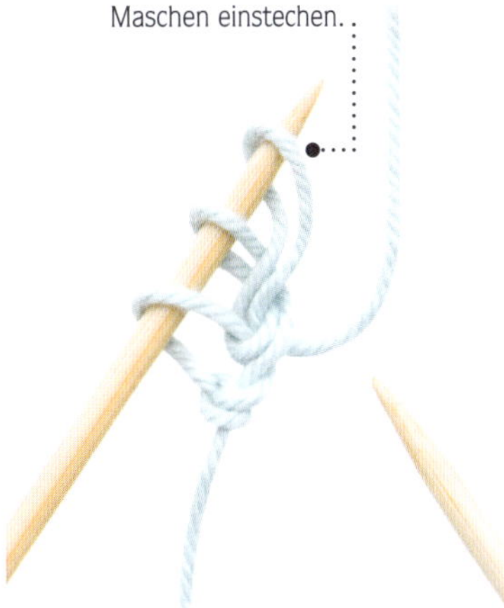

AUFSCHLINGEN, ZEIGEFINGERMETHODE

1 Diese Methode ergibt eine weiche Kante. Die Nadel mit der Anfangsschlinge in der rechten Hand halten. Den linken Zeigefinger vom Körper weg unter den Arbeitsfaden legen. Dann diesen Finger zum Körper hin krümmen.

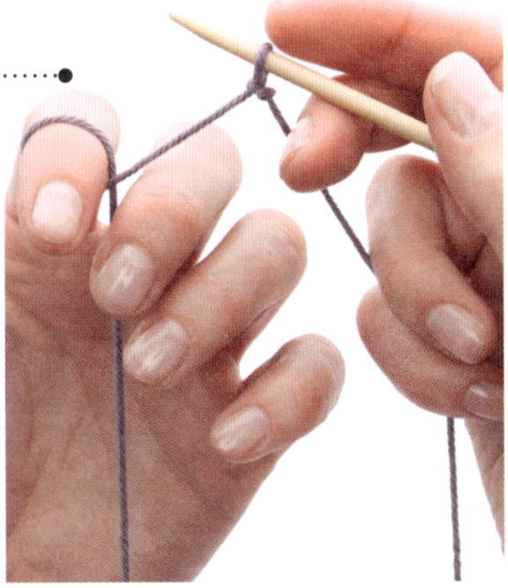

2 Dadurch entsteht auf dem linken Zeigefinger eine Schlaufe. Die rechte Nadel von hinten nach vorn unter diese Schlaufe schieben.

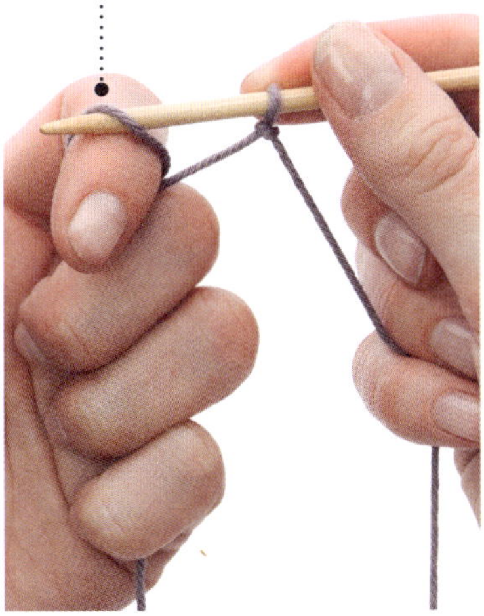

3 Die Schlaufe vom Finger auf die Nadel gleiten lassen und festziehen.

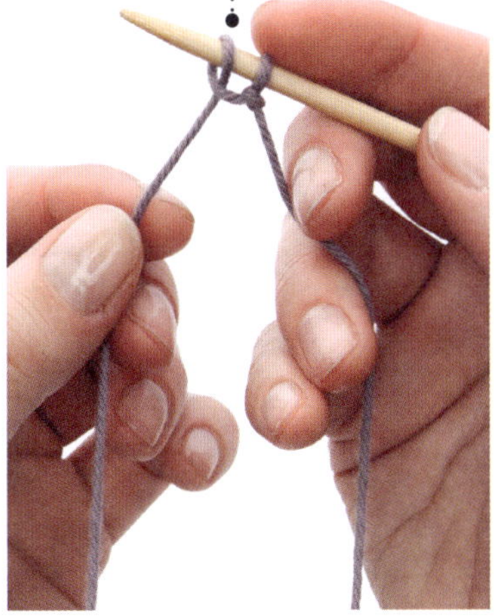

AUFSCHLINGEN IM WECHSEL

1 Die erste Masche nach der Zeigefingermethode (siehe S. 37) aufschlingen.

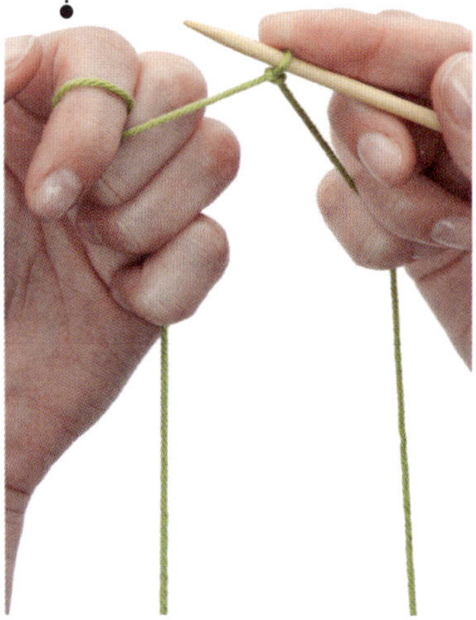

2 Die zweite Masche mit dem Daumen anschlagen (siehe S. 35). Dazu den Faden von hinten um den linken Daumen legen und die Nadel von vorn darunterschieben.

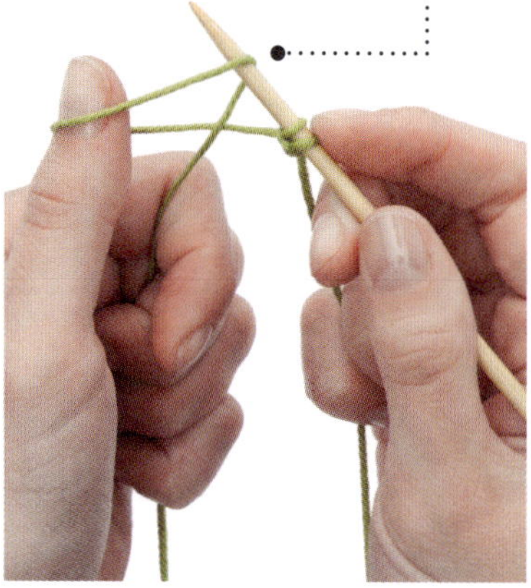

3 Schritte 1 und 2 im Wechsel wiederholen, bis die gewünschte Maschenzahl erreicht ist. Auch wenn es aussieht, als lägen einige Maschen verdreht auf der Nadel, werden sie in der ersten Reihe normal (d. h. nicht verschränkt) abgestrickt.

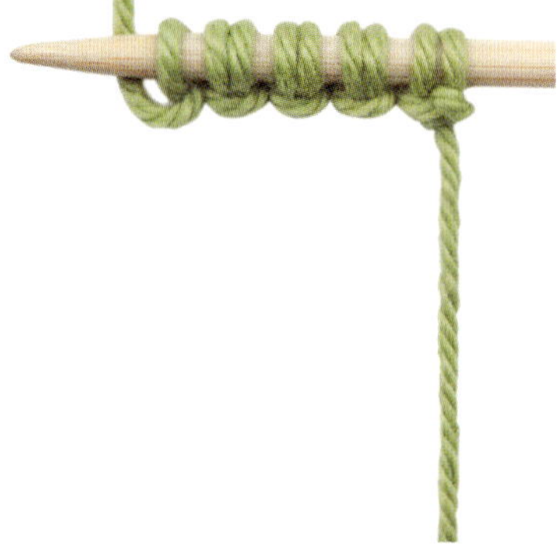

KNÖTCHENANSCHLAG

Die Kante wird etwas fester als beim Aufschlingen, und die erste Reihe lässt sich besonders gut stricken.

1 Die Nadel mit der Anfangsschlinge in der rechten Hand halten. Den linken Zeigefinger von hinten unter den Arbeitsfaden schieben.

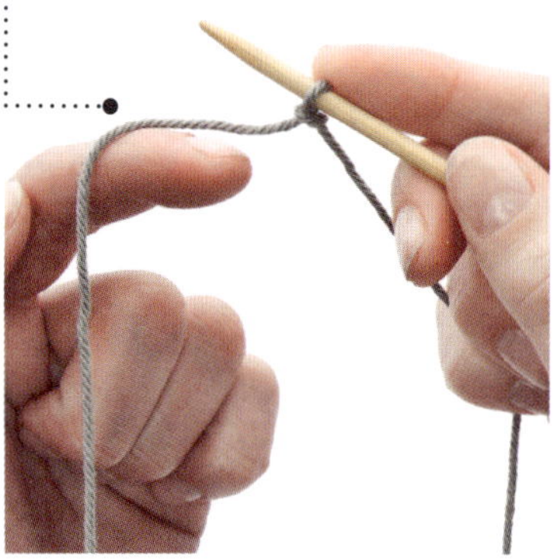

2 Den Finger zweimal gegen den Uhrzeigersinn drehen. Dabei wird auch das Garn gedreht.

3 Die Schlaufe vom Finger auf die Nadel legen und festziehen.

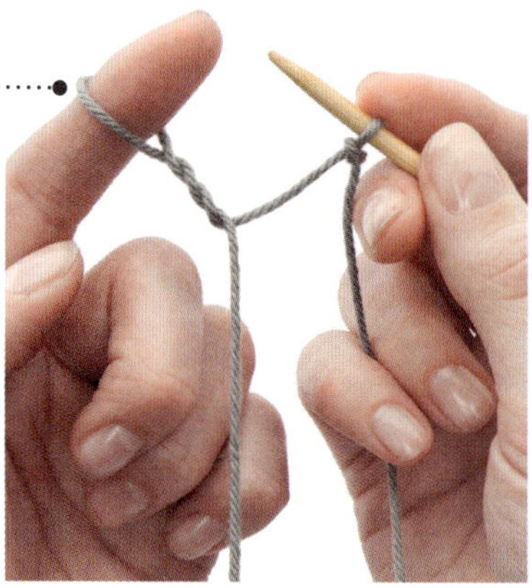

4 Schritte 1–3 wiederholen, bis die gewünschte Maschenzahl erreicht ist. Die Kante sieht dekorativ aus und ist weich, aber nicht zu locker.

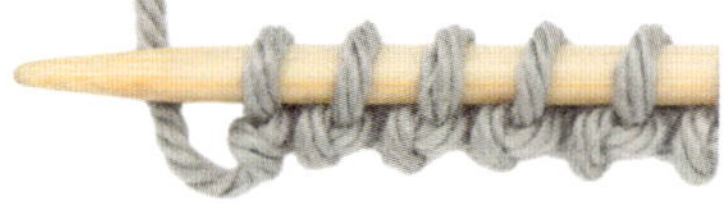

ZWEIFÄDIGE ANSCHLAGTECHNIKEN

Für die folgenden Anschlagtechniken verwendet man zwei Fäden, aber meist nur eine Nadel. Die anschließende Reihe wird normalerweise links gestrickt, sofern nicht die linke Seite außen liegen soll. Begonnen wird immer mit einer Anfangsschlinge. Das Fadenende sollte mindestens dreimal so lang sein wie die geplante Breite des Werkstücks.

EINFACHER KREUZANSCHLAG

1 Eine Anfangsschlinge arbeiten und dabei ein sehr langes Fadenende hängen lassen – pro Masche etwa 3,5 cm. Die Nadel in der rechten Hand halten, den Arbeitsfaden über den linken Daumen und das lose Ende über den Zeigefinger legen. Beide Enden mit den übrigen Fingern festhalten.

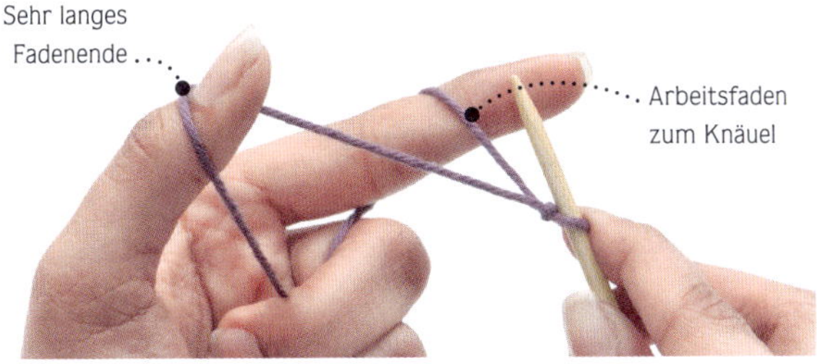

2 Die Stricknadel von unten nach oben unter dem vorderen Daumenfaden hindurchführen.

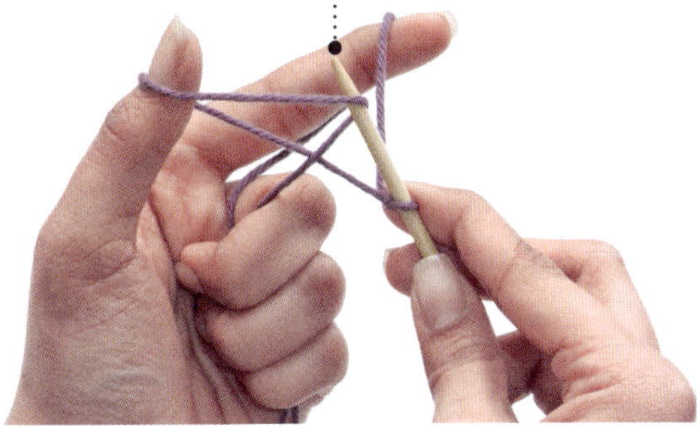

3 Nun die Nadelspitze von rechts außen nach innen um den inneren Zeigefingerfaden führen und die so aufgenommene Schlinge in Pfeilrichtung unter dem Daumenfaden hindurchziehen.

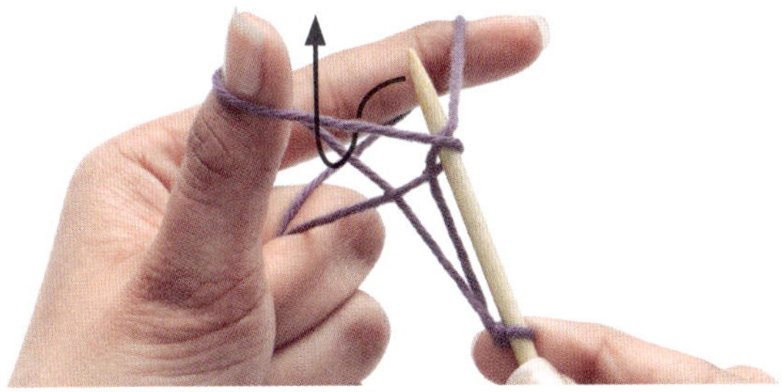

4 Den Daumen aus der Schlinge ziehen.

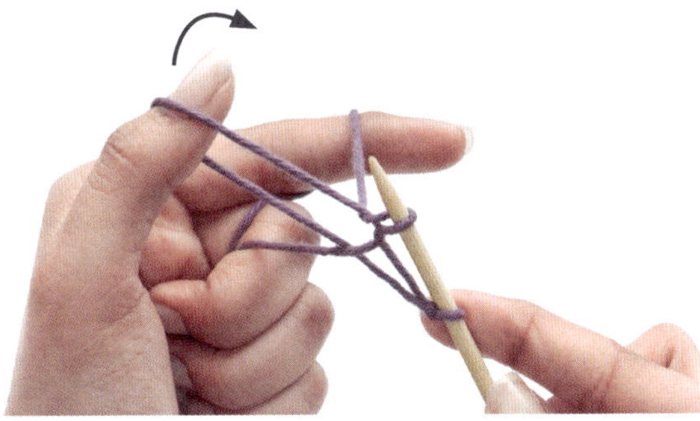

5 Die Schlinge neben die Anfangsmasche gleiten lassen und leicht festziehen – die zweite Masche ist fertig.

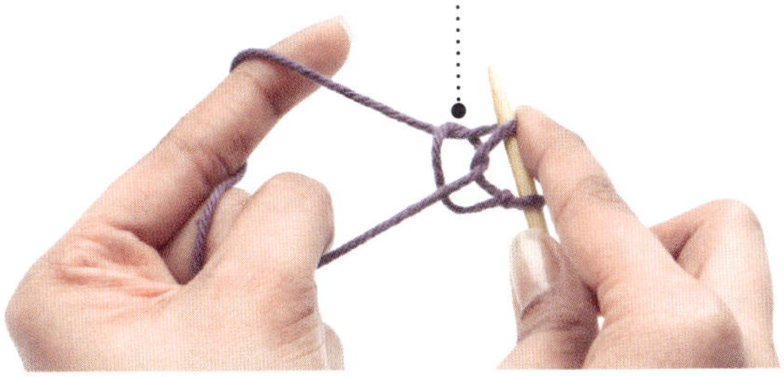

6 Den Faden wieder um den Daumen legen und weiterarbeiten, bis die gewünschte Anzahl Maschen auf der Nadel liegt.

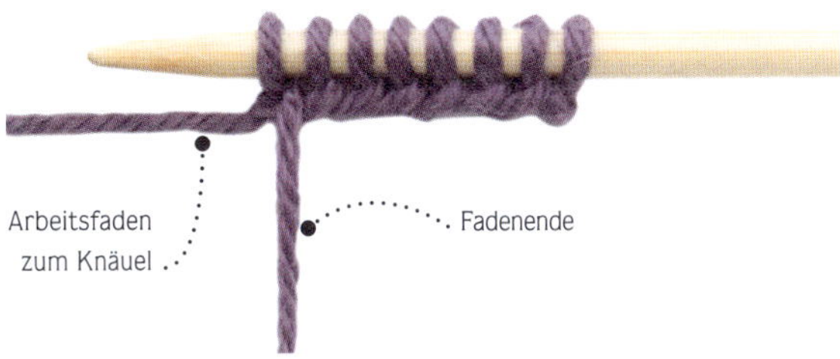

ZWEIFARBIGER ANSCHLAG

1 Ein Stück kontrastfarbiges Garn in der dreifachen Länge der Werkstückbreite ans Ende des Arbeitsfadens in der Hauptfarbe knoten.

2 Beide Fäden in der linken Hand halten. Die Kontrastfarbe zeigt zum Körper, der Knoten liegt am Ende.

3 Die Nadel zwischen die Fäden schieben. Der Knoten liegt auf der Nadel und wird mit dem rechten Zeigefinger fixiert.

Hauptfarbe

Kontrastfarbe

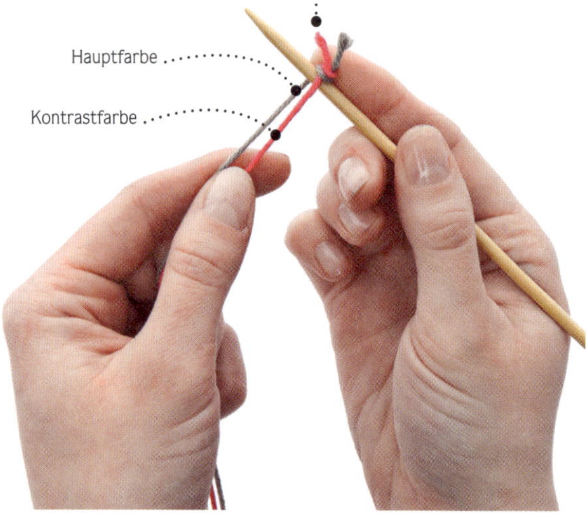

4 Nun wie für den einfachen Kreuzanschlag (siehe S. 39) die Fäden um linken Daumen und Zeigefinger legen. Die Kontrastfarbe läuft über den Daumen.

5 Die Stricknadel nach oben unter dem Daumenfaden herführen.

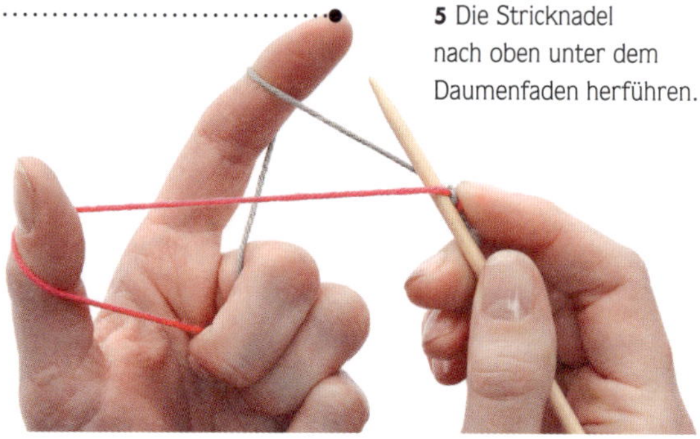

6 Nun die Nadelspitze von rechts nach links um den Zeigefingerfaden führen und die so aufgenommene Schlinge (Hauptfarbe) unter dem Daumenfaden (Kontrastfarbe) hindurchziehen.

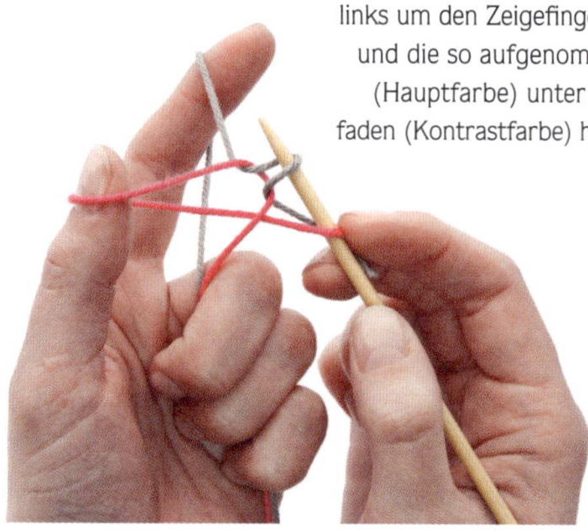

7 Den Daumen aus der Schlinge ziehen. Die neue Masche neben die Anfangsmasche gleiten lassen und leicht festziehen.

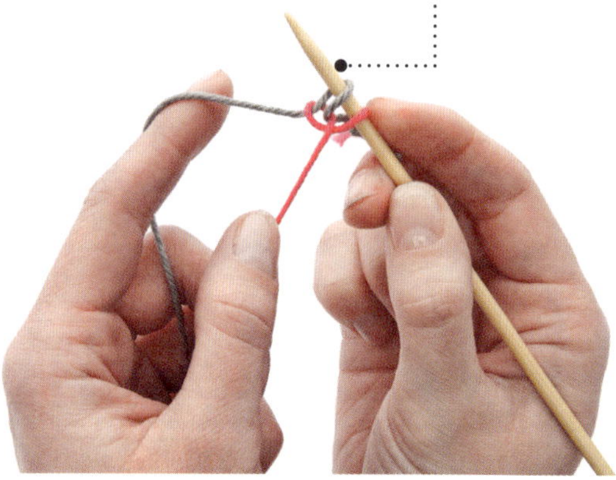

8 Fortfahren, bis die gewünschte Maschenzahl erreicht ist. Die folgenden Reihen kraus rechts stricken.

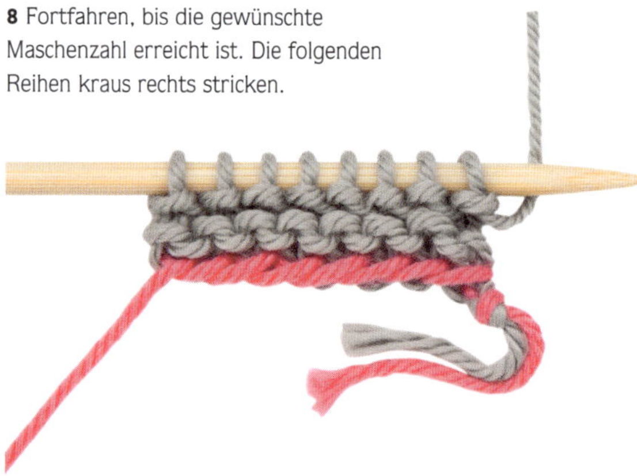

GEDREHTER KREUZANSCHLAG

Dieser Anschlag ist sehr dehnbar und eignet sich darum gut für Rippenmuster. Arbeitet man ihn mit zwei parallel gehaltenen Nadeln, wird er noch elastischer.

1 Nadel und Garn wie beim einfachen Kreuzanschlag (siehe S. 39) halten. Die Nadel nach oben unter beide Daumenfäden führen.

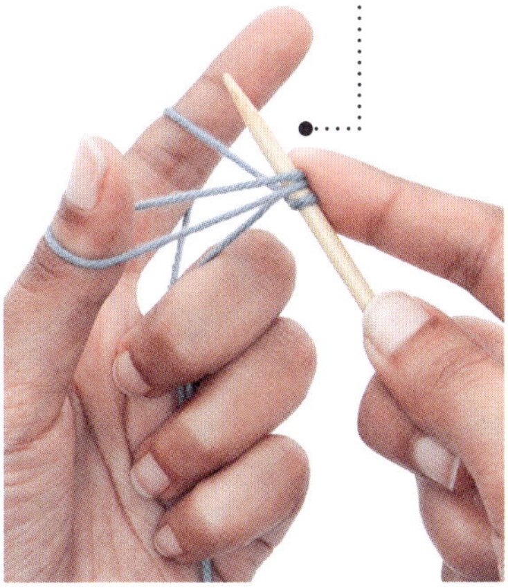

2 Die Nadel über dem hinteren Daumenfaden zum Körper hin und danach zwischen beiden nach unten führen. Die Daumenfäden bilden jetzt eine Acht.

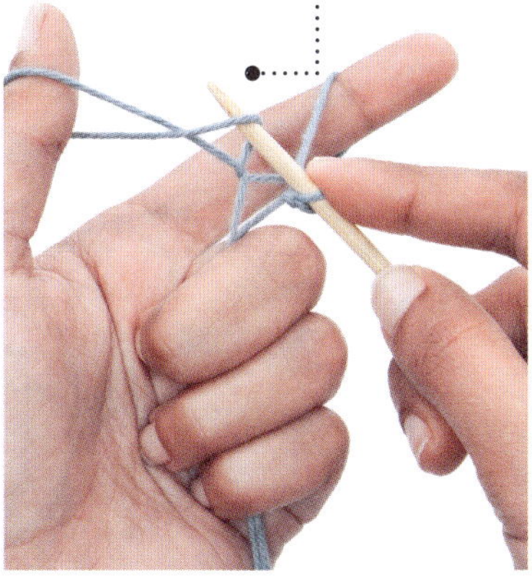

3 Die Nadel über den ersten Zeigefingerfaden führen.

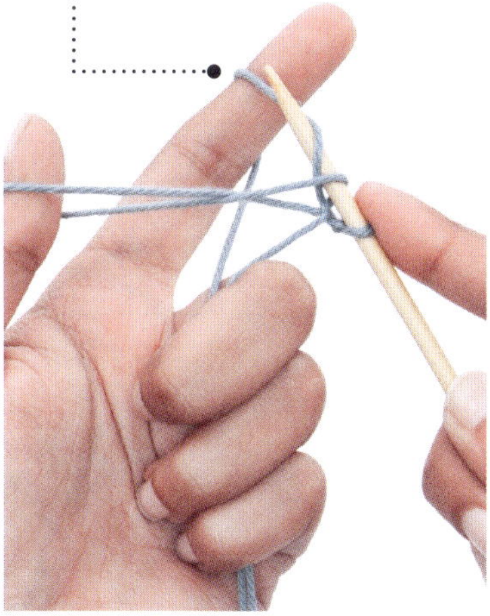

4 Die Nadel zum Körper ziehen, die Daumenkuppe vom Körper wegbeugen und die Schlinge zum Ende der offenen Daumenschlinge gleiten lassen. Die Nadel durch diese offene Schlinge nach unten führen.

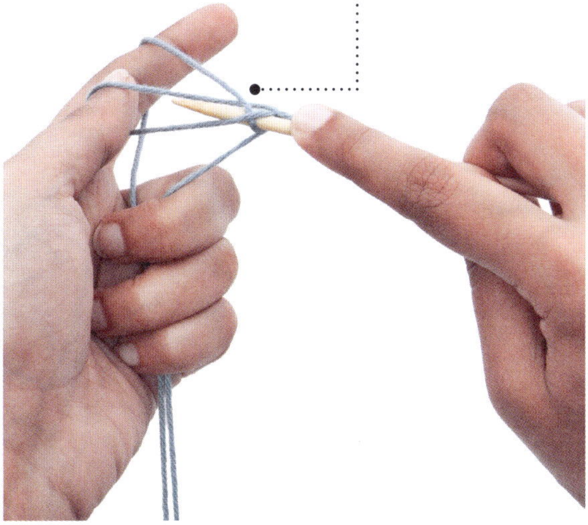

5 Den Daumen aus der Schlinge ziehen, der Faden um den Zeigefinger bleibt liegen. Die Masche am Fadenende festziehen.

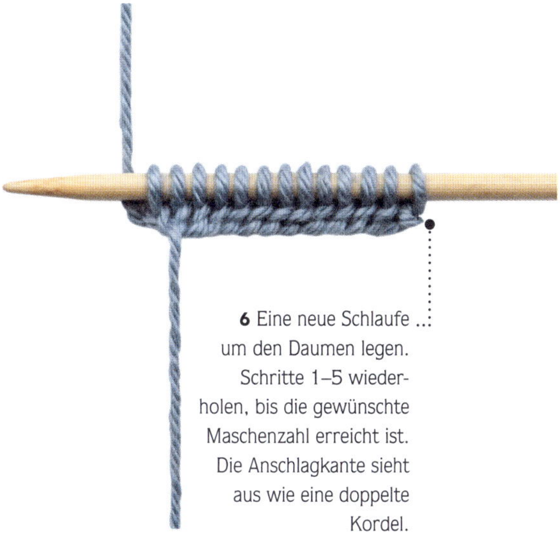

6 Eine neue Schlaufe um den Daumen legen. Schritte 1–5 wiederholen, bis die gewünschte Maschenzahl erreicht ist. Die Anschlagkante sieht aus wie eine doppelte Kordel.

ITALIENISCHER ANSCHLAG

1 Die Nadel mit der Anfangsschlinge und den Arbeitsfaden in der rechten Hand halten, das Fadenende in der linken.

2 Linken Daumen und Zeigefinger unter das Fadenende schieben. Die Nadel zwischen Daumen und Zeigefinger nach oben führen.

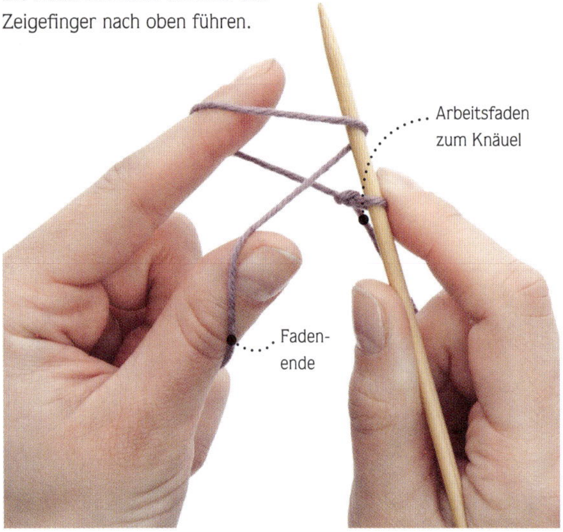

3 Den Arbeitsfaden (rechte Hand) von hinten nach vorn um die Nadel legen.

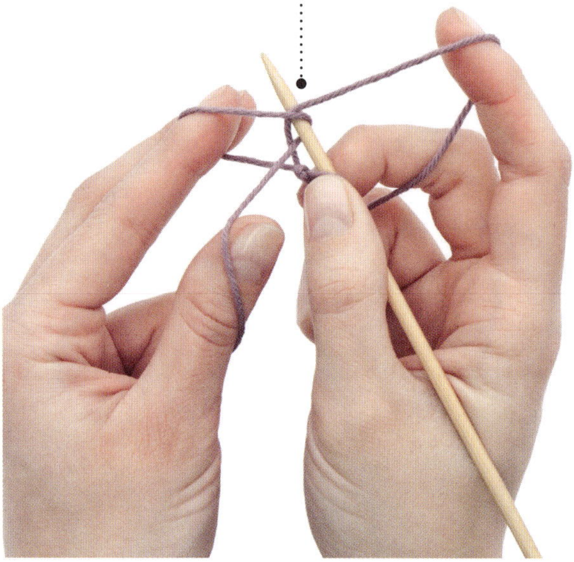

4 Die Zeigefingerschlaufe auf die Nadelspitze gleiten lassen und am Fadenende festziehen.

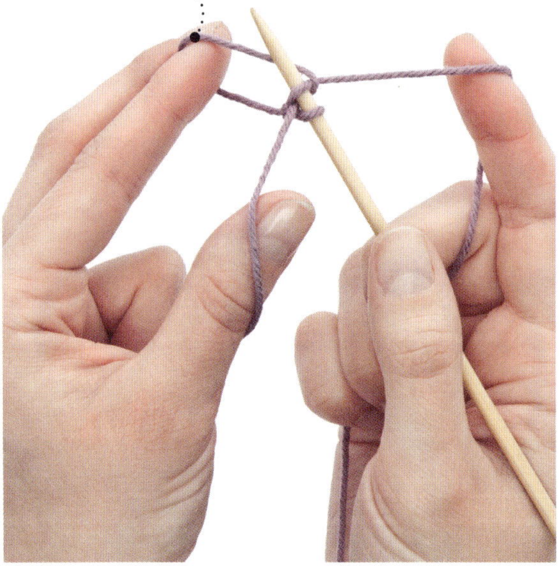

5 Den Faden wieder um Daumen und Zeigefinger legen. Fortlaufend wiederholen, bis die gewünschte Maschenzahl erreicht ist.

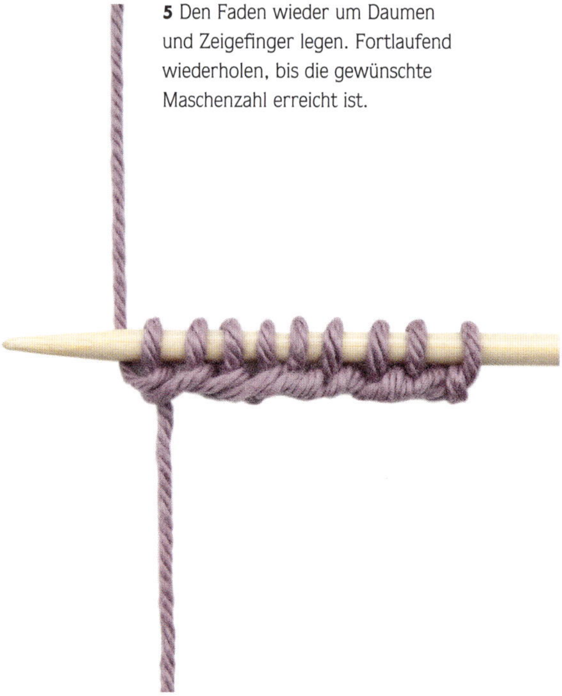

ANSCHLAG MIT ZWEI NADELN

1 Die Nadel mit der Anfangsschlinge in der linken Hand halten. Das Fadenende liegt hinten.

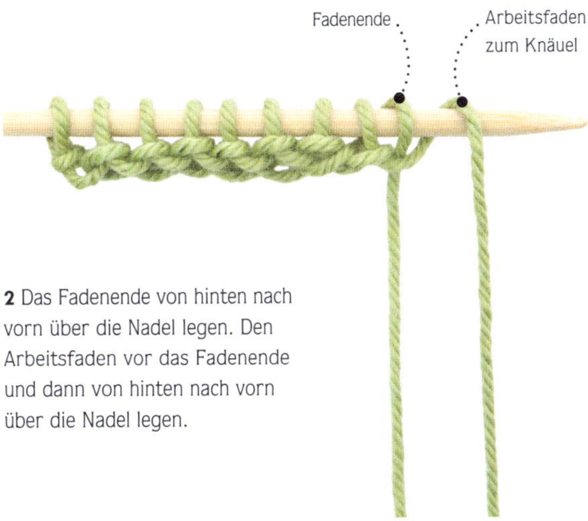

2 Das Fadenende von hinten nach vorn über die Nadel legen. Den Arbeitsfaden vor das Fadenende und dann von hinten nach vorn über die Nadel legen.

3 Eine freie Nadel in die rechte Hand nehmen. Damit die erste Schlaufe über die zweite ziehen. Die rechte Nadel herausnehmen.

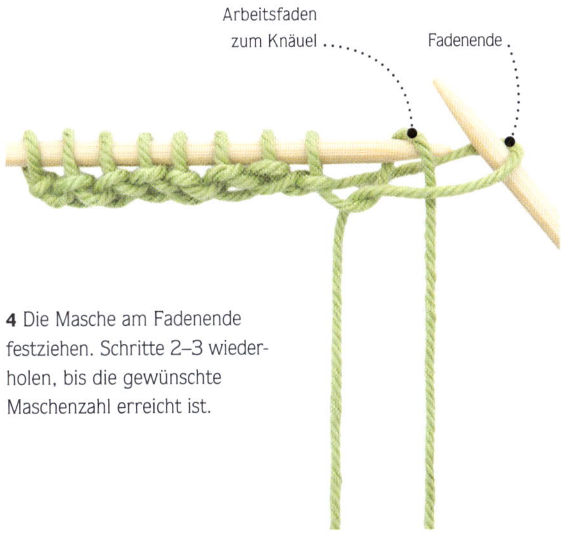

4 Die Masche am Fadenende festziehen. Schritte 2–3 wiederholen, bis die gewünschte Maschenzahl erreicht ist.

KREUZANSCHLAG, ALTERNATIVE METHODE

Diese Technik wird auch estnischer Anschlag genannt. Die Anschlagreihe ist sehr elastisch und eignet sich hervorragend für Bündchen.

1 Die erste Masche wie beim einfachen Kreuzanschlag arbeiten (siehe S. 39). Für die zweite Masche den Faden andersherum um den Daumen legen.

2 Die Nadel von unten nach oben unter den hinteren Daumenfaden führen, dann über den vorderen Zeigefingerfaden.

3 Durch die Daumenschlinge holen.

4 Den Daumen aus der Schlinge nehmen, die Masche festziehen. Fortlaufend wiederholen.

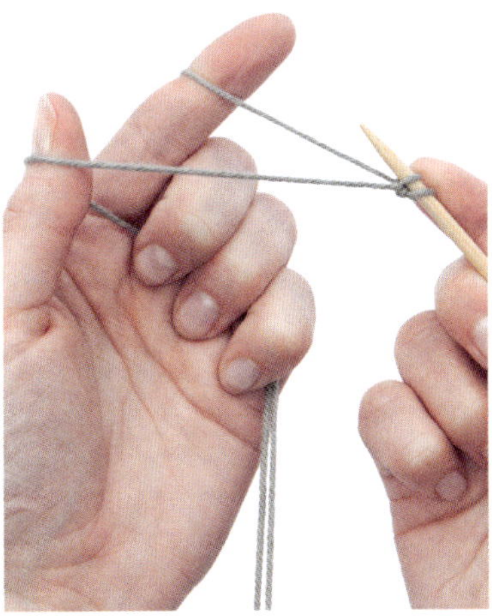

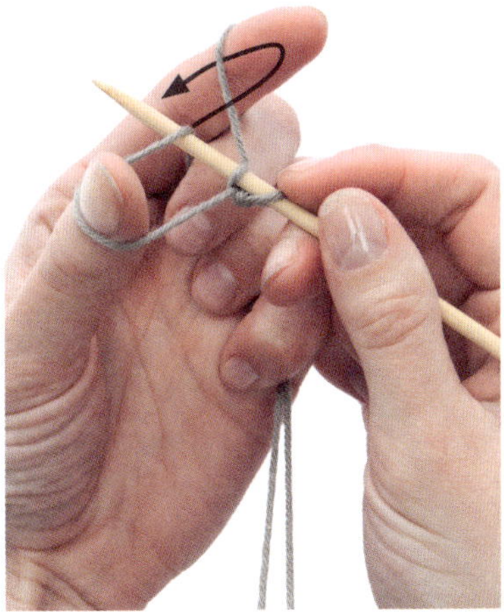

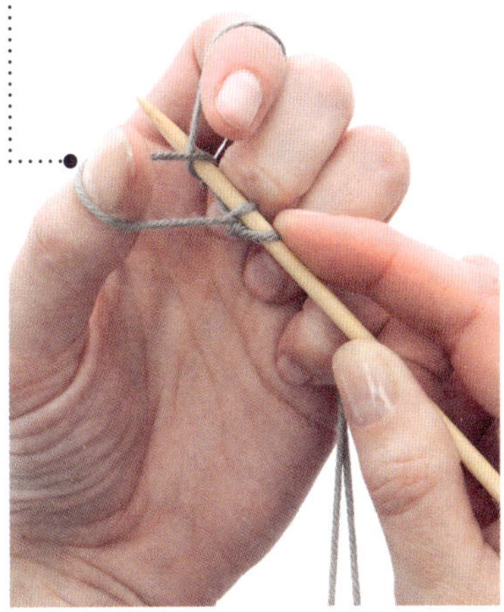

SPEZIELLE ANSCHLÄGE

Die folgenden Anschlagtechniken werden für spezielle Zwecke benötigt. Manchmal ist die Anschlagtechnik in einer Strickanleitung vorgegeben. Ist das nicht so, können Sie selbst entscheiden, welche Methode Ihnen sympathisch ist oder praktisch erscheint.

JERSEY-ANSCHLAG FÜR EINERRIPPEN

1 Das Fadenende doppelt nehmen. Es soll viermal so lang wie die Anschlagkante plus 10 cm sein.

2 In etwa 1 cm Abstand zum Fadenende eine Anfangsschlinge in den doppelten Faden knüpfen. Auf eine Nadel legen. Den doppelten Faden in die linke Hand nehmen, den einfachen und die Nadel in die rechte.

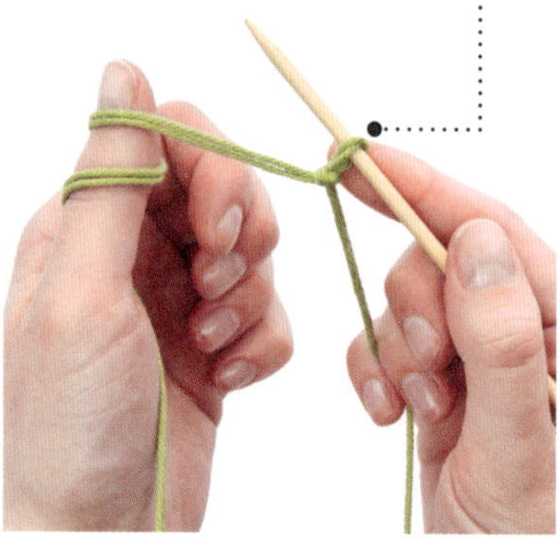

3 Den doppelten Faden zweimal um den linken Daumen wickeln. Die Nadel von unten nach oben unter beiden Fäden durchstechen.

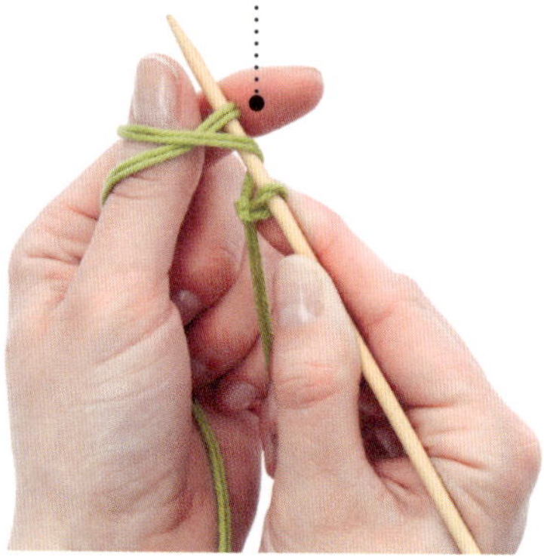

4 Einen einfachen Faden um die Spitze legen und durchziehen.

5 Den linken Daumen aus der Wicklung nehmen und am doppelten Faden ziehen, sodass das Knötchen zur Nadel rutscht.

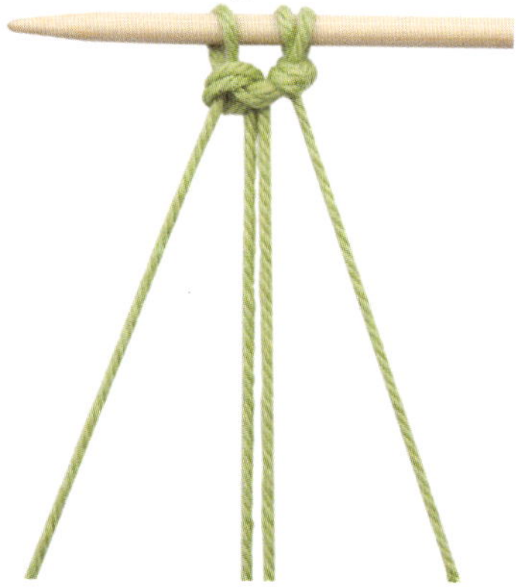

6 Für die nächste Masche den einfachen Faden von vorn nach hinten über die Nadel legen.

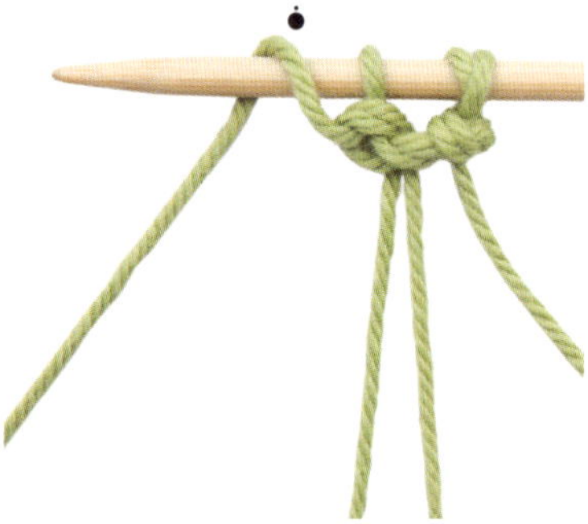

7 Schritte 2–4 wiederholen, bis die gewünschte Maschenzahl erreicht ist. Mit einer Masche aus dem doppelten Faden vom Daumen enden.

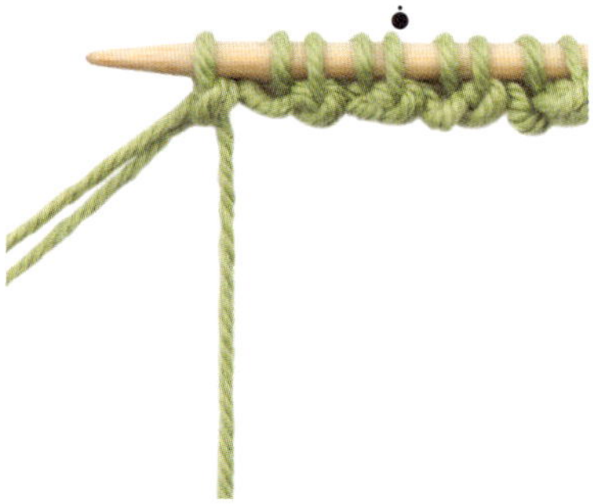

8 In der ersten Reihe die erste Masche (vom Daumen) rechts stricken, die nächste (Faden vorne) links. Abwechselnd fortfahren. Am Reihenende die zweifädige Anfangsschlinge links stricken.

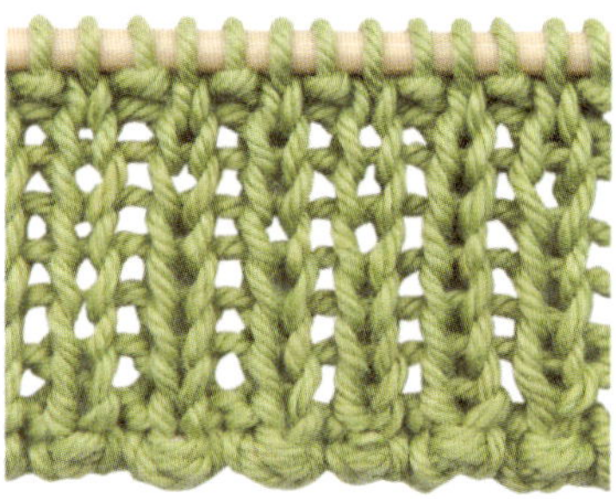

PROVISORISCHER ANSCHLAG

1 Ins Ende eines glatten, kontrastfarbigen (hier grünen) Fadens (doppelte Länge der vorgesehenen Anschlagkante) eine Anfangsschlinge knüpfen und auf die Nadel legen. Ein glattes, stabiles Garn ist später einfacher zu entfernen.

2 Auch ins Hauptgarn eine Anfangsschlinge knüpfen und auf die Nadel legen.

3 Die Fäden wie beim Kreuzanschlag halten (siehe S. 39). Das kontrastfarbige Garn läuft um den Daumen.

4 Die Nadel zwischen den Fäden nach unten und unter dem Hauptgarn nach oben führen.

5 Die Nadel über dem kontrastfarbigen Garn zum Körper hin- und darunter wieder vom Körper wegführen.

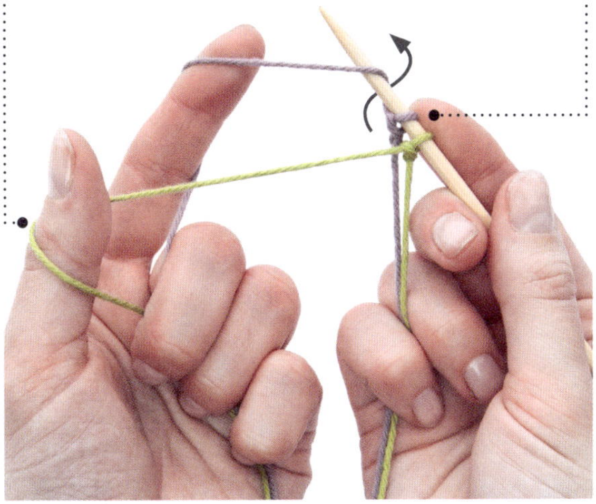

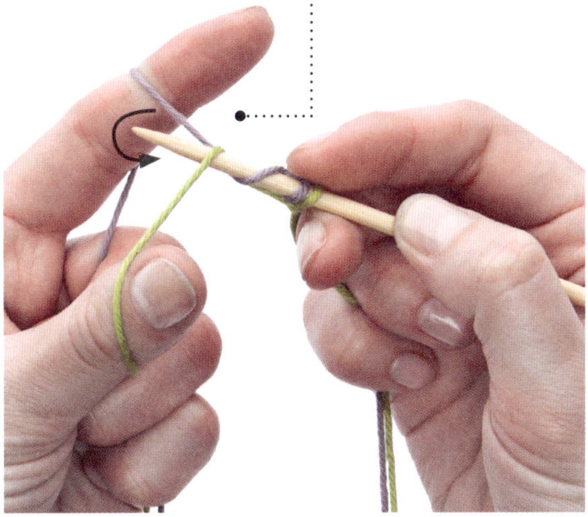

6 Das Hauptgarn von oben hinten erfassen, sodass es sich um die Nadel legt, und unter dem kontrastfarbigen Garn durchziehen. Das kontrastfarbige Garn auf der Nadel nach hinten gleiten lassen. Schritte 4–6 wiederholen, bis die gewünschte Maschenzahl erreicht ist.

7 Die kontrastfarbige Anfangsschlinge am Ende der Anschlagreihe von der Nadel nehmen. Die Fäden verknoten. Beim Stricken der ersten Reihe von vorn in die Maschen einstechen. Später können Sie den kontrastfarbigen Faden herausziehen und dabei die losen Maschen aufnehmen.

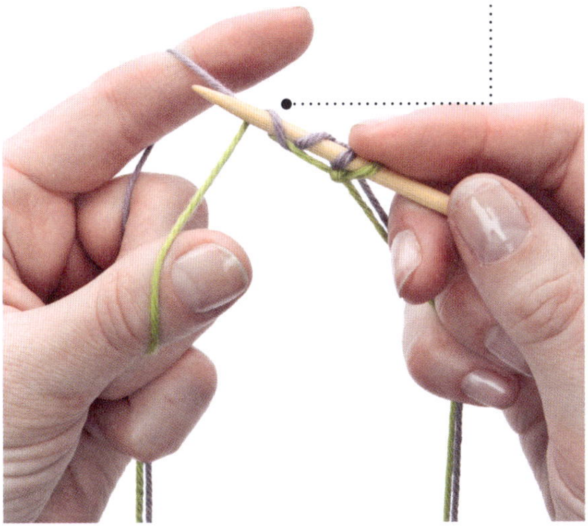

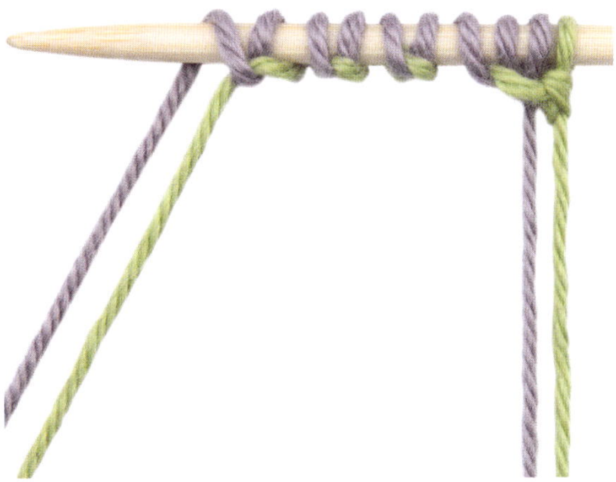

PROVISORISCHER GEHÄKELTER ANSCHLAG

1 Eine Anfangsschlinge in kontrastfarbiges Garn schlingen und auf eine Häkelnadel legen. Garn und Stricknadel in der linken Hand halten, Häkelnadel in der rechten. Den Faden hinter die Stricknadel und über den Zeigefinger legen. Die Häkelnadel vor die Stricknadel legen und den Faden erfassen.

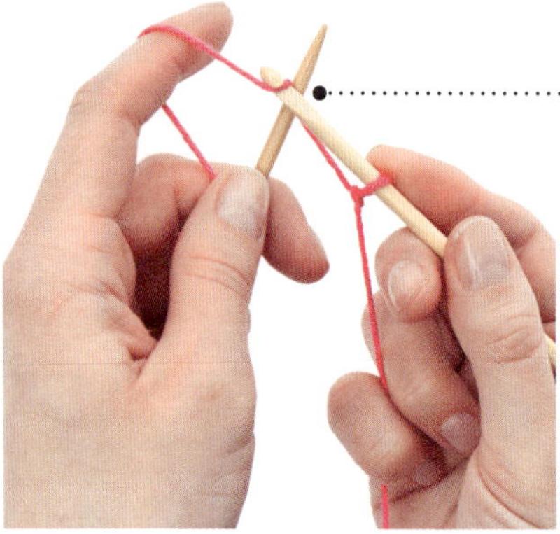

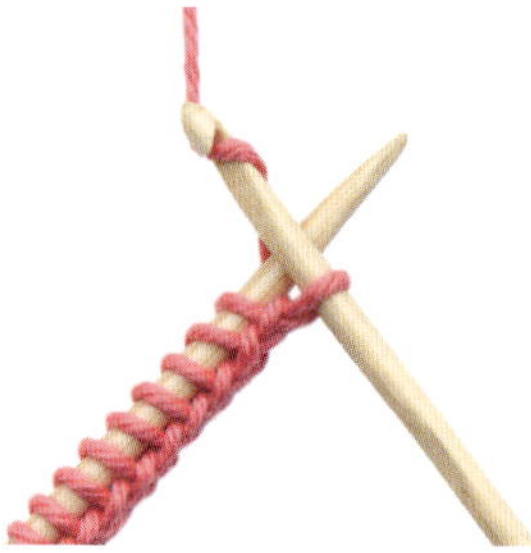

2 Den Faden durch die Anfangsschlaufe holen. Er bildet dabei eine Masche auf der Stricknadel. Den Faden nach hinten legen und eine weitere Masche über die Stricknadel häkeln. Am Ende den Faden abschneiden und durch die letzte Masche ziehen. Das Ende markieren, denn nur von hier lässt sich der Anschlag aufräufeln.

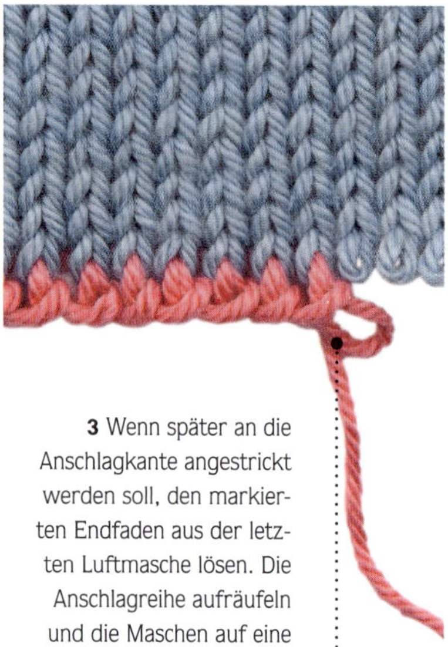

3 Wenn später an die Anschlagkante angestrickt werden soll, den markierten Endfaden aus der letzten Luftmasche lösen. Die Anschlagreihe aufräufeln und die Maschen auf eine Stricknadel nehmen.

ÜBERZOGENER ANSCHLAG

Stabil und dekorativ, aber recht fest. Locker mit dicken Nadeln arbeiten.

1 Eine Anfangsschlinge auf die Nadel legen und eine Masche im Kreuzanschlag (siehe S. 39) bilden.

2 Die zweite Nadel in die linke Hand nehmen, in die Anfangsschlinge einstechen, diese über die neu angeschlagene Masche und von der rechten Nadel ziehen.

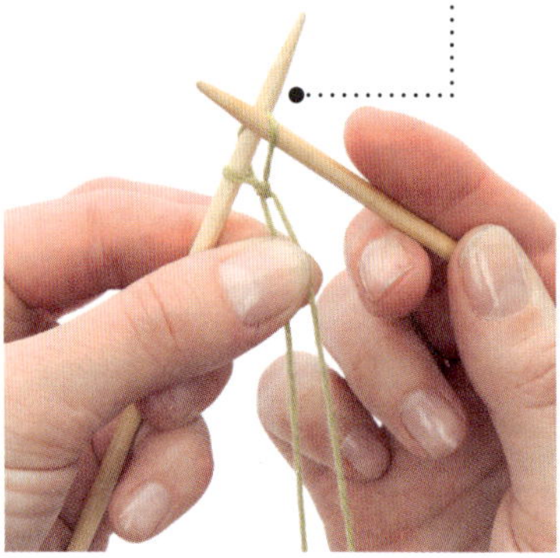

3 Nun zwei Maschen im Kreuzanschlag anschlagen und die erste über die zweite ziehen. Fortlaufend wiederholen, bis die gewünschte Maschenzahl erreicht ist. Die erste Masche der ersten Reihe wird immer rechts gestrickt. Statt des Kreuzanschlags kann auch aufgeschlungen werden (siehe S. 35).

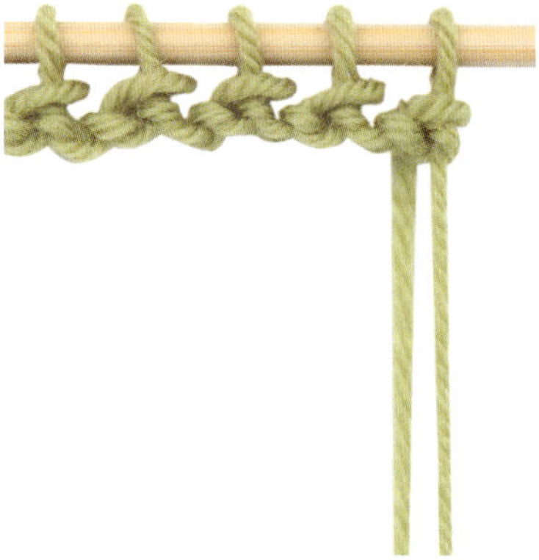

DOPPELT GESTRICKTER ANSCHLAG

Ideal für Fransenkanten und für zweiseitigen Strick. Die erste Masche der ersten Reihe wird immer rechts gestrickt.

1 Eine Anfangsschlinge arbeiten und eine Masche aufstricken (siehe S. 36). Nicht zu fest arbeiten.

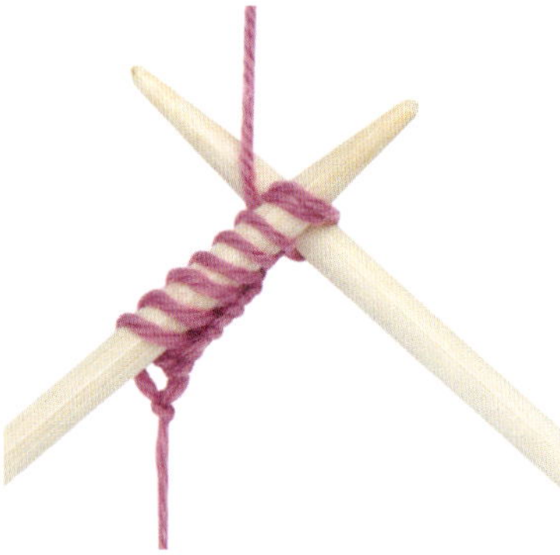

2 Beide Schlingen mit der rechten Nadel zusammenstricken, aber nicht von der Nadel nehmen. Die neue Masche auf die linke Nadel schieben und mit der vorherigen zusammenstricken. Fortlaufend wiederholen.

RÜSCHENANSCHLAG

1 Doppelt so viele Maschen wie benötigt anschlagen. Die Maschenzahl muss gerade sein. Sie können den einfachen Kreuzanschlag (siehe S. 39) oder eine andere Methode wählen.

2 Die ersten beiden Maschen rechts zusammenstricken. Bis zum Reihenende wiederholen.

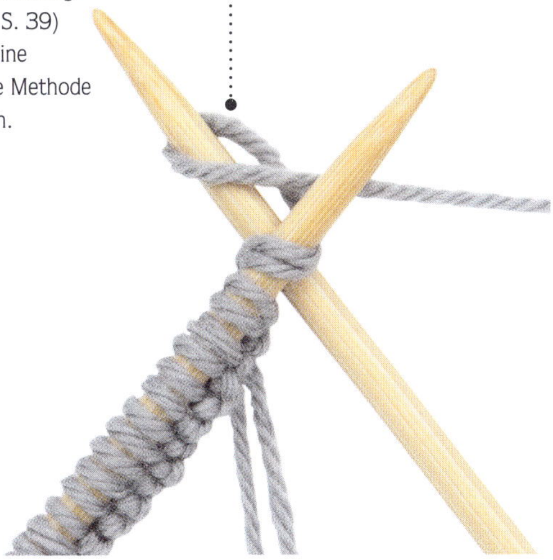

3 Die nächste Reihe normal stricken.

4 Kalkulieren Sie ausreichend Garn für die doppelte Maschenzahl in der gewellten Kante.

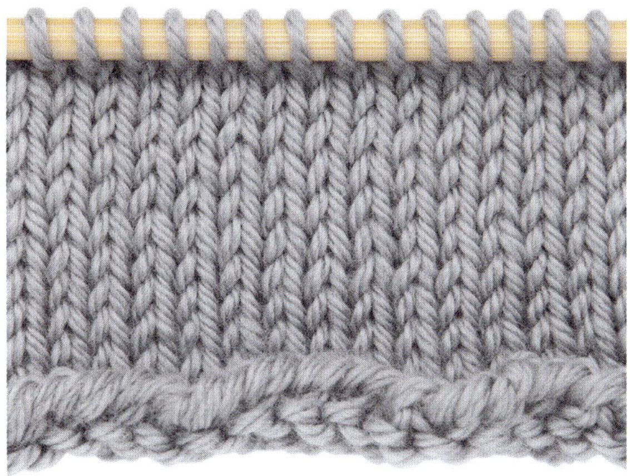

ANSTRICKEN AN EINE BORTE

1 Eine schmale Borte in der gewünschten Länge stricken. Im Zweifelsfall die Maschen der Borte auf einem Maschenraffer stilllegen (siehe S. 50), um die Länge später korrigieren zu können.

2 Auf der rechten Seite des Werkstücks arbeiten, rechts beginnen. Der neue Faden liegt hinten. Von vorn nach hinten durch die erste Randmasche der rechten Kante stechen und eine neue Masche durchholen.

Neues Fadenende

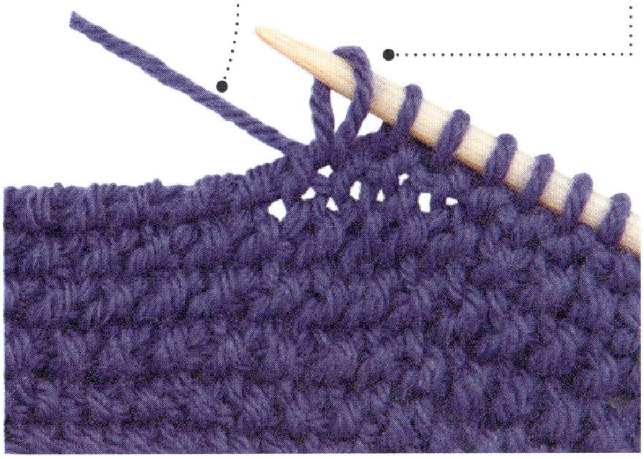

3 Weitere Maschen ebenso aufnehmen. Gelegentlich müssen Reihen übersprungen werden, damit sich die Kante nicht verzieht.

4 Das Hauptteil an die Borte anstricken. Wenn es glatt rechts gestrickt wird, mit einer Linksreihe (Rückreihe) beginnen.

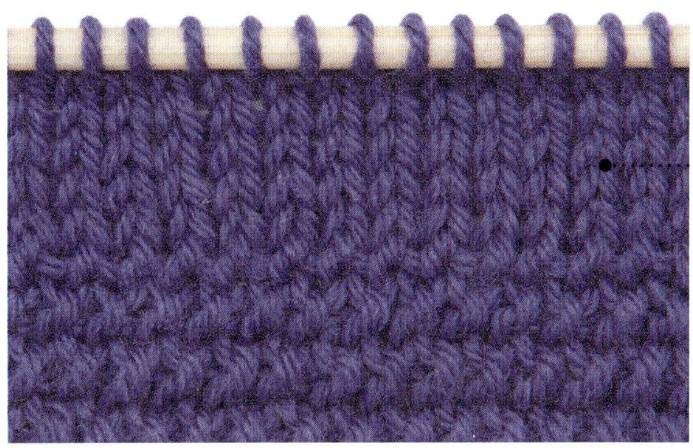

KLEINER RUNDANSCHLAG

Der beste Anfang für rund gestrickte Medaillons.

1 Den Faden um den linken Zeigefinger legen. Mit einer Häkelnadel eine Schlinge (wie eine Anfangsschlinge) bilden.

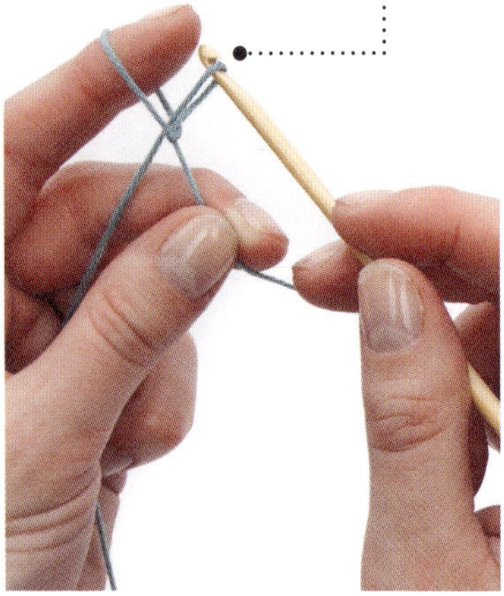

2 Der Finger bleibt in der Schlinge. Den Faden wieder erfassen und eine neue Schlinge durch die Schlinge auf der Häkelnadel ziehen. Das ist die erste Masche.

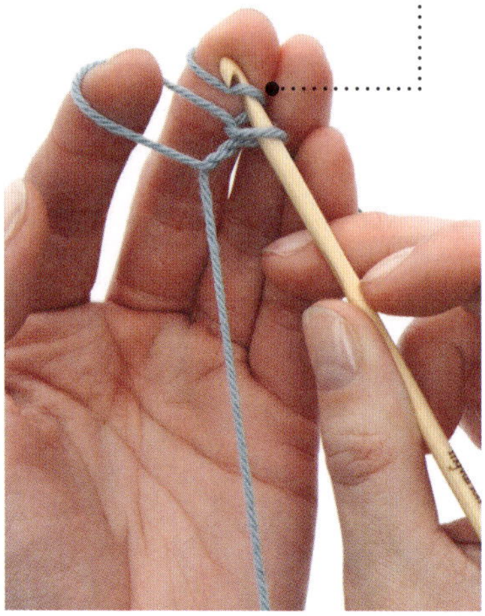

3 Die Häkelnadel wieder durch die Schlinge auf dem Finger führen, den Faden holen und eine weitere Masche durchziehen. Nun liegen zwei Maschen auf der Häkelnadel.

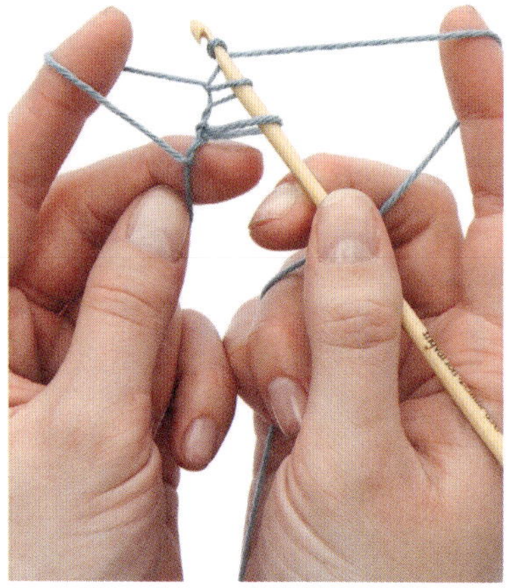

4 Schritt 3 wiederholen, bis ein Viertel der erforderlichen Maschenzahl auf der Häkelnadel liegt. Nach den ersten Maschen den Finger aus der Schlinge nehmen. Die Maschen auf eine Stricknadel schieben. Fortfahren, bis genug Maschen für alle vier Nadeln des Spiels angeschlagen sind.

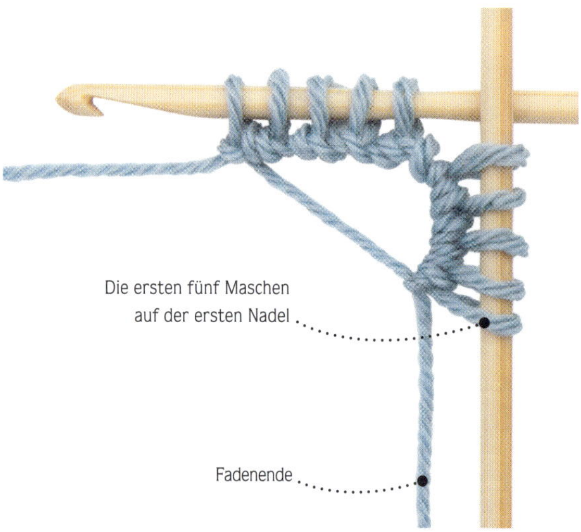

5 Wenn das Medaillon fertig ist, einfach am Fadenende ziehen, um das Loch in der Mitte zu schließen.

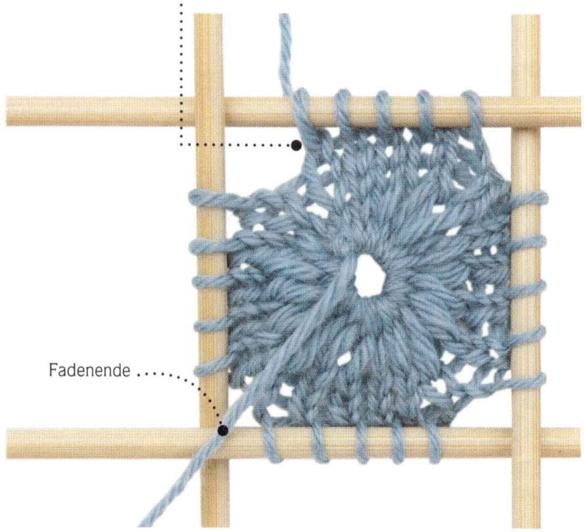

ABKETTEN

Wenn eine Strickarbeit fertig ist, werden die Maschen abgekettet, damit sie nicht aufräufeln. Dabei liegt der Faden immer hinter der Arbeit. Bei manchen Modellen müssen Maschen vorübergehend stillgelegt werden, um sie später wieder aufzunehmen. Dazu verwendet man einen Maschenraffer, eine Sicherheitsnadel oder einen Hilfsfaden.

RECHTS ABKETTEN

1 Die ersten beiden Maschen rechts stricken. Dann mit der linken Nadel in die erste Masche einstechen und diese über die zweite ziehen.

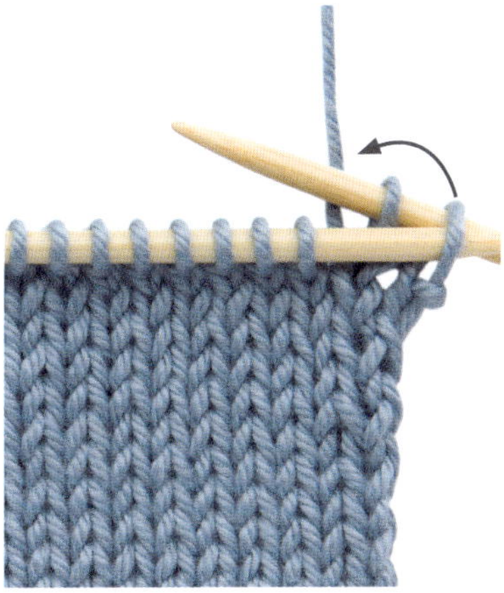

2 Nun eine Masche rechts stricken und die vorherige darüber ziehen. Fortlaufend wiederholen, bis nur noch eine letzte Masche auf der Nadel liegt.

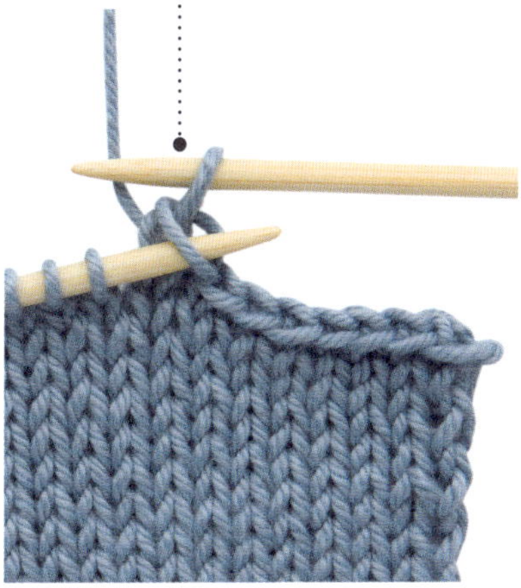

3 Den Faden etwa 20 cm lang abschneiden (das genügt, um ihn unauffällig zu vernähen) oder deutlich länger lassen und später zum Schließen einer Naht verwenden. Das Fadenende durch die verbleibende Masche ziehen.

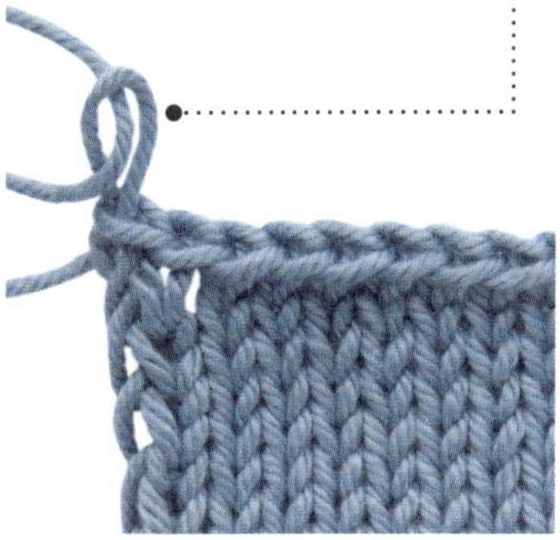

LINKS ABKETTEN

1 Zwei Maschen links stricken. Den Faden nach hinten legen. Die linke Nadelspitze in die erste Masche einstechen und diese über die zweite und von der Nadel ziehen.

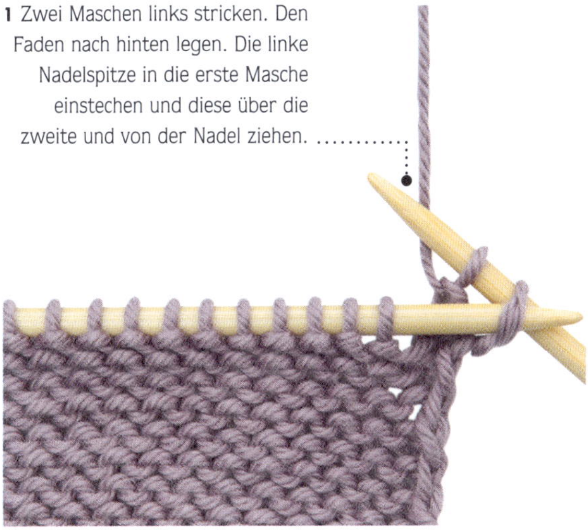

2 Den Faden nach vorn legen. Eine Masche links stricken und die vorherige darüberziehen. Am Ende den Faden abschneiden und durch die letzte Masche ziehen (wie oben).

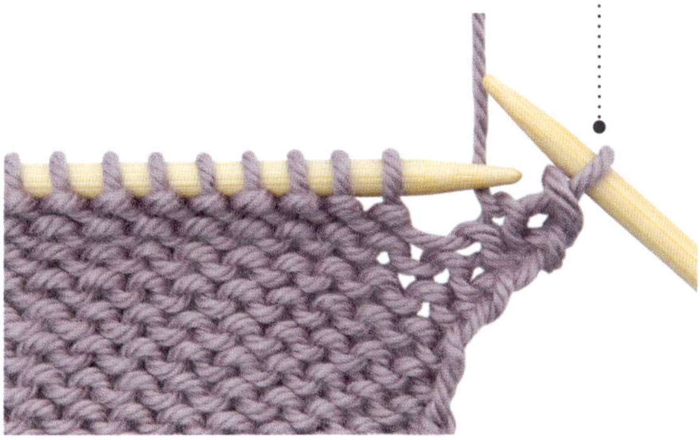

ABKETTEN – VARIATIONEN

Je nach Art des Projekts sind andere Methoden des Abkettens erforderlich. Sie können auch mit kontrastfarbigem Garn abketten oder eine dekorative Abschlusskante arbeiten. Manche Techniken geben zusätzliche Elastizität, andere sorgen eher für Festigkeit. Und eine Technik eignet sich sogar, um beim Abketten gleichzeitig zwei gestrickte Teile miteinander zu verbinden (siehe S. 51 unten).

MASCHEN STILLLEGEN

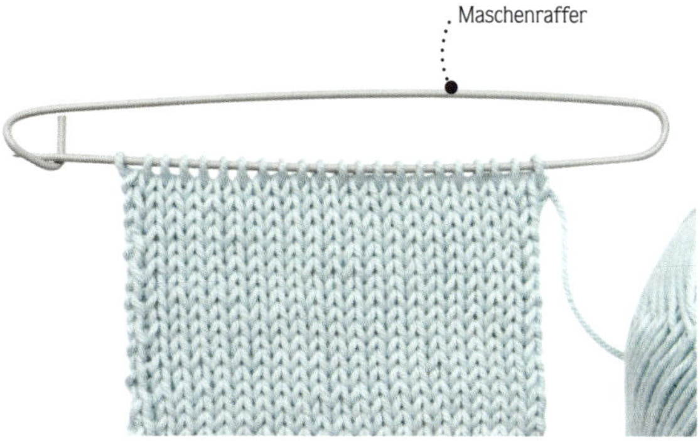

Auf einem Maschenraffer: Wenn eine bestimmte Anzahl von Maschen stillgelegt werden soll, steht in der Regel in der Anleitung, ob Sie den Faden abschneiden oder mit dem Knäuel verbunden lassen sollen. Schieben Sie die Maschen sorgfältig auf einen Maschenraffer der richtigen Größe.

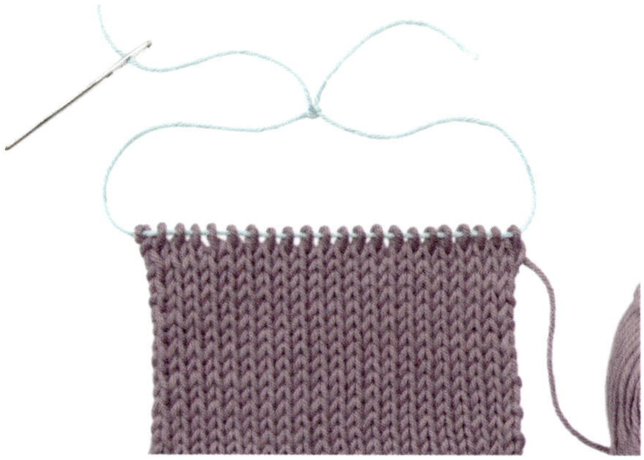

Auf einem Hilfsfaden: Wenn Sie keinen Maschenraffer haben, genügt auch ein langer Baumwollfaden. Den Faden mit einer dicken Stopfnadel sorgfältig durch die Maschen ziehen, während Sie diese von der Nadel gleiten lassen. Die Fadenenden zur Sicherheit zusammenknoten.

ABKETTEN IM RIPPENMUSTER

Hier werden die Maschen vor dem Überziehen so gestrickt, wie sie erscheinen. Der Abschluss ist dehnbar und unauffällig.

1 Eine Masche rechts, eine Masche links stricken. Faden nach hinten legen. Die erste Masche über die zweite und von der Nadel ziehen.

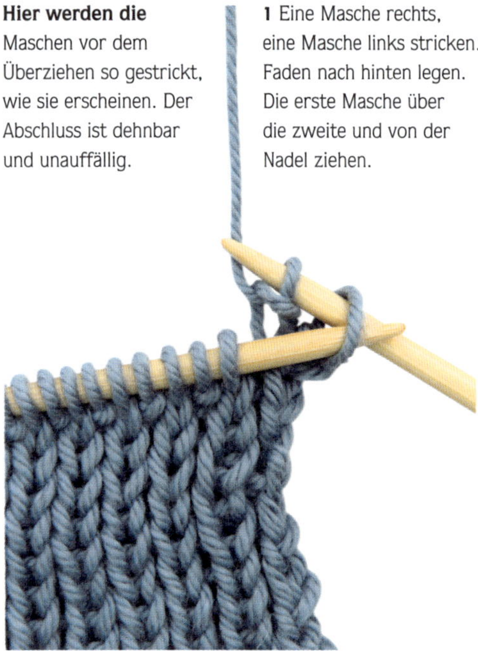

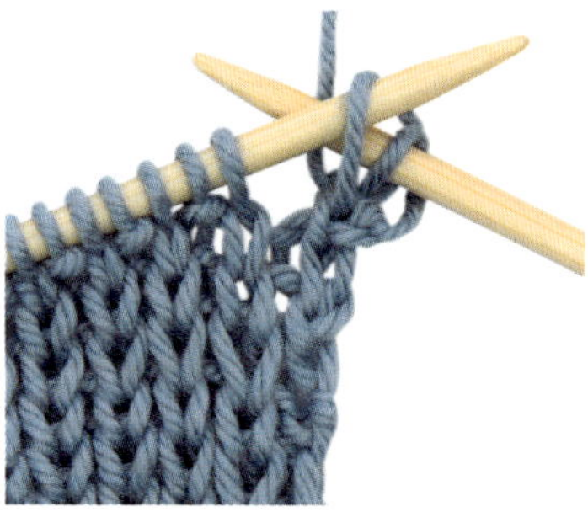

2 Die nächste Masche rechts stricken. Wieder die vorherige darüber und von der Nadel ziehen.

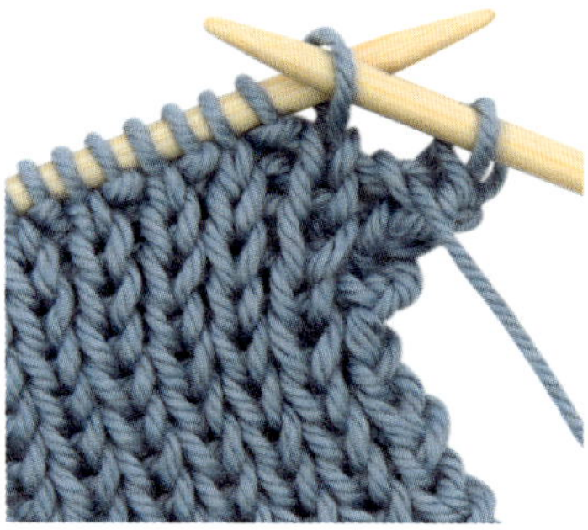

3 Den Faden nach vorn legen und eine Masche links stricken. Den Faden wieder nach hinten legen und die letzte Masche über die zweite ziehen. Schritte 2 und 3 bis zum Reihenende wiederholen. Den Faden abschneiden und durch die letzte Masche ziehen.

VERZÖGERT ABKETTEN

Schöner Abschluss für Lochmuster.

1 Die ersten beiden Maschen rechts stricken. * Die erste Masche mit der linken Nadel über die zweite und von der rechten Nadel ziehen, aber auf der linken Nadel liegen lassen.

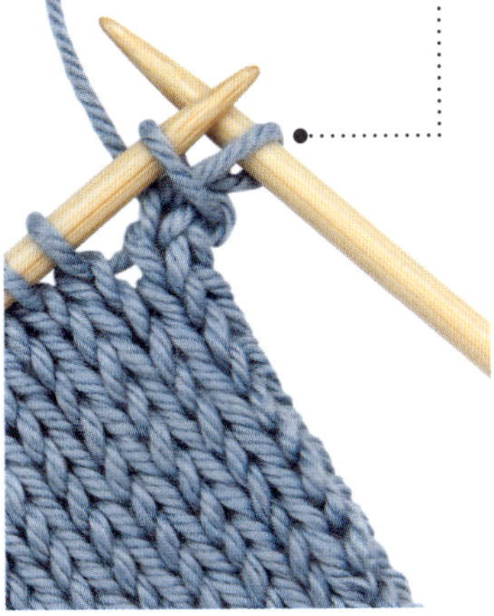

2 Die Masche nach der »zurückgehaltenen« Masche auf der linken Nadel abstricken.

3 Beide Maschen gemeinsam von der Nadel gleiten lassen. Schritt 1 ab * und Schritt 2 fortlaufend wiederholen.

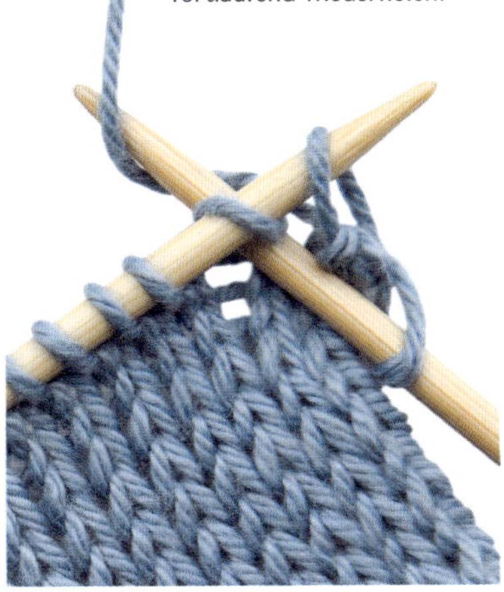

ABHÄKELN

1 Den Faden in der linken Hand halten, hinter die Arbeit legen. Die erste Masche wie zum Linksstricken auf die Häkelnadel abheben.

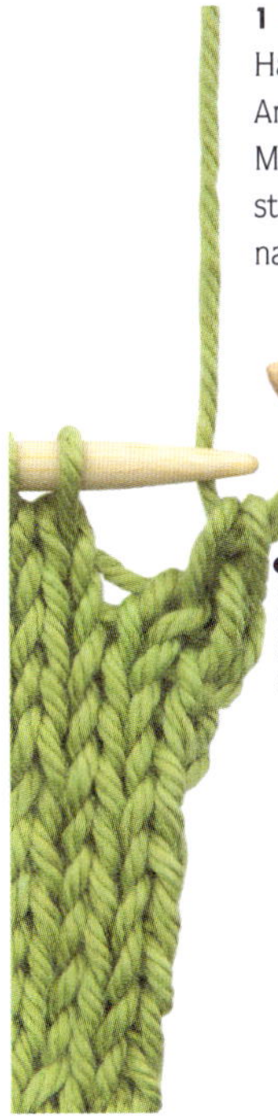

2 Die zweite Masche auf die Häkelnadel nehmen. Den Faden erfassen und durch beide Maschen ziehen. Bis zum Reihenende wiederholen. Das Fadenende durch die letzte Masche ziehen.

ZUSAMMEN ABKETTEN

Diese Naht kann als Dekorationselement auf der rechten Seite des Werkstücks gearbeitet werden (wie hier), aber auch dezent auf der linken Seite.

1 Die Nadeln mit den abzukettenden Maschen links auf links oder rechts auf rechts aufeinanderlegen. Die Nadel jeweils durch die beiden ersten Maschen auf den Nadeln stechen und zusammenstricken.

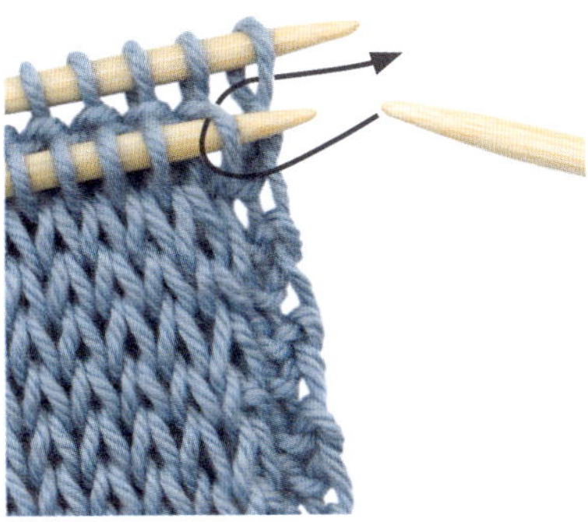

2 Jeweils zwei Maschen – eine von jeder Nadel – zusammenstricken und abketten. Wir haben zur Veranschaulichung Garn in einer Kontrastfarbe verwendet.

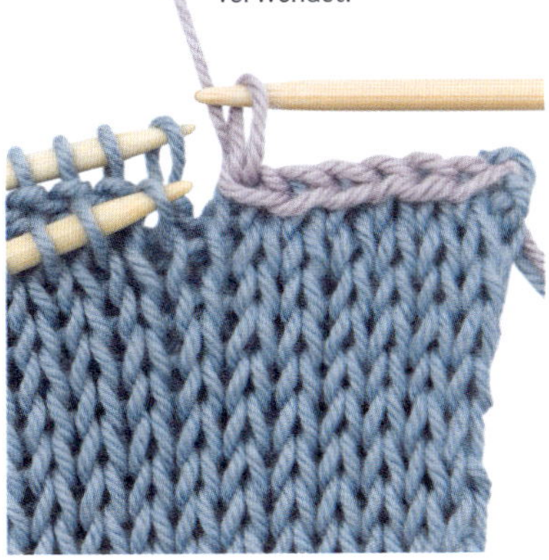

3 Dadurch bildet sich eine erhabene Naht, die bei einem glatt rechts gestrickten Modell dekorativ eingesetzt werden kann.

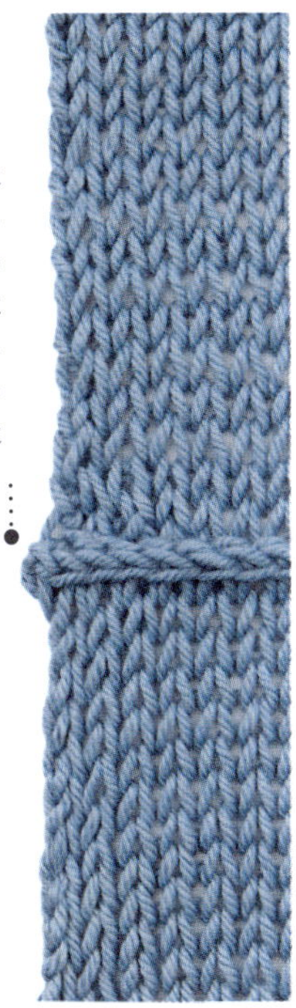

PICOTKANTE

An einer Seitenkante, an der eine Naht liegt, zunächst einige Maschen normal abketten.

1 Zwei Maschen rechts stricken, dann mit der linken Nadel die erste Masche über die zweite und von der rechten Nadel ziehen (rechts abketten, siehe S. 49).

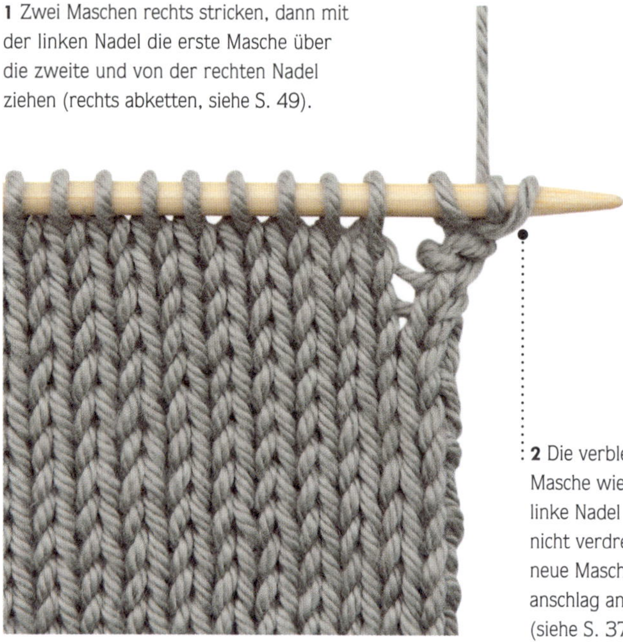

2 Die verbleibende Masche wieder auf die linke Nadel legen, dabei nicht verdrehen. Zwei neue Maschen im Kordelanschlag anschlagen (siehe S. 37).

3 Die drei Maschen rechts abketten (siehe Schritt 1). Die beiden nächsten Maschen rechts abketten. Diese bilden die gerade Kante zwischen zwei Picots.

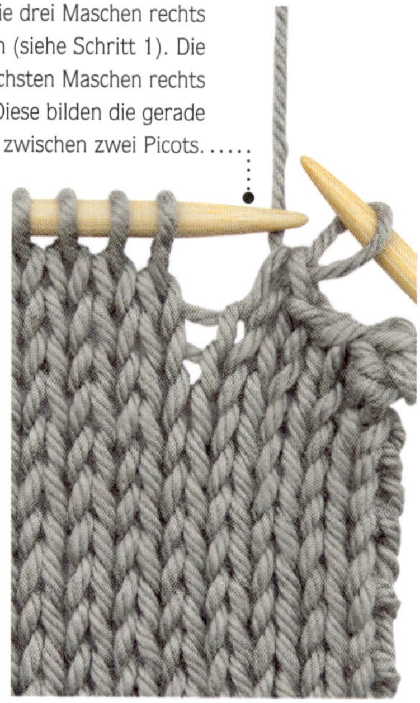

4 Schritte 2 und 3 bis zum Reihenende wiederholen.

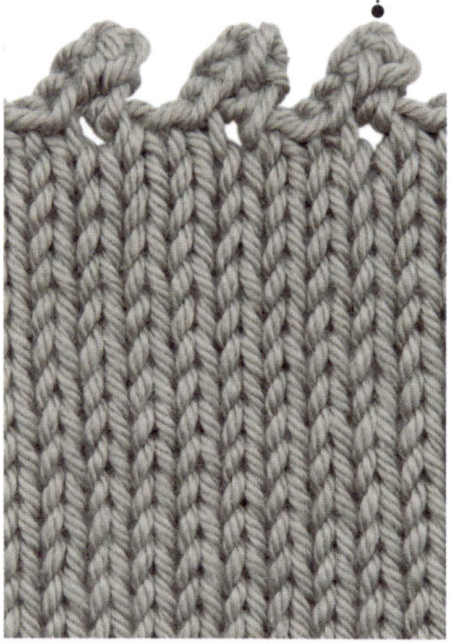

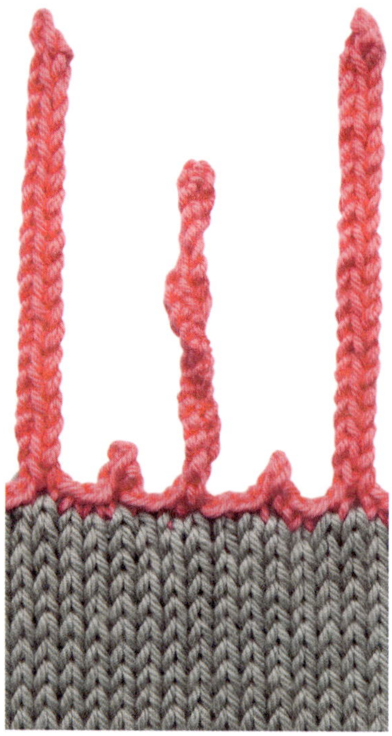

5 Längere »Lämmerschwänze« erhält man, indem man in Schritt 2 mehr Maschen anschlägt (im Beispiel links 20 Maschen). Unabhängig von der Maschenzahl wird in Schritt 3 immer eine mehr abgekettet, als angeschlagen wurde. Kettet man fester ab, als angeschlagen wurde, kringeln sich die Lämmerschwänze (Mitte).

6 Für eine kontrastfarbige Picotkante wird schon die letzte Reihe des Werkstücks mit andersfarbigem Garn gestrickt (Linksreihe bei glatt gestrickten Modellen). Wenn sich die Kante nicht rollen soll, die letzten beiden Reihen kraus rechts oder im Perlmuster stricken. Für einen sauberen Farbanschluss die neue Farbe in einer Rechtsreihe vor Beginn der kraus rechts oder im Perlmuster gestrickten Fläche anfügen. Für eine Picotanschlagreihe können ebenfalls Folgen von Anschlagmaschen und Abketten gearbeitet werden, dazwischen normale Anschlagmaschen (siehe S. 40).

ZWEIREIHIG ABKETTEN

1 Über eine gerade Maschenzahl arbeiten. Die erste Masche rechts stricken, die zweite links. Faden nach hinten legen. Mit der linken Nadel die erste Masche über die zweite und von der rechten Nadel ziehen.

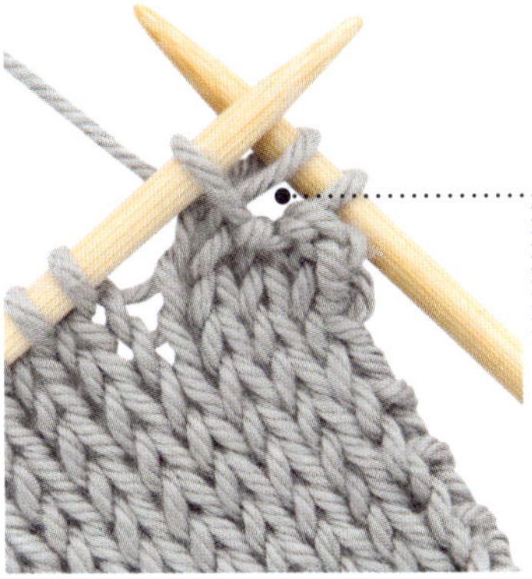

2 Die nächsten beiden Maschen von der linken Nadel rechts und links abstricken. Den Faden nach hinten legen. Die zweite Masche (rechts) über die erste (links) ziehen.

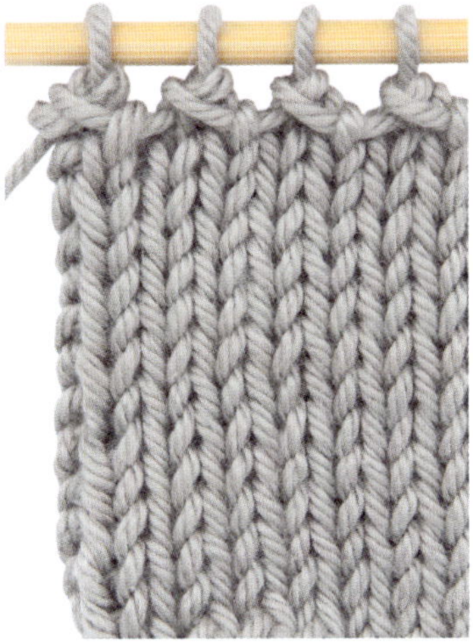

3 Schritt 2 bis zum Reihenende wiederholen. Danach liegt noch die halbe Maschenzahl auf der Nadel. Den Faden nicht zu kurz abschneiden. Die Arbeit nicht wenden!

4 Die letzte Masche von der rechten Nadel auf die linke nehmen, dabei nicht verdrehen. Die nächste Masche ebenso abheben. Die zweite Masche auf der linken Nadel über die erste ziehen.

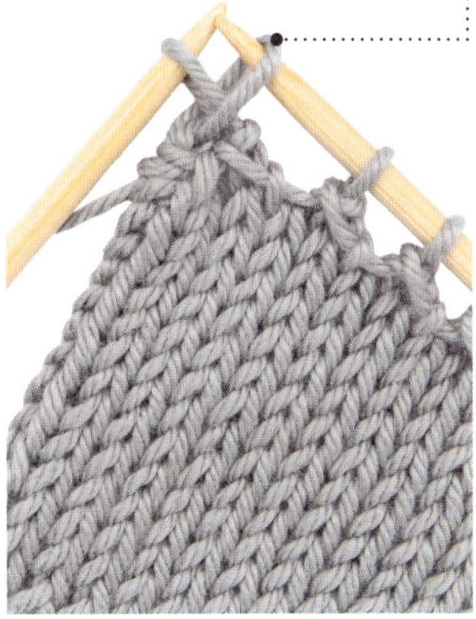

5 Bis zum Reihenende wiederholen, aber jeweils nur eine Masche abheben. Die letzte Masche mit einer Sticknadel ohne Spitze und einem separaten Faden sichern.

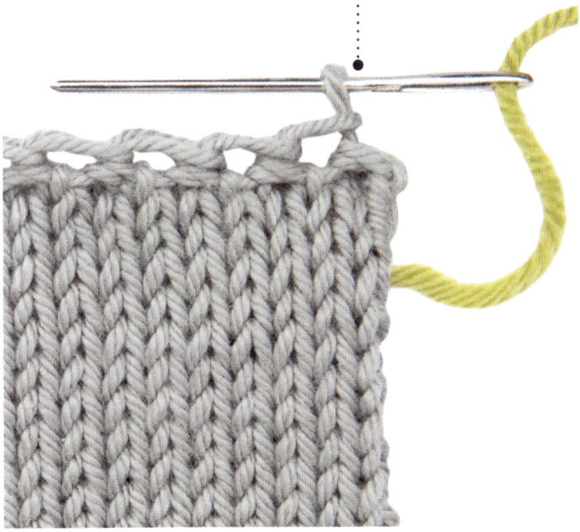

ABKETTEN DURCH ZUSAMMENSTRICKEN

Diese Methode ergibt eine dekorative und elastische Kante, die sich gut für Einerrippen eignet.

Die ersten beiden Maschen auf der linken Nadel rechts zusammenstricken. Die neue Masche wieder auf die linke Nadel legen, dabei nicht verdrehen. Bis zum Reihenende wiederholen. Den Faden abschneiden und durch die letzte Masche ziehen, um diese zu sichern.

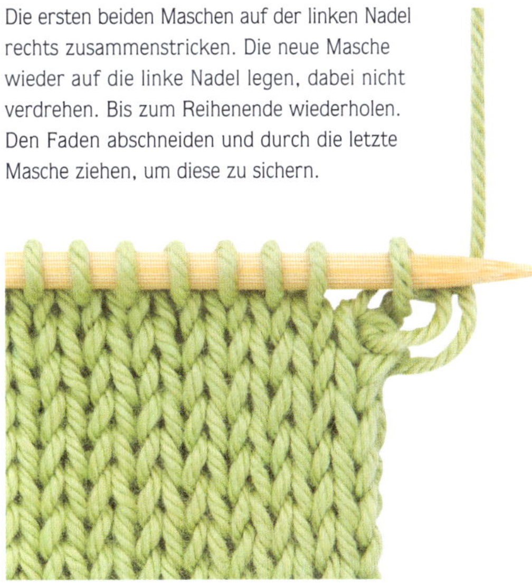

ELASTISCHER ABSCHLUSS FÜR EINERRIPPENMUSTER

1 Vor der ersten rechten Masche eines Modells in Einerrippen einen Umschlag arbeiten.

2 Die linke Nadel in die erste Masche auf der rechten Nadel einstechen, über die zweite Masche und von der Nadel ziehen.

3 Einen Umschlag von vorn nach hinten arbeiten. Den Faden nach vorn legen und eine Masche links stricken. Nun liegen drei Maschen auf der rechten Nadel.

4 Faden nach hinten legen. Die ersten beiden Maschen über die dritte und von der Nadel ziehen.

5 Einen Umschlag arbeiten, die nächste Masche rechts stricken. Die ersten beiden Maschen auf der rechten Nadel über die dritte und von der Nadel ziehen. Schritte 3–5 stets wiederholen.

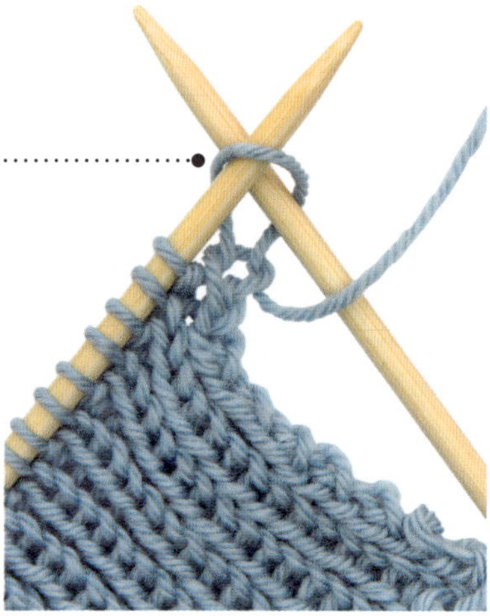

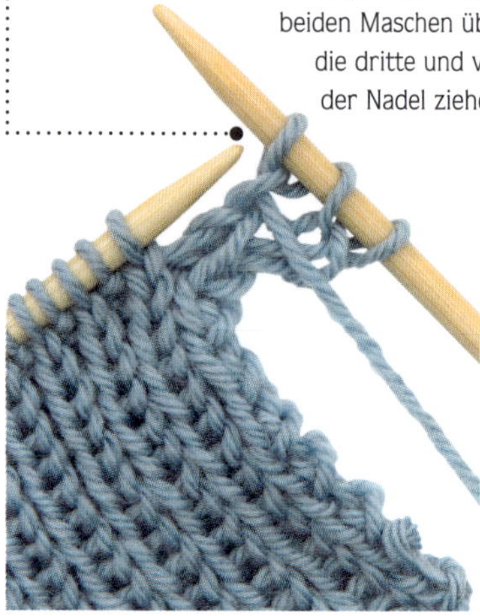

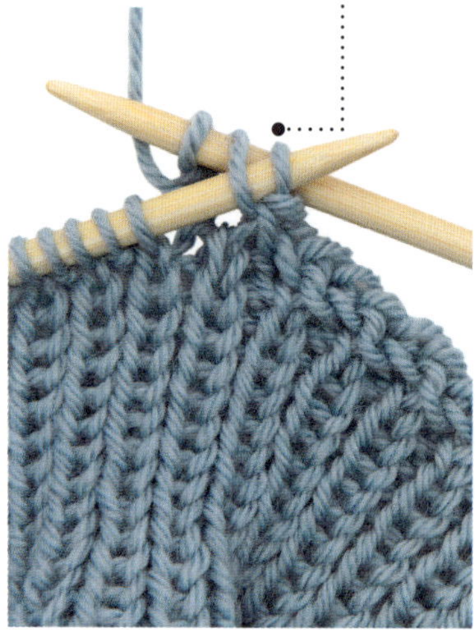

ABKETTEN FÜR EINE KANTE

Für eine kontrastfarbige Kante wird die letzte Reihe des Werkstücks schon in der neuen Farbe gestrickt. Dafür brauchen Sie eine dritte Stricknadel.

1 Mit der freien Nadel drei Maschen in der Kontrastfarbe anschlagen. Zwei Reihen im Kantenmuster stricken, mit einer Hinreihe enden. Vor der letzten Masche anhalten.

2 Die Nadel mit den abzukettenden Maschen in die linke Hand nehmen. Die letzte Masche der Kante von der rechten auf die linke Nadel legen, dabei nicht verdrehen.

3 Die letzte Masche der Kante und die erste der Reihe rechts verschränkt zusammenstricken.

4 Die Arbeit wenden, den Faden nach vorn legen. Die letzte Masche der Reihe auf die linke Nadel nehmen, dabei nicht verdrehen. Die Rückreihe mustergemäß fortsetzen.

5 Wenden und bis zur vorletzten Kantenmasche stricken. Schritte 3–5 fortlaufend wiederholen.

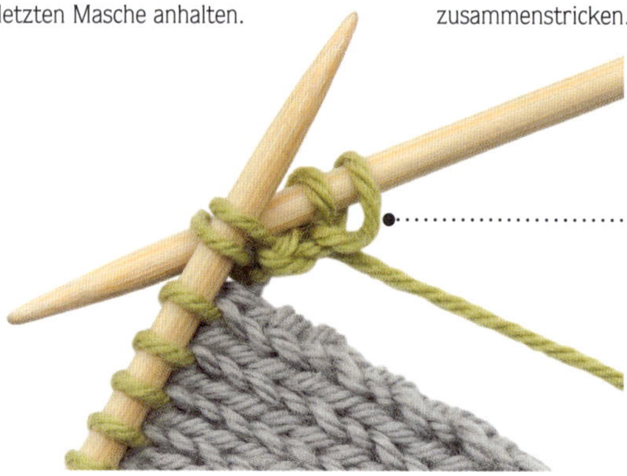

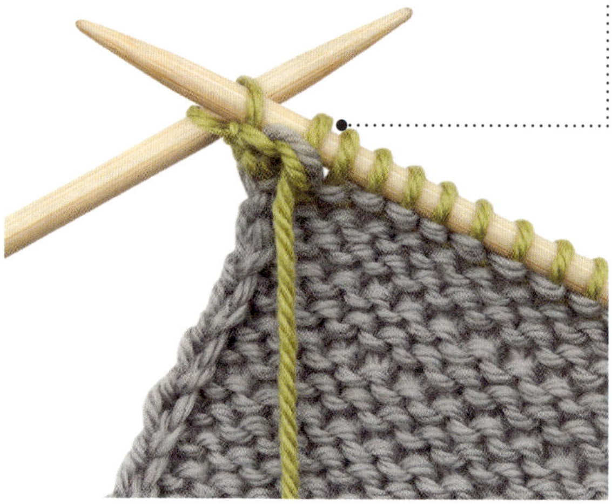

ABSCHLUSS MIT LUFTMASCHENBÖGEN

Der dekorative Abschluss verhindert, dass Kanten von Lochmustern ausleiern.

1 Maschenzahl muss teilbar durch 4 sein, die rechte Seite der Arbeit liegt vorn. Die Stricknadel mit links halten, rechte Seite zum Körper. Die erste Masche auf eine Häkelnadel nehmen.

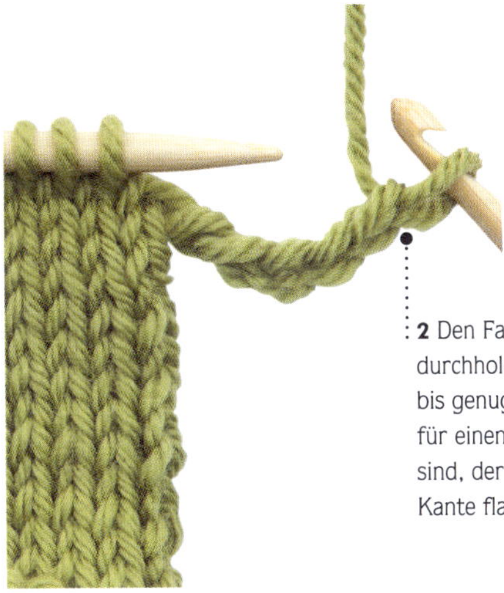

2 Den Faden erfassen und durchholen. Wiederholen, bis genug Luftmaschen für einen Bogen gehäkelt sind, der bei gedehnter Kante flach anliegt.

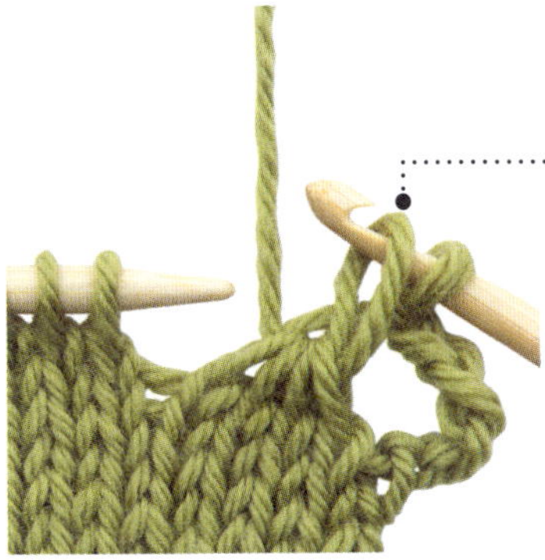

3 Die nächsten vier Maschen von der Stricknadel auf die Häkelnadel nehmen. Den Faden mit der Häkelnadel durch alle vier Maschen ziehen.

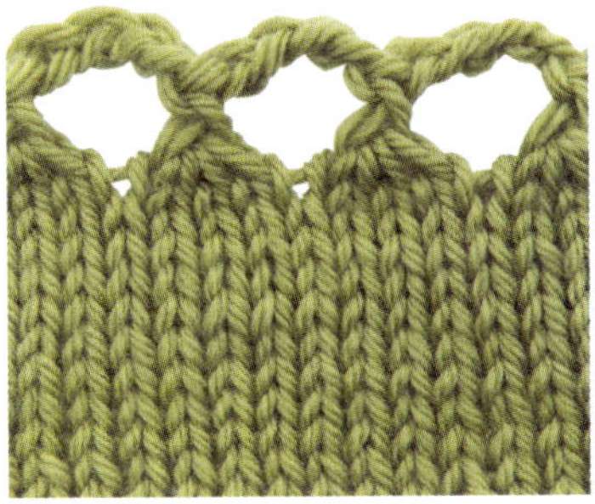

4 Nun den Faden durch die beiden Maschen auf der Häkelnadel holen. Schritte 2–4 fortlaufend wiederholen, dabei immer vier Maschen der gestrickten Reihe zusammenhäkeln.

ABKETTEN AN SCHRÄGEN KANTEN

An manchen Modellen müssen Maschen an einer schrägen Kante, z. B. einer Schulternaht, glatt abgekettet werden.

1 Vier Maschen rechts abketten (siehe S. 49), die letzte abgekettete Masche auf der rechten Nadel lassen.

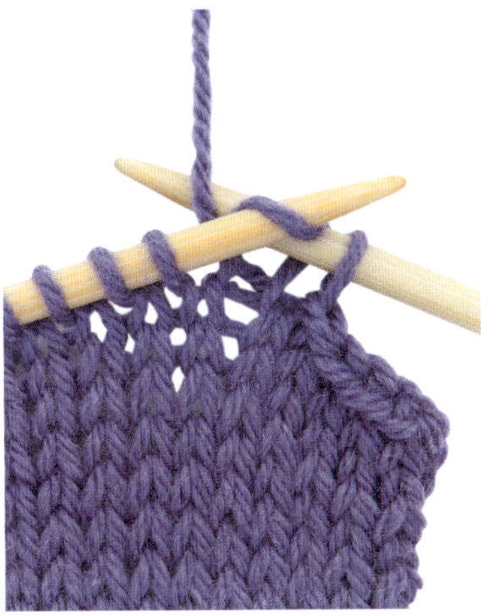

2 Bis zum Ende der linken Nadel rechts stricken, dann wenden und links stricken, bis noch zwei Maschen auf der linken Nadel liegen.

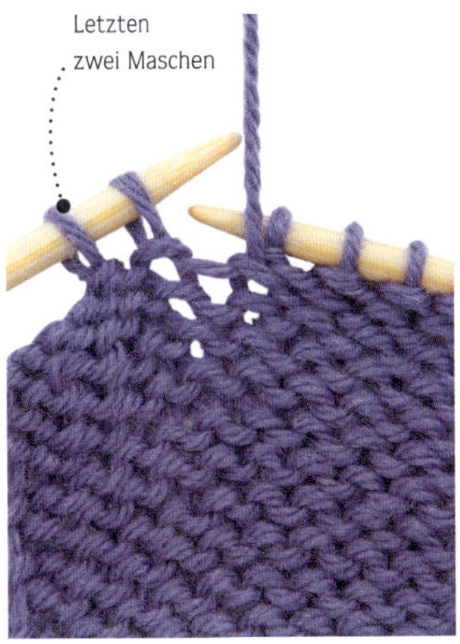

3 Diese Maschen links zusammenstricken. Wenden. Schritte 2–4 bis zum Ende der abzukettenden Kante wiederholen.

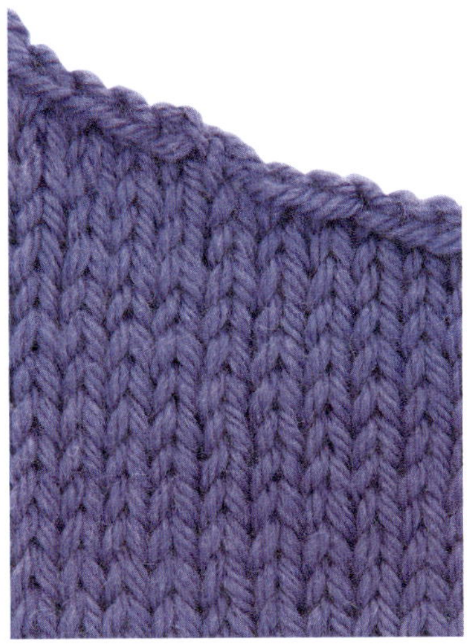

RECHTE MASCHEN STRICKEN Abkürzung = re M

Alle Muster basieren letztlich auf rechten und linken Maschen. Schlagen Sie einfach einige Maschen an (siehe S. 35–37) und beginnen Sie »kraus rechts«, denn dafür brauchen Sie nur rechte Maschen. Probieren Sie bunte Streifen und verschiedene Garne aus, bevor Sie linke Maschen lernen (siehe S. 57).

1 Die Nadeln wie auf Seite 33 gezeigt halten. Die abgestrickten Maschen liegen immer auf der rechten Nadel. Der Faden liegt hier hinter der Arbeit. Nun die rechte Nadel von vorn in die erste Masche auf der linken Nadel einstechen.

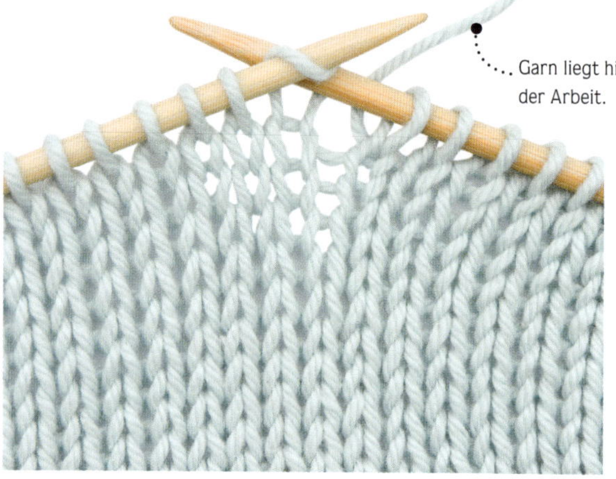

2 Das Garn von rechts hinten entgegen dem Uhrzeigersinn um die Nadel legen. Achten Sie darauf, das Garn gleichmäßig unter Spannung zu halten.

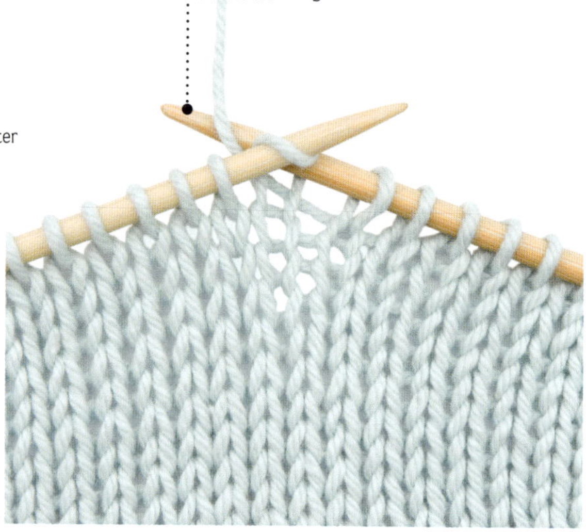

3 Das Garn mit der rechten Nadel »einfangen«, durch die Masche auf der linken Nadel ziehen. Den Faden dabei weder zu straff noch zu locker halten.

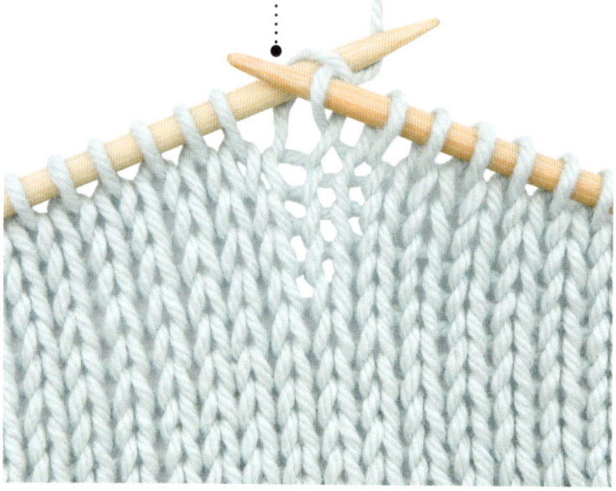

4 Dabei die Masche von der linken Nadel gleiten lassen. Auf diese Weise die Reihe zu Ende stricken. Wenn alle Maschen auf der rechten Nadel liegen, die Arbeit wenden und in die linke Hand nehmen.

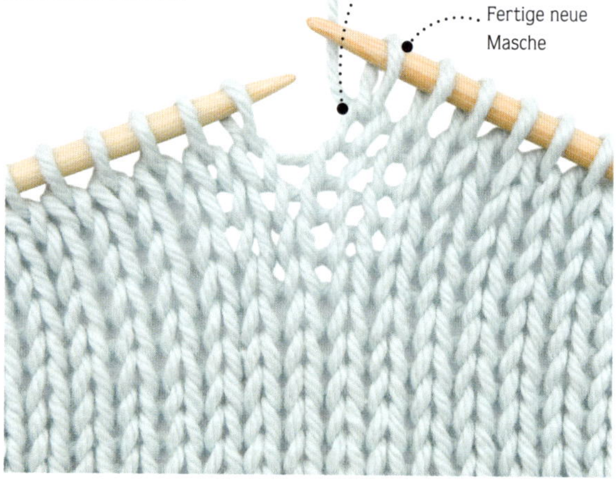

LINKE MASCHEN STRICKEN Abkürzung = li M

Anfänger finden linke Maschen meist etwas schwieriger als rechte Maschen, aber mit etwas Übung wird ihnen die Vorgehensweise bald ebenso schnell von der Hand gehen. Wenn Sie ein Stück kraus rechts gestrickt haben, versuchen Sie es mit einer Reihe linker Maschen. Die Spannung des Arbeitsfadens ist bei linken Maschen etwas anders. Probieren Sie aus, ob Sie das Garn straffer oder lockerer halten müssen.

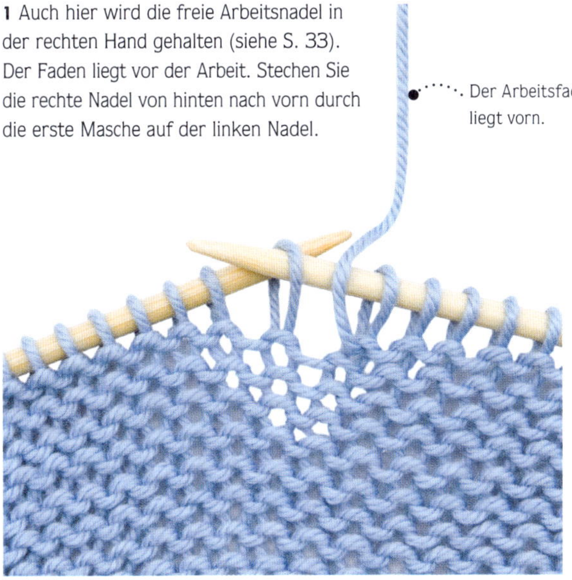

1 Auch hier wird die freie Arbeitsnadel in der rechten Hand gehalten (siehe S. 33). Der Faden liegt vor der Arbeit. Stechen Sie die rechte Nadel von hinten nach vorn durch die erste Masche auf der linken Nadel.

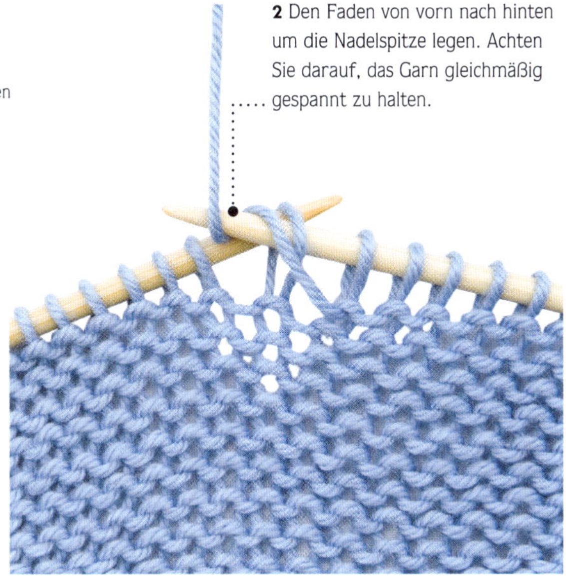

2 Den Faden von vorn nach hinten um die Nadelspitze legen. Achten Sie darauf, das Garn gleichmäßig gespannt zu halten.

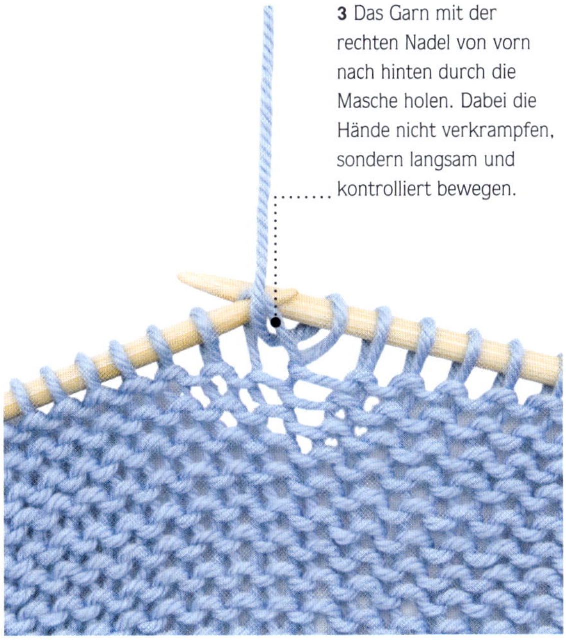

3 Das Garn mit der rechten Nadel von vorn nach hinten durch die Masche holen. Dabei die Hände nicht verkrampfen, sondern langsam und kontrolliert bewegen.

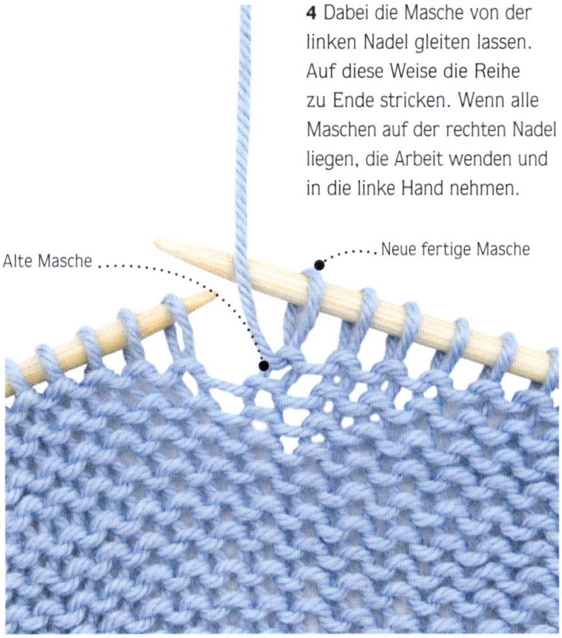

4 Dabei die Masche von der linken Nadel gleiten lassen. Auf diese Weise die Reihe zu Ende stricken. Wenn alle Maschen auf der rechten Nadel liegen, die Arbeit wenden und in die linke Hand nehmen.

GRUNDSTRICKARTEN MIT RECHTEN UND LINKEN MASCHEN

Die meisten gestrickten Werkstücke bestehen nur aus rechten und linken Maschen. Wenn Sie diese beiden Maschentypen beherrschen, werden Ihnen die hier gezeigten vier Grundmuster leicht von der Hand gehen. Pullover und andere Kleidungsstücke werden oft glatt rechts gestrickt. Kraus rechts und Rippenmuster verwendet man häufiger für Ränder und Bündchen.

KRAUS RECHTS (Abkürzung = kraus re)

Rechte Seite (Vorderseite): Dies ist das einfachste Strickmuster, denn in Hin- und Rückreihen wird immer rechts gestrickt.

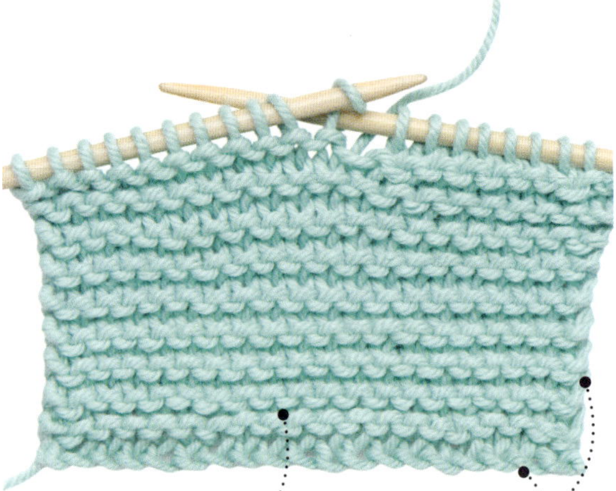

Linke Seite (Rückseite): Nach dem Wenden der Arbeit liegen die linken Maschen vorn. Sie werden rechts gestrickt. Das Ergebnis ist weich, waagerecht gerippt und dehnbar.

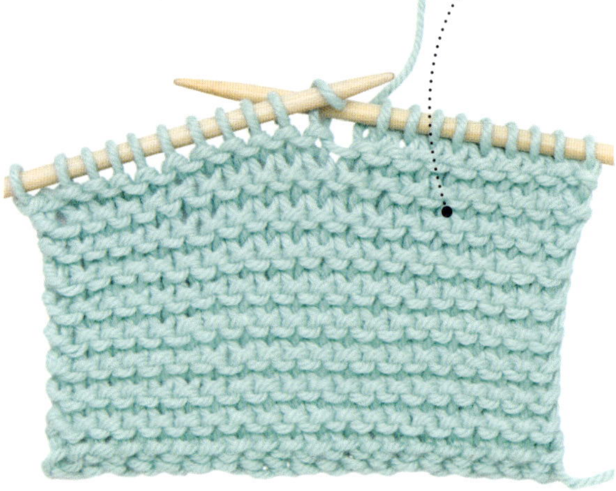

GLATT RECHTS (Abkürzung = glatt re)

Rechte Seite (Vorderseite): Auf der Vorderseite sind nur rechte Maschen zu sehen, weil stets im Wechsel eine Reihe linke Maschen und eine Reihe rechte Maschen gestrickt wird.

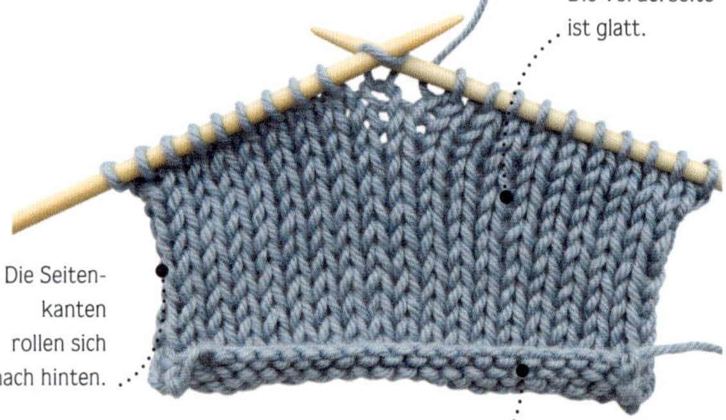

Linke Seite (Rückseite): Die Rückseite der Arbeit zeigt nur linke Maschen. Daher heißt sie auch die »linke Seite« einer Arbeit.

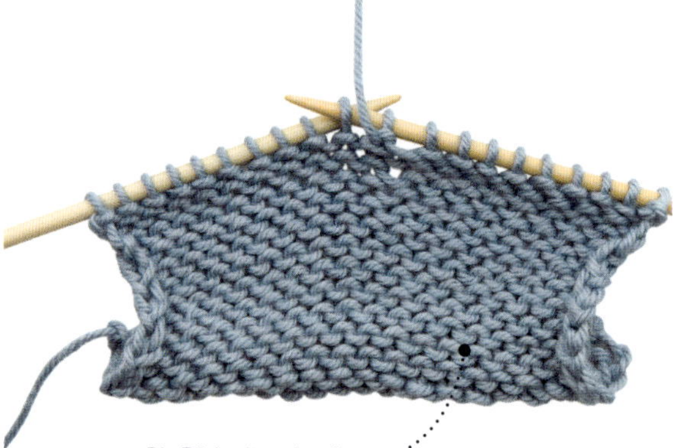

GLATT LINKS (Abkürzung = glatt li)

Rechte Seite (Vorderseite): Dieses Muster ist identisch mit dem vorangehenden. Hier bildet jedoch die »krause« Seite mit den linken Maschen die Vorderseite des Werkstücks, während die glatten rechten Maschen auf der Rückseite liegen.

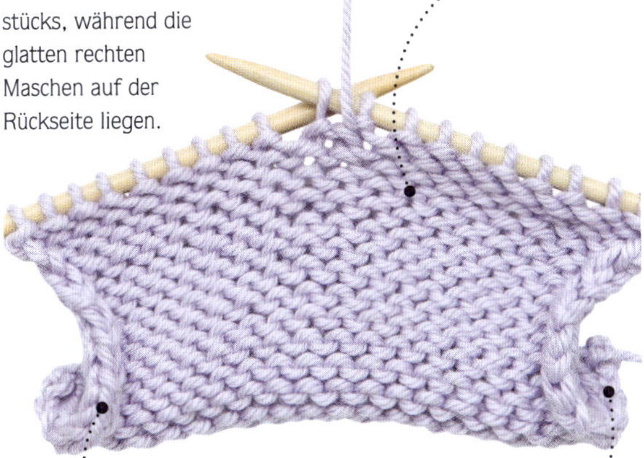

Linke Seite (Rückseite): Auf der Rückseite werden alle Maschen rechts gestrickt.

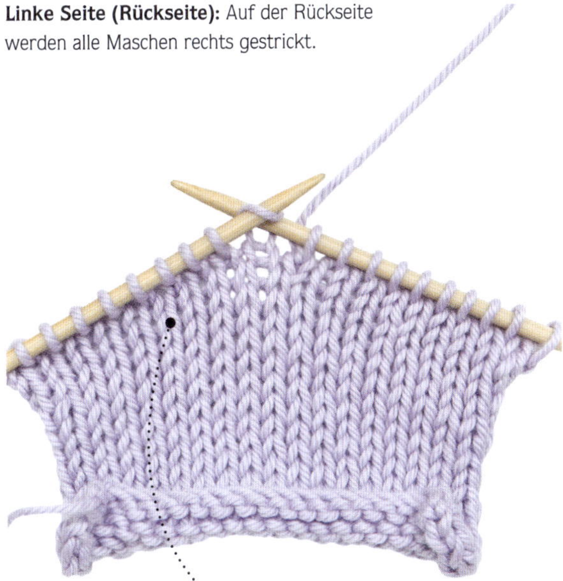

EINERRIPPEN (Abkürzung = 1 M re, 1 M li)

Rechte Seite (Vorderseite): Hier wird immer abwechselnd eine linke und eine rechte Masche gestrickt. Der Arbeitsfaden liegt für rechte Maschen hinter der Arbeit oder für linke Maschen davor. Faden vor jeder Masche umlegen.

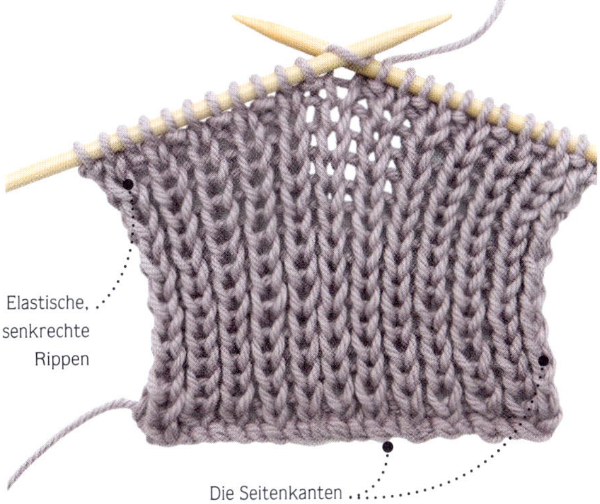

Linke Seite (Rückseite): Nach dem Wenden der Arbeit werden alle Maschen so gestrickt, wie sie erscheinen: linke Maschen als linke Maschen und rechte Maschen als rechte.

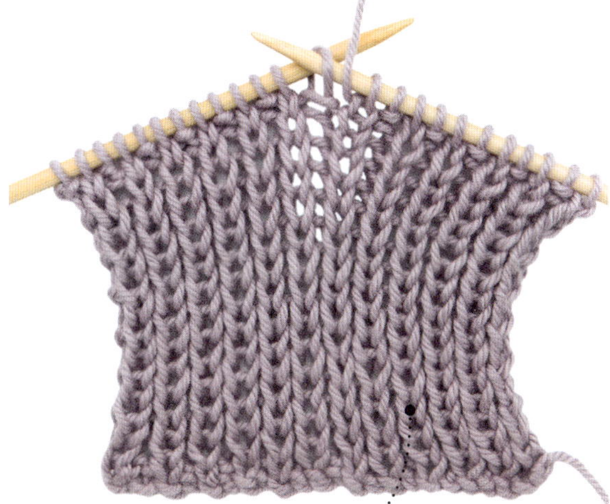

TRICKS UND PANNENHILFE

Die folgenden Seiten enthalten viele wertvolle Tipps für die Praxis. Wer stricken will, sollte wissen, wie man ein Knäuel wickelt, einen neuen Faden an eine begonnene Arbeit ansetzt oder Fadenenden unauffällig und sicher vernäht.

EIN KNÄUEL WICKELN

Manche Garne werden in Strängen verkauft. Sie müssen zuerst zu Knäueln gewickelt werden, sonst droht ein Knotengewirr. Ordentliche Knoten braucht man zum Anfügen von neuem Garn beim Farbwechsel oder wenn ein Knäuel verstrickt ist.

EIN KNÄUEL WICKELN

1 Den Strang aufdrehen und die Garnenden vorsichtig aufknoten. Bitten Sie einen Helfer, den Strang beim Abwickeln zu halten, oder legen Sie ihn über einen Stuhlrücken oder eine Haspel (siehe S. 27). Winden Sie das Garnende zunächst zu einer Schleife. Dann die Schleife abnehmen und in der linken Hand halten.

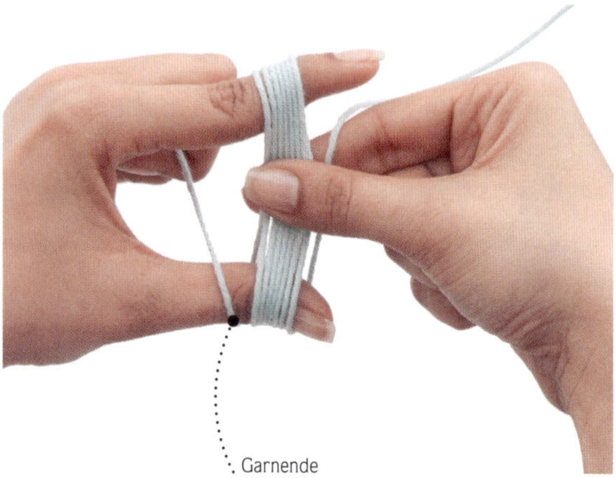

Garnende

2 Nun den Faden weiter aufwickeln, und zwar um den oberen Teil der Schleife und den Daumen der linken Hand, sodass sich im Knäuel ein Loch bildet. Wechseln Sie dabei oft die Richtung, damit das Knäuel schön rund wird. Das Garnende zum Fixieren unter eine Lage des Knäuels stecken. Begonnen wird mit dem Schleifenende, sodass sich der Faden von innen abspult und das Knäuel beim Stricken nicht hin und her rollt.

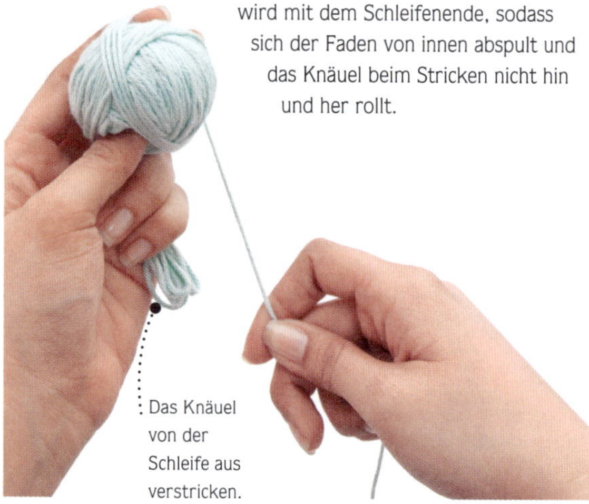

Das Knäuel von der Schleife aus verstricken.

KREUZKNOTEN

Dieser Knoten besteht aus zwei ganz einfachen Knoten. Bei einem liegen die Fäden links über rechts, beim anderen rechts über links. Am besten den Knoten direkt in der Reihe arbeiten, sodass er auf der Rückseite des Werkstücks liegt.

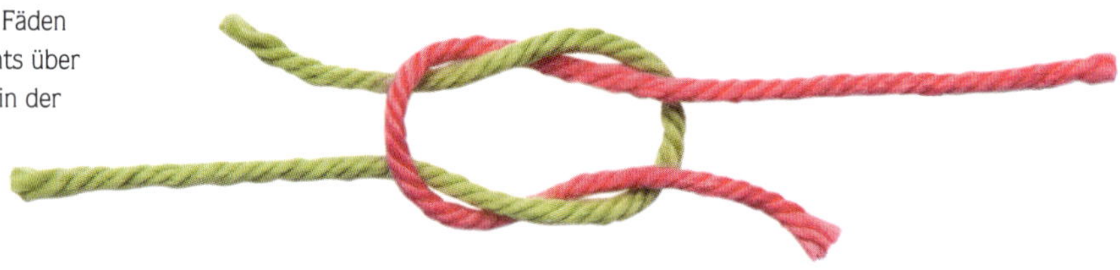

WEBERKNOTEN

Zum Verbinden von Garnen verschiedener Stärke.

1 Ins dickere Garn eine Schlaufe legen. Das dünnere Garnende von vorn nach hinten durch die Schlaufe ziehen, dann vor beide Fäden der Schlaufe legen und festhalten.

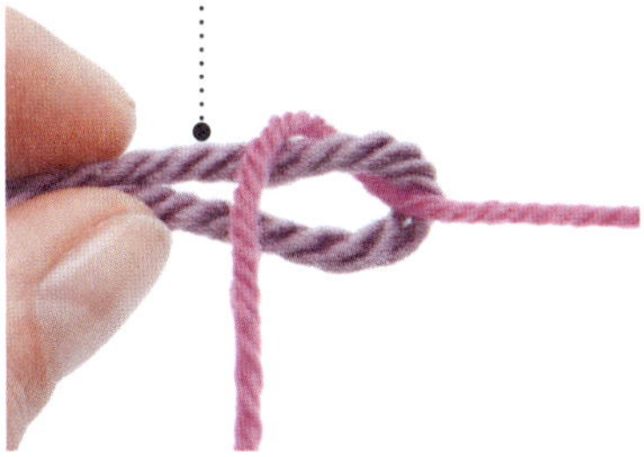

2 Nun das dünne Ende unter den unteren Faden der dicken Schlaufe legen, über den dünnen Faden (der zum Knäuel führt) und dann unter den oberen Faden der dicken Schlaufe.

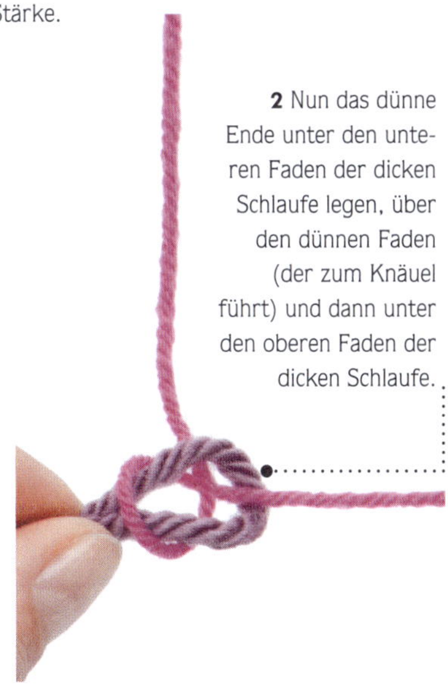

3 Beide dicken Fäden mit der einen Hand halten, beide dünnen mit der anderen. Vorsichtig auseinanderziehen, bis der Knoten fest ist.

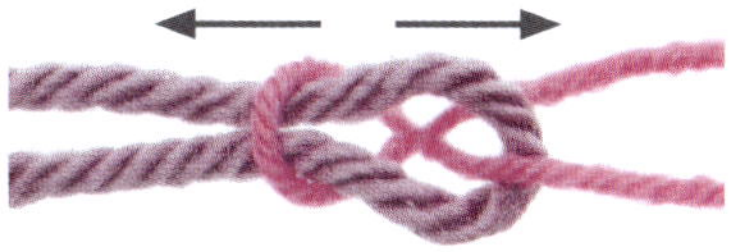

EIN NEUES KNÄUEL ANSETZEN

Um abzuschätzen, ob ein Garnrest noch für eine Hin- und eine Rückreihe ausreicht, den Faden zur Hälfte legen und am Knick einen Überhandknoten schlingen. Die erste Reihe stricken. Ist der Knoten vor dem Reihenende erreicht, ist das Garn zu knapp.

EIN NEUES KNÄUEL ANSETZEN

1 Setzen Sie einen neuen Faden möglichst immer am Anfang einer neuen Reihe an. Dort das neue Fadenende mit dem alten verknoten.

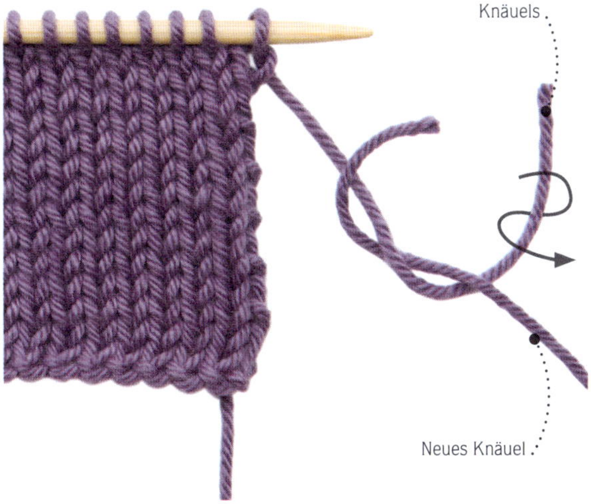

2 Den Knoten nah an die Arbeit heranschieben. Er wird später durch die Naht verdeckt. Für einen Schal oder eine Decke den Knoten nicht zu fest ziehen, um ihn später öffnen und die Fäden unauffällig vernähen zu können.

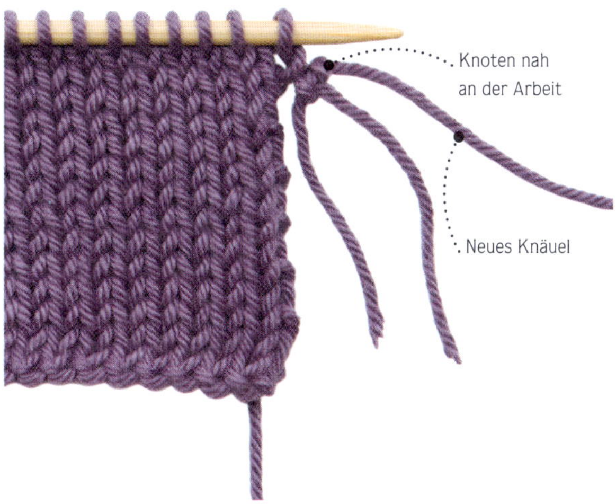

EIN NEUES KNÄUEL ANSETZEN – ALTERNATIVE METHODE

1 Das neue Garn zusammen mit dem alten Fadenende über die rechte Nadel legen. Die erste Masche der Reihe mit beiden Fäden stricken und so provisorisch fixieren. Dann nur mit dem neuen Garn fortfahren.

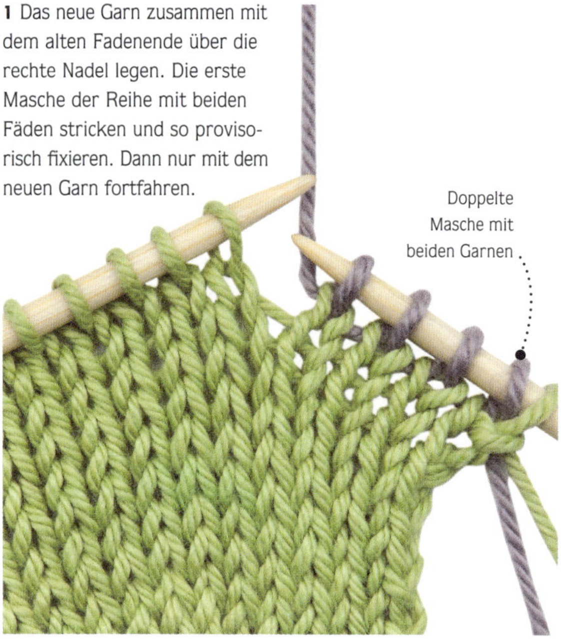

Doppelte Masche mit beiden Garnen

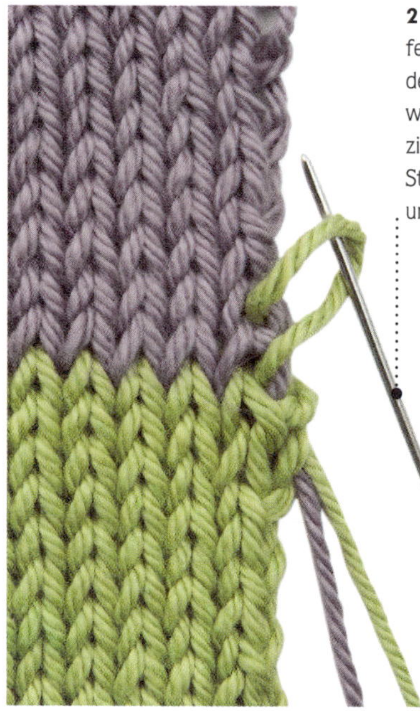

2 Wenn die Arbeit fertig ist, das Ende des alten Garns wieder aus der Masche ziehen und mit einer Sticknadel ohne Spitze unauffällig vernähen.

EIN LANGES FADENENDE SICHERN

Lässt man ein extralanges Fadenende einfach hängen, kann es sich beim weiteren Stricken leicht verheddern. Besser ist es, das Ende zur Schleife zu wickeln.

1 Den Faden nah an der Strickarbeit zwischen Daumen und Zeigefinger zu einer Acht aufwickeln.

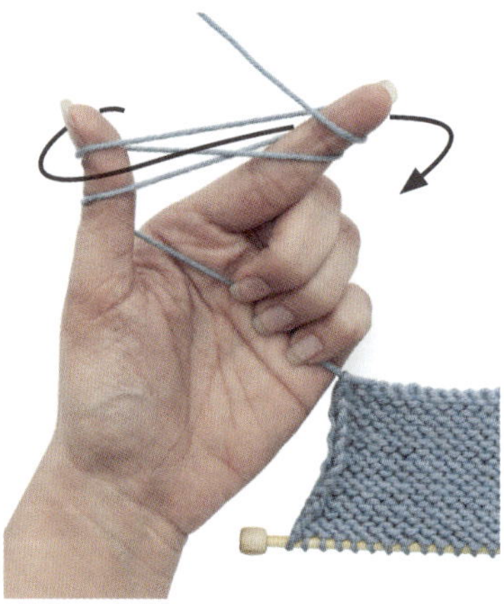

2 Die Schleife von den Fingern nehmen. Das Fadenende einige Male um die Mitte der Schleife wickeln und zum Befestigen einmal dort hindurchziehen.

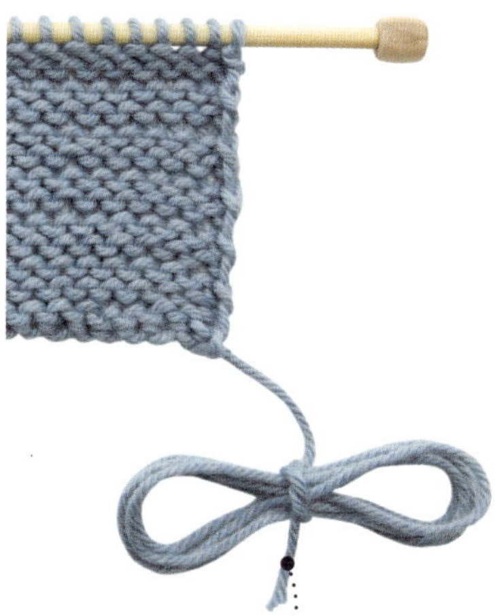

Fadenende unter die Wicklung schieben.

FÄDEN VERNÄHEN

Eine fertige Strickarbeit hat mindestens zwei lose Fadenenden – am Anfang und am Ende. Durch neu angesetzte Knäuel entstehen noch mehr lose Enden. Jedes Ende in eine Sticknadel ohne Spitze fädeln und senkrecht oder waagerecht durch die Maschen auf der Rückseite der Arbeit ziehen.

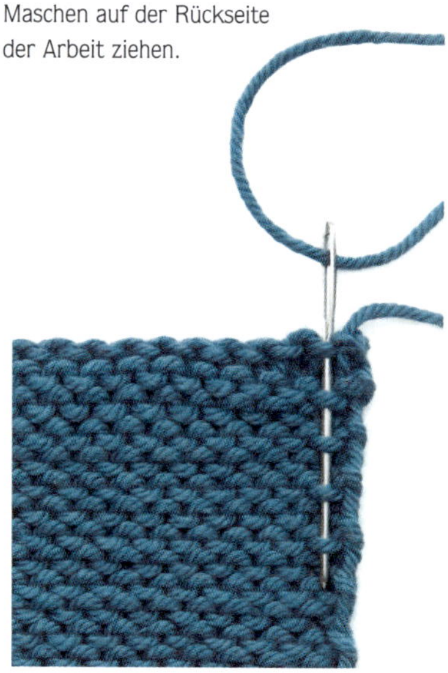

FEHLER BEHEBEN

Wenn Sie einen Fehler gemacht haben, sollten Sie die Reihe bis zur Fehlerstelle Masche für Masche auftrennen. Haben Sie eine Masche fallen gelassen, fixieren Sie diese so schnell wie möglich, damit keine Laufmasche bis zur Anschlagreihe rutscht.

RECHTSREIHEN AUFTRENNEN

Die Stricknadel mit den aufzulösenden Maschen in der rechten Hand halten. Mit der linken Nadel von vorn in die unter der ersten Masche liegende Masche einstechen. Die alte Masche rübergleiten lassen und den Faden herausziehen.

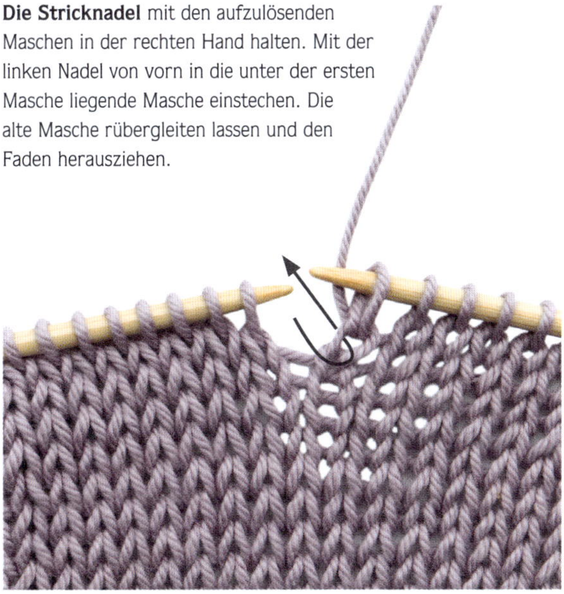

LINKSREIHEN AUFTRENNEN

Die Stricknadel mit den aufzulösenden Maschen in der rechten Hand halten. Jede Masche einzeln auflösen. Gehen Sie dabei ebenso vor wie bei rechten Maschen.

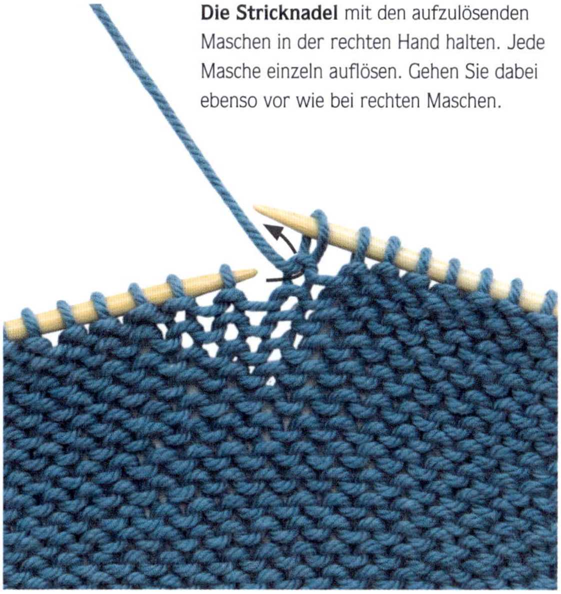

EINE LAUFMASCHE AUFHÄKELN

In einer glatt rechts gestrickten Arbeit lässt sich eine heruntergefallene Masche leicht mit einer Häkelnadel aufheben. Die Nadel von vorn durch die Masche stechen, den dahinter liegenden Faden der nächsten Reihe erfassen und durchholen. Auf diese Weise weiterarbeiten, bis die oberste Reihe erreicht ist. Dann die Masche zurück auf die Stricknadel schieben.

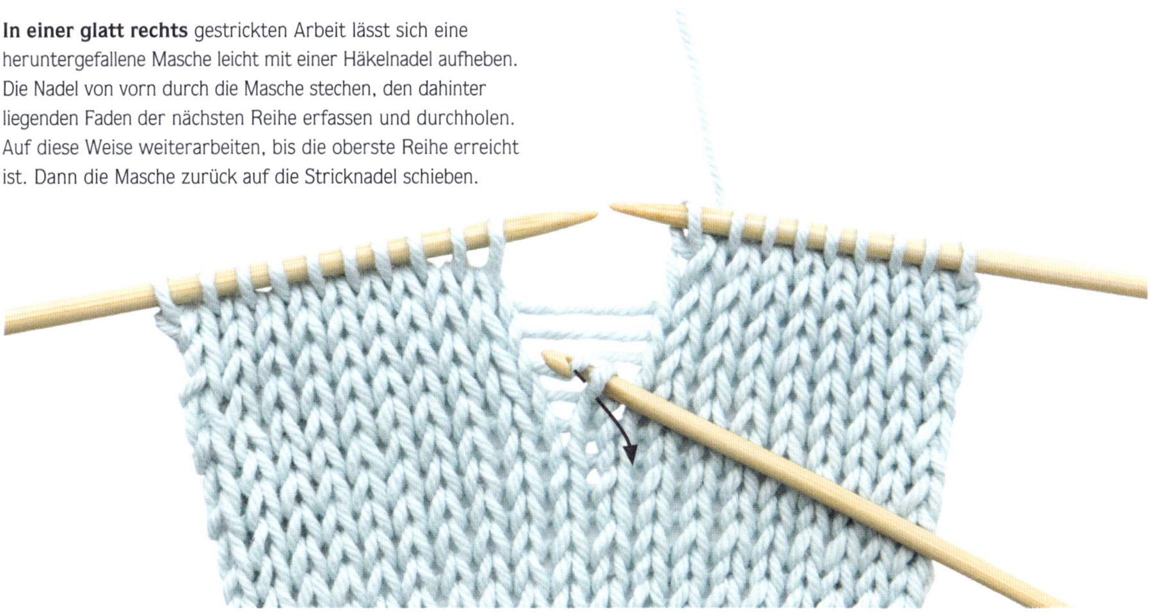

STRICKANLEITUNGEN VERSTEHEN

Strickanleitungen beschreiben bis ins kleinste Detail, wie ein Modell gearbeitet wird – mit linken oder rechten Maschen, Zopf- oder Lochmustern. Stricken Sie am besten zuerst eine Musterprobe. Machen Sie sich mit den Abkürzungen und Symbolen vertraut (siehe S. 65–66), bevor Sie sich an ein kompliziertes Strickmuster oder eine Strickanleitung wagen.

STRICKANLEITUNGEN

Wenn Sie erst einmal Maschen anschlagen und linke und rechte Maschen stricken können, wird Ihnen der Rest wenig Schwierigkeiten bereiten. Es geht eigentlich nur darum, der Strickanleitung Schritt für Schritt zu folgen und sich von den Abkürzungen nicht einschüchtern zu lassen. Auf Seite 66 finden Sie eine Liste der gängigen Abkürzungen. »1 M re« bedeutet, dass Sie eine rechte Masche stricken müssen, bei »2 M re« sind es zwei rechte Maschen usw. Dasselbe gilt natürlich für »1 M li«: 1 linke Masche.

Zuerst schlagen Sie – mit der richtigen Garn- und Nadelstärke – die für das Muster benötigte Anzahl Maschen an. Dann stricken Sie nach der Anleitung Reihe für Reihe, bis das Muster nach und nach zum Vorschein kommt. Wenn das Strickstück die gewünschte Länge erreicht hat, wird es mustergemäß abgekettet (siehe S. 49).

Strickeinsteiger sollten vor allem langsam und sorgfältig vorgehen, die Vorderseite der Arbeit mit einem andersfarbigen Faden markieren und einen Reihenzähler verwenden (siehe S. 25). Beheben Sie Fehler am besten sofort Masche für Masche, wenn Sie einmal »den Faden verloren haben«.

Wenn Ihnen eines der Muster, die Sie ausprobieren, gefällt, dann stricken Sie einen Schal, einen Kissenbezug oder eine Decke damit – dafür brauchen Sie keine besondere Strickanleitung.

Im Prinzip sind alle Strickanleitungen gleich aufgebaut. Für Loch- und Zopfmuster (siehe S. 86–87) sollten Sie schon geübter sein und das Zu- und Abnehmen mühelos beherrschen.

Bei manchen Arbeiten sollen Maschen »abgehoben« oder »verschränkt abgestrickt« werden. Was darunter zu verstehen ist, wird auf den hier folgenden Seiten erklärt.

MASCHEN LINKS ABHEBEN

1 Sofern nichts anderes angegeben ist, sticht man zum Abheben – und auch zum Stilllegen auf einem Maschenraffer – immer so in die Masche ein, als wolle man sie links abstricken.

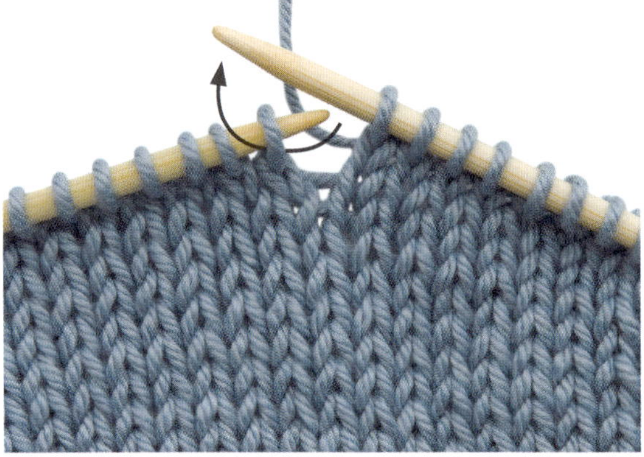

2 Die Masche von der linken auf die rechte Nadel gleiten lassen, ohne sie abzustricken. Sie liegt nun mit den abgestrickten Maschen auf der rechten Nadel, der Arbeitsfaden liegt dahinter.

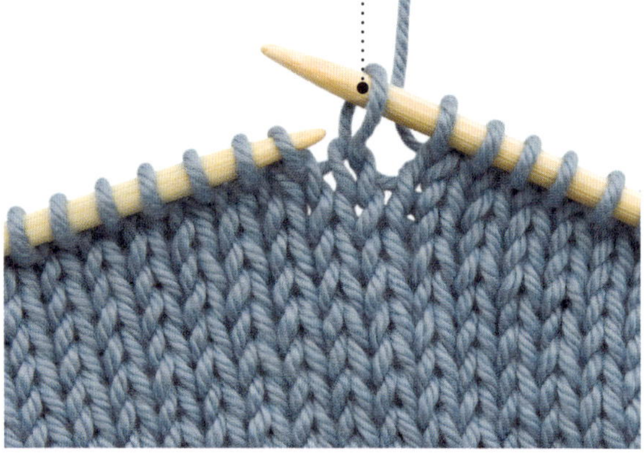

MASCHEN RECHTS ABHEBEN

1 Maschen werden nur zum Abnehmen (siehe S. 76–78) rechts abgehoben – oder wenn es die Strickanleitung ausdrücklich verlangt. Die rechte Nadel von vorn durch die erste Masche auf der linken Nadel einstechen. Der Arbeitsfaden liegt dahinter.

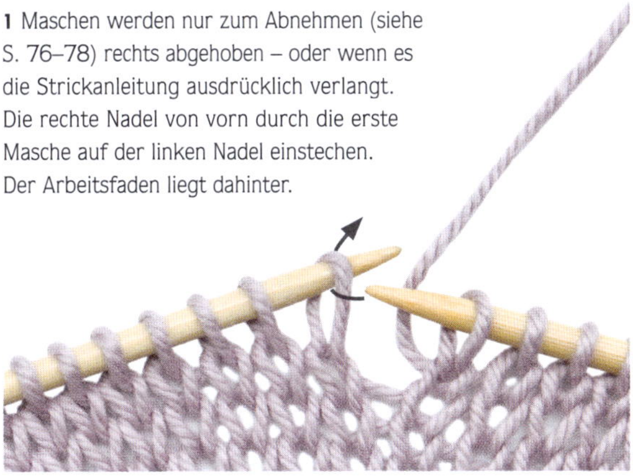

2 Die Masche auf die rechte Nadel gleiten lassen, ohne sie abzustricken. Die Masche liegt nun verdreht zu den bereits abgestrickten Maschen auf der Nadel.

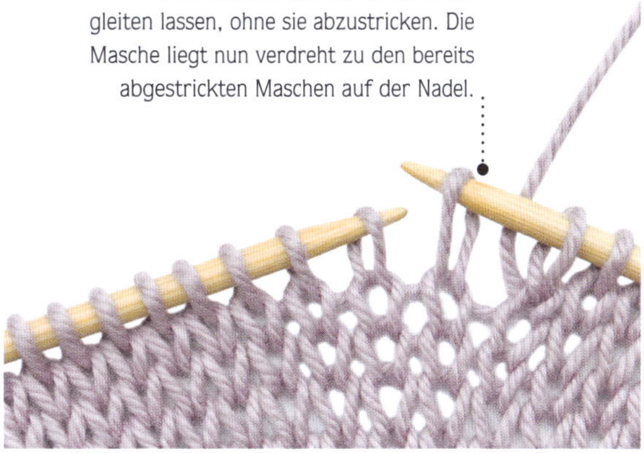

MASCHEN VERSCHRÄNKT STRICKEN (Abkürzung = verschr)

1 Steht in der Anleitung »1 M re verschr« (eine Masche rechts verschränkt stricken), stechen Sie die rechte Nadel von hinten in die Masche auf der linken Nadel ein.

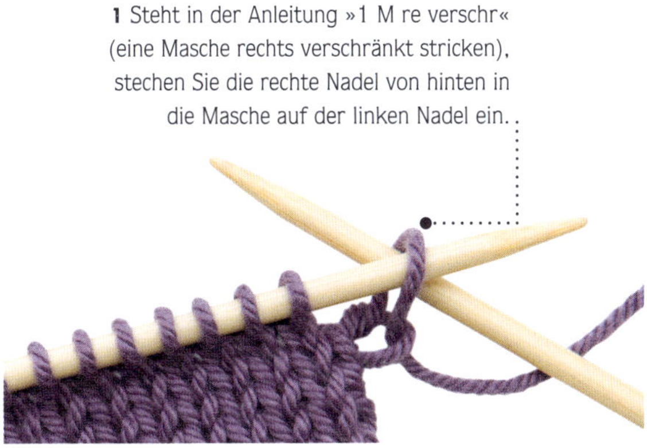

2 Den Faden durch die Masche holen (= die Masche stricken). Dadurch dreht (verschränkt) sich die darunterliegende Masche. Dasselbe Prinzip gilt auch, wenn Maschen verschränkt zusammengestrickt werden sollen.

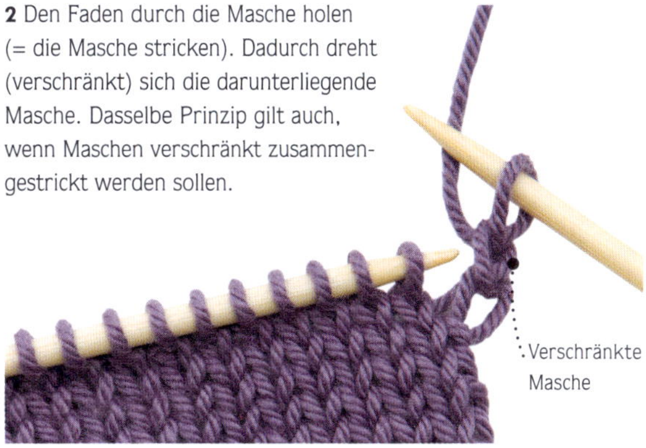

Verschränkte Masche

STRICKSCHRIFTEN

Strickschriften und Zählmuster haben den Vorteil, dass man sich den Mustersatz (auch Rapport) schnell einprägen kann.

Bei Strickschriften ist die Anzahl der angeschlagenen Maschen meistens angegeben. Sonst zählen Sie den Mustersatz (Abkürzung: MS) aus und schlagen eine durch diese Maschenzahl teilbare Anzahl Maschen an, zuzüglich der jeweiligen Randmaschen.

Jedes Kästchen der Strickschrift steht für eine Masche, jede Zeile für eine Maschenreihe. Beginnen Sie nach dem Anschlagen mit der untersten Reihe. Reihen mit ungeraden Zahlen (meist die Hinreihen) werden von rechts nach links gelesen, die mit geraden Zahlen (zumeist Rückreihen) von links nach rechts. Nach dem Abstricken der Randmaschen wird der Mustersatz so oft wie erforderlich wiederholt. Achtung: Manche Symbole bedeuten auf der Hinreihe das eine, auf der Rückreihe jedoch das Gegenteil (siehe Symbolliste S. 66 unten).

Wenn Sie in der obersten Reihe der Strickschrift angelangt sind, beginnen Sie wieder mit der untersten Reihe.

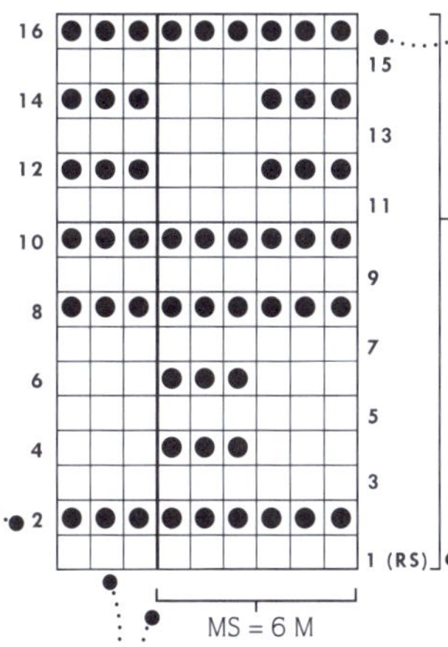

4 Nach Reihe 16 wieder mit Reihe 1 beginnen.

3 Reihe 2 und alle (geraden) Rückreihen von links nach rechts lesen.

2 Reihe 1 und alle (ungeraden) Hinreihen von rechts nach links lesen.

3 Randmaschen

1 Eine durch 6 teilbare Anzahl Maschen plus 3 Randmaschen anschlagen.

ABKÜRZUNGEN

Hier finden Sie eine Liste der gängigen Strickabkürzungen. Spezielle Abkürzungen werden in der entsprechenden Strickanleitung erklärt.

abgeh	abgehoben
abh	abheben
abk	abketten
abn	abnehmen
anschl	anschlagen
arb	arbeiten
aufn	aufnehmen
dopp	doppelt
Fb	Farbe(n)
Fh	Faden hinten
Fv	Faden vorn
folg	folgende
fortlfd	fortlaufend
glatt li	glatt links (in Hinreihen linke Maschen, in Rückreihen rechte Maschen; in Runden stets linke Maschen stricken)
glatt re	glatt rechts (in Hinreihen rechte Maschen, in Rückreihen linke Maschen; in Runden stets rechte Maschen stricken)
herausstr	herausstricken
Hin-R	Hinreihe
kraus re	kraus rechts (in Hin- und Rückreihen immer rechte Maschen stricken)
li	links, linke
li1t	linke Masche, eine Reihe tiefer einstechen
lvkr	nach links verkreuzen
M	Masche(n)
MS	Mustersatz (= Rapport)
2 M li zus-str	2 Maschen links zusammenstricken (siehe S. 76)
2 M re zus-str	2 Maschen rechts zusammenstricken (S. 76)
1 M zun	1 Masche zunehmen (siehe S. 69–75)
Nd	Nadel(n)
R	Reihe(n)
Rand-M	Randmasche(n)
Rd	Runde(n)
re	rechts, rechte
re1t	rechte Masche, eine Reihe tiefer einstechen
re verschr	rechts verschränkt stricken
restl	restliche, verbleibende
Rück-R	Rückreihe
rvkr	nach rechts verkreuzen
SsN	Strumpfstricknadel
str	stricken
U	Umschlag (siehe S. 73)
überz	überziehen, überzogen
verkr	verkreuzen
verschr	verschränkt
wdh	wiederholen
x	Mal
zun	zunehmen
zus	zusammen
zus-str	zusammenstricken

FACHBEGRIFFE UND SYMBOLE

Die folgenden Begriffe werden in Strickanleitungen oft verwendet. Bitte beachten Sie, dass – wie bei allen traditionellen Handarbeitstechniken – regional auch andere Begriffe verwendet werden können.

Abketten Sichernder Abschluss einer Strickarbeit.

Abnehmen Die Maschenzahl in einer Reihe verringern (siehe S. 76–78).

Anschlagen Zu Beginn des Strickens eine bestimmte Anzahl Maschen auf die Stricknadel aufnehmen.

Links/rechts abketten Abketten, wie um linke/rechte Maschen zu stricken.

Maschenprobe Probestück, anhand dessen die Anzahl der Maschen und Reihen auf 10 cm gemessen wird (siehe S. 68).

Mustergemäß abketten Die Maschen, wie sie im Muster erscheinen, jeweils links oder rechts abketten.

Mustersatz (auch Rapport genannt) Sich wiederholendes Muster oder Motiv (häufig angegeben in Strickschriften oder Zählmustern).

Randmaschen aufnehmen/auffassen und herausstricken Maschen aus den Rändern eines Strickstücks aufnehmen, um in Querrichtung etwas anzustricken (siehe S. 130).

Überzug Abnehmen, indem eine Masche über die folgende gezogen wird.

Umschlag Der Faden wird von vorn oder hinten um die Nadel gelegt, um eine Masche zuzunehmen (siehe S. 73–75).

Zopf Verkreuzung von Maschen in regelmäßigen Abständen, mit oder ohne Hilfsnadel.

Zunehmen Die Maschenzahl in einer Reihe erhöhen (siehe S. 69–72).

SYMBOLE in Strickschriften

Die folgenden Symbole kommen in diesem Buch vor. Symbole können jedoch von Quelle zu Quelle variieren, lesen Sie sich darum immer die Zeichenerklärung vor Beginn der Arbeit genau durch.

[...] = Was innerhalb der eckigen Klammern steht, gehört zusammen.

* = Das Sternchen zeigt an, ab wann eine Folge wiederholt wird (Report).

□ = in Hin-R 1 M re, in Rück-R 1 M li

⊡ = in Hin-R 1 M li, in Rück-R 1 M re

⊙ = 1 Umschlag

⧄ = 2 M rechts zus-str

⧅ = 2 M rechts abgehoben zus-str

⋀ = 1 M abh, 2 M re zus-str, abgehobene Masche überziehen

⇑ = 3 M re überzogen zus-str

ARBEITEN NACH ANLEITUNG

Strickanleitungen sehen manchmal kompliziert aus, doch wenn man ihnen Schritt für Schritt folgt, sind sie gar nicht so schwierig. Lesen Sie hier alles Wesentliche zum Arbeiten nach Anleitung sowie zum Zusammennähen und anderen Details der Fertigstellung.

KISSENBEZUG

Anfänger suchen sich als allererstes Strickprojekt am besten ein einfaches Wohnaccessoire aus, zum Beispiel einen gestreiften, glatt rechts gestrickten Kissenbezug. Zum Fertigstellen müssen später nur zwei gerade Nähte geschlossen werden. Lesen Sie zuerst die Tipps der Reihe nach, um sich mit der Anleitung vertraut zu machen.

Der Schwierigkeitsgrad wird normalerweise zu Anfang der Anleitung angegeben. Anfänger sollten mit einem einfachen Modell beginnen.

Die Größe eines Kissenbezugs oder eines anderen eckigen Modells lässt sich durch Hinzufügen oder Weglassen von Anschlagmaschen verändern.

Verwenden Sie möglichst exakt das angegebene Garn. Tipps zum Austauschen von Garn finden Sie auf Seite 22.

Stricken Sie immer zuerst eine Maschenprobe. Gegebenenfalls eine andere Nadelstärke verwenden (siehe S. 68).

Eine Liste der gängigen Abkürzungen finden Sie links.

Wenn nicht anders angegeben, wird immer rechts abgekettet.

Die Rückseite eines Kissens kann ebenso aussehen wie die Vorderseite. Hier wurde jedoch zur Abwechslung die Streifenfolge auf der Rückseite umgekehrt.

Wenn Sie alle Teile fertig gestrickt haben, lesen Sie die Anweisungen zur Fertigstellung.

Näheres dazu auf Seite 62.

GESTREIFTER KISSENBEZUG

Schwierigkeitsgrad
einfach

Größe des fertigen Kissenbezugs
41 cm × 41 cm

Material
Feine Tweedwolle, Qualität »XYZ« des Herstellers »XYZ«, 4-fädig, Lauflänge 125 m/50 g.
In Farbe Lavendel 039 **(A)** und Avocado 019 **(B)**.
Stricknadeln Nr. 4
Kissen-Inlett, 40 cm × 40 cm

Maschenprobe
22 Maschen und 30 Reihen glatt re = 10 cm × 10 cm

Vorderseite
Mit Nadeln Nr. 4 und Garn A 88 M anschl.
14 cm glatt rechts stricken, mit einer Rück-R enden.
Faden abschneiden und Farbe wechseln.
Glatt rechts stricken, bis die Arbeit 26,5 cm hoch ist, mit einer Rück-R enden.
Faden abschneiden und Farbe wechseln.
Glatt rechts stricken, bis die Arbeit 41 cm hoch ist, mit einer Rück-R enden.
Abketten.

Rückseite
Wie die Vorderseite, jedoch in umgekehrter Farbfolge.

Fertigstellung
Alle Fäden vernähen.
Spannen und leicht von links bügeln (Temperaturhinweise auf der Banderole beachten).
Vorder- und Rückseite rechts auf rechts bis auf eine Seite zusammennähen. Auf rechts wenden, das Kissen-Inlett hineinschieben und die letzte Naht schließen.

Beim Austausch von Garn immer an der Lauflänge orientieren, NICHT am Gewicht.

Sie können selbstverständlich andere Farben verwenden, die besser zu Ihrer Einrichtung passen.

Wenn Ihre Maschenprobe zu groß oder zu klein ausfällt, eine andere Nadelstärke verwenden (siehe S. 68).

Falls zusätzliches Zubehör benötigt wird, ist dies in der Materialliste angegeben.

Ganz vorn steht, wie viele Maschen angeschlagen werden. Wenn mit mehreren Garnen gearbeitet wird, ist auch angegeben, welches Garn und welche Nadelstärke für den Anschlag verwendet werden.

Muster, Maschen- und Reihenzahl gemäß den Vorgaben der Anleitung einhalten.

Bei Streifen wird der Farbwechsel normalerweise zu Beginn einer Hinreihe (Rechtsreihe) vorgenommen.

Vor dem Bügeln die Temperaturhinweise des Herstellers auf der Garnbanderole lesen. Manche Garne dürfen gar nicht gebügelt werden, andere nur bei niedriger Temperatur (Tipps zum Spannen auf S. 147).

Tipps zum Zusammennähen auf den Seiten 147–151. Nehmen Sie sich dabei Zeit und lassen Sie sich eventuell von einer erfahrenen Person helfen.

KLEIDUNG STRICKEN

Damit das Modell gut sitzt, müssen Sie die richtige Größe wählen und eine Maschenprobe stricken. Einfache, glatt rechts oder kraus rechts gestrickte Modelle können relativ leicht geändert werden, um die Passform zu verbessern.

DIE RICHTIGE GRÖSSE

Überlegen Sie zuerst, wie figurbetont das Modell sein soll, und suchen Sie ein ähnlich dickes, gut sitzendes Modell aus Ihrem Bestand heraus. Legen Sie es glatt hin, messen Sie es aus und schauen Sie in der Strickanleitung nach, welcher Konfektionsgröße die ermittelten Maße entsprechen. Fotokopieren Sie Ihre Anleitung und markieren Sie alle Zahlen, die für Ihre Größe gelten, mit einem Leuchtmarker. Oft sind mehrere Zahlen für verschiedene Größen angegeben: beim Garnbedarf, bei der Anzahl der angeschlagenen Maschen, der Weite der Armausschnitte etc. Die Angabe für die kleinste Größe steht immer vorn. Wo nur eine Angabe steht, gilt sie für alle Größen.

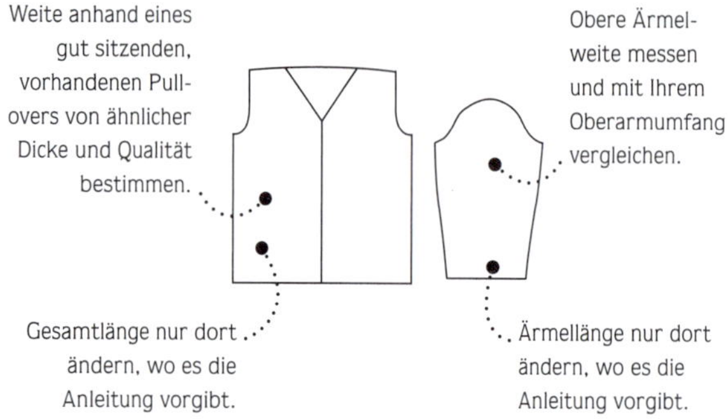

MODELLE ÄNDERN

Die Länge von glatt rechts oder kraus rechts gestrickten Modellen können Sie ändern. Dabei muss die Form des Ärmels oder Rumpfteils eventuell angepasst werden. Arm- und Halsausschnitte sowie Armkugeln sollten unverändert bleiben. Hier wird erklärt, wie man einen Ärmel verlängert.

1 Die Schemazeichnung fotokopieren oder durchpausen und die neue Länge des Ärmels von der Bündchenunterkante bis zur breitesten Stelle vor Beginn der Armkugelabnahmen daraufschreiben (z. B. 48 cm).

2 Zählen Sie an der Maschenprobe nach, wie viele Reihen auf 10 cm kommen. Die Reihenzahl durch 10 teilen, um die Anzahl der Reihen pro Zentimeter zu ermitteln. Bei 30 Reihen auf 10 cm wären das 3 Reihen pro Zentimeter.

3 Die neue Länge mit der Anzahl der Reihen pro Zentimeter multiplizieren. Hier wäre es 48 (cm) × 3 Reihen = 144 Reihen.

4 Zunahmen neu berechnen: Notieren Sie, wie viele Maschen für das Bündchen angeschlagen werden und wie viele Maschen unmittelbar vor Beginn der Armkugelabnahmen auf der Nadel liegen. Diese Zahl steht oft am Ende der Anweisungen zum Zunehmen.

5 Die kleinere Zahl von der größeren subtrahieren, um zu ermitteln, wie viele Maschen insgesamt zugenommen werden müssen. Diesen Wert durch 2 teilen (weil an beiden Seiten des Ärmels gleichmäßig zugenommen wird). Zum Beispiel: 114 – 60 = 54 M. 54 ÷ 2 = 27 Maschen sind an jeder Seite zuzunehmen.

6 Um die Anzahl der Reihen zwischen den Zunahmen zu errechnen, die neue Reihenzahl (aus Schritt 3) durch die Anzahl der Zunahmen (Schritt 5) teilen und das Ergebnis nach unten runden. Zum Beispiel: 144 ÷ 27 = 4,22. Nehmen Sie in jeder vierten Reihe beidseitig eine Masche zu. Die restlichen Reihen bis zur Armkugelabnahme gerade stricken.

MASCHENPROBE

Fertigen Sie vor Beginn jeder Strickarbeit eine Maschenprobe an. Je nachdem, wie locker oder fest Sie stricken, müssen Sie eventuell eine andere Nadelstärke benutzen. Nur wenn die Maschenprobe mit der Anleitung übereinstimmt, können Sie sicher sein, dass Ihre fertige Strickarbeit die vorgesehenen Maße hat.

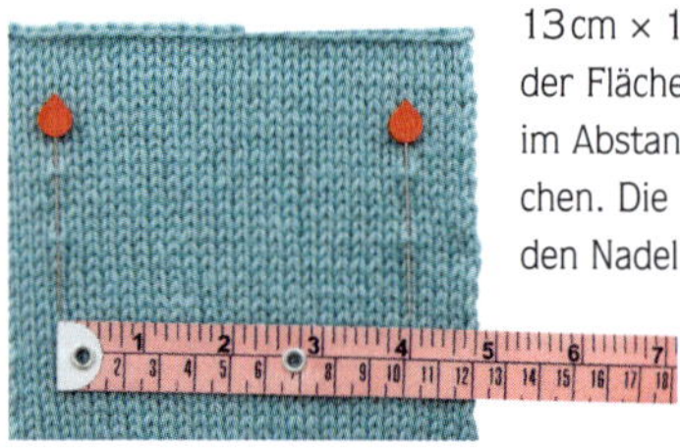

1 Mit der angegebenen Nadelstärke ein Probestück von ca. 13 cm × 13 cm stricken. Auf der Fläche zwei Stecknadeln im Abstand von 10 cm einstechen. Die Maschen zwischen den Nadeln zählen.

2 Nun die Reihen auf 10 cm zählen. Sind es weniger als in der Anleitung angegeben, nehmen Sie nun etwas dickere Nadeln. Sind es mehr, verwenden Sie dünnere Nadeln. Stricken Sie das Modell mit der Nadelstärke, mit der Ihre Maschenprobe den Vorgaben der Anleitung am ehesten entspricht (dabei ist Genauigkeit in der Maschenbreite wichtiger als in der Reihenhöhe).

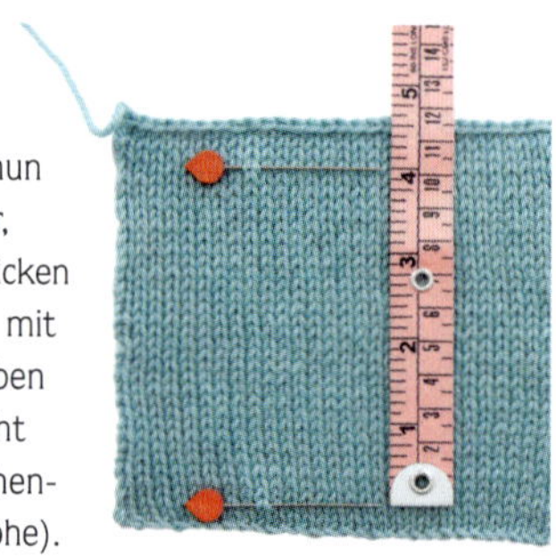

ZUNEHMEN UND ABNEHMEN

Durch Zu- oder Abnahmen wird die Maschenzahl auf der Nadel erhöht oder verringert. Dadurch erhält eine Strickarbeit schräge oder gerundete Konturen. Es ist besonders wichtig für passformgerechtes Stricken von Kleidungsstücken. Die Effekte von Struktur- und Lochmustern basieren ebenfalls meist auf dieser Technik.

UNAUFFÄLLIGE ZUNAHMEN

Einfache Zunahmen werden zur Formgebung angewandt. Normalerweise sollen die zu- oder abgenommenen Maschen so unsichtbar wie möglich gearbeitet werden. Mehrfachzunahmen aus einer Masche kommen seltener vor und werden separat erklärt. Hier zeigen wir, wie aus einer Masche zwei herausgestrickt werden.

RECHTSZUNAHME (Abkürzung = 1 M zun oder aus 1 M 2 M re herausstr)

Diese Technik wird für Zunahmen gern verwendet, weil sie in der fertigen Fläche wenig auffällt.

1 Die Masche rechts stricken, aber nicht von der linken Nadel ziehen, sondern noch einmal rechts abstricken.

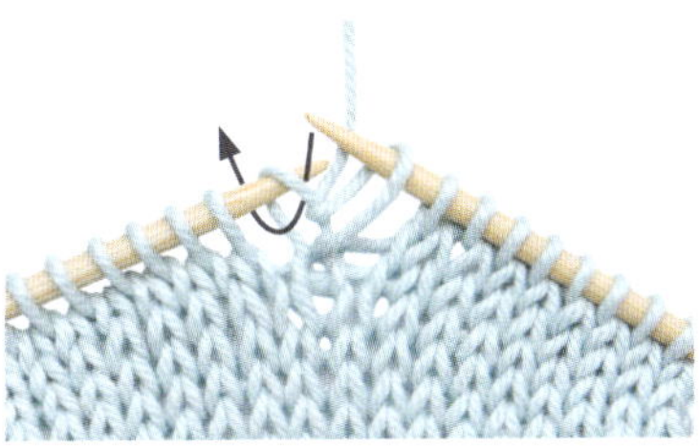

2 Dafür von hinten in die Masche stechen, den Arbeitsfaden durchholen und erst dann die Masche von der Nadel gleiten lassen.

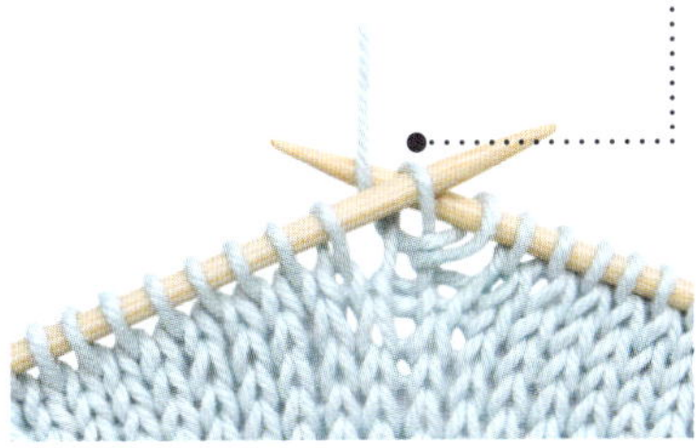

3 Auf diese Weise werden aus einer rechten Masche der Vorreihe zwei rechte Maschen herausgestrickt.

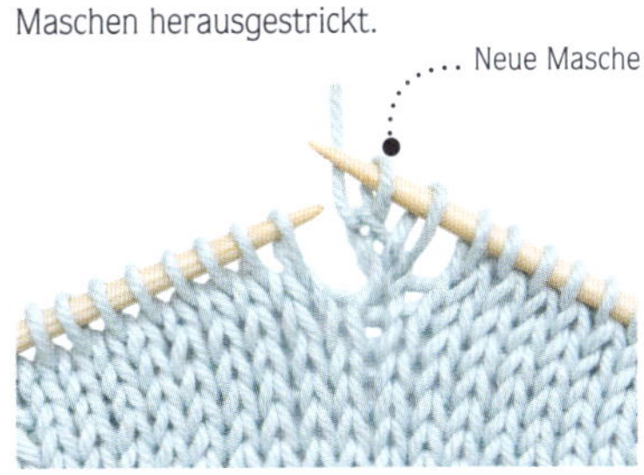

LINKSZUNAHME (Abkürzung = 1 M zun oder aus 1 M 2 M li herausstr)

1 Die Masche links stricken, aber nicht von der linken Nadel gleiten lassen, sondern noch einmal links abstricken.

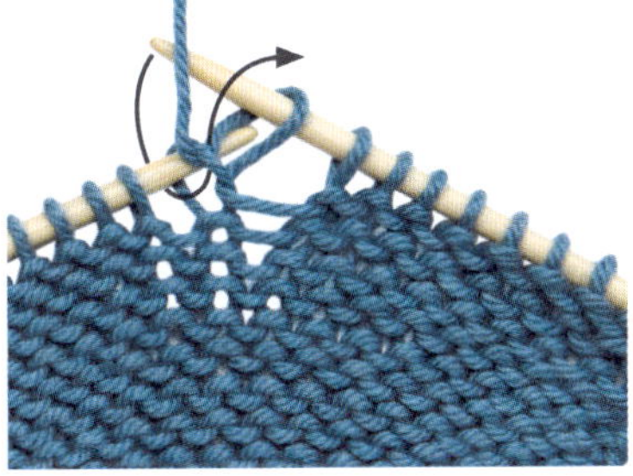

2 Von hinten nach vorn in die Masche stechen, den Arbeitsfaden durchholen und erst dann die Masche von der Nadel gleiten lassen.

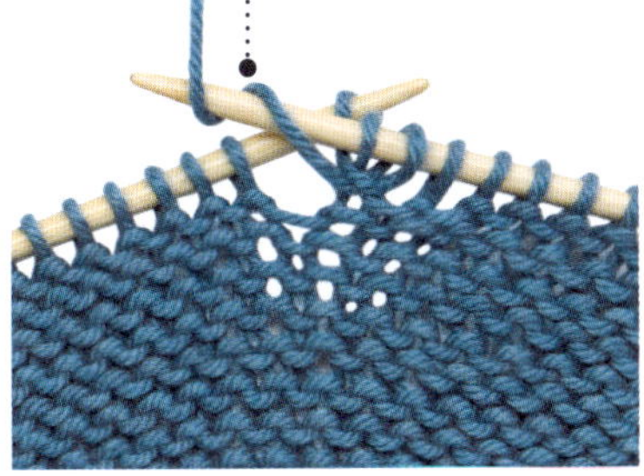

3 Auf diese Weise werden aus einer linken Masche der Vorreihe zwei linke Maschen herausgestrickt.

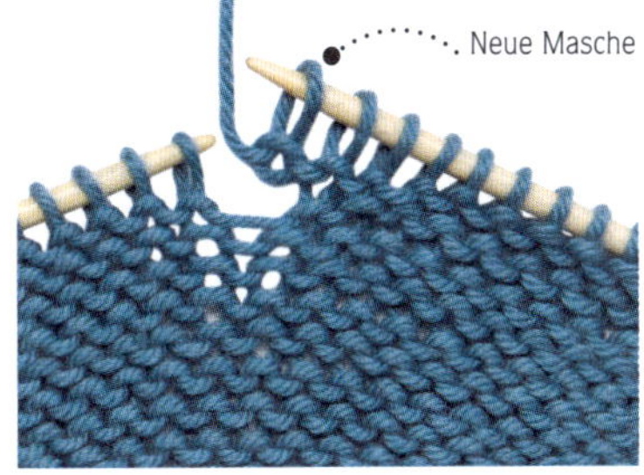

ZUNAHME RECHTS HOCHGEZOGEN (Abkürzung = 1 M re hochgezogen zun)

Die hochgezogene Zunahme ist besonders einfach.
Auf S. 80 wird die Variante für linke Maschen erklärt.

1 Mithilfe der rechten Nadel die Masche der Vorreihe unter der ersten Masche auf die linke Nadel heben und rechts abstricken.

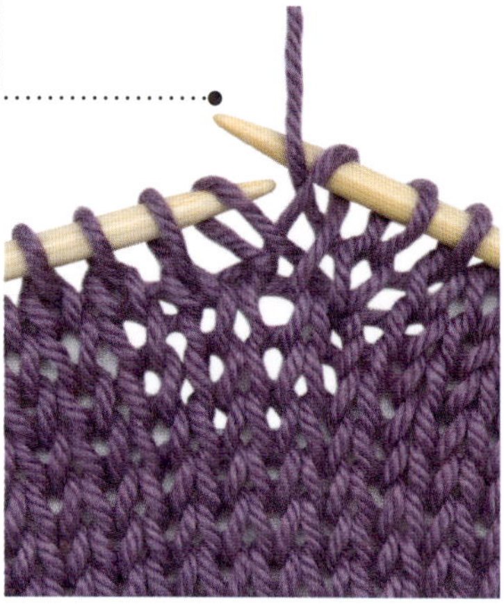

2 Die Masche auf die rechte Nadel gleiten lassen und die darüberliegende Masche wie gewohnt rechts stricken.

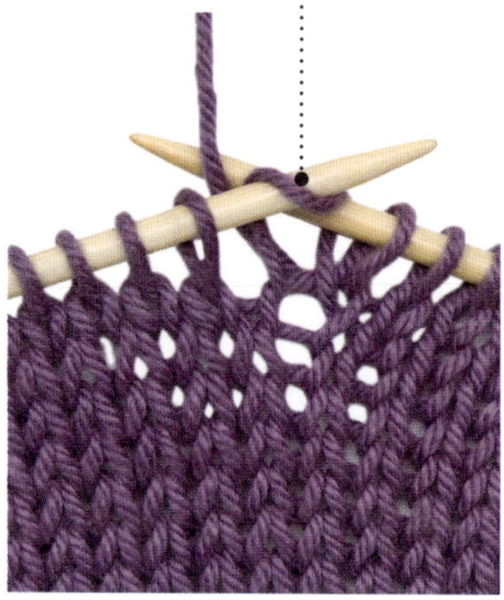

3 So werden aus zwei übereinanderliegenden Maschen zwei rechte Maschen gestrickt. Dasselbe Prinzip gilt für linke Maschen.

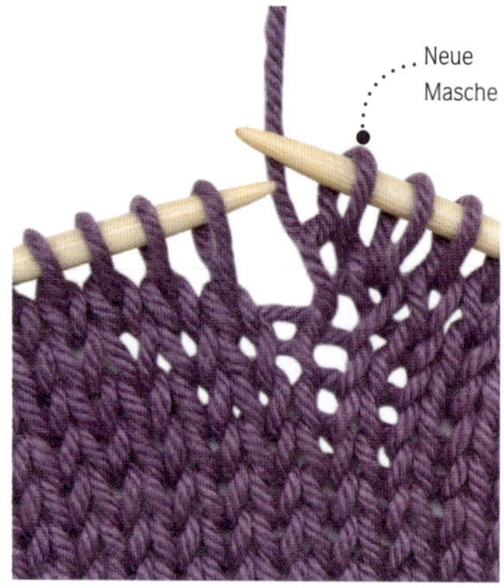

VERSCHRÄNKTE RECHTSZUNAHME AUS DEM QUERFADEN I (Abkürzung = 1 M re verschr zun)

1 Mit der linken Nadel den Querfaden zwischen der gerade gestrickten und der folgenden Masche wie gezeigt hochziehen.

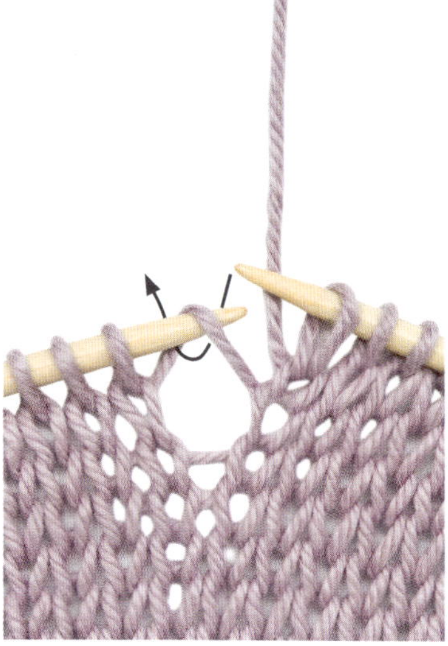

2 Dann die rechte Nadel von hinten in den linken Schlingenteil einstechen und den Arbeitsfaden durchholen.

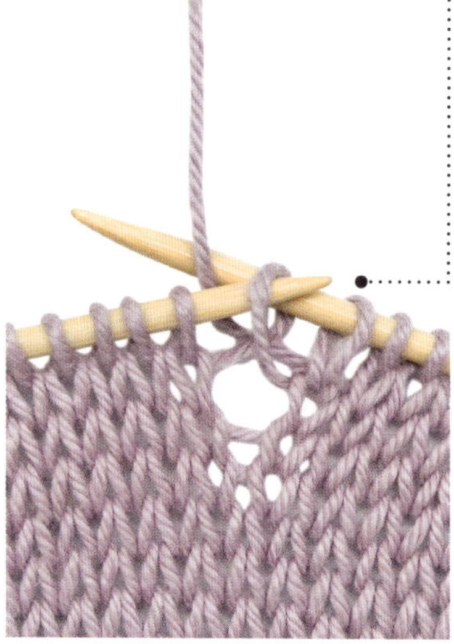

3 Dadurch verdreht sich die Schlaufe unter der neuen Masche nach links, und es entsteht kein sichtbares Loch in der Arbeit.

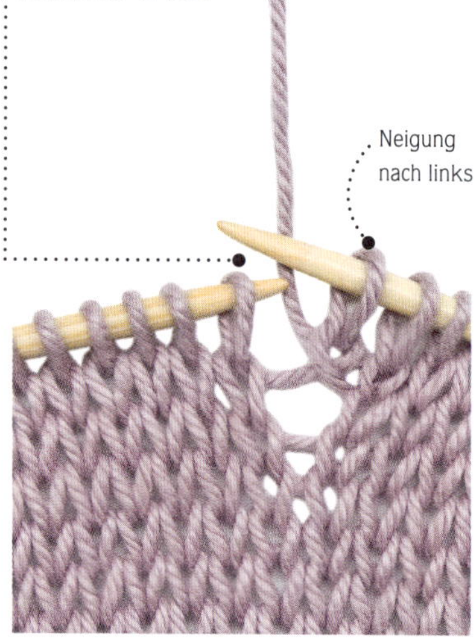

VERSCHRÄNKTE RECHTSZUNAHME AUS DEM QUERFADEN II (Abkürzung = 1 M re verschr zun)

In Anleitungen ist nicht immer angegeben, ob Zunahmen aus dem Querfaden nach links oder nach rechts verschränkt werden sollen. Wählen Sie in diesen Fällen die Methode, mit der Sie am besten zurechtkommen. Wichtig ist nur, dass sich der Querfaden unter der zugenommenen Masche verdreht, damit kein Loch entsteht.

1 Mit der linken Nadel den Querfaden zwischen der gerade gestrickten und der folgenden Masche wie gezeigt aufnehmen. Dann die rechte Nadel von vorn in den rechten Schlingenteil einstechen.

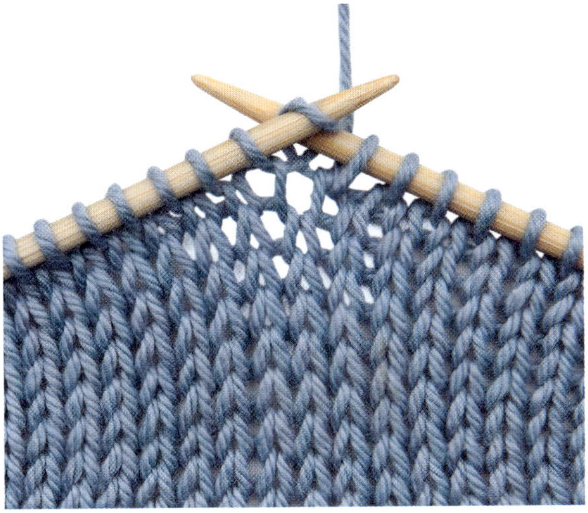

2 Den Arbeitsfaden wie zum Stricken einer rechten Masche durchholen.

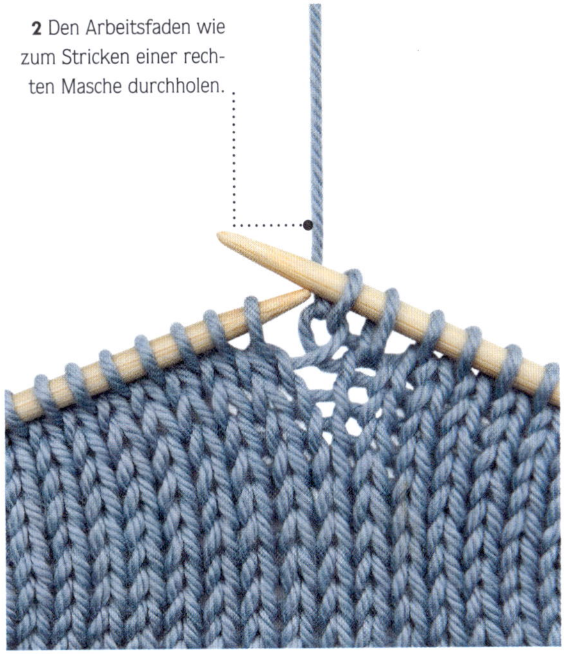

3 Dabei verdreht sich die Schlaufe unter der neuen Masche nach rechts. Diese Zunahmen sind nach rechts geneigt. Arbeitet man mehrere solcher Zunahmen übereinander, entsteht eine saubere und dekorative Linie.

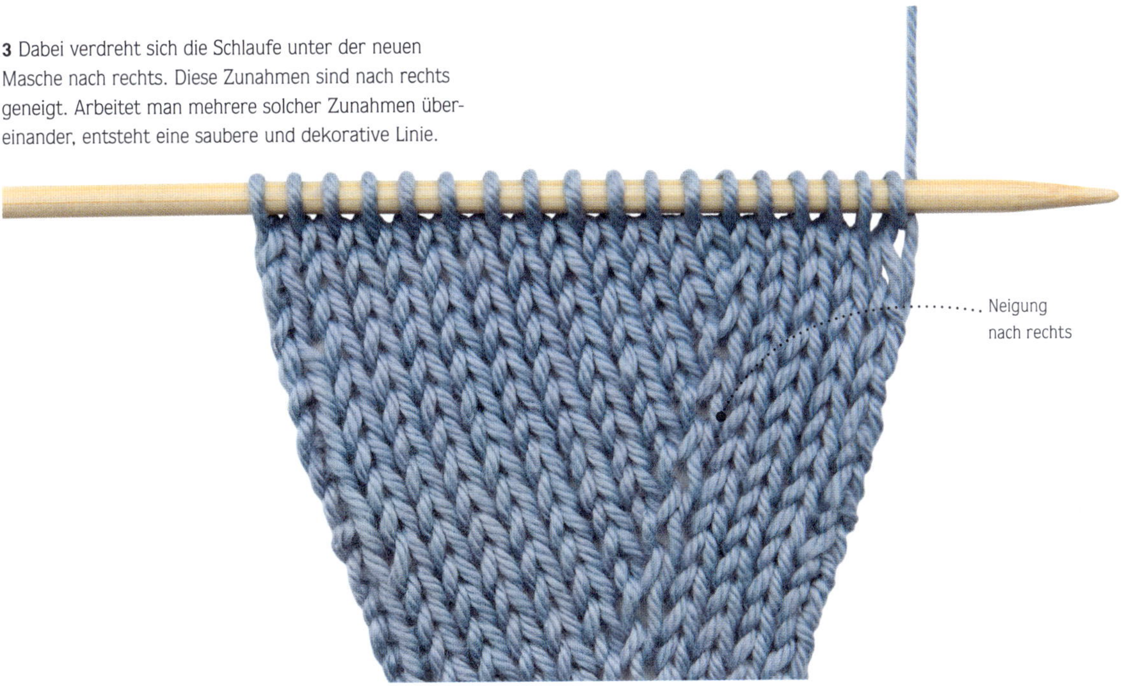

VERSCHRÄNKTE LINKSZUNAHME AUS DEM QUERFADEN (Abkürzung = 1 M li verschr zun)

1 Mit der linken Nadel den Querfaden zwischen der gerade gestrickten und der folgenden Masche wie gezeigt aufnehmen. Der Faden liegt vor der Arbeit.

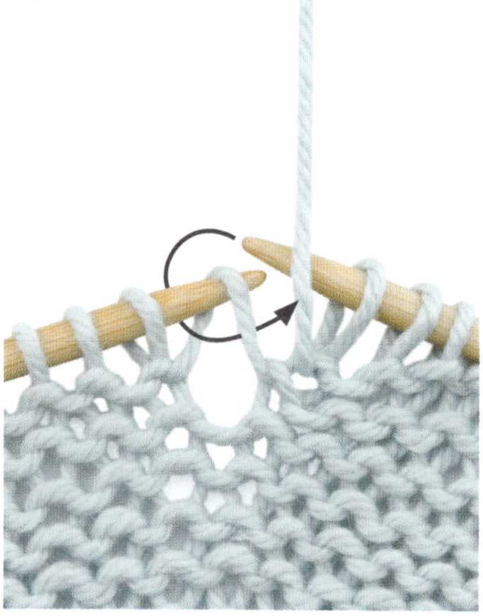

2 Dann die rechte Nadel von hinten in den linken Schlingenteil einstechen. Den Arbeitsfaden durchholen.

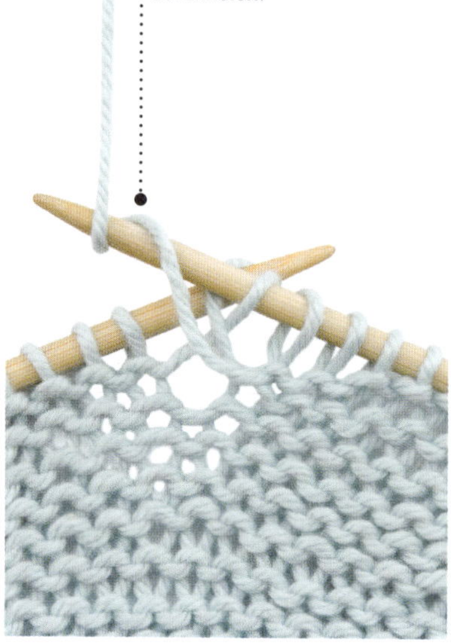

3 Dadurch verdreht sich die Schlaufe unter der neuen Masche, und es entsteht kein sichtbares Loch in der Arbeit.

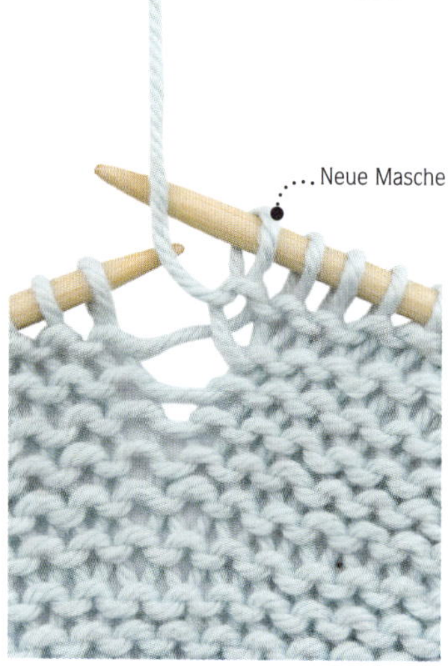

MEHRFACHZUNAHMEN

Dies ist ein einfaches Verfahren, um mehrere Maschen aus einer Masche zuzunehmen. Ein Loch lässt sich dabei nicht vermeiden. Seine Größe hängt von der Anzahl der zugenommenen Maschen ab.

1 Die Masche, aus der zugenommen werden soll, rechts stricken, aber auf der linken Nadel liegen lassen.

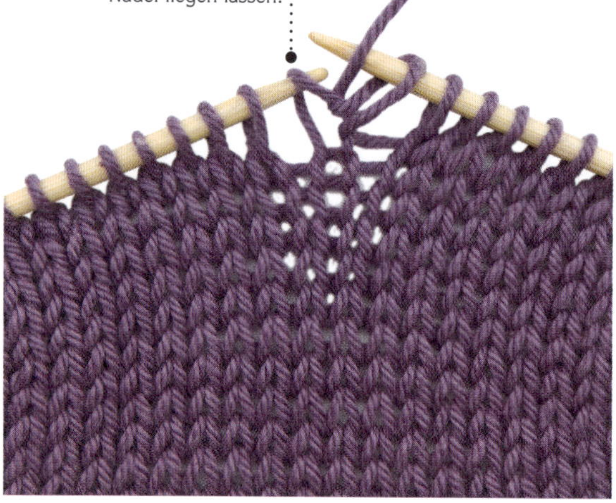

2 Nun dieselbe Masche links stricken und wieder auf der linken Nadel liegen lassen. Die Masche rechts stricken, um eine zweite Masche zuzunehmen. Sie können abwechselnd weitere Maschen rechts und links aus dieser ersten Masche herausstricken.

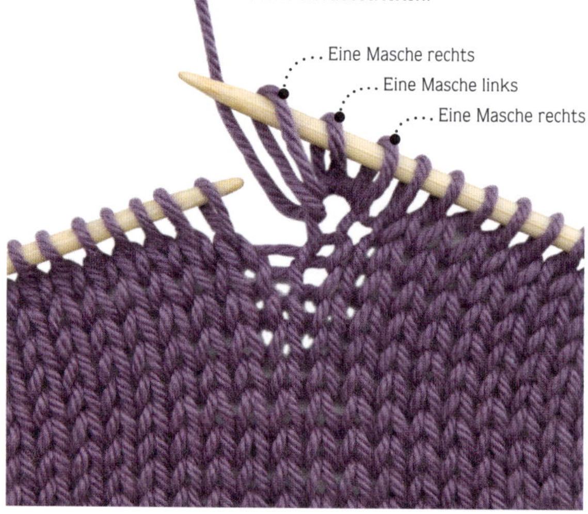

ZUNAHMEN DURCH UMSCHLAG

Beim Zunehmen durch Umschläge bilden sich deutlich sichtbare Löcher in der Strickarbeit, deshalb kommt diese Technik hauptsächlich bei Lochmustern oder am Rand zum Einsatz. Der Umschlag muss jedoch immer so um die Nadel gelegt werden, dass er in der folgenden Reihe nicht verschränkt gestrickt wird, ansonsten entsteht kein Loch.

UMSCHLAG ZWISCHEN RECHTEN MASCHEN (Abkürzung = 1 U re)

1 Den Arbeitsfaden vor dem Stricken der nächsten Masche von vorn nach hinten um die rechte Nadel legen. Die folgende Masche wieder rechts stricken.

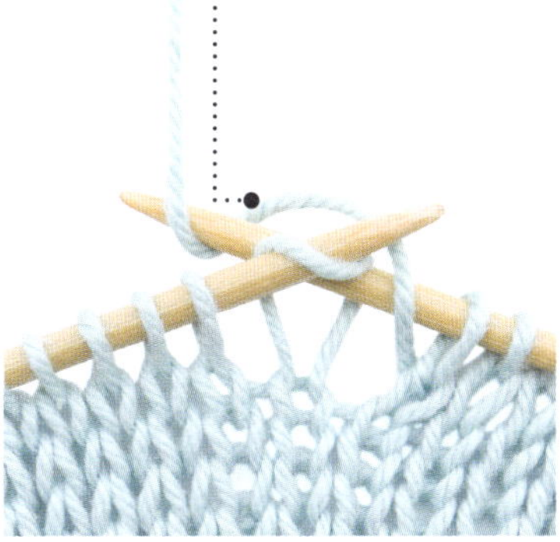

2 Nach der Folgemasche hat sich unter dem Umschlag bereits ein Loch gebildet.

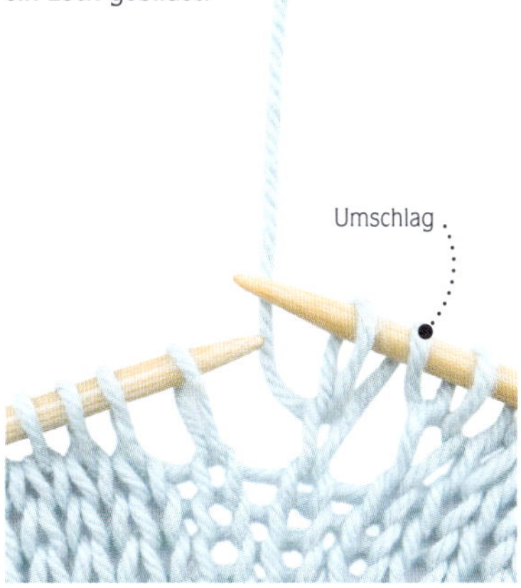

3 In der Rückreihe wird der Umschlag, wie alle anderen Maschen, links abgestrickt (nicht verschränkt abstricken!). Das Loch bleibt nun deutlich sichtbar.

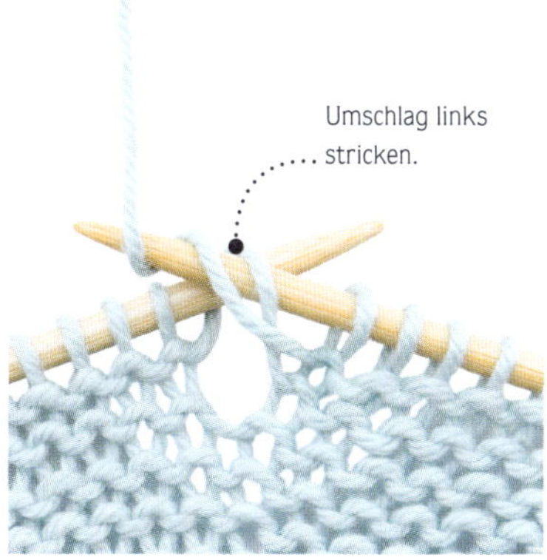

UMSCHLAG ZWISCHEN LINKEN MASCHEN (Abkürzung = 1 U li)

1 Den Arbeitsfaden vor dem Stricken der nächsten Masche von vorn nach hinten um die rechte Nadel legen. Die folgende Masche wie gewohnt links stricken.

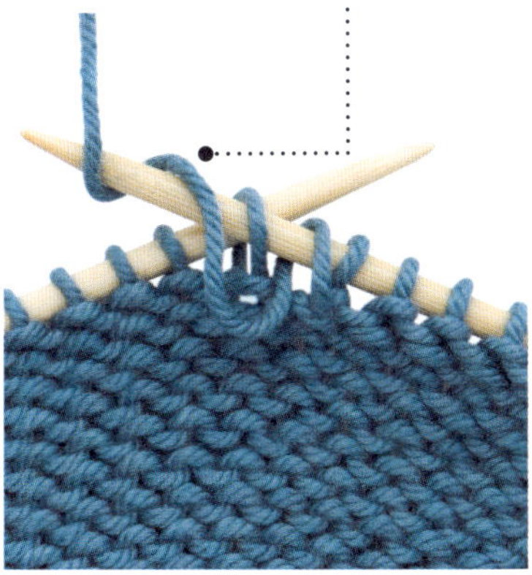

2 Nach der Folgemasche hat sich unter dem Umschlag bereits ein kleines Loch gebildet.

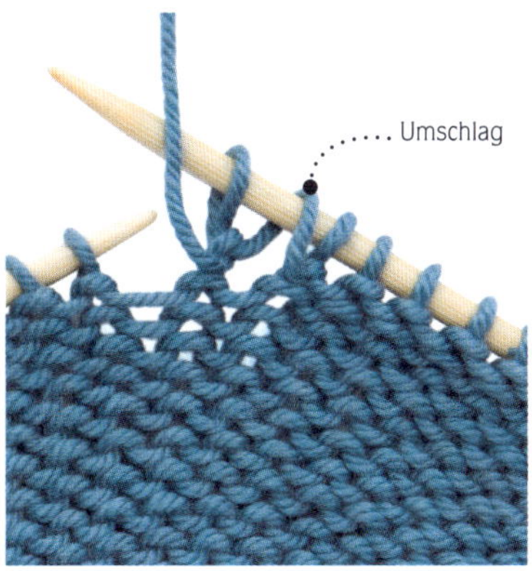

3 In der Rückreihe wird der Umschlag, wie alle anderen Maschen, rechts abgestrickt (nicht verschränkt abstricken!). Das Loch bleibt nun deutlich sichtbar.

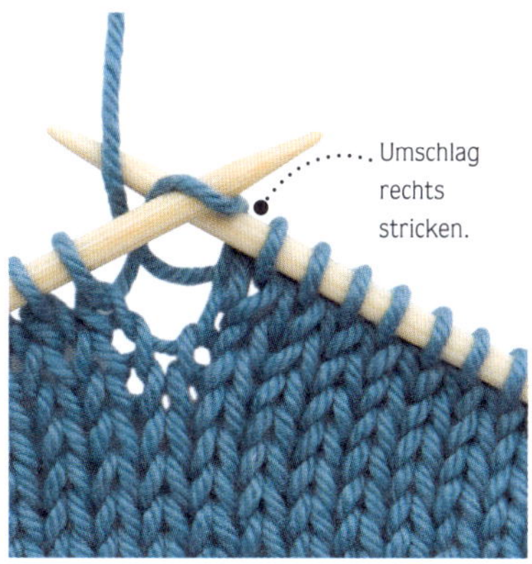

UMSCHLAG ZWISCHEN LINKEN UND RECHTEN MASCHEN (Abkürzung = 1 U)

Nach einer rechten und vor einer linken Masche:
Den Arbeitsfaden von vorn nach hinten um die rechte Nadel legen. Die nächste Masche links stricken. In der Folgereihe den Umschlag wie in der Anleitung angegeben links oder rechts stricken, jedoch nicht verschränkt, sonst entsteht kein Loch.

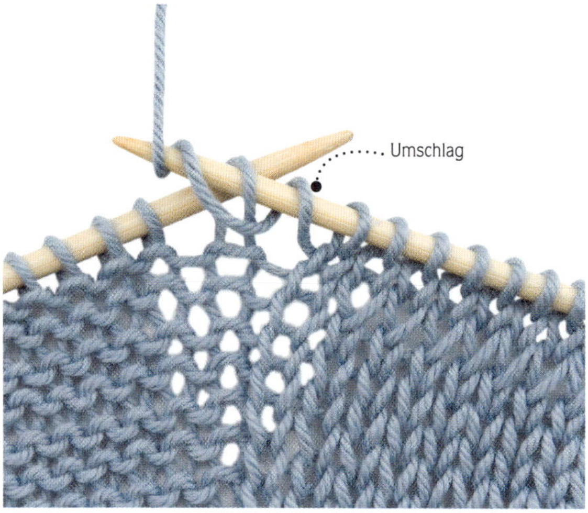

Nach einer linken und vor einer rechten Masche:
Den Arbeitsfaden von vorn nach hinten um die rechte Nadel legen. Die nächste Masche rechts stricken. In der Folgereihe den Umschlag wie in der Anleitung angegeben links oder rechts stricken. Wenn ein Loch entstehen soll, darf der Umschlag nicht verschränkt abgestrickt werden.

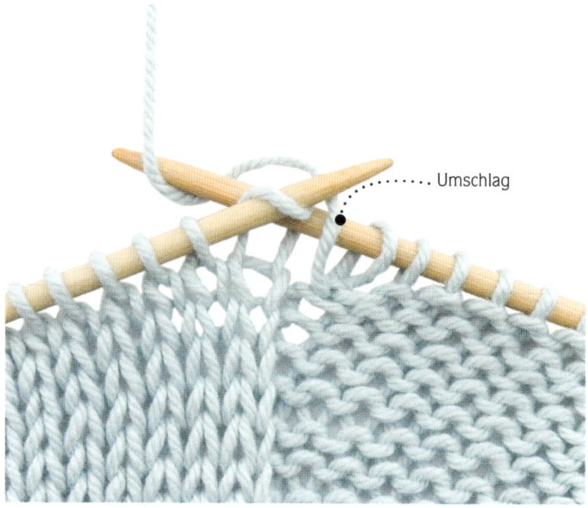

UMSCHLAG AM ANFANG DER REIHE (Abkürzung = 1 U)

Am Reihenanfang vor einer rechten Masche:
Den Arbeitsfaden nach vorn legen, die rechte Nadel in die erste Masche stechen. Dann den Faden über die Nadel legen und die Masche rechts stricken. Die so entstandene Schlaufe in der Rückreihe links stricken.

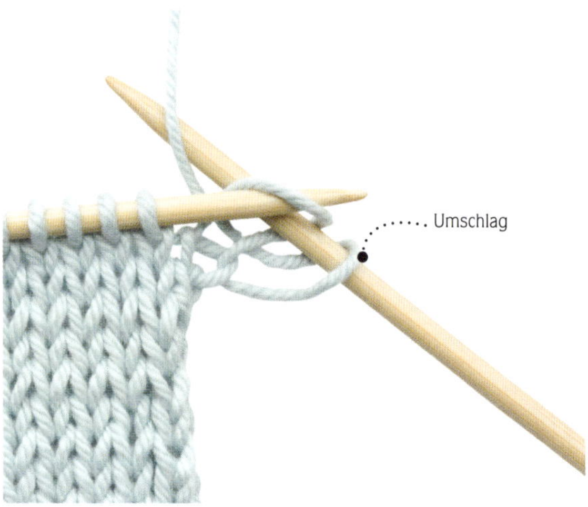

Am Reihenanfang vor einer linken Masche:
Den Arbeitsfaden von vorn nach hinten um die rechte Nadel legen, die Nadel von hinten in die erste Masche stechen und die Masche links stricken. Die so entstandene Schlaufe in der Rückreihe rechts stricken.

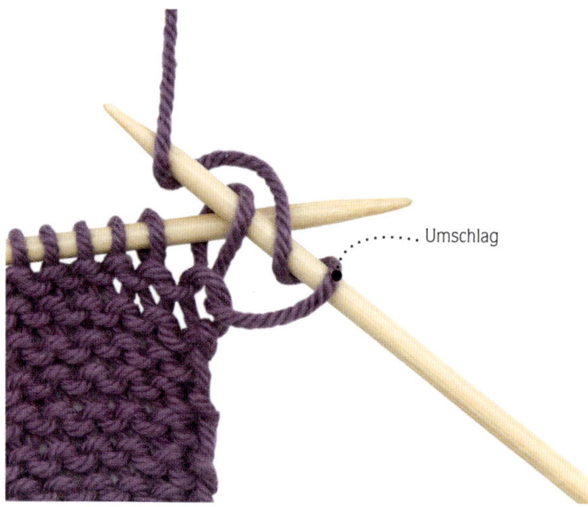

DOPPELTER UMSCHLAG (Abkürzung = 2 U oder dopp U)

1 Der doppelte Umschlag wird gern für Knopflöcher verwendet, kommt aber auch in Lochmustern zum Einsatz. Dafür den Faden zweimal von vorn nach hinten um die rechte Nadel wickeln.

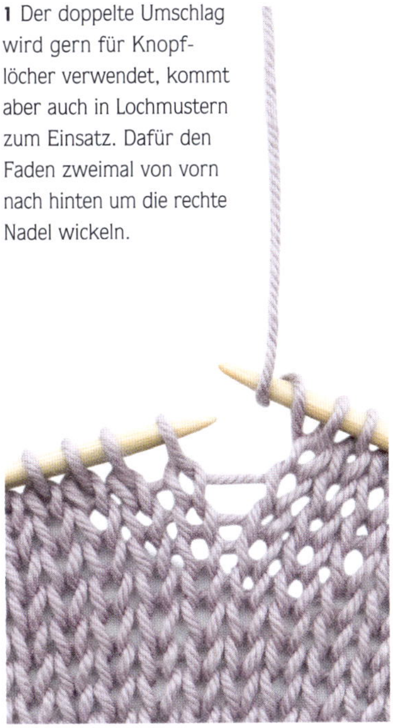

2 Die nächsten Maschen gemäß der Anleitung rechts oder links stricken. Es liegen nun zwei Umschläge auf der Nadel.

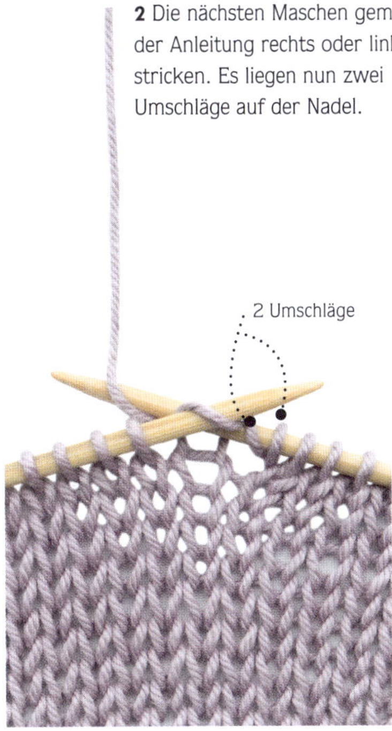

3 In der folgenden Rückreihe den ersten Umschlag links, den zweiten rechts stricken. Das entstehende Loch ist größer als beim einfachen Umschlag.

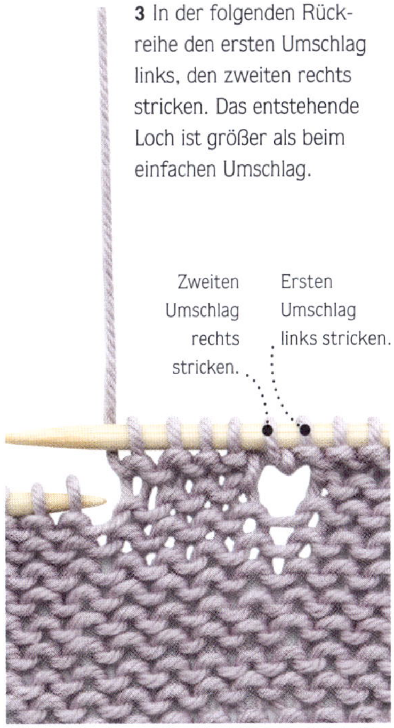

VERSCHRÄNKTER UMSCHLAG (Abkürzung = versch U)

Die Zunahme aus einem verschränkt abgestrickten Umschlag ist auf kraus rechts gestrickten Arbeiten kaum zu sehen.

1 Dafür zuerst einen Umschlag bilden und dann gemäß Muster weiterstricken.

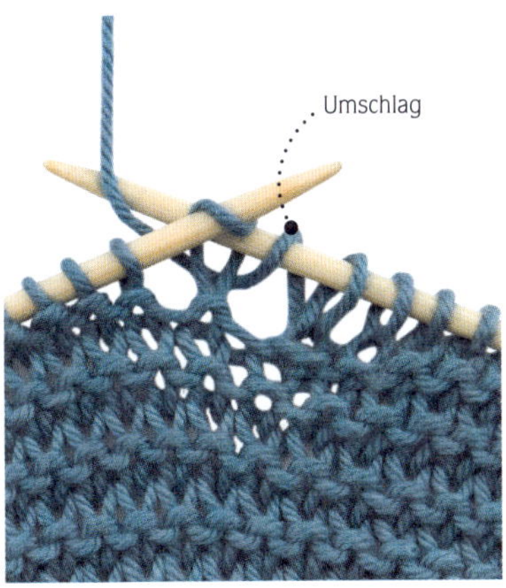

2 In der Rückreihe den Umschlag verschränkt abstricken. Dadurch schließt sich das Loch.

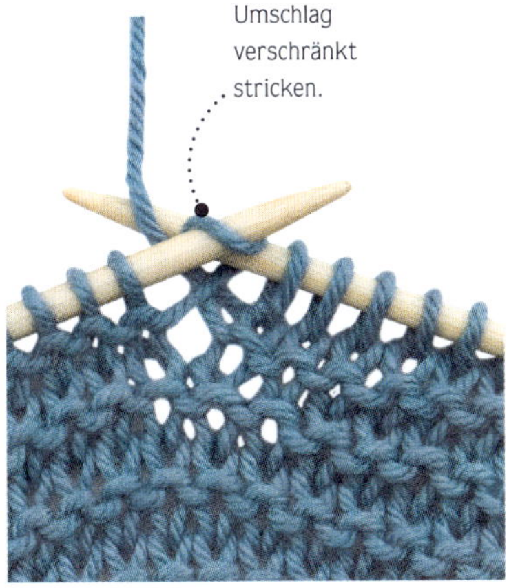

3 Diese Methode ähnelt der auf Seite 70 beschriebenen hochgezogenen Zunahme. Sie ist aber etwas lockerer und passt darum gut zu kraus rechts gestrickten Arbeiten.

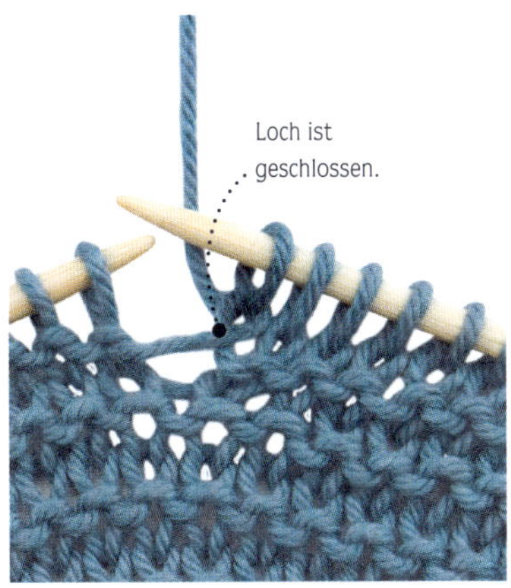

EINFACHE ABNAHMEN

Diese einfachen Abnahmen werden sowohl zur Formgebung als auch für Struktur- und Lochmuster verwendet. Sie verringern die Maschenzahl auf der Nadel um eine, manchmal auch um zwei Maschen. Wenn in Einzelfällen kompliziertere Abnahmen nötig sind, werden diese in der jeweiligen Anleitung noch einmal erklärt.

ZWEI MASCHEN RECHTS ZUSAMMENSTRICKEN (Abkürzung = 2 M re zus-str)

1 Die rechte Nadel wie zum Rechtsstricken in die übernächste Masche auf der linken Nadel einstechen, dabei die Masche rechts daneben mit erfassen.

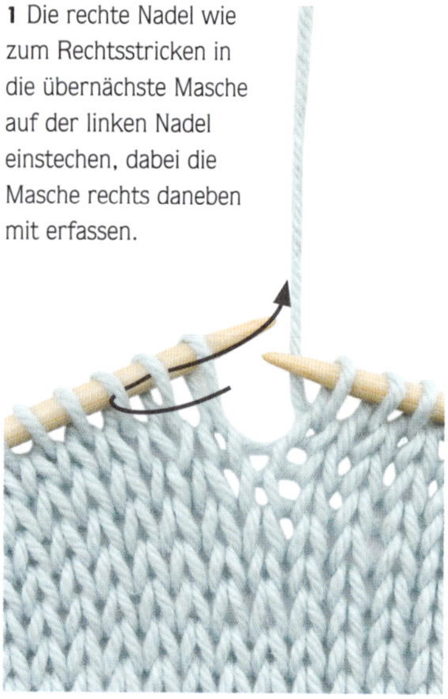

2 Den Arbeitsfaden in einem Zug durch beide Maschen holen, dann die Maschen von der linken Nadel gleiten lassen.

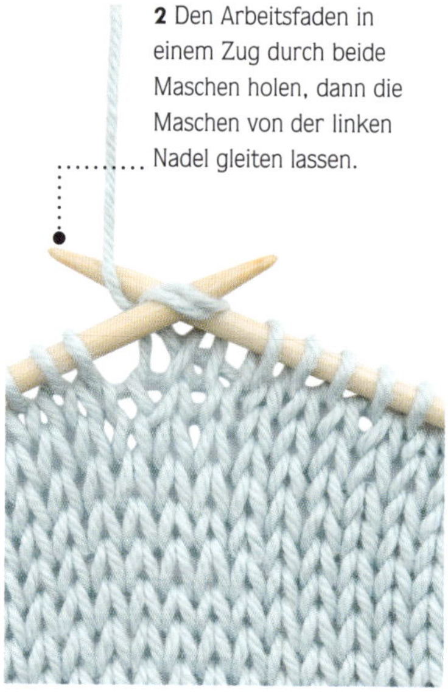

3 Die beiden zusammengestrickten Maschen sind leicht nach rechts geneigt.

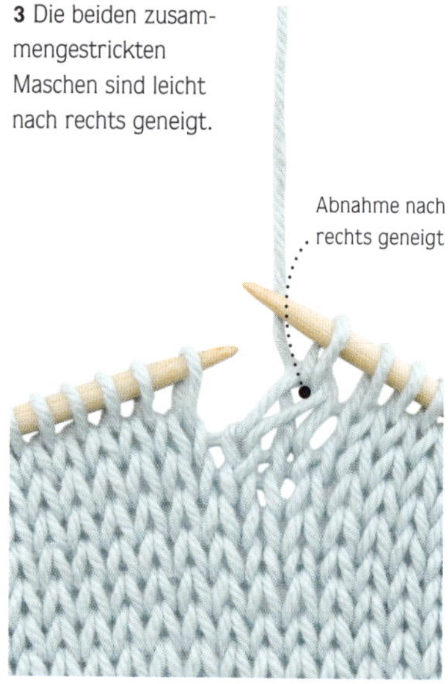

Abnahme nach rechts geneigt

ZWEI MASCHEN LINKS ZUSAMMENSTRICKEN (Abkürzung = 2 M li zus-str)

1 Zum Abnehmen innerhalb einer links gestrickten Reihe werden normalerweise einfach zwei Maschen zusammengestrickt.

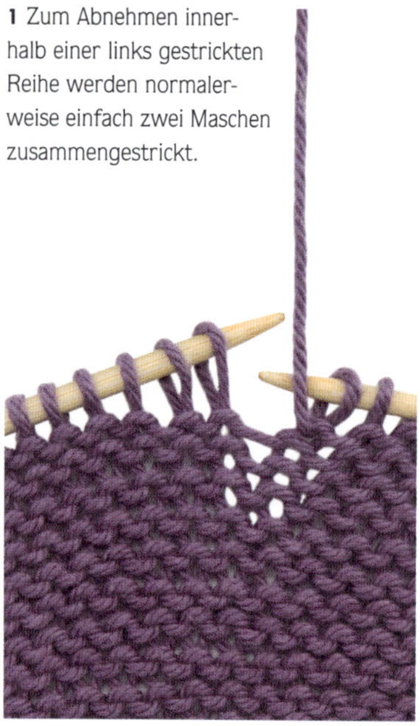

2 Die Nadel wie zum Linksstricken (d. h. der Arbeitsfaden liegt vor der Arbeit) von rechts nach links in die beiden folgenden Maschen einstechen und diese zusammen links abstricken.

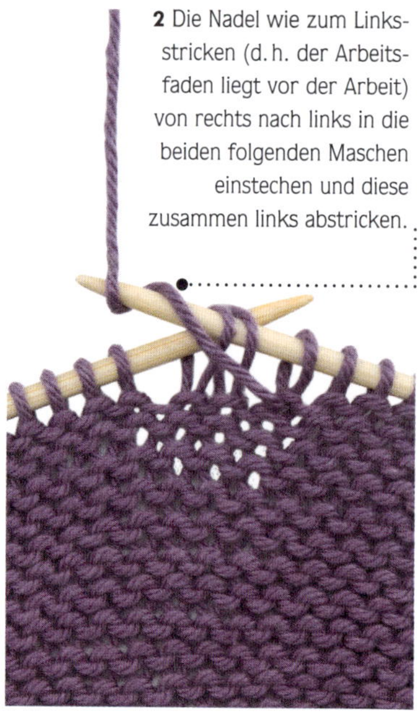

3 Zwei Maschen wurden zu einer zusammengestrickt, die Reihe hat nun eine Masche weniger.

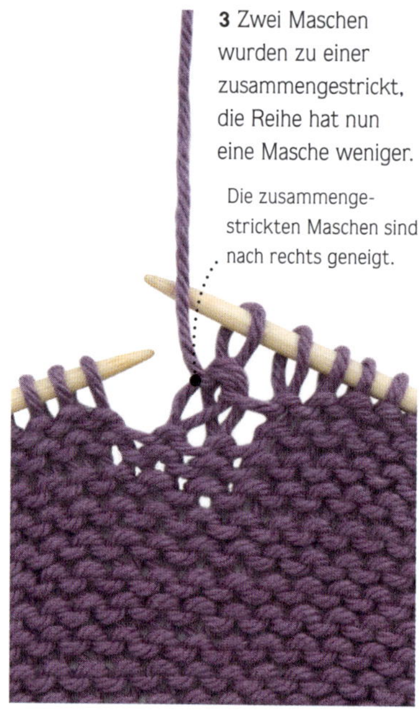

Die zusammengestrickten Maschen sind nach rechts geneigt.

ZWEI MASCHEN RECHTS ÜBERZOGEN ZUSAMMENSTRICKEN (Abkürzung = 2 M re überz zus-str)

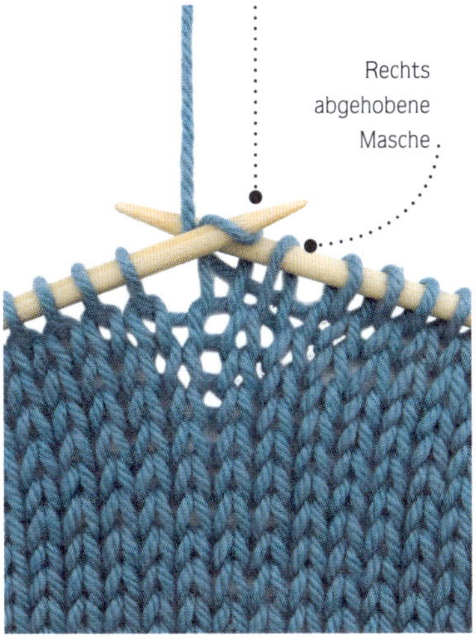

1 Die erste Masche auf der linken Nadel rechts abheben (siehe S. 65). Die nächste Masche rechts stricken.

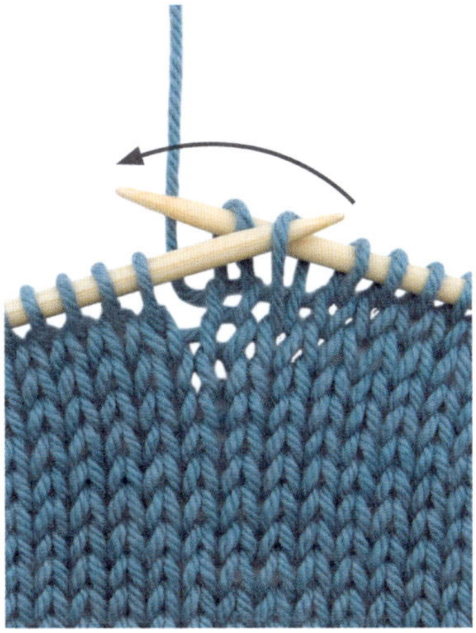

2 Die abgehobene Masche mit der linken Nadel erfassen und über die zuletzt gestrickte Masche ziehen.

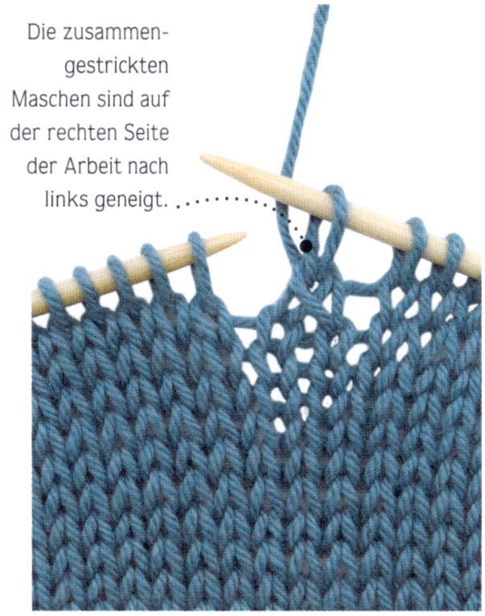

3 Zwei Maschen wurden zu einer zusammengestrickt. Diese Abnahme wird auch als einfacher Überzug bezeichnet.

ZWEI MASCHEN RECHTS ABGEHOBEN ZUSAMMENSTRICKEN (Abkürzung = 2 M re abgeh zus-str)

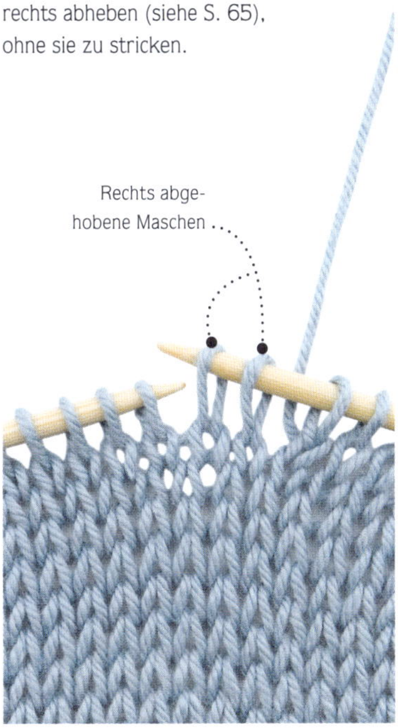

1 Zwei Maschen nacheinander rechts abheben (siehe S. 65), ohne sie zu stricken.

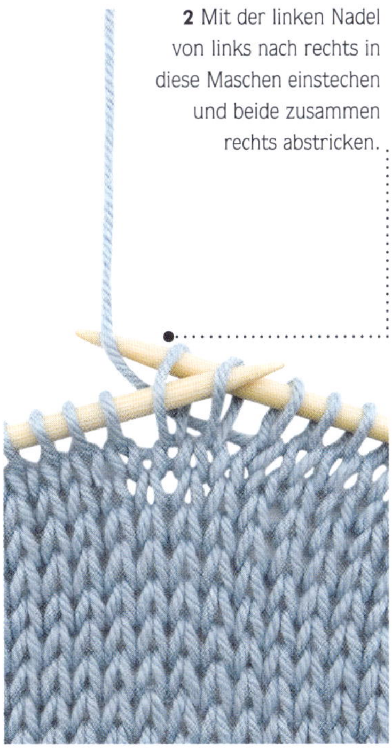

2 Mit der linken Nadel von links nach rechts in diese Maschen einstechen und beide zusammen rechts abstricken.

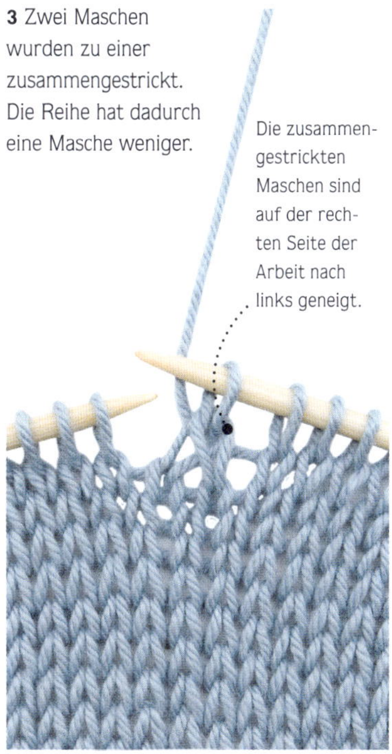

3 Zwei Maschen wurden zu einer zusammengestrickt. Die Reihe hat dadurch eine Masche weniger.

ZWEI MASCHEN LINKS ABGEHOBEN ZUSAMMENSTRICKEN (Abkürzung = 2 M li abgeh zus-str)

1 Den Faden vor die Arbeit legen. Wie zum Linksstricken in zwei Maschen einstechen und diese gemeinsam abheben (siehe S. 65).

2 Die linke Nadel in die beiden Maschen schieben.

3 Die rechte Nadelspitze von links nach rechts durch beide Maschen stechen und zur Vorderseite der Arbeit führen.

4 Die Maschen mit dem vorn liegenden Arbeitsfaden gemeinsam links stricken und von der linken Nadel gleiten lassen. Dadurch werden zwei Maschen zu einer zusammengestrickt.

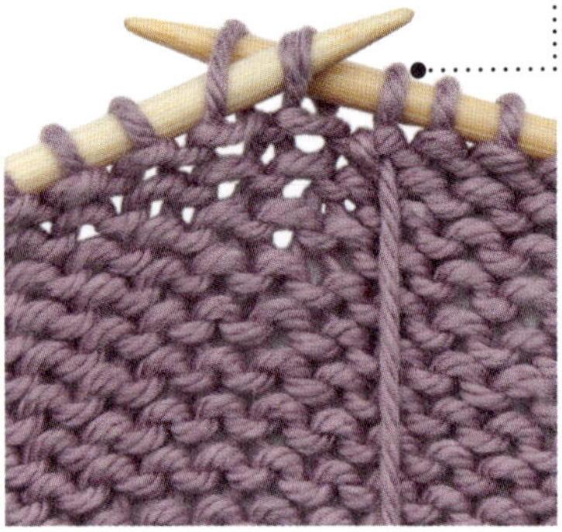

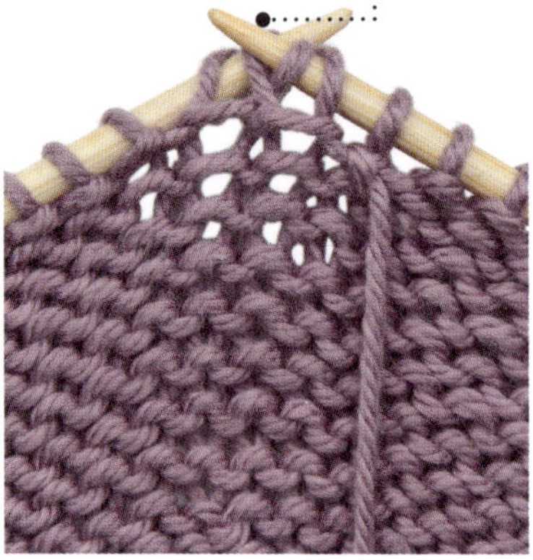

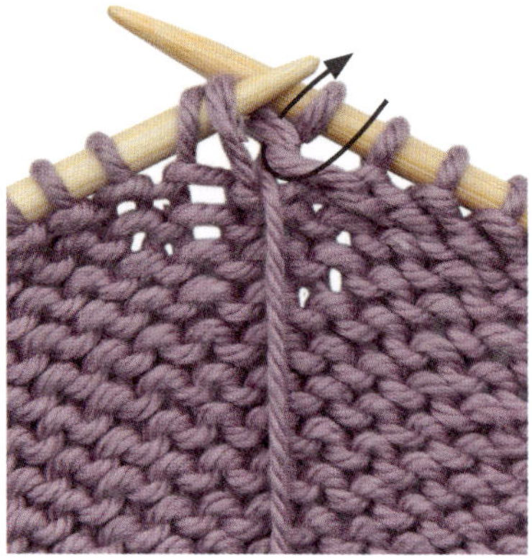

MEHRFACHABNAHMEN

3 M re zus-str: In die folgenden drei Maschen wie zum Rechtsstricken einstechen und alle in einem Zug zusammenstricken. Dadurch werden zwei Maschen abgenommen.

1 M abh, 2 M re zus-str, abgeh M überz: Die erste Masche rechts abheben. Die beiden folgenden rechts zusammenstricken, dann die abgehobene Masche über die zusammengestrickten ziehen. Dadurch werden ebenfalls zwei Maschen abgenommen.

3 M re überz zus-str (= doppelter Überzug): Zwei Maschen zusammen rechts abheben, eine Masche rechts stricken, dann die beiden abgehobenen Maschen über die gestrickte ziehen.

Die oberste Masche ist auf der rechten Seite der Arbeit nach rechts geneigt.

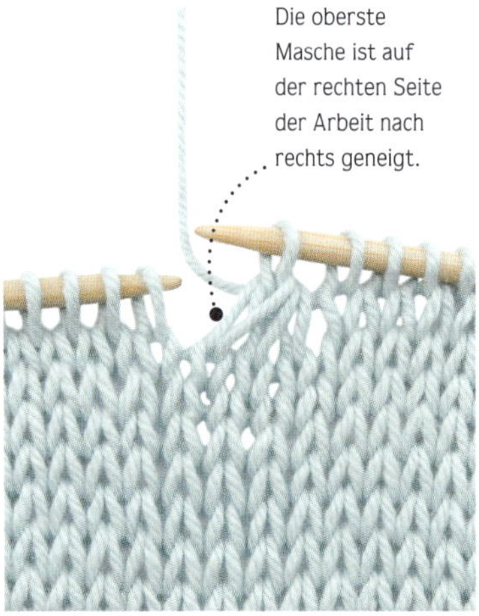

Die oberste Masche ist auf der rechten Seite der Arbeit nach links geneigt.

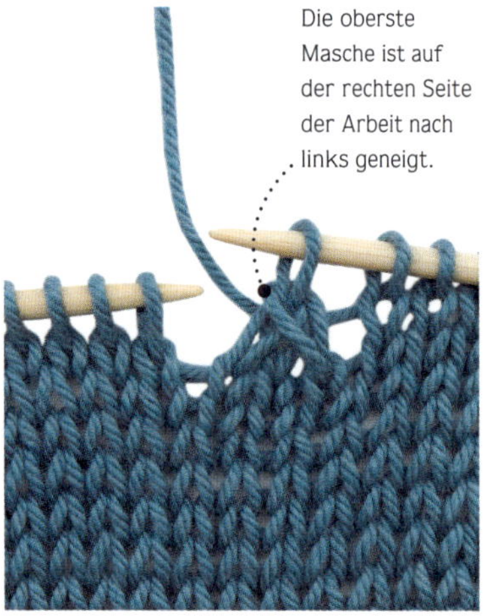

Die oberste Masche ist auf der rechten Seite der Arbeit nicht geneigt.

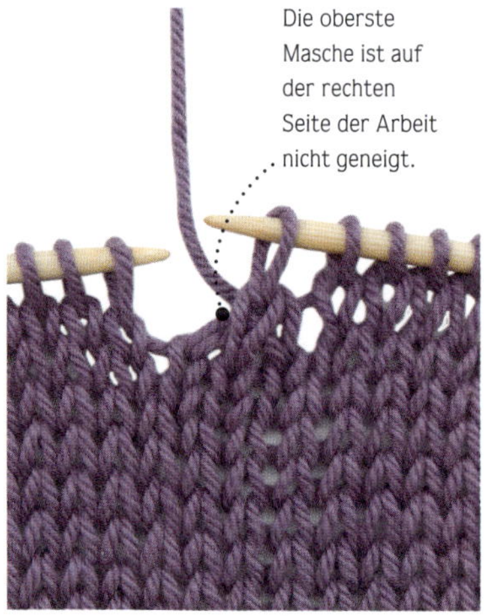

PAARWEISE ZU- UND ABNEHMEN

Durch Zu- oder Abnahmen am Anfang und Ende einer Reihe können gestrickte Teile symmetrisch verbreitert oder verjüngt werden. Solche Abnahmen sollten in gleichmäßigen Abständen vorgenommen werden, am besten jeweils in Hinreihen. In Mustern arbeitet man Zu- und Abnahmen auf den glatt gestrickten Randmaschen.

ZUNEHMEN UND ABNEHMEN: ÜBERBLICK

PAARWEISE ZUNEHMEN			
AM ENDE DER REIHE	ABKÜRZUNG	AM ANFANG DER REIHE	ABKÜRZUNG
Neigung nach links – verbreitert die linke Seite eines glatt rechts gestrickten Teils		**Neigung nach rechts – verbreitert die rechte Seite eines glatt rechts gestrickten Teils**	
Links hochgezogene Zunahme	1 M li hochgez zun	Rechts hochgezogene Zunahme	1 M re hochgez zun
• nahezu unsichtbar • einige Reihen Abstand zwischen den Zunahmen sind notwendig • Zunahme liegt rechts, die ursprüngliche Masche neigt sich nach links		• nahezu unsichtbar • einige Reihen Abstand zwischen den Zunahmen sind notwendig • Zunahme liegt links, die ursprüngliche Masche neigt sich nach rechts	
Rechtszunahme (oder Linkszunahme)	1 M zun	Rechtszunahme (oder Linkszunahme)	1 M zun
Linkszunahme: • betrachtet man eine Rückreihe von der rechten Seite, liegt die neue Masche rechts von der ursprünglichen		Rechtszunahme: • betrachtet man eine Hinreihe von der rechten Seite, liegt die neue Masche links von der ursprünglichen	
Aus dem Querfaden, links verschränkt	1 M li verschr zun	Aus dem Querfaden, rechts verschränkt	1 M re verschr zun
• sehr unauffällig, liegt zwischen zwei Maschen • einige Reihen Abstand zwischen den Zunahmen sind notwendig • die folgende Masche ist nach links geneigt		• sehr unauffällig, liegt zwischen zwei Maschen • einige Reihen Abstand zwischen den Zunahmen sind notwendig • die folgende Masche ist nach rechts geneigt	
PAARWEISE ABNEHMEN			
AM ENDE DER REIHE	ABKÜRZUNG	AM ANFANG DER REIHE	ABKÜRZUNG
Neigung nach rechts – verjüngt die linke Seite eines glatt rechts gestrickten Teils		**Neigung nach links – verjüngt die rechte Seite eines glatt rechts gestrickten Teils**	
2 Maschen rechts (links) zusammenstricken	2 M re (li) zus-str	2 Maschen rechts (links) abgehoben zusammenstricken	2 M re (li) abgeh zus-str
		2 Maschen rechts (links) überzogen zusammenstricken	2 M re (li) überz zus-str
		2 Maschen rechts (links) verschränkt zusammenstricken	2 M re (li) verschr zus-str

PAARWEISE ZUNEHMEN AM RAND

Bei diesem Beispiel wird bei einer glatt rechts gestrickten Arbeit am Reihenanfang durch eine rechts hochgezogene Masche zugenommen (siehe S. 70), am Reihenende durch eine links hochgezogene.

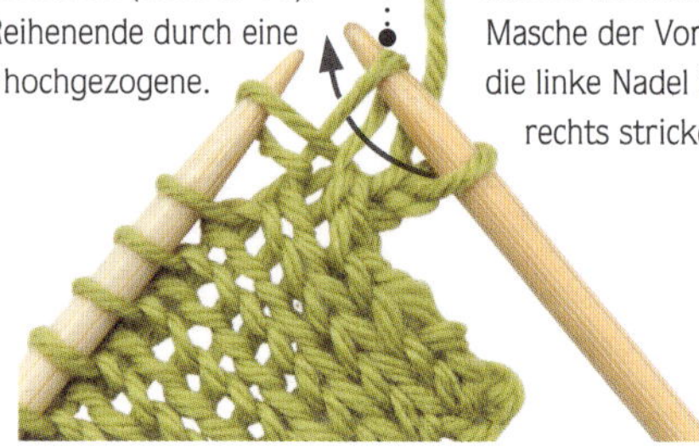

1 In der Zunahmereihe die erste Masche (Randmasche) rechts stricken. Dann eine hochgezogene Zunahme arbeiten. Dazu mit der rechten Nadel die Masche der Vorreihe auf die linke Nadel heben und rechts stricken.

2 Die Reihe fortsetzen, bis noch eine Masche übrig ist. Wieder eine hochgezogene Zunahme arbeiten. Dazu mit der rechten Nadel die Masche der Vorreihe auf die linke Nadel heben und rechts stricken. Danach die letzte Masche (Randmasche) stricken.

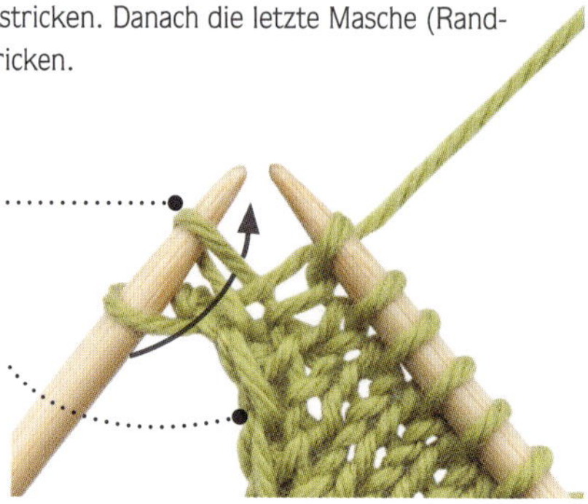

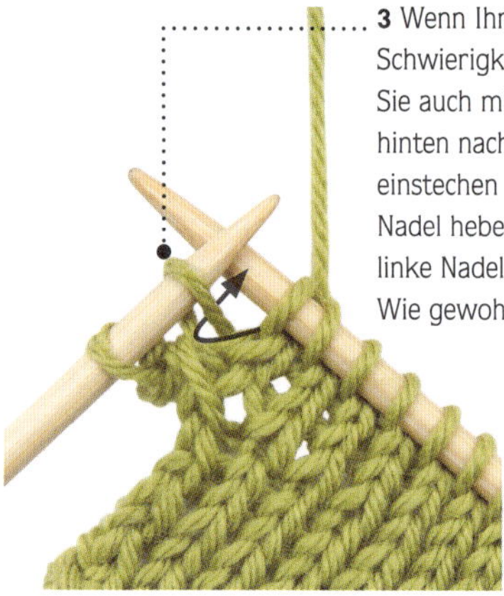

3 Wenn Ihnen diese Methode Schwierigkeiten bereitet, können Sie auch mit der linken Nadel von hinten nach vorn in die Masche einstechen und sie auf die rechte Nadel heben. Dann wieder auf die linke Nadel legen und dabei drehen. Wie gewohnt rechts abstricken.

4 So schön sieht eine Strickarbeit mit mehreren symmetrischen Zunahmen direkt neben den Randmaschen aus.

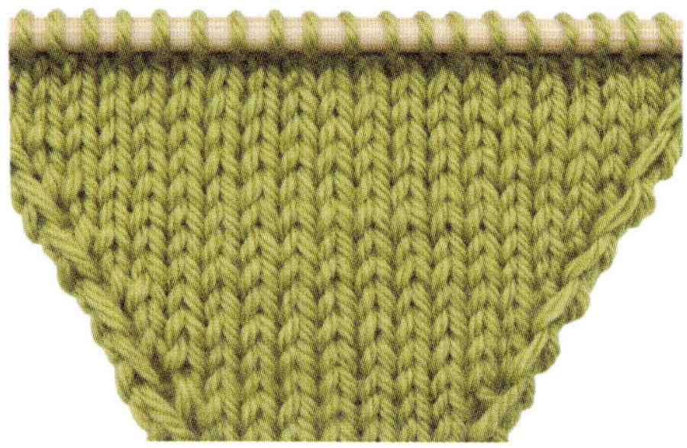

SYMMETRISCH ABNEHMEN AN DEN RÄNDERN

Hier wird auf beiden Seiten einer glatt rechts gestrickten Arbeit symmetrisch abgenommen.

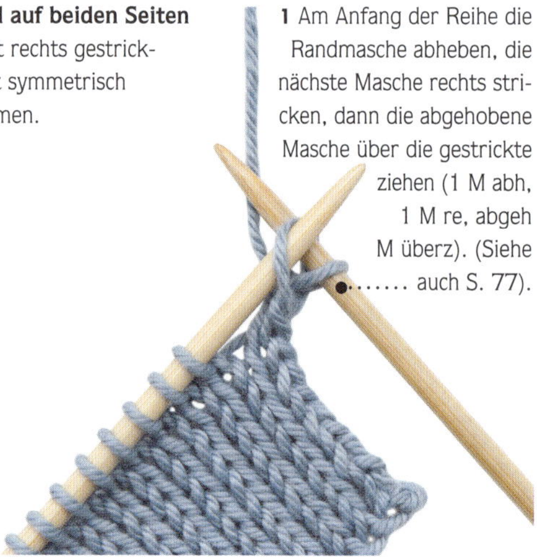

1 Am Anfang der Reihe die Randmasche abheben, die nächste Masche rechts stricken, dann die abgehobene Masche über die gestrickte ziehen (1 M abh, 1 M re, abgeh M überz). (Siehe auch S. 77).

2 Die Reihe fortsetzen, bis noch zwei Maschen übrig sind. Diese Maschen rechts zusammenstricken (siehe S. 76).

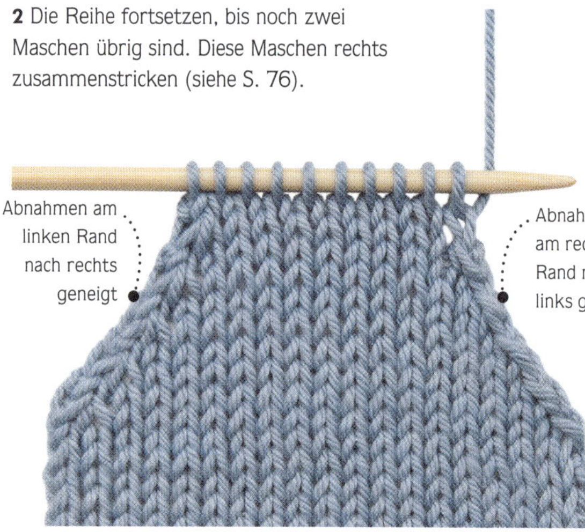

FORMGEBUNG »FULLY FASHIONED«

Bei dieser Methode verlaufen die Zu- und Abnahmen in einigem Abstand zu den Rändern. Das sieht dekorativ aus und erleichtert später das Zusammennähen. Achten Sie darauf, immer am Anfang und Ende einer Reihe zu- oder abzunehmen, damit die Linien aus schrägen Maschen symmetrisch verlaufen.

ABNEHMEN IN HINREIHEN

Auf beiden Seiten des Werkstücks wird gleichmäßig abgenommen, jedoch mit zwei regulären Randmaschen.

1 Die ersten beiden Maschen rechts stricken. Die nächsten beiden Maschen wie zum Rechtsstricken auf die rechte Nadel heben, die linke Nadel durch beide Maschen einstechen und beide Maschen in einem Zug abstricken. Die oben liegende Masche ist nach links geneigt (siehe S. 77).

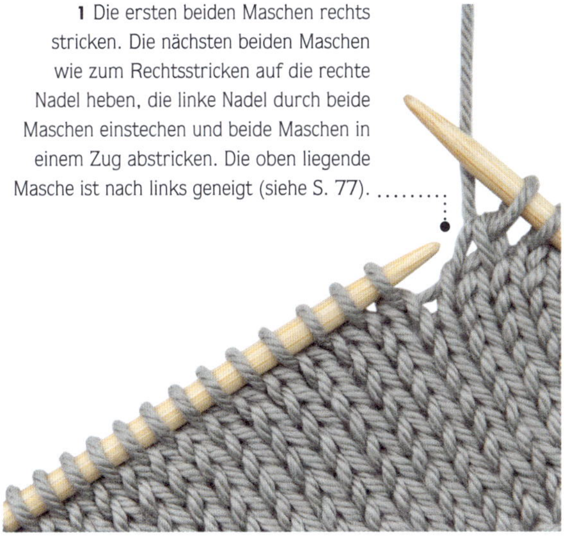

2 Die Reihe fortsetzen, bis noch vier Maschen übrig sind. Zwei Maschen rechts zusammenstricken (2 M re zus-str, siehe S. 76). Die letzten beiden Maschen rechts stricken.

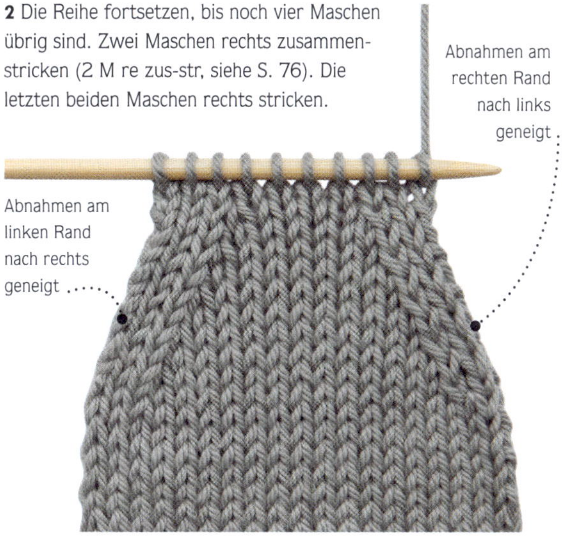

ABNEHMEN IN RÜCKREIHEN

Hier wird, wieder mit zwei Randmaschen, in Rückreihen abgenommen.

1 Die ersten beiden Maschen links stricken. Die nächsten beiden Maschen einzeln links abheben. Wieder auf die linke Nadel legen, dabei nicht verdrehen. Mit der rechten Nadel von links ins vordere Maschenglied einstechen und beide Maschen links zusammenstricken.

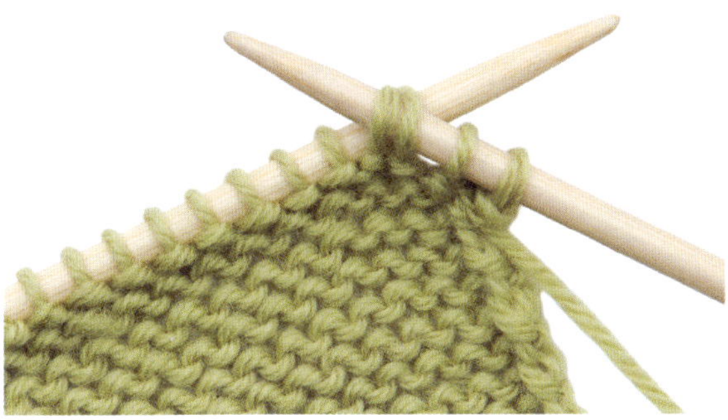

2 Links stricken, bis noch vier Maschen übrig sind. Zwei Maschen links zusammenstricken (siehe S. 76), dann die letzten drei Maschen links stricken.

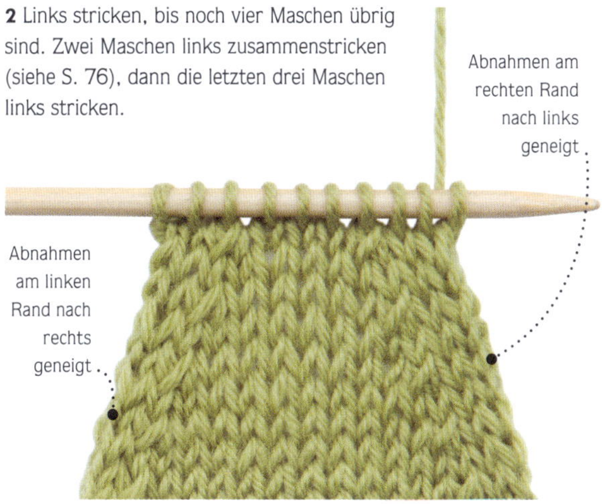

DEKORATIVE ZUNAHMEN UND ABNAHMEN IN DER MITTE

Normalerweise nimmt man zur Formgebung an den äußeren Rändern gestrickter Teile zu oder ab. Zu- und Abnahmen auf der Fläche erfüllen jedoch denselben Zweck und können zudem sehr hübsch aussehen. Solche Zunahmen können beispielsweise in ein Blatt- oder Rankenmuster integriert werden, während sich durch Abnahmen auf der Fläche Wiener Nähte andeuten lassen. In Lochmustern werden mittige Abnahmen oft mit Umschlägen dekorativ kombiniert. Es werden jeweils 2 Maschen pro Hinreihe zugenommen.

PAARWEISE ZUNEHMEN IN DER MITTE

1 Hier wird in der Mitte einer glatt rechts gestrickten Arbeit zugenommen. Es werden jeweils zwei Maschen aus einer herausgestrickt (siehe S. 69). Dabei entsteht links von der ursprünglichen Masche ein kleiner »Riegel«. Damit diese Riegel symmetrisch liegen, legen Sie zuerst die Mittelmasche der Zunahme fest und bringen Sie einen Markierer an. Diesen sollten Sie später gelegentlich höher rücken.

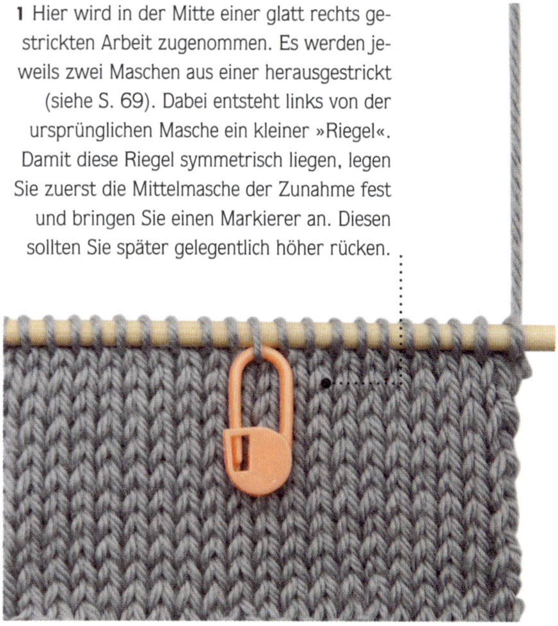

2 Zunächst rechts stricken. Aus der Masche VOR der Mittelmasche zwei Maschen herausstricken, die Mittelmasche normal rechts stricken. Aus der folgenden Masche wiederum zwei Maschen herausstricken.

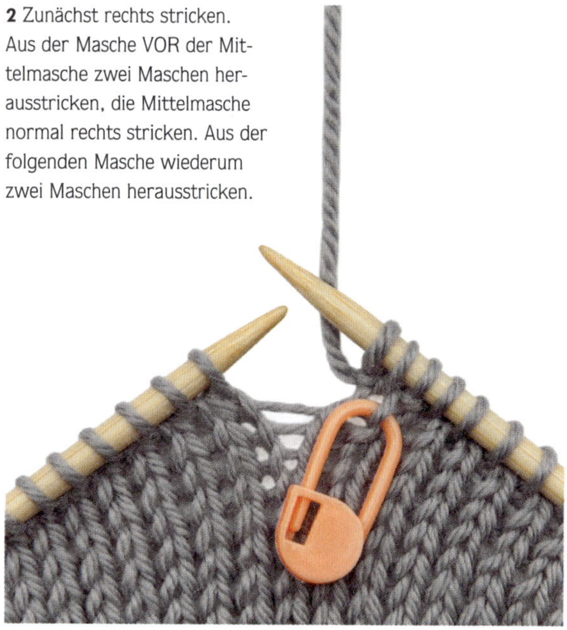

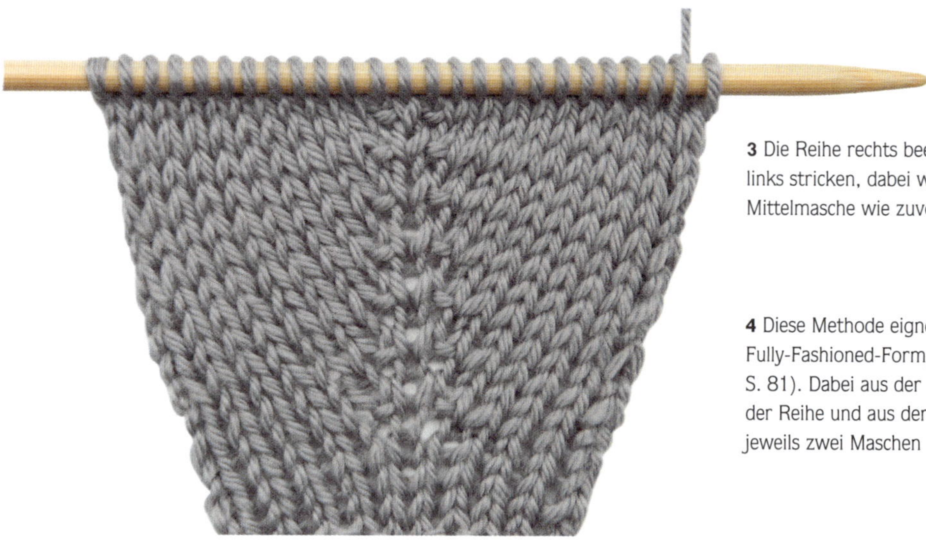

3 Die Reihe rechts beenden. Die Rückreihe links stricken, dabei wieder beiderseits der Mittelmasche wie zuvor zunehmen.

4 Diese Methode eignet sich auch zur Fully-Fashioned-Formgebung (siehe S. 81). Dabei aus der dritten Masche der Reihe und aus der drittletzten jeweils zwei Maschen herausstricken.

OFFENE MITTELZUNAHME

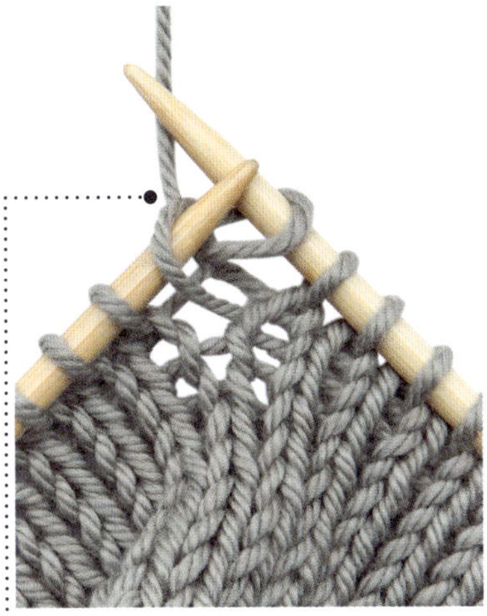

1 In der Rückreihe vor der Zunahme an die Position der Zunahme einen Umschlag arbeiten. Die folgende Reihe bis zur Zunahme rechts stricken. Den Umschlag rechts verschränkt stricken und von der Nadel gleiten lassen.

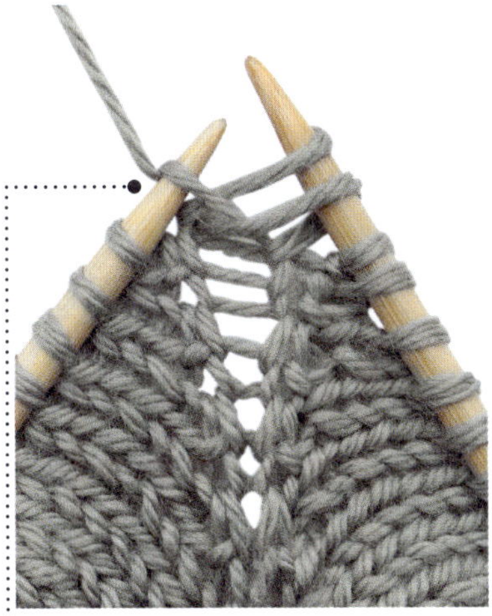

2 Mit der linken Nadel den Umschlag von hinten anheben, sodass er gedreht wird. Mit der rechten Nadel von vorn einstechen und rechts abstricken. Die Reihe rechts beenden.

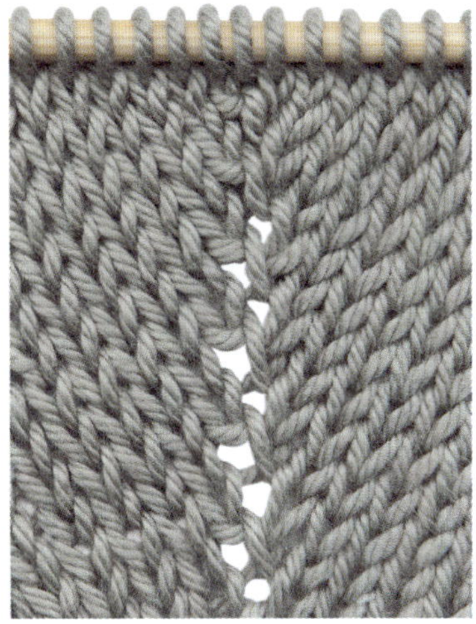

3 Wenn Sie Schritt 1 und 2 fortlaufend wiederholen, werden in jeder zweiten Reihe zwei Maschen zugenommen.

GESCHLOSSENE MITTELZUNAHME

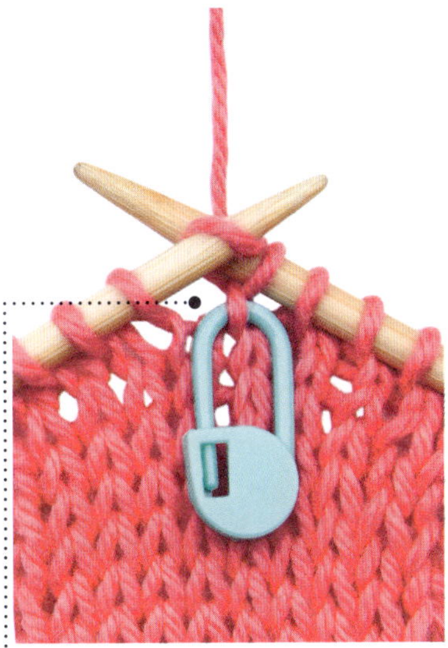

1 Rechts bis zur Mittelmasche stricken. Aus dieser von hinten und vorn zwei Maschen herausstricken, dann von der Nadel gleiten lassen. Die zweite Masche festziehen.

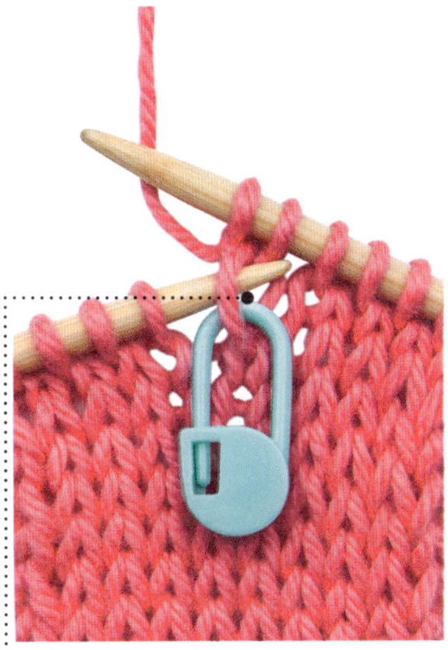

2 Die linke Nadel von links in das senkrechte Maschenglied direkt rechts von dieser Masche stechen. Diese hochgezogene Masche verschränkt abstricken.

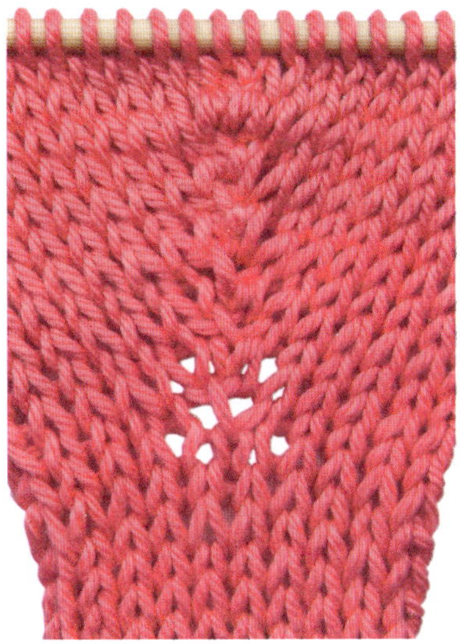

3 Die Reihe rechts beenden. Die Rückreihe links stricken. Schritte 1–3 wiederholen. Die Maschenzahl erhöht sich in jeder Hinreihe ebenfalls um je zwei Maschen.

PLASTISCHE MITTELABNAHME

1 Auch dieses Beispiel ist glatt rechts gestrickt, die Maschenzahl ist ungerade. Die Mittelmasche mit einem Markierer oder einem Hilfsfaden kennzeichnen. Bis zur Masche vor der Mittelmasche rechts stricken.

2 Die nächsten beiden Maschen – also die Mittelmasche und die Masche davor – rechts abheben (siehe S. 65).

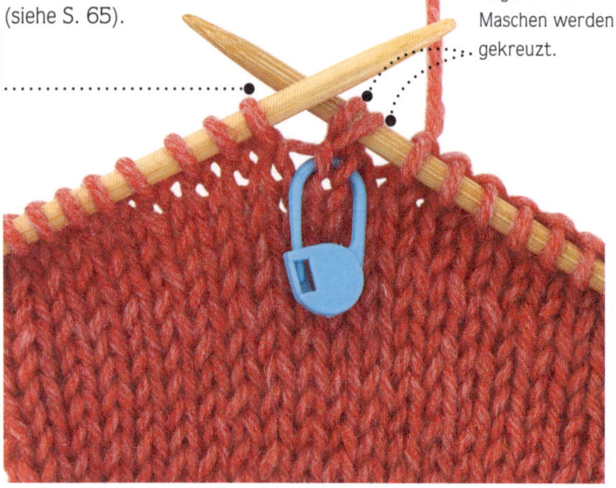

3 Die nächste Masche rechts stricken.

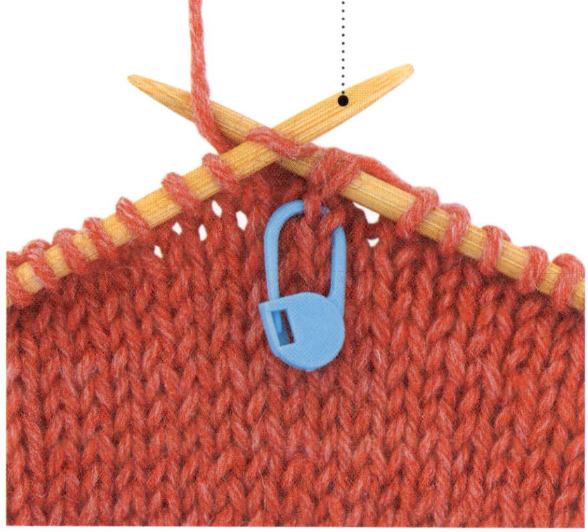

4 Die beiden abgehobenen Maschen mit der linken Nadel über die zuletzt gestrickte Masche ziehen. Dadurch werden zwei Maschen abgenommen. Fortfahren bis zum Reihenende oder bis zur nächsten Abnahme. Die Rückreihe links stricken.

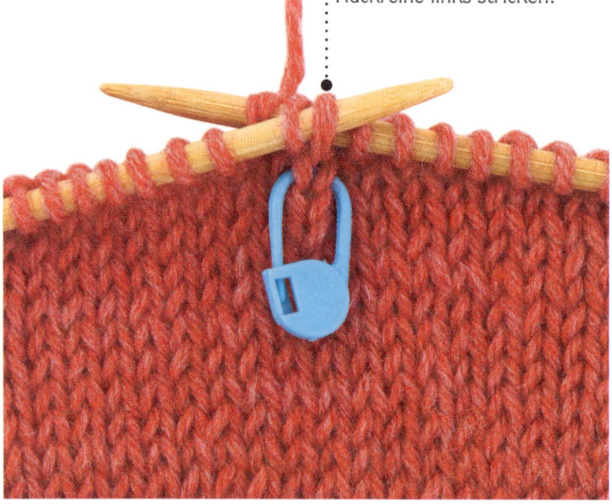

5 Schritte 2–4 so oft wiederholen, wie es erforderlich ist. Stricken Sie in jeder Hinreihe bis zur Masche vor der Mitte. Die Mittelmasche ist recht gut zu erkennen, weil sie etwas erhaben auf der Strickfläche liegt. Falls doch nötig, können Sie einen Maschenmarkierer einhängen.

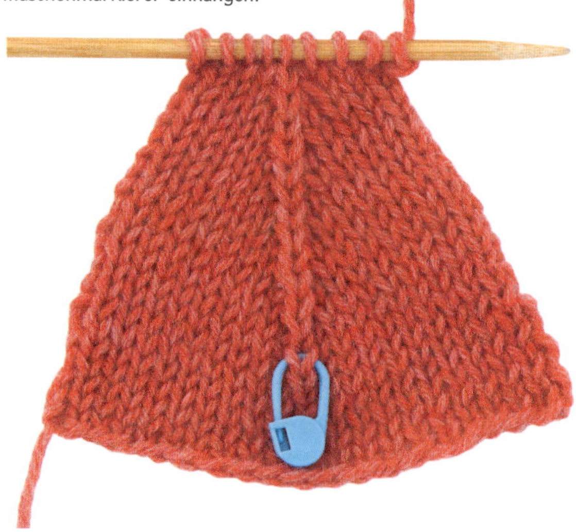

FLACHE MITTELABNAHME

1 Das Beispiel ist glatt rechts gestrickt. Die Mittelmasche mit einem Markierer oder Hilfsfaden kennzeichnen. In der Hinreihe bis zur Masche vor der Mittelmasche rechts stricken. Diese Masche rechts abheben (siehe S. 65).

2 Die rechte Nadel von links vorn in die beiden folgenden Maschen einstechen und rechts zusammenstricken.

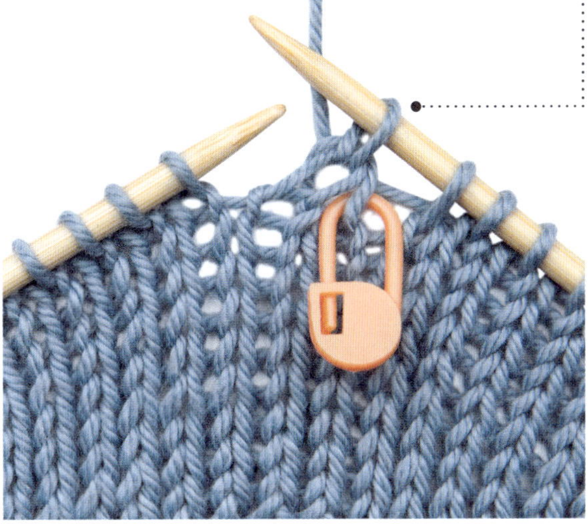

3 Mit der linken Nadel die abgehobene Masche über diese zusammengestrickte ziehen und von der Nadel gleiten lassen. So wurden zwei Maschen abgenommen. Die Reihe rechts beenden.

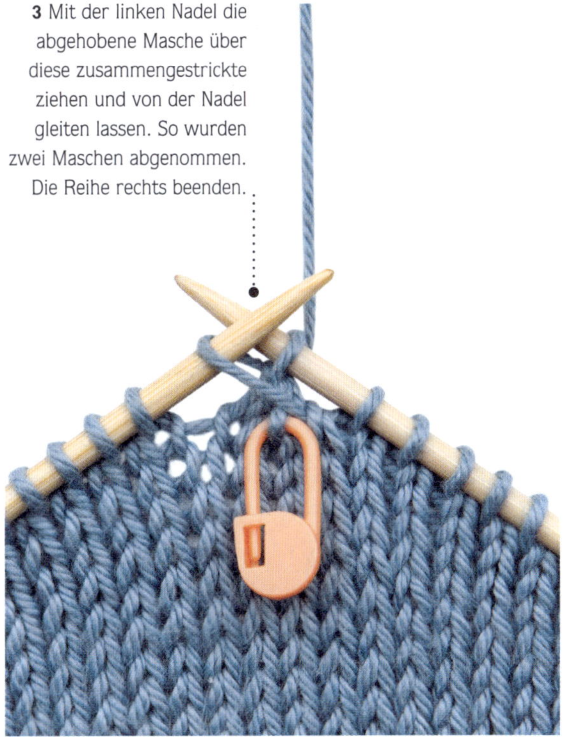

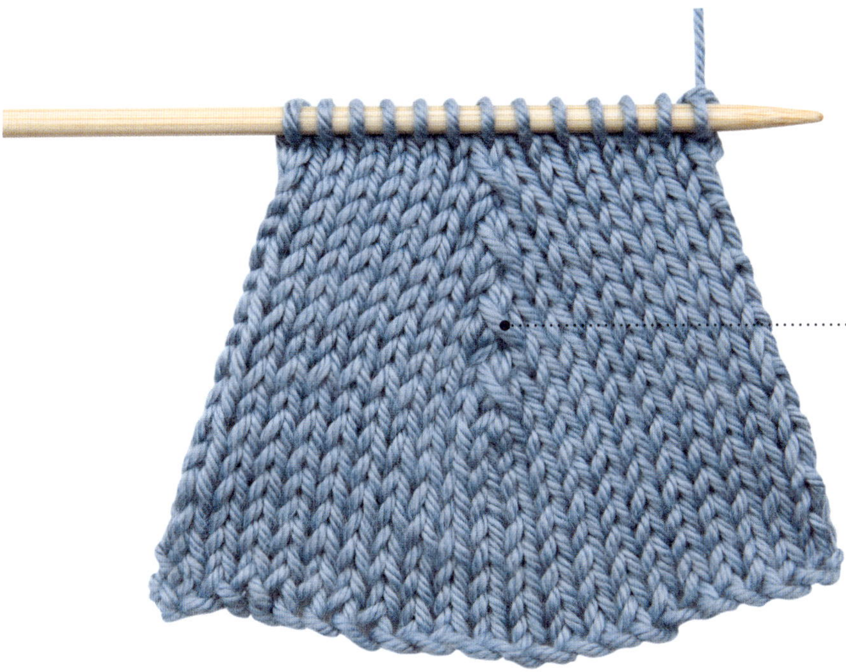

4 In den folgenden Reihen jeweils die Masche vor der Mitte abheben, dann Mittelmasche und folgende Masche zusammenstricken und die abgehobene Masche überziehen. Dadurch wird beiderseits der Mittelmasche jeweils eine Masche abgenommen.

ZOPFMUSTER

Schon mit linken und rechten Maschen lassen sich interessante Struktureffekte erzielen (siehe S. 198–200). Wenn Sie dazu noch das Verkreuzen von Maschen beherrschen, können Sie kunstvolle Zopfmuster stricken. Zöpfe sehen kompliziert aus, werden aber nur durch das systematische Verkreuzen von zwei oder mehr Maschen gearbeitet.

EINFACHE VERKREUZUNGEN

Wenn nur zwei Maschen verkreuzt werden, kommt man ohne Hilfsnadel aus. Das Ergebnis ist nicht ganz so plastisch wie ein Zopfmuster, aber nicht minder attraktiv. Die Technik wird hier mit rechten Maschen auf rechts gestricktem Grund gezeigt. Sie können auch eine linke und eine rechte Masche verkreuzen.

ZWEI MASCHEN NACH RECHTS VERKREUZEN (Abkürzung = 2 M rvkr)

1 Der Faden liegt hinter der rechten, aber vor der linken Nadel. Die zweite Masche auf der Nadel rechts stricken, beide Maschen auf der Nadel lassen.

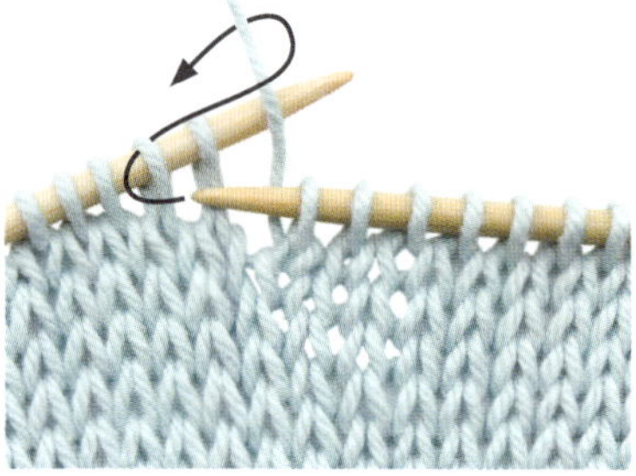

2 Nun die erste Masche rechts stricken und beide Maschen von der Nadel gleiten lassen.

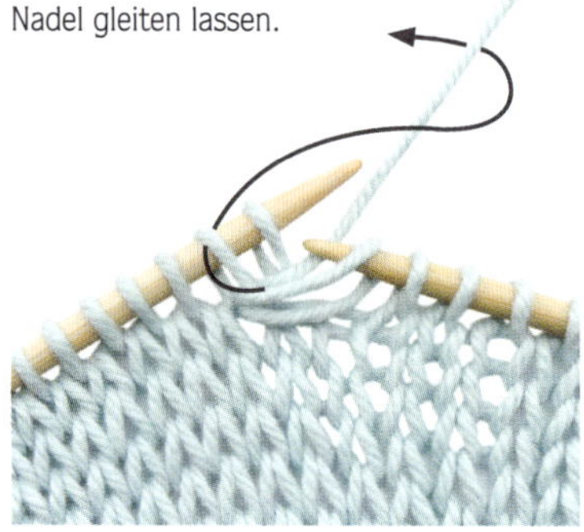

3 So entsteht ohne Zuhilfenahme einer Zopfnadel eine Miniaturversion eines nach rechts gedrehten Zopfs.

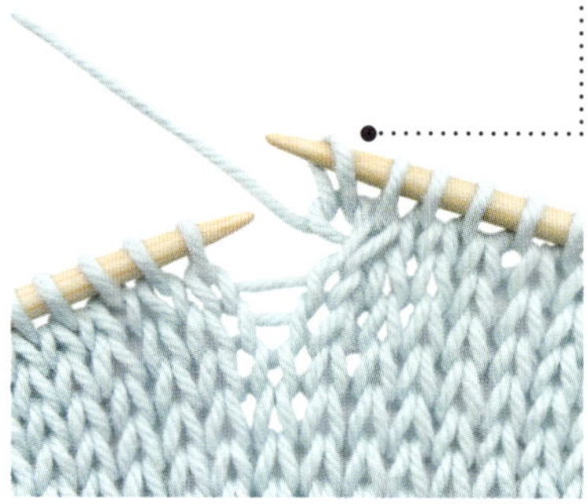

ZWEI MASCHEN NACH LINKS VERKREUZEN (Abkürzung = 2 M lvkr)

1 Der Faden liegt hinter der Arbeit. Die Nadel hinter der ersten von vorn in die zweite Masche einstechen und rechts abstricken, jedoch auf der Nadel lassen.

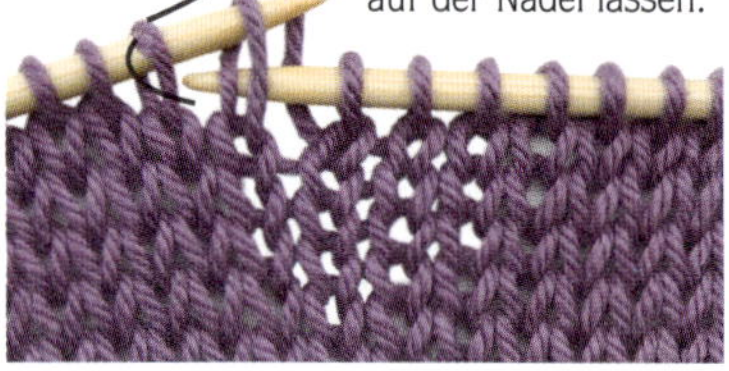

2 Die rechte Masche hinter der ersten durchziehen, die erste Masche jedoch noch auf der Nadel lassen.

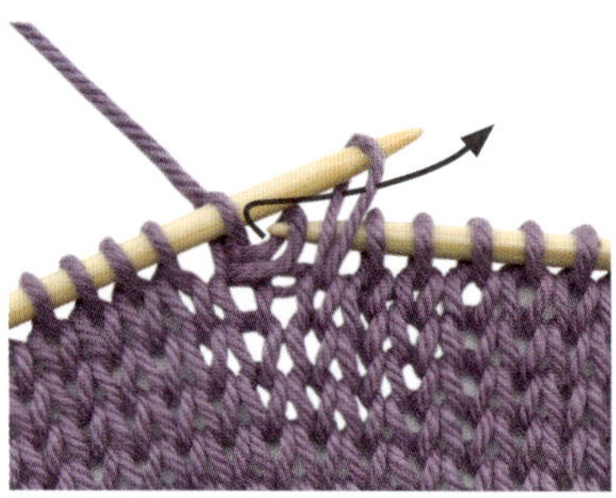

3 Nun die erste Masche rechts stricken und ebenfalls von der Nadel gleiten lassen. Dieser Miniaturzopf ist nach links gedreht.

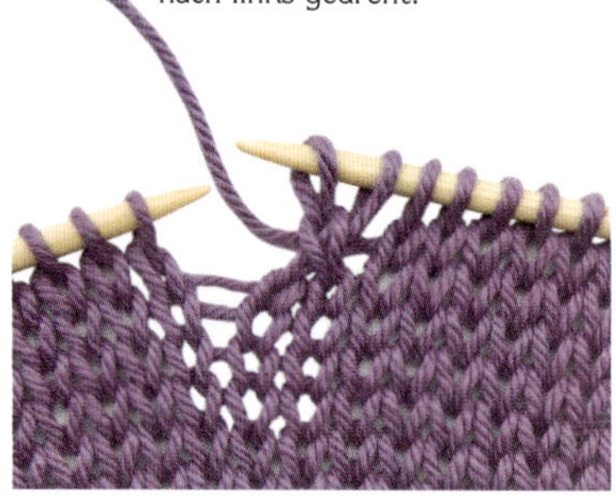

ZOPFMUSTER STRICKEN

Zopfmuster werden häufig glatt rechts auf links oder kraus rechts gestricktem Grund gearbeitet, indem man zwei, drei oder mehr Maschen mithilfe einer Zopfnadel verkreuzt. Hier erklären wir die Technik anhand von Zöpfen über vier Maschen, die alle sechs Reihen gekreuzt werden – einmal nach links und einmal nach rechts.

VIER MASCHEN NACH LINKS VERKREUZEN (Abkürzung = 4 M lvkr)

1 Die ersten beiden rechten Maschen des Zopfs auf eine Hilfsnadel nehmen und VOR die Arbeit legen. Dann die beiden folgenden rechten Maschen normal rechts stricken.

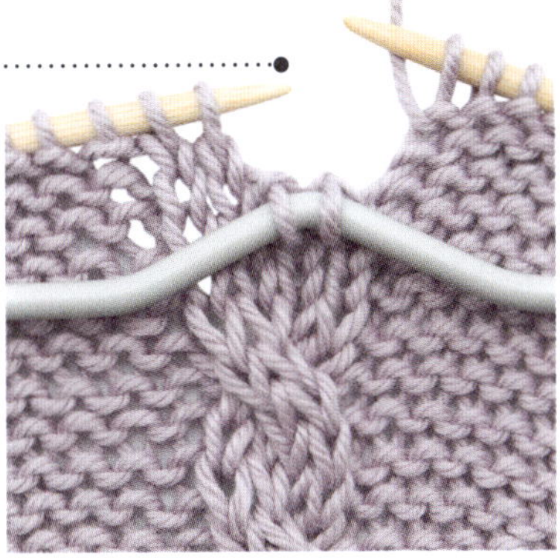

2 Danach die beiden Maschen von der Zopfnadel rechts stricken.

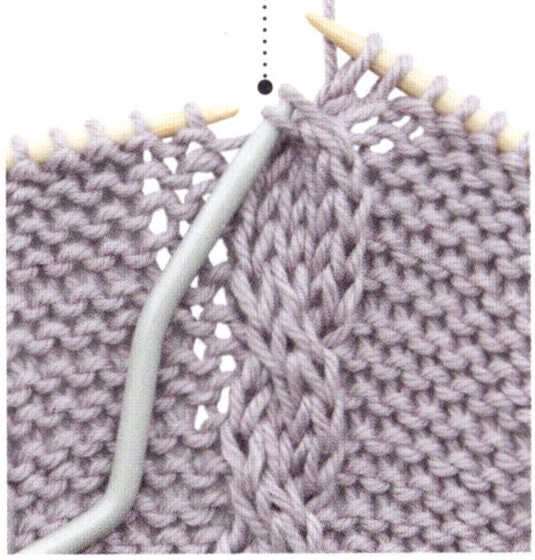

3 Lag die Zopfnadel vor der Arbeit, verlaufen die Verkreuzungen nach links.

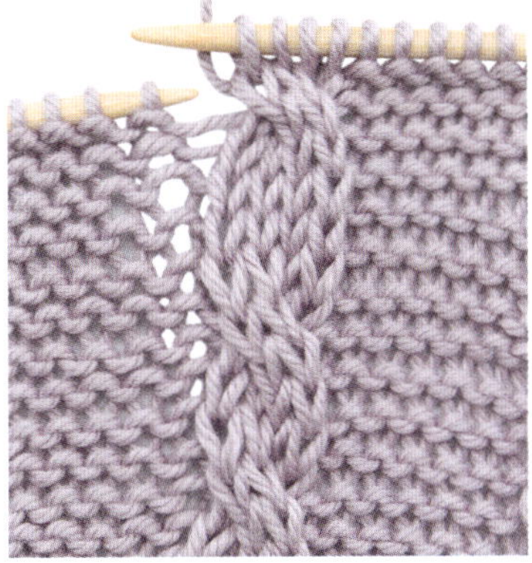

VIER MASCHEN NACH RECHTS VERKREUZEN (Abkürzung = 4 M rvkr)

1 Die ersten beiden Maschen des Zopfs auf einer Hilfsnadel HINTER die Arbeit legen. Dann die beiden folgenden rechten Maschen auf der Arbeitsnadel rechts stricken.

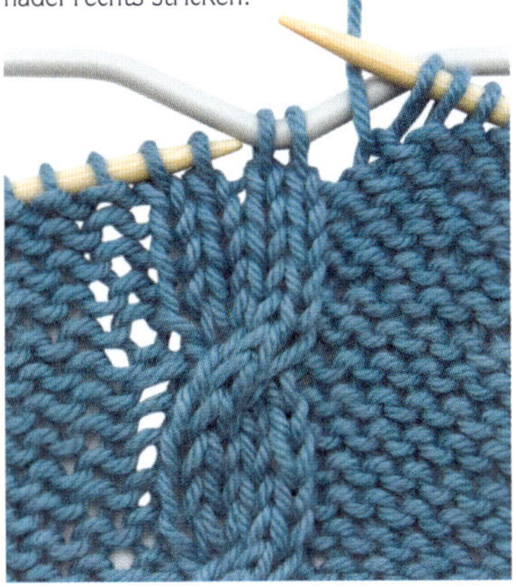

2 Danach die beiden Maschen von der Zopfnadel rechts stricken.

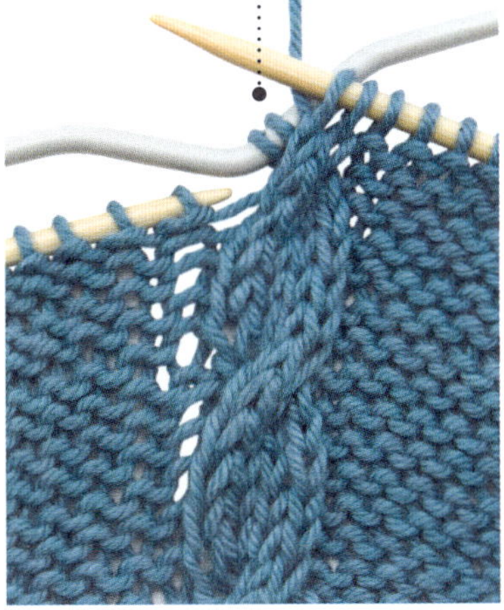

3 Lag die Zopfnadel hinter der Arbeit, verlaufen die Verkreuzungen nach rechts.

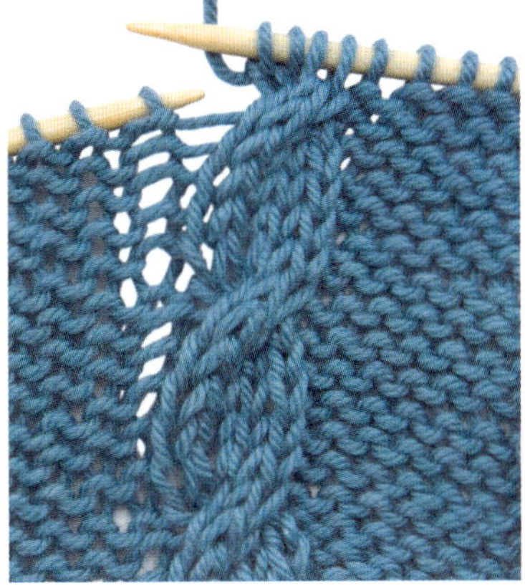

KORDELN

Kordeln lassen sich auf Strumpfstricknadeln schnell und einfach herstellen. Sie eignen sich für saubere Abschlusskanten, Bindebänder und andere Verschlüsse, aber auch für kontrastfarbige Applikationen. Am besten mit dünneren Nadeln und relativ fest stricken. Nehmen Sie Nadeln aus einem Nadelspiel.

SEPARAT GESTRICKTE KORDELN

Weil diese Kordeln später an der Strickarbeit befestigt werden, kann man sie beliebig gestalten, zum Beispiel mit Streifen, Strukturen oder Perlen. Diese Technik eignet sich übrigens auch für Kinder, die Lust auf Stricken, aber wenig Geduld haben.

EINFACHE KORDEL – FÜR APPLIKATIONEN, BINDEBÄNDER ODER TRÄGER

1 Fünf Maschen anschlagen (siehe S. 35) und eine Reihe rechts stricken.

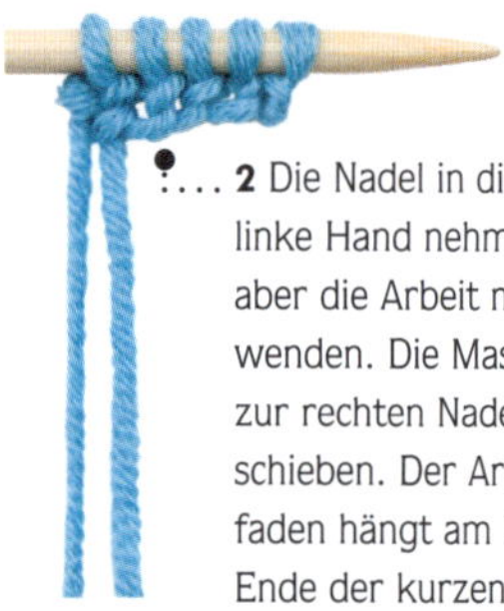

2 Die Nadel in die linke Hand nehmen, aber die Arbeit nicht wenden. Die Maschen zur rechten Nadelspitze schieben. Der Arbeitsfaden hängt am linken Ende der kurzen Reihe.

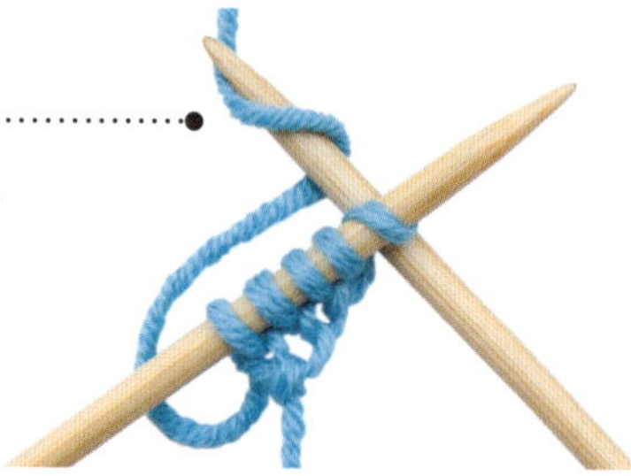

3 Die erste Masche rechts stricken, dabei den Arbeitsfaden auf der Rückseite des Bands straff nach rechts ziehen. Nach der ersten Masche den Faden nochmals nachziehen.

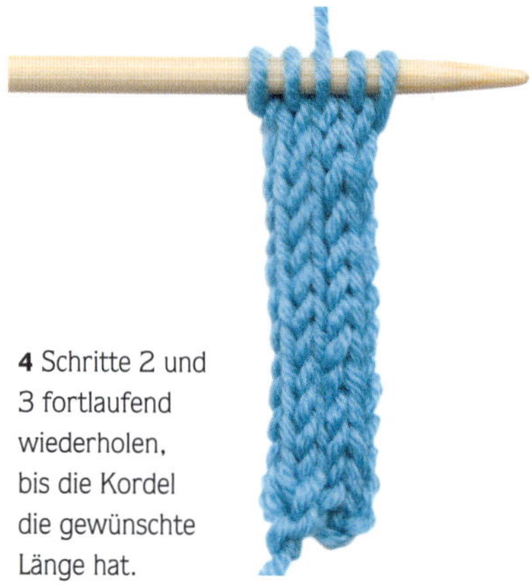

4 Schritte 2 und 3 fortlaufend wiederholen, bis die Kordel die gewünschte Länge hat.

SPIRALKORDEL

Diese Kordel zieht sich stärker zusammen, ist aber recht elastisch.

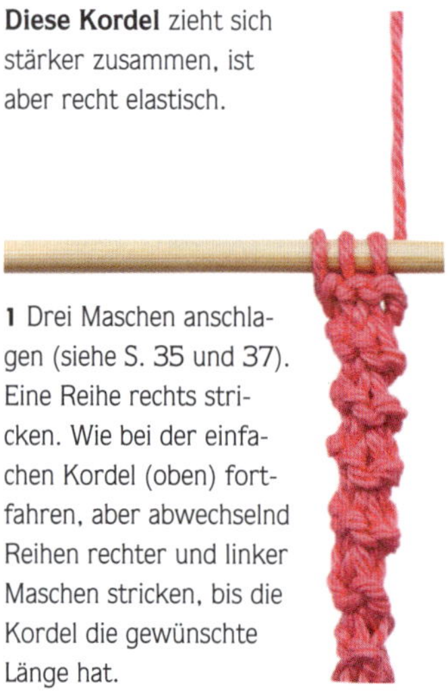

1 Drei Maschen anschlagen (siehe S. 35 und 37). Eine Reihe rechts stricken. Wie bei der einfachen Kordel (oben) fortfahren, aber abwechselnd Reihen rechter und linker Maschen stricken, bis die Kordel die gewünschte Länge hat.

ZWEIFARBIGE KORDEL

1 Fünf Maschen anschlagen (siehe S. 35). Die erste Masche in der Hauptfarbe rechts stricken.

2 Die rechte Nadel in die zweite Masche einstechen. Kontrastfarbiges Garn zwischen die Nadeln legen. Die zweite Masche rechts stricken.

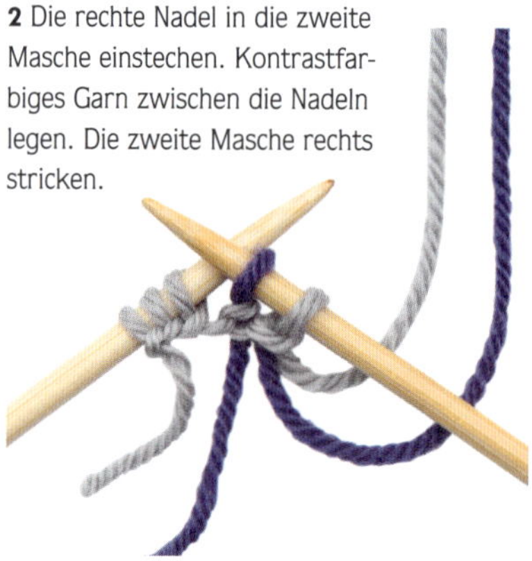

3 Die dritte Masche wieder mit der Hauptfarbe stricken, die vierte mit der Kontrastfarbe und die letzte mit der Hauptfarbe.

4 Wie bei der einfachen Kordel bis zur gewünschten Länge fortfahren, aber auf den Farbwechsel achten. Tipps zum Halten von zweierlei Garn finden Sie auf Seite 96.

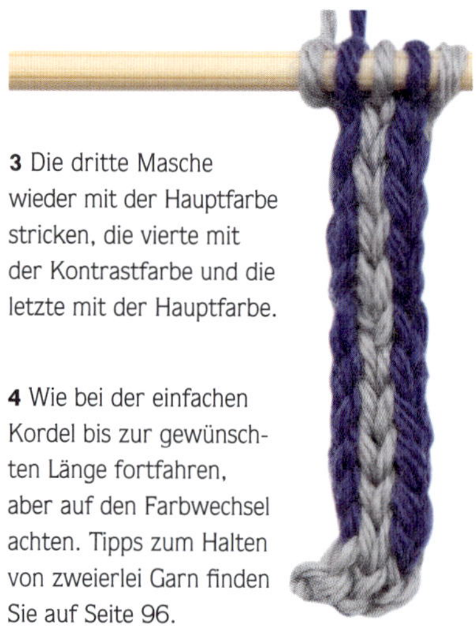

ANGESTRICKTE KORDEL

Wenn Sie Kordeln gleich anstricken, ersparen Sie sich das Annähen. Kordeln können in Längs- oder in Querrichtung angestrickt werden. Sie eignen sich sogar zur Gestaltung von Knopfschlaufen und dekorativen, weichen Knöpfen.

KORDEL ALS EINFASSUNG

1 Zwei bis fünf Maschen anschlagen und eine Reihe stricken. Die Nadel in die linke Hand nehmen und die Maschen nach rechts schieben (wie bei »Einfache Kordel«, linke Seite).

2 Den Faden über die Rückseite führen und bis zur vorletzten Masche stricken. Die letzte Masche rechts abheben.

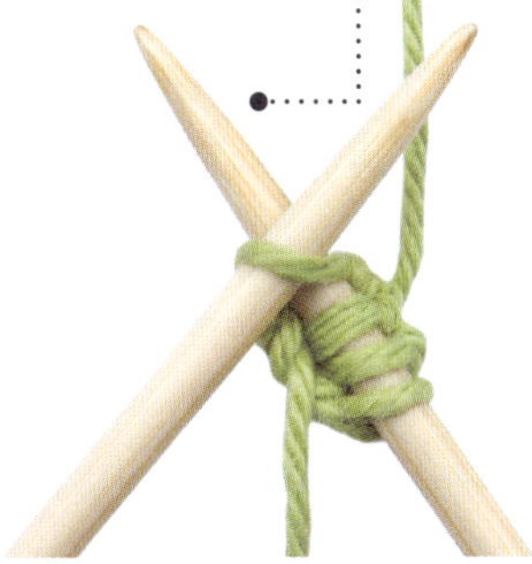

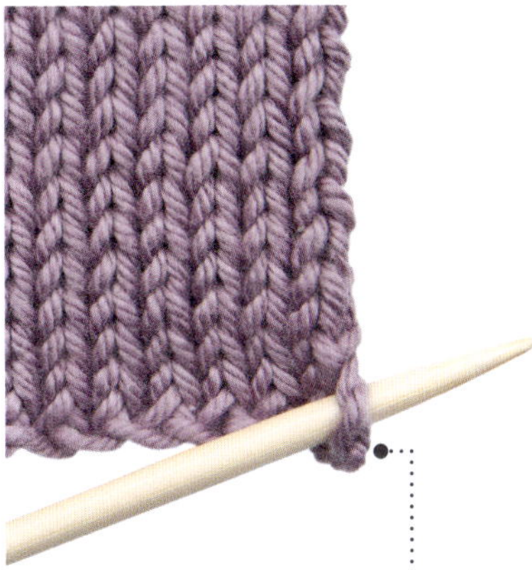

3 Mit einer freien Nadel von links nach rechts durch die unterste Randmasche des Hauptteils stechen. Hier wird in Schritt 4 die Kordel angestrickt.

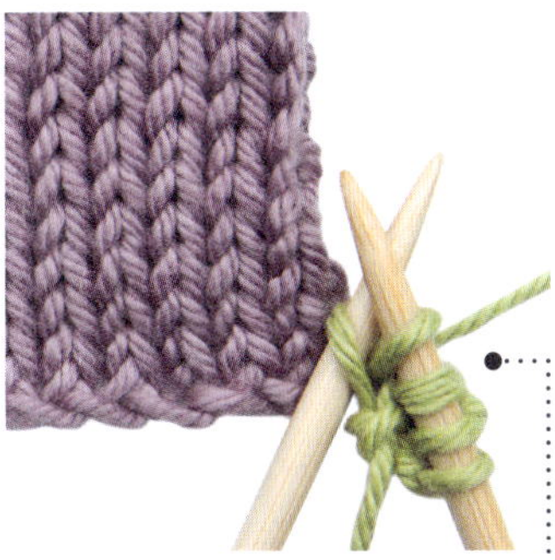

4 Die Nadel mit der Kordel anlegen. Die Randmasche des Hauptteils abstricken. Dadurch liegt eine Masche mehr auf der Kordelnadel. Um das zu korrigieren, die zuvor abgehobene Masche über diese neue Masche ziehen.

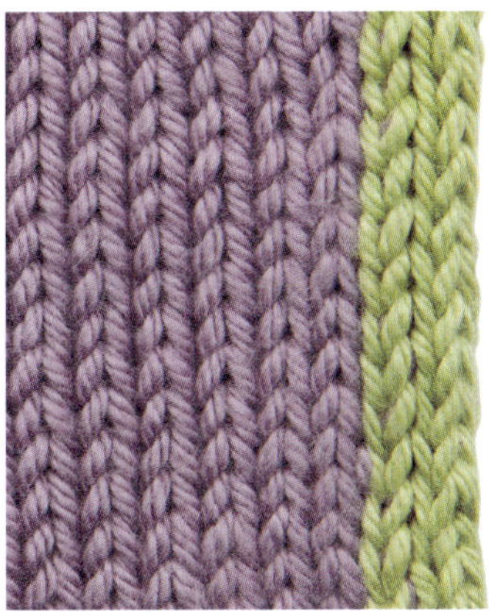

5 Schritte 2–4 stets wiederholen. Danach die Kordel dämpfen. Für Kordeln an Rundungen eine größere Nadelstärke verwenden, an geraden Kanten wieder mit der dünneren Nadel weiterarbeiten.

KNOPFSCHLAUFE

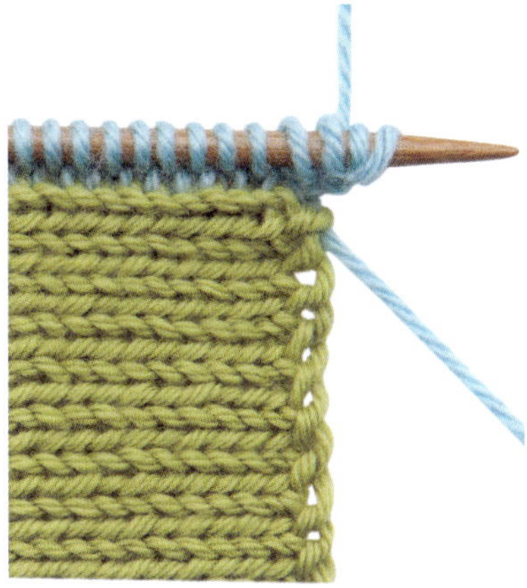

1 Auf der rechten Seite der Kante, an der die Knopfschlaufen sitzen sollen, die Randmaschen mit einer Rundnadel aufnehmen. Am Ende der Nadel drei zusätzliche Maschen für die Kordel anschlagen.

2 Mit einer Strumpfstricknadel zwei Maschen stricken, dann die letzte Kordelmasche und die erste Randmasche rechts abgehoben zusammenstricken. Fortlaufend bis zur Position der Knopfschlaufe wiederholen.

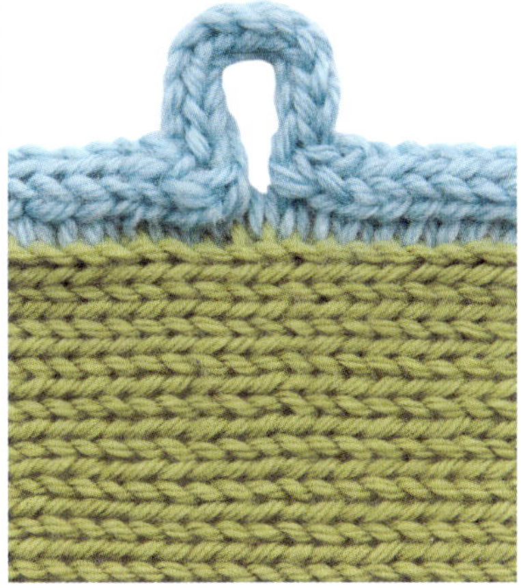

3 An der Position der ersten Knopfschlaufe die drei Kordelmaschen auf die linke Nadel schieben, ohne sie zu verdrehen. Die Schlaufe in der gewünschten Länge separat stricken, dann wieder wie in Schritt 2 an die Kante der Strickarbeit anfügen.

ABKETTEN MIT KORDELRAND

1 Soll die Kordel in einer Kontrastfarbe gearbeitet werden, stricken Sie schon die letzte Rückreihe des Hauptteils mit diesem Garn. Die Arbeit in der linken Hand halten. Am rechten Rand 3 Maschen mit einer Rundnadel anschlagen (siehe S. 37).

2 Zwei Maschen rechts stricken. Die nächsten beiden Maschen (die dritte Masche der Kordel und die erste vom Hauptteil) einzeln rechts abheben. Mit der linken Nadel von links in diese Maschen einstechen, dann beide rechts zusammenstricken.

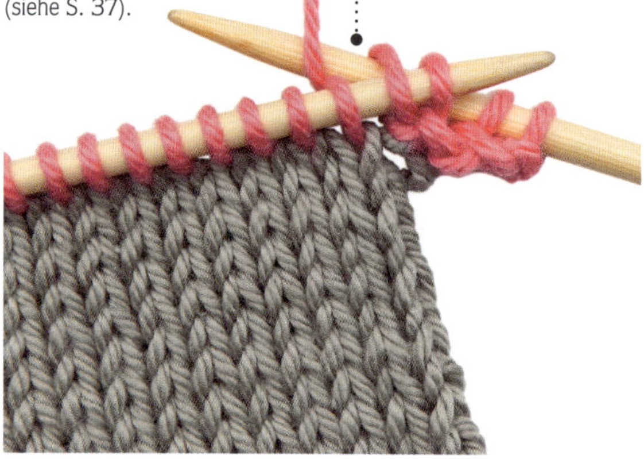

3 Die 3 Kordelmaschen ans andere Ende der Stricknadel schieben. Schritte 2 und 3 bis zum Ende der Reihe wiederholen. Die Kordel locker stricken, sonst kann sich die Kante des Hauptteils wellen.

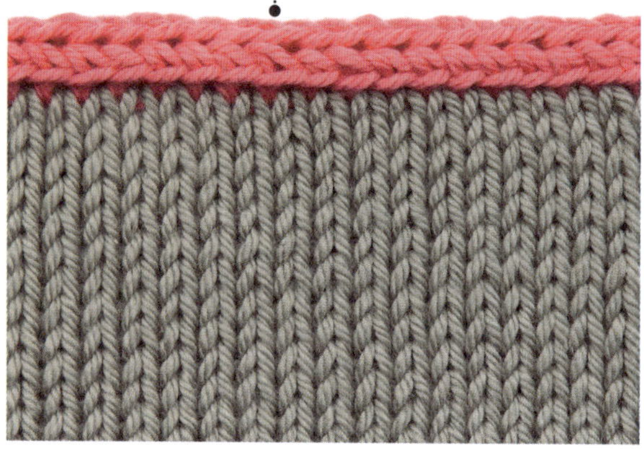

KORDELNOPPE

1 An der Position der Noppe mit einer Strumpfstricknadel aus der folgenden Masche vier Maschen herausstricken. Dafür abwechselnd von vorn und hinten einstechen. Kappen auf die Hauptnadeln setzen.

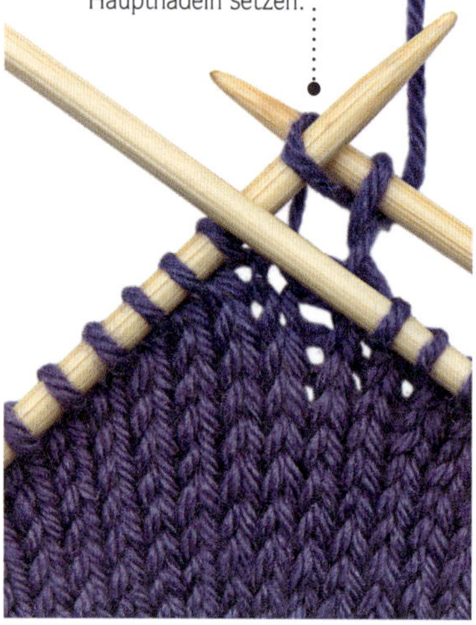

2 Die vier Maschen ans andere Ende der Nadel schieben. Mehrere Reihen einer einfachen Kordel stricken, dabei stets den Faden auf der Rückseite nach rechts führen.

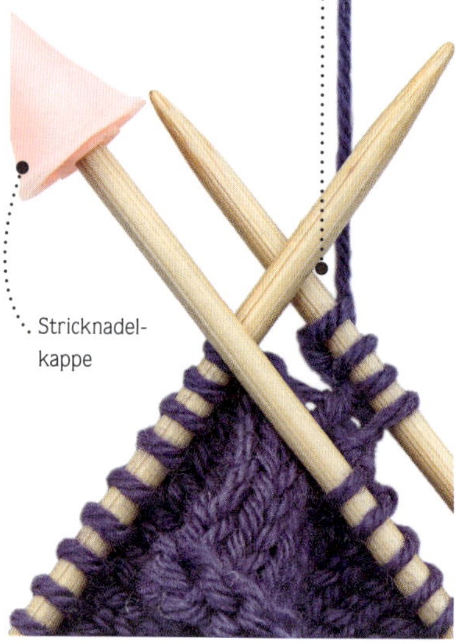

3 Zuerst die zweite, dann die übrigen Maschen nacheinander über die erste Masche ziehen. Die letzte Masche wieder auf die rechte Hauptnadel legen und bis zur nächsten Noppe stricken.

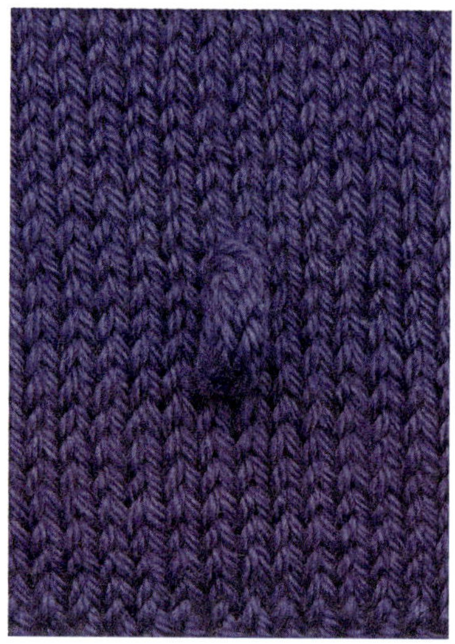

MEHRFARBIG STRICKEN

Für das Stricken mit mehreren Farben gibt es verschiedene Techniken. Am einfachsten ist es, ein Verlaufsgarn zu verwenden, bei dem der Faden in bestimmten Abständen die Farbe wechselt und dadurch eine Art Fleckenmuster erzeugt. Mit Knäuel in verschiedenen Farben können Sie Streifen, Muster mit Hebemaschen, Norweger- oder Intarsienmuster stricken.

EINFACHE STREIFENMUSTER

Mit einfachen Streifen können auch Einsteiger mit wenig Aufwand tolle Effekte erzielen. Diese Beispiele zeigen Streifen in verschiedenen Breiten, Farbgebungen und Strukturen. Sie können jedes einfarbige Modell auch gestreift stricken, ohne dass sich die Passform dadurch ändert.

ZWEIFARBIG KRAUS RECHTS

Das schmale Streifenmuster ergibt sich, indem Sie abwechselnd zwei Reihen je Farbe kraus rechts stricken. Das Praktische ist, dass man dabei den Faden nicht jedes Mal abschneiden muss, denn der Farbwechsel findet immer auf der gleichen Seite statt.

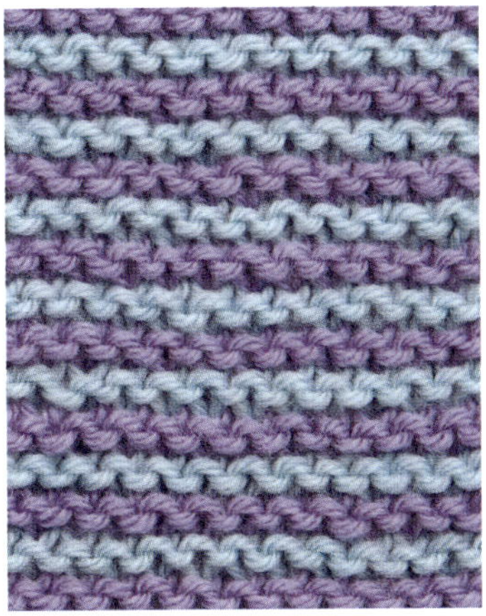

NADELSTREIFEN

Links gestrickte Streifen heben sich von dem glatt rechts gestrickten Grund ab. In Farbe A sechs Reihen glatt rechts stricken. Faden hängen lassen, mit Farbe B zwei Reihen rechts stricken. Um lange Fadenschlaufen an den Rändern zu vermeiden, Garn A und B alle zwei Reihen miteinander verdrehen.

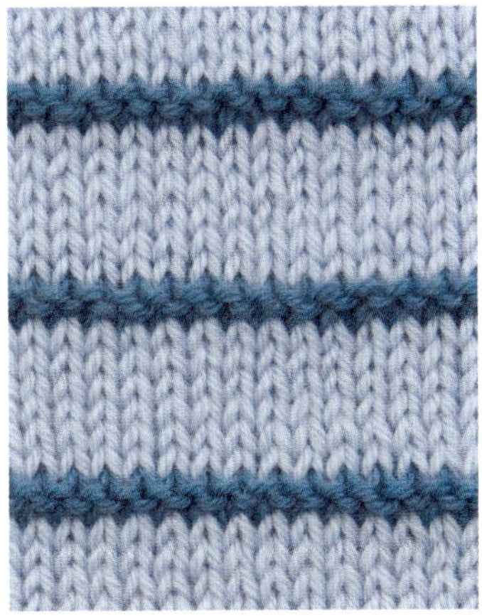

STREIFEN IN FÜNF FARBEN

Stricken Sie solch unterschiedlich breite farbige Streifen mit einer langen Rundstricknadel. In Hin- und Rückreihen arbeiten. Wenn sich das Fadenende der nächsten gewünschten Farbe mal an der anderen Seite der Arbeit befindet, ziehen Sie die Maschen einfach zum anderen Ende der Nadel.

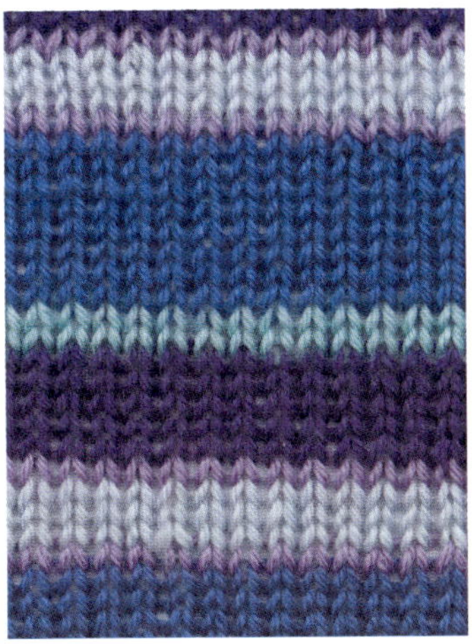

STREIFEN UND STRUKTUREN

Für viel Effekt mit wenig Aufwand sorgen Garne in verschiedenen Farben und Strukturen. Kaum zu glauben, dass hier nur glatt rechts gestrickt wurde. Das flauschige Mohairgarn in Rosa und Hellblau hebt sich neben den türkisfarbenen Streifen aus glattem, mercerisiertem Baumwollgarn besonders schön ab.

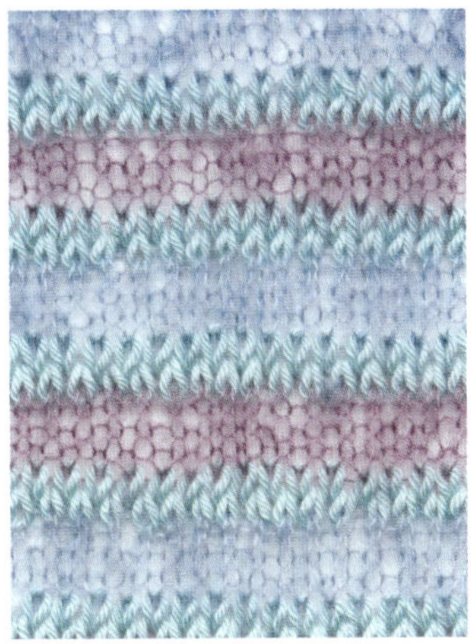

EINFARBIGES DOMINO-QUADRAT

Hier wird gezeigt, wie Sie Domino-Quadrate in einer Farbe stricken. Wenn Sie das Prinzip beherrschen, können Sie sich an mehrfarbige Quadrate wagen.

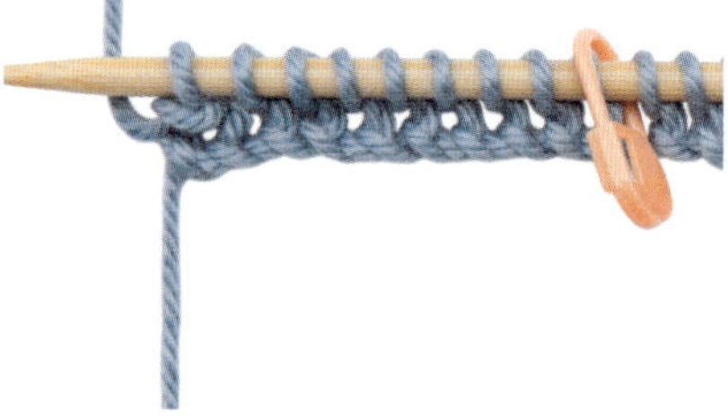

1 Bei dieser Technik wird kraus gestrickt mit Mittelabnahmen. 21 Maschen aufstricken (siehe S. 36). Die erste Reihe ist eine Rück-R. Die erste Masche abheben, dann acht Maschen stricken und eine Markierung befestigen. Drei Maschen stricken, wieder eine Markierung anbringen. Acht Maschen rechts, die letzte Masche links stricken.

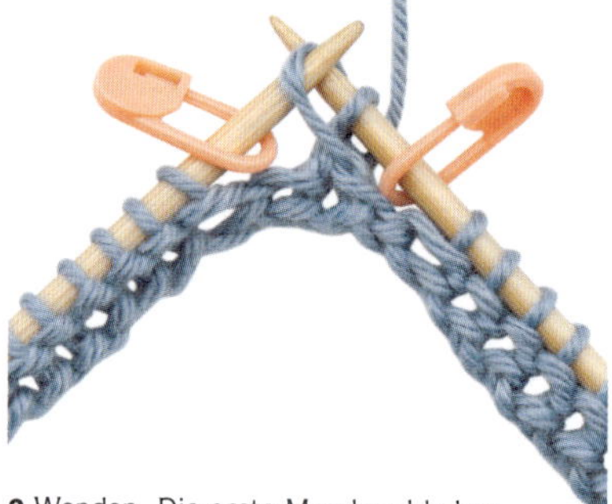

2 Wenden. Die erste Masche abheben, dann bis zur Markierung stricken. Die Markierung zwischendurch versetzen. Eine Masche abheben, zwei Maschen rechts zusammenstricken, die abgehobene Masche überziehen (siehe S. 78). Rechts fortfahren, die letzte Masche links stricken.

3 Die erste Masche abheben. Mit rechten Maschen fortfahren, die letzte Masche links stricken. Hinreihen, in denen die drei mittleren Maschen zusammengestrickt werden, erkennt man leicht daran, dass das Fadenende vom Anschlag rechts hängt.

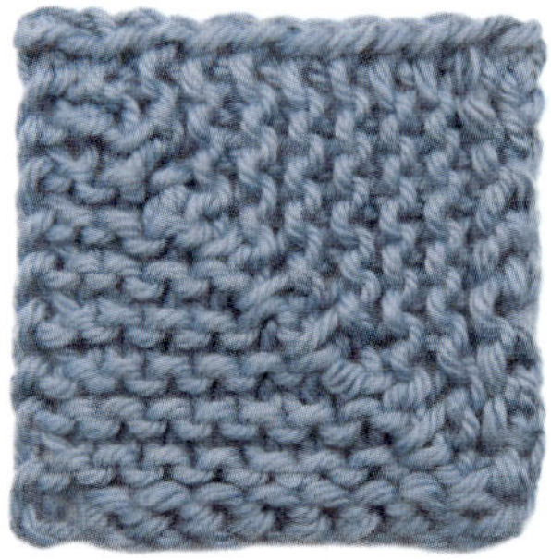

4 Schritte 2 und 3 wiederholen, bis noch eine Masche übrig ist. Den Faden abschneiden und durch die Masche ziehen, aber nicht zu straff, damit man die Masche zum Anstricken eines weiteren Quadrats wieder lösen kann.

DOMINO-QUADRATE ANSETZEN

1 Die Nadel mit der letzten Masche des vorigen Quadrats in die rechte Hand nehmen. Die rechte Seite zeigt zum Körper. An einer Kante zehn Maschen aufnehmen und mit dem Garn für das neue Quadrat rechts stricken.

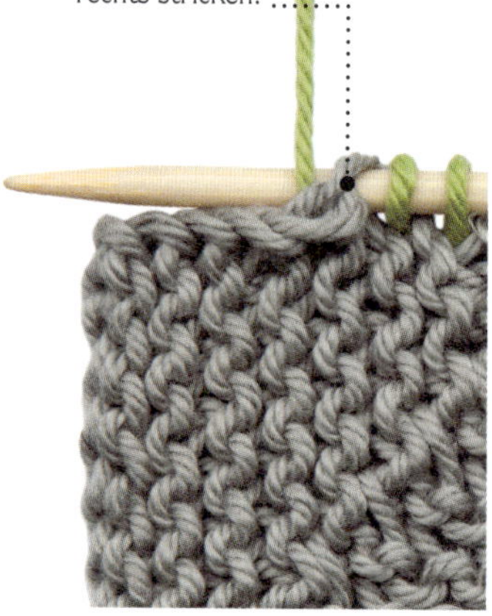

2 Auf der linken Nadel weitere zehn Maschen aufstricken (siehe S. 36). Wenden und wie beim einfarbigen Domino-Quadrat fortfahren (siehe oben).

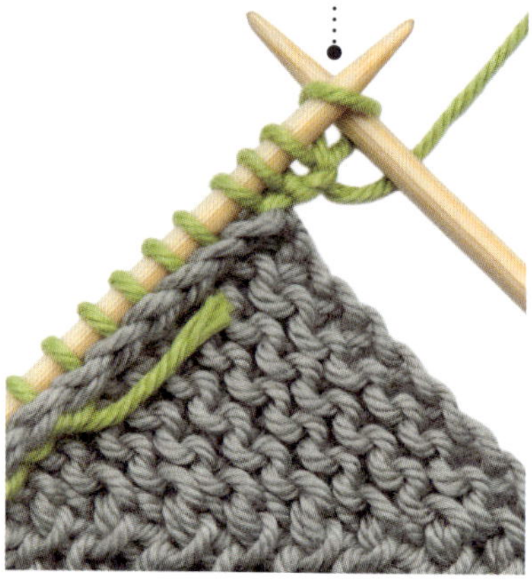

3 Auf diese Weise können Sie beliebig viele Quadrate anfügen. Weil jeweils direkt an das benachbarte Quadrat angestrickt wird, brauchen Sie die Quadrate später nicht zusammenzunähen.

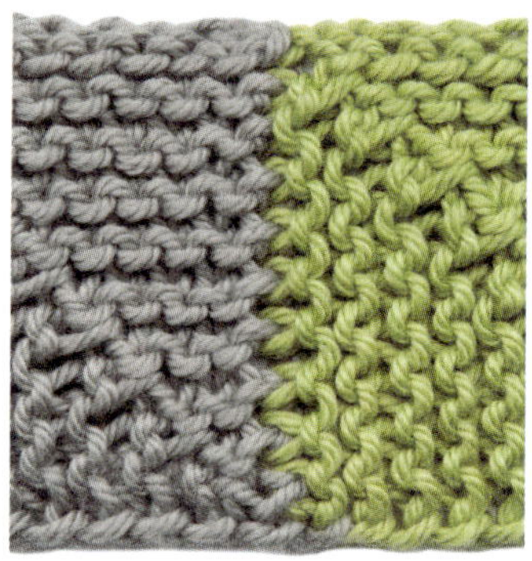

GARNENDEN EINSTRICKEN

1 In Hinreihen können Fadenenden eingestrickt werden. Am unteren Ende beginnen. Die neue Farbe in der rechten Hand halten, die alte über den linken Zeigefinger legen.

2 Die rechte Nadel in die erste Masche einstechen. Die alte Farbe von rechts nach links vor die Nadel legen.

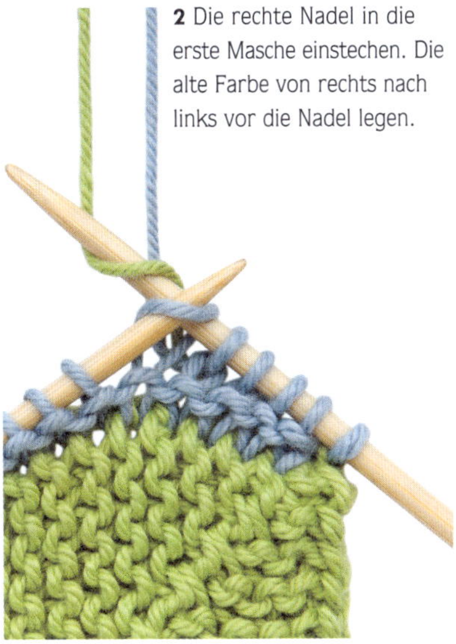

3 Die neue Farbe zwischen die Nadeln legen und normal abstricken. Dabei rutscht der Faden in der alten Farbe nach rechts und über die Spitze der rechten Nadel, wird also nicht in der neuen Masche mitgefasst. Bei der folgenden Masche den alten Faden nicht einstricken.

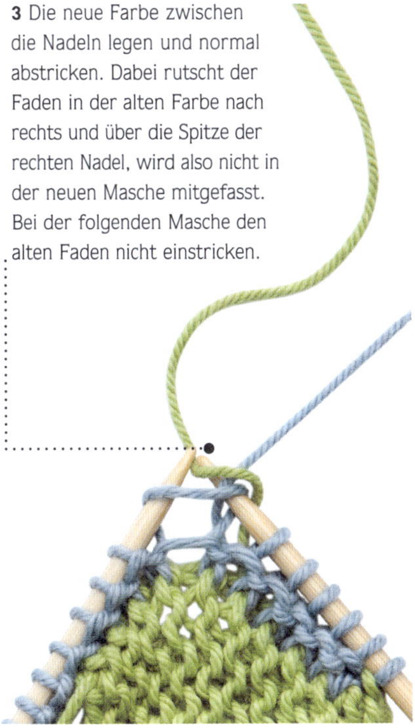

4 Schritte 2 und 3 wiederholen, bis das alte Fadenende gut gesichert ist. Das Quadrat fertig stricken, dann das Fadenende abschneiden. Lassen Sie etwa 1 cm stehen, damit es nicht zur rechten Seite durchrutscht und sichtbar wird.

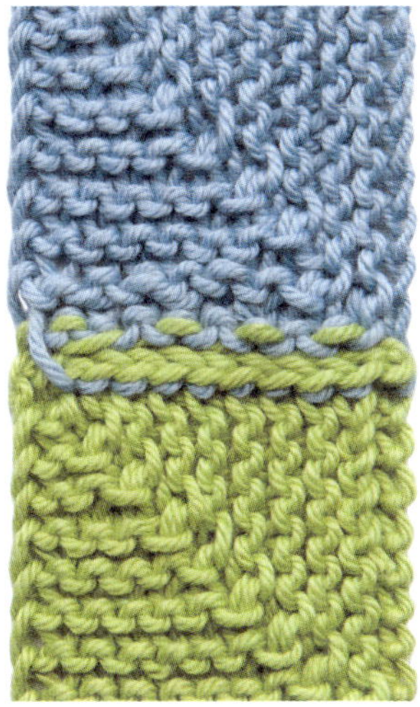

GESTREIFTES DOMINO-QUADRAT

1 Wie für ein einfarbiges Domino-Quadrat (siehe links) 21 Maschen anschlagen. Die erste Reihe in der Hauptfarbe stricken.

2 Wie beim einfarbigen Quadrat fortfahren, aber alle zwei Reihen die Farbe wechseln. (Wie man ein neues Knäuel anfügt, können Sie auf S. 61 lesen.) Die Fäden am Rand mitlaufen lassen.

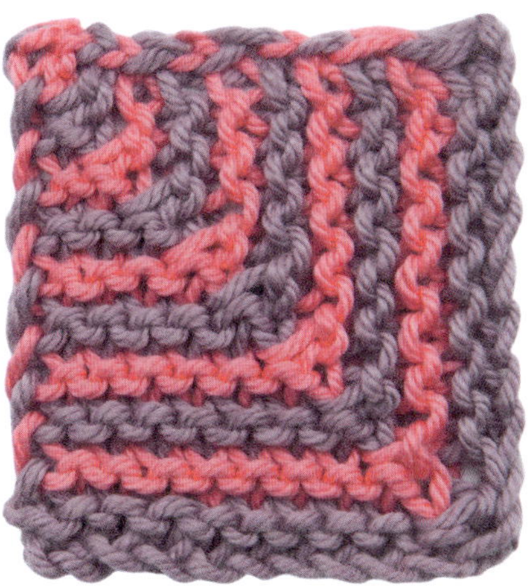

ORDENTLICHE RÄNDER

Beim Stricken von Streifen in zwei Farben mit jeweils gerader Reihenzahl die Fäden nicht abschneiden, sondern locker am Rand mitlaufen lassen und regelmäßig miteinander verdrehen – abwechselnd nach rechts und links, damit sie sich nicht verheddern. Lässt man mehr als zwei Farben mitlaufen, kann die Naht wulstig ausfallen.

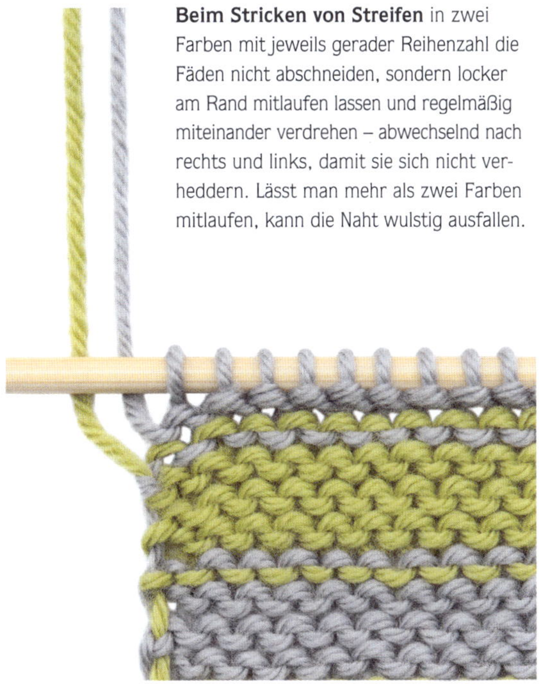

MEHRFARBIGE STRICKMUSTER

Hebemaschen sind eine besonders einfache Methode, geometrische Muster in mehreren Farben zu stricken. Das Geheimnis besteht darin, dass in jeder Reihe nur mit einer einzigen Farbe gearbeitet wird. Die andersfarbigen Maschen werden nur abgehoben und erst in den Folgereihen gestrickt.

KÄSTCHENMUSTER MIT HEBEMASCHEN

So wird es gemacht:
Sie benötigen Garn in drei verschiedenen Farben: A (ein mittlerer Farbton), B (eine passende helle Farbe) und C (ein dunklerer Farbton).
Hinweis: Sollen Maschen abgehoben werden, dazu wie zum Linksstricken einstechen, der Faden liegt dabei stets auf der linken Seite der Arbeit.
Anschlag: Garn A. Maschenzahl (teilbar durch 4) + 2.
Reihe 1 (Rück-R): Mit Garn A li M str bis R-Ende.
Reihe 2 (Hin-R): Mit Garn B 1 M re, 1 M abh, [2 M re, 2 M abh] wdh bis zu den letzten 4 M: 2 M re, 1 M abh, 1 M re.
Reihe 3: Mit Garn B, 1 M li, 1 M abh, [2 M li, 2 M abh] wdh bis zu den letzten 4 M: 2 M li, 1 M abh, 1 M li.
Reihe 4: Mit Garn A re M str bis R-Ende.
Reihe 5: Mit Garn C 2 M li, [2 M abh, 2 M li] wdh.
Reihe 6: Mit Garn C 2 M re, [2 M abh, 2 M re] wdh.
Reihen 1–6 stets wiederholen.

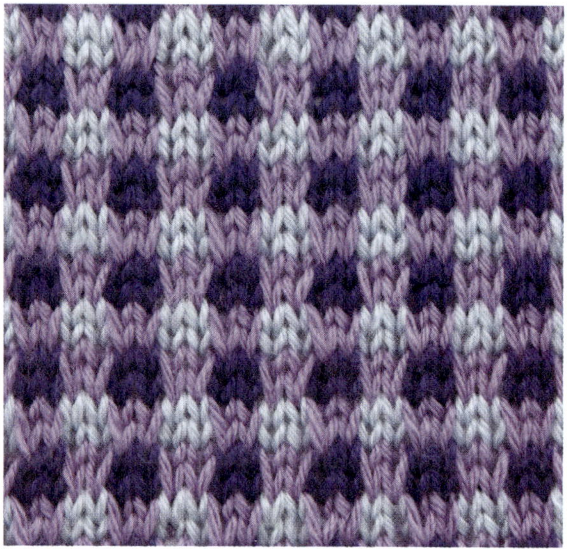

KÄSTCHENMUSTER STRICKEN – SCHRITT FÜR SCHRITT

1 Das Foto zeigt eine Hinreihe des oben erklärten Strickmusters. Auf der rechten Nadel befinden sich zwei abgehobene Maschen. Der Faden liegt stets auf der Rückseite der Arbeit. Achten Sie darauf, nicht zu fest zu stricken.

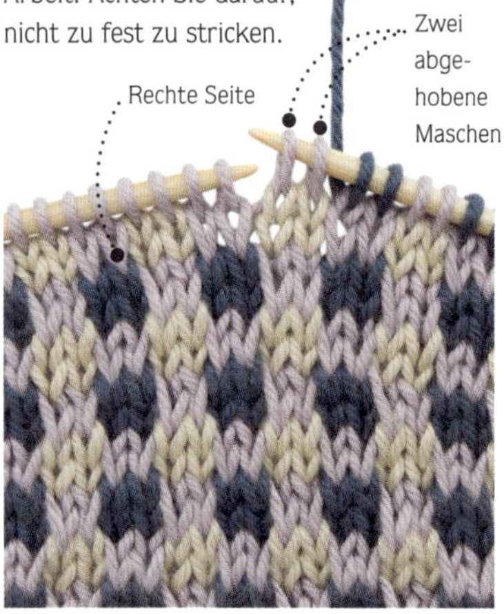

2 In Reihe 4 werden nur rechte Maschen in einer Farbe gestrickt. Es entsteht dennoch kein durchgängiger Farbstreifen, denn in der nächsten Reihe werden wieder Maschen dieser Reihe abgehoben und damit in das Kästchenmuster gezogen.

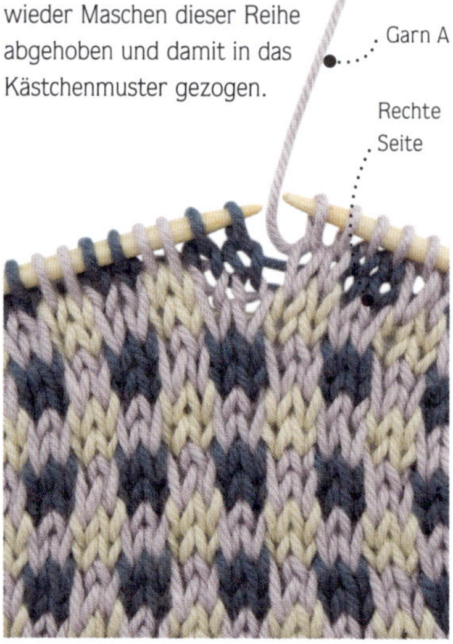

3 In allen Rückreihen liegt der Faden vor der Arbeit. Bei Mustern mit Hebemaschen wird pro Reihe immer nur eine Garnfarbe verwendet.

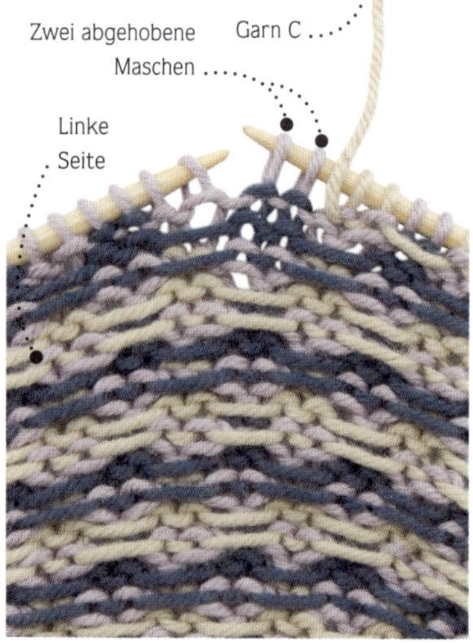

STRICKEN NACH ZÄHLMUSTER

Muster, die mit mehreren Fäden in einer Reihe gestrickt werden, erfordern etwas mehr Übung. Bei der Fair-Isle- und der Norwegertechnik werden die verschiedenfarbigen Garne über die gesamte Reihe verstrickt, während sie bei Intarsien nur an einzelnen Stellen benötigt werden und jeweils beim Farbwechsel verkreuzt werden.

ZÄHLMUSTER LESEN

Obwohl ein Zählmuster auf den ersten Blick recht kompliziert aussieht, ist es leicht nachzuarbeiten. Jedes Kästchen steht für eine Masche und jedes Symbol für eine andere Farbe. Manchmal wird das Schema gleich farbig wiedergegeben, dann ist jeder Irrtum ausgeschlossen. Möchte man jedoch andere Farben verwenden, sind Symbole praktischer.

Wenn sich das farbige Muster ohne Rapporte über ein komplettes Modell erstreckt, gibt es je ein Zählmuster für jedes Teilstück. Häufig werden aber einer oder mehrere kleinere Mustersätze (MS) zu einem größeren Muster kombiniert. In diesem Fall wird auf dem Zählmuster nur ein Mustersatz, eventuell mit den dazugehörigen Randmaschen, dargestellt. In der Regel bedeutet jedes Kästchen eine rechte Masche und jede Kästchenreihe eine Maschenreihe.

Das Zählmuster wird jeweils in Strickrichtung von unten nach oben gelesen. Die ungeraden Reihen sind üblicherweise die rechts gestrickten Hinreihen und werden von rechts nach links gelesen. Die geraden Reihen sind die links gestrickten Rückreihen und werden entsprechend von links nach rechts gelesen. Sollte das einmal nicht der Fall sein, wird es in der Anleitung stets ausdrücklich erwähnt.

NORWEGER- UND FAIR-ISLE-TECHNIK

Das Beispiel unten zeigt, wie einfach ein Zählmuster nachzuarbeiten ist. Die Norweger- oder Fair-Isle-Technik ist für Neulinge besonders leicht zu erlernen, denn es werden dabei nie mehr als zwei Farben in einer Reihe verstrickt.

Nur wenn beide Garnfarben regelmäßig und in der gesamten Reihe verwendet werden, eignet sich ein Muster für die Norweger- oder Fair-Isle-Technik. Wenn die Farbe alle 3 oder 4 Maschen gewechselt wird, lassen Sie das nicht verwendete Garn einfach auf der Rückseite mitlaufen. Findet der Farbwechsel in größeren Abständen statt, sollten Sie lange Spannfäden auf der Rückseite verkreuzen (siehe S. 97–100), damit man nicht an ihnen hängen bleibt.

ZEICHENERKLÄRUNG

□ = Hintergrundfarbe ▣ = Motivfarbe

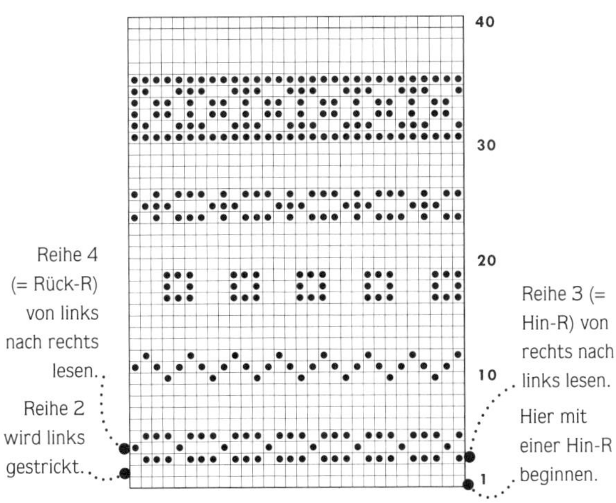

INTARSIENTECHNIK

Das Herzmotiv unten wird in der Intarsientechnik gestrickt. Das Zählmuster ist ebenso aufgebaut wie ein Zählmuster für die Norwegertechnik. Jedes leere Kästchen steht für eine Masche in der Hintergrundfarbe.

Muster, bei denen einzelne Farben nur in Teilen einer Reihe verwendet werden (also nicht in der ganzen Reihe), werden als Intarsien gestrickt. Dabei arbeitet man jeden Farbbereich mit einem separaten Faden oder einem kleinen Knäuel. Am Farbwechsel werden die Fäden immer überkreuzt (siehe S. 102), damit keine Löcher entstehen.

ZEICHENERKLÄRUNG

□ = Hintergrundfarbe ▣ = Motivfarbe 2

▣ = Motivfarbe 1 ☒ = Motivfarbe 3

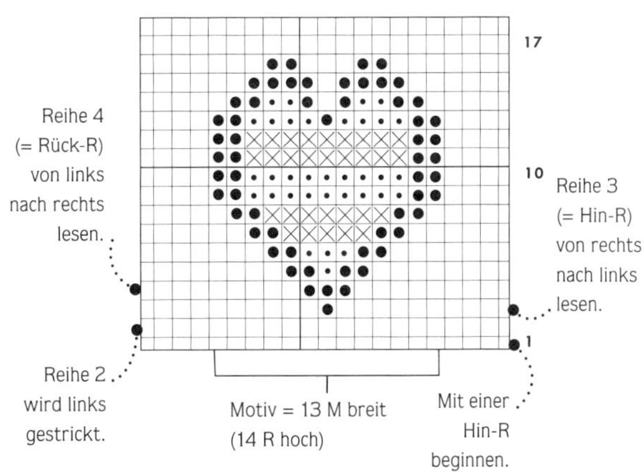

NORWEGERMUSTER STRICKEN

Traditionelle Norwegermuster werden glatt rechts gestrickt. Sie bestehen aus Streifen oder Bordüren kleiner, sich wiederholender Motive in zwei oder mehr Farben. Die Fäden der nicht verwendeten Farben werden auf der Rückseite der Arbeit mitgeführt.

SPANNFÄDEN MITFÜHREN

1 In den Hinreihen den Spannfaden beim Farbwechsel hinter die Arbeit fallen lassen. Den neuen Farbfaden aufnehmen und weiter stricken. Den Spannfaden locker mitlaufen lassen.

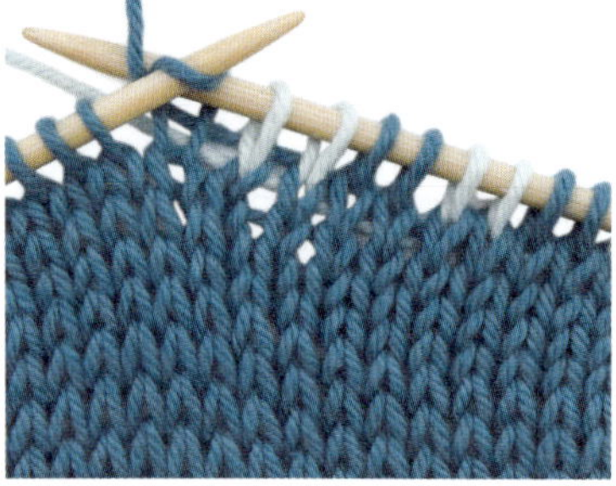

2 In den Rückreihen liegt der Spannfaden vor der Arbeit. Damit sich die Spannfäden nicht verdrehen, führen Sie eine Farbe unten und die andere darüber mit.

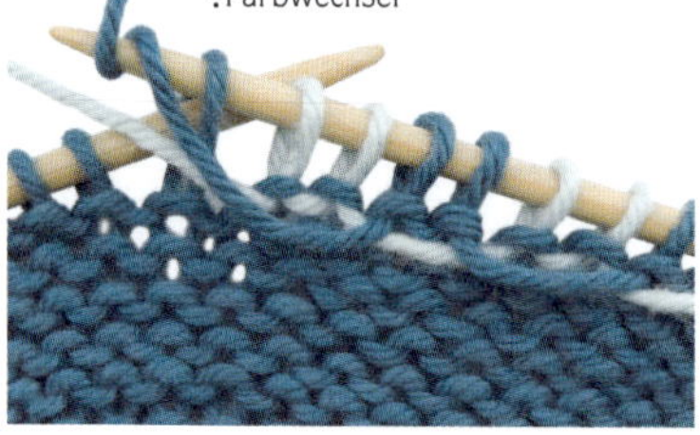

3 Achten Sie auf eine gleichmäßige Spannung der mitgeführten Fäden. Sind sie zu straff, verzieht sich das Muster. Sind sie zu locker, bilden sie Schlaufen, an denen man leicht hängen bleibt.

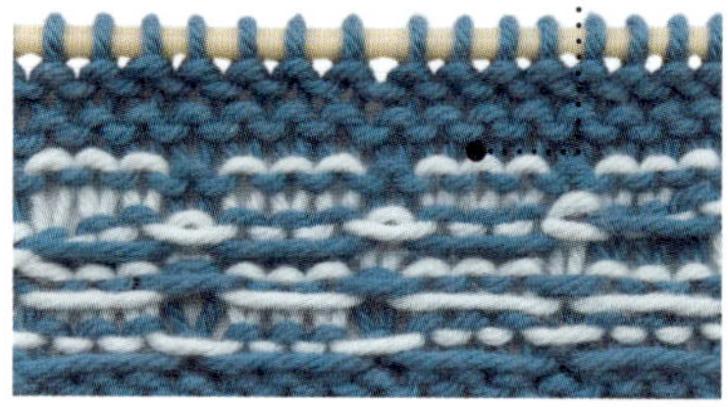

HALTEN DER GARNE

Mit den folgenden Techniken lassen sich Norweger- und Fair-Isle-Muster zügig stricken. Damit die Strickarbeit gleichmäßig dick wird, immer beide Fäden ganz bis zum Rand mitführen und vor Beginn der neuen Reihe verkreuzen.

EIN FADEN IN JEDER HAND

1 Diese Methode eignet sich für Muster mit zwei Farben pro Reihe. Ein Garn wird von vorn nach hinten über den linken Zeigefinger gelegt, das andere von vorn nach hinten über den rechten.

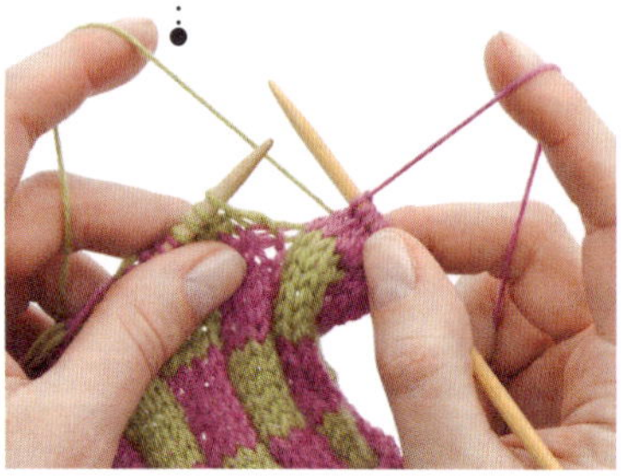

2 Die Farbe auf dem linken Zeigefinger stricken Sie wie gewohnt ab. Wird die andere Farbe benötigt, legen Sie den Faden mit dem rechten Zeigefinger um die rechte Nadel, um ihn abzustricken.

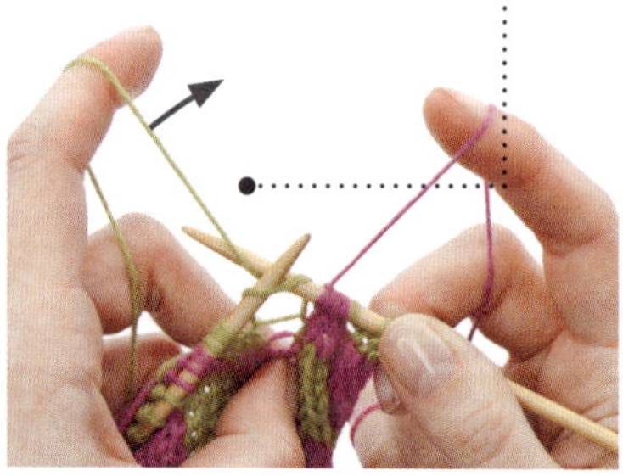

3 Die neue Masche wie gewohnt durchholen. Die Farben verbleiben auf den jeweiligen Fingern. In Rückreihen vom linken Zeigefinger linke Maschen wie üblich stricken, vom rechten den Faden um die rechte Nadel legen.

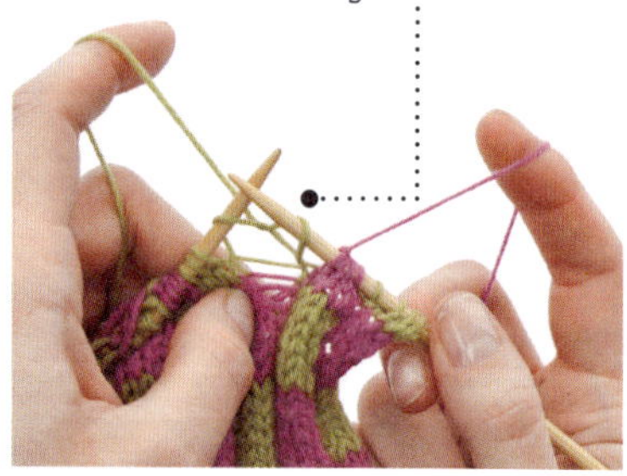

BEIDE FÄDEN IN DER RECHTEN HAND

Führen Sie den Faden in der Hauptfarbe von vorn nach hinten um den Zeigefinger, den Faden in der Kontrastfarbe legen Sie ebenso um den Mittelfinger. Geübte können sogar noch eine dritte Farbe über den Ringfinger legen. Der Finger mit der benötigten Farbe wird jeweils zur Nadel hin gekrümmt.

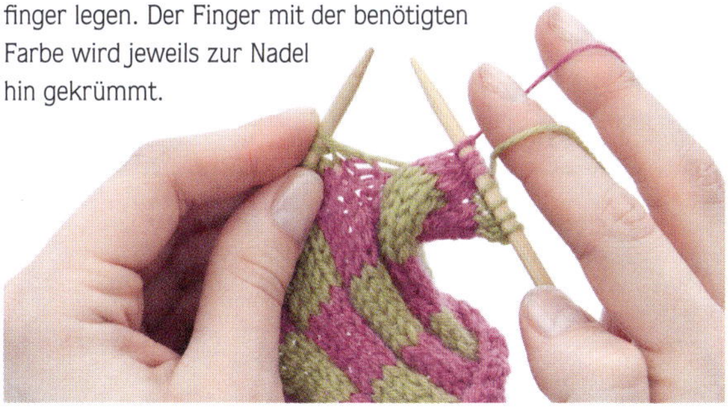

BEIDE FÄDEN IN DER LINKEN HAND

Dies ist die gebräuchlichste Methode. Ein Faden wird wie beim linkshändigen Stricken um den Zeigefinger gelegt, ein zweiter um den Mittelfinger. Auch hier könnte ein dritter um den Ringfinger verlaufen.

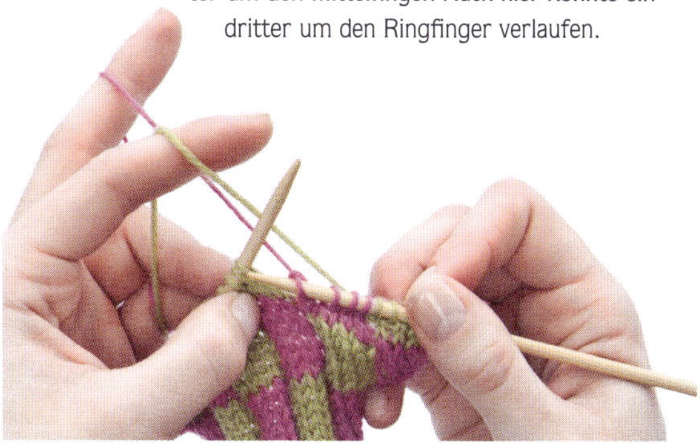

SPANNFÄDEN VERKREUZEN

Wenn Spannfäden über mehr als vier Maschen mitgeführt werden, kann man leicht mit den Fingern oder einem Ring an ihnen hängen bleiben – vor allem beim An- und Ausziehen eines fertigen Pullovers. Um das zu vermeiden, verkreuzt man den Spannfaden in kurzen Intervallen mit dem Arbeitsfaden. Hier sehen Sie verschiedene Methoden, wie man das erledigen kann, ohne die Fäden von den Führungsfingern abzunehmen.

SPANNFADEN LINKS

1 Wenn in jeder Hand ein Faden geführt wird, den Spannfaden auf dem linken Zeigefinger links unterhalb der Nadeln halten. Soll der Faden gekreuzt werden, den Finger heben. Mit der rechten Nadel in die Masche einstechen. Der Spannfaden liegt über der rechten Nadel.

2 Die Masche rechts oder links stricken, dabei den Spannfaden nicht durchholen. Den linken Zeigefinger senken, sodass der Spannfaden bei der nächsten Masche nicht mit dem Arbeitsfaden verkreuzt wird.

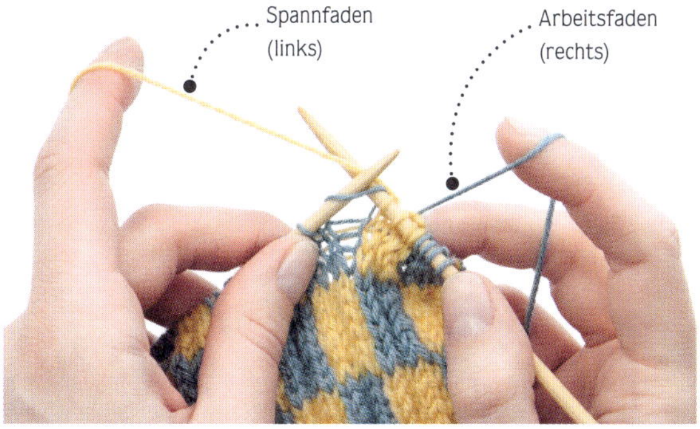

SPANNFADEN RECHTS, RECHTE MASCHE

1 Auch hier wird jedes Garn über eine Hand geführt. Den rechten Faden rechts oberhalb der Nadeln halten. Zum Verkreuzen den Finger senken. Mit der rechten Nadel in die Masche einstechen, der Spannfaden liegt unter der Nadel.

2 Den Spannfaden beim Abstricken der Masche nicht durchholen. Den rechten Finger heben und die nächste Masche stricken, ohne die Fäden zu kreuzen. Bei langen Spannfäden mehrfach überkreuzen.

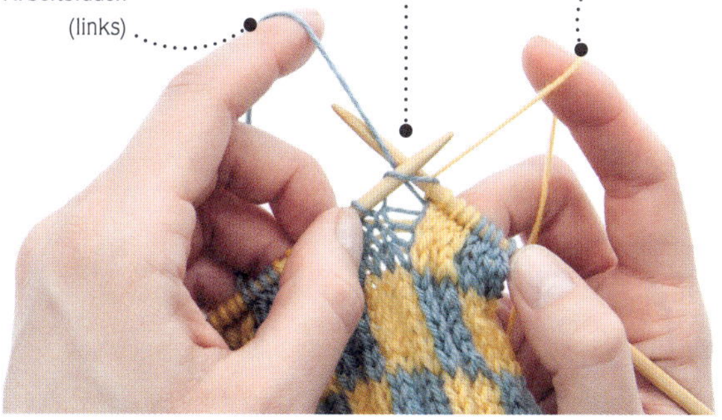

SPANNFADEN RECHTS, LINKE MASCHE

1 Mit jeder Hand wird ein Faden geführt. Für eine linke Masche den linken Faden unterhalb der Nadeln halten. Den rechten Faden unter die rechte Nadel legen. Den linken Faden zum Linksstricken vor die Nadeln legen, den rechten Faden in Ausgangsposition bringen. Die Masche links stricken. Die folgende Masche ohne Verkreuzung stricken.

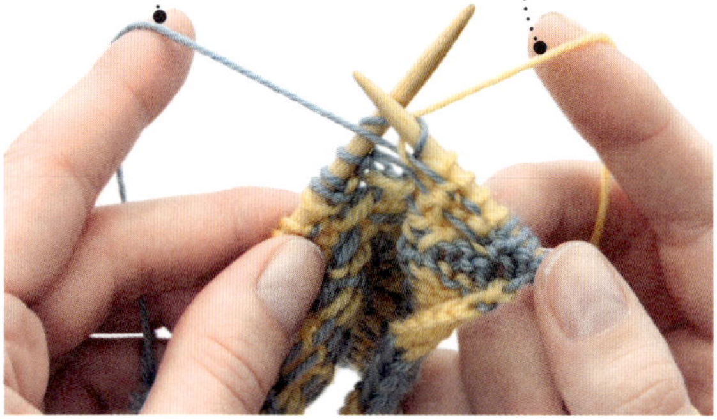

SPANNFADEN AUF DEM ZEIGEFINGER

1 Beide Fäden über die rechte Hand führen. Die rechte Nadel einstechen, beide Fäden um die Spitze legen.

2 Das Zeigefingergarn wieder in Ausgangsposition bringen, die Masche mit dem anderen Faden abstricken. Die nächste Masche ohne Verkreuzung stricken. Dabei den Zeigefinger mit dem Spannfaden über den Nadeln halten. Längere Spannfäden mehrmals verkreuzen.

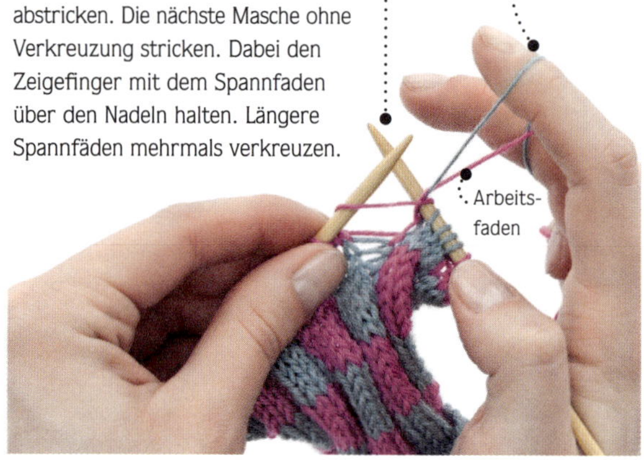

SPANNFADEN AUF DEM MITTELFINGER DER RECHTEN HAND

1 Beide Fäden über die rechte Hand führen. Den Mittelfinger über den Nadeln halten, wenn nicht verkreuzt wird. Die rechte Nadel einstechen, Mittelfingergarn über dem Zeigefingergarn nach links vor beide Nadeln legen.

2 Garn links festhalten und über beide Nadeln nach rechts hinten legen.

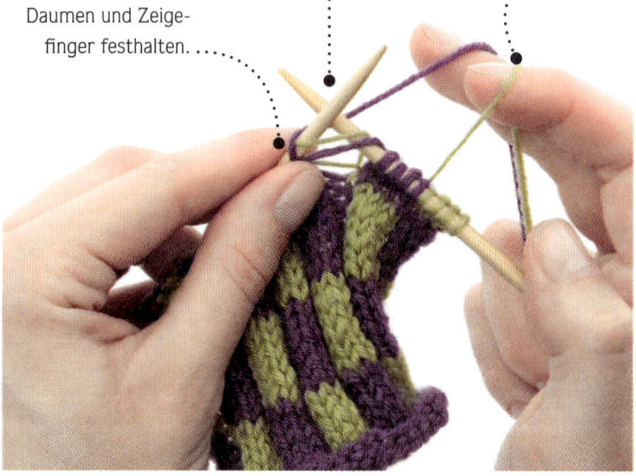

3 Den Arbeitsfaden zum Abstricken der Masche bereitlegen, dann das Mittelfingergarn wieder in seine Ausgangsposition hinter der Arbeit bringen. Die Masche stricken. Die nächste Masche ohne Verkreuzung stricken. Dabei den Mittelfinger senken, sodass sich das Zeigefingergarn um das Mittelfingergarn legt. Längere Spannfäden mehrmals verkreuzen.

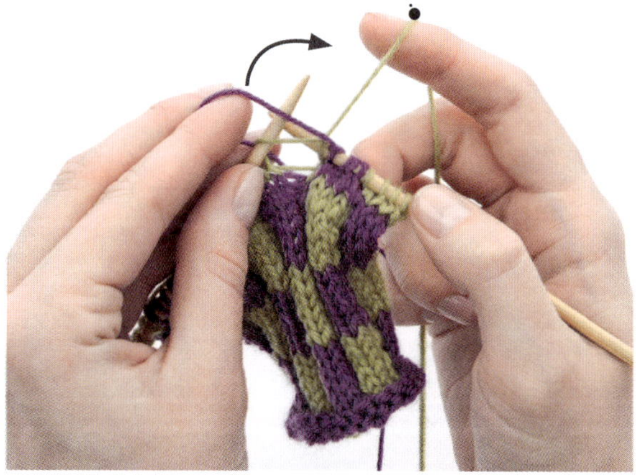

SPANNFADEN AUF DEM ZEIGEFINGER DER LINKEN HAND

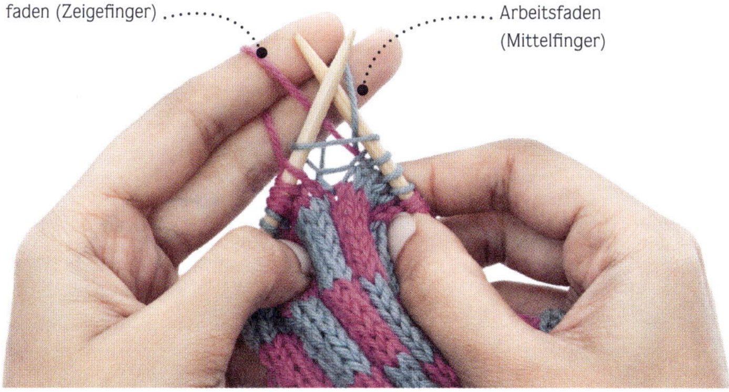

Der Spannfaden (Zeigefinger) liegt immer über dem Arbeitsfaden. Bei jedem Farbwechsel auch die Fäden auf den Fingern wechseln.

1 Beide Fäden mit der linken Hand führen. Das Zeigefingergarn oberhalb der Arbeit halten. Zum Verkreuzen den Zeigefinger senken und die rechte Nadel so in die Masche einstechen, dass sie über dem Zeigefingergarn liegt. Das Mittelfingergarn um die Nadel legen.

2 Wie gewohnt abstricken, dabei nicht den Spannfaden durchholen. Den Zeigefinger heben und die nächste Masche ohne Verkreuzung stricken. Längere Spannfäden mehrmals verkreuzen.

BEIDE FÄDEN LINKS, SPANNFADEN AUF DEM MITTELFINGER

1 Bei unverkreuzten Maschen den Mittelfinger unter den Nadeln halten. Zum Verkreuzen den Finger heben. Die rechte Nadel in eine Masche einstechen. Beide Fäden müssen über ihrer Spitze liegen.

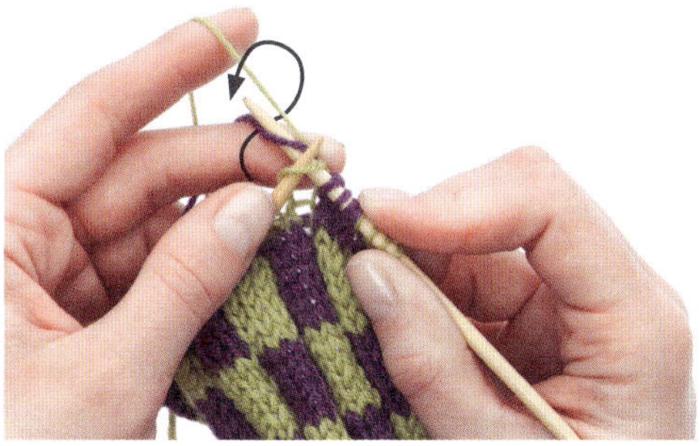

2 Die Spitze erfasst nur das Zeigefingergarn und holt es unter dem Mittelfinger durch, um eine Masche zu bilden. Die nächste Masche ohne Verkreuzung stricken. Längere Spannfäden mehrmals verkreuzen.

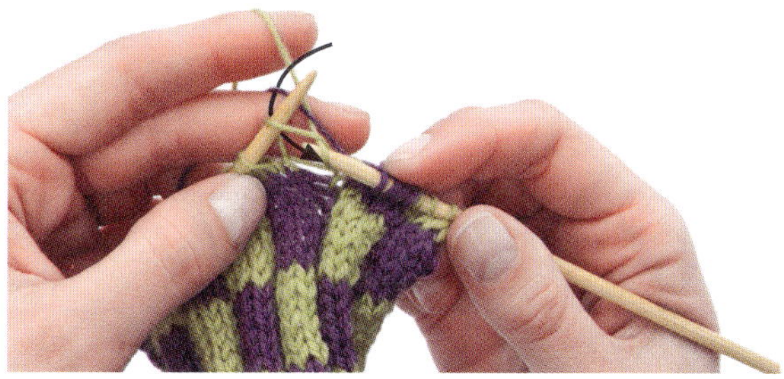

NORWEGERTECHNIK RECHTS-LINKS

1 Wenn die erste linke Masche gestrickt werden soll, den Arbeitsfaden nach vorn legen. Die erforderliche Zahl linker Maschen stricken, dann den Faden wieder nach hinten legen. Dabei mit dem Spannfaden verkreuzen.

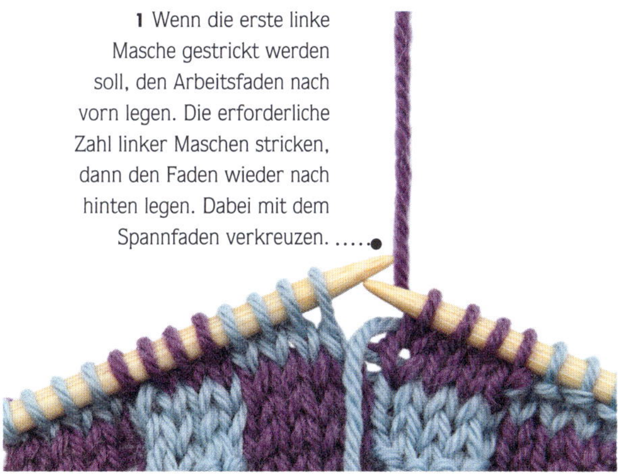

2 Die Farbflächen sind klarer begrenzt, wenn man die Reihen vor und nach einem Farbwechsel glatt rechts strickt. Die Reihen dazwischen können ohne Weiteres links gestrickt werden.

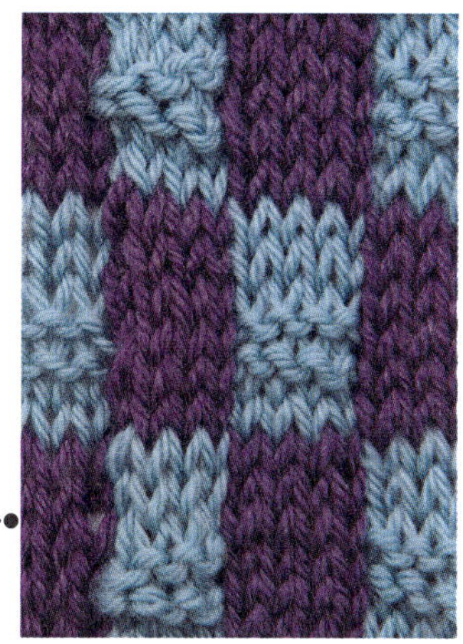

NORWEGERTECHNIK KRAUS RECHTS

1 Alle Reihen rechts stricken und jede Reihe des Zählmusters zweimal arbeiten. An den Reihenenden die Fäden miteinander verkreuzen.

2 In der ersten Reihe die Spannfäden auf der Rückseite führen. In der zweiten Reihe (Rück-R) liegt der Spannfaden vor der Arbeit, der Arbeitsfaden dahinter.

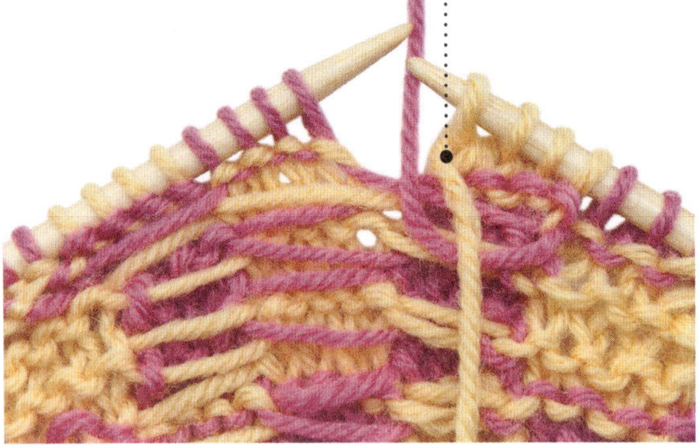

3 Beim Farbwechsel die Garne auch von hinten nach vorn tauschen. Längere Spannfäden auf der Rückseite verkreuzen.

4 Die Farbübergänge sehen klarer aus, wenn Sie den Farbwechsel jeweils in einer Hinreihe vornehmen.

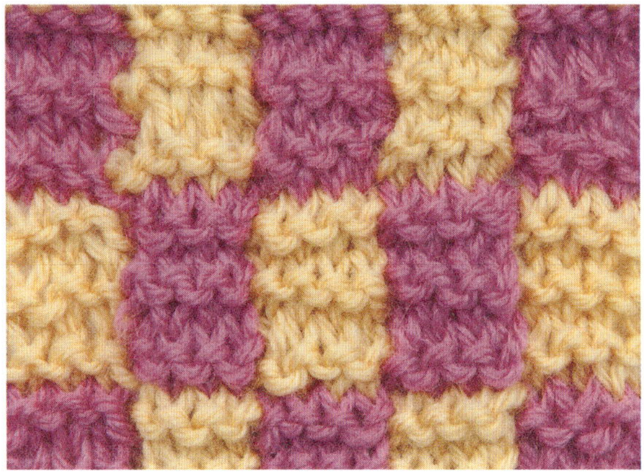

STEPPMUSTER

1 Die Fäden am Anfang jeder Reihe verkreuzen. Die Spannfäden straff halten, um die Strickarbeit leicht zu kräuseln. Acht rechte Maschen in der ersten Farbe stricken, die zweite Farbe auf der Rückseite mitlaufen lassen. Dann acht Maschen in der zweiten Farbe stricken und die erste hinten mitlaufen lassen.

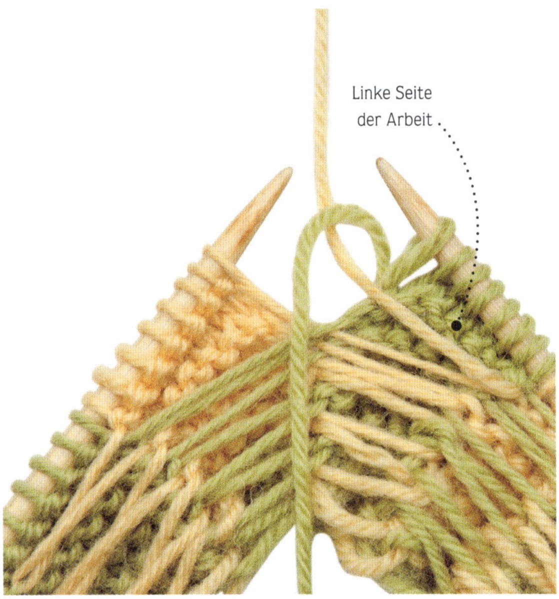

2 Nächste Reihe: Farbe 1 hinten, Farbe 2 vorn, acht Maschen stricken. Farbe 1 vorn, Farbe 2 hinten, wieder acht Maschen stricken. Fortlaufend wiederholen. Die nicht verwendete Farbe jeweils auf der Rückseite recht straff mitführen.

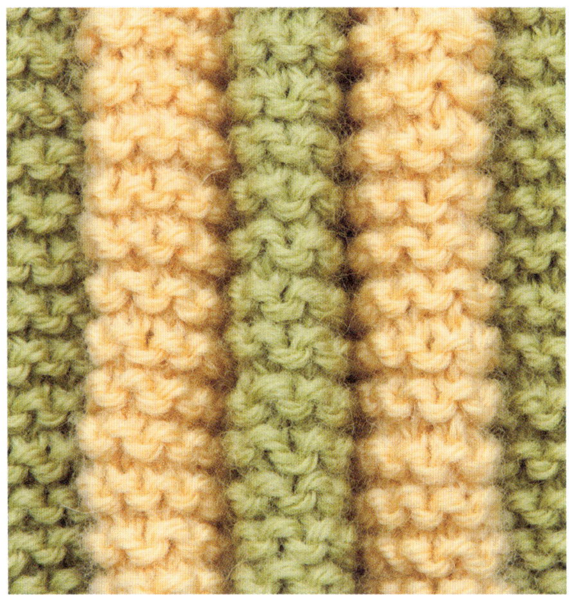

MUSTER MIT EINGELEGTEM SCHMUCKGARN

1 Mit dem Hauptgarn glatt rechts stricken. Alle Schmuckfäden laufen auf der Rückseite mit. Soll ein Schmuckgarn auf der rechten Seite erscheinen, wird es zwischen zwei Maschen nach vorn gelegt. Die angegebene Maschenzahl mit dem Hauptgarn stricken, dann das Schmuckgarn wieder nach hinten führen.

2 Das Schmuckgarn beim Umlegen nicht mit dem Hauptgarn verdrehen.

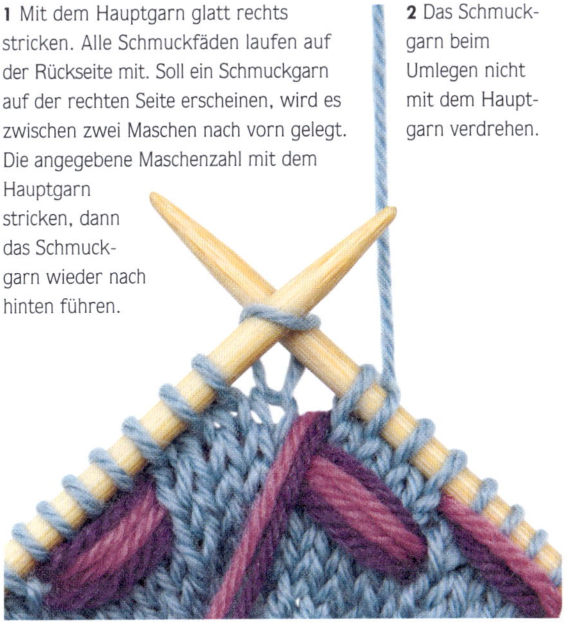

3 In Rückreihen liegen alle Fäden vor der Arbeit. Soll das Schmuckgarn auf der Vorderseite verlaufen, wird es zwischen zwei Maschen nach hinten gelegt. Die angegebene Zahl von Maschen stricken, dann das Schmuckgarn zwischen zwei Maschen wieder nach vorn legen.

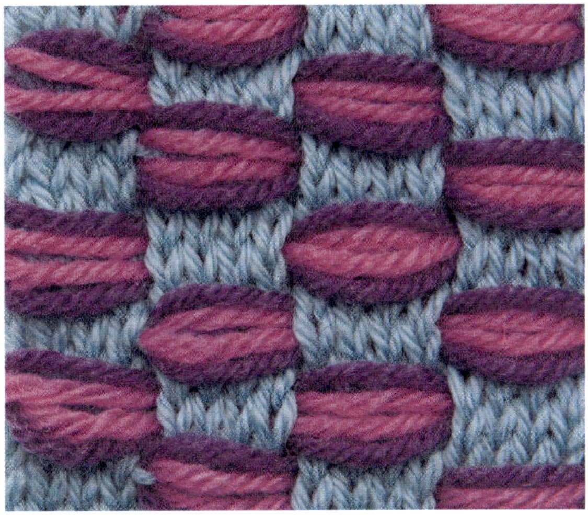

WEBMUSTER

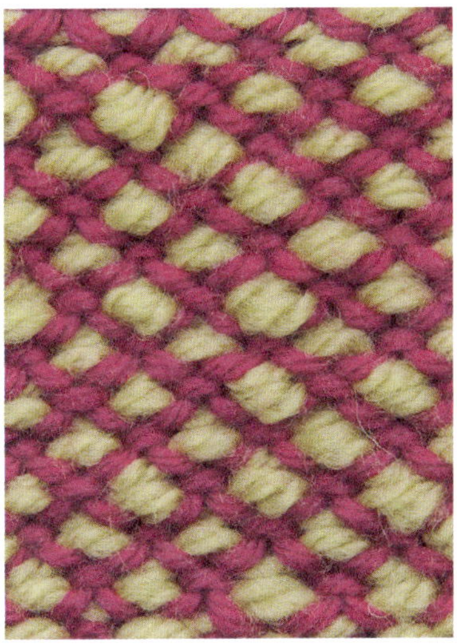

Das Muster erscheint auf der Rückseite glatt rechts gestrickter Arbeiten. Nach jeder Masche das Webgarn umlegen. Die beiden Fäden an jedem Reihenanfang verdrehen.

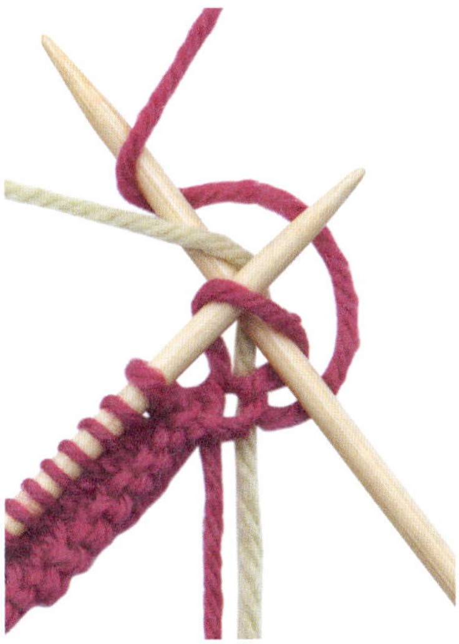

1 Hinreihe: Beide Garne liegen hinten. Die Nadel einstechen, das Webgarn von rechts nach links zwischen die Nadeln legen. Das Hauptgarn (aber nicht das Webgarn) durchholen.

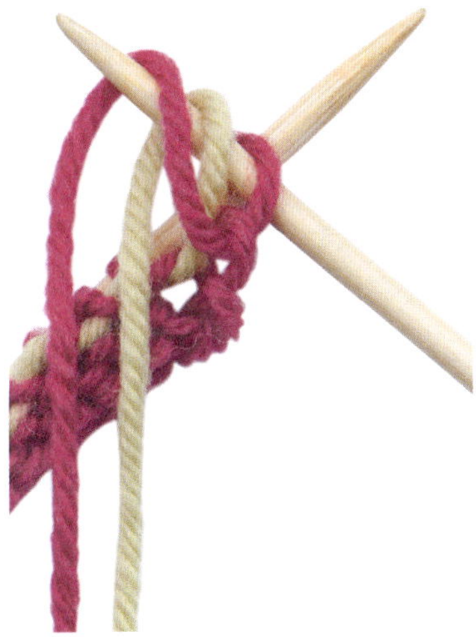

2 Rückreihe: Beide Garne liegen vorn, Webgarn unter dem Hauptgarn. Von rechts einstechen, Webgarn von rechts nach links zwischen die Nadeln legen, aber nur das Hauptgarn durchholen.

INTARSIENTECHNIK

Bei der Intarsientechnik wird mit separaten Knäueln gearbeitet, sodass keine Spannfäden auf der Rückseite verlaufen. Für kleinformatige Motive genügt es oft, einen langen Faden vom Knäuel abzuschneiden und auf eine Spule oder ein Kärtchen zu wickeln.

INTARSIENMUSTER STRICKEN

Nach rechts geneigter Farbwechsel: Um Löcher zu vermeiden, die Fäden nur in den Hinreihen verkreuzen.

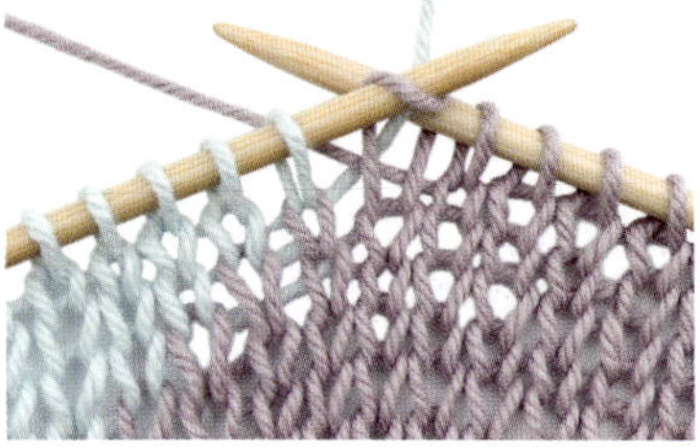

Nach links geneigter Farbwechsel: Um Löcher zu vermeiden, die Fäden nur in den Rückreihen verkreuzen.

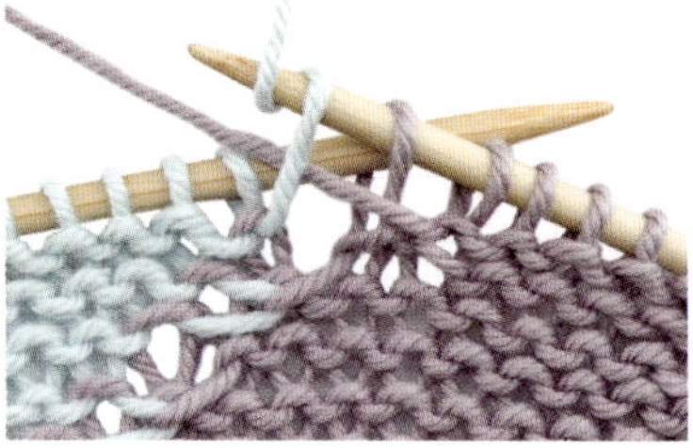

Senkrechter Farbwechsel: Hier müssen die Fäden sowohl in den Hinreihen als auch in den Rückreihen verkreuzt werden.

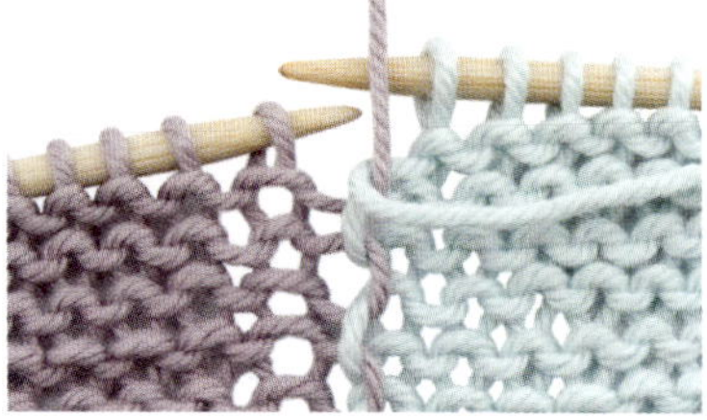

ZWEIFARBIGE ZÖPFE

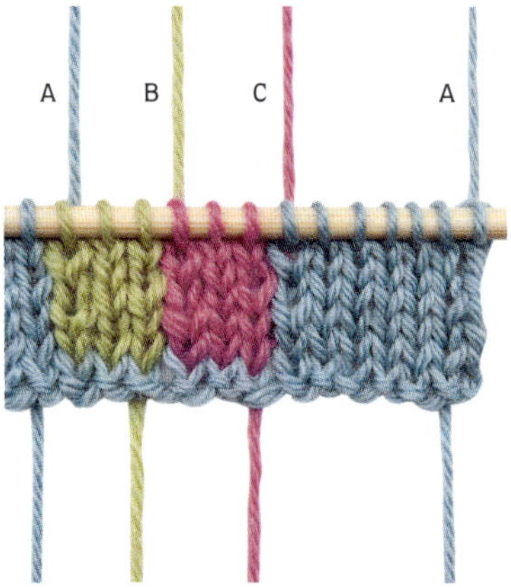

1 Kleine Knäuel in den gewünschten Zopffarben wickeln: zwei senkrechte Streifen in Farbe A (beliebige Maschenzahl) sowie je ein Streifen in Farbe B und C über drei Maschen für die beiden Stränge des Zopfs. Einige Reihen stricken, nach der Rückreihe anhalten.

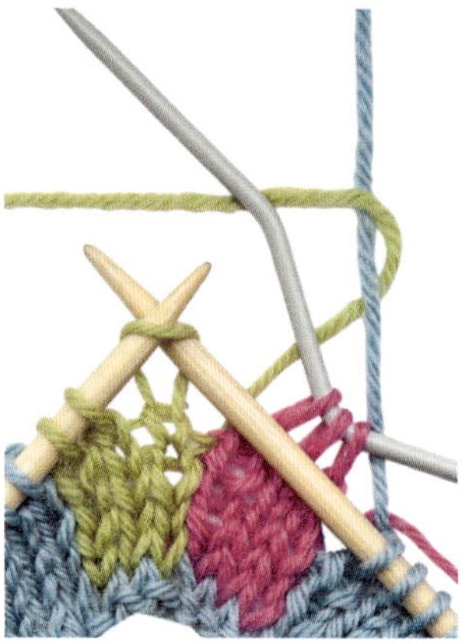

2 Mit Farbe A bis zum Zopf stricken. Die drei Maschen in Farbe C auf der Zopfnadel hinter die Arbeit legen.

3 Garn B mit Garn A verkreuzen (wichtig), damit sich kein Loch bildet. Dann die drei Maschen in Farbe B von der linken Nadel abstricken.

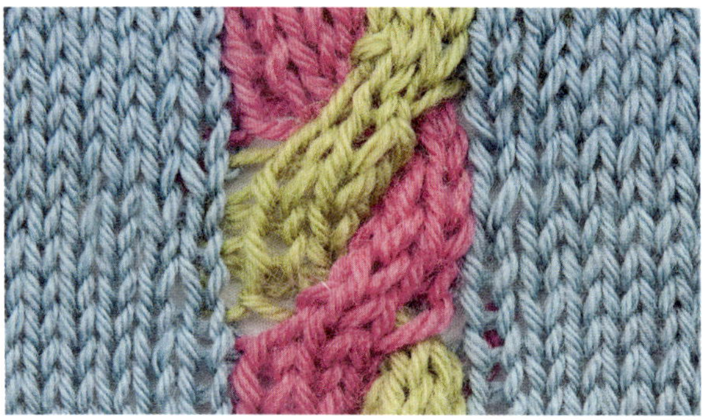

4 Mit Farbe C die drei Maschen von der Zopfnadel abstricken, ohne die Fäden miteinander zu verkreuzen.

5 Garn A und C verkreuzen, dann mit Garn A fortfahren. In der Rückreihe verlaufen Garne A und B beim Verkreuzen diagonal über den Zopf. Die Fäden nicht zu straff ziehen.

6 Nach sieben Reihen gerader Streifen folgt die nächste Verkreuzung (Schritte 2–5, C und B vertauschen).

STRUKTUREN UND FARBEFFEKTE

Auf glatt oder kraus rechts gestricktem Grund lassen sich interessante Knötchen- und Raffeffekte gestalten. Schlaufen bieten sich vor allem für dekorative Borten an. Typ und Farbe des Garns beeinflussen die Wirkung von Strukturmustern in besonderem Maße.

TIEF GESTOCHENE MASCHEN

Sticht man in Maschen in tieferen Reihen ein, ergeben sich attraktive Strukturen. Durchbrochene Muster entstehen, wenn man Maschen gezielt fallen lässt und wieder auffängt. Auch Farbeffekte sind mit diesen Techniken möglich.

DOPPELTE MASCHEN (VARIANTE VON PATENT)

1 Mit der rechten Nadel von vorn nach hinten in die Masche einstechen, die direkt unter der nächsten Masche auf der linken Nadel liegt.

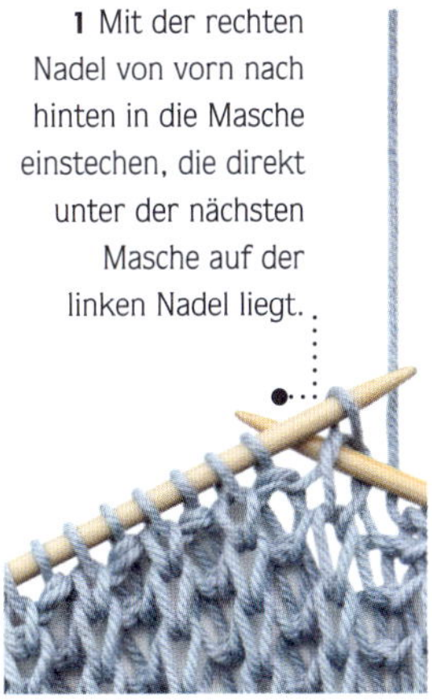

2 Den Arbeitsfaden um die Nadelspitze legen und durchholen.

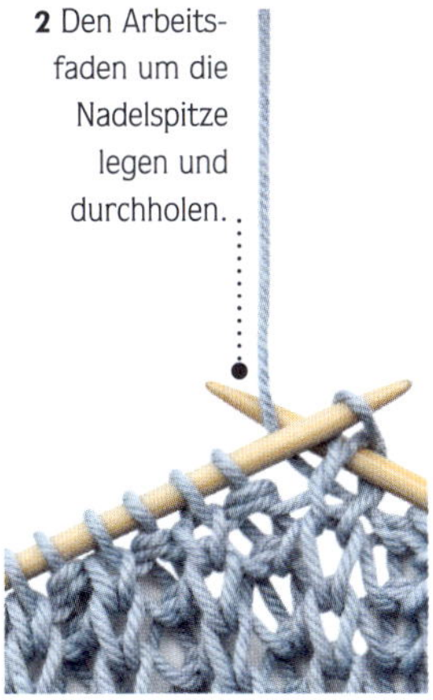

3 Die beiden übereinanderliegenden Maschen von der linken Nadel gleiten lassen.

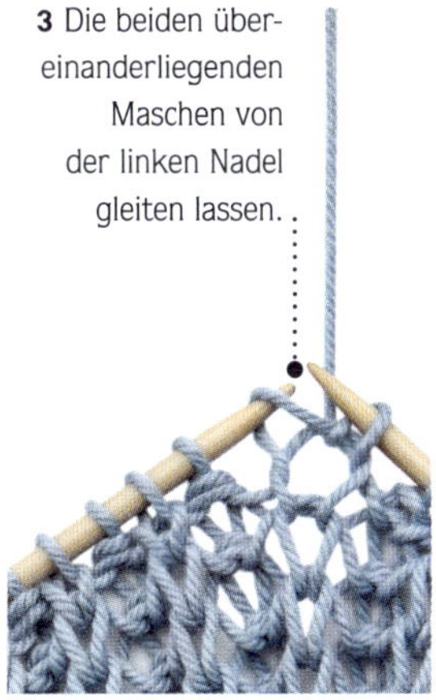

4 Eine Masche links stricken. Einfache und doppelte Maschen (Schritte 1–3) fortlaufend im Wechsel bis zum Reihenende stricken.

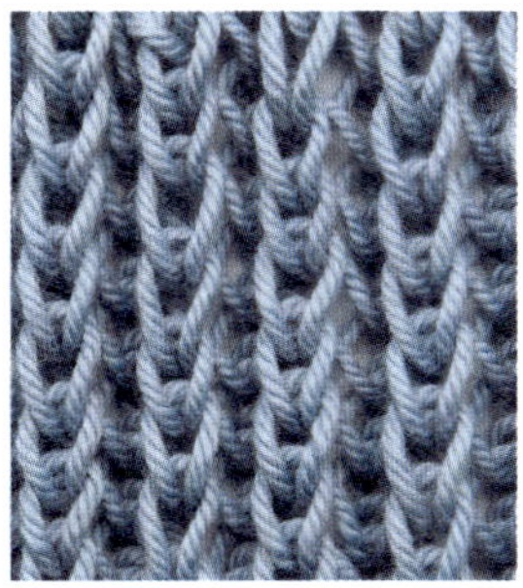

MASCHEN FALLEN LASSEN UND AUFFANGEN

1 Eine Masche von der Nadel nehmen und bis zur gewünschten Reihe fallen lassen. Eventuell vorsichtig nachhelfen, um die Laufmasche zu bilden.

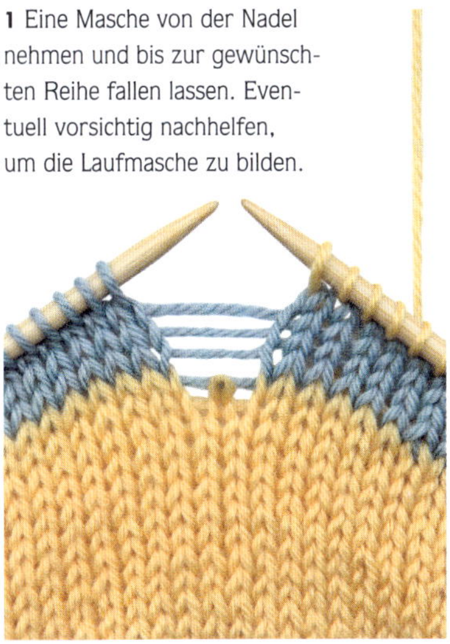

2 Die rechte Nadel in die gestoppte Laufmasche schieben. Alle Querfäden liegen über der Nadel.

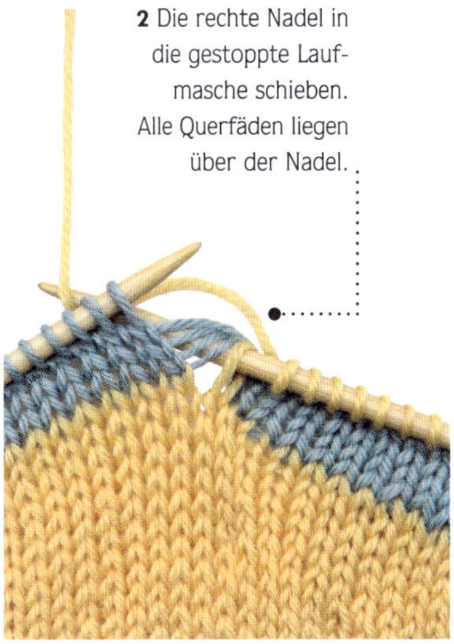

3 Die Masche mit allen Querfäden stricken. Zwischen zwei Laufmaschen sollte mindestens eine normale Masche liegen – besser mehr.

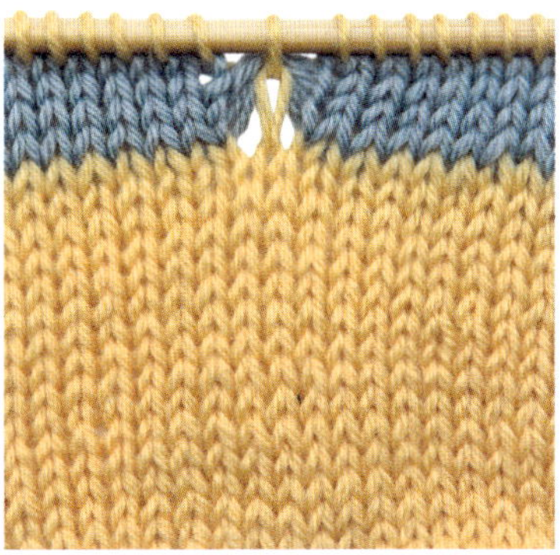

HOCHGEZOGENE MASCHE

1 Glatt rechts arbeiten. In einer Rückreihe an der gewünschten Position anhalten. Die rechte Nadelspitze unter den Querfaden einer tiefer liegenden Masche schieben.

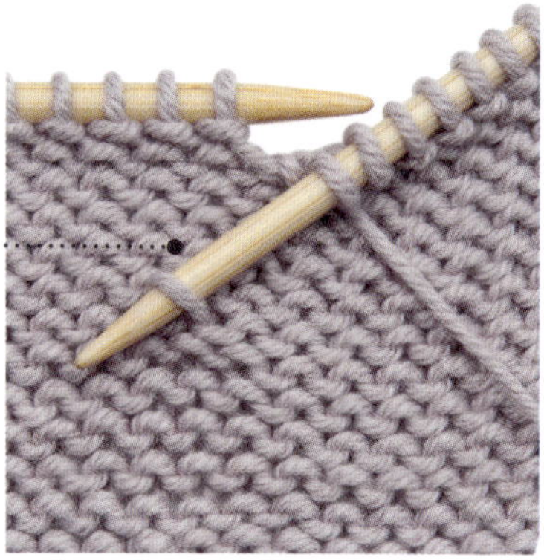

2 Den Querfaden wie eine Masche auf die linke Nadel legen und zusammen mit der nächsten Masche links abstricken. In regelmäßigen Abständen wiederholen.

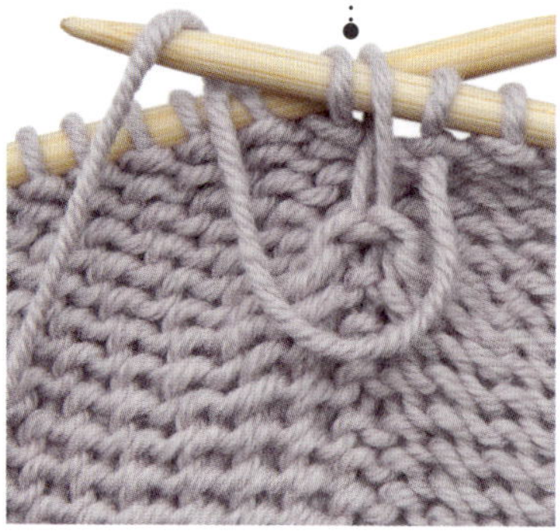

3 Auf der Vorderseite sehen die hochgezogenen Maschen aus wie kleine Raffungen.

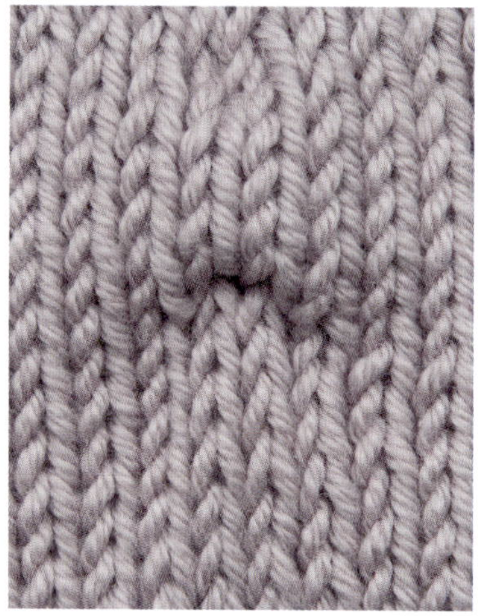

TIEF GESTOCHENE MASCHEN

Tief gestochene Maschen können senkrecht, waagerecht oder quer auf glatt oder kraus gestricktem Grund verlaufen.

1 An der gewünschten Position mit der rechten Nadel einige Reihen tiefer in eine Masche oder zwischen zwei Maschen einstechen.

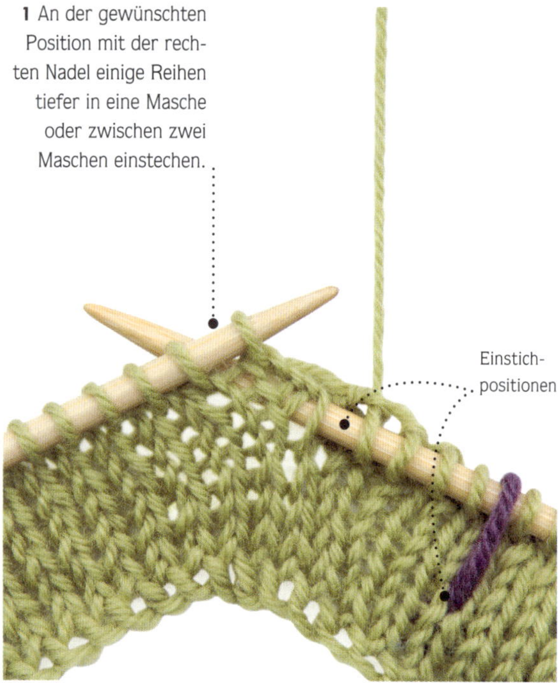

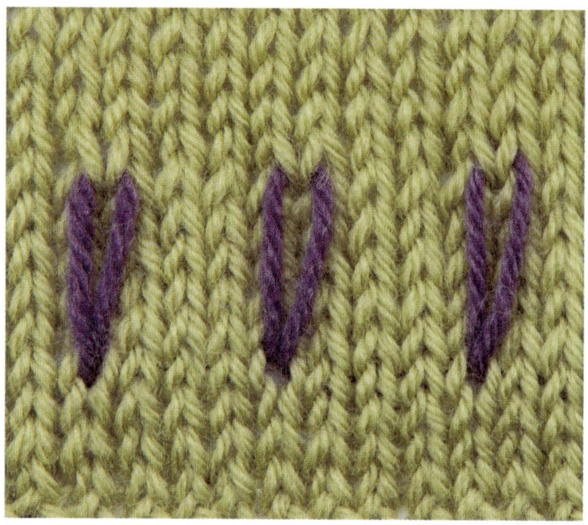

2 Das Kontrastgarn (hinter der Arbeit) mit der Nadel erfassen und eine ausreichend lange Masche nach vorn durchholen (+ 1 M). Das Garn recht locker lassen, damit die Strickarbeit sich nicht verzieht. In der nächsten Reihe die tief gestochene Masche zusammen mit der folgenden Masche rechts oder links zusammenstricken (– 1 M). Für jede weitere tief gestochene Masche ebenso verfahren.

DEKORATIVE MASCHEN

Viele raffinierte Effekte lassen sich mit erstaunlich unkomplizierten Handgriffen realisieren. Leitermaschen oder andere verlängerte Maschen lassen eine Strickarbeit zart und luftig wirken. Sie können zu Streifen, Rauten oder Blütenformen angeordnet sein und wirken besonders schön in glattem, seidigem Garn. Aus Picotketten können spitzenähnliche Flächen oder zierliche Borten gearbeitet werden.

DREI IN DREI

1 In einer Hinreihe bis zur Ziermasche rechts stricken. Den Faden vor die Arbeit legen. Drei Maschen links zusammenstricken, aber auf der linken Nadel lassen.

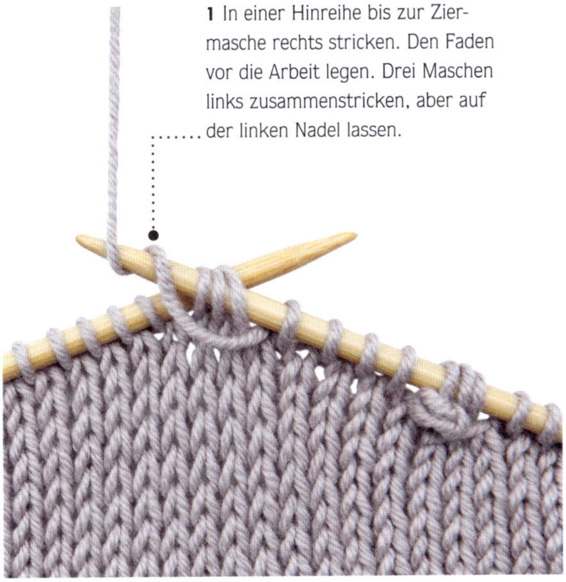

2 Den Faden hinter die Arbeit legen und dieselben drei Maschen rechts zusammenstricken. Wieder auf der Nadel liegen lassen.

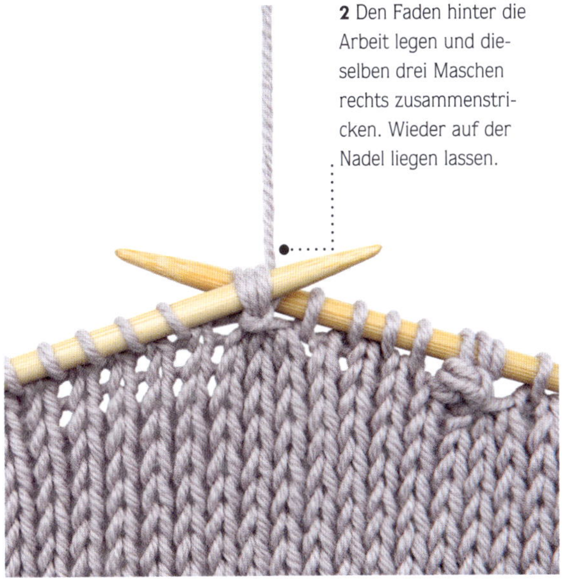

3 Den Faden vor die Arbeit legen. Die drei Maschen nochmals links zusammenstricken, dann von der linken Nadel gleiten lassen. Den Faden hinter die Arbeit legen und die Reihe rechts oder bis zum nächsten Effekt fortsetzen.

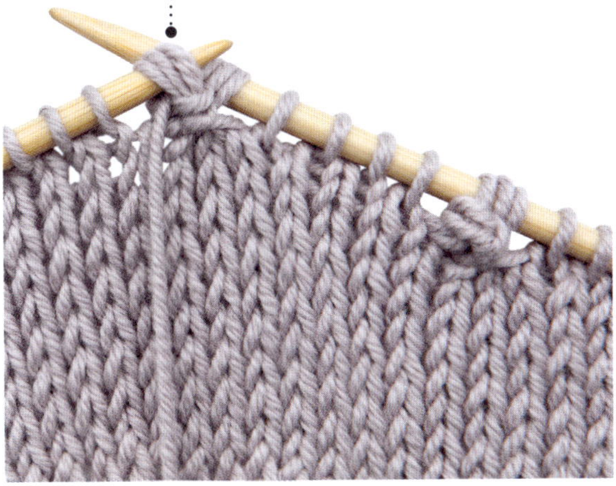

4 Die nächste Reihe ist normalerweise schlicht. Je nach Muster rechte oder linke Maschen stricken.

5 Die dreifach zusammengestrickten Maschen bilden eine kleine Noppe. Mehrere solcher Noppen können zu einem Muster arrangiert werden.

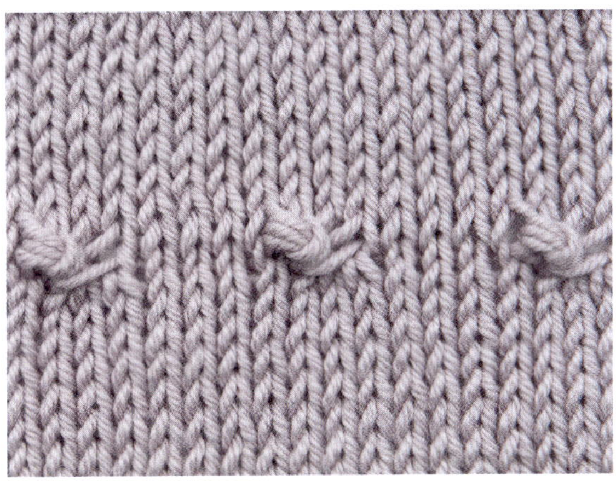

WICKELNOPPEN

1 An der Position der Noppe fünf Maschen von der rechten Nadel auf eine Zopfnadel legen, ohne sie dabei zu verdrehen.

2 Den Arbeitsfaden entgegen dem Uhrzeigersinn sechsmal unter der Zopfnadel um die Maschen wickeln. Stramm ziehen, wenn die Maschen zusammengerafft werden sollen.

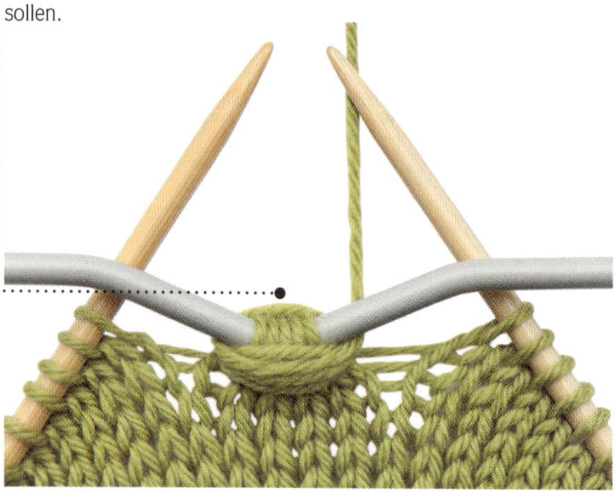

3 Die Nadeln von der Zopfnadel wieder auf die rechte Stricknadel legen und die Reihe fortsetzen.

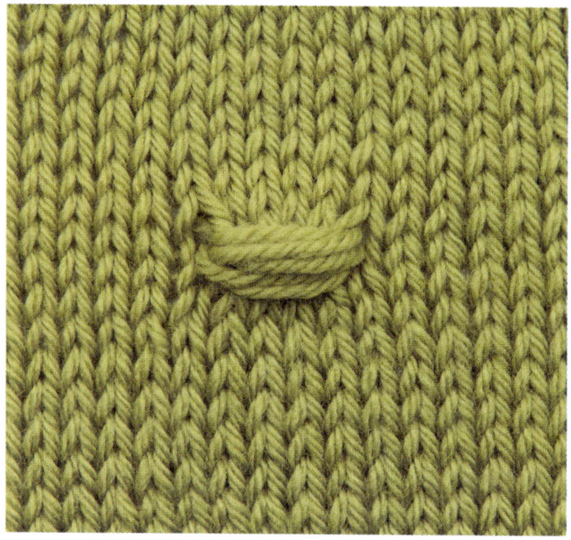

PICOTKETTE

1 Eine Anfangsschlinge knoten und auf die linke Nadel legen.

2 Zwei weitere Maschen aufstricken (siehe S. 36). Zwei Maschen rechts abketten. Eine Masche bleibt auf der rechten Nadel übrig.

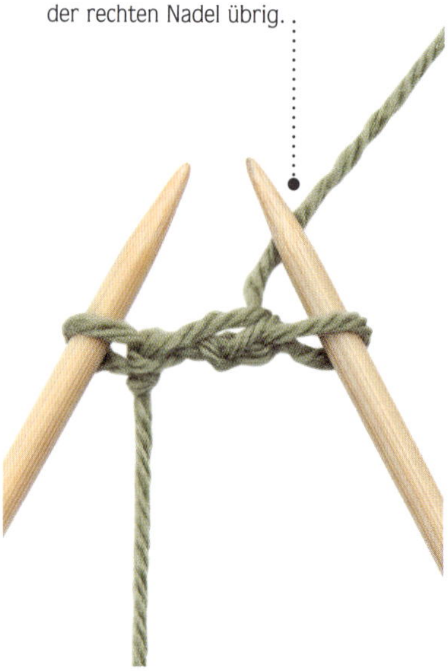

3 Die Masche auf die linke Nadel legen, dabei nicht verdrehen. Schritt 2 so oft wiederholen, bis die Kette die gewünschte Länge hat.

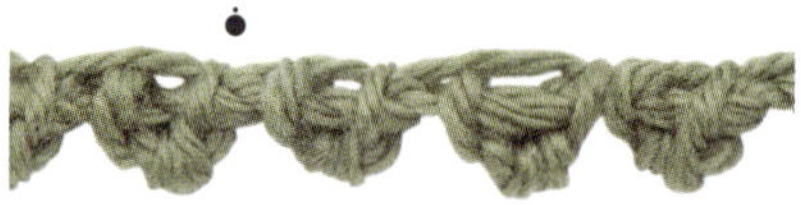

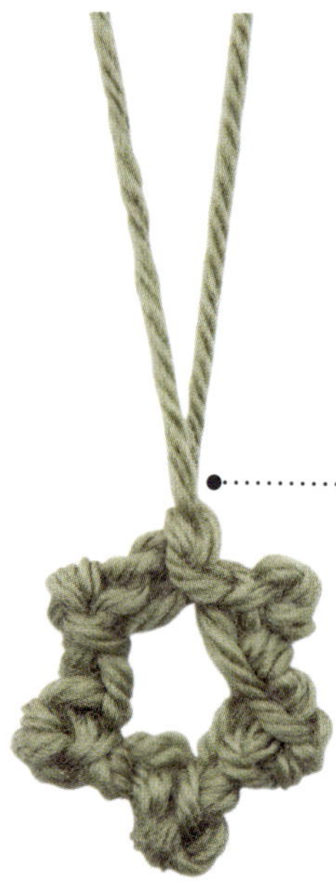

4 Für eine kleine Blume fünf Picots stricken. Dann in den Anschlag des ersten Picots einstechen, eine Masche durchholen und diese abketten.

GESTRICKTES SMOKMUSTER

1 Anschlag: Maschenzahl teilbar durch 8 + 3. In der Hinreihe abwechselnd drei Maschen links und eine Masche rechts stricken. Eine gerade Anzahl von Rechtsrippen bis zur Höhe der ersten Smokreihe stricken.

2 Acht Maschen im Rippenmuster stricken. Die letzten fünf Maschen von der rechten Nadel auf eine Zopfnadel legen. Den Smokfaden unter der Zopfnadel zweimal im Uhrzeigersinn um die fünf Maschen wickeln. Der Smokfaden bleibt hinter der Arbeit.

3 Die Maschen von der Zopfnadel wieder auf die rechte Nadel heben. Schritte 2 und 3 fortlaufend wiederholen. Beide Enden des Smokfadens auf der Rückseite 10 cm lang lassen.

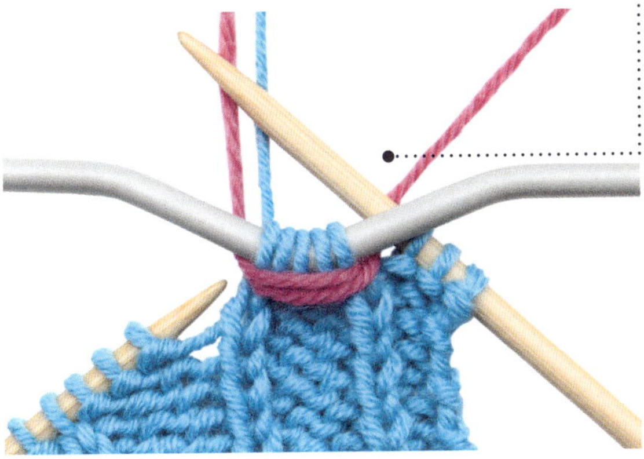

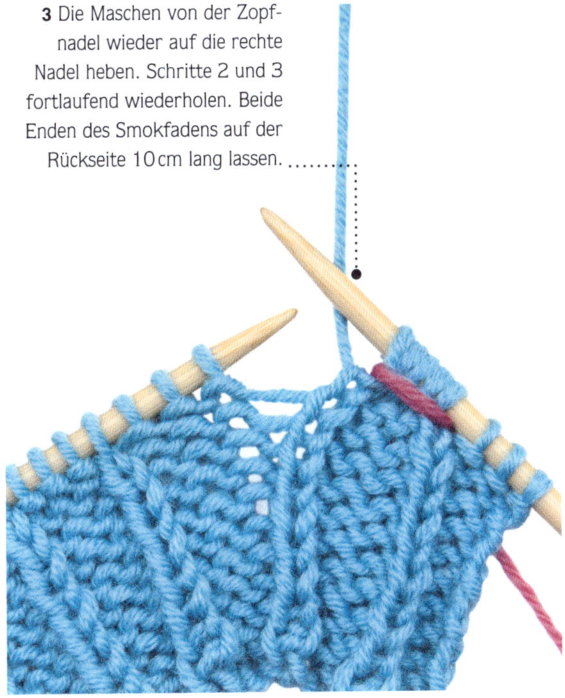

4 Drei Reihen im Rippenmuster stricken. Dann Schritte 2 und 3 wiederholen, jedoch zu Beginn der Reihe zwölf Maschen im Rippenmuster stricken, sodass die Smokpunkte versetzt werden.

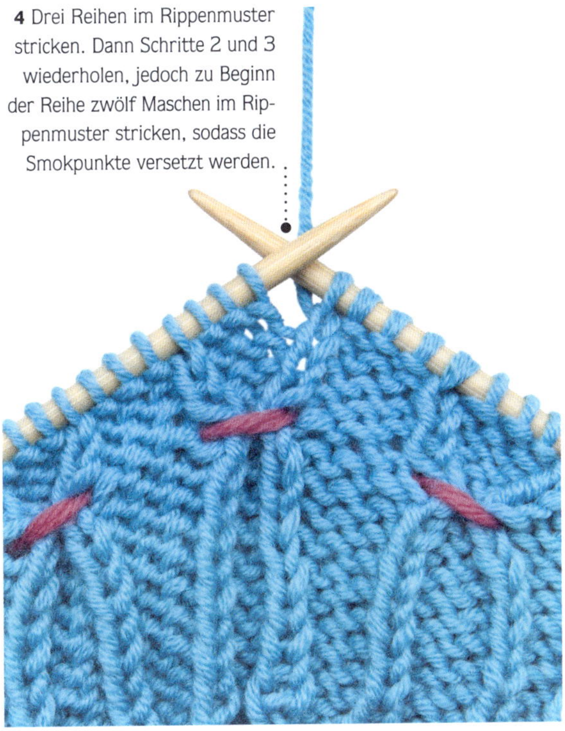

5 Weitere versetzte Smokreihen im Abstand von je vier Reihen im Rippenmuster stricken. Am Reihenanfang abwechselnd acht bzw. zwölf Maschen im Rippenmuster stricken. Die offenen Enden der Smokfäden in der rechten Seitenkante vernähen. Vorsichtig an den Smokfäden ziehen, um die Strickarbeit an den Smokpunkten zu raffen. Dann die offenen Enden der Fäden an den Rändern vernähen.

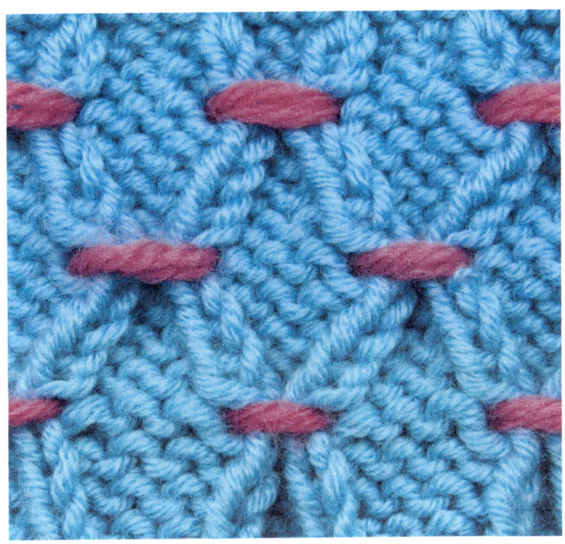

SCHATTENSTRICKEREI

1 Die Entwurfszeichnung zeigt den Effekt des fertigen Modells.

2 Zum Nacharbeiten wird sie wie unten beschrieben aufgegliedert und als Zählmuster in vierfacher Höhe gezeichnet.

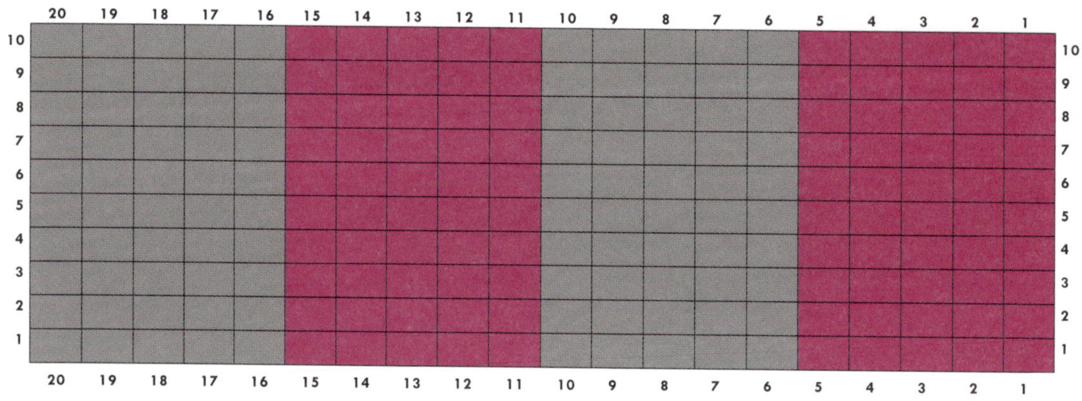

3 Die erste Reihe des Arbeitsmusters bleibt frei. In die zweite Reihe die Maschen in der Hauptfarbe (hier: Pink) aus Reihe 1 der Entwurfszeichnung eintragen.

4 Drei Reihen leer lassen, dann die Maschen in der Hauptfarbe (Pink) aus Reihe 2 der Entwurfszeichnung eintragen. Bis Reihe 10 (bzw. 38) so fortfahren.

5 Nun in die freien Spalten die Maschen in der Kontrastfarbe (Grau) einzeichnen. Sie liegen jeweils zwischen den pinkfarbenen Balken. Alle grauen Maschen auf diese Weise in die Arbeitszeichnung einfügen.

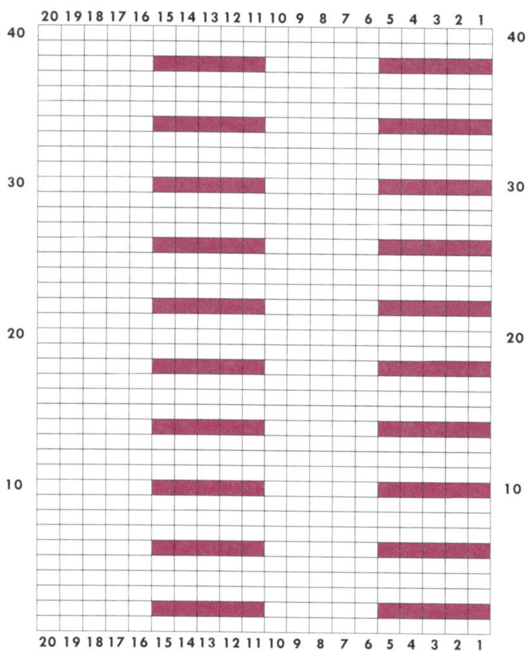

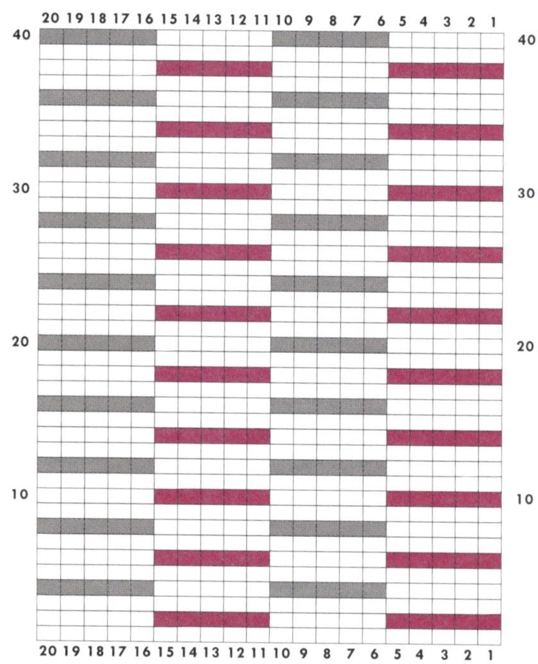

6 Zeichnen Sie dann rechte und linke Maschen ein. Sie können dafür die Symbole aus der Zeichenerklärung oder eigene Symbole verwenden.

Jede vierte Reihe ganz in Pink einfärben, dabei mit Reihe 1 beginnen. Jede vierte Reihe ganz in Grau einfärben, dabei mit Reihe 3 beginnen.

Die linken Maschen werden jeweils in der Farbe der Reihe darunter gestrickt. Sie sind hier nur der besseren Unterscheidbarkeit wegen auf weißem Grund dargestellt.

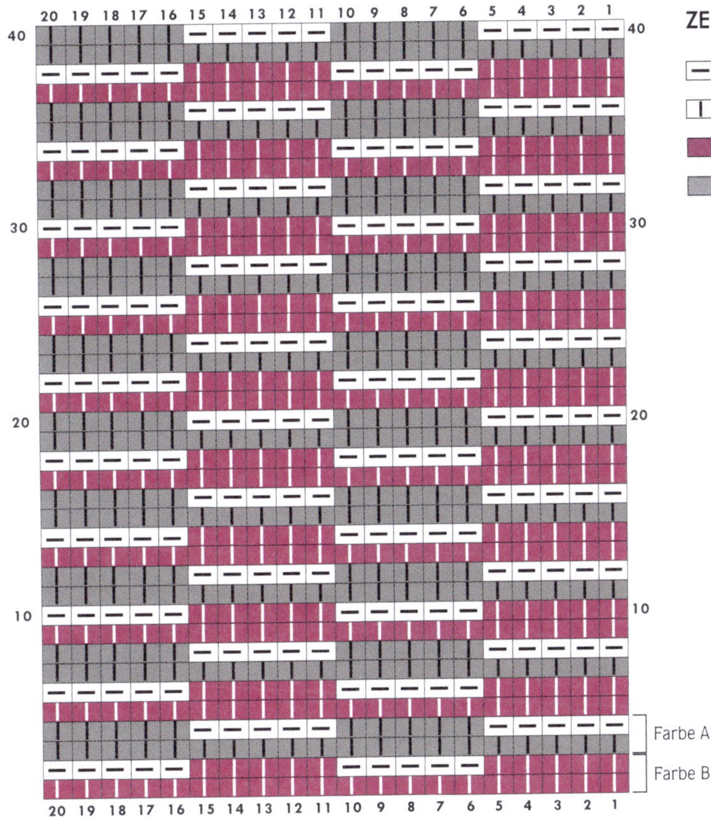

ZEICHENERKLÄRUNG

- 1 M li
- 1 M re
- Farbe A
- Farbe B

7 20 Maschen (oder ein Vielfaches von 20) anschlagen und die erste Reihe mit Farbe A rechts stricken. Reihe 2 mit Farbe A stricken, jedoch gemäß der Zeichnung (oben) fünf rechte und fünf linke Maschen abwechseln.

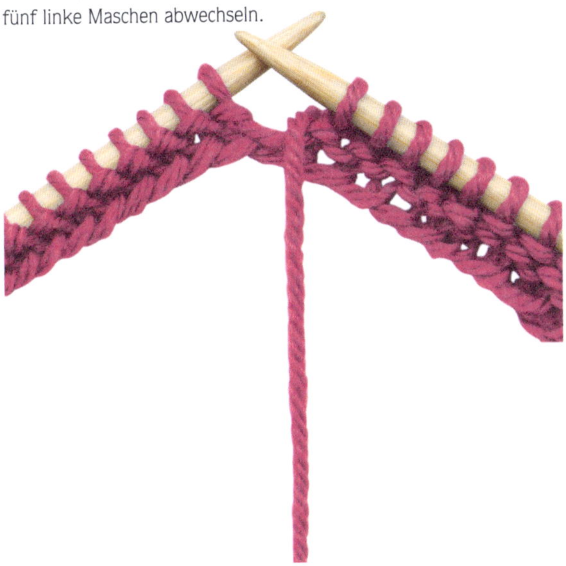

8 Mit Farbe B fortfahren. Reihe 3 rechts stricken, in Reihe 4 wieder gemäß Zeichnung fünf Maschen rechts/fünf Maschen links stricken. Fortlaufend wiederholen, alle zwei Reihen die Garnfarbe wechseln.

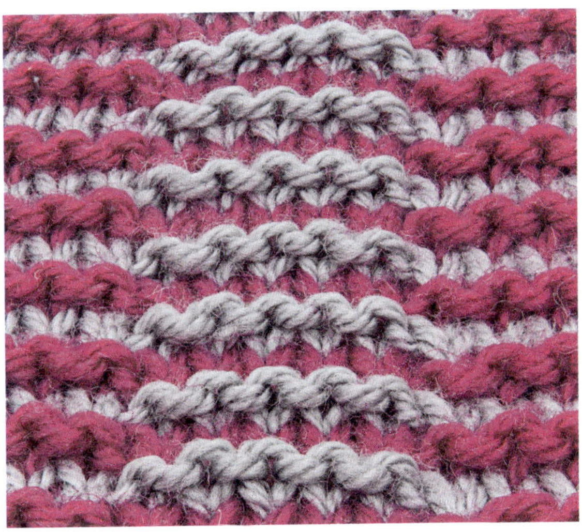

PLASTISCHE MUSTER

Plastische Muster sind etwas schwieriger zu stricken, aber die Arbeit ist interessant und das Ergebnis sehenswert. Für die Flechttechnik sollten Sie Garne gleichen Typs in verschiedenen Farben verwenden.

Falten und Rüschen können Kleidungsstücke aller Art aufwerten. Schrägstreifen und doppelseitiger Strick eignen sich für viele verschiedene Zwecke.

FLECHTTECHNIK

Die Flechttechnik sieht durch die wechselnde Laufrichtung der gestrickten Quadrate aus wie ein Geflecht aus gestrickten Streifen. Die Quadrate selbst können glatt rechts, kraus rechts, im Zopf- oder Lochmuster oder mit alternierenden Strukturmustern gearbeitet werden. Jedes Quadrat besteht aus doppelt so vielen Reihen wie Maschen. Jedes Quadrat wird einzeln gestrickt, dennoch befinden sich alle Maschen einer Reihe auf der Nadel. Kleine Dreiecke sorgen dafür, dass die Ränder gerade ausfallen.

1 Für dieses Beispiel werden drei Quadrate mit je acht Maschen/ 16 Reihen gestrickt. Mit Farbe A 24 Maschen locker aufstricken (siehe S. 36). Zwei Maschen rechts stricken, wenden. Eine Masche links stricken, eine Masche links abheben, wenden. Die abgehobene Masche lässt sich in Schritt 7 leichter aufnehmen.

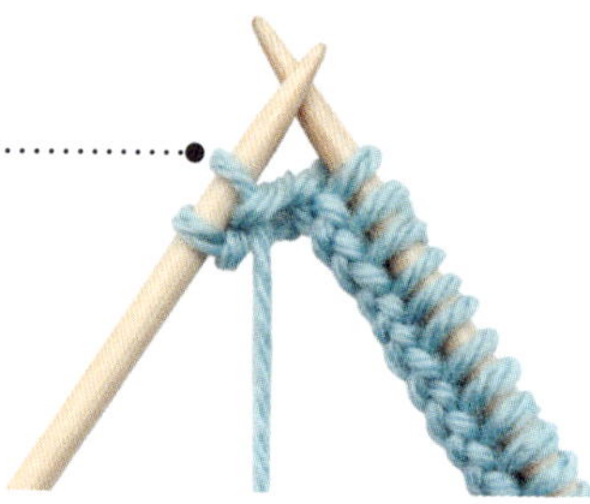

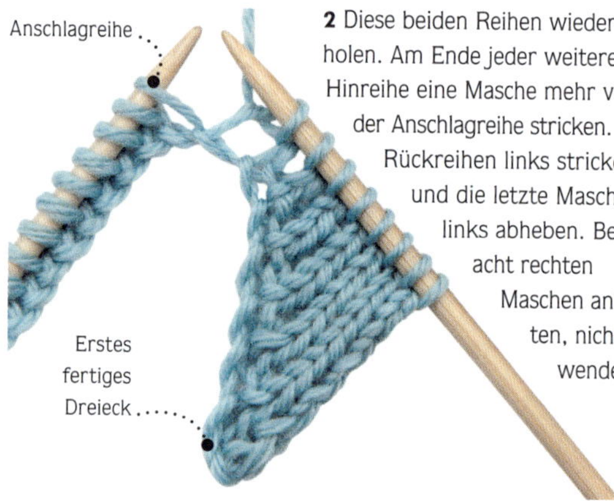

2 Diese beiden Reihen wiederholen. Am Ende jeder weiteren Hinreihe eine Masche mehr von der Anschlagreihe stricken. Die Rückreihen links stricken und die letzte Masche links abheben. Bei acht rechten Maschen anhalten, nicht wenden.

3 Auf der rechten Nadel liegen noch 16 angeschlagene Maschen. Für das zweite Dreieck Schritte 2 und 3 über die nächsten acht Maschen wiederholen, dann das letzte Dreieck über die letzten acht Maschen stricken. Nun liegen drei Dreiecke auf der rechten Nadel. Wenden.

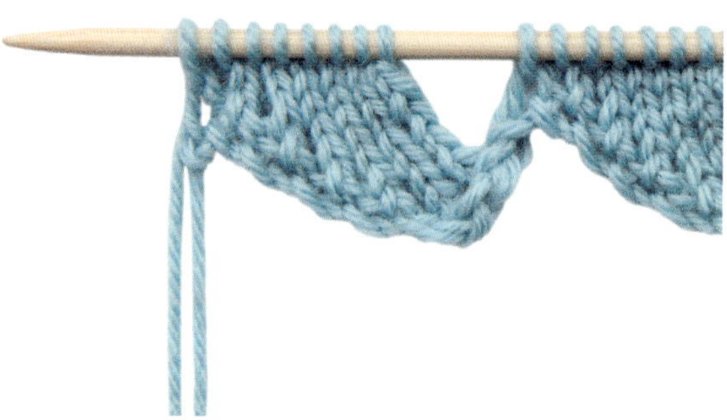

4 Am linken Dreieck (linke Seite vorn) Farbe B ansetzen. Zwei Maschen links stricken, wenden, zwei Maschen rechts stricken, wenden. Aus der Randmasche (siehe S. 69) zwei linke Maschen herausstricken, dafür von vorn und hinten einstechen. Die letzte Masche in Farbe B und die erste Masche in Farbe A links zusammenstricken (siehe S. 76).

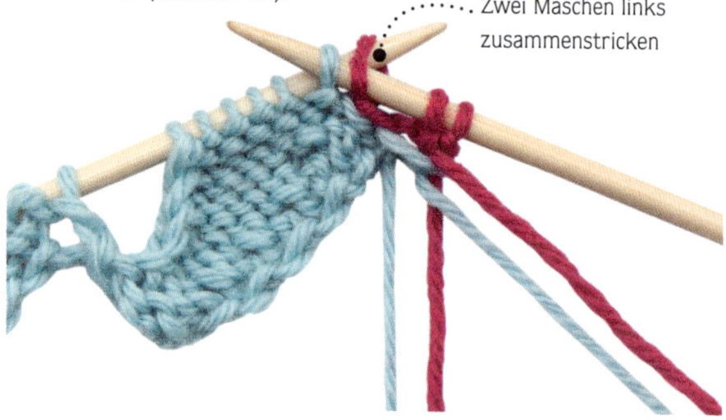

5 Schritt 4 wiederholen, dabei in jeder Linksreihe aus der Randmasche zwei Maschen herausstricken. Die letzte Reihe beginnt mit der Zunahme, dann folgen fünf linke Maschen und eine, die mit Farbe A zusammengestrickt wird. Nicht wenden. Das fertige Randdreieck auf der rechten Nadel lassen.

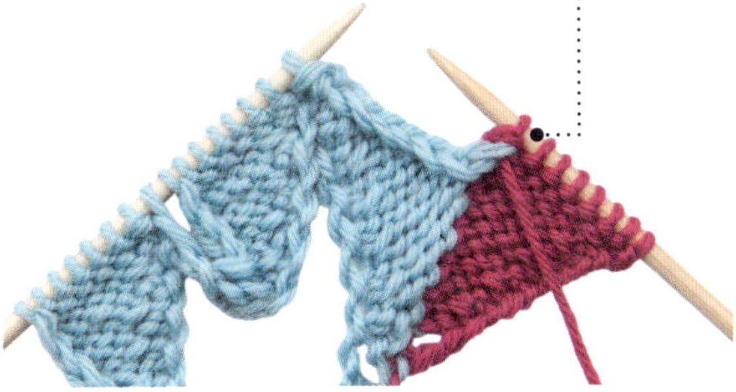

6 Auf der linken Seite der Arbeit aus den Randmaschen des direkt anschließenden Dreiecks acht Maschen aufnehmen (von hinten einstechen) und links stricken.

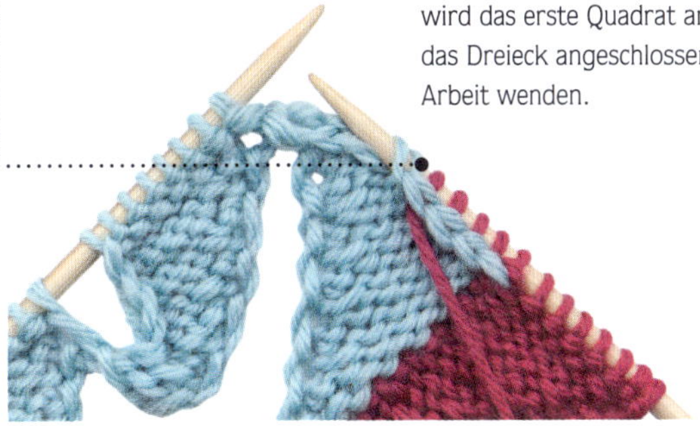

7 Wenden, 7 M re, 1 M li abh, wenden. 7 M li, die letzte Masche in Farbe B und die erste Masche in Farbe A links zusammenstricken (siehe S. 76). So wird das erste Quadrat an das Dreieck angeschlossen. Arbeit wenden.

8 Schritt 7 noch siebenmal wiederholen. Nach der letzten Reihe nicht wenden. Nun liegen alle Maschen der ersten Quadratreihe auf der linken Nadel. Für das letzte Quadrat Schritte 6–8 wiederholen.

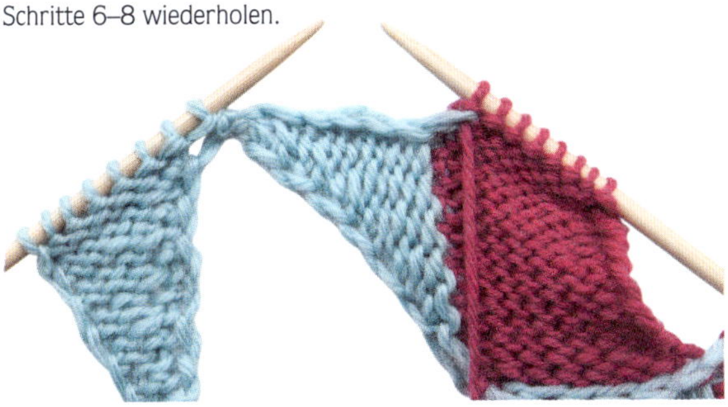

9 Für das rechte Randdreieck die Maschen wie in Schritt 6 aufnehmen. In den Rechtsreihen die letzte Masche links abheben. In den Linksreihen (außer der ersten) die letzten beiden Maschen zusammenstricken. Eine Masche bleibt übrig.

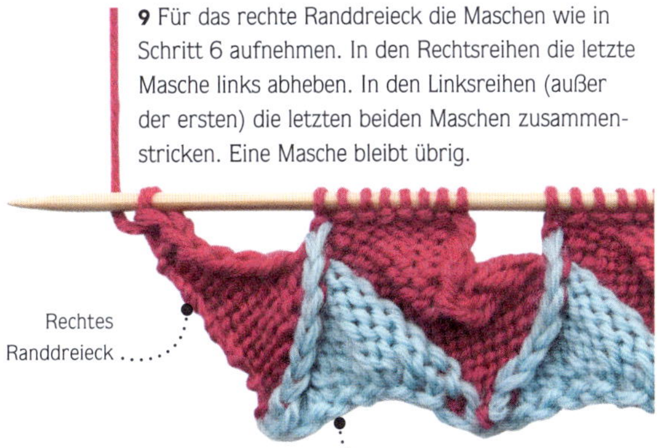

10 Für das rechte Randquadrat mit Farbe A auf der rechten Seite arbeiten. Die erste Masche abheben. Sieben Maschen an der rechten Kante aufnehmen (= 8 M). Wenden. 7 M li, 1 M li abh, wenden.

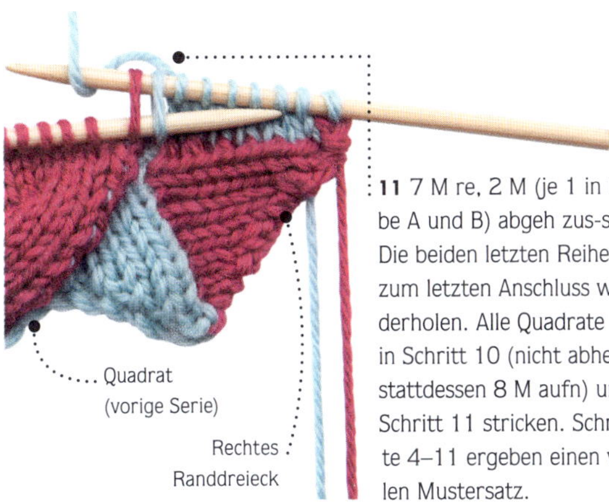

11 7 M re, 2 M (je 1 in Farbe A und B) abgeh zus-str. Die beiden letzten Reihen bis zum letzten Anschluss wiederholen. Alle Quadrate wie in Schritt 10 (nicht abheben, stattdessen 8 M aufn) und Schritt 11 stricken. Schritte 4–11 ergeben einen vollen Mustersatz.

12 Zum Schluss (im Anschluss an eine Quadratserie mit Randdreiecken, siehe Schritte 4–9) Dreiecke stricken. In der entsprechenden Farbe 8 M li (siehe Schritt 10) aufnehmen. Wenden. 7 M li, 2 M re abgeh zus-str (siehe Schritt 11). Wenden. 6 M li, am Ende 2 M li zus-str. Wenden. 6 M re, 2 M re abgeh zus-str.

13 Fortfahren bis das Dreieck fertig ist, dabei jeweils die letzten beiden Maschen zusammenstricken. Faden abschneiden und durch die letzte Masche ziehen.

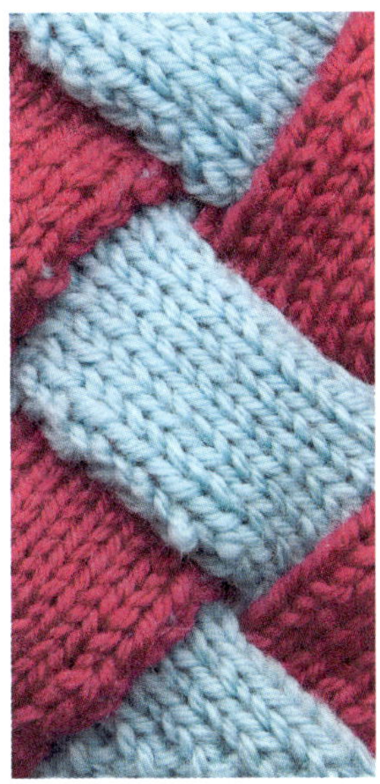

FALTEN

Bereiten Sie zuerst eine Vorlage vor, indem Sie ein Stück Karopapier mit abwechselnd 5 und 10 Kästchen Abstand hin und her falten. Jedes Kästchen steht für eine Masche. So können Sie nachzählen, wie viele Maschen für Oberseite, Unterseite und Untertritt der Falte benötigt werden. Für jede Bruchlinie eine Masche zugeben. Diese kann immer links gestrickt oder in Hinreihen abgehoben und in Rückreihen links gestrickt werden.

FALTEN STRICKEN

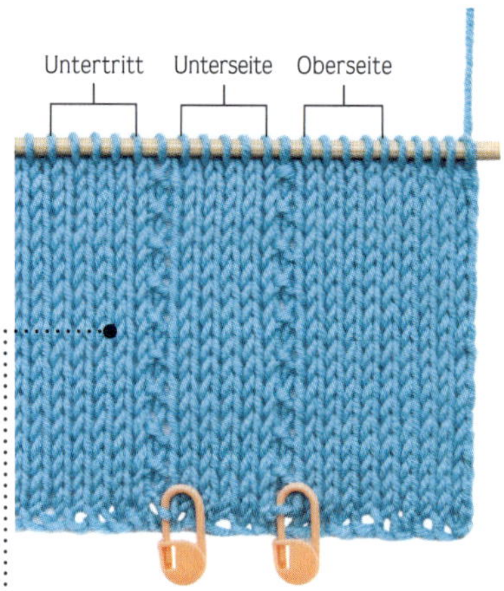

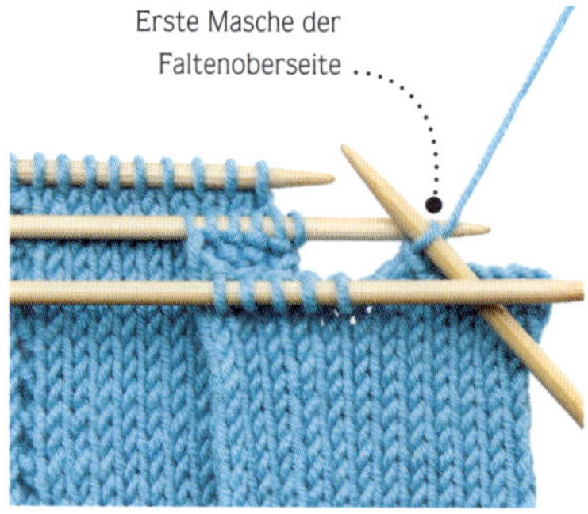

3 Rück-R li stricken. Bis zur gewünschten Höhe wdh, mit einer Rück-R enden.

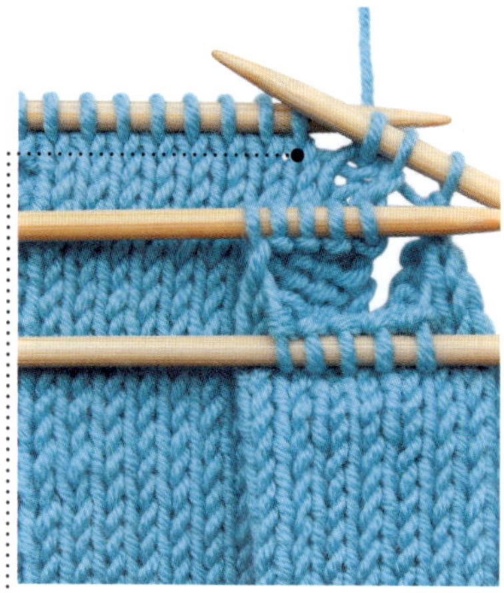

1 Hier werden zwei linksseitige Falten von fünf Maschen Breite gestrickt: 44 Maschen anschlagen (inkl. der 4 M für die Bruchlinien). Die Bruchlinien kennzeichnen.

2 Hinreihe:
10 M re,
1 M li, 5 M re,
1 M li, 10 M re,
1 M li, 5 M re,
1 M li, 10 M re.

4 Am oberen Ende 4 M re abk (siehe S. 49). Die nächsten 5 M (inkl. der M auf der Bruchlinie) auf eine Strumpfstricknadel (SsN) abheben. Die nächsten 6 M (inkl. der M auf der Bruchlinie) auf eine zweite SsN abheben. Die Falte mitsamt den Nadeln in die Fläche einlegen.

5 Eine Masche von der hinteren Strumpfstricknadel auf die rechte Nadel abheben. Die erste Masche von der linken Nadel abstricken. Beide Maschen auf der rechten Nadel einzeln über die erste Masche und die Nadelspitze ziehen.

6 Eine Masche von der vorderen SsN und eine von der hinteren SsN auf die rechte Nadel abheben. Die erste M von der linken Nadel abstricken. Die 3 M nacheinander überziehen. Wdh, bis alle M des mehrlagigen Faltenteils abgekettet sind.

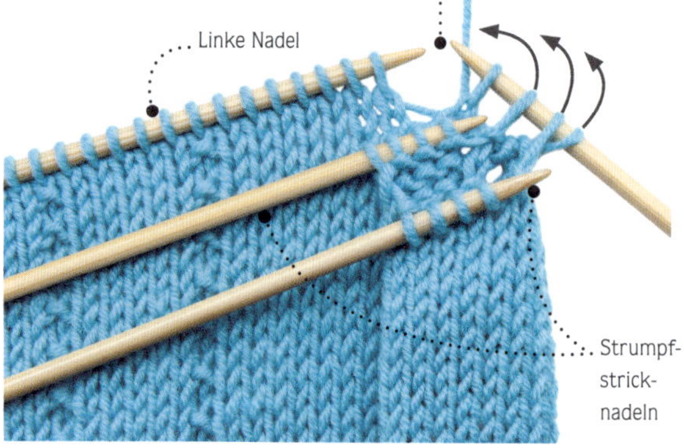

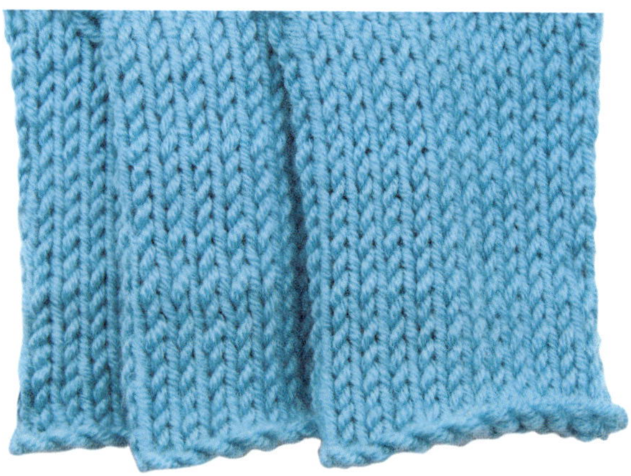

7 Die restlichen Maschen wie gewohnt abketten.

EINHALTEN UND ERWEITERN

Beim Einhalten wird die Maschenzahl verringert, beim Erweitern wird sie erhöht. Die Zu- oder Abnahmen können in Gruppen angeordnet oder gleichmäßig in der Reihe verteilt sein. Gestrickte Röcke werden oft eingehalten (für Volants), Ärmel dagegen oberhalb des Bündchens erweitert, damit sie mehr Fülle bekommen.

EINHALTEN

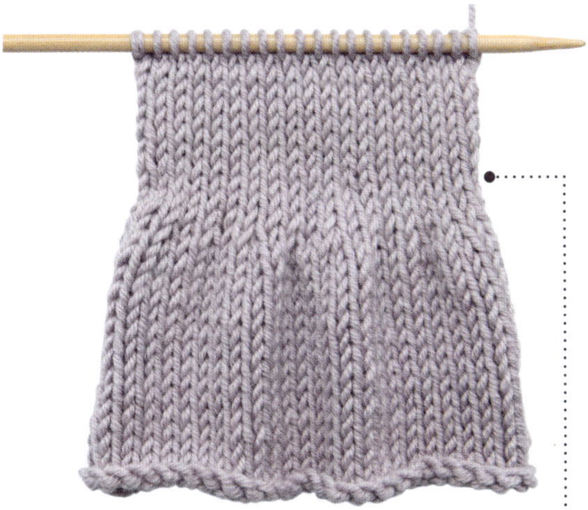

1 Zum gleichmäßigen Einhalten entscheiden Sie, wie viele Maschen abgenommen werden sollen. Die Gesamtmaschenzahl durch diesen Wert teilen. Wenn 30 Maschen auf der Nadel liegen und 10 abgenommen werden sollen, lautet die Rechnung 30 ÷ 10 = 3. Es muss also alle drei Maschen eine Masche abgenommen werden, also eine Masche stricken, dann zwei Maschen zusammenstricken usw.

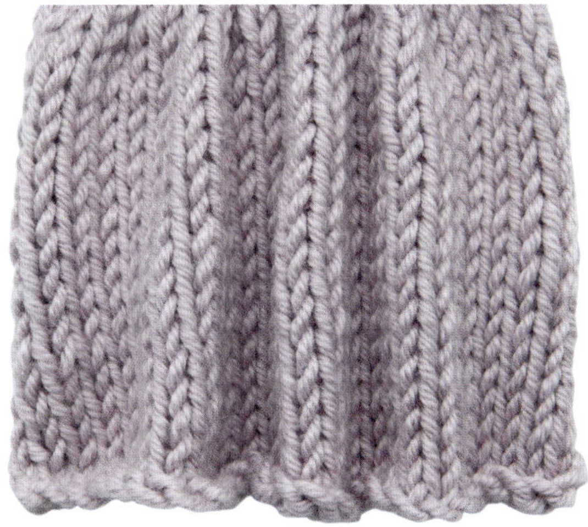

2 Um die Arbeit stärker einzuhalten, können Sie fortlaufend zwei oder sogar drei Maschen zusammenstricken. Möglich ist auch, in der Hinreihe jeweils zwei Maschen rechts zusammenzustricken, in der Rückreihe zwei Maschen links. Soll nur die Kante eingehalten (gerüscht) werden, stricken Sie beim Abketten immer zwei oder drei Maschen zusammen.

ERWEITERN

1 Stellen Sie dieselbe Berechnung an wie beim Einhalten. Jetzt werden jedoch Maschen zugenommen. Lautet das Rechenergebnis 3, dann werden aus jeder dritten Masche zwei Maschen herausgestrickt. Dazu einmal von vorn und einmal von hinten einstechen. Zum stärkeren Erweitern drei Maschen herausstricken (Einstich vorn, hinten, vorn).

2 Für Puffärmel oder eine dekorative Doppelrüsche zu Beginn in der Hin- und Rückreihe aus jeder Masche zwei Maschen herausstricken (= erweitern). Dann 16 bis 20 Reihen glatt rechts stricken. Danach zum Einhalten in der folgenden Hin- und Rückreihe immer zwei Maschen zusammenstricken.

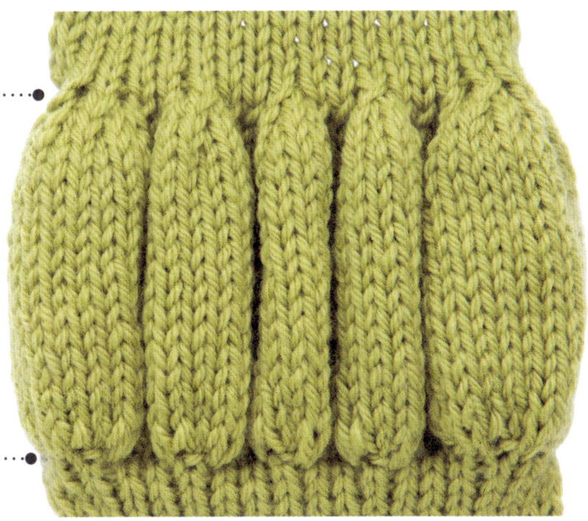

SCHRÄGSTREIFEN

Nach links oder rechts abgeschrägte Streifen werden oft für Halsausschnitte verwendet. Arbeitet man Schrägstreifen aneinander, entsteht ein Zackenmuster.

Sticht man beim Zunehmen in tiefere Reihen ein oder arbeitet die Abnahmen sehr fest, entstehen leichte Rundungen.

SCHRÄGSTREIFEN – GERADE ODER GERUNDET

Anschlag: 20 M. Die ersten beiden Maschen der ersten Reihe (Hin-R) rechts abgehoben zusammenstricken (siehe S. 77). Rechts stricken bis zum Ende der Reihe. Aus der letzten Masche zwei Maschen herausstricken. Rückreihe links stricken. Hin- und Rück-R wiederholen. Der Streifen verläuft so schräg nach links.

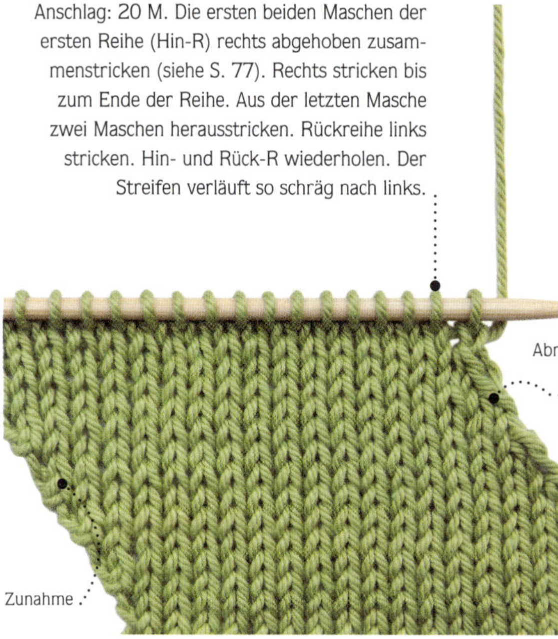

Für eine Schrägung nach rechts aus der ersten Masche der Hinreihe zwei Maschen herausstricken, rechts stricken bis zum Ende der Reihe. Die letzten beiden Maschen zusammenstricken. Rückreihen links stricken, im Wechsel wiederholen.

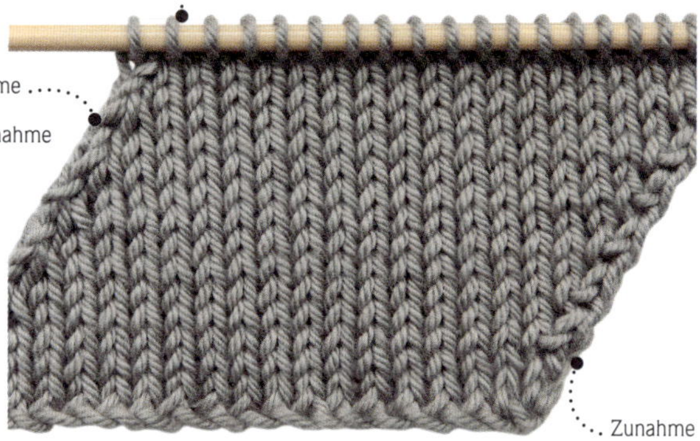

Soll der Streifen eine dekorative Kante bekommen und sich nicht einrollen, in der Hinreihe zuerst zwei Maschen rechts stricken, dann zwei Maschen überzogen zusammenstricken.

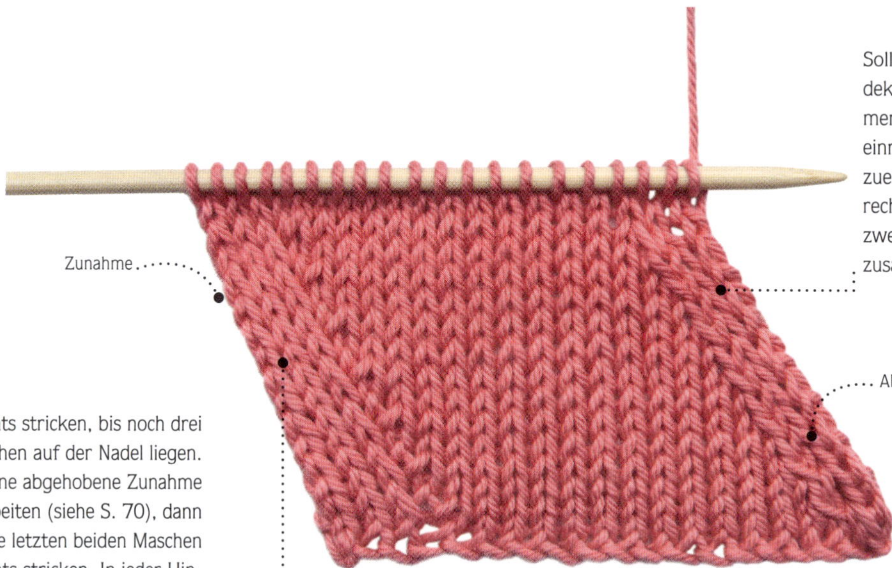

Rechts stricken, bis noch drei Maschen auf der Nadel liegen. Eine abgehobene Zunahme arbeiten (siehe S. 70), dann die letzten beiden Maschen rechts stricken. In jeder Hinreihe so verfahren.

VERKÜRZTE REIHEN

Nicht jede Reihe muss bis zum Ende gestrickt werden. Verkürzte Reihen arbeitet man nur über einen Teil der Maschen auf der Nadel, sodass die Arbeit nur in diesem Bereich »wächst«. Auf diese Weise lassen sich glatte Schrägungen an Schulternähten arbeiten, aber auch gerundete Ausschnittkanten, Brustabnäher, Volants oder die Ferse von Socken.

LÖCHER VERMEIDEN

Beim Wenden mitten in der Reihe entsteht zwangsläufig ein kleines Loch, das möglichst gut kaschiert werden muss. Dafür gibt es verschiedene Methoden: das Umwickeln (einfach), den Umschlag (locker) und das Hochziehen (besonders sauber). Wird kraus rechts gestrickt, kann auf das Umwickeln verzichtet werden.

UMWICKELN

1 In einer Rechtsreihe an der Wendestelle die nächste Masche links abheben, Faden vor die Arbeit legen. Die abgehobene Masche wieder auf die linke Nadel legen, Faden nach hinten. Wenden und die verkürzte Reihe links stricken.

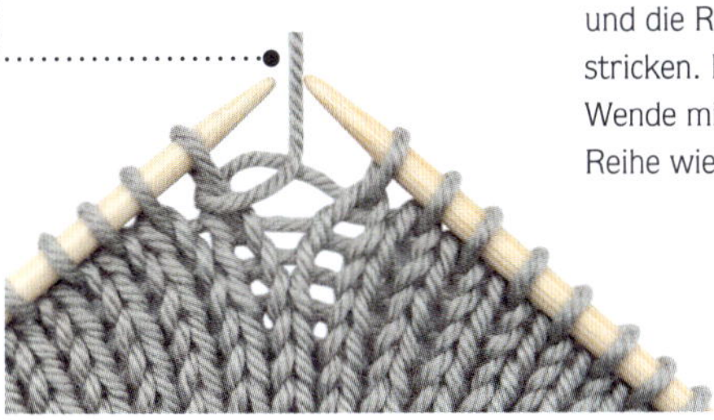

2 In einer Linksreihe an der Wendestelle die nächste Masche abheben, Faden nach hinten. Masche zurücklegen, Faden nach vorn. Wenden und die Rechtsreihe stricken. Bei jeder Wende mitten in der Reihe wiederholen.

3 Wird nach den verkürzten Reihen wieder über alle Maschen gestrickt, in Rechtsreihen von vorn in die Wicklung einstechen, in Linksreihen von hinten. Die Wicklung jeweils mit der nächsten Masche zusammenstricken.

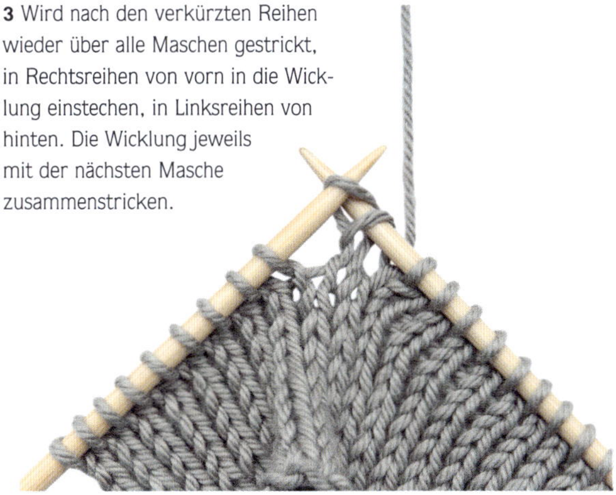

UMSCHLAG

1 Rechts bis zur Wendestelle stricken. Den Faden auf die andere Seite legen. Wenden. Einen Umschlag bilden, ohne die linke Nadel mit zu umschlingen (siehe Foto). Die verkürzte Reihe stricken.

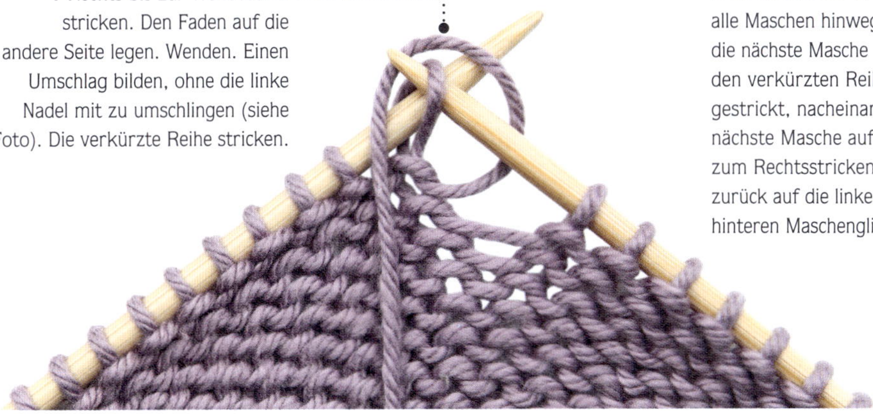

2 Wird nach den verkürzten Reihen rechts über alle Maschen hinweggestrickt, den Umschlag und die nächste Masche zusammenstricken. Wird nach den verkürzten Reihen links über alle Maschen gestrickt, nacheinander den Umschlag und die nächste Masche auf die rechte Nadel heben wie zum Rechtsstricken. Beide Maschen wieder zurück auf die linke Nadel nehmen und durch die hinteren Maschenglieder links zusammenstricken.

HOCHZIEHEN

1 Bis zur Wendestelle rechts oder links stricken. Wenden, die erste Masche links abheben (siehe S. 64), dann die verkürzte Rückreihe stricken.

2 Wird wieder über alle Maschen gestrickt, mit der rechten Nadel auf der Rückseite den Faden zwischen der ersten und zweiten Masche an der Wendestelle auf die linke Nadel heben (Foto zeigt die Rückseite der Arbeit).

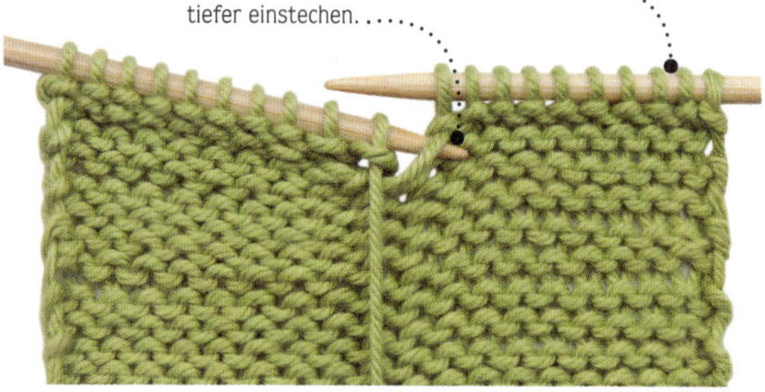

3 Wieder wenden. Den hochgezogenen Faden mit der nächsten Masche zusammenstricken.

4 In einer Rückreihe mit der linken Nadel den Querfaden zwischen den beiden Maschen hochziehen (= dehnen), wieder fallen lassen. Die nächste Masche von der linken Nadel abheben. Die Schlaufe wieder mit der linken Nadel aufnehmen. Die abgehobene Masche auf die linke Nadel nehmen. Beide zusammenstricken.

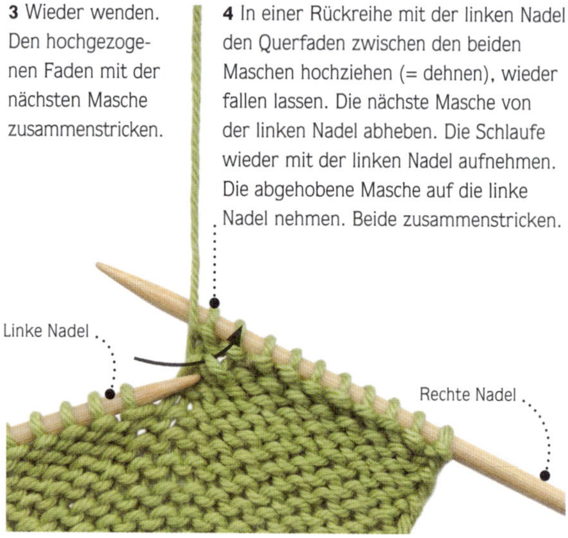

SCHULTERSCHRÄGUNG MIT VERKÜRZTEN REIHEN

1 Schulternähte verlaufen vom Hals schräg abwärts zum Ärmelansatz. In vielen Anleitungen wird empfohlen, am Anfang jeder zweiten Reihe einige Maschen (z. B. 8 M) abzuketten. Dadurch entsteht eine stufige Kante. Gerade wird die Schulternaht, wenn man sie mit verkürzten Reihen strickt. Unsere Beispielschulter hat 24 Maschen.

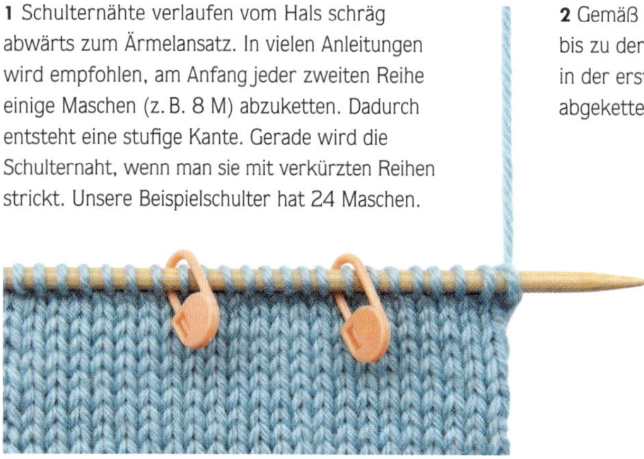

2 Gemäß der Anleitung bis zu der Reihe stricken, in der erstmals Maschen abgekettet werden sollen.

3 Die Reihe links stricken, bis noch acht Maschen auf der linken Nadel liegen. Eine umwickelte Masche arbeiten (siehe S. 115). Wenden. Die Rückreihe bis zum Ende rechts stricken.

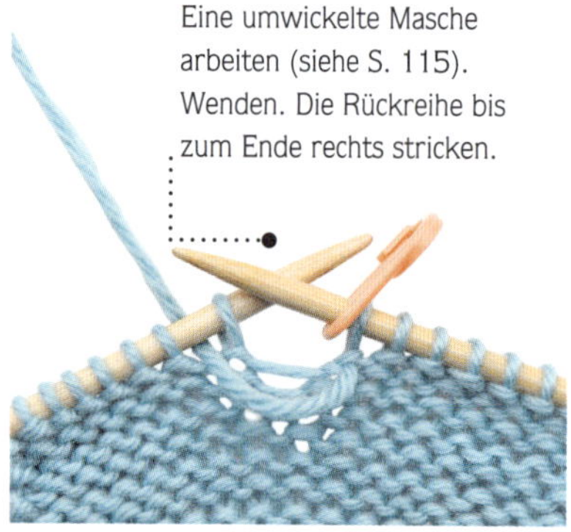

4 Links stricken, bis noch 16 Maschen auf der Nadel liegen. Eine umwickelte Masche arbeiten, wenden (siehe Foto) und bis zum Ende stricken.

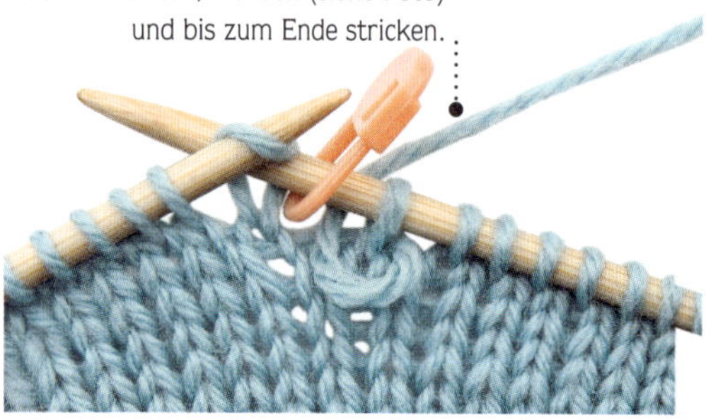

5 Alle 24 Maschen links stricken, dabei die Wicklungen auf die linke Nadel nehmen und zusammen mit der folgenden Masche abstricken. Alle Maschen abketten – oder stilllegen, um die Schultern später zusammenzustricken.

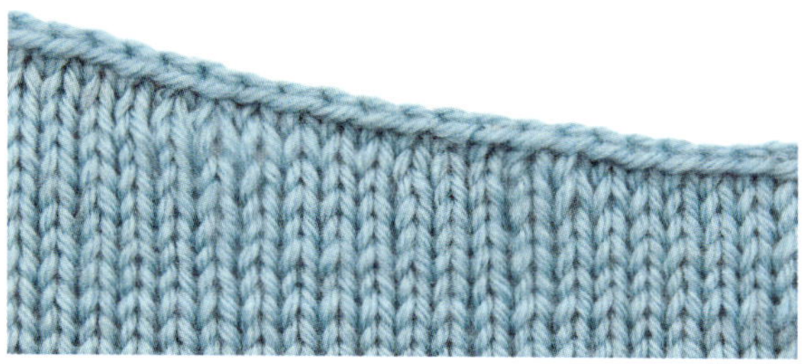

MEDAILLON MIT VERKÜRZTEN REIHEN

Dieses Beispiel ist kraus rechts gestrickt, Sie können aber auch ein anderes Muster wählen.

1 In Farbe A 16 Maschen provisorisch anschlagen (siehe S. 45).

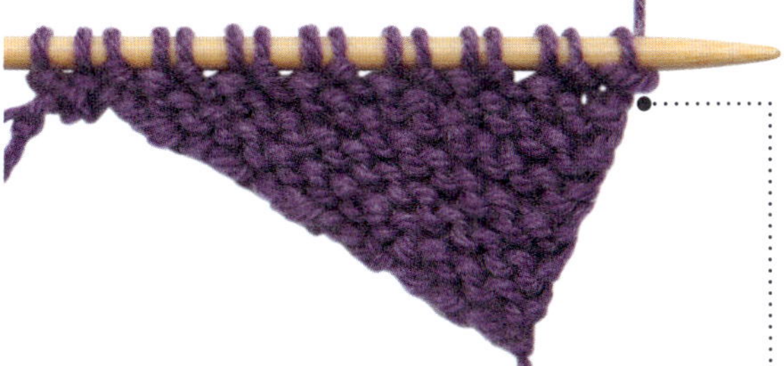

2 14 Maschen stricken, dann eine Wicklung arbeiten: nächste Masche abheben, Faden nach hinten, die Masche wieder zurücklegen. Wenden und 14 Maschen zurück stricken.

3 Schritt 2 wiederholen. Je zwei Reihen mit zwölf, dann zehn, acht, sechs, vier und zwei Maschen stricken.

4 Wenden und 14 Maschen stricken. Faden nach vorn legen. Die letzten beiden Maschen der linken Nadel abheben. Faden A abschneiden, etwa 10 cm lang hängen lassen. Damit ist ein Kreissegment fertig.

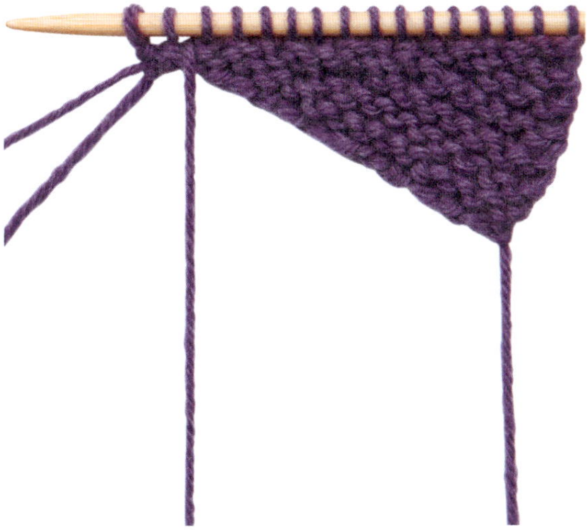

5 Die Nadel mit den Maschen in die linke Hand nehmen. Farbe B anfügen und 16 Maschen stricken. Dann Schritte 2–5 mit Farbe B wiederholen. Wieder zu Farbe A wechseln.

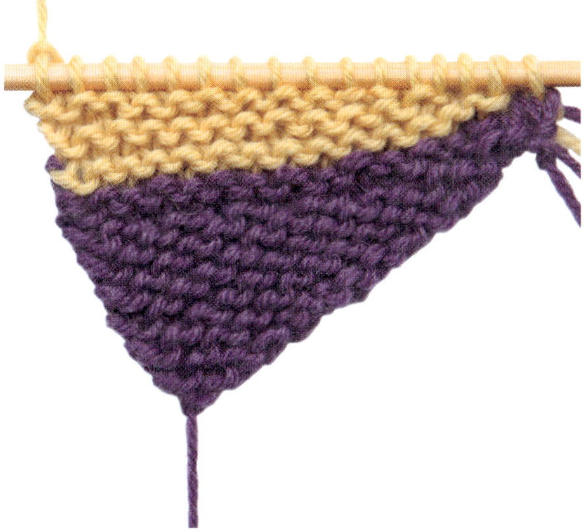

6 Insgesamt acht Segmente abwechselnd in Farbe A und B stricken. Nach Schritt 5 des letzten Segments die Maschen stilllegen (siehe S. 50) und offen zusammennähen (siehe S. 149). Zum Schluss die Fäden vernähen.

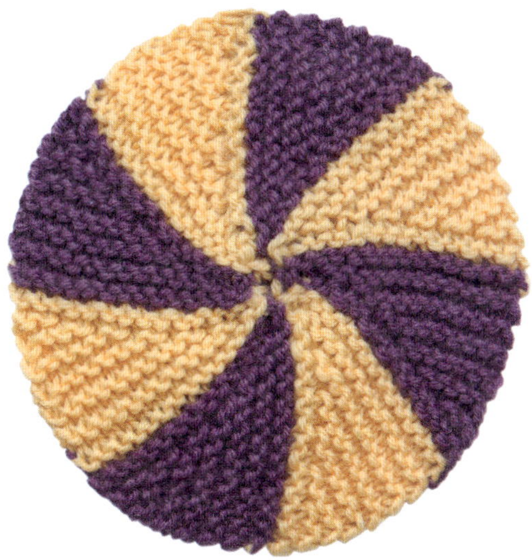

RÜSCHEN

Rüschen lassen sich leicht stricken, indem man einen Streifen in Querrichtung strickt und dabei Reihen verkürzt. Die Fülle der Rüsche wird durch das Verhältnis von verkürzten und vollständigen Reihen bestimmt. Besonders dekorativ sehen solche Rüschen aus, wenn man sie in einem anderen Muster strickt als das Hauptteil.

QUER GESTRICKTE RÜSCHEN

1 Über 20 Maschen arbeiten. 14 M li, Wicklung (siehe S. 115), wenden und 14 M re bis R-Ende stricken.

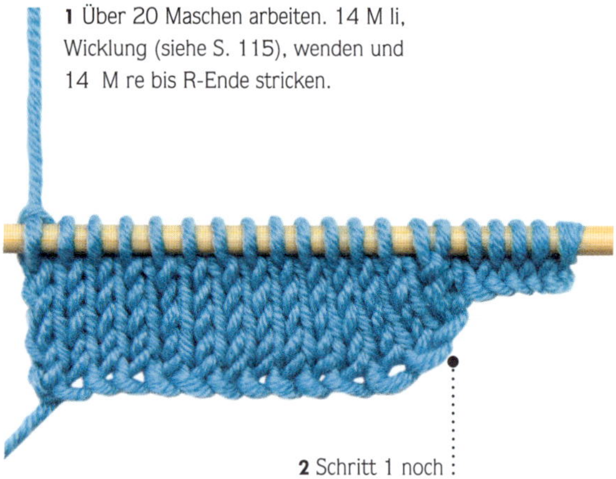

2 Schritt 1 noch zweimal wiederholen.

Kante kraus rechts

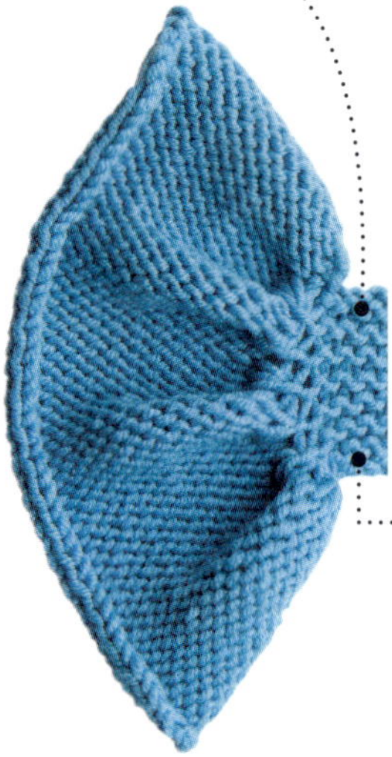

3 13 M li stricken. Mit der rechten Nadel von unten in die Wicklungen einstechen, auf die linke Nadel legen und mit der nächsten Masche links zusammenstricken. Links fortfahren. Das Hochziehen und Zusammenstricken gibt der Rüsche mehr Fülle.

4 6 M li, 14 M re stricken. Schritte 1–4 wiederholen, bis die gewünschte Breite der anschließenden Kante (hier: kraus rechts) erreicht ist.

KLEINE WELLEN AUF DER FLÄCHE

1 Das Beispiel ist über 24 M gearbeitet, die Welle über die mittleren 8 M. 16 M re, Wicklung (siehe S. 115), wenden.

2 8 M li, Wicklung, wenden.

3 8 M re, Wicklung, wenden. Schritt 2 wdh.

4 16 M re, Wicklungen hochziehen (siehe S. 116).

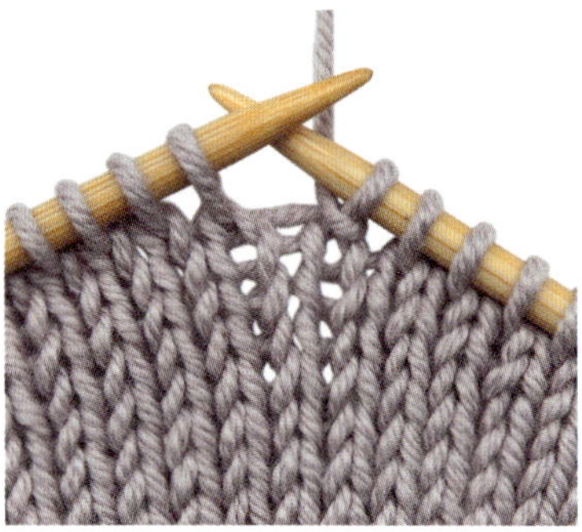

5 24 M li, dabei die Wicklungen auf der anderen Seite der Welle ebenfalls hochziehen. Das Hauptteil ist dabei um zwei Reihen höher geworden, im Bereich der eingestrickten Welle um vier Reihen.

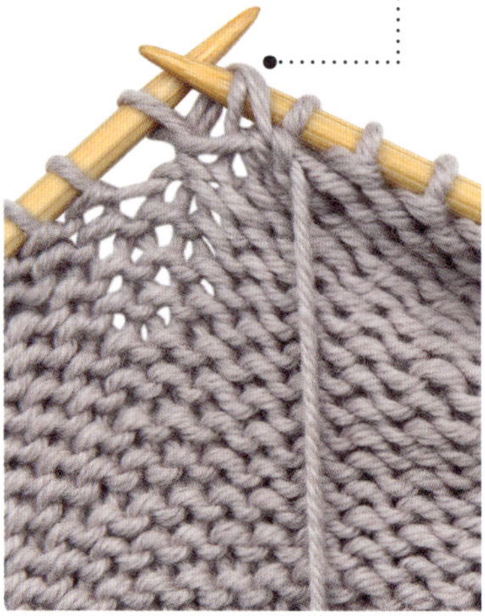

6 Schritte 1–5 für weitere Wellen wiederholen. Am besten sieht es aus, wenn mehrere Wellen senkrecht übereinander angeordnet sind.

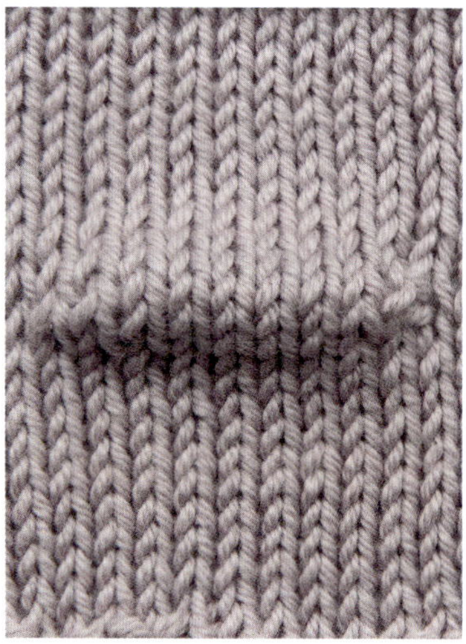

HOHLFORMEN STRICKEN

Mit verkürzten Reihen ist es sogar möglich, Hohlformen zu stricken, beispielsweise für einen weichen Babyball. Zipfel, die auf diese Weise gestrickt werden, können an der Basis zugenäht werden oder offen bleiben. Wer möchte, kann sie vor dem Zusammennähen ausstopfen, damit sie in Form kommen und bleiben.

BALL MIT VERKÜRZTEN REIHEN

Dieses Beispiel ist kraus rechts gestrickt. Wie beim Medaillon mit verkürzten Reihen (siehe S. 117) kann auf Wicklungen verzichtet werden.

1 20 Maschen mit Farbe A anschlagen.

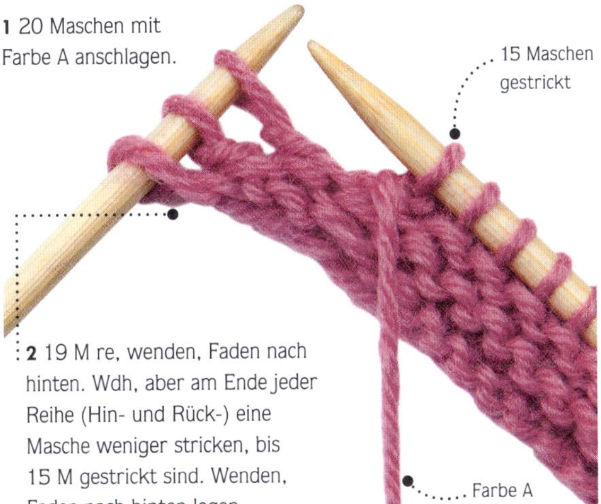

2 19 M re, wenden, Faden nach hinten. Wdh, aber am Ende jeder Reihe (Hin- und Rück-) eine Masche weniger stricken, bis 15 M gestrickt sind. Wenden, Faden nach hinten legen.

3 13 M re, wenden, Faden nach hinten. Wdh, aber nur 11 M re stricken.

4 7 M re, wenden, Faden nach hinten legen. Wdh, aber nur 5 M re stricken.

5 4 M re, Faden nach vorn. Die restlichen 9 M auf die rechte Nadel abheben. Faden auf etwa 10 cm Länge abschneiden.

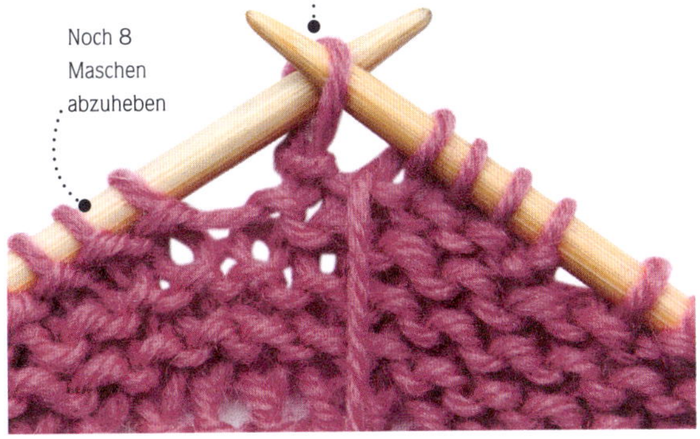

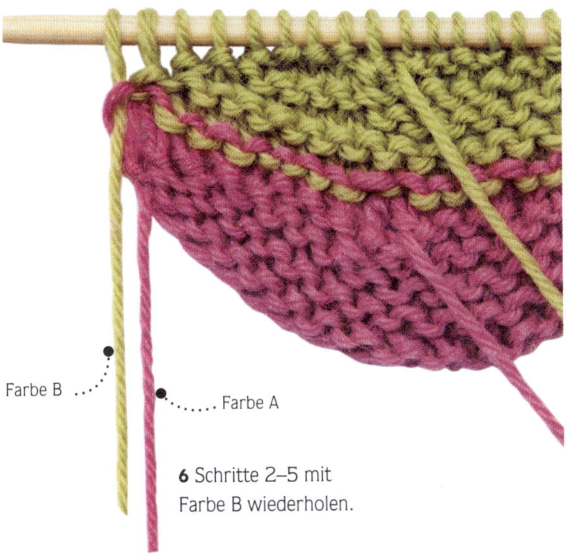

6 Schritte 2–5 mit Farbe B wiederholen.

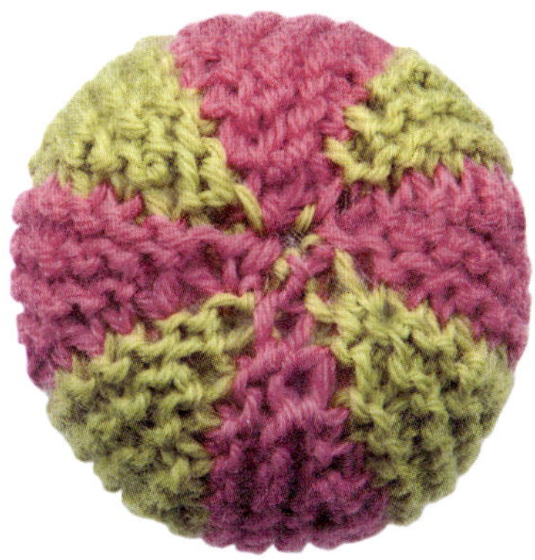

7 Insgesamt acht Segmente im Farbwechsel stricken. Abketten oder Maschen stilllegen. Die mittleren Reihenenden zusammennähen. Den Ball oben und unten vorsichtig zusammenziehen. Ausstopfen und die Naht im Matratzenstich (siehe S. 148) schließen. Falls die Maschen stillgelegt wurden, die offenen Maschen nun zusammennähen (siehe S. 150).

ZIPFEL MIT VERKÜRZTEN REIHEN

1 Die Breite der Zipfel festlegen. Hier beträgt sie neun Maschen, beidseitig werden acht Maschen glatt rechts gestrickt (= insgesamt 25 M). In der Reihe, in der ein Zipfel liegen soll, 17 M re, dann wenden.

2 9 M li, wenden.

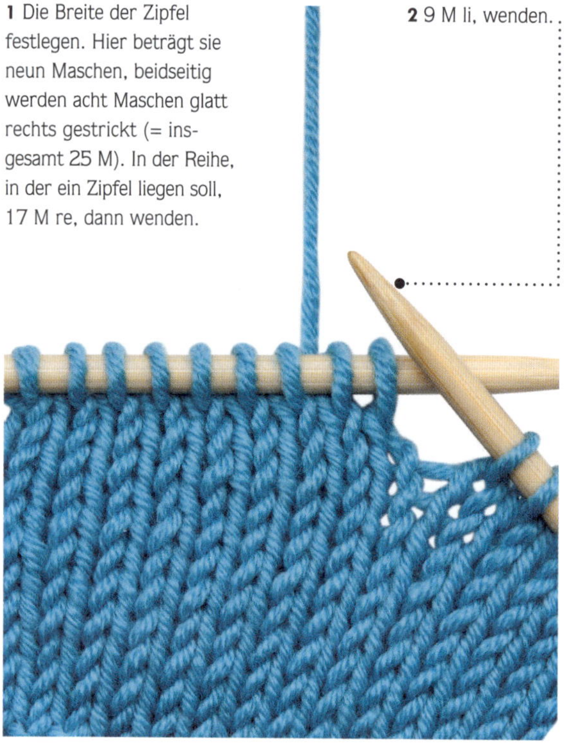

3 8 M re, wenden. 7 M li, wenden. 6 M re, wenden. 5 M li, wenden. 4 M re, wenden. 3 M li, wenden. 2 M re, wenden. 1 M li.

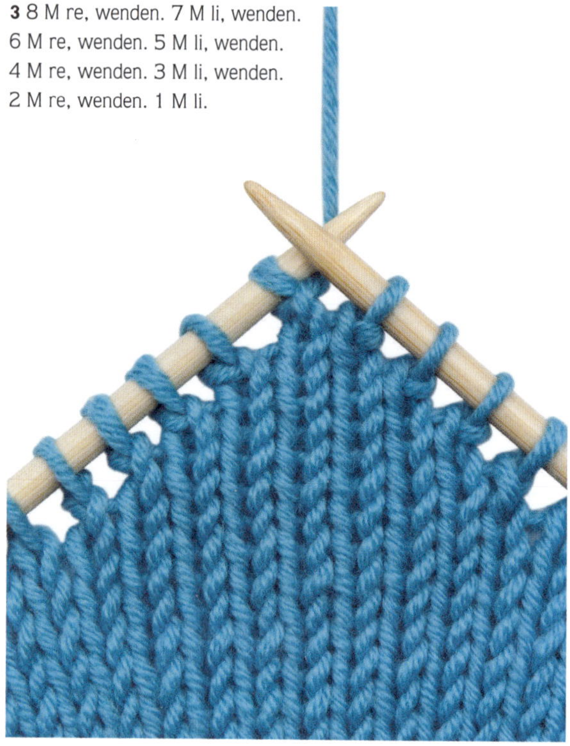

4 2 M re, wenden. Schritt 3 in umgekehrter Reihenfolge stricken, also immer eine Masche mehr. Die letzte Reihe besteht aus neun linken Maschen. Wenden.

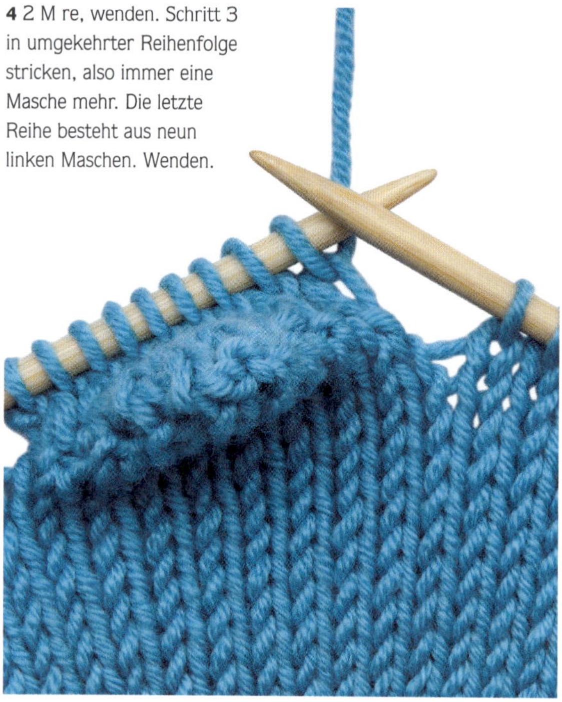

5 17 M re, wenden. 25 M li. Durch die verkürzten Reihen wirken die seitlichen Ränder des Zipfels eventuell leicht gestuft.

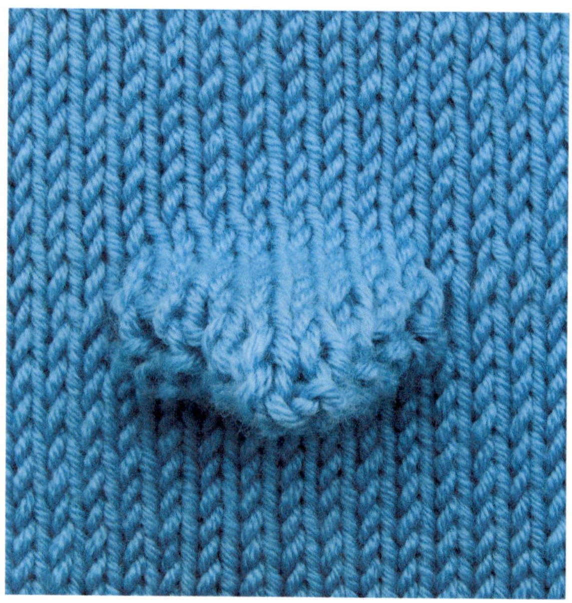

RUND STRICKEN

Strickt man auf einer Rundnadel oder einem Nadelspiel immer ringsherum, entsteht ein nahtloser Schlauch. Beim Stricken hat man immer die rechte (äußere) Seite des Werkstücks vor Augen, es gibt also keine Rückreihen. Der Umgang mit einer Rundstricknadel ist einfach. Das Stricken mit einem Nadelspiel aus fünf Nadeln erfordert etwas Übung.

SCHLÄUCHE STRICKEN

Wer das Zusammennähen gestrickter Teile nicht mag, kann Pullover, Taschen oder Kissen auf einer langen Rundnadel stricken. Für nahtlose Halsbündchen oder Mützen verwenden Sie eine kürzere Rundnadel. Handschuhe und Strümpfe haben einen noch kleineren Durchmesser und werden auf einem Nadelspiel gestrickt.

STRICKEN MIT DER RUNDNADEL

1 Die gewünschte Maschenzahl anschlagen. Die Maschen sollen die ganze Nadel relativ dicht bedecken. Vor der ersten Runde sicherstellen, dass die Maschen nicht verdreht sind. Den Rundenanfang markieren.

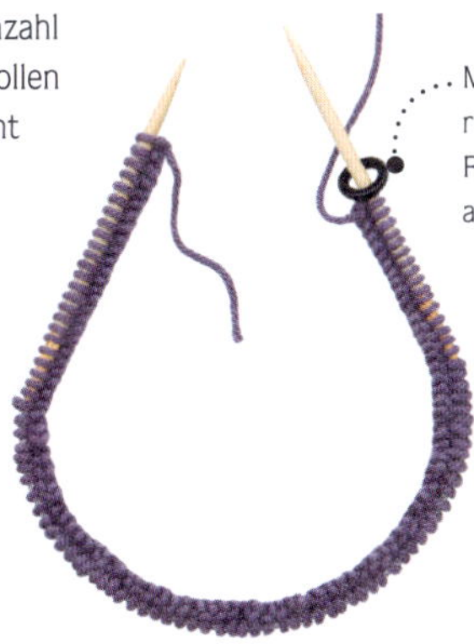

2 In jede Hand ein starres Nadelende nehmen. Wie üblich werden die Maschen von der linken auf die rechte Nadel abgestrickt. Immer mit dem Uhrzeigersinn stricken. Wenn die Markierung erreicht ist, diese einfach auf die rechte Nadel legen.

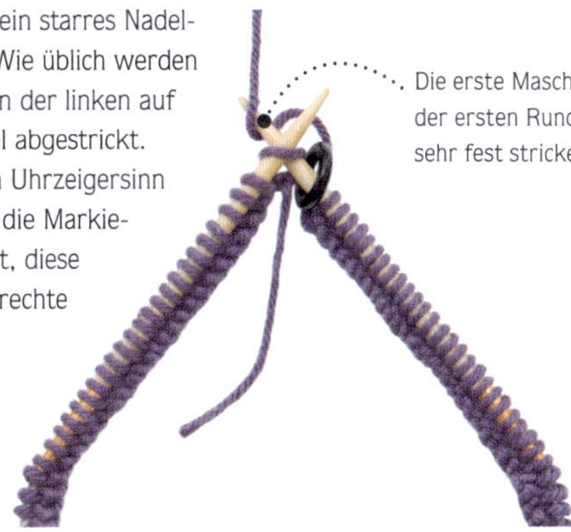

3 Beim Stricken in Runden liegt die Vorderseite der Arbeit immer außen, man arbeitet sozusagen nur in Hinreihen. Für einen glatt rechts gearbeiteten Schlauch werden ausschließlich rechte Maschen gestrickt.

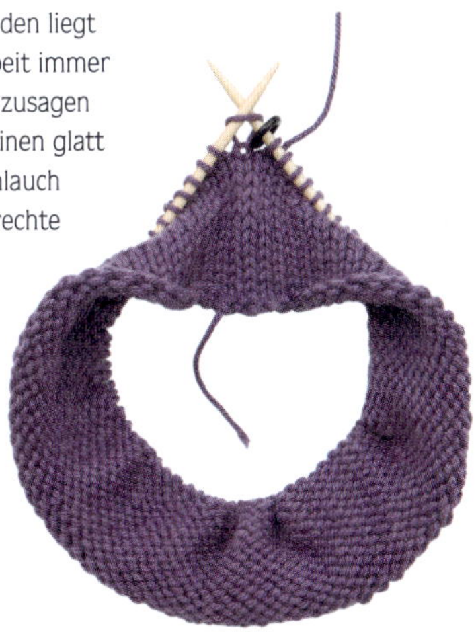

MASCHEN ZUR RUNDE SCHLIESSEN

So gelingt der Anschluss glatt und sauber:

1 Eine Masche mehr anschlagen als benötigt.

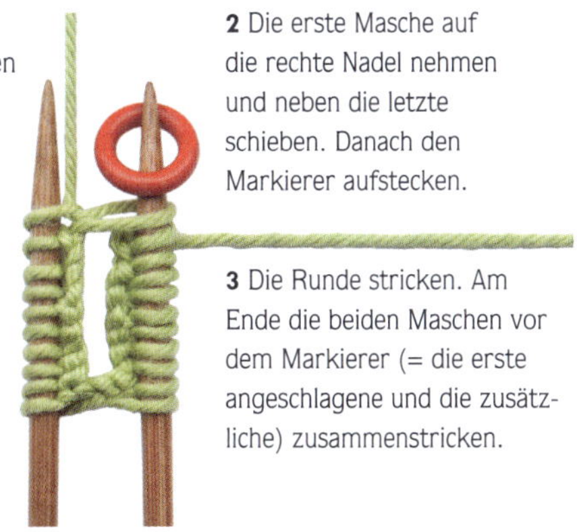

2 Die erste Masche auf die rechte Nadel nehmen und neben die letzte schieben. Danach den Markierer aufstecken.

3 Die Runde stricken. Am Ende die beiden Maschen vor dem Markierer (= die erste angeschlagene und die zusätzliche) zusammenstricken.

EINE MÖBIUS-SCHLINGE STRICKEN

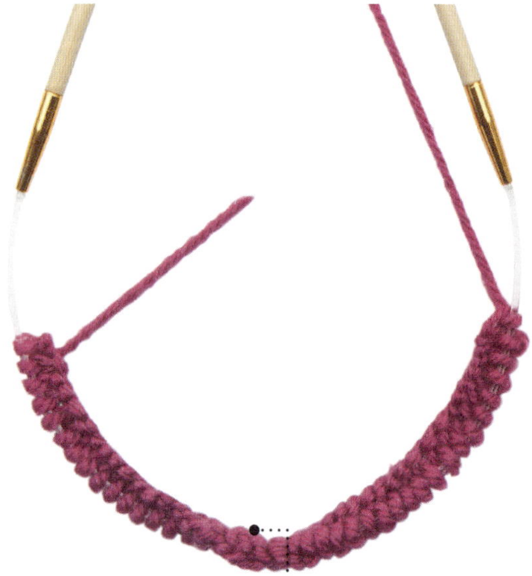

1 Im Kreuzanschlag (siehe S. 39) genug Maschen anschlagen, um eine kurze Rundnadel zu bedecken. Einmal alle abstricken, aber noch nicht zur Runde schließen.

2 Die Maschen auf der Nadel einmal verdrehen. Die Maschen an den Enden müssen jedoch so liegen, dass der Anschlag zur Mitte zeigt.

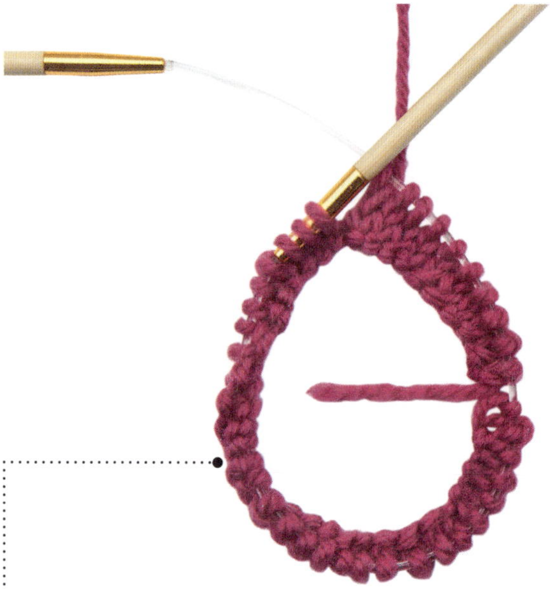

3 Zur Runde schließen, ohne die Verdrehung aufzulösen. Dann in Runden stricken. Die ersten Runden sind etwas knifflig, aber danach wird es einfacher.

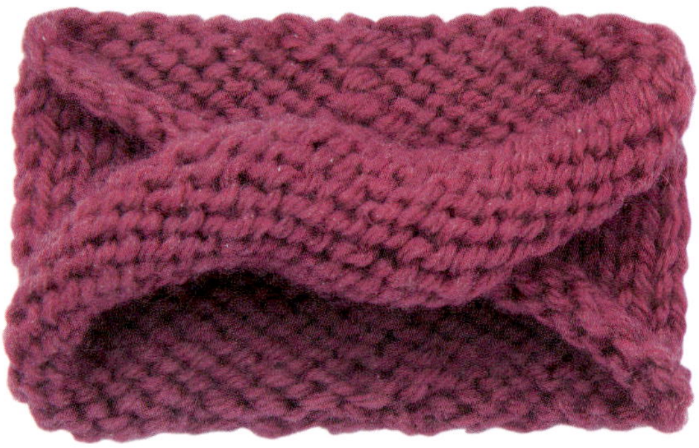

4 Fortfahren, bis die gewünschte Höhe erreicht ist. Abketten. Eine breite Möbius-Schlinge gibt ein dekoratives Stirnband ab.

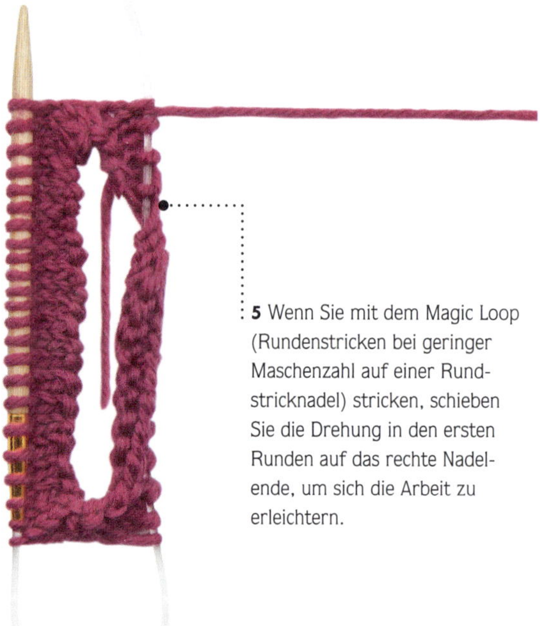

5 Wenn Sie mit dem Magic Loop (Rundenstricken bei geringer Maschenzahl auf einer Rundstricknadel) stricken, schieben Sie die Drehung in den ersten Runden auf das rechte Nadelende, um sich die Arbeit zu erleichtern.

ZWEI SCHLÄUCHE GLEICHZEITIG AUF ZWEI RUNDNADELN STRICKEN

Mit dieser Methode können Sie zwei Socken oder Handschuhe parallel stricken. Arbeiten Sie mit zwei Nadeln, die sich gut unterscheiden lassen, und merken Sie sich, welche Nadel A und welche Nadel B ist.

1 Die Maschen für Schlauch 1 im Kreuzanschlag (siehe S. 39) auf Nadel A anschlagen. Ans andere Ende schieben. Die Hälfte der Maschen auf Nadel B abheben.

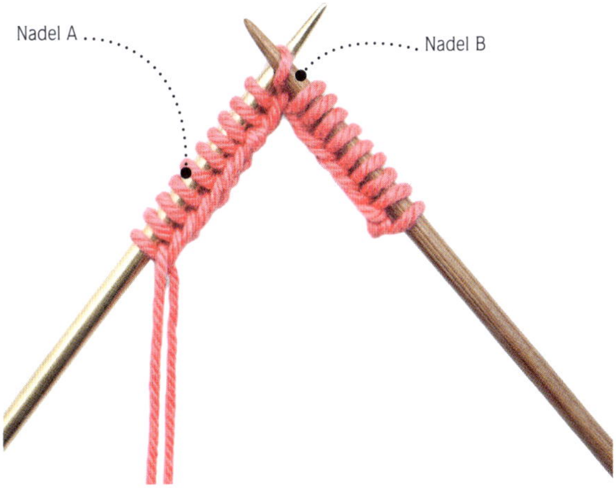

2 Alle Maschen zu den Enden der beiden Nadeln schieben.

3 Mit einer Sticknadel ohne Spitze zur Runde schließen. Das kurze Ende durch die letzte Masche (mit dem Arbeitsfaden) ziehen, dann beide Fäden fest verknoten.

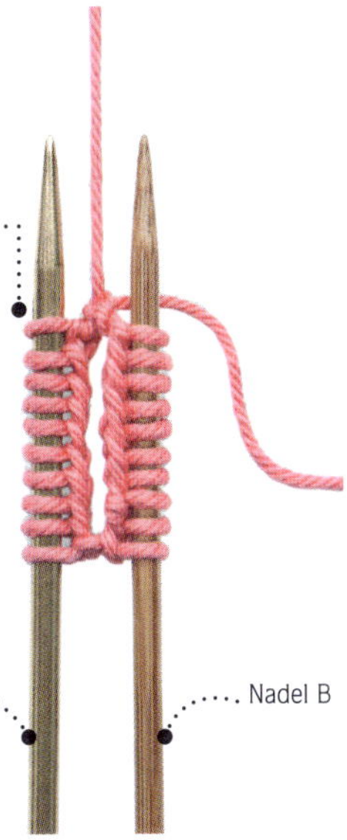

4 Schlauch 2 mit einem zweiten Knäuel auf dem freien Ende von Nadel B anschlagen. Die Hälfte der Maschen auf Nadel A legen. Die Runde schließen.

5 Schlauch 2 auf die Seile schieben (Knoten zeigt von den Nadelenden weg). Auf jedem Schlauch den Rundenanfang markieren.

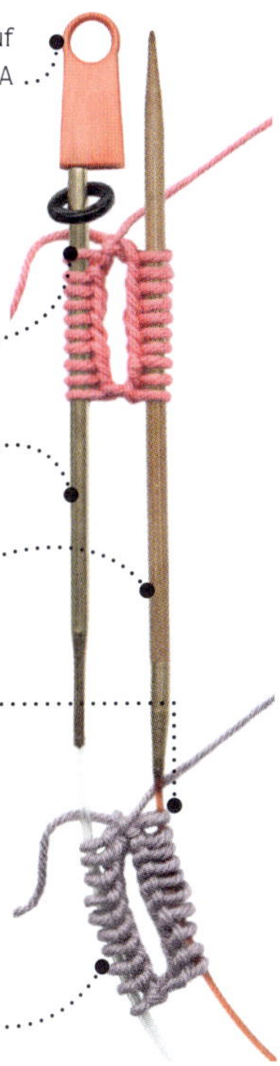

6 Die Nadeln parallel legen. Die Arbeitsfäden beider Schläuche müssen in dieselbe Richtung zeigen. Einer liegt an den Nadelspitzen, der andere in der Mitte der Seile.

7 Beide Nadeln in die linke Hand nehmen. Nadel A (mit Kappe) liegt leicht hinter Nadel B. Die Arbeitsfäden hängen zwischen den Nadeln. Sie dürfen keine zusätzliche Schlaufe produzieren. Der zweite Faden liegt über und hinter den Nadeln, damit er sich nicht verheddert.

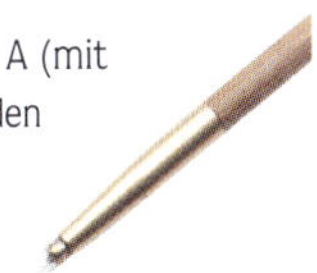

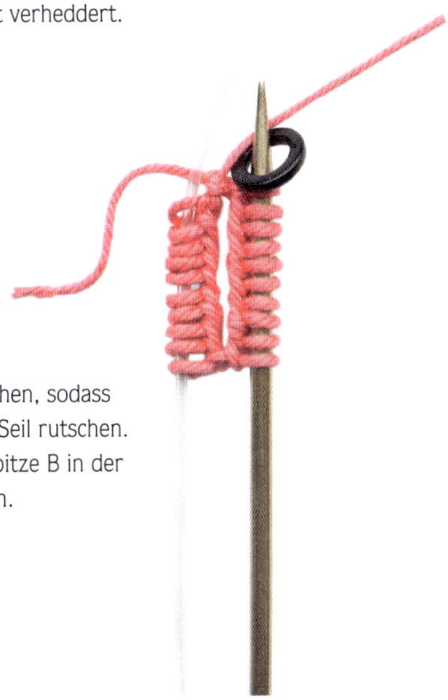

8 Nadel A hochziehen, sodass die Maschen aufs Seil rutschen. Seil A und Nadelspitze B in der linken Hand halten.

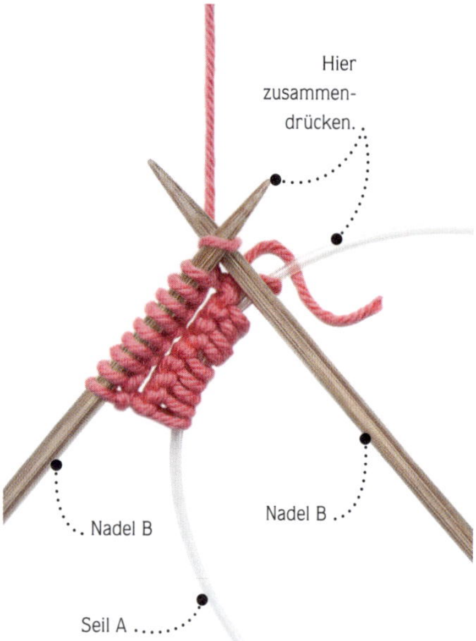

10 Die erste Seite von Schlauch 1 stricken. Die Nadeln liegen entgegengesetzt parallel. Schlauch 1 auf das Seil schieben. Das Ende von Nadel B in der rechten Hand behalten.

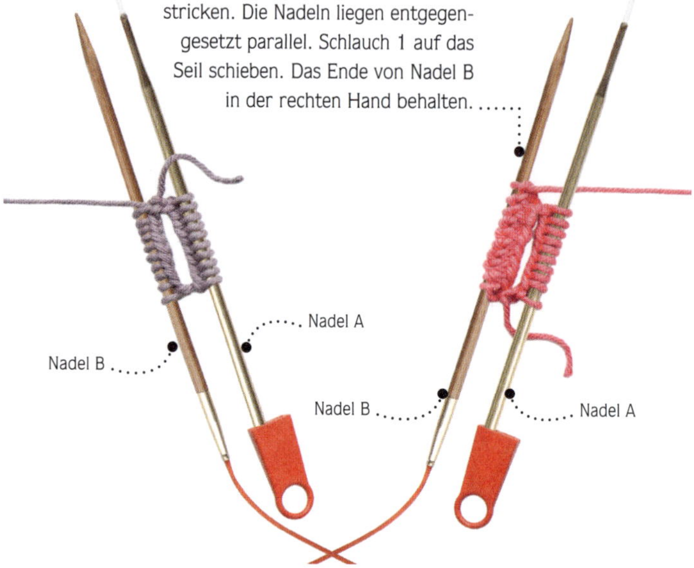

9 Das freie Ende von Nadel B in die rechte Hand nehmen und die Maschen vom anderen Ende derselben Nadel (linke Hand) abstricken. Die Spitze von Nadel B an Seil A drücken, damit der Übergang nicht überdehnt wird.

11 Schlauch 2 zum anderen Ende von Nadel B schieben. Dieses in die linke Hand nehmen und mit Nadel B die erste Seite von Schlauch 1 stricken.

12 Wenden. Der Arbeitsfaden liegt an der Spitze in der linken Hand. An jedes Ende einen Schlauch schieben. Jetzt ist von jedem Schlauch die Hälfte der Maschen gestrickt.

13 Die Kappen auf Nadel B setzen. Die Nadeln wie in Schritt 7 legen, jedoch liegt jetzt Nadel B links.

14 Wie bei Schritt 8 vorgehen, aber Nadel B hochziehen.

15 Das freie Ende von Nadel A in die rechte Hand nehmen und die Maschen vom anderen Ende derselben Nadel (linke Hand) abstricken. Seite 2 von Schlauch 1 stricken, dann aufs Seil schieben. Die Nadeln liegen wie in Schritt 10.

16 Schlauch 1 zu den Spitzen von Nadel A schieben. Die zweite Seite von Schlauch 1 mit Nadel A stricken. Schritte 7–16 wiederholen, die Nadelkappen tauschen.

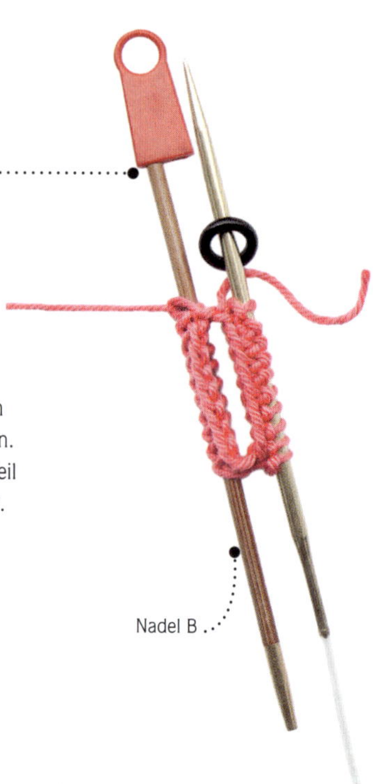

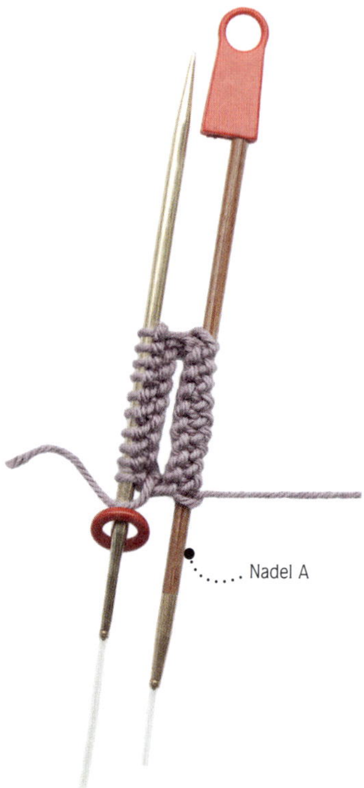

SPIRALEN STRICKEN

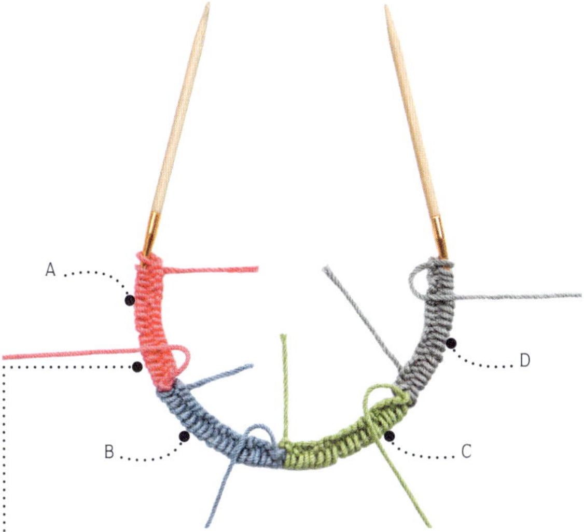

1 Mit vier Farben je ein Viertel der Gesamt-Maschenzahl anschlagen. Sind 80 Maschen erforderlich, je 20 in Farbe A, B, C und D anschlagen. Die Arbeitsfäden nicht abschneiden.

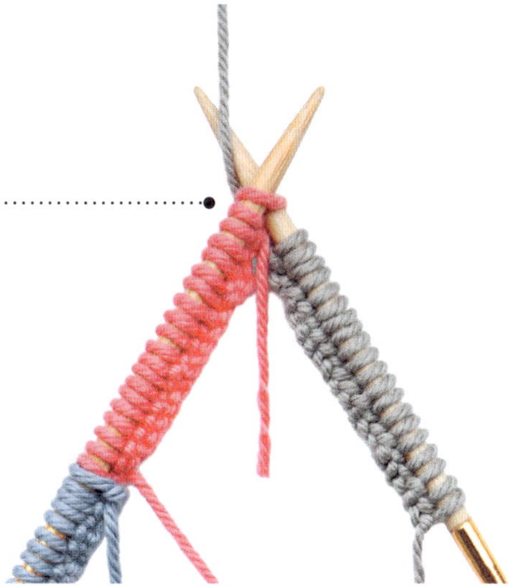

2 Die Nadel nicht umdrehen. Die angeschlagenen Maschen in Farbe A mit dem Arbeitsfaden in Farbe D stricken. Am Farbwechsel den neuen Faden nicht zu straff ziehen, sonst verziehen sich die Maschen und Streifen. Bis zum Ende der A-Maschen stricken.

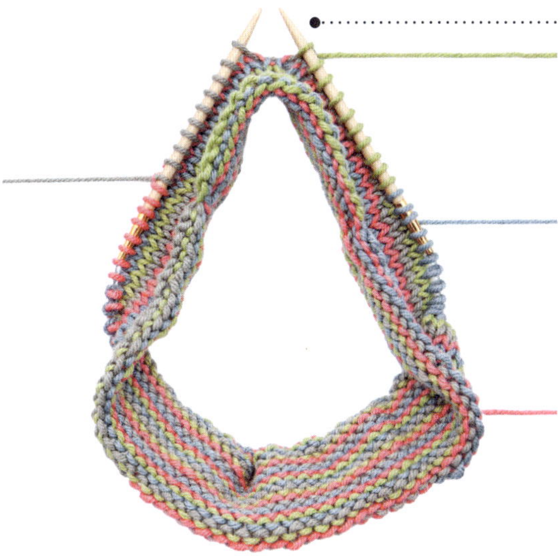

3 Mit Faden A die Maschen der nächsten Farbe stricken. Am Ende jeder Farbe mit dem Arbeitsfaden fortfahren, der dort hängt.

4 Nach einer Runde hängt kein Arbeitsfaden bereit. Stricken Sie dann einfach weiter. Der nächste Farbwechsel (wie in Schritt 3) findet statt, wenn der nächste freie Arbeitsfaden erreicht ist.

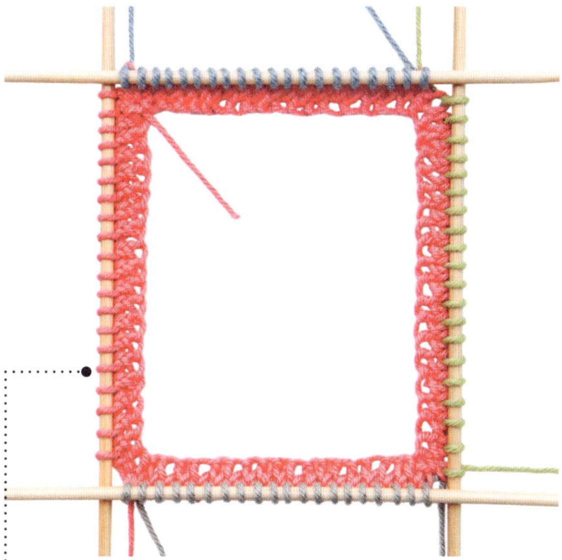

5 Variante: Mit einem Nadelspiel 4 × 20 Maschen in Farbe A anschlagen, zur Runde schließen und eine Runde stricken. Dann je ein Viertel der Maschen in Farbe A und jedes weitere Viertel in einer anderen Farbe stricken. Wie in Schritten 2–4 fortfahren. Der Farbwechsel findet jeweils beim Nadelwechsel statt.

STRICKEN MIT EINEM NADELSPIEL – VIER NADELN

1 In der Strickanleitung ist angegeben, wie viele Nadeln Sie für ein Modell benötigen. Ein komplettes Nadelspiel besteht aus fünf Nadeln, man kann aber auch auf vier Nadeln rund stricken. Zuerst alle Maschen auf einer Nadel anschlagen.

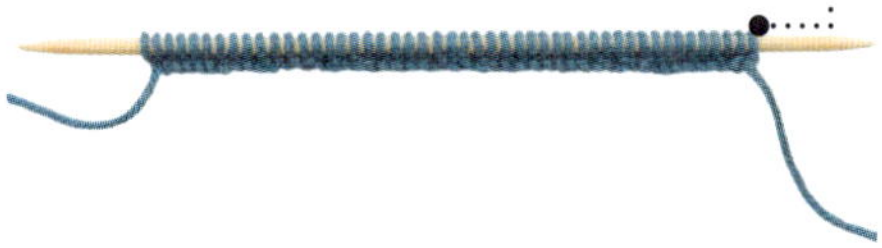

2 Nun die Maschen auf drei Nadeln verteilen. Achten Sie darauf, dass sich die Anschlagreihe dabei nicht verdreht.

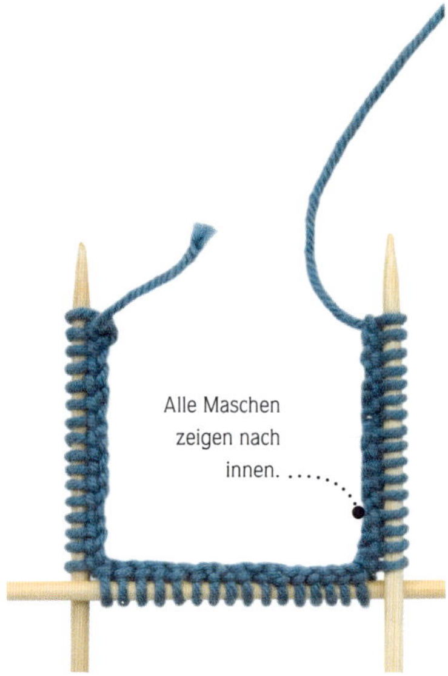

3 Einen Markierer zwischen die ersten beiden Maschen der ersten Runde setzen. Die Nadeln zum Dreieck legen und mit der freien Nadel die Maschen der letzten Nadel (= Nadel 1) abstricken. Von nun an in Runden fortfahren.

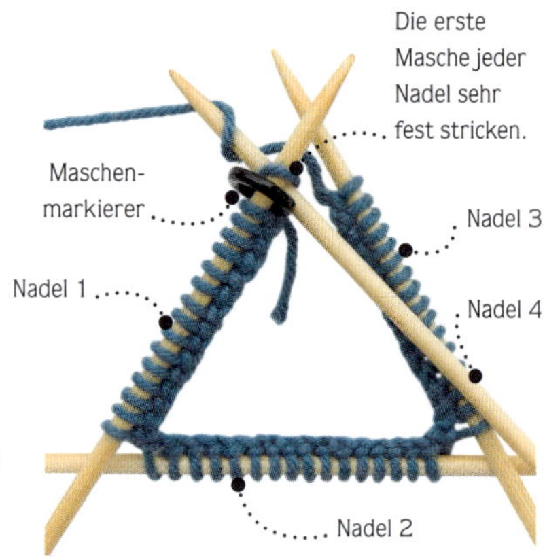

STRICKEN MIT EINEM NADELSPIEL – FÜNF NADELN

1 Die Maschen auf einer Nadel anschlagen, auf vier Nadeln verteilen. Wie oben einen Markierer setzen. Die Nadeln zum Quadrat legen, dabei die Anschlagreihe nicht verdrehen.

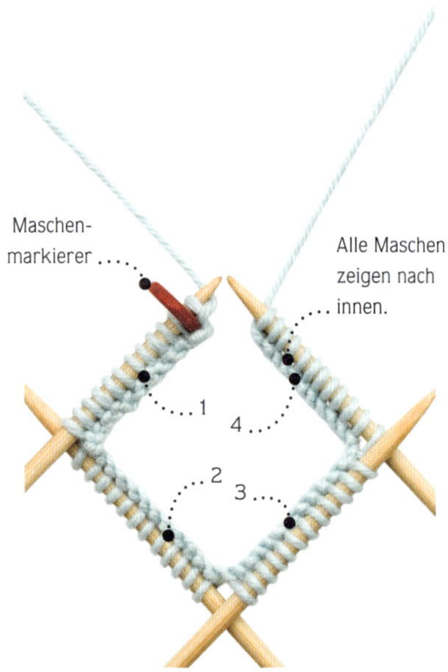

2 Gestrickt wird mit der freien, fünften Nadel. Die erste Masche jeder Nadel besonders fest stricken, damit sich an der Stelle des Nadelwechsels keine Lücken bilden.

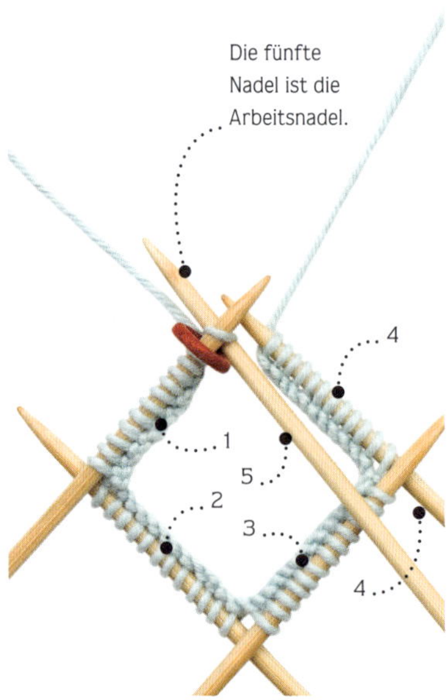

3 Wenn die erste Nadel abgestrickt ist, wird diese zur Arbeitsnadel. Von nun an fortlaufend in Runden stricken.

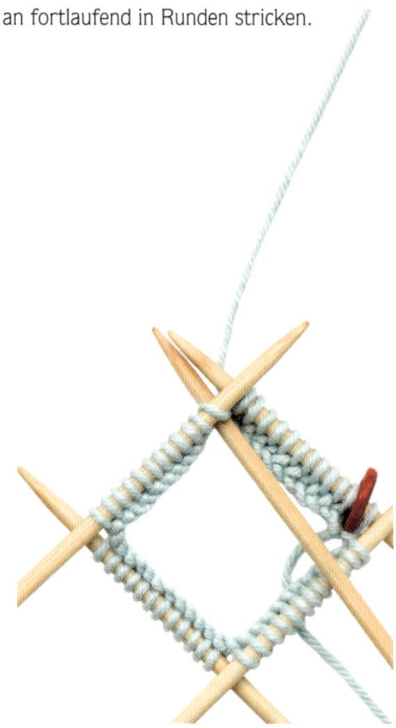

SPIRALKORDELN STRICKEN

1 24 Maschen anschlagen und gleichmäßig auf drei Nadeln eines Spiels verteilen (= acht Maschen pro Nadel, siehe links).

2 Zur Runde schließen und den Rundenanfang markieren. Runde 1 [4 M re, 4 M li] wdh bis zum Rd-Ende. Drei solcher Runden stricken.

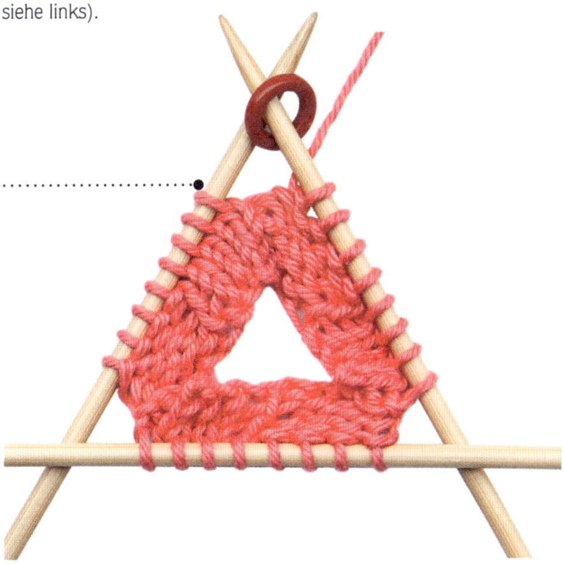

3 In der nächsten Runde die erste Masche links stricken, dann wieder 4 M re, 4 M li im Wechsel bis zum Rd-Ende. Mit 3 M li enden.

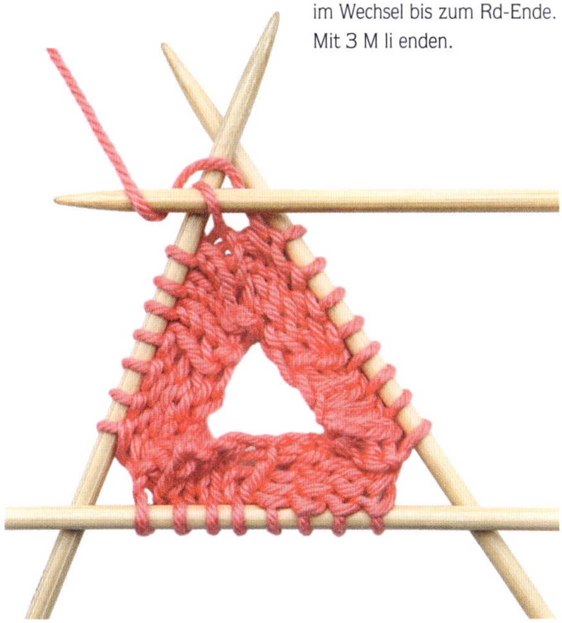

4 Die Rippen sind um eine Masche versetzt. Das Rippenmuster in Runden weiterstricken, dabei alle vier Runden die Rippen um eine Masche in Strickrichtung versetzen.

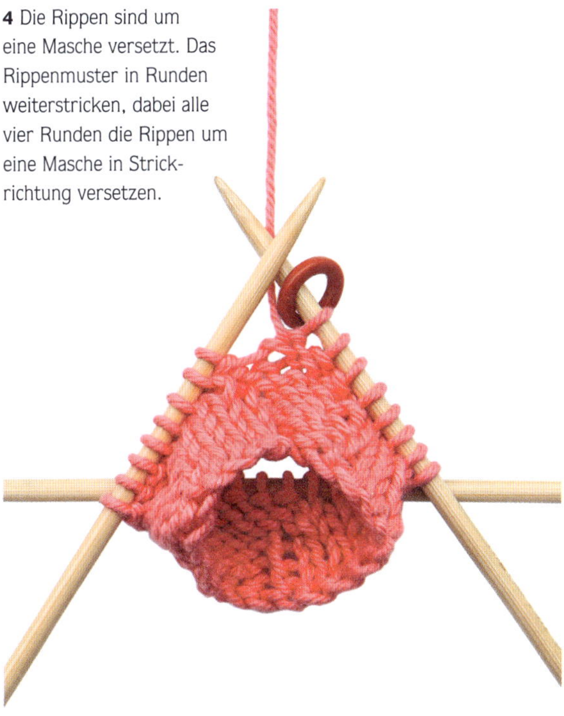

5 Gestrickte Kordeln aus glänzendem oder glitzerndem Garn, vielleicht noch verziert mit Perlen oder Pailletten, eignen sich sogar als Halsschmuck oder Armband.

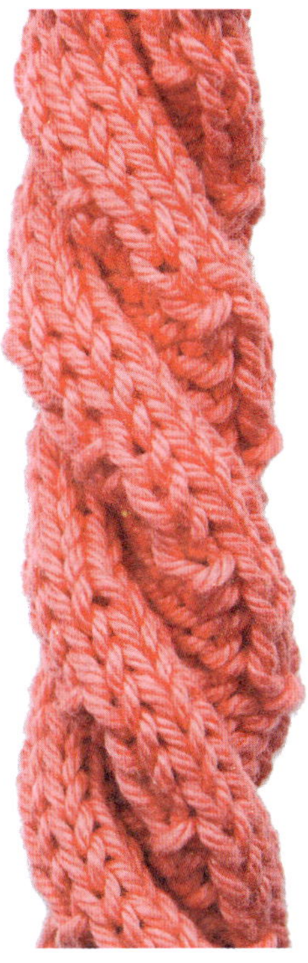

RÜCKWÄRTS, DOPPELT UND TUNESISCH

Das Rückwärtsstricken ist manchmal eine Arbeitserleichterung. Doppelt und tunesisch gestrickte Arbeiten sehen anders aus als traditioneller Strick: Das Maschenwerk ist fester und weniger elastisch. Manche Muster ähneln Häkelarbeiten.

RÜCKWÄRTS STRICKEN

Das Rückwärtsstricken erleichtert die Arbeit bei schmalen Teilen, bei denen man anderenfalls sehr oft wenden müsste. Strickt man rechte Maschen rückwärts, beginnt man alle Reihen am rechten Rand. Linke Maschen werden seltener rückwärts gestrickt.

RECHTE MASCHEN RÜCKWÄRTS

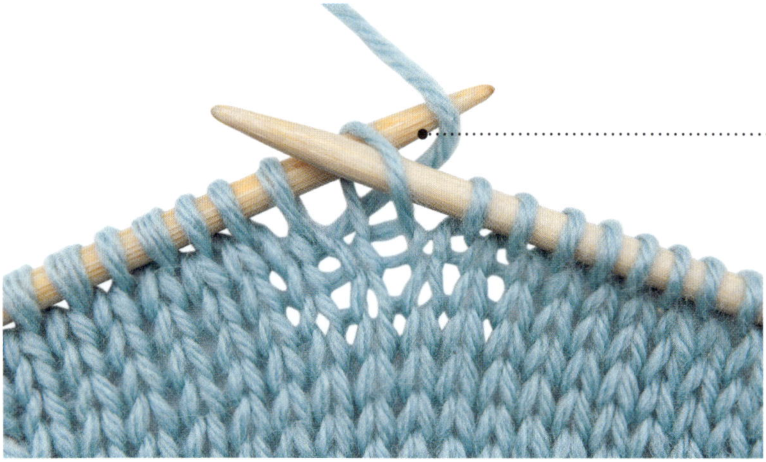

1 Am Ende einer Reihe rechter Maschen wird die Strickarbeit nicht gewendet.

2 Die linke Nadel in die erste Masche auf der rechten Nadel einstechen. Den Faden von hinten nach vorn um die rechte Nadel legen.

3 Die Masche holen. Dann die rechte Nadel aus der alten Masche ziehen. Das spiegelverkehrte Stricken erfordert etwas Übung.

LINKE MASCHEN RÜCKWÄRTS

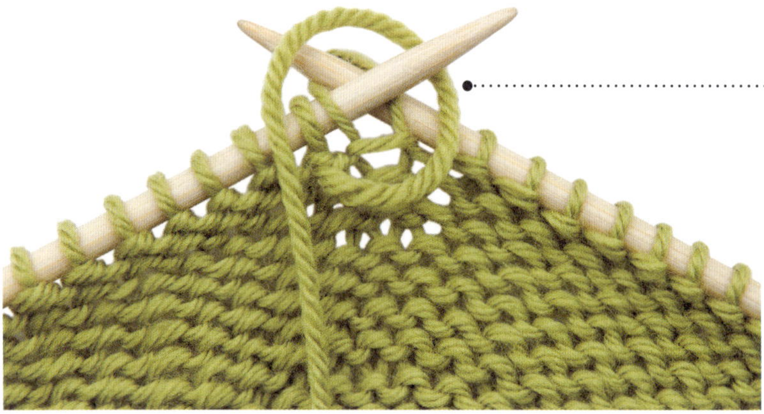

1 Am Ende einer Reihe linker Maschen die Arbeit nicht wenden. Der Faden bleibt vor der Arbeit.

2 Die linke Nadel von hinten nach vorn unter dem linken Maschenglied der ersten Masche auf der rechten Nadel stechen. Vor der rechten Nadel herauskommen. Den Faden entgegen dem Uhrzeigersinn um die linke Nadel legen.

3 Den Faden mit der linken Nadel durchholen, dann die alte Masche von der rechten Nadel gleiten lassen.

DOPPELT STRICKEN

Doppelt gestrickte Modelle sind sehr dicht und weniger elastisch als traditionelle Strickarbeiten. Obwohl mit dickeren Nadeln gestrickt wird, als für die Garnstärke normal wäre, geht die Arbeit recht langsam voran.

1 Maschen zum doppelten Stricken anschlagen (siehe S. 46).

2 Zwei Maschen zusammenstricken, aber nur die erste von der Nadel ziehen, die zweite darauf liegen lassen.

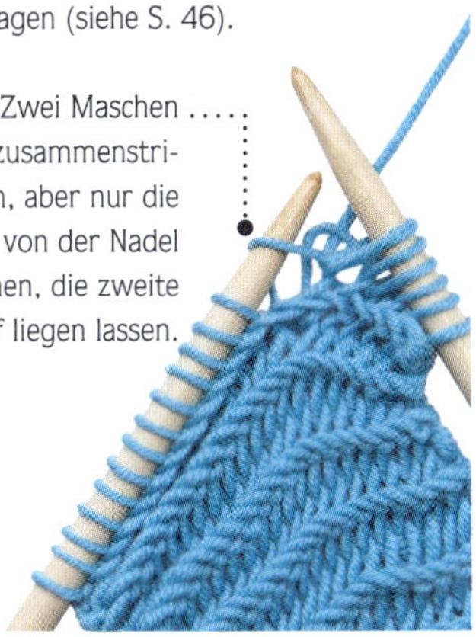

3 Mit der rechten Nadel in die verbliebene und die nächste Masche einstechen. Diese zusammenstricken. Fortlaufend wiederholen. Alle Reihen werden auf diese Weise gestrickt.

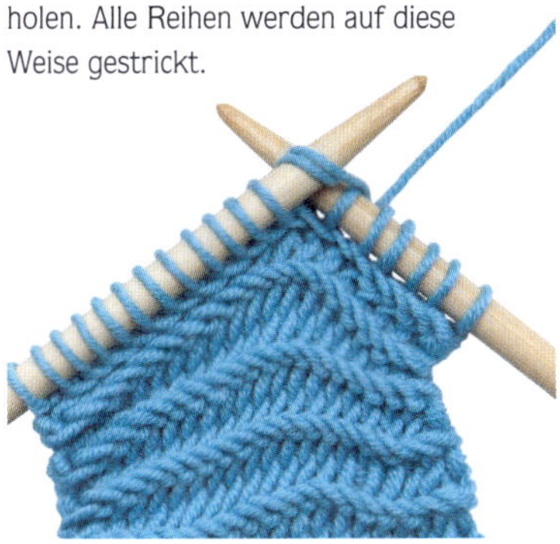

4 Das Maschenwerk ist fest, räufelt nicht leicht auf und ist unempfindlich für Ziehfäden. Es ähnelt einem dichten Gewebe.

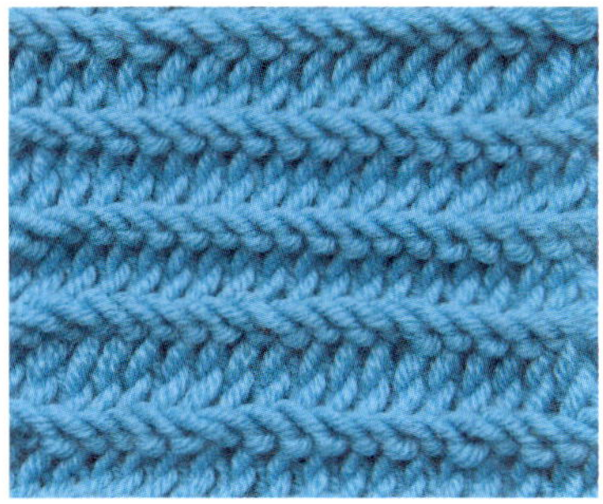

TUNESISCH STRICKEN

Tunesisch gestrickte Stücke sind dicht und fest. Sie haben eine gewisse Ähnlichkeit mit Häkelarbeiten. Normalerweise arbeitet man mit etwas dickeren Nadeln, als für das Garn empfohlen wird. Die erste Reihe liegt immer auf der Rückseite.

1 Eine Masche rechts abheben. Den Faden einmal entgegen dem Uhrzeigersinn um die Nadel legen. Die nächste Masche rechts abheben, wieder einen Umschlag arbeiten. Bis zum Ende der Reihe wiederholen.

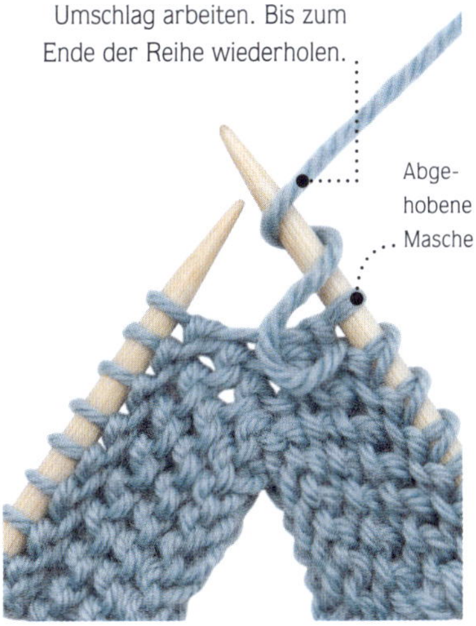

2 Wenden, dabei den letzten Umschlag mit dem Daumen festhalten. Der Umschlag liegt jetzt auf der Rückseite der Arbeit.

3 In der nächsten Reihe jeweils Umschlag und Masche verschränkt zusammenstricken: Am Reihenanfang in die erste Masche und den Umschlag auf der linken Nadel einstechen, den Umschlag um die rechte Nadel legen (siehe S. 73) und mit der ersten Masche zusammenstricken. Schritte 1–3 wiederholen.

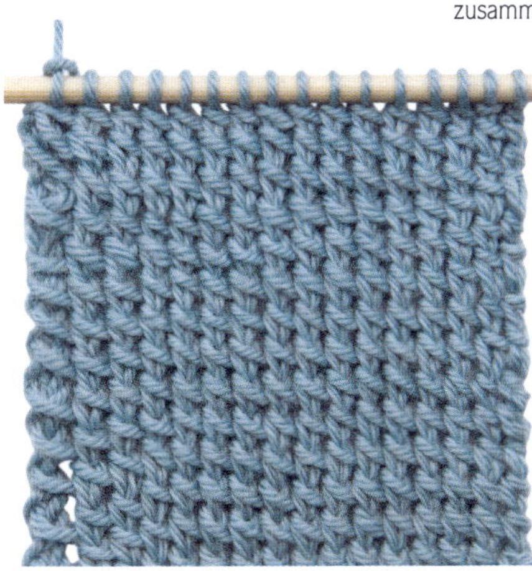

4 Verschränktes Zusammenstricken gelingt leichter, wenn man mit der rechten Nadel von vorn in Masche und Umschlag einsticht und sie gedreht auf die linke Nadel legt, um besser von hinten einstechen zu können.

5 Zum Abketten mit einer dickeren Nadel drei Maschen stricken und die erste über die beiden folgenden ziehen. Dann eine Masche stricken und den Überzug wiederholen. Fortlaufend wiederholen.

FERTIGSTELLUNG

Wenn die Hauptteile gestrickt sind, kommen Ausschnittblenden und andere Details an die Reihe. Einige davon müssen auch schon während der Arbeit berücksichtigt werden, etwa eingestrickte Taschen und Knopflöcher.

MASCHEN AUFNEHMEN

Um Kragen, Rüschen oder Borten anzustricken, müssen Maschen am Rand des fertig gestrickten Teils neu aufgenommen werden. Das ist nicht ganz einfach. Am besten probieren Sie die verschiedenen Methoden zuerst an einem Probestück aus.

ENTLANG DER OBER-/UNTERKANTE

Auf der rechten Seite der Arbeit von vorn durch die erste Masche stechen. Ein langes Fadenende hängen lassen. Den Faden durchholen. In die nächste Masche einstechen. Wiederholen, bis alle benötigten Maschen auf der Nadel sind.

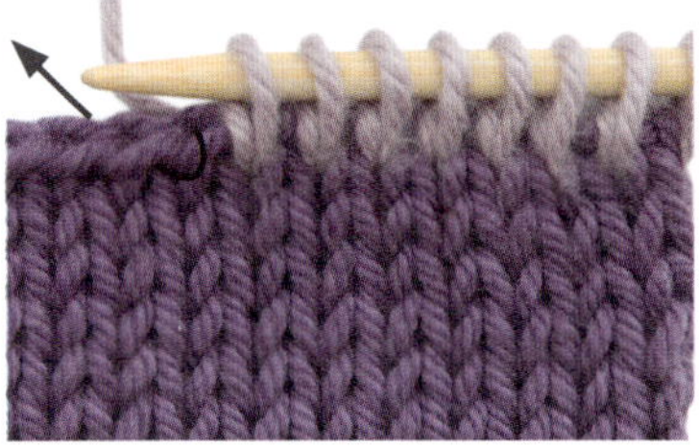

SEITENKANTEN

1 Bei dünnem bis mittlerem Garn aus vier Randmaschen drei Maschen aufnehmen. Dafür auf der Vorderseite der Arbeit jede vierte Reihe mit einer Stecknadel markieren.

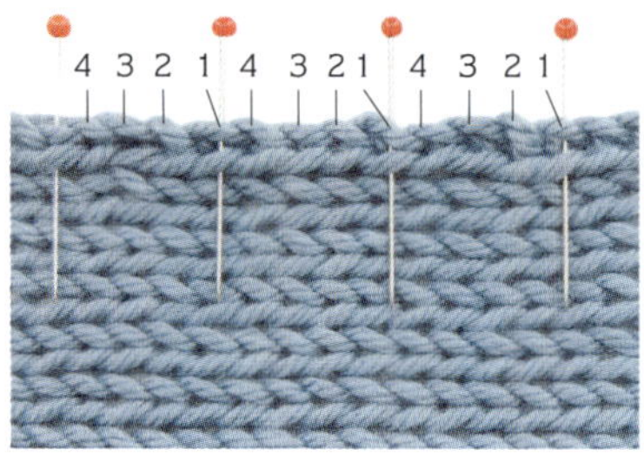

2 Durch die Mitte der Randmaschen stechen und die Maschen wie an Ober- oder Unterkante aufnehmen. Jede vierte Randmasche überspringen.

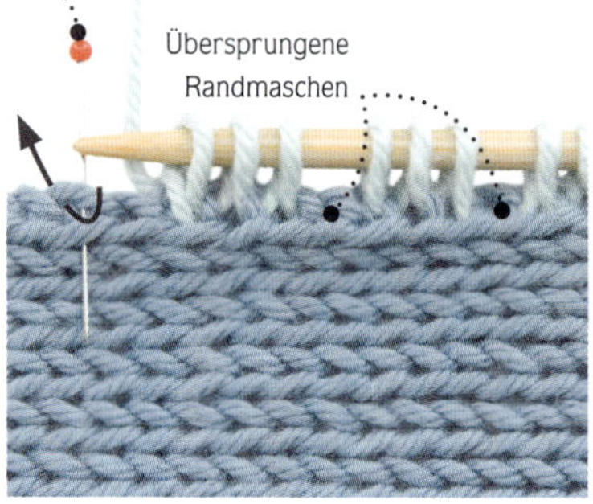

MIT EINER HÄKELNADEL

1 Die Häkelnadel soll sich bequem in die Maschen einstechen lassen. Auf der rechten Seite der Arbeit von vorn durch die Randmasche einstechen und den Faden durchholen.

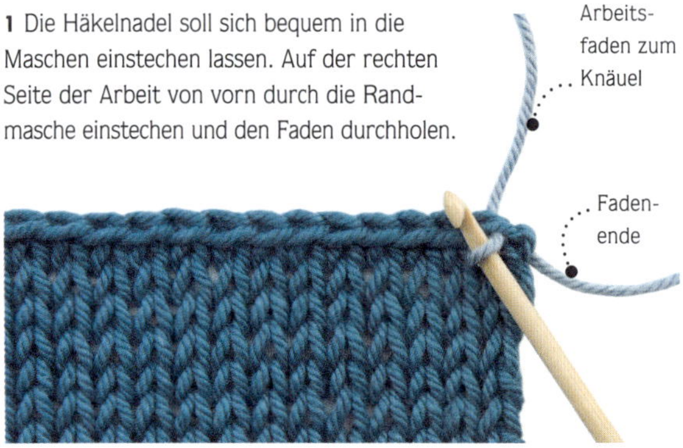

2 Die durchgeholte Masche auf die Stricknadel schieben und leicht anziehen. Fortlaufend wiederholen.

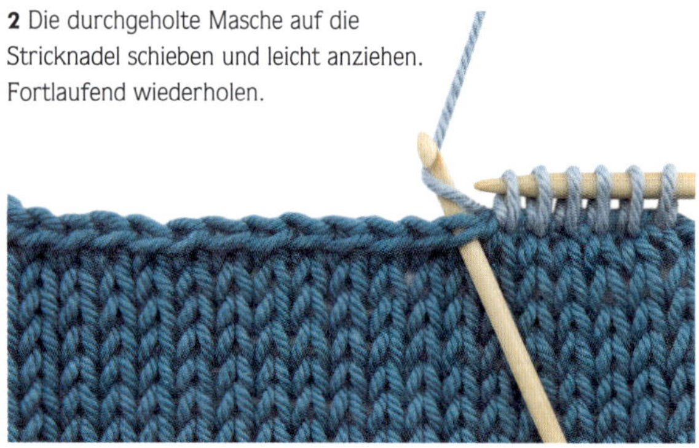

TIPPS UND TRICKS

- **Zur Veranschaulichung** haben wir hier jeweils ein Garn in einer Kontrastfarbe gewählt. Kleine Unebenheiten lassen sich jedoch besser kaschieren, wenn Sie für den Anschlag die Farbe der Strickarbeit wählen. Sollen Bündchen oder Borte eine andere Farbe haben, beginnen Sie die erste gestrickte Reihe mit der neuen Farbe.
- **Neue Maschen** immer von der Vorderseite aus aufnehmen, weil sich sonst am Rand ein unschöner Wulst bildet.
- **Die Nadelstärke** zum Aufnehmen der Randmaschen sollte etwa eine Nummer kleiner sein als für die Strickarbeit selbst.
- **Nach dem Aufnehmen** arbeiten Sie das Bündchen oder die Borte in dem in der Strickanleitung angegebenen Strickmuster.
- **Selbst erfahrenen Strickerinnen** und Strickern fällt es nicht immer leicht, Randmaschen gleichmäßig und in den Kurven glatt aufzunehmen. Wenn Ihnen das Ergebnis nicht gefällt, trennen Sie es wieder auf und versuchen Sie es noch einmal mit einer anderen Maschenzahl. Sie können es auch mit dickeren oder dünneren Stricknadeln versuchen.

MASCHEN AN RUNDEN KANTEN AUFNEHMEN

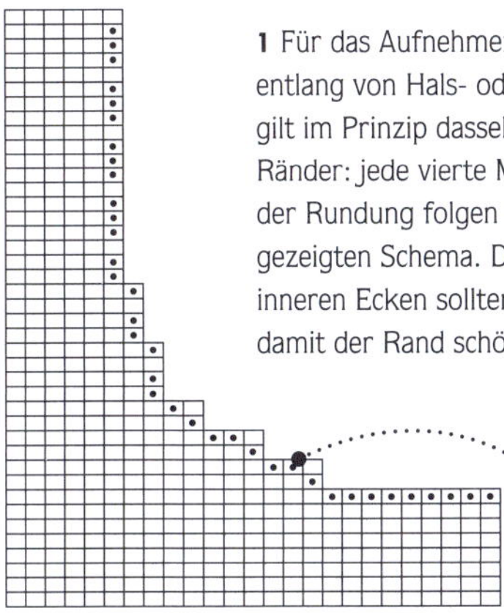

1 Für das Aufnehmen von Randmaschen entlang von Hals- oder Ärmelausschnitten gilt im Prinzip dasselbe wie für gerade Ränder: jede vierte Masche auslassen. In der Rundung folgen Sie in etwa dem hier gezeigten Schema. Die Maschen an den inneren Ecken sollten ausgelassen werden, damit der Rand schön ebenmäßig wird.

Markierte Maschen aufnehmen, leere Kästchen überspringen.

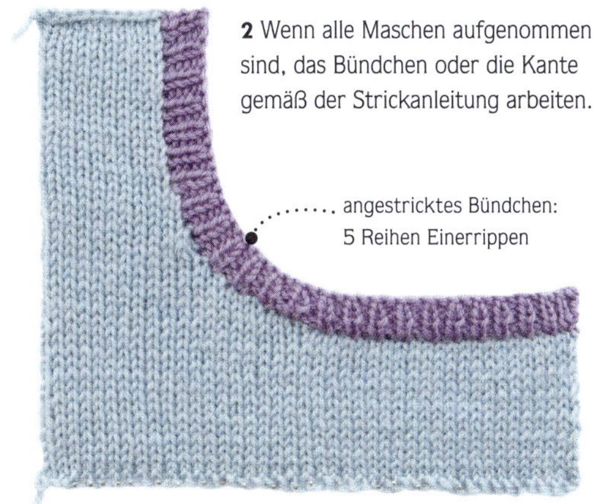

2 Wenn alle Maschen aufgenommen sind, das Bündchen oder die Kante gemäß der Strickanleitung arbeiten.

angestricktes Bündchen: 5 Reihen Einerrippen

SEITENKANTEN

Seitenkanten, die nicht in einer Naht »verschwinden«, müssen besonders ordentlich aussehen und sollen sich nicht einrollen. Um das zu erreichen, gibt es verschiedene Methoden. Sie können für beide Kanten eines Teils auch mehrere Methoden anwenden. Einige sorgen sogar dafür, dass die Seitenkanten dekorativ aussehen.

KNÖTCHENRAND

1 Gut für Kanten, die nicht zusammengenäht werden, weil die Knötchen etwas auftragen. Die Kante rollt sich kaum ein. Jedes Knötchen entspricht zwei Reihen.

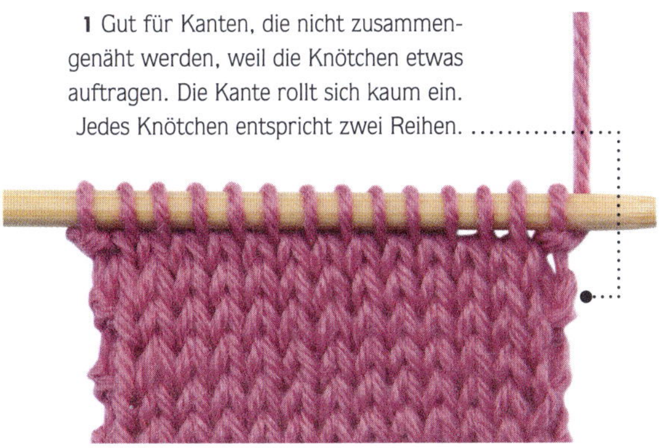

2 Bei glatt rechts gearbeiteten Stücken wird die erste und die letzte Masche jeder Reihe gestrickt.

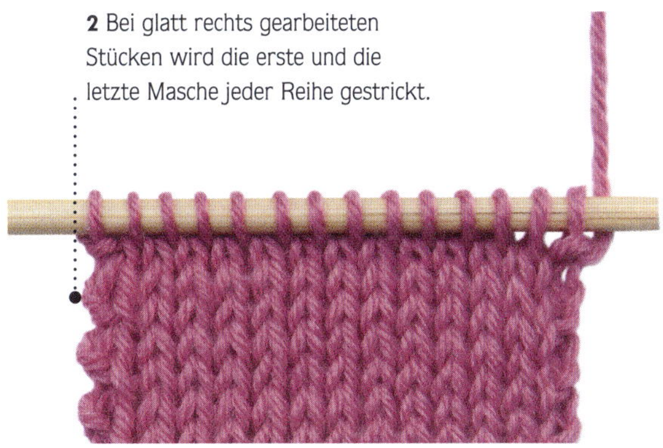

RAND KRAUS RECHTS ABGEHOBEN

Fester als der Knötchenrand (siehe S. 131).

1 In jeder Reihe die erste Masche rechts abheben und die letzte rechts stricken.

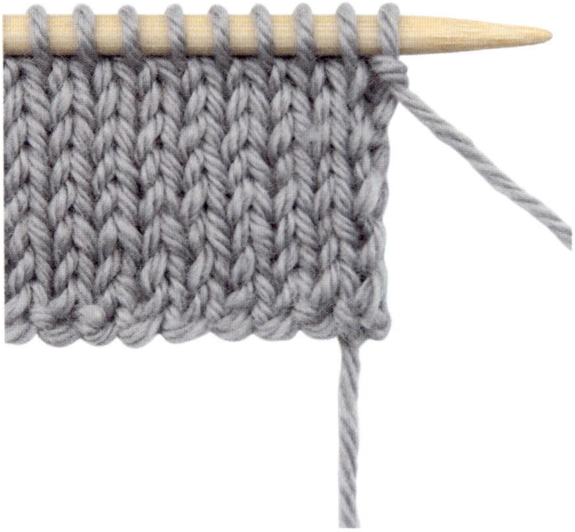

2 Der Rand ist glatter und fester als der Knötchenrand. Die abgehobenen Maschen lassen sich später leichter aufnehmen.

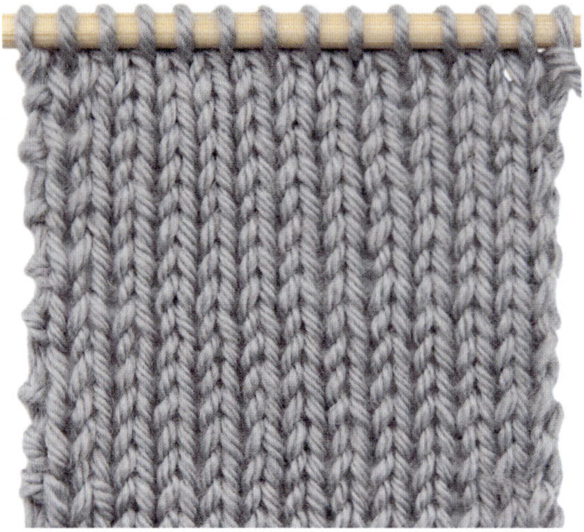

RAND KRAUS RECHTS, DOPPELT ABGEHOBEN

Dezent dekorativ, für sichtbare Kanten.

1 In allen Reihen (auch in Rückreihen) mit der rechten Nadel von rechts nach links in den hinteren Teil der ersten Masche einstechen und diese abheben.

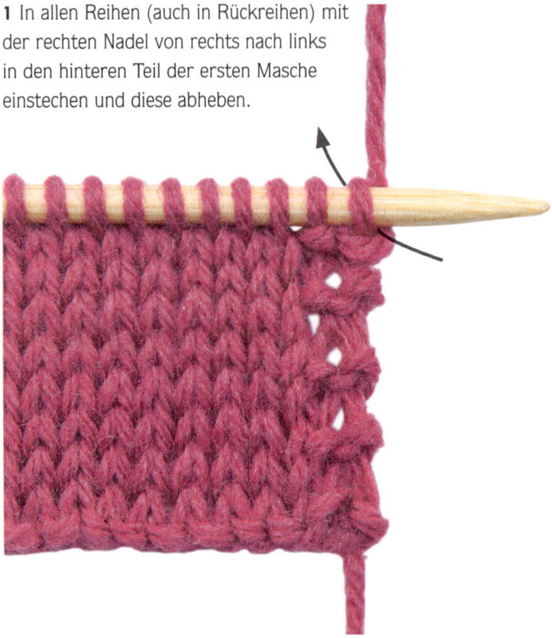

2 Die zweite Masche rechts stricken. Die Reihe im Grundmuster beenden. Die beiden letzten Maschen in allen Reihen (also auch in Rückreihen) rechts stricken.

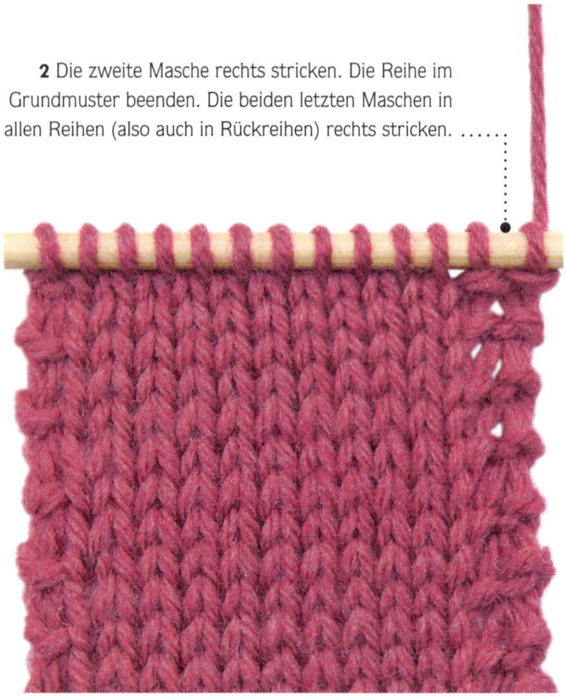

KETTENKANTE

Ideal zum Aufnehmen von Maschen (siehe S. 130–131), Anhäkeln von Borten und Nähten im Steppstich (siehe S. 149) – jedoch nicht im Matratzenstich.

1 Glatt rechts. Hinreihe: Erste Masche rechts abheben, letzte Masche rechts stricken. Rückreihe: Erste Masche links abheben, letzte Masche links stricken.

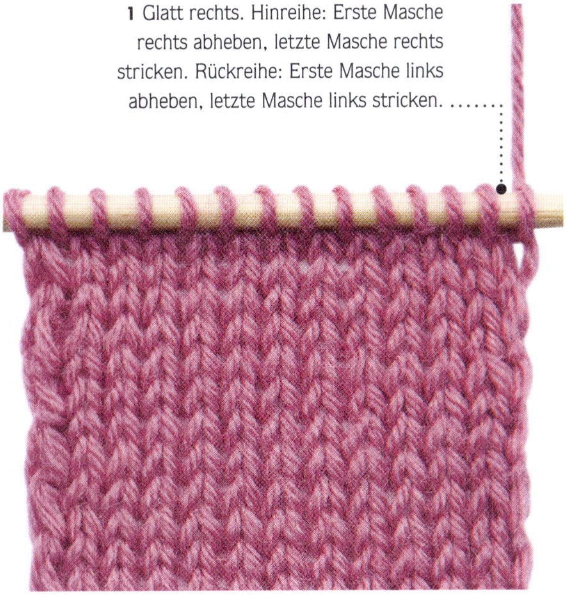

2 Kraus rechts: In allen Reihen die erste Masche links abheben, Faden nach hinten legen und mit rechten Maschen fortfahren.

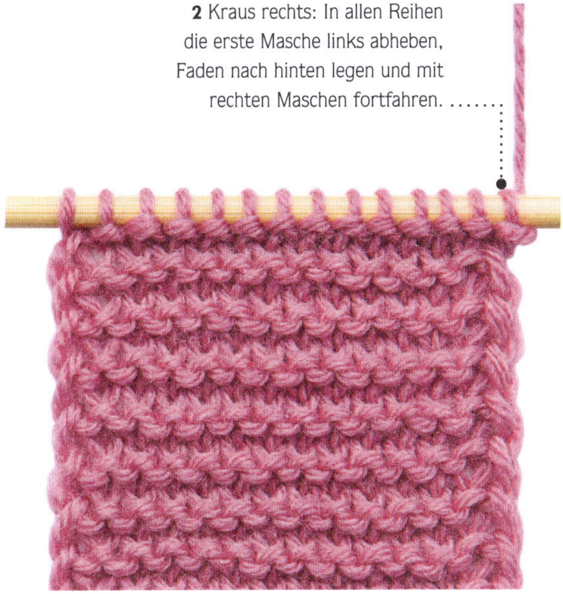

SCHLAUFENKANTE

1 Hinreihen: Rechte Nadel von links in die ersten beiden Maschen einstechen. Umschlag (siehe S. 73) vor der Nadel (siehe Foto), dann die beiden Maschen zusammenstricken. Rechts fortfahren. Die letzten beiden Maschen rechts abgehoben zusammenstricken (siehe S. 77).

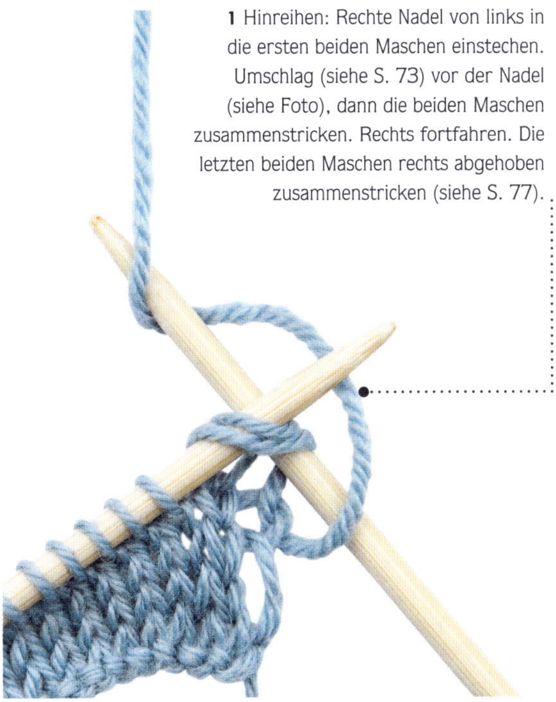

2 In Rückreihen einen lockeren Umschlag arbeiten (siehe S. 73, evtl. mit dem Daumen festhalten), die Reihe links fortsetzen. Auf kraus rechts gestricktem Grund die ersten und letzten beiden Maschen links stricken.

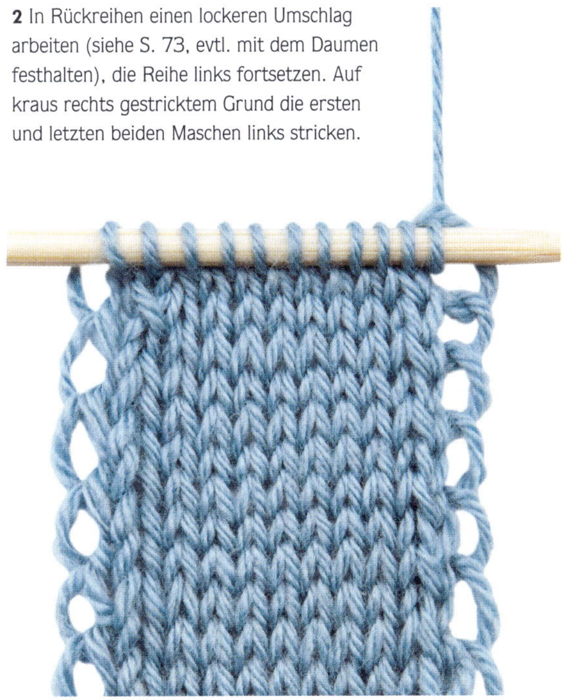

PICOTKANTE

1 Glatt rechts. Hinreihe: Zwei Maschen aufstricken und gleich wieder abketten.

2 Die Reihe rechts beenden.

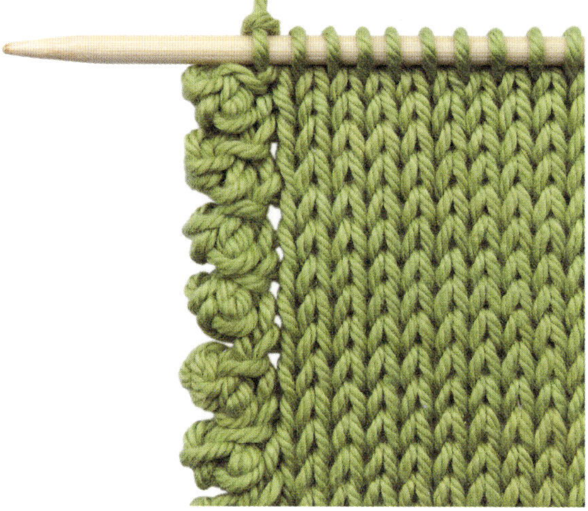

3 In einer Rückreihe zwei Maschen aufstricken, Faden nach vorn legen und die beiden Maschen links abketten (siehe S. 49).

4 Faden bleibt vorn. Die Reihe links beenden.

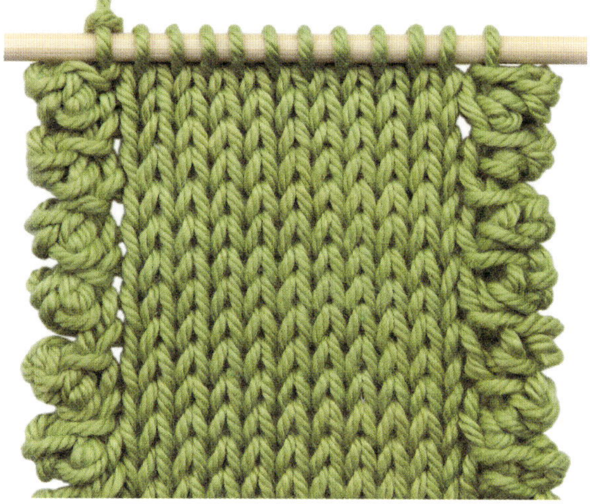

FRANSENKANTE

1 Für Fransen aus vier Maschen an den Rändern die gewünschte Maschenzahl für die Breite plus acht Maschen aufschlingen (siehe S. 35). Bis zur gewünschten Höhe stricken. Am Anfang und am Ende der letzten Reihe je vier Maschen fallen lassen. Die übrigen Maschen abketten.

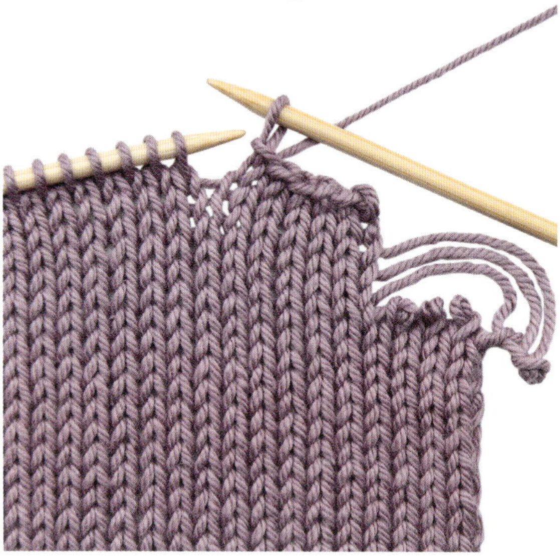

2 Die vier Maschen an den Rändern bis unten aufräufeln. Um die Fransen zu glätten, eine lange Nadel durch alle Schlaufen ziehen und liegend spannen (siehe S. 147) und/oder dämpfen.

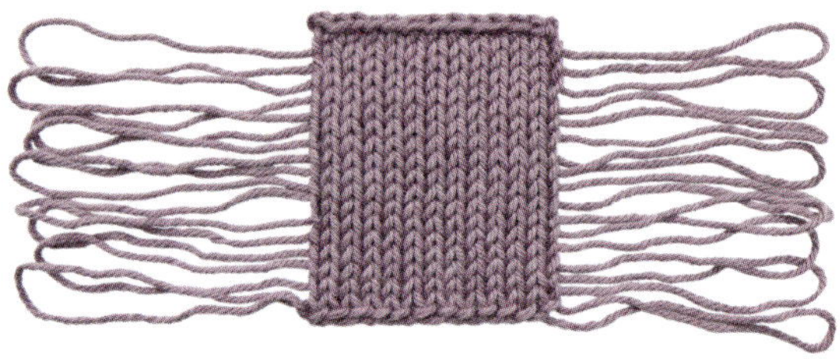

KNOPFLÖCHER

Als kleines Knopfloch kann ein Umschlag genügen. Für die meisten Knöpfe sind aber größere und stabilere Knopflöcher erforderlich. Sie können waagerecht, senkrecht oder sogar schräg verlaufen.

KNÖPFE UND KNOPFLÖCHER

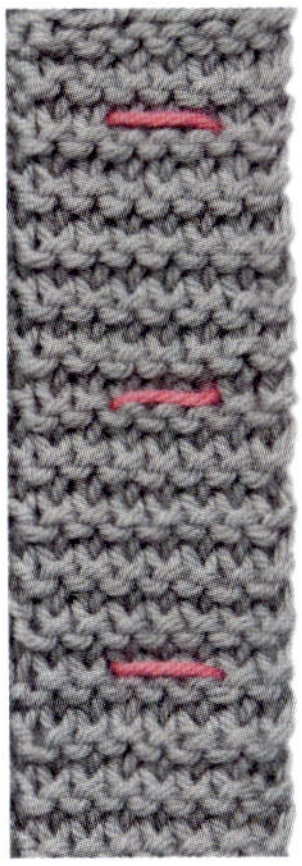

Legen Sie die Anzahl der Knöpfe fest, bevor Sie Knopflöcher stricken. Die Größe muss zur Knopfgröße passen. Die obersten und untersten Knopflöcher sollten in 1–3 cm Abstand zu Halsausschnitt bzw. unterem Saum liegen, der Mindestabstand zur Vorderkante beträgt drei Maschen. Die Reihen zwischen den Knopflöchern zählen, Messergebnisse sind oft zu ungenau. Zuerst die Knopfseite stricken und die Positionen der Knöpfe markieren.

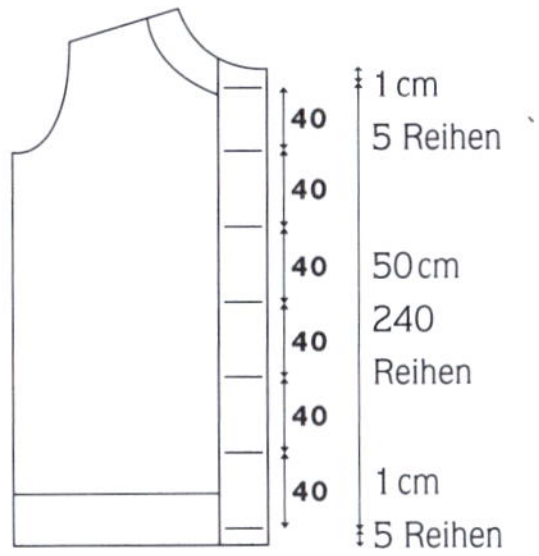

1 Knopflochseite: Die errechnete Anzahl von Reihen zwischen den Knopflöchern stricken. Für ein waagerechtes Knopfloch zwei Reihen berechnen. Senkrechte Knopflöcher in der Mitte der Knopflochleiste arbeiten.

2 Wird die Knopfleiste quer an die Arbeit angestrickt, zählen Sie die Maschen zwischen den Knopflöchern, damit die Abstände gleichmäßig ausfallen.

KNOPFSCHLAUFEN

1 Die Nadel von hinten nach vorn, dann wieder von hinten in dasselbe Loch einstechen, dabei je eine gleich große Schlaufe bilden. Ein kurzes Fadenende stehen lassen.

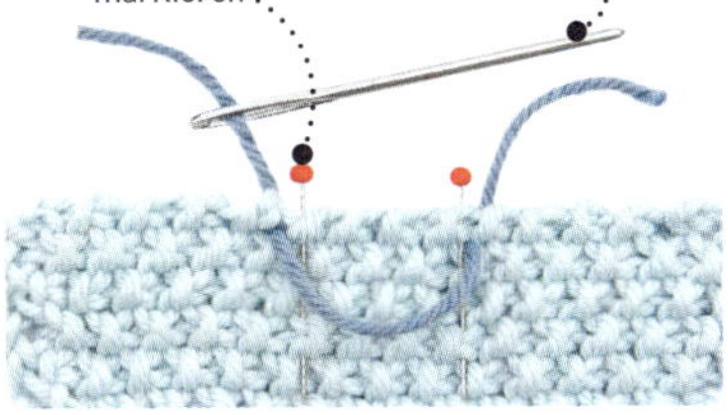

2 Auf beiden Seiten der Arbeit soll sich je eine gleich große Schlaufe befinden.

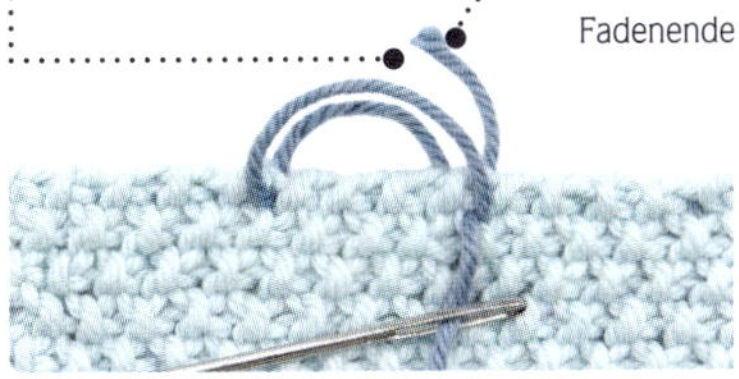

3 Nun wie abgebildet von rechts nach links im Knopflochstich über Schlaufe und Fadenende arbeiten, bis diese ganz bedeckt ist. Den Faden durch einige der Stiche ziehen und knapp abschneiden.

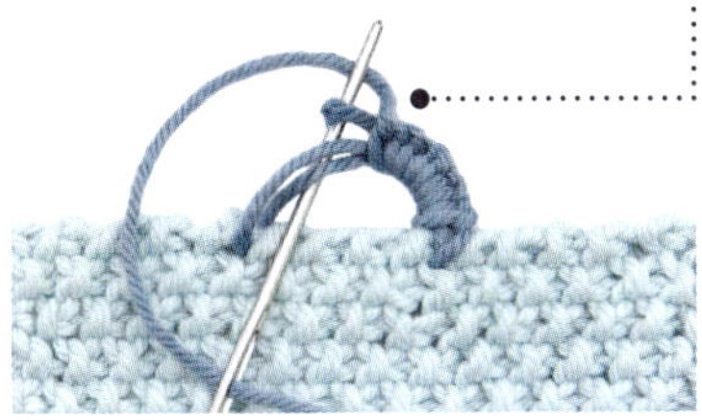

GESTRICKTE KNOPFSCHLAUFE

1 So viele Maschen im Kordelanschlag (siehe S. 37) anschlagen, wie für die Schlaufe benötigt werden. In der nächsten Reihe die Maschen wieder abketten.

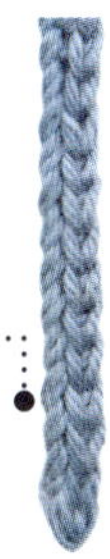

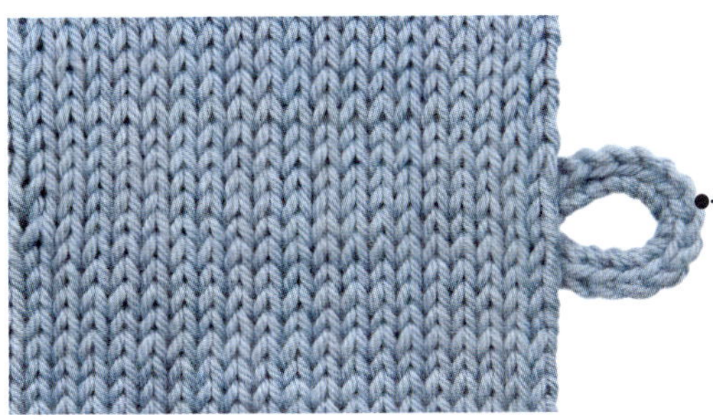

2 Die Schlaufe zur Hälfte biegen und mit den Fadenenden sauber an der Kante der Strickarbeit festnähen.

EIN UMSCHLAG, ZWEI ZUSAMMENSTRICKEN

1 Für ein einfaches Loch auf glatt rechts gestricktem Grund einen Umschlag bilden (siehe S. 73) und die beiden folgenden Maschen zusammenstricken (siehe S. 76).

2 Durch den Umschlag entsteht das Loch. Das Zusammenstricken der folgenden beiden Maschen hält die Maschenzahl in der Reihe konstant.

3 In der Rückreihe den Umschlag links abstricken. Dadurch bildet sich das Loch. Verschiedene Lochmuster entstehen durch unterschiedliche und enge Anordnungen von Löchern auf der gestrickten Fläche.

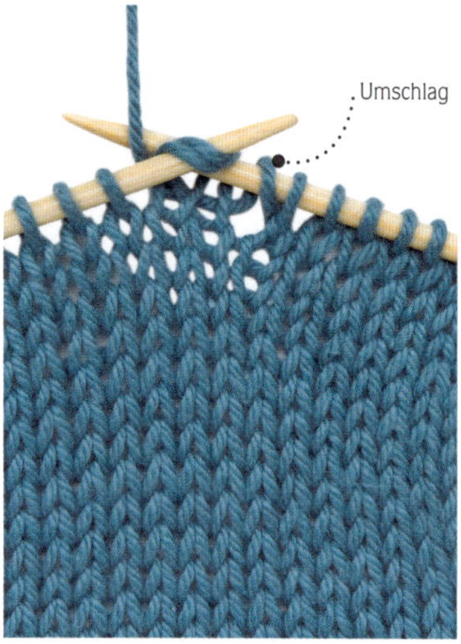

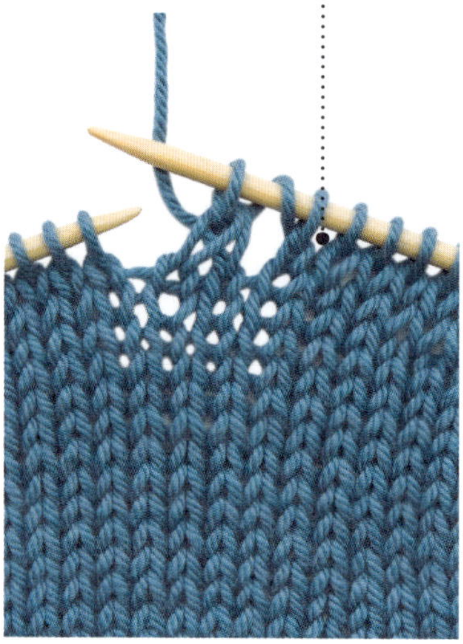

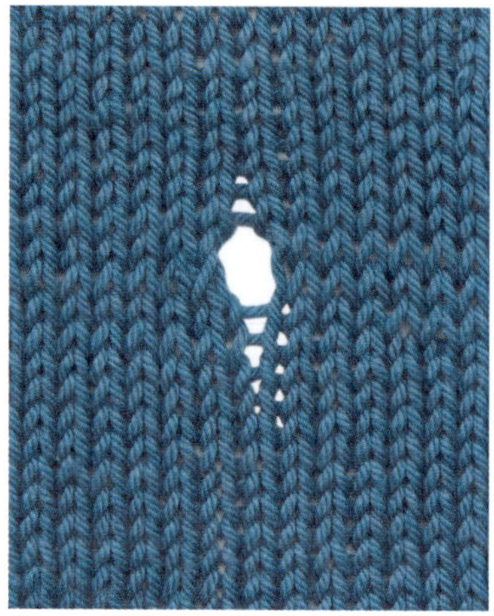

EIN UMSCHLAG, ZWEI MASCHEN ÜBERZOGEN ZUSAMMENSTRICKEN

1 Hier wird ebenfalls zuerst ein Umschlag gearbeitet (siehe S. 73). Die beiden folgenden Maschen werden jedoch rechts überzogen zusammengestrickt (siehe S. 77).

2 Durch den Umschlag entsteht das Loch. Das Zusammenstricken der folgenden beiden Maschen hält die Maschenzahl in der Reihe konstant.

3 In der Rückreihe den Umschlag links stricken. Dadurch bildet sich das Loch. Durch die Anordnung der Löcher auf der Fläche entsteht das Lochmuster.

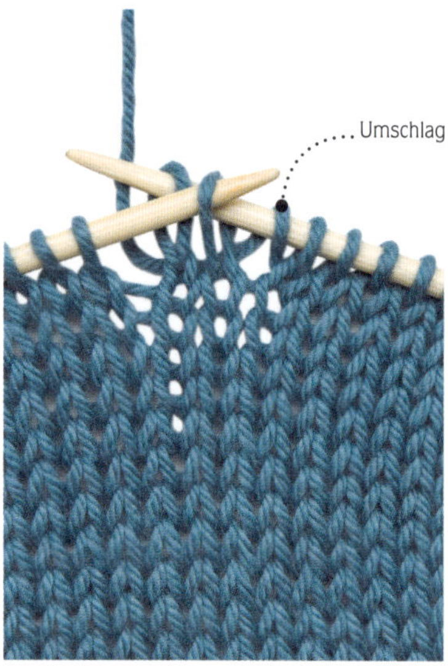

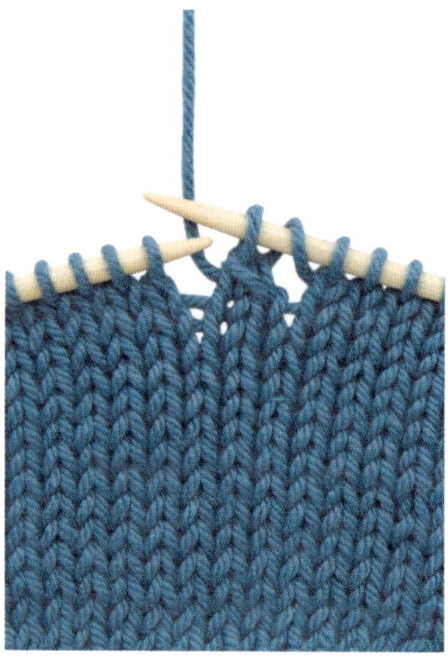

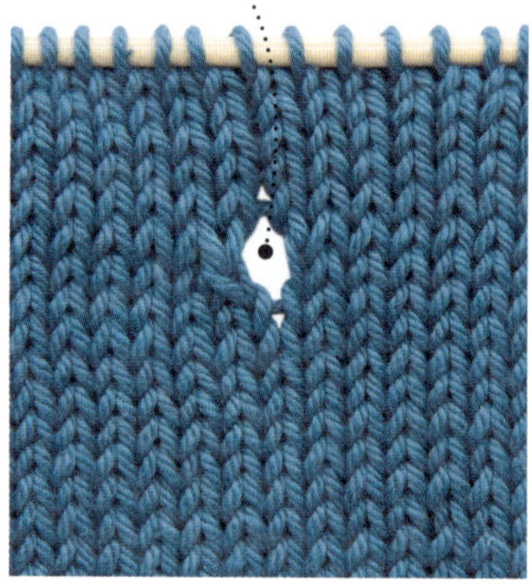

VERSTÄRKTES KNOPFLOCH AUS EINEM UMSCHLAG

1 In einer Hinreihe bis zur Position des Knopflochs stricken. Einen Umschlag arbeiten (siehe S. 73) und die Reihe beenden.

2 In der folgenden Reihe den Umschlag links abheben. Einen zweiten Umschlag von vorn nach hinten über die Nadel legen. Die Reihe beenden.

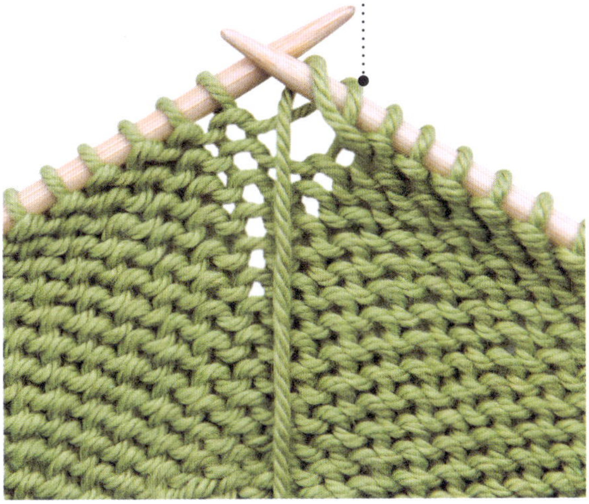

3 In der nächsten Reihe die Masche vor den Umschlägen rechts abheben. Beide Umschläge zusammenstricken, aber auf der linken Nadel liegen lassen.

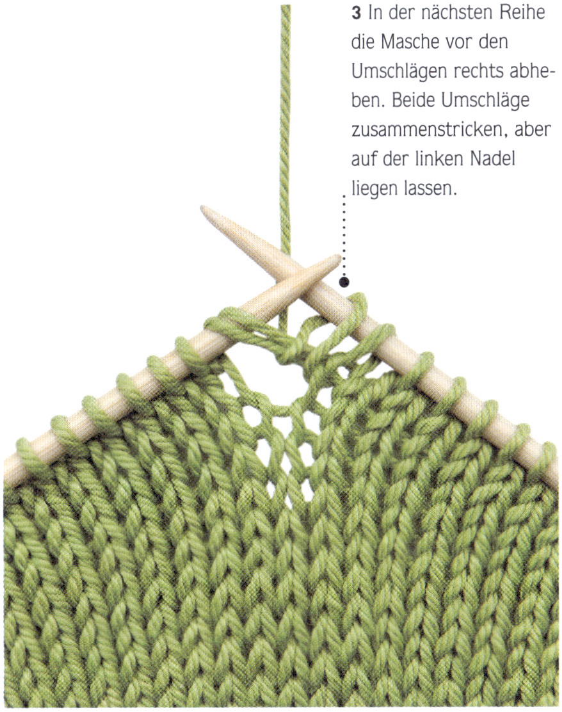

4 Die abgehobene Masche über die zuletzt gestrickte ziehen. Drei Maschen zusammenstricken (die Umschläge und die folgende Masche). Die Reihe beenden.

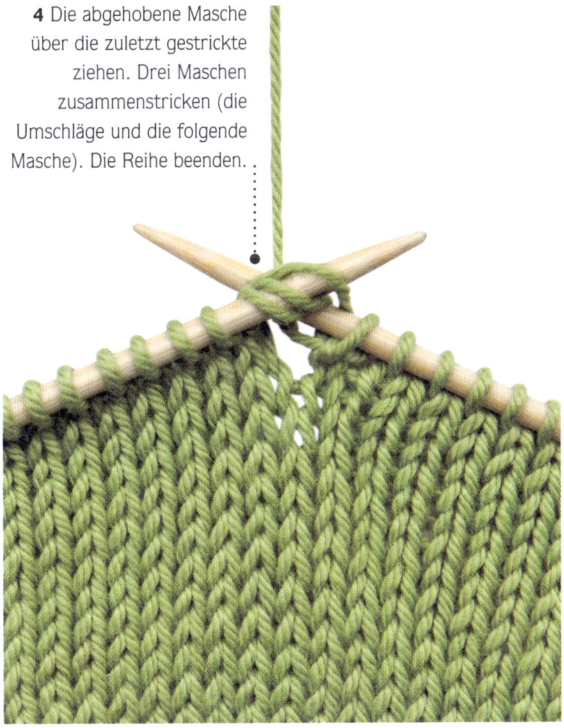

5 Dieses Knopfloch ist stabiler und sieht sauberer aus als ein Knopfloch aus einem einfachen Umschlag (siehe links).

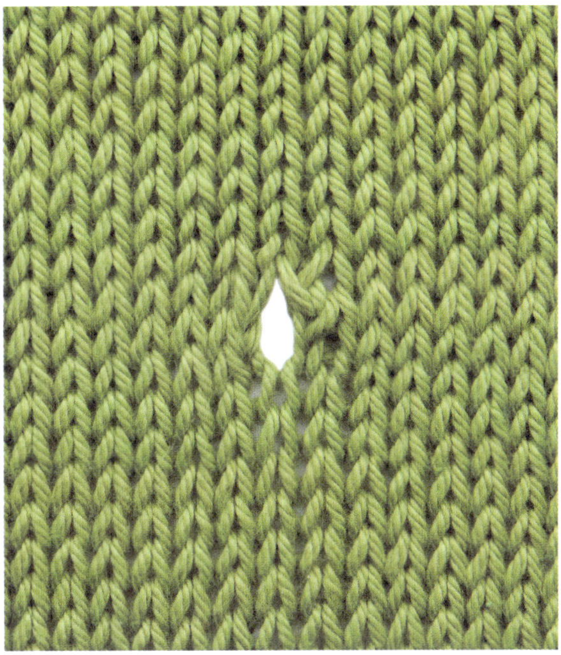

WAAGERECHTES KNOPFLOCH

Dieses stabile Knopfloch ist auf glatt rechts gestricktem Grund gearbeitet. Es sieht auf kraus rechts oder kraus links gestrickten Werkstücken ebenso gut aus. Begonnen wird immer in einer Reihe rechter Maschen.

1 Bis zur Position des Knopflochs stricken. Faden nach vorn legen, eine Masche abheben, Faden nach hinten.

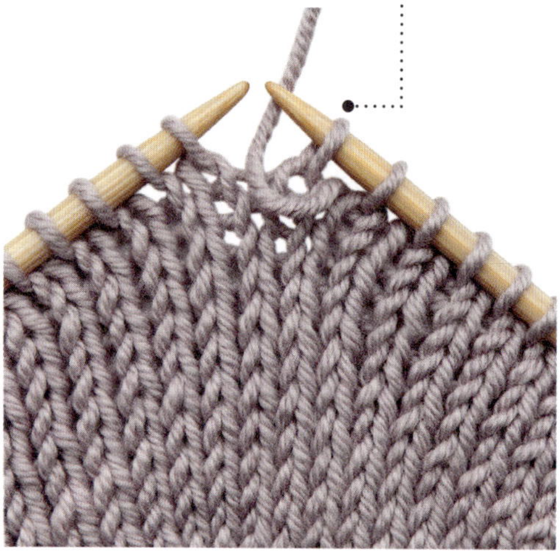

2 Eine Masche abheben und die vorherige darüberziehen. So oft wiederholen, bis das Knopfloch die gewünschte Größe hat.

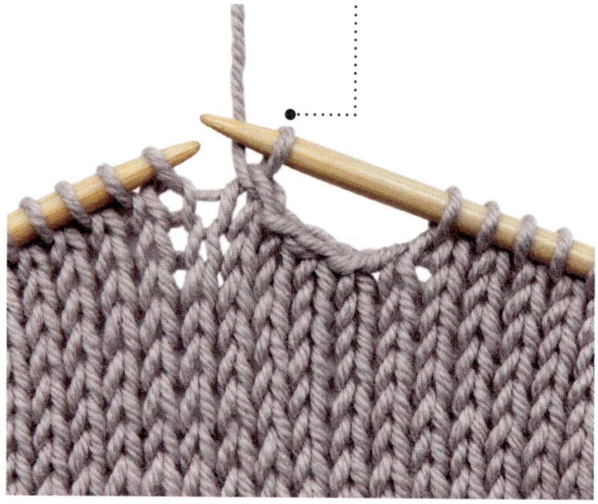

3 Die letzte Masche von der rechten Nadel auf die linke legen. Wenden, Faden nach hinten legen.

4 Eine Masche mehr als abgekettet wurde im Kordelanschlag anschlagen (siehe S. 37). Faden nach vorn, dann die Masche auf die linke Nadel legen. Wenden.

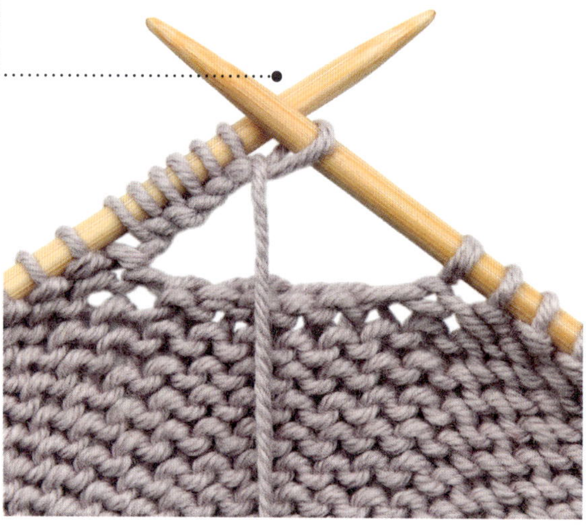

5 Eine Masche rechts abheben. Die letzte angeschlagene Masche über diese ziehen. Die Reihe beenden.

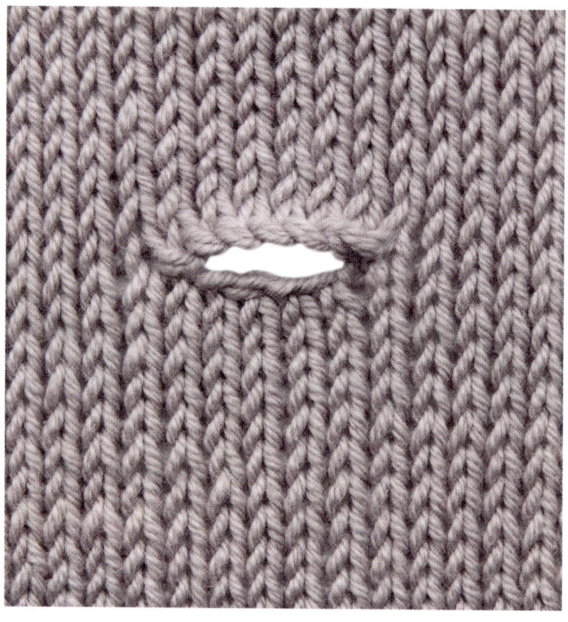

ABGEKETTETES WAAGERECHTES KNOPFLOCH

1 In einer Rechtsreihe bis zur Position des Knopflochs stricken. Zwei oder mehr Maschen arbeiten, bevor Sie beginnen, so viele Maschen rechts abzuketten (siehe S. 49), wie für das Knopfloch nötig sind. Wenn die letzte abgekettete Masche auf der rechten Nadel liegt, die erste Masche von der linken Nadel abheben und die abgekettete Masche über diese ziehen. Die Reihe rechts zu Ende stricken. Wenden, bis zum Knopfloch links stricken.

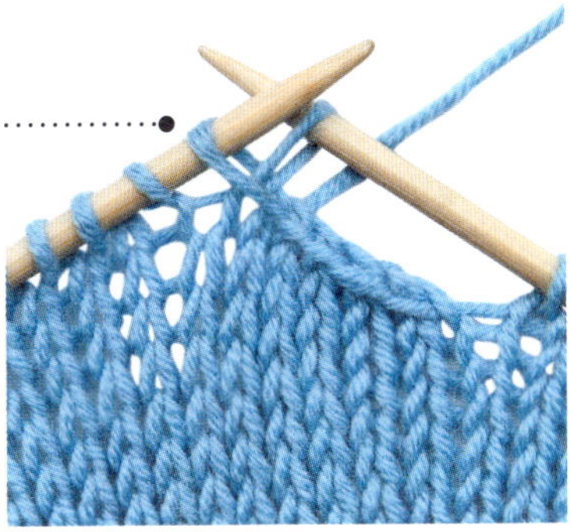

2 Für die anspruchsvolle Methode mit Knopflochanschlag diesen Schritt überspringen und mit Schritt 3 fortfahren. Für die einfache Variante den Kordelanschlag (siehe S. 37) verwenden. Wenn die letzte angeschlagene Masche noch auf der rechten Nadel liegt, den Faden nach vorn legen und diese Masche auf die linke Nadel nehmen. Den Faden nach hinten legen, wenden und die Reihe beenden. Damit ist das Knopfloch fertig.

3 Die linke Nadel loslassen (evtl. eine Kappe aufsetzen, damit keine Maschen herunterrutschen). Garn und rechte Nadel in der rechten Hand halten. Den linken Daumen von oben hinter den Faden führen, dann den Daumen nach rechts drehen, sodass das Garn vor der Nadel liegt. Die rechte Nadel von vorn in die Daumenschlaufe stechen.

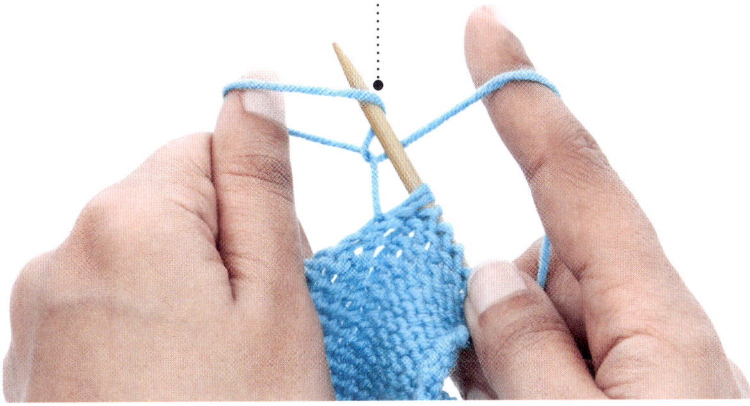

4 Den Faden mit dem linken Zeigefinger festhalten und nach links hinter die Nadel legen. Dann nach rechts über die Nadel führen.

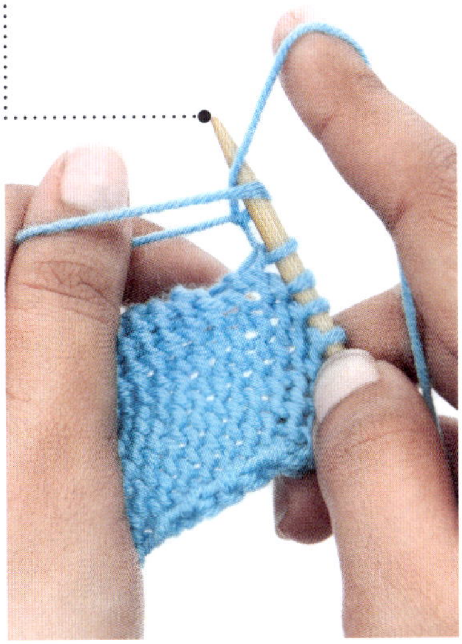

5 Die Daumenschlaufe über die Nadelspitze legen. Die neue Masche mit dem rechten Zeigefinger festhalten und mit der linken Hand festziehen. Weitere Maschen ebenso anschlagen, dann die Reihe bis zum Ende stricken.

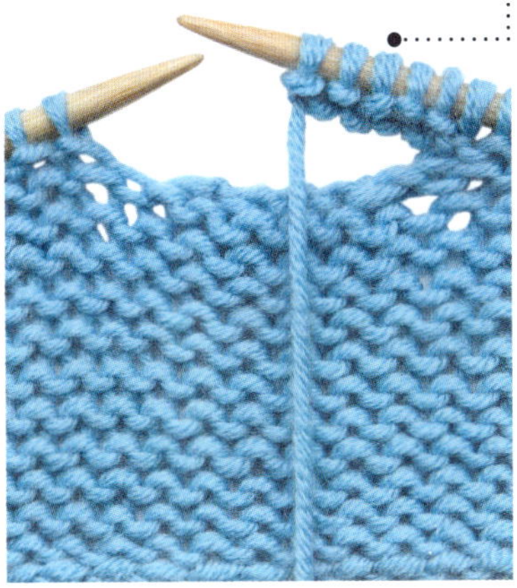

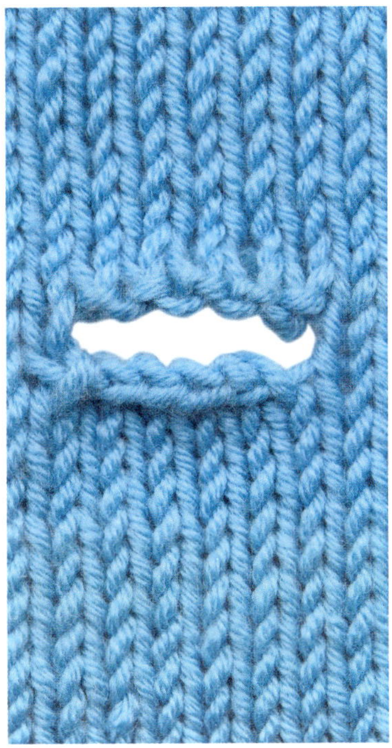

SENKRECHTES KNOPFLOCH

1 Dieses Beispiel ist glatt rechts gestrickt. Bis zur Position des Knopflochs stricken. Die Maschen links vom Knopfloch auf einem Maschenraffer stilllegen. Wenden.

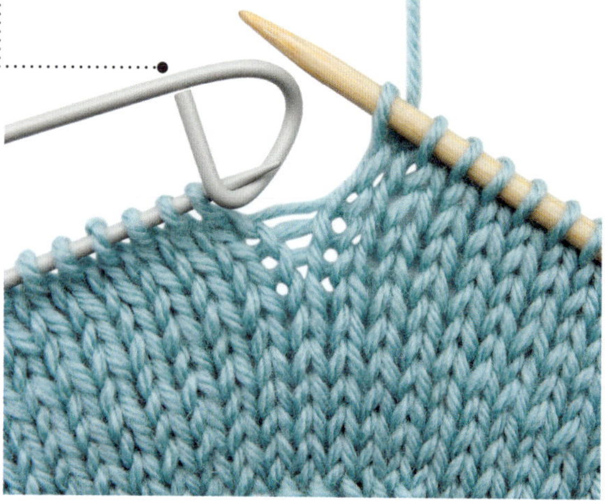

2 Die Seite rechts vom Knopfloch stricken. Mit einer Rückreihe beginnen und einen Kettenrand arbeiten (siehe S. 133). In Rückreihen die erste Masche abheben, in Hinreihen die letzte Masche rechts stricken.

3 Bis zur gewünschten Höhe stricken. Mit einer Rückreihe enden. Faden lang abschneiden. Die Maschen der rechten Seite stilllegen. Die Maschen der linken Seite wieder auf eine linke Nadel nehmen, die rechte Seite liegt vorn. Neuen Faden ansetzen (langes Ende hängen lassen). Zwischen den ersten beiden Maschen eine rechts hochgezogene Zunahme (siehe S. 70) arbeiten.

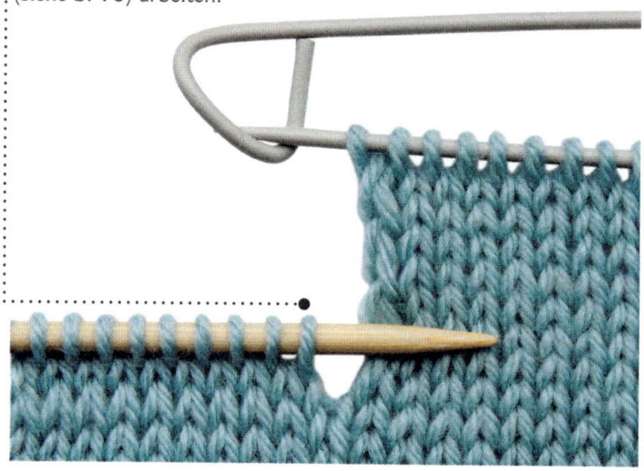

4 In allen Rückreihen die letzte Masche rechts abheben, in allen Hinreihen rechts verschränkt abstricken. Dadurch entsteht auf der anderen Seite des Knopflochs ein spiegelbildlicher Kettenrand.

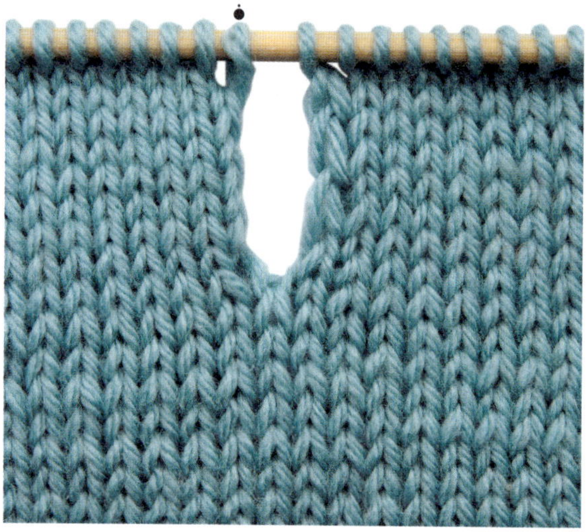

5 Die zweite Seite ebenso hoch wie die erste stricken. Den Faden abschneiden, ein langes Ende hängen lassen. Alle Maschen wieder auf eine Nadel nehmen. Einen neuen Faden ansetzen und eine vollständige Reihe über alle Maschen stricken. Dabei die beiden Randmaschen des Knopflochs zusammenstricken. Alle Fäden sorgfältig vernähen.

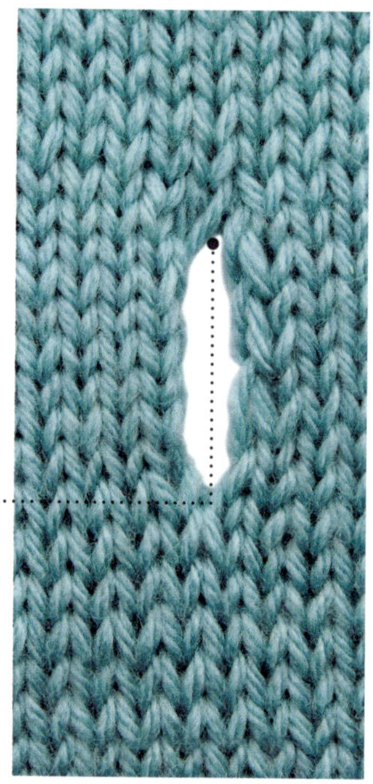

SCHRÄGES KNOPFLOCH

1 In einem glatt rechts gestrickten Modell bis zur Position des Knopflochs arbeiten. Die Maschen links vom Knopfloch auf einem Maschenraffer stilllegen. Wenden. Die erste Masche abheben, einen Umschlag arbeiten und bis zum Ende links stricken.

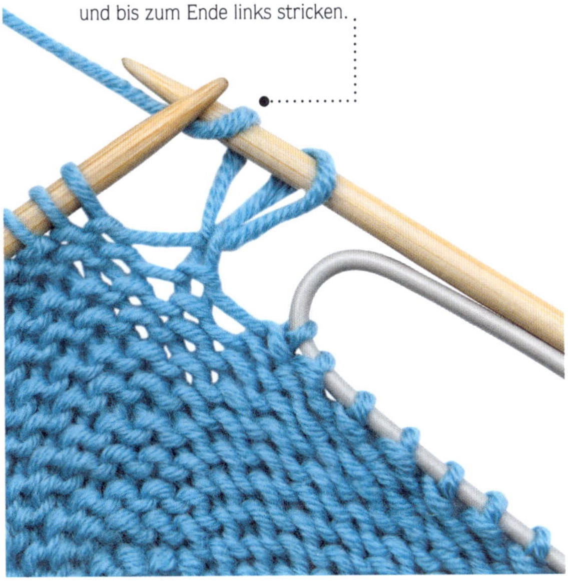

2 In der nächsten Reihe bis zum Umschlag stricken. Diesen verschränkt abstricken, damit kein Loch entsteht. Die letzte Masche rechts stricken. Bis zur gewünschten Knopflochhöhe wiederholen. Mit einer Rückreihe enden. Alle zwei Reihen kommt eine Masche hinzu.

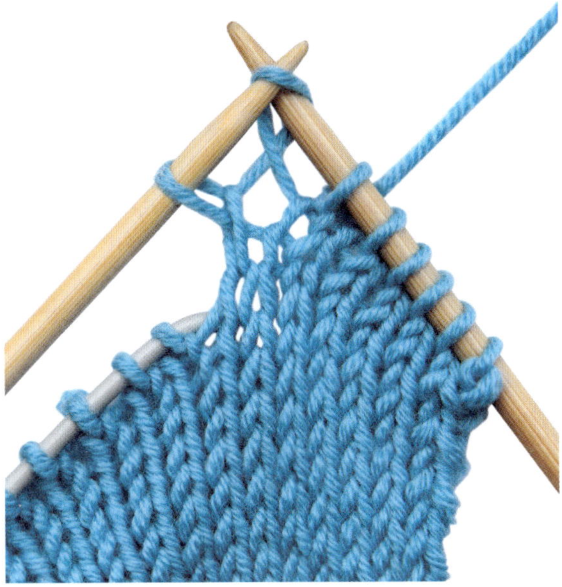

3 Den Faden lang abschneiden. Die Maschen der rechten Seite stilllegen. Die Maschen der linken Seite wieder auf eine Nadel nehmen. Die rechte Seite der Arbeit liegt vorn. Einen neuen Faden ansetzen und zwischen den ersten beiden Maschen eine rechts hochgezogene Zunahme (siehe S. 70) arbeiten.

4 Die erste Masche rechts verschränkt stricken. Die Reihe rechts beenden. Die Rückreihe links stricken, die zweit- und drittletzte Masche zusammenstricken, die letzte Masche rechts abheben. Bis zur gewünschten Höhe wiederholen, mit einer Rückreihe enden.

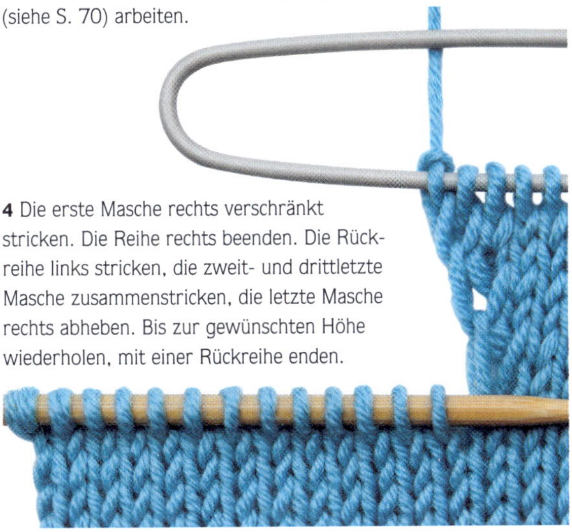

5 Den Faden lang abschneiden. Alle Maschen wieder auf die Nadel nehmen. Einen neuen Faden ansetzen und eine vollständige Reihe über alle Maschen stricken. Dabei die beiden Randmaschen des Knopflochs zusammenstricken. Alle Fäden sorgfältig vernähen. Soll das Knopfloch in die andere Richtung abgeschrägt sein, die Zu- und Abnahmenseite vertauschen.

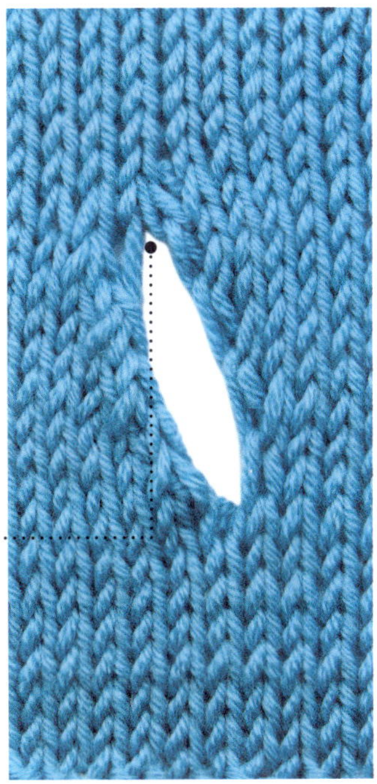

TASCHEN

Aufgesetzte Taschen kann man separat stricken und danach aufnähen oder direkt ans Modell stricken. Eingesetzte Taschen sehen an Kleidungsstücken besonders sauber aus. Wer mag, verziert sie mit einer dekorativen Kante oder verwendet ein dünneres Garn, damit sie nicht auftragen.

EINE AUFGESETZTE TASCHE ANSTRICKEN

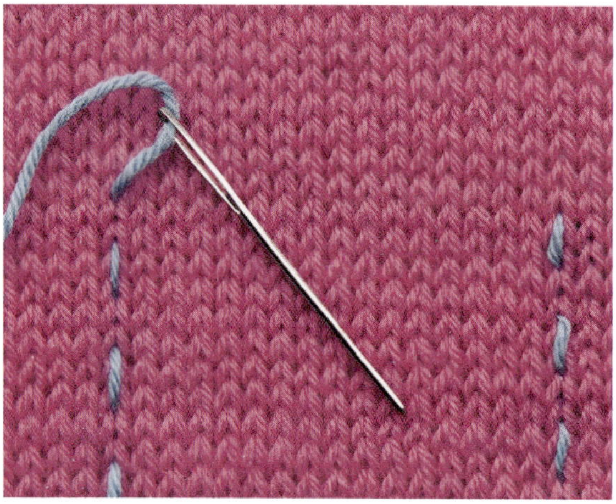

1 Das Kleidungsstück stricken. Seitliche und untere Konturen der Tasche mit kontrastfarbigem Garn in Heftstichen markieren. Damit die Unterkante gerade ausfällt, die Tasche entweder direkt über dem Bündchen platzieren oder von links heften, wo die Querfäden der Maschen gut zu erkennen sind.

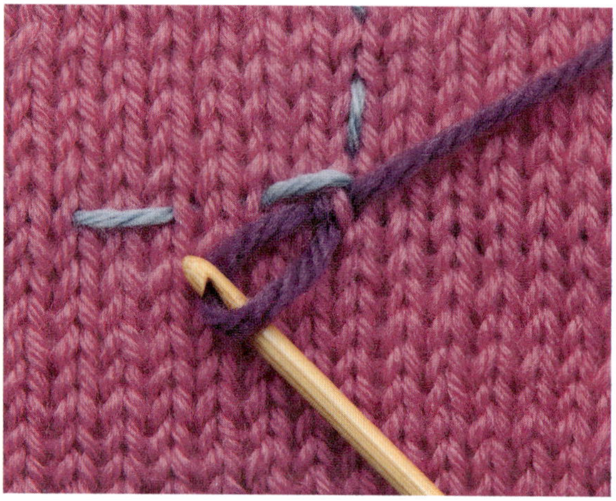

2 Das Ende des Garns für die Tasche mit einer dicken Sticknadel auf der Rückseite sichern, das Ende lang hängen lassen. Eine Stricknadel für die aufgenommenen Maschen bereitlegen. An der unteren rechten Ecke der Tasche mit einer Häkelnadel in das »V« der ersten Masche einstechen. Den Faden durchholen.

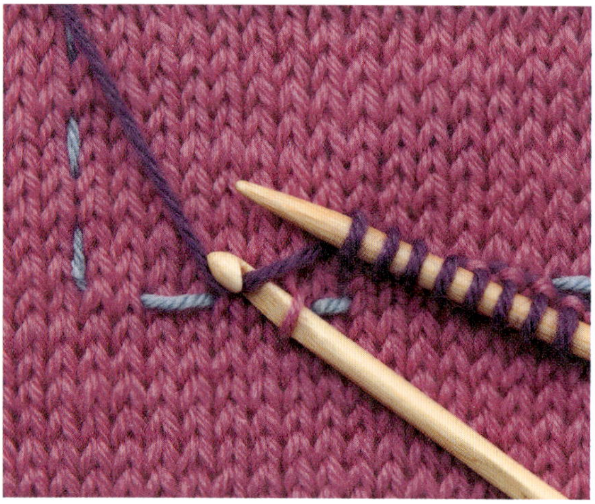

3 Die Masche auf eine Stricknadel legen. Schritte 2 und 3 wiederholen, bis alle Maschen für die Unterkante der Tasche aufgenommen sind.

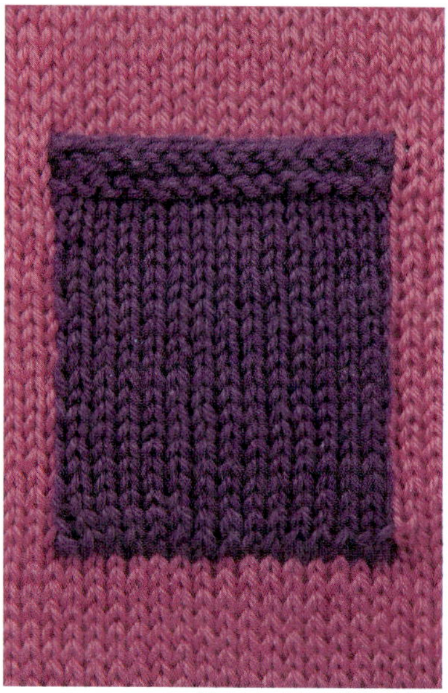

4 Die Tasche bis zur gewünschten Höhe stricken, dabei mit einer Rückreihe beginnen. Am oberen Rand können Rippen oder ein anderer Abschluss gearbeitet werden. Abketten.

5 Die Seitenränder der Tasche mit Matratzenstichen (siehe S. 148) aufnähen. Dafür möglichst die langen Enden des Strickfadens verwenden. Heftstiche entfernen.

WAAGERECHT EINGESTRICKTE TASCHE

1 Zuerst den Taschenbeutel stricken. Er muss zwei Maschen breiter sein als die Abmaschkante für die Taschenöffnung am Hauptteil. Mit einer Hinreihe enden. Auf der Nadel lassen oder auf einem Maschenraffer stilllegen.

2 Das Hauptteil bis zur Position der Taschenöffnung stricken. In einer Hinreihe die Maschen abketten (siehe S. 49), dann die Reihe beenden. Wenden und die Rückreihe bis eine Masche vor der Taschenöffnung links stricken.

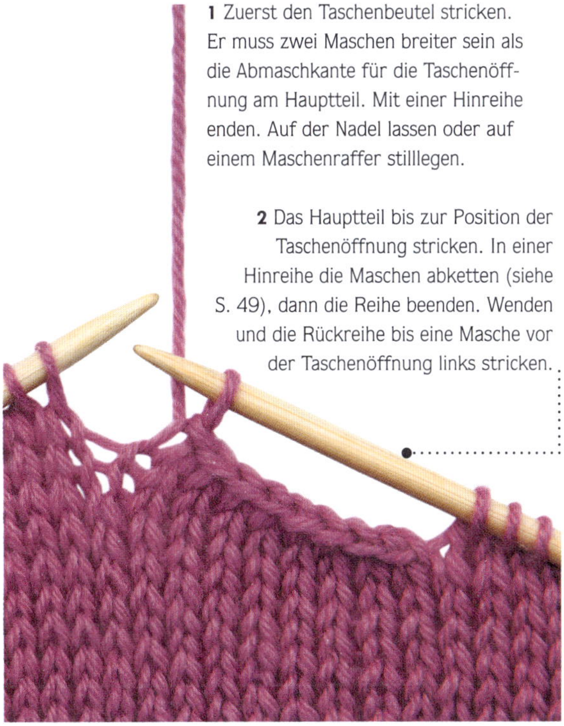

3 Die Nadel mit dem Taschenbeutel in die linke Hand nehmen. Die erste Masche des Taschenbeutels und die letzte des Hauptteils links zusammenstricken.

4 Die Maschen des Taschenbeutels links stricken. Die letzte Masche des Taschenbeutels mit der ersten des Hauptteils zusammenstricken. Dann das Hauptteil beenden.

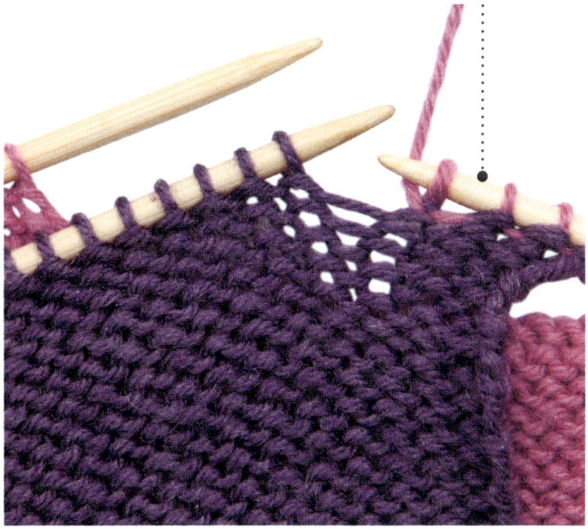

5 Variante: Alternativ können Sie die Maschen in Schritt 2 auch auf einem Maschenraffer stilllegen, statt sie abzuketten. Das ist beispielsweise sinnvoll, wenn Sie noch eine dekorative Kante an den oberen Taschenrand anstricken möchten.

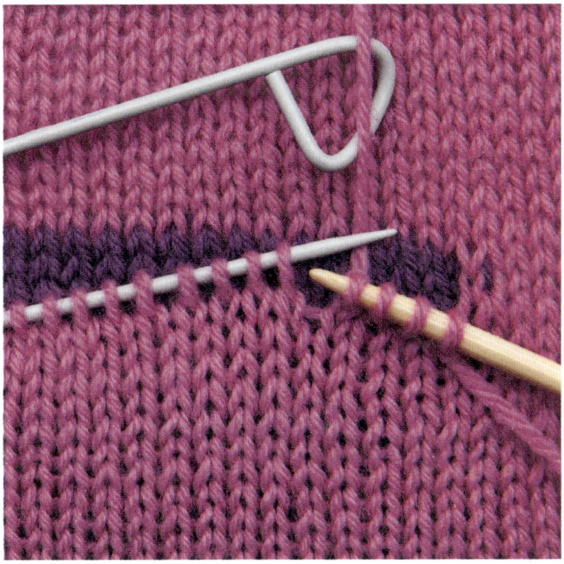

6 Beim Zusammennähen die Seiten der Tasche mit überwendlichen Stichen am Hauptteil festnähen. Nicht zu straff ziehen. Normalerweise strickt man Hauptteil und Tasche aus dem gleichen Garn. Zur Veranschaulichung wurde eine Kontrastfarbe verwendet.

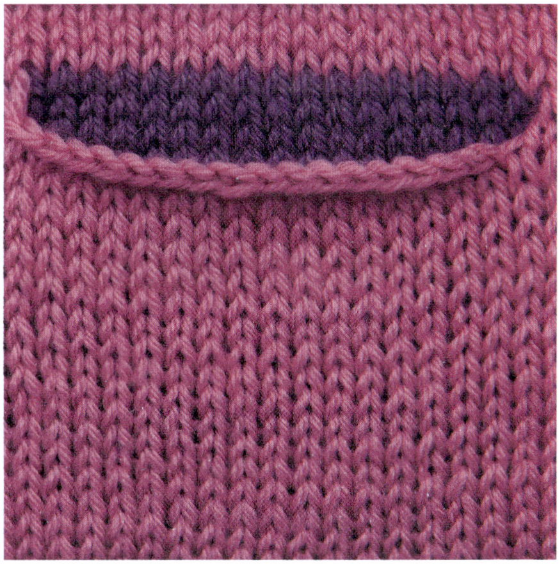

SENKRECHT EINGESTRICKTE TASCHE

1 Der Eingriff der Beispieltasche liegt links, der Taschenbeutel wird gleichzeitig mit dem Vorderteil gestrickt. In einer Hinreihe bis zur Position der Eingriffkante stricken und die restlichen Maschen auf einem Maschenraffer stilllegen.

2 Außenseite der Tasche: Wenden, zwei Maschen rechts stricken, dann mit linken Maschen fortfahren bis zum Reihenende. Die beiden Maschen an der Eingriffkante werden in Hin- und Rückreihen immer rechts gestrickt. Bis zur gewünschten Höhe stricken, mit einer Rückreihe enden. Die Maschen der Taschenaußenseite stilllegen. Den Faden lang abschneiden.

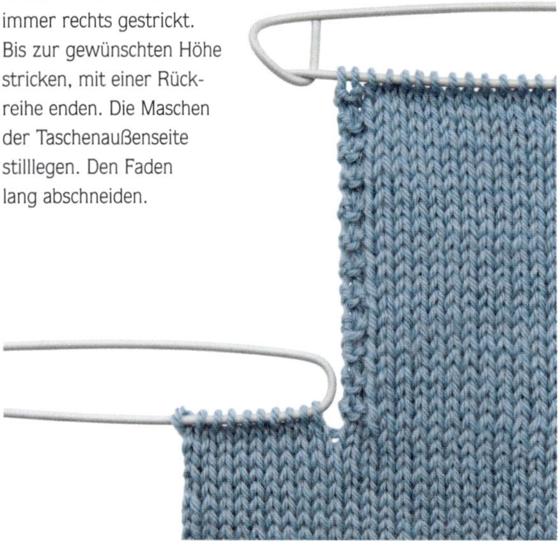

3 Der Taschenbeutel wird mit dem äußeren Rand zusammengestrickt. Die Maschen vom Maschenraffer auf eine Strumpfnadel mit zwei spitzen Enden legen, dabei zeigt die rechte Seite der Arbeit zu Ihnen. Das Garn ansetzen.

4 Die erforderlichen Maschen für den Taschenbeutel im Kordelanschlag aufnehmen (siehe S. 37). Ebenso viele Reihen stricken wie für die Taschenaußenseite. Mit einer Rückreihe enden.

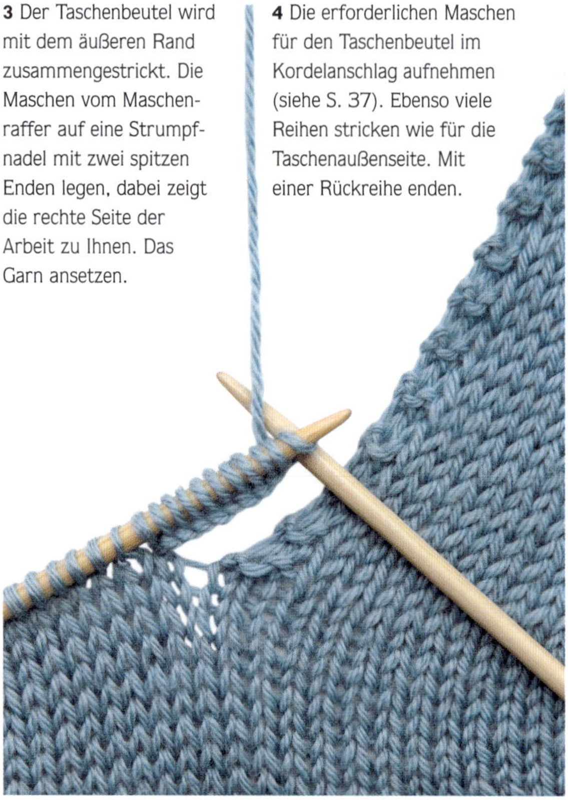

5 Oberkanten zusammensetzen: Die Maschen der Taschenaußenseite wieder auf eine Nadel legen. Die nächste Reihe rechts stricken. Wenn die Tasche erreicht ist, die Nadel mit dem Taschenbeutel hinter die linke Nadel legen. Von beiden Teilen je eine Masche zusammenstricken, den Rest der Reihe beenden.

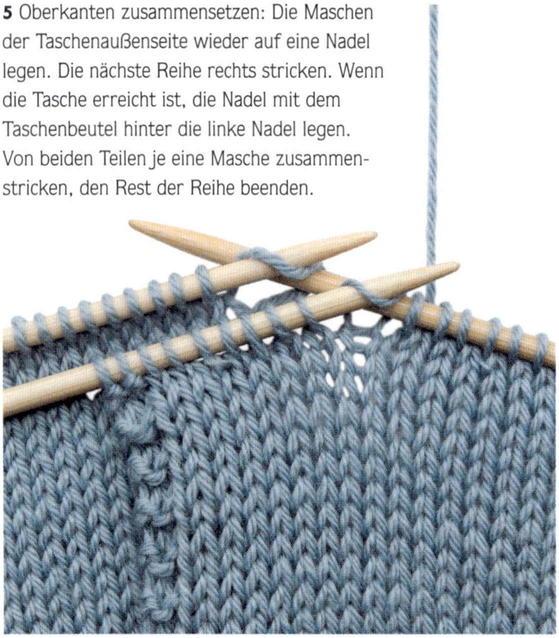

6 Das Vorderteil fertig stricken. Die offenen Seiten des Taschenbeutels von links festnähen.

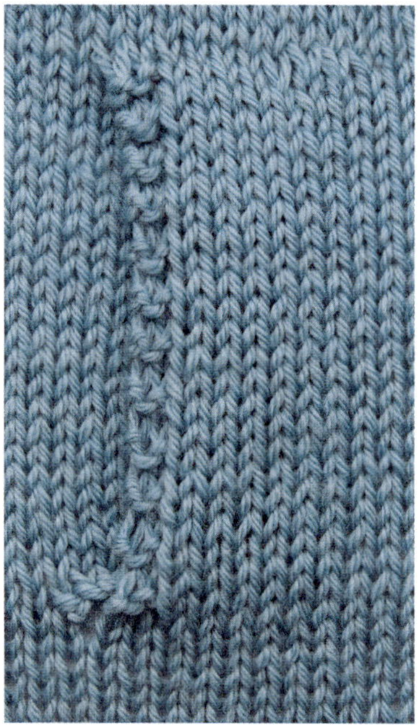

SÄUME UND BÜNDCHEN

Manche Kleidungsstücke beginnt man mit einem Rippenbündchen, an andere setzt man später Säume oder Kanten an. Solche Kanten kann man an Ärmel oder an die Vorderkanten von Jacken anstricken und mit verschiedenen Strukturen wie Perl- oder Zopfmustern verzieren. Möglich ist auch, die Kante mit provisorischem Anschlag separat zu stricken und danach anzunähen.

ANGESTRICKTE KANTE

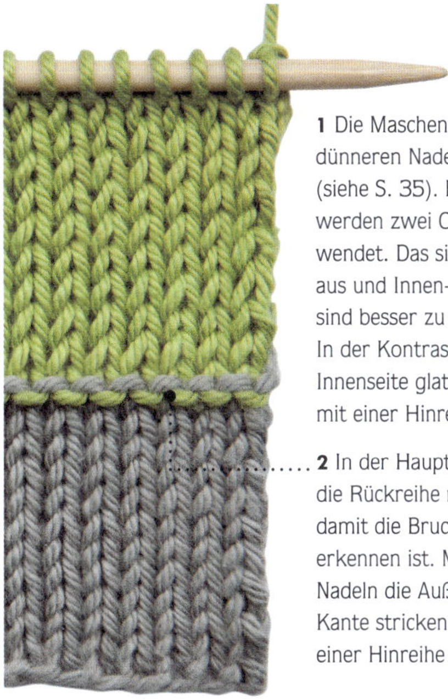

1 Die Maschen für die Kante mit dünneren Nadeln aufschlingen (siehe S. 35). Für dieses Beispiel werden zwei Garnfarben verwendet. Das sieht interessant aus und Innen- und Außenseite sind besser zu unterscheiden. In der Kontrastfarbe (Grau) die Innenseite glatt rechts stricken, mit einer Hinreihe enden.

2 In der Hauptfarbe (Grün) die Rückreihe rechts stricken, damit die Bruchlinie klar zu erkennen ist. Mit dickeren Nadeln die Außenseite der Kante stricken, dabei mit einer Hinreihe beginnen.

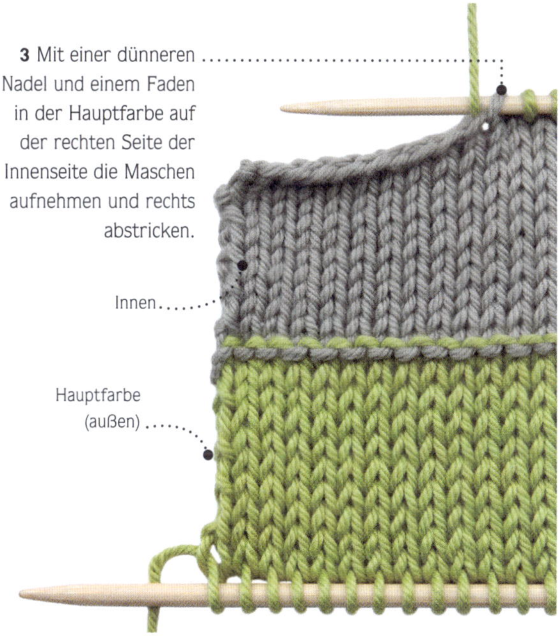

3 Mit einer dünneren Nadel und einem Faden in der Hauptfarbe auf der rechten Seite der Innenseite die Maschen aufnehmen und rechts abstricken.

Innen

Hauptfarbe (außen)

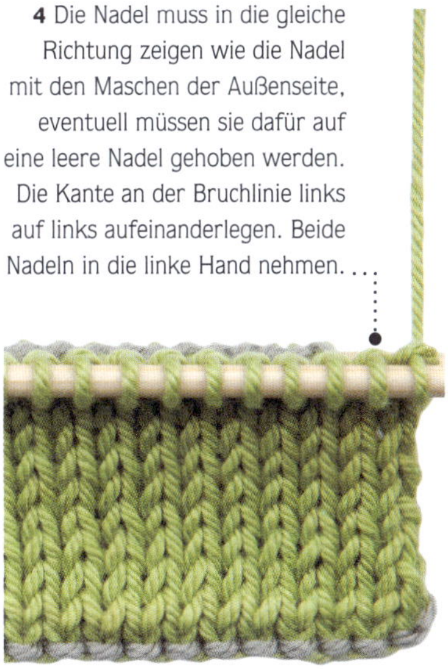

4 Die Nadel muss in die gleiche Richtung zeigen wie die Nadel mit den Maschen der Außenseite, eventuell müssen sie dafür auf eine leere Nadel gehoben werden. Die Kante an der Bruchlinie links auf links aufeinanderlegen. Beide Nadeln in die linke Hand nehmen.

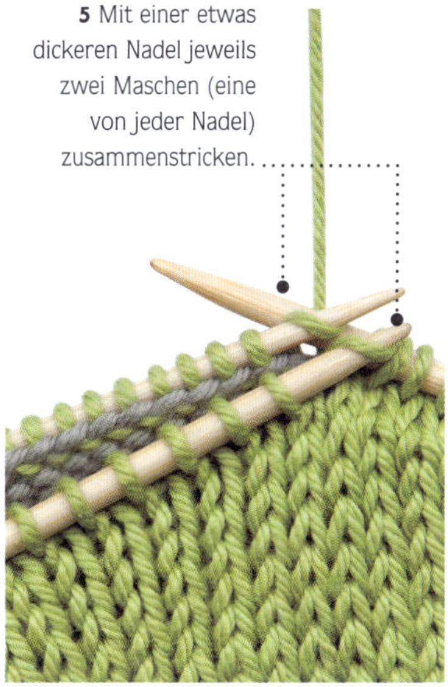

5 Mit einer etwas dickeren Nadel jeweils zwei Maschen (eine von jeder Nadel) zusammenstricken.

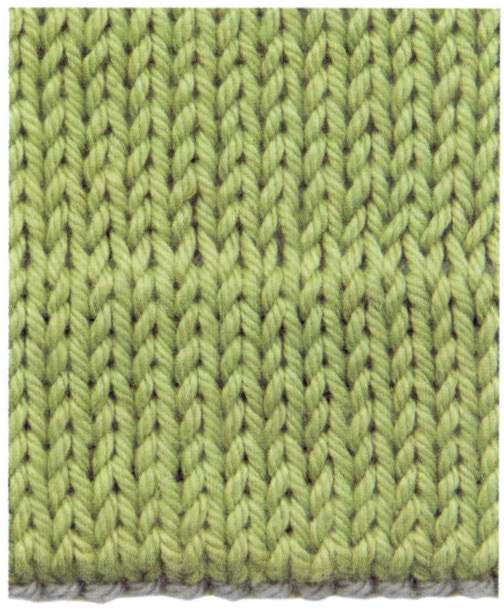

6 Die fertige Kante dämpfen oder spannen.

PICOTKANTE

1 Mit dünneren Nadeln eine gerade Maschenzahl aufschlingen (siehe S. 35), die der Breite des Modells entspricht.

2 Bis zur gewünschten Höhe glatt rechts stricken, mit einer Rückreihe enden.

3 In der nächsten Reihe die beiden ersten Maschen zusammenstricken (siehe S. 76), einen Umschlag arbeiten (siehe S. 73). Bis zum Reihenende fortlaufend wiederholen.

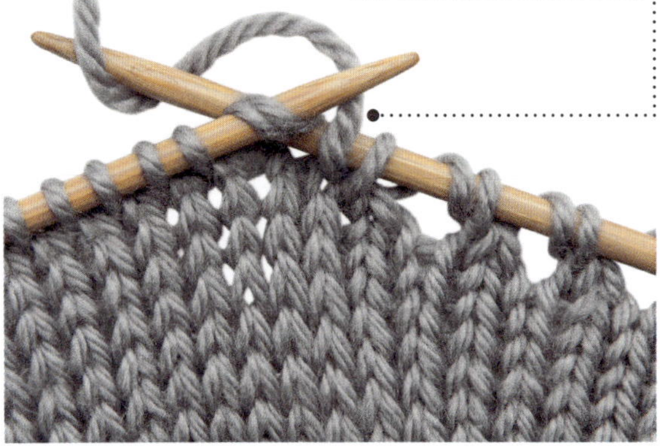

4 Mit dickeren Nadeln die Maschen und Umschläge der vorigen Reihe links stricken. Die zweite Saumhälfte glatt rechts ebenso hoch stricken wie die erste. Mit einer Rückreihe enden.

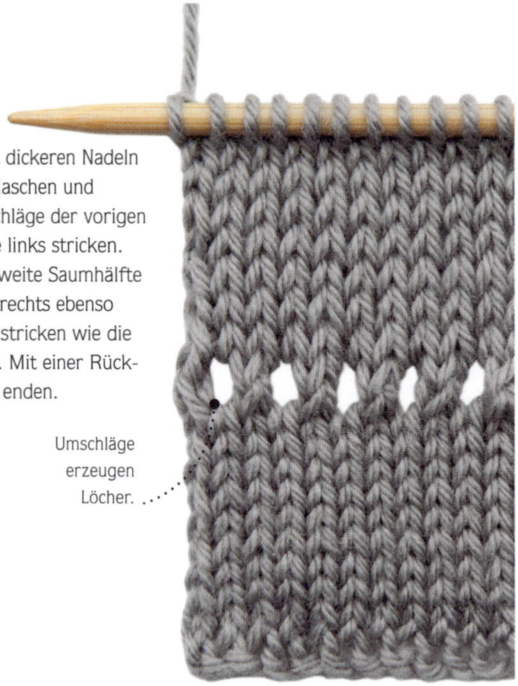

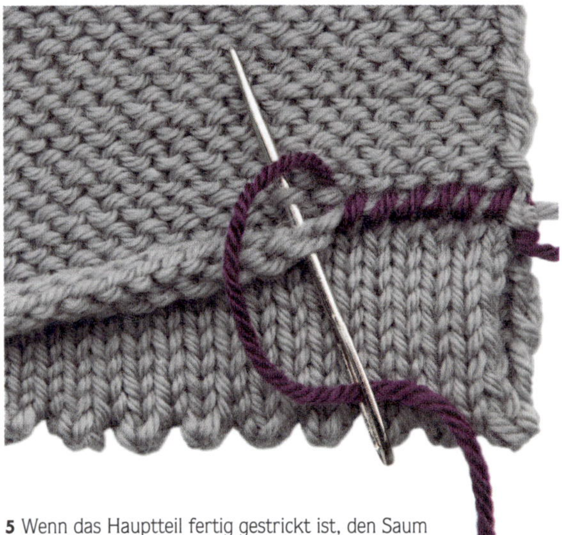

5 Wenn das Hauptteil fertig gestrickt ist, den Saum an der Lochmusterkante links auf links falten und an der Innenseite des Modells feststecken, dabei die Maschen parallel ausrichten. Auf der linken Seite mit überwendlichen Stichen glatt und gleichmäßig festnähen. Dabei mit einer Sticknadel ohne Spitze den Querfaden jeder Masche an die entsprechende Masche der Anschlagkante nähen.

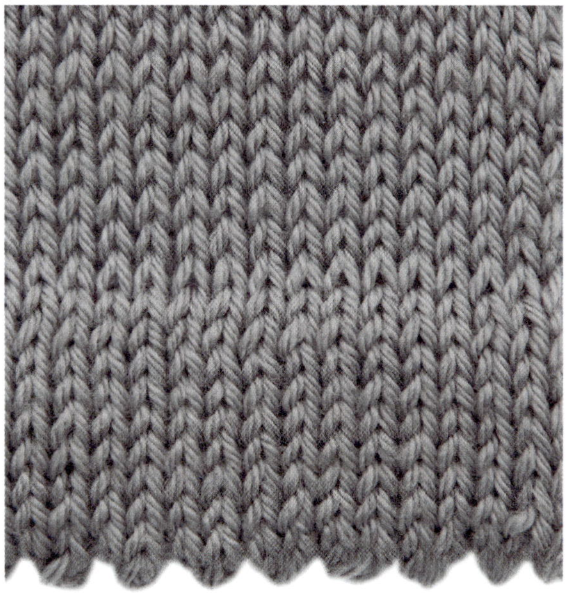

6 Nach der Fertigstellung des Modells den Saum spannen oder vorsichtig dämpfen.

SPANNEN

Beachten Sie beim Spannen die Angaben auf der Garnbanderole. Strukturmuster wie Bündchen, Zöpfe oder kraus rechts gestrickte Flächen sollten nicht gebügelt, sondern nur behutsam gedämpft werden, damit das Muster nicht flach gedrückt wird.

FEUCHT SPANNEN

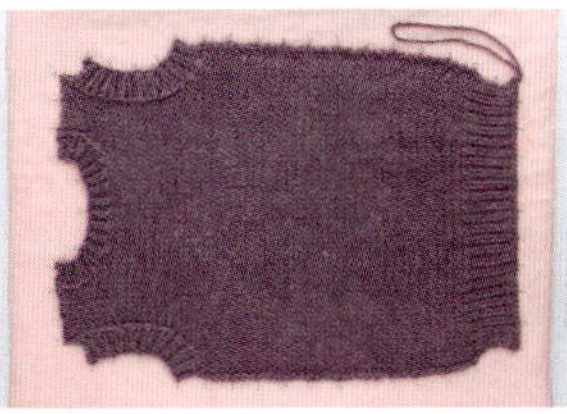

Wenn das Garn Nässe verträgt, das Werkstück waschen oder anfeuchten. Leicht ausdrücken und in ein trockenes Handtuch einrollen, um die meiste Feuchtigkeit zu entziehen. Dann auf einer Schicht frischer, mit einem Laken bedeckter Handtücher feststecken und gründlich trocknen lassen.

DÄMPFEN

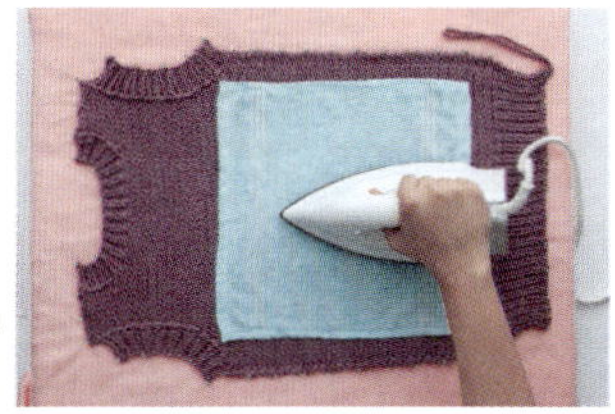

Dämpfen darf man nur Garne, die nicht allzu empfindlich sind. Das Werkstück auf einer geeigneten Unterlage, z. B. dem Bügelbrett, feststecken. Ein feuchtes Tuch darauflegen und das Teil vorsichtig dämpfen. Dabei nicht aufdrücken und Strukturen wie z. B. Bündchen aussparen. Danach abkühlen lassen.

NÄHTE

Die vier beliebtesten Stiche zum Zusammennähen zweier Kanten sind Matratzenstich (siehe S. 148), Saumstich, Steppstich und Überwendlichstich (siehe S. 149). Manchmal ist es jedoch am praktischsten, zwei Teile in einem Arbeitsgang zusammen abzuketten.

TIPPS

- **Vor dem Zusammennähen** sollten die Einzelteile gespannt und, wenn sich das Garn dafür eignet, gedämpft werden. Fertige Nähte ebenfalls dämpfen.
- **Eine Sticknadel ohne Spitze** ist zum Zusammennähen gut geeignet. Mit spitzen Nadeln werden die Fäden der Maschen oft gespalten, was das Durchziehen der Fäden erschwert.
- **Verwenden Sie zum Nähen** möglichst das Garn, mit dem das Modell gestrickt wurde. In den Beispielen wird nur zur Veranschaulichung andersfarbiges Garn verwendet.
- **Für Modelle aus Effektgarn** glattes, farblich passendes Garn verwenden. Fäden für Matratzenstich nicht zu lang zuschneiden, weil sie beim wiederholten Durchziehen geschwächt werden und reißen können.
- **Die Einzelteile** vor dem Zusammennähen zusammenstecken oder -heften. Das Garn am Anfang der Naht mit einigen kurzen Stichen fixieren.
- **Die Nähte** sollen zwar nicht zu locker, jedoch auch nicht zu fest sein, da die Strickarbeit sich sonst an den Nähten leicht aufwerfen oder wellen kann.

KANTE AN KANTE

Häufig werden gestrickte Teile Kante an Kante zusammengenäht. Die Teile nebeneinander legen, die linke Seite der Arbeit liegt oben. Mit der Nadel durch die kleinen Knötchen an den Seitenkanten stechen.

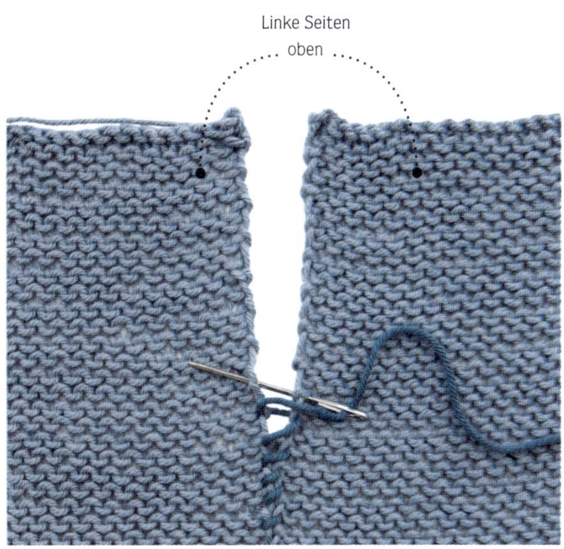

SICHERER ANFANG FÜR NÄHTE

Dieser achtförmige Nahtanfang ist stabil und besonders gut geeignet für Nähte im Matratzenstich.

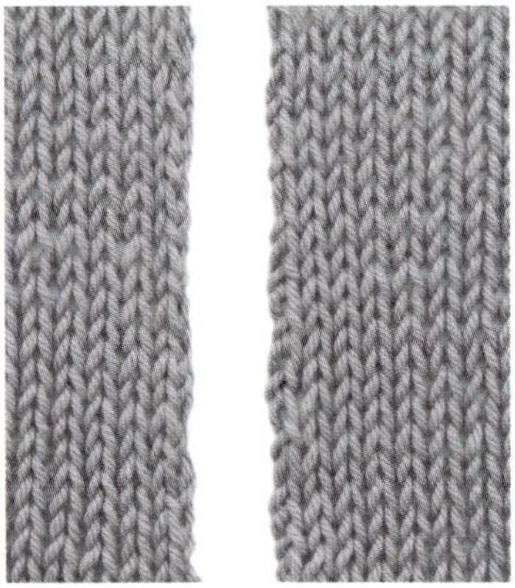

1 Die zusammenzusetzenden Teile nebeneinanderlegen, die rechte Seite nach oben.

2 Passendes Garn einfädeln.

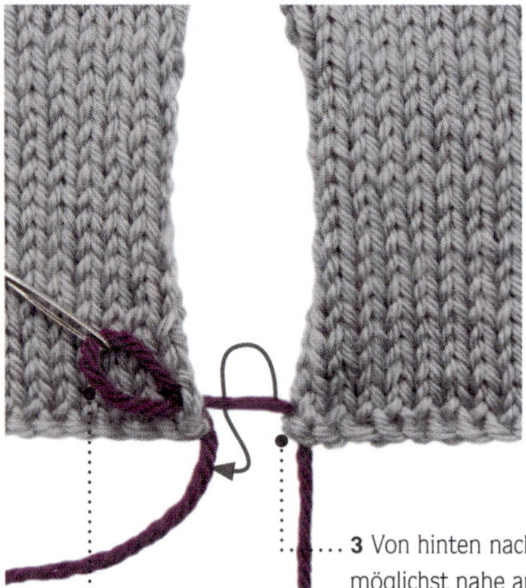

3 Von hinten nach vorn möglichst nahe an der Kante des Werkstücks durch die unterste Masche des rechten Teils stechen.

4 Dann von hinten nach vorn durch die unterste Masche des linken Teils stechen.

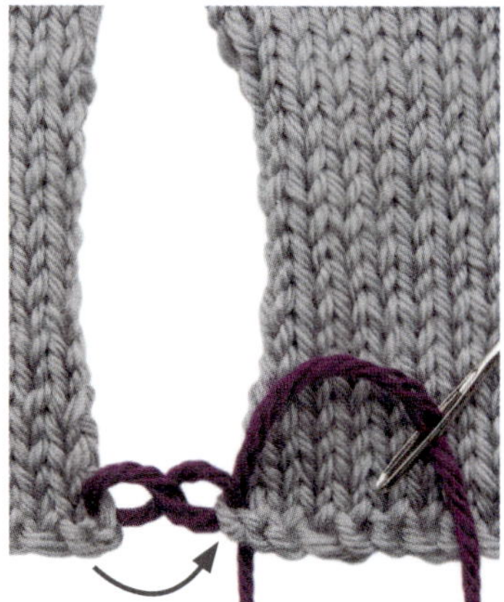

5 Nochmals von hinten nach vorn durch die unterste Masche des rechten Teils stechen. Durch den achtförmigen Verlauf ist dieser Nahtanfang stabil und sieht ordentlich aus.

MATRATZENSTICH

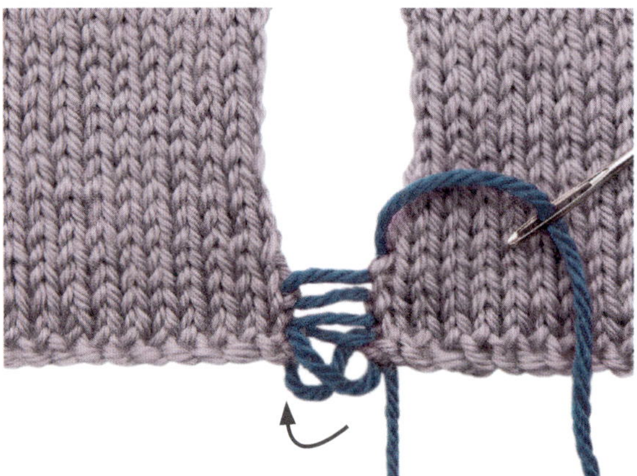

Vor allem Bündchen und glatt rechts gestrickte Teile lassen sich nahezu unsichtbar mit dem Matratzenstich verbinden.

1 Die Teile nebeneinanderlegen, die rechte Seite liegt oben. Mit dem achtförmigen Nahtanfang (siehe oben) beginnen.

2 Die Nadel von vorn in die Mitte der ersten Masche einstechen und in der Mitte der Masche darüber ausstechen. Auf der anderen Seite wiederholen. Von unten nach oben mit relativ lockeren Stichen arbeiten. Nach jeweils sechs bis sieben Stichen den Faden gut anziehen, ohne die Naht zu kräuseln.

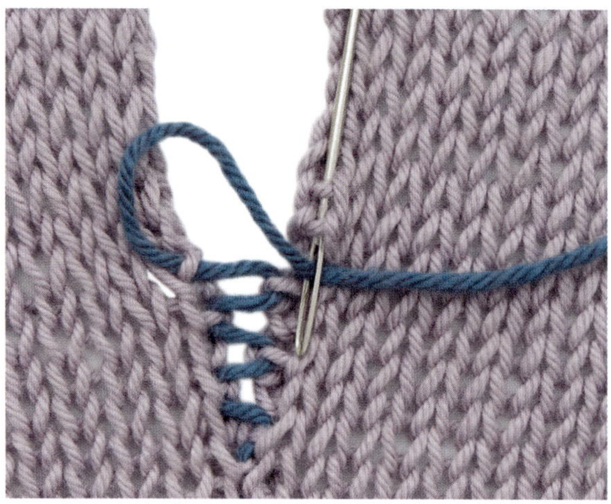

STEPPSTICH

Der Steppstich (auch Rückstich) eignet sich für fast alle Arbeiten, sofern sie nicht aus ausgesprochen dickem Garn gestrickt sind.

1 Die Kanten rechts auf rechts legen und möglichst nahe am Rand nähen. Von hinten nach vorn durch beide Teile stechen, dann von vorn nach hinten in die Ausstichstelle des vorhergehenden Stichs einstechen. Etwas weiter vorn wieder herauskommen.

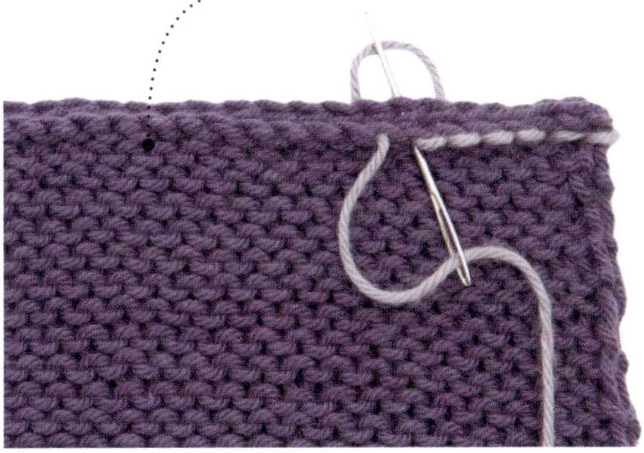

ÜBERWENDLICHER STICH

Dieser Stich wird ebenfalls rechts auf rechts gearbeitet.

1 Jeweils von hinten nach vorn durch die Mitte der Maschen (nicht durch die Randschlaufen) stechen.

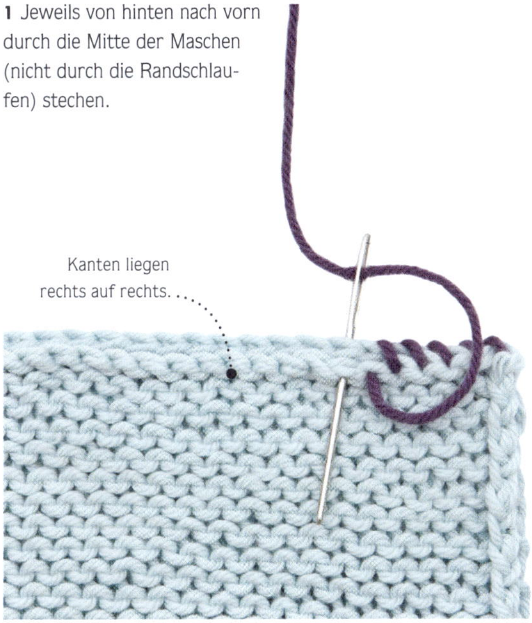

MASCHENSTICH

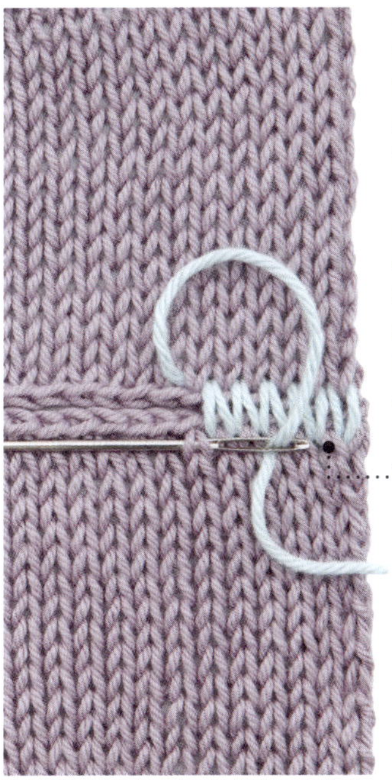

Den Maschenstich kann man sowohl an abgeketteten als auch an nicht abgeketteten Kanten verwenden.

1 Die Teile nebeneinander auf Stoß legen, die rechte Seite zeigt nach oben. Von rechts nach links wie gezeigt durch die Maschen stechen. Der Nähfaden verläuft wie eine Strickmasche.

2 Verwendet man zum Zusammennähen das Strickgarn, ist die Naht kaum zu sehen. Die Arbeit wirkt fast, als sei sie in einem Durchgang gestrickt worden.

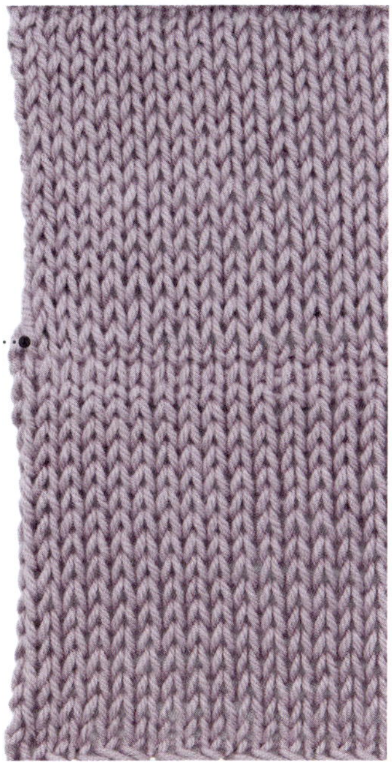

MASCHENSTICH AN NICHT ABGEKETTETEN KANTEN

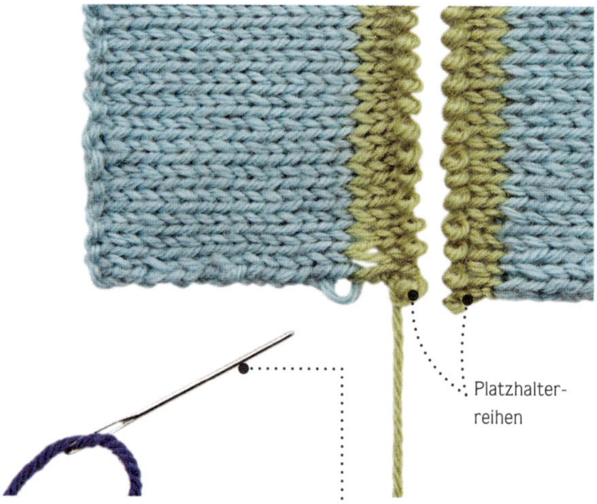

Die Maschenzahl muss an beiden Teilen gleich sein. Rechte Maschen sehen aus wie ein kleines V.

1 Die Oberkante eines fertigen Teils nicht abketten, sondern mit dünnerem Garn glatt rechts vier Platzhalterreihen stricken. Auf den Nadeln lassen.

2 Kurz vor dem Zusammennähen die Nadeln herausziehen. Die Teile auf Stoß legen, rechte Seite nach oben. Passendes Garn oder ein langes Fadenende in eine Sticknadel ohne Spitze einfädeln.

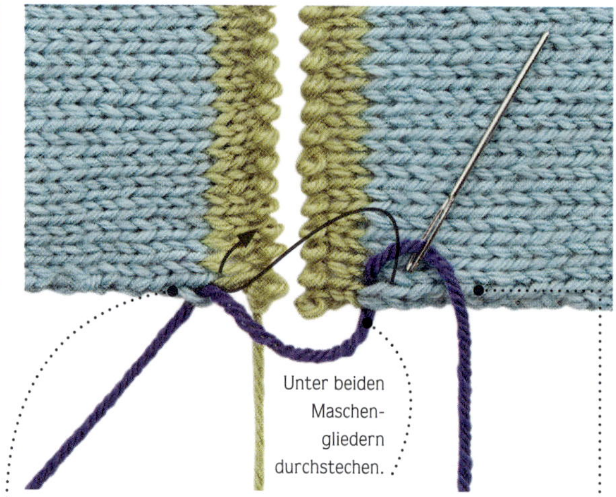

3 Von hinten durch die erste Masche in der Hauptfarbe am linken Teil stechen. Die Nadel kommt in der Mitte des »V« heraus.

4 Dann unter beiden Fäden des ersten »V« in der Hauptfarbe auf der rechten Seite durchstechen.

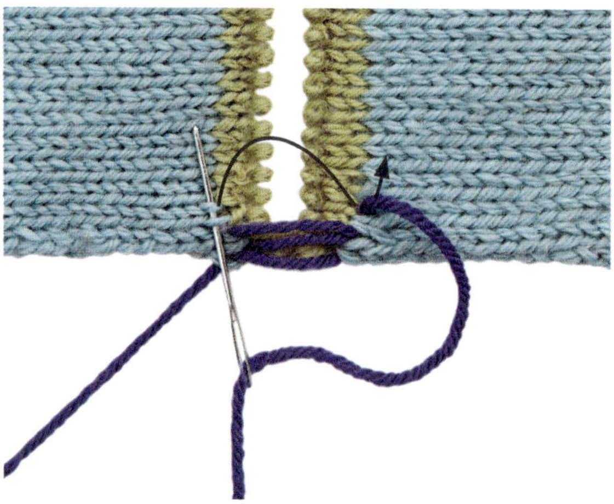

5 Nun wieder auf der linken Seite einen Stich unter beiden Teilen eines »V« (= den beiden Maschengliedern einer Masche) durchstechen. Am Faden ziehen, bis der Verbindungsstich ebenso groß ist wie eine Masche. Dabei die Platzhaltermaschen nach innen falten.

6 Abwechselnd rechts und links bis zum Reihenende wiederholen.

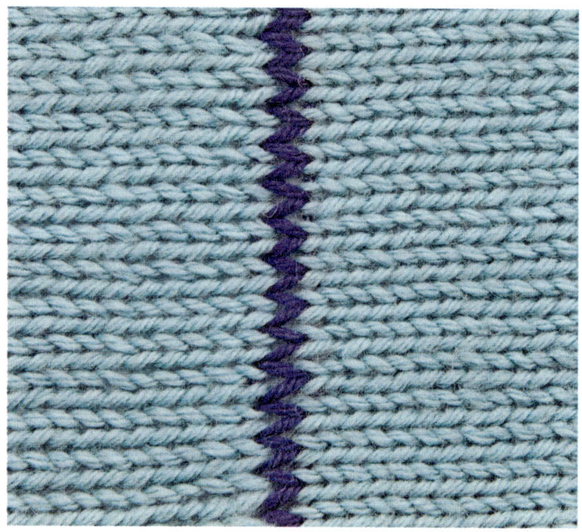

7 Zum Schluss die Fadenenden vernähen und die Platzhaltermaschen aufräufeln. Wer mehr Übung hat, kann die Maschen auch direkt von den Nadeln zusammennähen und auf die Platzhalterreihen verzichten.

EINE BORTE ANNÄHEN

1 Borte und Hauptteil kantenbündig rechts auf rechts aufeinanderstecken.

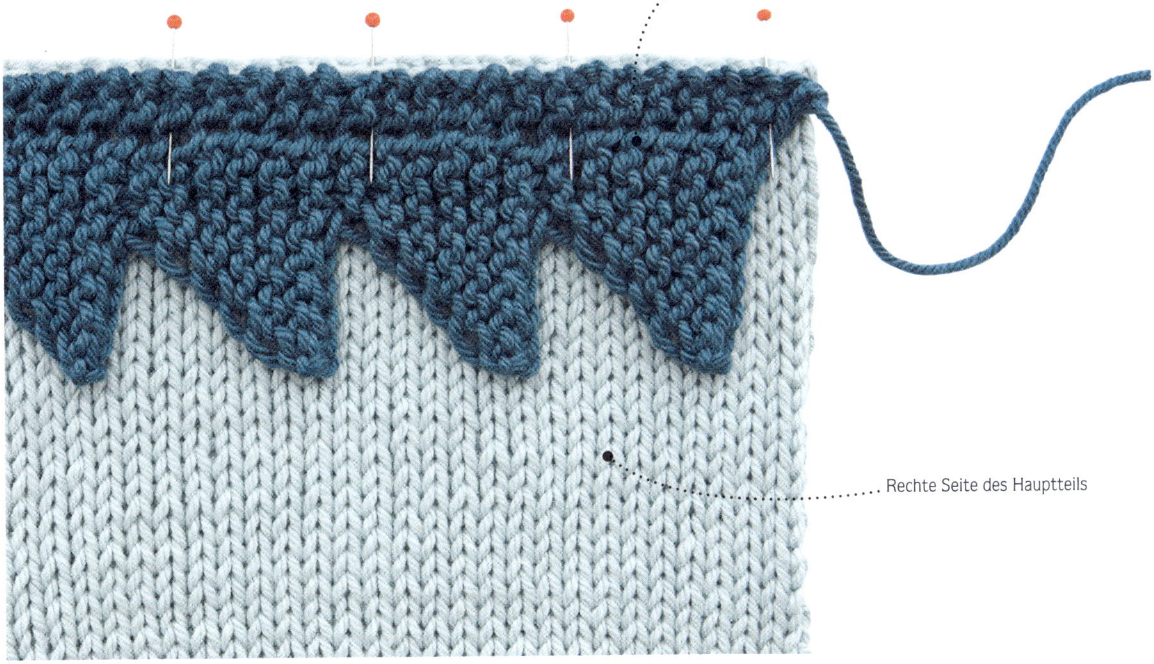

2 Die Kanten mit kleinen, gleichmäßigen Überwendlichstichen (siehe S. 149) zusammennähen.

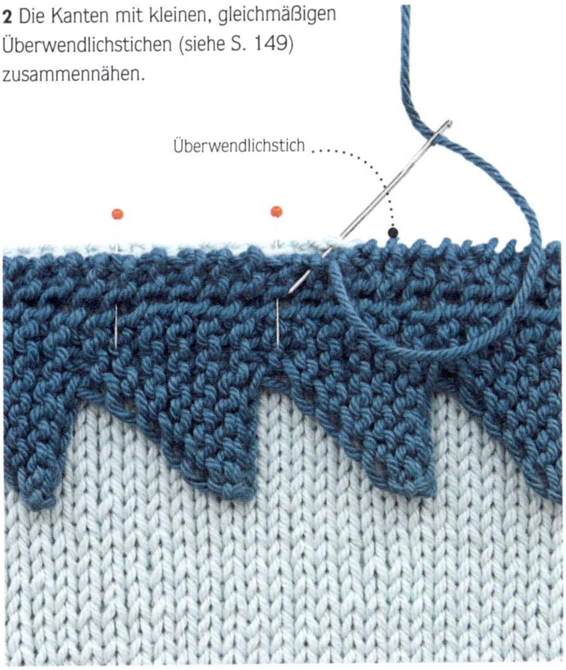

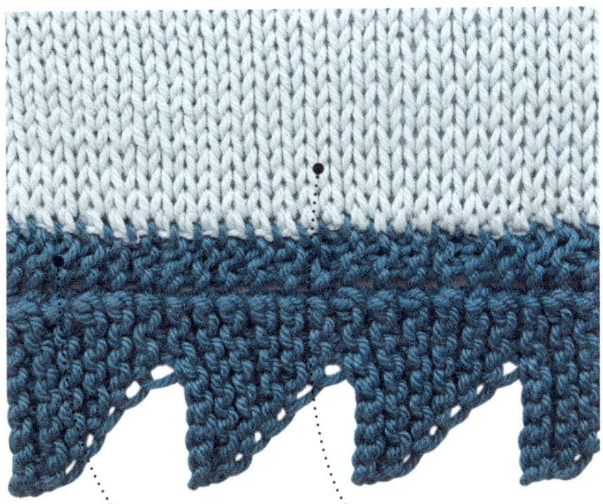

3 Falls das Garn dafür geeignet ist, die Naht vorsichtig dämpfen (siehe S. 147).

STRICK EINSCHNEIDEN

Manchmal spart es Zeit, Kleidungsstücke rund zu stricken und anschließend aufzuschneiden. Am besten eignet sich dafür haarige Wolle, deren Fasern beim Waschen leicht verfilzen. Stricken Sie einige zusätzliche Maschen als »Nahtzugabe«. Die Schnittkanten können mit der Nähmaschine versäubert werden.

NAHTZUGABE

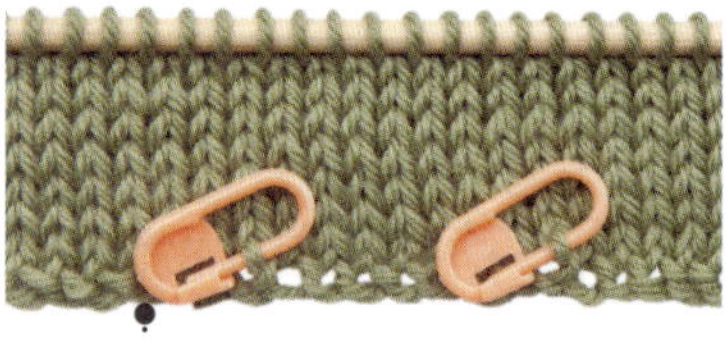

1 Für die Nahtzugabe an der Vorderkante einer Jacke neun zusätzliche Maschen in der vorderen Mitte anschlagen. Diese glatt rechts stricken, bei Norwegermustern je eine Masche breite Senkrechtstreifen. Diesen Bereich markieren.

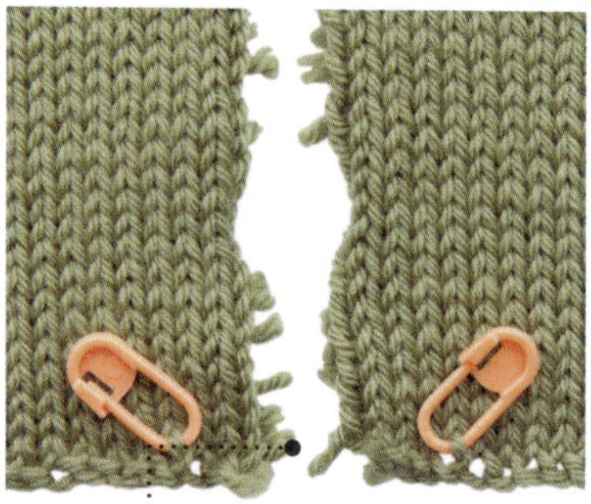

2 Das Teil fertig stricken und spannen, dann in der vorderen Mitte gerade in einer Maschenreihe aufschneiden. Wenn das Garn zum Aufräufeln neigt, vor dem Schneiden entlang der Innenkante der Nahtzugabe mit dem Zickzackstich der Nähmaschine entlangnähen. Dabei den Strick nicht dehnen!

3 Zwischen der letzten Masche des Hauptteils und der ersten der Nahtzugabe Maschen aufnehmen (siehe S. 130). Die Kante anstricken und abketten.

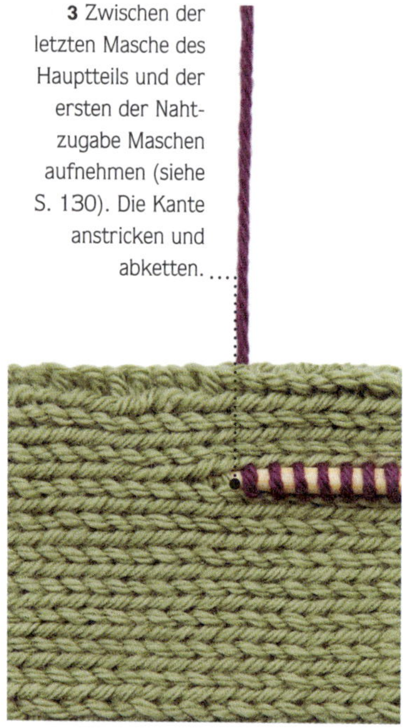

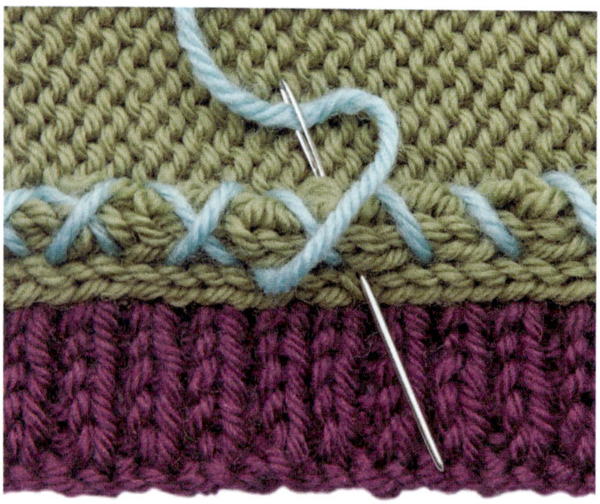

4 Auf der Innenseite lose Fadenenden mit einer scharfen Schere abschneiden. Die Schnittkante nach innen einschlagen und mit farblich passendem Garn zuerst in einer Richtung, dann in der anderen festnähen.

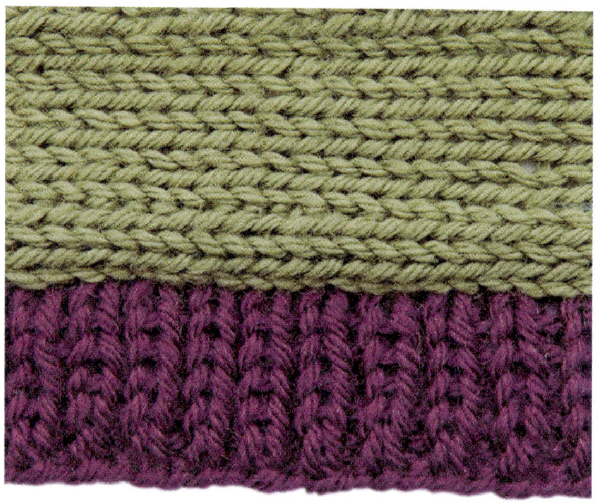

5 Die Kante sieht von der rechten Seite sauber aus, die eingeschlagene Nahtzugabe ist nicht zu sehen.

VERSCHLÜSSE

Verschlüsse sollten in Größe und Material zum Projekt passen. Nylon- und Kunststoffverschlüsse sind leicht und unauffällig, aber Metall und kontrastfarbige Verschlüsse können dekorativ aussehen. Nietendruckknöpfe werden zwischen den Maschen durchgeschoben und befestigt. Sie dürfen keine scharfen Kanten haben.

DRUCKKNÖPFE ANNÄHEN

Die »männliche« Seite des Druckknopfs wird innen an die Außenseite des Modells genäht. Die Positionen festlegen – statt zu messen, lieber Maschen zählen, das ist meist genauer.

1 Einen Knoten binden und das Fadenende an der Markierung vernähen. Nur durch die Hälfte der Strickfäden stechen, damit man das Nähgarn von außen nicht sieht. Den Druckknopf auf die Markierung legen und mit der Nadel durch den halben Strick und eins der Löcher im Druckknopfrand stechen.

2 Drei oder vier Stiche durch jedes Loch nähen, aber nie ganz zur rechten Seite durchstechen. Die weiteren Löcher ebenso festnähen. Zum Schluss zwei kleine Rückstiche nähen, dann den Faden zur Schlaufe legen, die Nadel durchfädeln und gut festziehen. Das Fadenende kurz abschneiden.

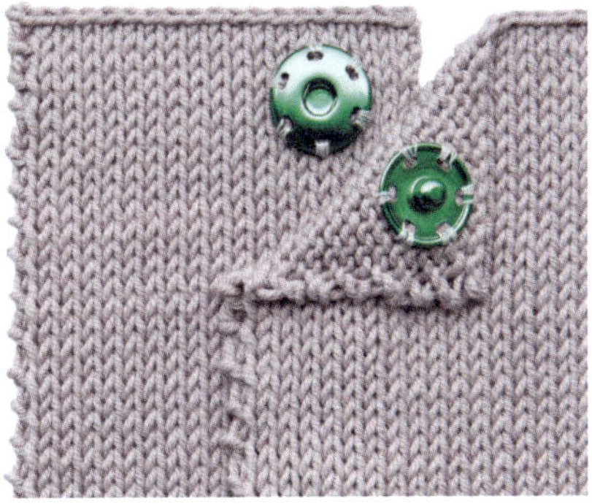

EINEN REISSVERSCHLUSS EINNÄHEN

1 Farbe und Material des Reißverschlusses sollten zum Strickgarn passen. Reißverschlusslänge und Kante des Modells müssen exakt gleich lang sein. An der Kante des Modells einen Knötchenrand stricken (siehe S. 131).

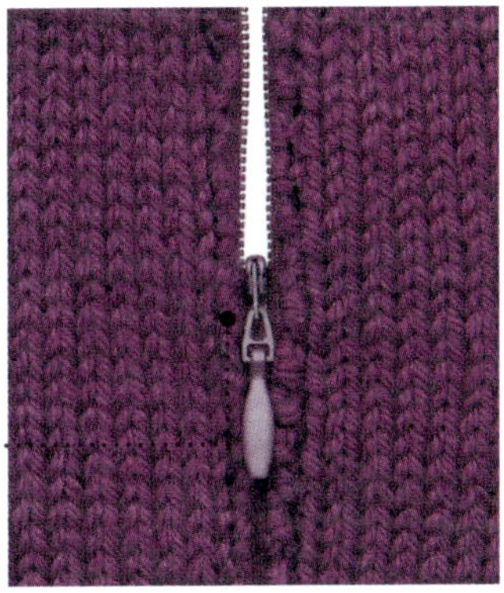

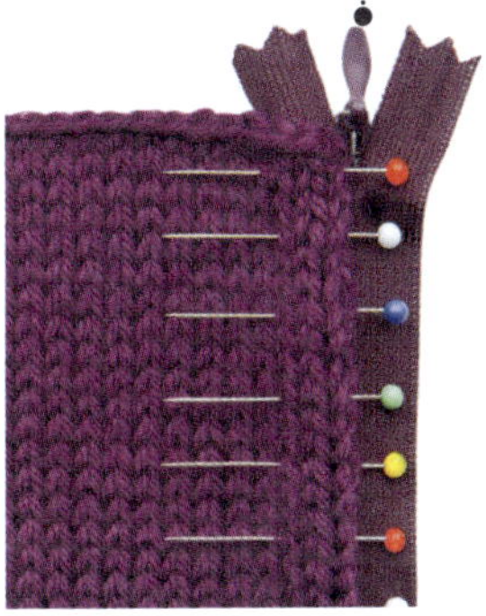

2 Den Reißverschluss schließen. Zuerst oben und unten unter die Kanten des Modells feststecken. Die Zähnchen müssen gut verdeckt sein. Die Mitte feststecken, dann dazwischen in gleichmäßigen Abständen zahlreiche weitere Nadeln in Querrichtung platzieren. Die Strickkanten nicht dehnen. Zuerst eine Seite ordentlich feststecken, dann die andere.

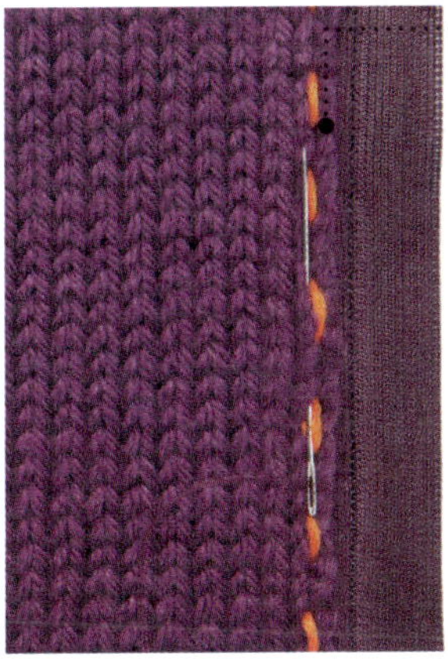

3 Den Reißverschluss mit kontrastfarbigem Nähgarn entlang der ersten Maschenreihe festheften.

4 Dann den Reißverschluss mit einer langen Stopfnadel und passendem Nähgarn (oder dem Strickgarn, wenn es dünn und fest genug ist) mit gleichmäßigen Rückstichen gerade einnähen.

5 Das Modell wenden. Die Reißverschlusskanten auf der Innenseite mit farblich passendem Nähgarn oder dem Strickgarn mit Überwendlichstich festnähen. Dabei immer in die waagerecht liegenden Fäden der Maschen einstechen.

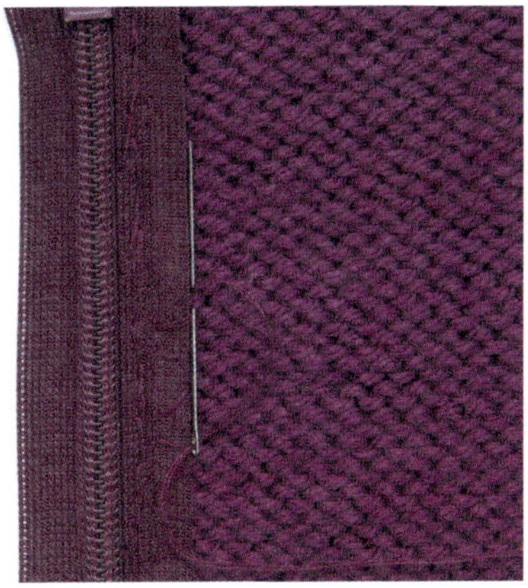

VERZIERUNGEN

Schlichte Strickmodelle lassen sich mit hübschen Verzierungen leicht und schnell aufpeppen. Stickereien, Perlen oder attraktive Kanten und Borten sind nur einige Möglichkeiten. Besonders schön sehen solche Verzierungen an Taschen, Kragen oder Abschlüssen aus.

PERLENSTRICKEREI

Glasperlen schimmern schön, sind aber recht schwer. Achten Sie darauf, dass der Strickfaden gut durch das Perlenloch passt. Sie können auch einen zweiten Faden mit Perlen mitlaufen lassen oder große Perlen in »Taschen« einstricken.

PERLEN AUFFÄDELN

Vergewissern Sie sich, dass die Perlen groß genug sind und dass das Garn durch die Löcher passt. Denken Sie auch an das Gewicht: Wenn das Strickstück komplett mit Perlen bedeckt sein soll, sind Glasperlen möglicherweise zu schwer. Manchmal kann ein wenig zusätzliches Gewicht jedoch dafür sorgen, dass ein Schal, Tuch oder Pullover schöner fällt.

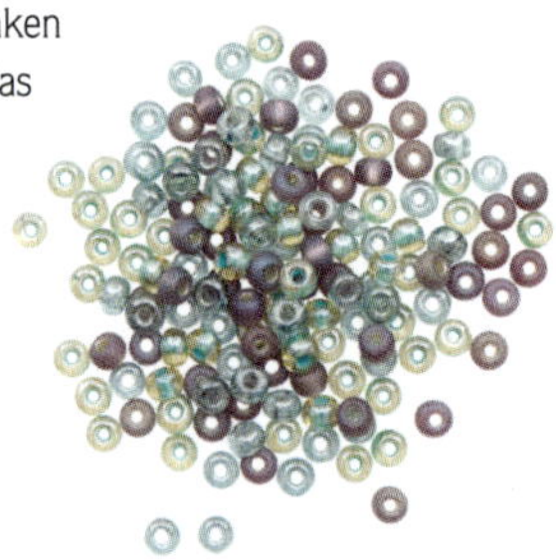

Die Perlen werden vor dem Stricken auf das Garn gefädelt. Aus der Anleitung geht hervor, wie viele Perlen Sie benötigen. Wenn die Perlen ein mehrfarbiges Muster bilden, steht dort auch, in welcher Reihenfolge sie aufgefädelt werden müssen. Einen kurzen Nähgarnfaden doppelt nehmen und in eine Nähnadel fädeln. Das Strickgarn durch die Nähgarnöse legen. Nun die Perlen mit der Nähnadel aufnehmen und auf das Strickgarn ziehen.

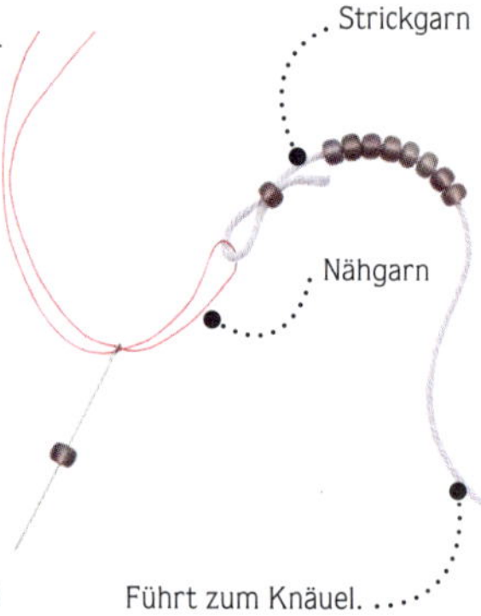

PERLENSTRICKEREI MIT ABGEHOBENEN MASCHEN

1 Normalerweise gibt es für diese Art der Perlenstrickerei eine detaillierte Anleitung. Werden nur wenige Perlen benötigt, steht die Anleitung meist im Text. Hier sehen Sie ein Anordnungsbeispiel. Da die Maschen unter den Hebemaschen jeweils etwas in die Länge gezogen werden, bleibt das Maschenbild durch die versetzte Anordnung insgesamt gleichmäßig.

☐ = in Hin-R re, in Rück-R li
▣ = Perle einfügen und M abheben

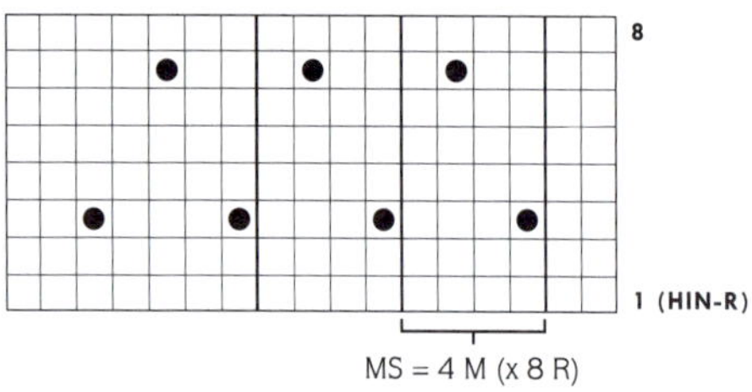

2 Die Perlen erscheinen auf der Vorderseite der Arbeit. Den Faden an der Perlenposition vor die Arbeit legen und die Perle an Ort und Stelle schieben. Nun die folgende Masche links abheben.

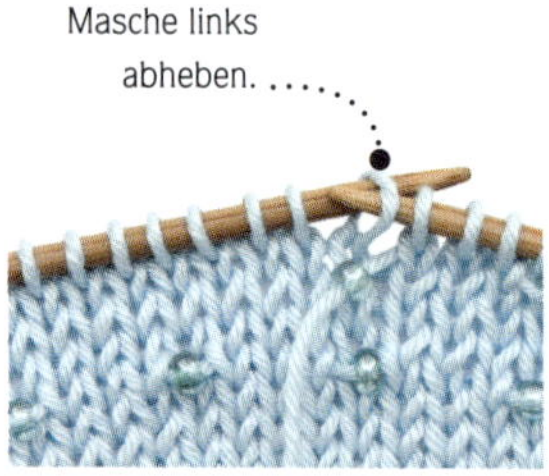

3 Den Perlenfaden wieder hinter die Arbeit legen. Die Perle liegt auf der Vorderseite der Arbeit. Die Folgemasche straff rechts stricken, damit sich die Perle nicht verschiebt.

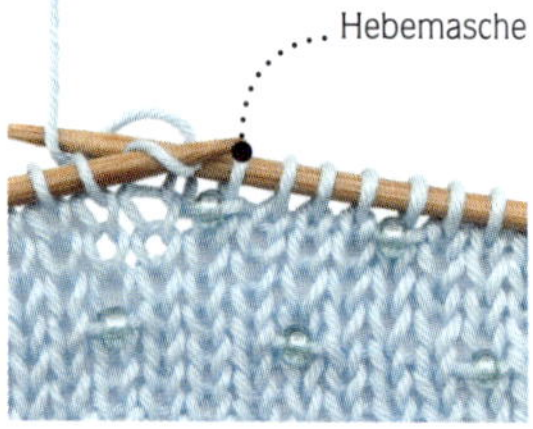

PERLENSTRICKEREI KRAUS RECHTS

1 Dies ist eine einfache Methode für dekorative Musterreihen oder Bordüren. Vor dem Einsetzen der Perlen mindestens drei Reihen kraus rechts stricken. In der nächsten Reihe (einer Rückreihe) zwei Randmaschen stricken, dann hinter jeder Masche eine Perle platzieren. Am Ende der Reihe wieder zwei Randmaschen ohne Perlen stricken.

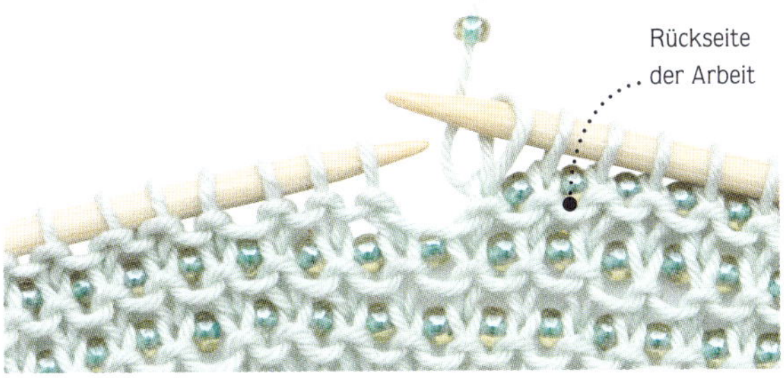

2 Die nächste Reihe ohne Perlen stricken, dann im Wechsel Reihen mit und ohne Perlen bis zur gewünschten Länge arbeiten. Diese Technik eignet sich gut für eine völlig mit Perlen bedeckte Handtasche, ein Pullover würde hingegen zu schwer werden.

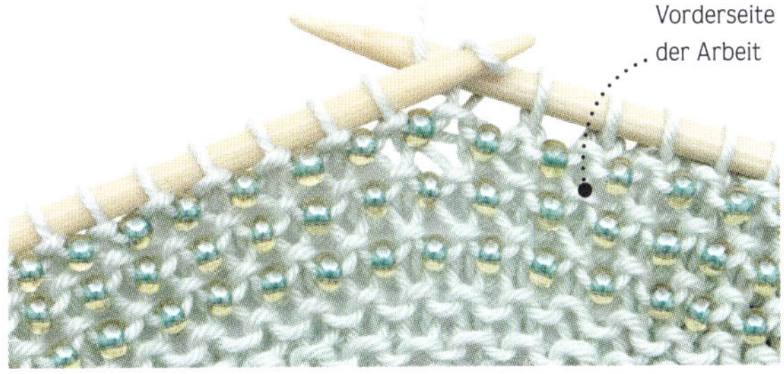

ZWISCHEN ZWEI MASCHEN

1 Perlen auf das Strickgarn fädeln. Glatt rechts stricken, eine Masche vor der Perlenposition anhalten. Den Faden nach vorn legen.

2 Eine Masche links stricken. Die Perle dicht heranschieben. Die folgende Masche auch links stricken. Den Faden wieder nach hinten legen und bis zur nächsten Perlenposition rechts stricken.

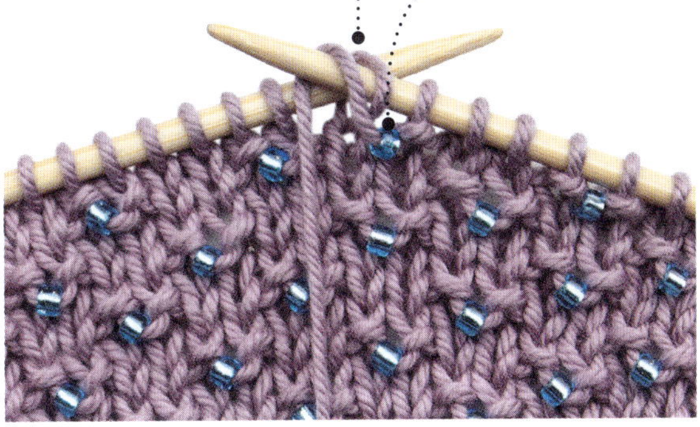

PERLEN EINHÄKELN

1 Die Perlen sind von beiden Seiten zu sehen, allerdings werden bei dieser Technik zuvor keine Perlen aufgefädelt. Bis zur gewünschten Position einer Perle stricken.

2 Die Perle auf eine sehr dünne Häkelnadel schieben. Damit die nächste Masche von der linken Nadel nehmen, die Perle auf die Masche schieben und die Masche wieder auf die linke Nadel legen. Die Masche mustergemäß stricken. Alternativ die Masche mit einer Stopfnadel und einer Nähgarnschlaufe durch die Perle ziehen.

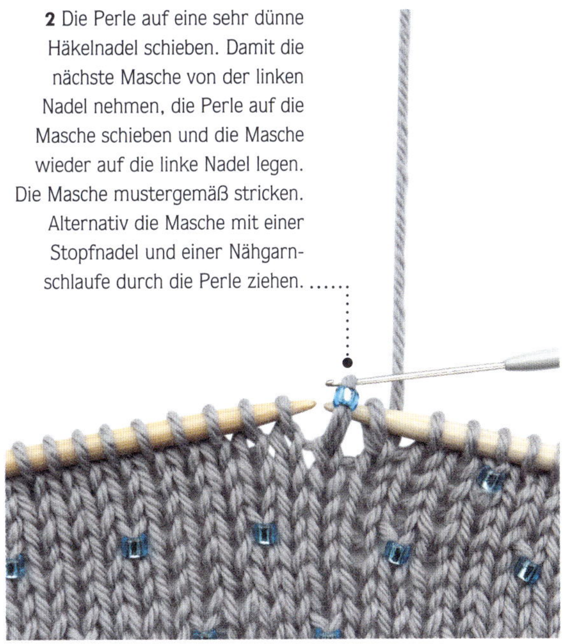

»TASCHEN« FÜR GROSSE PERLEN

1 Bis zur Perlenposition stricken. Aus den nächsten beiden Maschen jeweils zwei herausstricken (siehe S. 69), für größere Perlen (ohne Loch) über mehrere Maschen wiederholen. Bis zur nächsten Perlenposition stricken.

2 In der Rückreihe bis zur Perlenposition links stricken. Die erste zugenommene Masche links abstricken, aber den Faden zweimal um die Nadel legen. Die nächste links abheben. Die nächste links mit zwei Wicklungen stricken, die folgende links abheben.

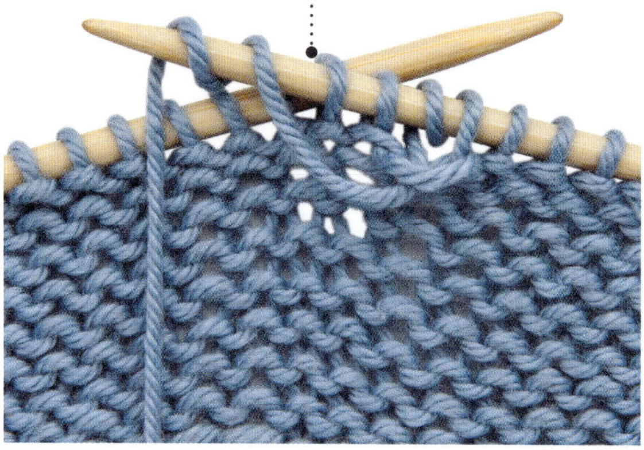

3 In der nächsten Reihe an der Perlenposition erste Masche rechts mit zwei Fadenwicklungen stricken, Faden nach vorn, nächste Masche links abheben und Umschlag fallen lassen, Faden nach hinten, dritte Masche rechts mit zwei Wicklungen stricken, Faden nach vorn, vierte Masche links abheben und Umschlag fallen lassen. Faden nach hinten, rechts fortfahren.

4 Je nach Größe der Perle Schritt 2 und 3 ein- oder zweimal wiederholen.

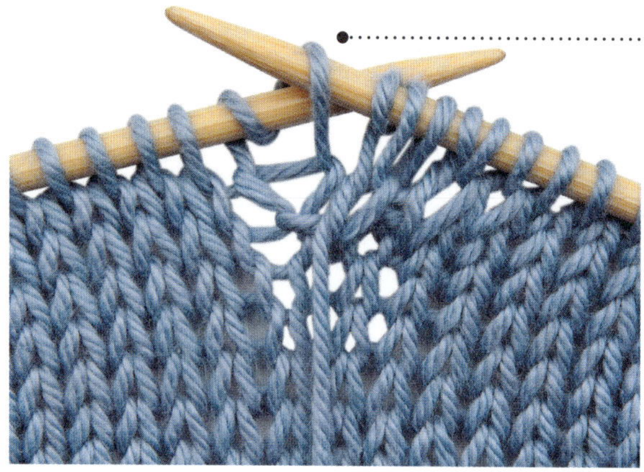

5 Bis zur Perlenposition links stricken. Erste Masche abheben, zweite auf eine Zopfnadel legen, dritte abheben, vierte auf die Zopfnadel legen. Dadurch entsteht eine Tasche. Perle einlegen. Alle vier Maschen in der richtigen Reihenfolge auf die linke Nadel legen (nicht verdrehen!). Zweimal zwei Maschen links zusammenstricken, um die Tasche zu schließen. Links fortfahren.

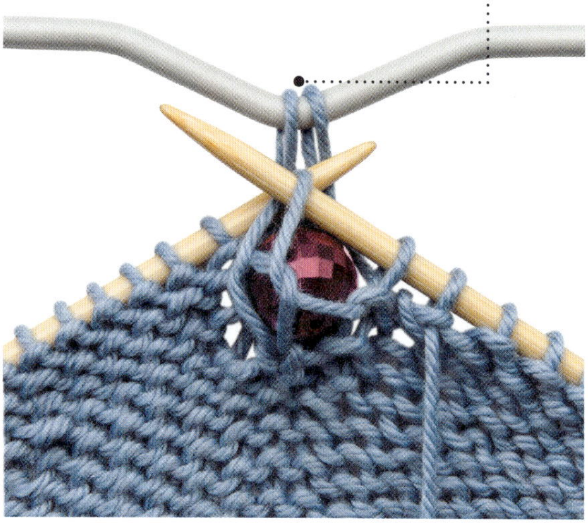

6 Die Perle liegt in der fertigen Tasche. Flache, größere Dekorationen können ebenso eingestrickt werden.

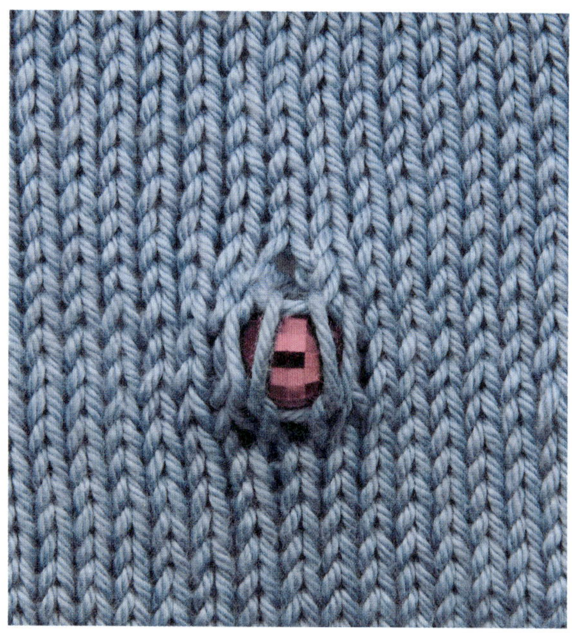

ANSCHLAG MIT PERLEN

1 Perlen auf das Strickgarn fädeln. Eine Anfangsschlaufe knoten, das Fadenende 10 cm lang lassen. Die Nadel in die rechte und das Garn in die linke Hand nehmen. Eine Perle zwischen linke Hand und rechte Nadel schieben. Eine Masche aufschlingen (siehe S. 35). Die Perle muss danach unter der Nadel sitzen.

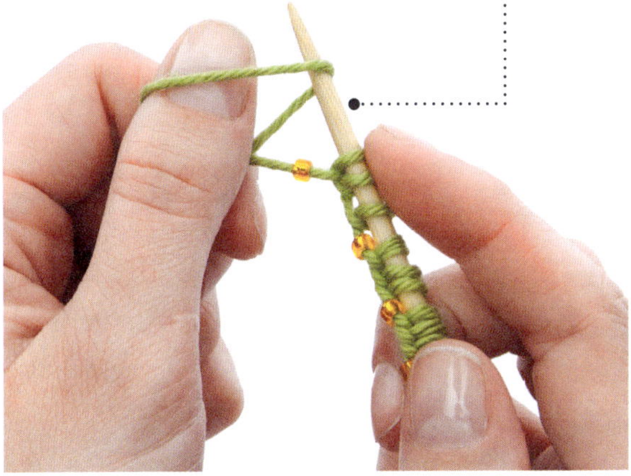

2 In regelmäßigen Abständen wiederholen. Hier befinden sich jeweils drei Maschen zwischen den Perlen.

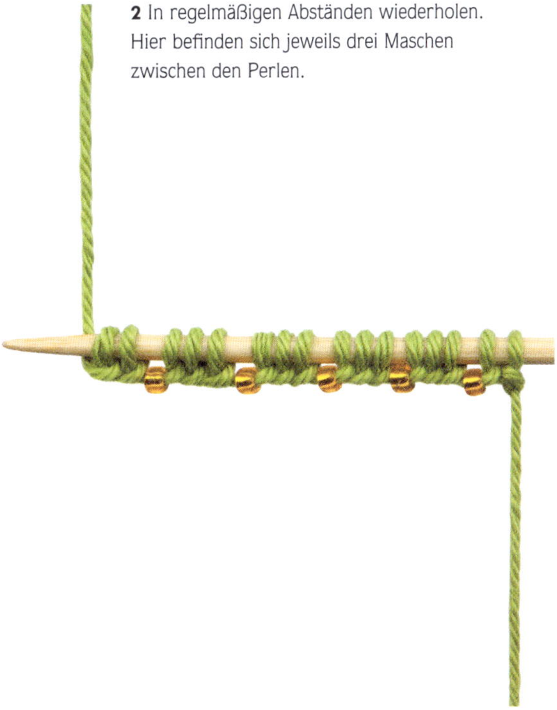

ABKETTEN MIT PERLEN

1 Ein Stück Strickgarn in der fünffachen Breite der Arbeit abschneiden. So viele Perlen auffädeln, wie Maschen verziert werden sollen. Die letzte Perle festknoten (sie wird nicht eingestrickt, siehe Schritt 6).

2 Mit dem Perlengarn die beiden ersten Maschen der Kante stricken. Die zweite über die erste ziehen. Keine Perle einarbeiten.

3 Eine Perle zur Rückseite der Arbeit schieben. Für eine feste Kante (wie hier) die nächste Masche stricken und die Perle mit durchziehen. Die Lage der Perle lässt sich durch das Überziehen in Schritt 4 noch verändern. Soll die Perle locker sitzen, muss sie beim Abstricken der nächsten Masche hinter der Arbeit liegen.

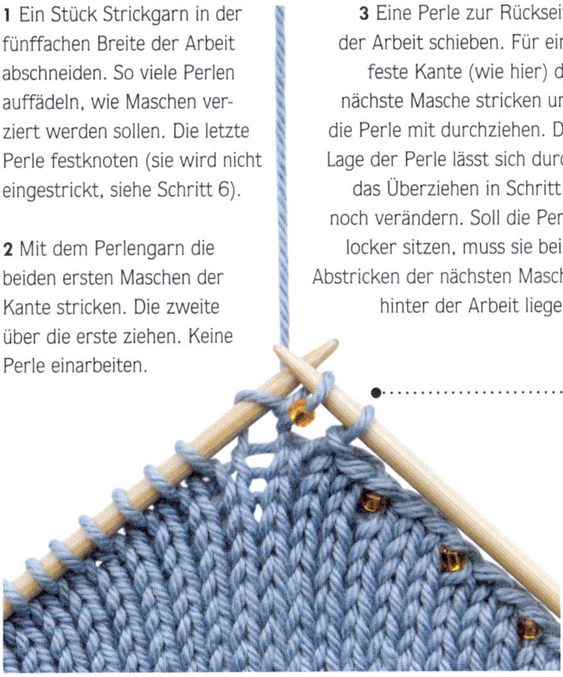

4 In beiden Fällen die zweite Masche auf der rechten Nadel über die erste ziehen.

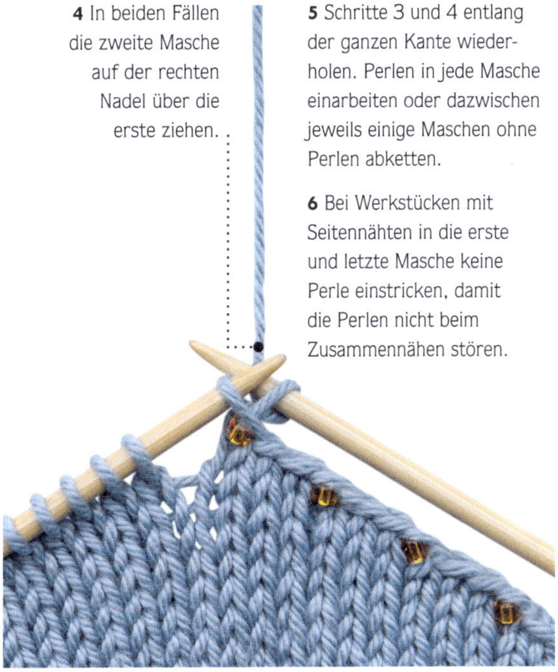

5 Schritte 3 und 4 entlang der ganzen Kante wiederholen. Perlen in jede Masche einarbeiten oder dazwischen jeweils einige Maschen ohne Perlen abketten.

6 Bei Werkstücken mit Seitennähten in die erste und letzte Masche keine Perle einstricken, damit die Perlen nicht beim Zusammennähen stören.

PERLENSCHLAUFEN UND TROPFEN

1 Die Perlen in der richtigen Reihenfolge auffädeln (hier vier kleine pro Tropfen bzw. drei kleine, eine große, drei kleine pro Schlaufe)

2 Tropfen: Bis zur Tropfenposition stricken. Faden nach vorn, vier kleine Perlen heranschieben. Faden nach hinten und festziehen. Die nächste Masche rechts verschränkt stricken. Rechts fortfahren.

3 Schlaufe: Glatt rechts bis zur Schlaufenposition stricken. Faden nach vorn. Drei kleine, eine große, drei kleine Perlen zur Arbeit schieben, Faden nach hinten. Die folgende Masche verschränkt stricken. Bis zur nächsten Position mustergemäß fortfahren. Wenn die Perlen schwer sind, Faden nach hinten legen und die nächste Masche stricken, aber nicht von der Nadel nehmen. Beide Maschen auf die rechte Nadel legen, die linke von vorn einstechen und beide zusammenstricken.

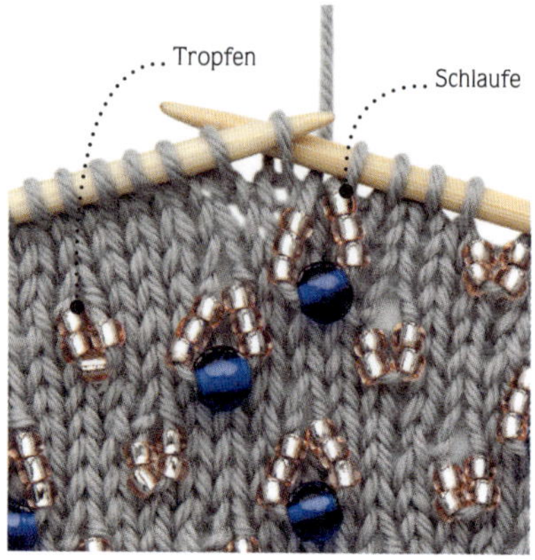

NOPPEN UND VARIATIONEN

Noppen und Popcornmaschen sehen ähnlich aus, werden aber unterschiedlich gestrickt. Glocken und Tropfen liegen plastisch auf der Strickarbeit auf, werden aber im gleichen Arbeitsgang gestrickt. Wimpel strickt man separat und arbeitet sie dann ein. Rollen sind streng genommen verkürzte, doppelseitig gestrickte Reihen. Wer die Arbeit nicht wenden möchte, kann versuchen, rückwärts zu stricken (siehe S. 128).

POPCORNMASCHEN

1 Das Beispiel wird in der Hinreihe auf glatt rechts gestricktem Grund gearbeitet. Bis zur Position der ersten Popcornmasche stricken.

2 Aus der nächsten Masche vier Maschen herausstricken, dafür abwechselnd von vorn und hinten einstechen. Bis zur Position der nächsten Popcornmasche rechts stricken. Bis zum Reihenende wiederholen.

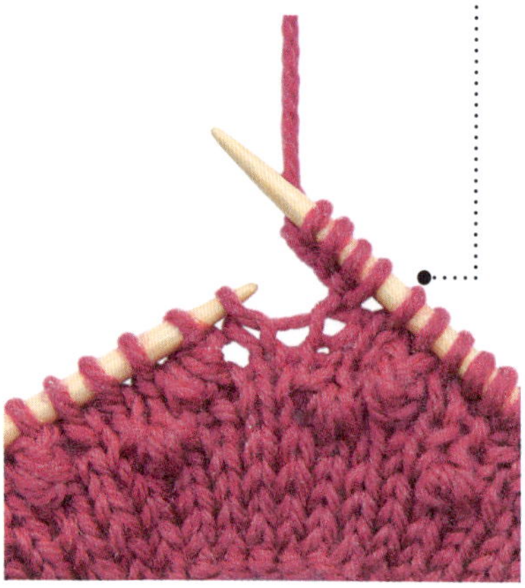

3 In der Rückreihe bis zur Position der Popcornmasche links stricken. Die zweite der vier zugenommenen Maschen über die erste ziehen, die dritte über die zweite und die vierte über die dritte.

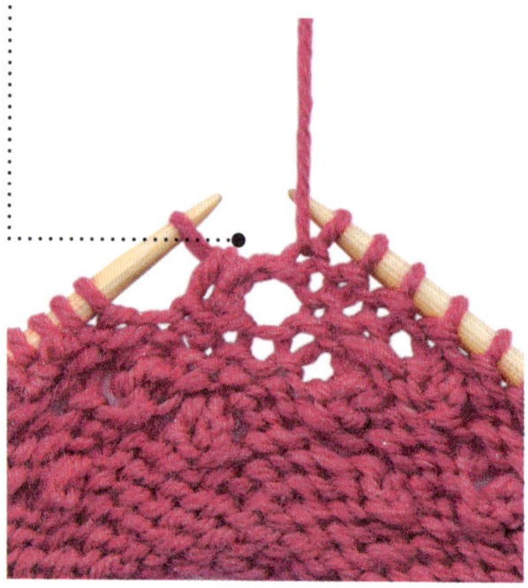

4 Bis zum Reihenende wiederholen. Schritte 2–4 wiederholen. Hier wurden die Popcornmaschen versetzt angeordnet.

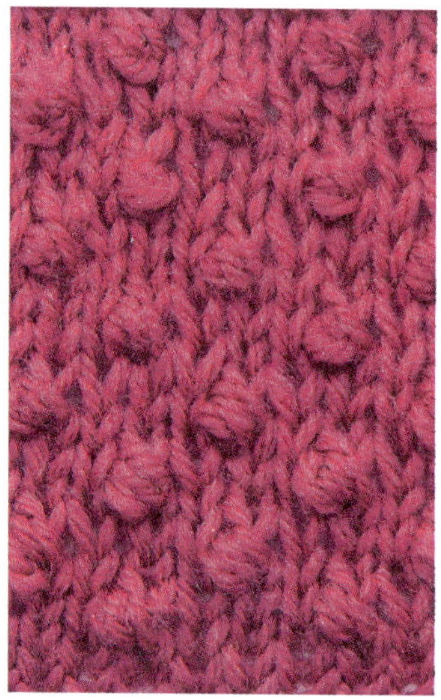

PLASTISCHE NOPPEN

1 Die Noppe wird auf glatt rechts gestricktem Grund gearbeitet und erscheint selbst kraus links. Bis zur Position der Noppe rechts stricken. Die nächste Masche rechts stricken, aber auf der Nadel lassen. Aus derselben Masche weitere vier Maschen abwechselnd rechts und links herausstricken. Den Faden jeweils nach vorn (linke Masche) und hinten (rechte Masche) legen.

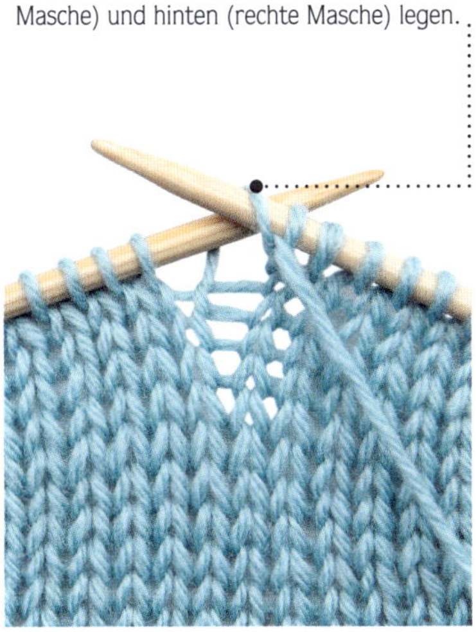

2 Erst dann die linke Nadel aus der ursprünglichen Masche ziehen. Aus dieser sind nun fünf Maschen geworden.

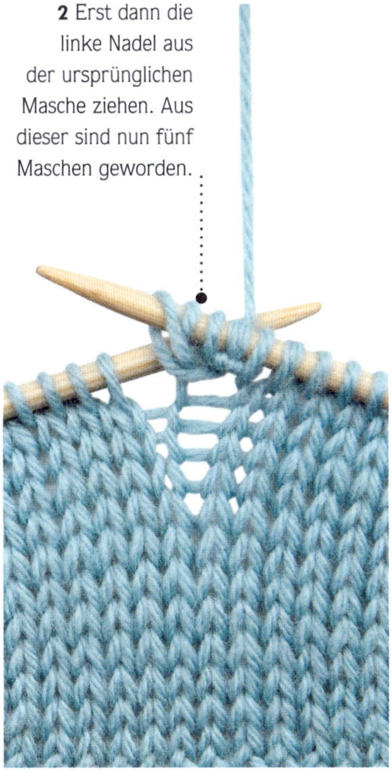

3 Wenden. Die fünf neuen Maschen rechts stricken.

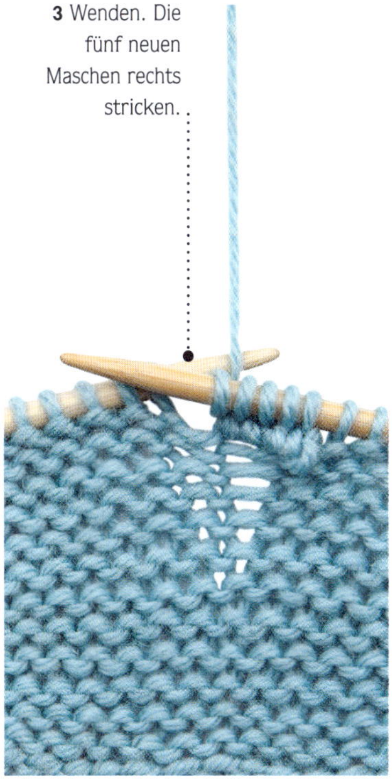

4 Wieder wenden und diese fünf Maschen rechts stricken. Den Faden nach hinten legen.

5 Die zweite Masche auf der rechten Nadel über die erste ziehen. Mit den übrigen Maschen der Noppe ebenso verfahren, bis nur noch eine Masche übrig bleibt. Bis zur nächsten Noppe rechts stricken.

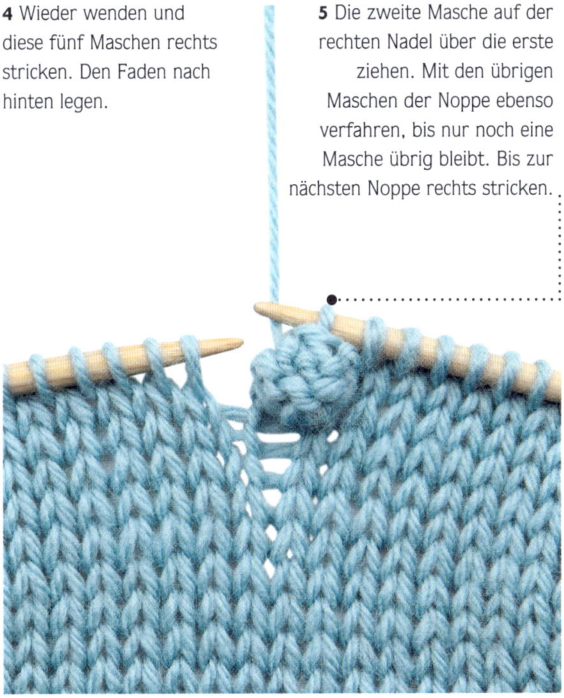

6 Schritte 1–5 für jede Noppe wiederholen. Noppen sehen dekorativ aus, können aber auch als kleiner Verschluss an Kleidungsstücken oder Accessoires dienen.

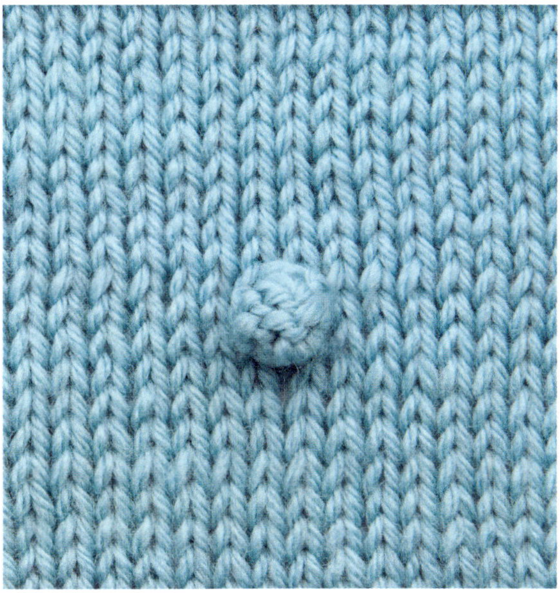

TROPFEN

1 Der Tropfen erscheint glatt rechts auf kraus links gestricktem Grund. In der Hinreihe bis zur Position des Tropfens links stricken. Aus einer Masche fünf herausstricken (wie Noppe, siehe S. 159, Schritt 1). Bis zum nächsten Tropfen oder zum Reihenende links stricken.

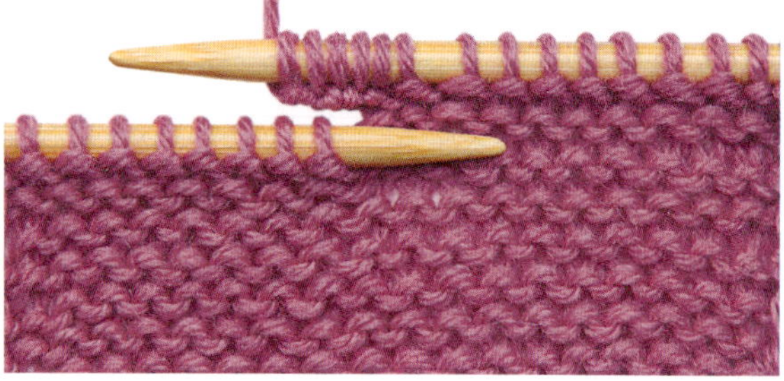

2 Drei Reihen über alle Maschen stricken. Dabei den Hintergrund kraus links und den Tropfen glatt rechts (oder umgekehrt) arbeiten.

Rückseite der Arbeit

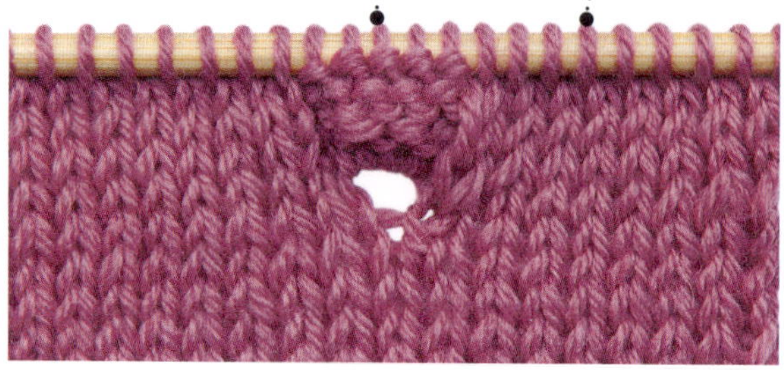

3 In der nächsten Hinreihe die ersten beiden Maschen des Tropfens rechts überzogen zusammenstricken, die letzten beiden rechts abgehoben zusammenstricken. Drei Tropfenmaschen bleiben übrig.

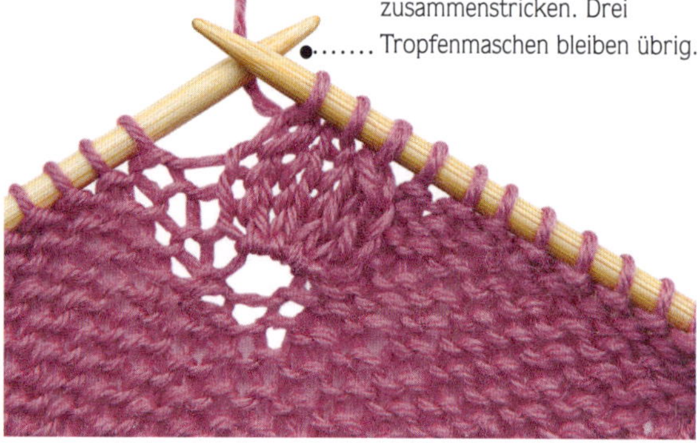

4 In der Rückreihe die Maschen des Tropfens stricken, wie sie erscheinen.

5 In der folgenden Hinreihe die drei Maschen des Tropfens zusammenstricken (1 M re, 2 M re zus-str, abgeh M überz). Bis zum nächsten Tropfen links stricken.

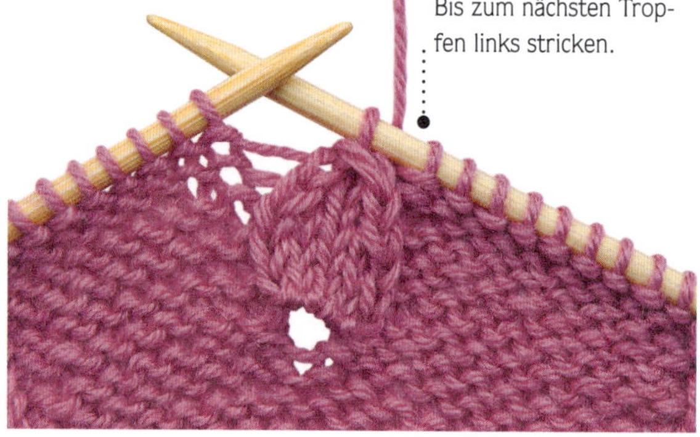

6 Um die Tropfen zu vergrößern, erhöhen Sie einfach die Reihenzahl, über die sie gestrickt werden. Noch plastischer heben sich Glocken (rechte Seite) vom gestrickten Hintergrund ab.

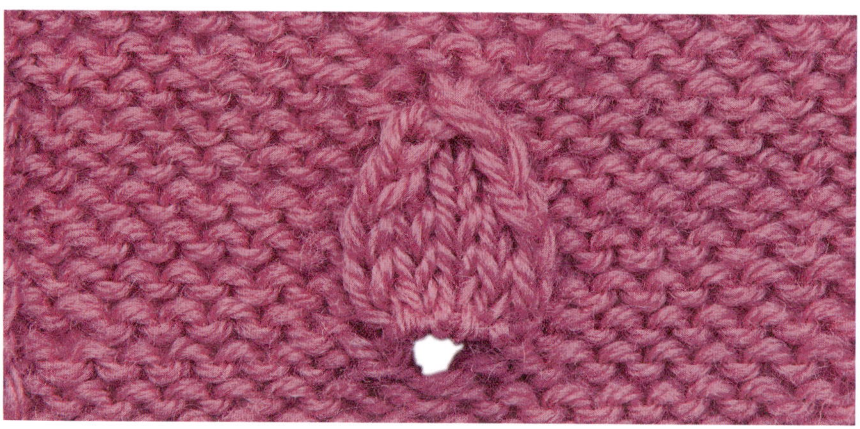

GLOCKEN

1 Diese Glocke ist glatt rechts auf kraus links gestricktem Grund gearbeitet. In der Hinreihe bis zur Position der Glocke stricken. Wenden und acht Maschen im Kordelanschlag anschlagen (siehe S. 37). Wenden und bis zur nächsten Glocke oder bis zum Reihenende stricken.

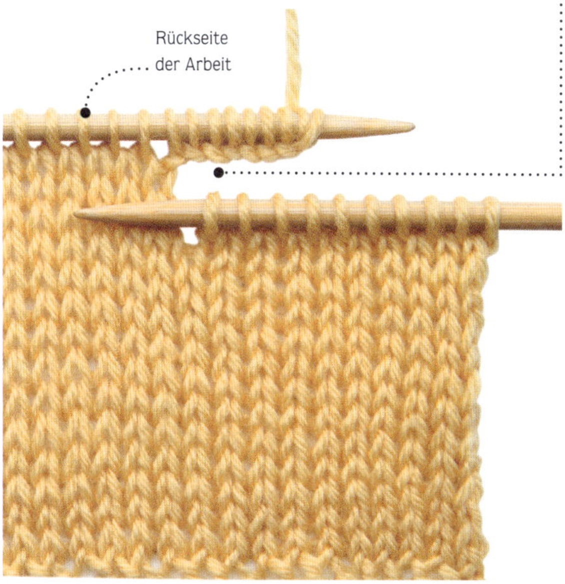

2 Weitere fünf Reihen arbeiten, dabei die Glocke glatt rechts und den Hintergrund kraus links stricken.

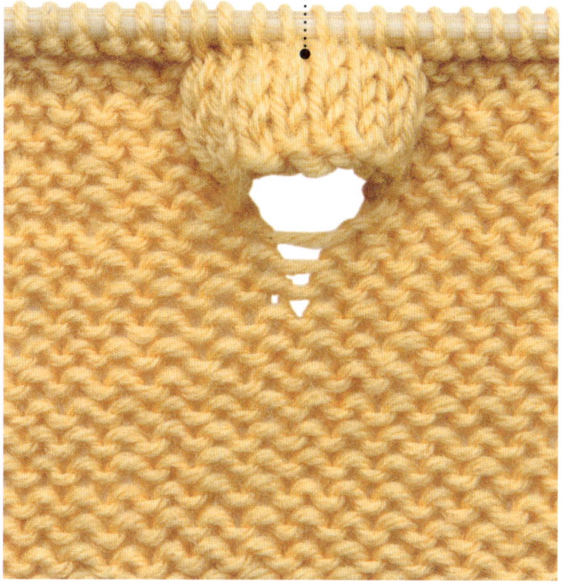

3 Wie in Schritt 2 fortfahren, aber die ersten beiden Maschen der Glocke rechts abgehoben zusammenstricken (siehe S. 77), die letzten beiden Maschen der Glocke rechts zusammenstricken (siehe S. 76).

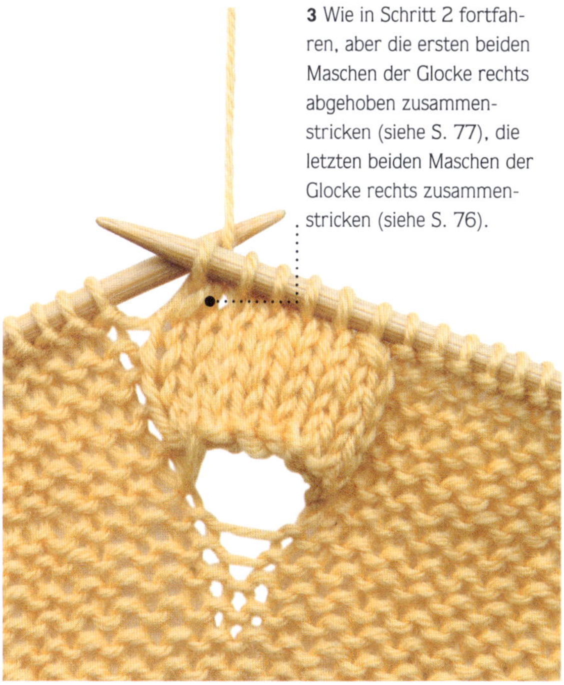

4 Schritt 3 in jeder folgenden Hinreihe wiederholen, bis noch zwei Maschen der Glocke übrig sind. Diese in der nächsten Hinreihe zusammenstricken. Zum Schluss die letzte verbleibende Masche der Glocke mit der nächsten zusammenstricken.

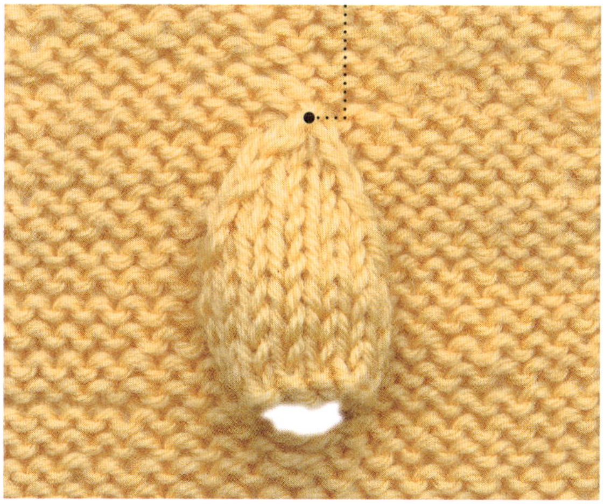

ROLLEN

1 Glatt rechts stricken. In der Rückreihe mit Farbe A links bis zur Position der Rolle stricken.

2 Mit Farbe B eine rechts hochgezogene Zunahme arbeiten. Dafür ins rechte Maschenglied der Masche einstechen, die unter der nächsten Masche liegt (siehe S. 70). Eine Masche mit Farbe A links stricken.

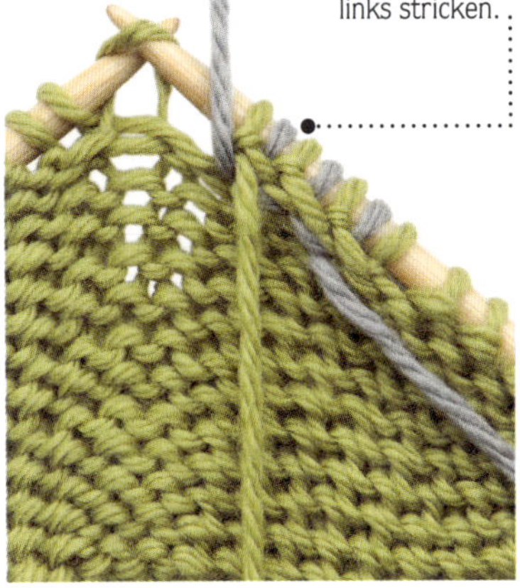

3 Schritt 2 so oft wiederholen, bis die gewünschte Maschenbreite der Rolle in Farbe B auf der Nadel liegt (abwechselnd mit der gleichen Zahl von Maschen in Farbe A, in diesem Fall je sechs). Die Reihe links beenden.

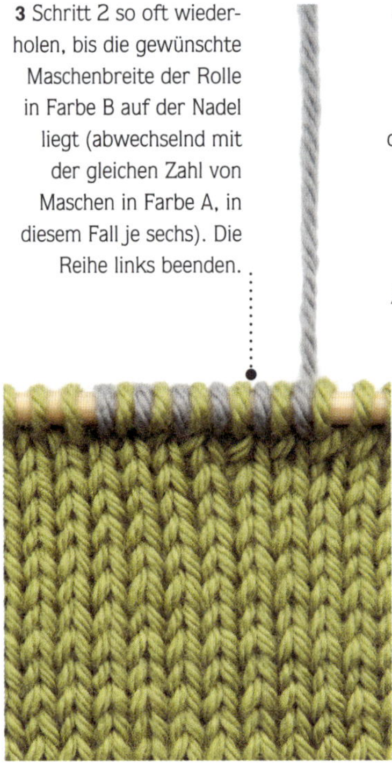

4 Hinreihe rechts mit Farbe A bis zur Rolle stricken. Maschen in Farbe B mit Garn B rechts stricken, dafür den Faden immer vorholen und zurücklegen. Die Maschen in Farbe A abheben, wenn sie erscheinen. Sie werden nicht gestrickt. Am Ende der Rolle wenden.

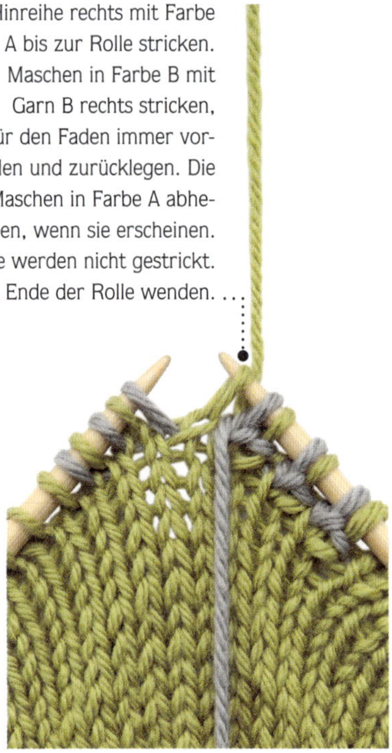

5 In der Rückreihe die Maschen in Farbe B links stricken und die Maschen in Farbe A wieder nur abheben. Am Ende der Rolle wenden.

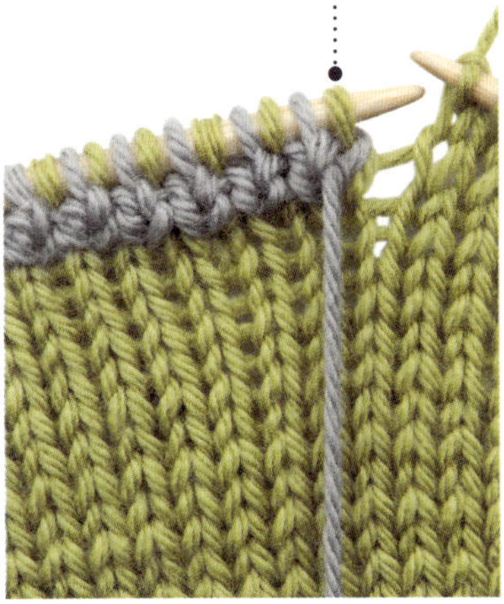

6 Schritte 4 und 5 noch zweimal (oder öfter) über die Maschen der Rolle wiederholen.

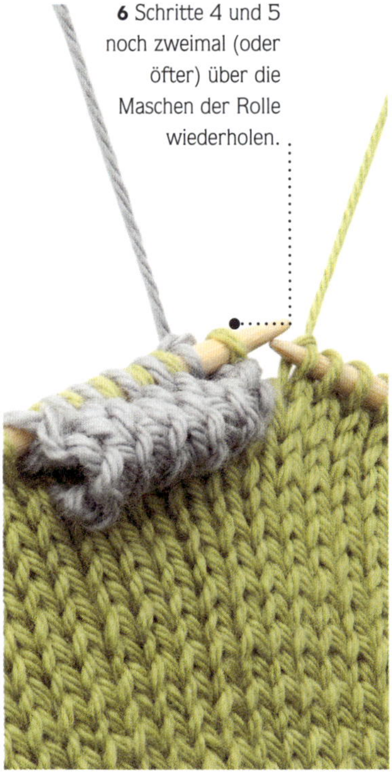

7 Mit Garn A fortfahren. Je zwei Maschen in Farbe A und B zusammenstricken, dann die Reihe beenden. Faden B abschneiden und später auf der Rückseite unauffällig vernähen.

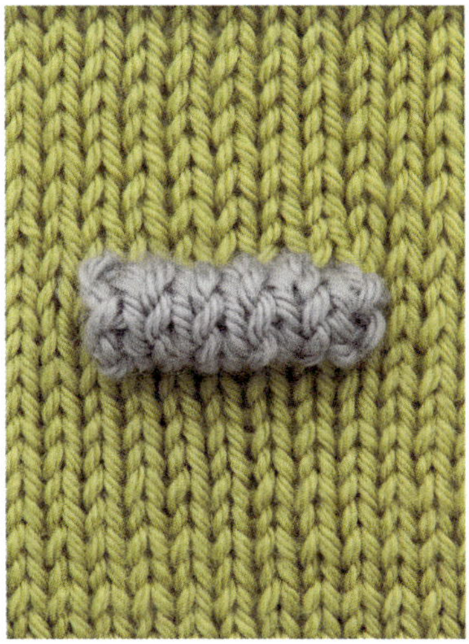

STRICKARBEITEN BESTICKEN

Feste Strickarbeiten lassen sich sehr gut besticken. Damit die Stickerei gut deckt, sollten Sie ein Garn verwenden, das die gleiche Stärke wie das Strickgarn hat oder sogar etwas dicker ist. Mit einer Sticknadel ohne Spitze werden die Strickfäden nicht gespalten und der Stickfaden lässt sich leichter durchziehen.

MASCHENSTICH NACH ZÄHLMUSTER

Ein Zählmuster für Maschenstich ist auf den ersten Blick nicht von einem Zählmuster für mehrfarbiges Stricken zu unterscheiden. Auch das Ergebnis sieht aus wie gleich eingestrickt, zumindest wenn es sorgfältig gearbeitet wurde. Man kann daher jedes Einstrickmuster (Intarsie) auch nachträglich aufsticken.

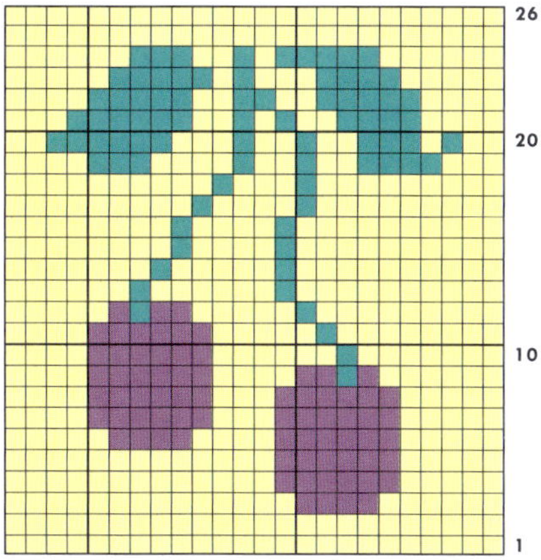

MASCHENSTICH WAAGERECHT

1 Den Faden auf der Rückseite der Arbeit vernähen und von hinten durch eine Masche nach vorn führen. Dann die Nadel von rechts nach links durch den Stich darüber stechen und den Faden durchziehen. Der Stickfaden verläuft also ebenso wie der erste Faden der Masche und sollte diesen möglichst gut abdecken.

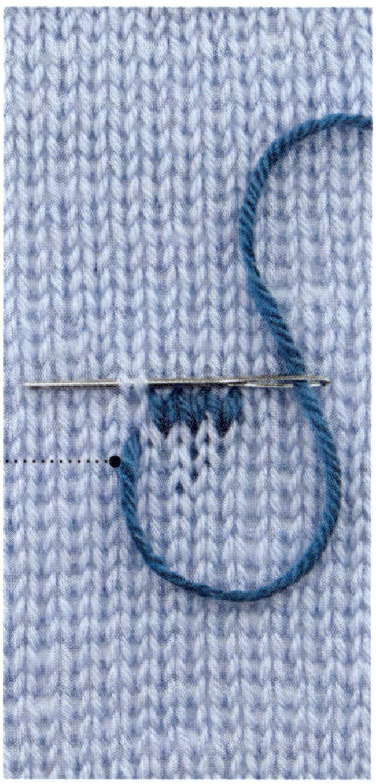

2 Die Nadel von rechts nach links durch den Stich darunter stechen und den Faden durchziehen. Das Ergebnis sieht aus wie eine gestrickte Masche. Auf diese Weise von rechts nach links fortfahren.

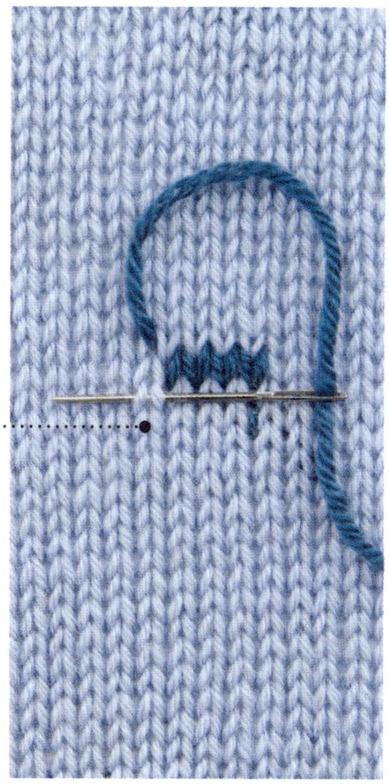

MASCHENSTICH SENKRECHT

1 Den Faden auf der Rückseite der Arbeit vernähen und von hinten durch eine Masche nach vorn führen. Dann die Nadel von rechts nach links durch die Masche darüber stechen und den Faden durchziehen.

2 Nun die Nadel wie gezeigt in die Basis der vorigen Masche einstechen und in der Mitte der Masche wieder hervorstechen. Auf diese Weise im Wechsel von unten nach oben fortfahren.

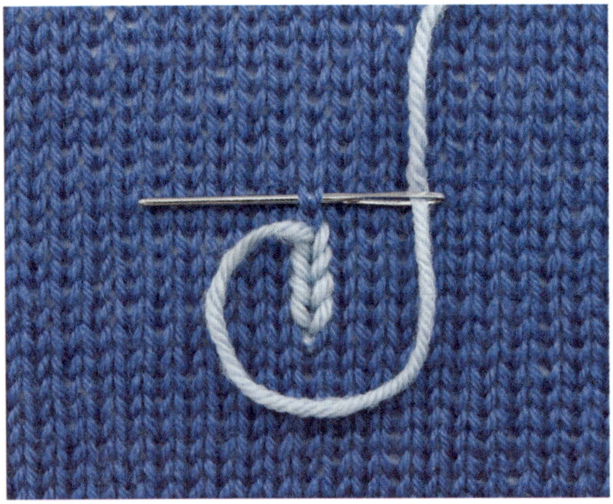

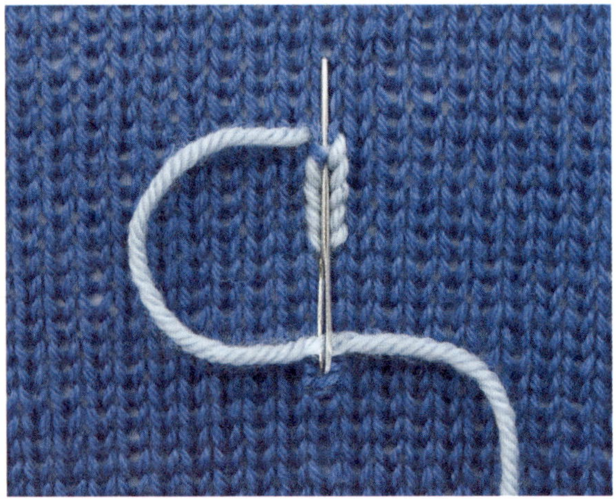

PLATTSTICH

1 Den Faden auf der Rückseite vernähen. Am Rand der Fläche, die bestickt werden soll, den Faden zwischen zwei Maschen nach vorn führen.

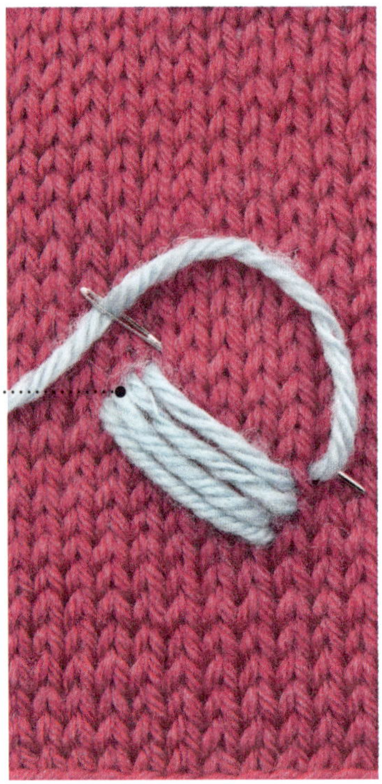

2 Am gegenüberliegenden Rand der Fläche zwischen zwei Maschen zur Rückseite stechen.

3 Dicht neben der ersten Ausstichstelle wieder nach vorn kommen. Die Stiche sollen parallel verlaufen und sehr dicht nebeneinanderliegen.

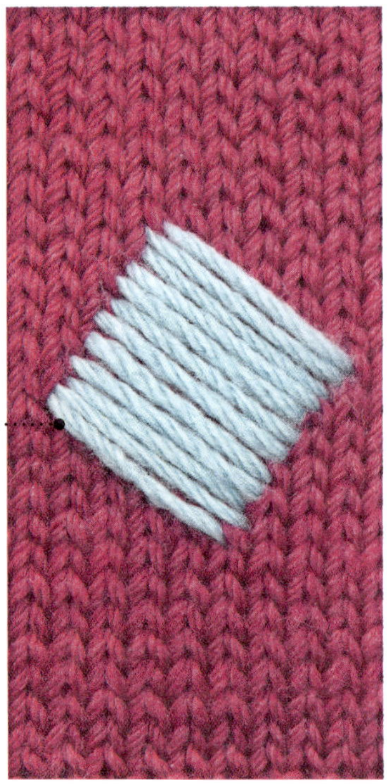

4 Auf diese Weise fortfahren. Den Stickfaden nicht zu fest anziehen, sonst wellt sich der Untergrund.

VORSTICH

1 Den Faden auf der Rückseite vernähen und zwischen zwei Maschen der zu verzierenden Reihe nach vorn führen.

2 Einige Maschen weiter in derselben Reihe wieder zur Rückseite stechen.

3 Zwischen Ein- und Ausstichen sollte immer die gleiche Maschenzahl liegen. Den Faden nicht zu fest anziehen, sonst wellt sich der Untergrund.

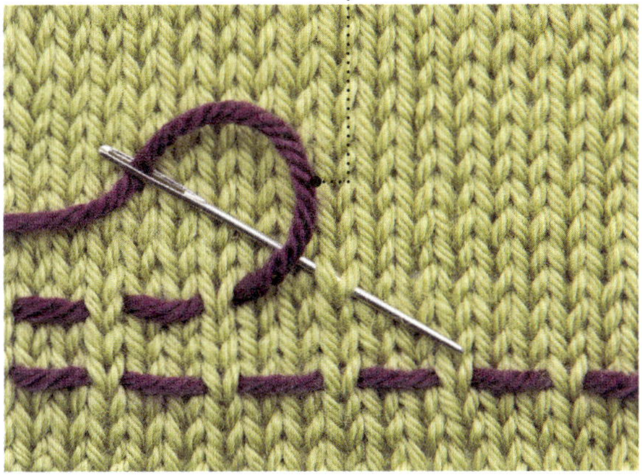

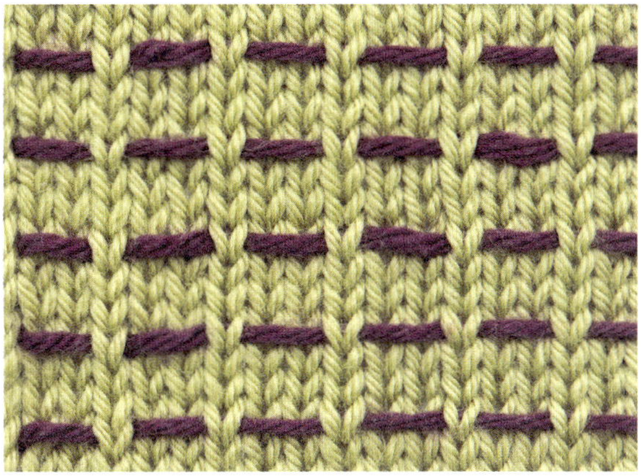

WICKELSTICH

Den Faden auf der Rückseite der Arbeit vernähen und von hinten durch eine Masche nach vorn führen. Dann ein Stück seitlich davon einstechen und an der Ausstichstelle wieder ausstechen. Den Faden mindestens sechsmal fest um die Nadel wickeln und gut festhalten, damit er sich nicht lockert. Nun die Nadel vorsichtig durch diese Schlaufen ziehen. Hier bilden je vier Stiche von einer Mitte ausgehend ein Kreuz. Mit mehr Stichen können Sterne gearbeitet werden. In Spiralen angeordnet ergeben sich kleine Rosenformen.

MARGERITENSTICH

Der Margeritenstich ist im Grund ein einzeln gearbeiteter Kettenstich. Ordnet man die Stiche strahlenförmig an, entstehen kleine Blütenformen. Den Faden auf der Rückseite der Arbeit vernähen und von hinten durch eine Masche nach vorn führen. Wieder ins Zentrum einstechen und wie gezeigt ein Stück entfernt wieder ausstechen. Die so entstandene Schlaufe mit einem kleinen Stich auf der Arbeit fixieren. Kreisförmig vom Zentrum aus weiterarbeiten, bis die Blüte fertiggestellt ist.

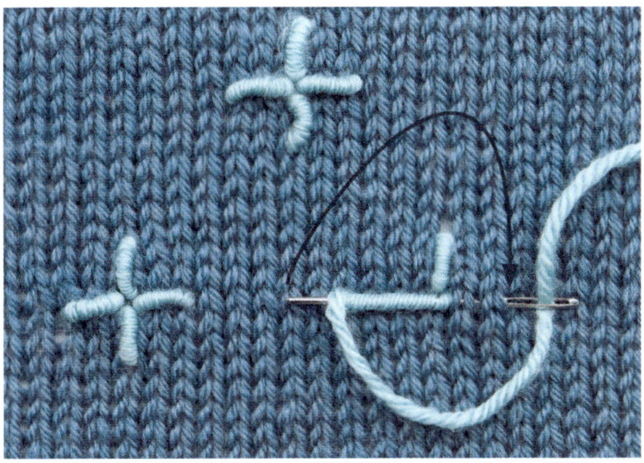

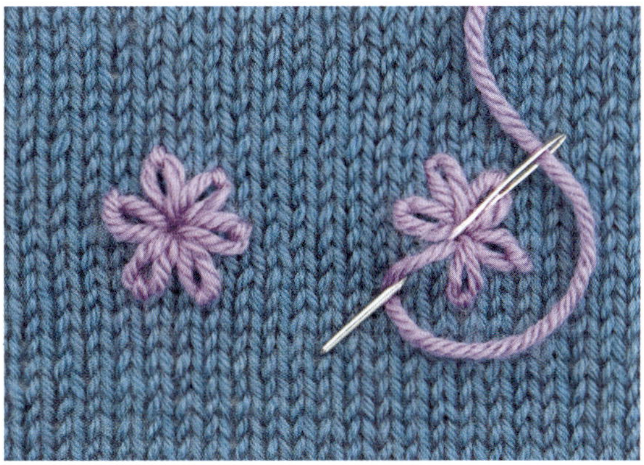

KETTENSTICH AUF STREIFEN

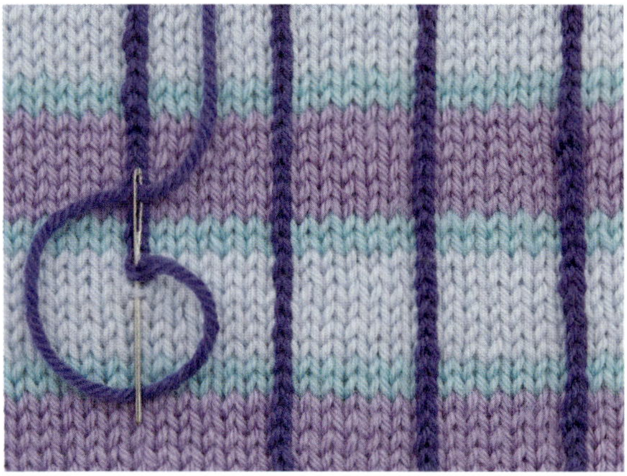

Kettenstiche ähneln Maschenstichen, mit feinen Reihen kann man aus einem gestreiften Strickstück ein Karo bilden. Für die gestickten Streifen den Faden auf der Rückseite der Arbeit vernähen und von hinten zwischen zwei Maschen nach vorn führen. Die Nadel wieder in die Ausstichstelle einstechen und unter dem nächsten Querfaden wieder ausstechen. Der Faden liegt dabei allerdings unter der Nadel und bildet beim Durchziehen eine Schlaufe. Auf diese Weise von oben nach unten vorarbeiten.

GESTICKTES SMOKMUSTER

Beim Smoken wird eine Strickarbeit auf die halbe glatte Breite zusammengezogen.

1 Anschlag: Maschenzahl [teilbar durch 8] + 3 (in diesem Fall 35 M). Hinreihe: 3 M li, 1 M re im Wechsel, mit 3 M li enden. Dies ist die rechte Seite der Arbeit. In der Rückreihe die Maschen stricken, wie sie erscheinen. 30 Reihen stricken, dann abketten.

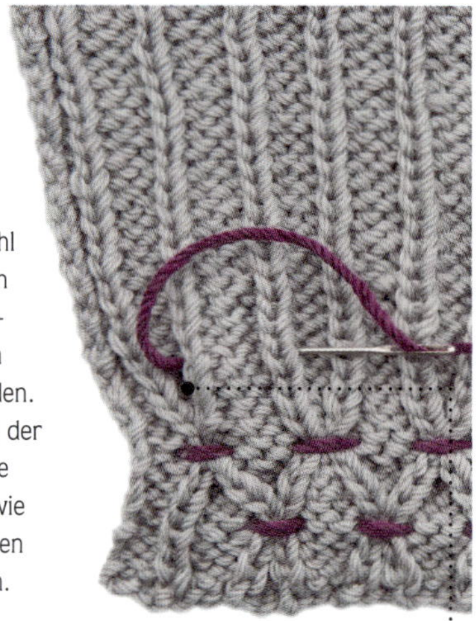

2 Kontrastfarbiges Garn in eine Sticknadel ohne Spitze einfädeln. Auf Position der 2. Einerrippe von rechts, vier Reihen vom Anschlag aus, auf der Rückseite vernähen und zur Vorderseite führen.

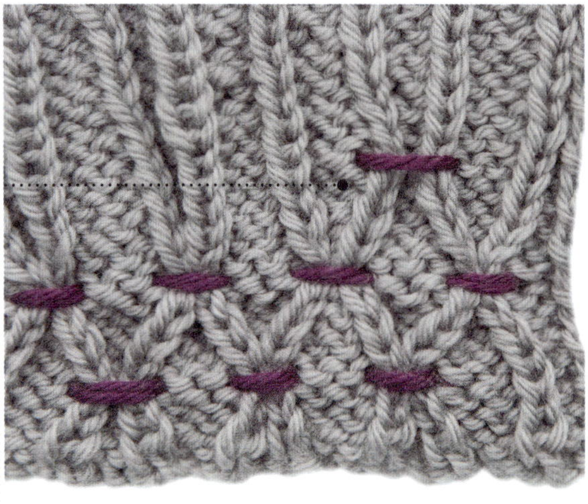

3 Von rechts nach links arbeiten. Links neben der vierten Masche von unten in der dritten Rippe einstechen. Noch einmal an denselben Punkten aus- und einstechen, dabei nicht den Stickfaden spalten. Die Nadel befindet sich danach auf der Rückseite der Arbeit. Den Stich vorsichtig festziehen, sodass die Rippen zusammenrücken. In derselben Höhe ebenso fortfahren und jeweils zwei Rippen mit einem doppelten Vorstich zusammenziehen.

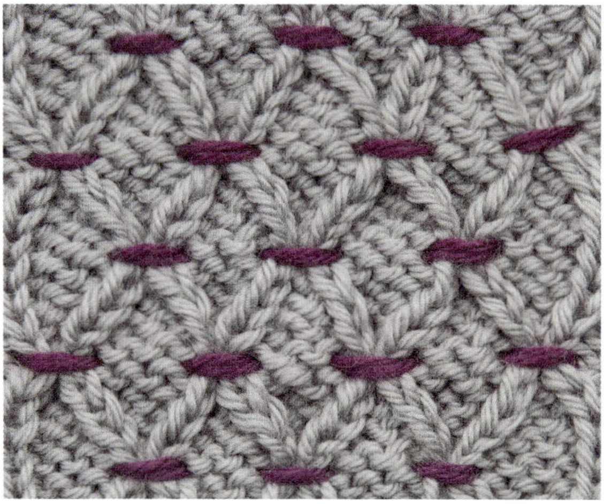

4 Vier Reihen höher den Vorgang wiederholen, jetzt jedoch von links nach rechts arbeitend und versetzt, sodass die Rippen gegenläufig zur ersten gestickten Reihe zusammengezogen werden. In den folgenden Stickreihen die Stiche wiederum versetzen. Dadurch bilden die zusammengezogenen Rippen in der fertigen Smokarbeit ein Rautenmuster.

PLASTISCHE VERZIERUNGEN

Manche Verzierungen können nachträglich an fertige Strickarbeiten genäht werden. Sie sehen witzig aus und sind leicht herzustellen. Denken Sie aber daran, genügend Garn einzukaufen. Für Pompons und Quasten sind Hilfsmittel erforderlich, die man aber aus Material, das jeder im Haus hat, problemlos selbst herstellen kann.

QUASTEN / TRODDELN

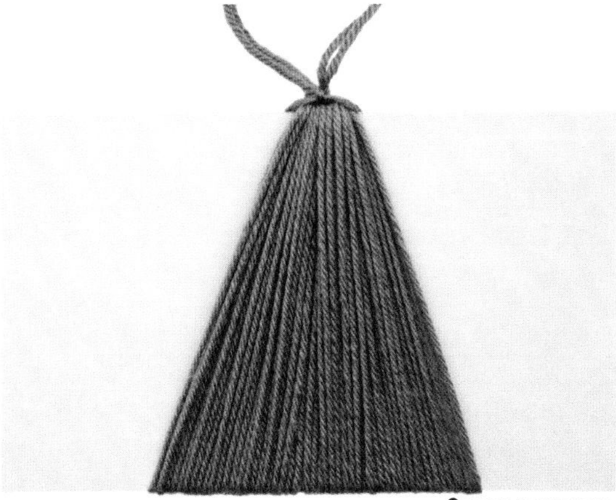

1 Sie benötigen ein Stück festes Material in der ungefähren Länge der Quaste, z. B. feste Pappe, ein Buch oder ein Frühstücksbrettchen. Das Garn etwa 50-mal darumwickeln. Je öfter Sie wickeln, desto fülliger wird die Quaste. Sie können auch mehrere Garne in verschiedenen Farben verwenden. Einen doppelten Faden in eine Sticknadel einfädeln und die Wicklungen an einer Seite fest zusammenschnüren. Die Enden verknoten.

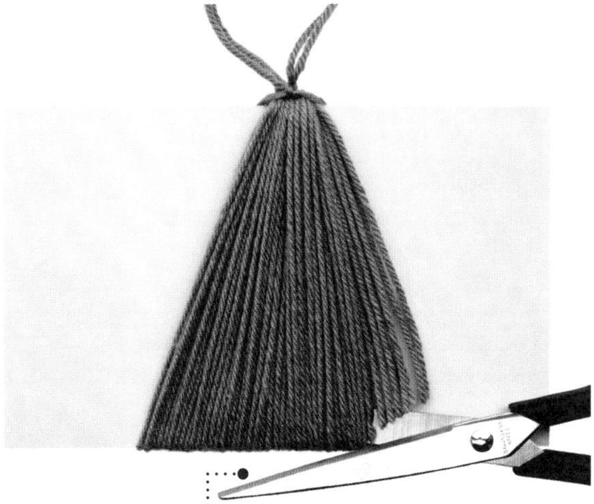

2 Auf der anderen Seite die Wicklungen mit einer Schere aufschneiden. Das feste Hilfsutensil wird nun nicht mehr benötigt.

3 Einen zweiten Faden dicht unter dem oberen Knoten um alle Fäden schlingen und fest verknoten. Die Fadenenden mit einer Sticknadel mehrmals durch den Kopf der Quaste ziehen.

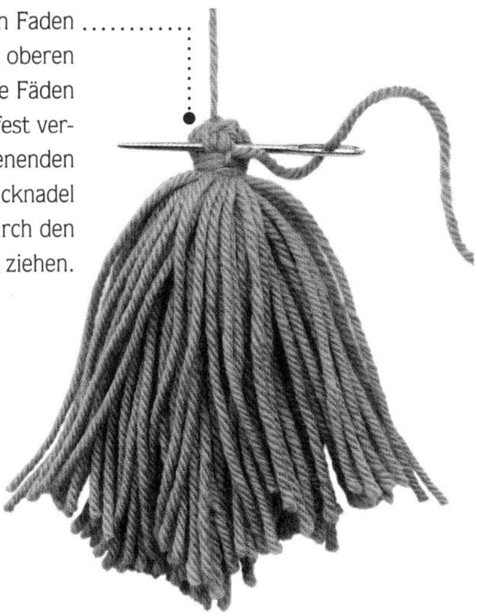

4 Das untere Ende der Quaste mit einer sehr scharfen Schere gerade schneiden. Dann die Quaste mit dem langen Faden, der am oberen Ende hängt, an der Strickarbeit festnähen. Die Quaste fällt schöner, wenn man die offenen Enden nach dem Aufschneiden (in Schritt 2) vorsichtig dämpft.

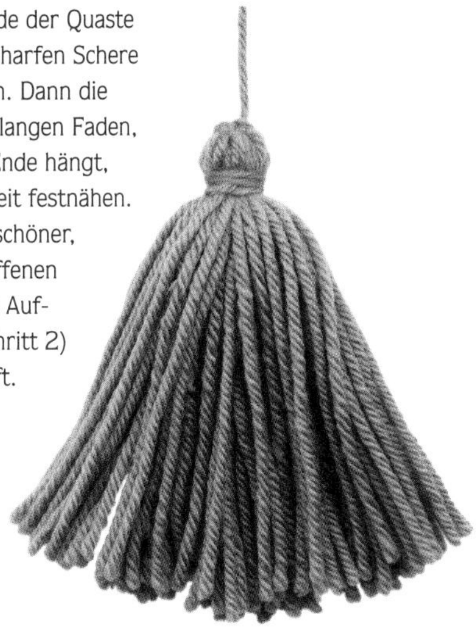

FRANSEN

1 Einen Pappstreifen zuschneiden, der etwas breiter ist als die Fransenlänge. Das Garn vielfach um den Streifen wickeln, dann an einer Seite durchschneiden. So erhalten Sie viele Fäden gleicher Länge.

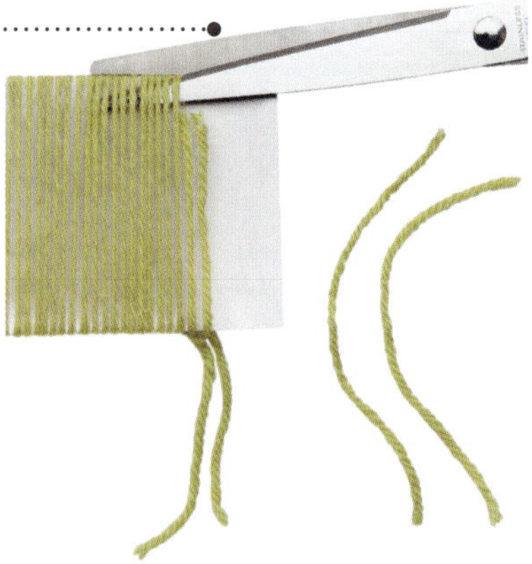

2 Einige Fäden (je mehr, desto dicker wird das Fransenbündel) zur Hälfte legen. Mit einer Häkelnadel von hinten durch die Strickkante stechen, die Mitte der Fäden erfassen und ein Stück durch die Kante ziehen. Die Fadenenden durch die entstandene Schlaufe ziehen.

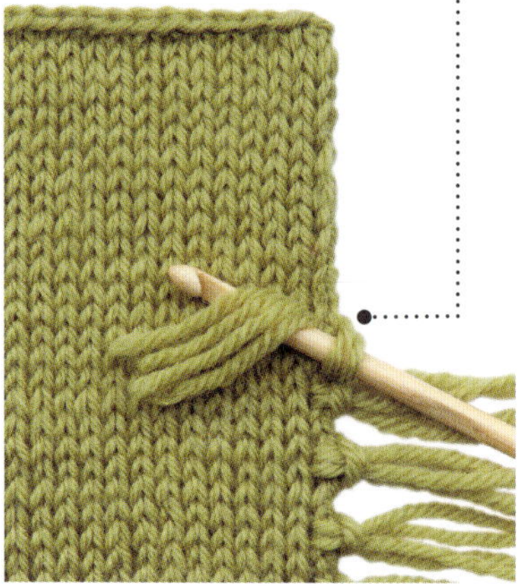

3 In regelmäßigen Abständen wiederholen. Die Fransen auf gleiche Länge schneiden. Fransen können auch mit Perlen verziert oder aus einem andersfarbigen Garn geknüpft werden.

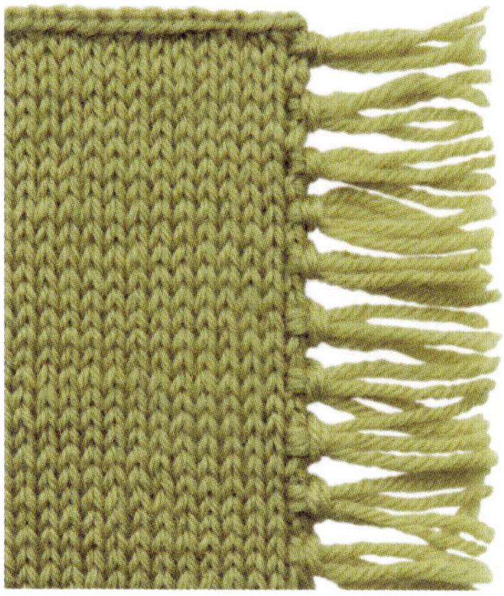

AUFGENÄHTE NOPPE

1 Mit einer etwas kleineren Nadelstärke als für das Garn empfohlen fünf Maschen aufschlingen (siehe S. 85) und einige Reihen glatt rechts stricken. Mit einer Rückreihe enden. Alle Maschen nacheinander über die erste ziehen. Den Faden abschneiden, aber ein 20 cm langes Ende hängen lassen.

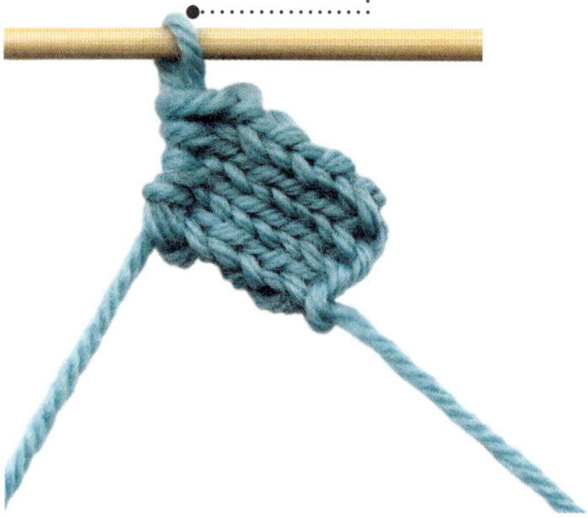

2 Das Fadenende durch die letzte Masche ziehen, dann damit rings um die Kante eine Reihe kleiner Vorstiche nähen und dann fest zusammenziehen. (Hier wurde nur der besseren Sichtbarkeit wegen ein andersfarbiger Faden verwendet.)

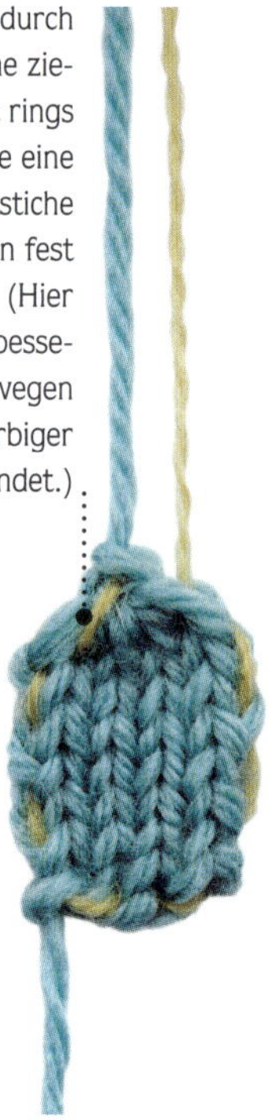

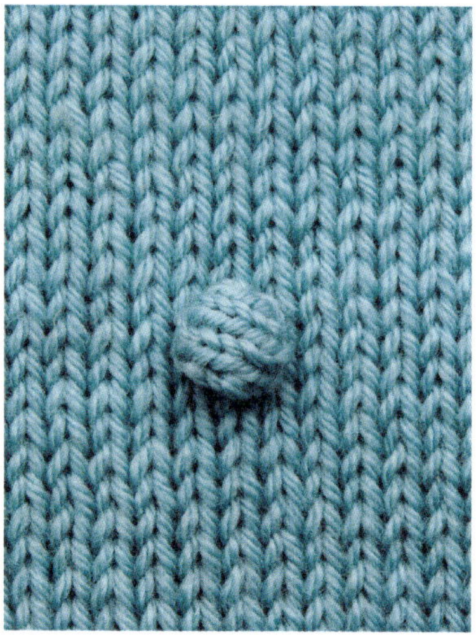

3 Die Ränder der Noppe mit einigen Stichen zusammennähen, dann mit demselben Faden auf die Strickarbeit nähen.

KNÖPFE BEZIEHEN

1 Ein kleines Quadrat mit dünnen Nadeln stricken (hier im Perlmuster, siehe S. 198). Die Kantenlänge entspricht dem doppeltem Durchmesser des Knopfs. Wenn Sie ein Fertigset verwenden, fahren Sie mit Schritt 4 fort.

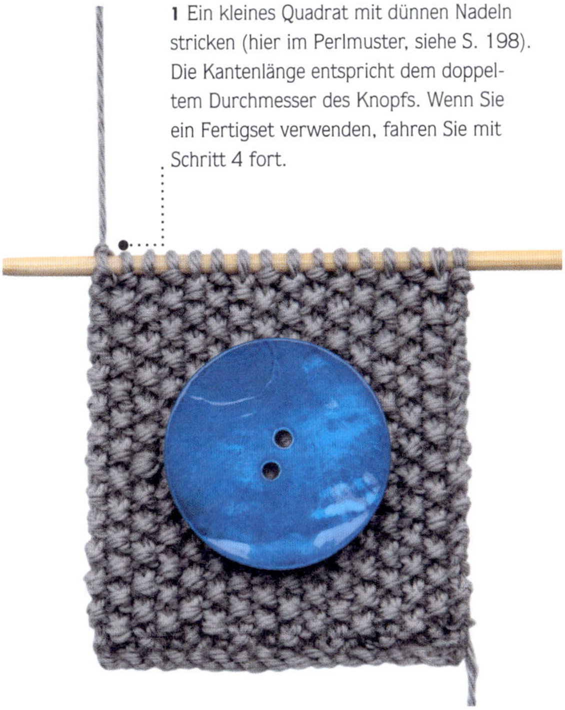

2 Das Fadenende 20 cm lang hängen lassen, in eine Sticknadel einfädeln und um drei Seiten des Quadrats kleine Vorstiche nähen. Das Ende lose hängen lassen. (Hier wurde nur der besseren Sichtbarkeit wegen ein kontrastfarbiger Faden verwendet.)

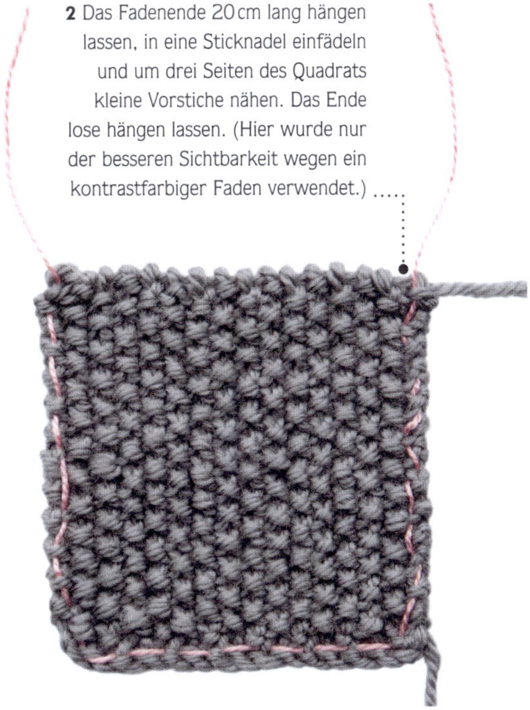

3 Das Quadrat etwas zusammenziehen, den Knopf einlegen, dann fest zusammenziehen und mit dem Fadenende zunähen. Mit demselben Faden oder passendem Nähgarn auf die Strickarbeit nähen. Große Knöpfe halten besser, wenn man beim Annähen auf der Innenseite der Strickarbeit einen kleinen Gegenknopf aus Kunststoff mit festnäht.

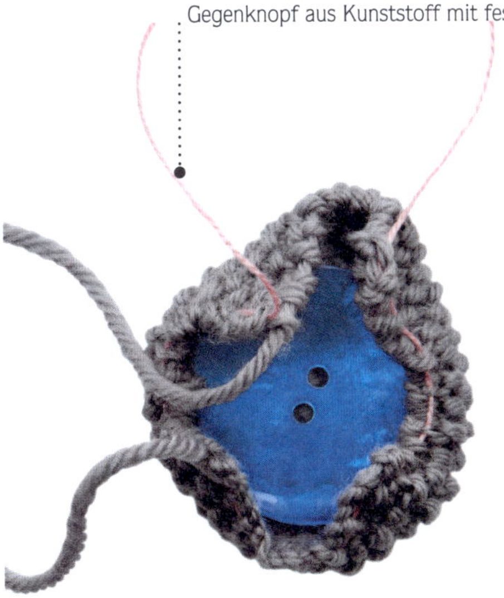

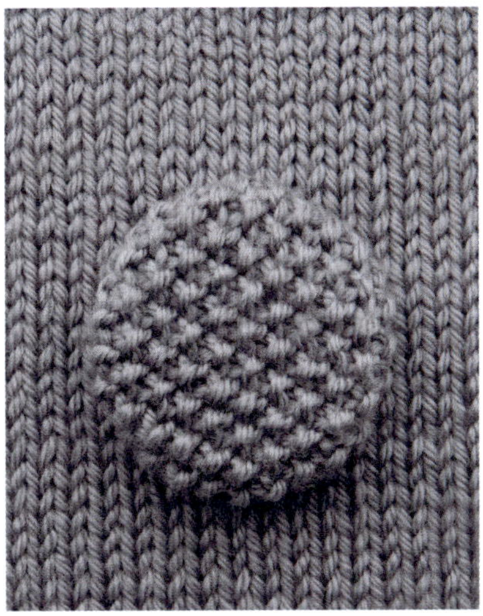

4 Wenn Sie ein Fertigset benutzen, das Quadrat abketten und den Knopf entsprechend den Anweisungen auf der Verpackung beziehen. Damit der Knopfrohling nicht durch den gedehnten Strick schimmert, kann ein Stück farblich passender, dünner Stoff untergelegt werden.

ARMSTRICKEN

Dies ist auch eine tolle Technik, um das Stricken zu lernen, denn mit den riesigen Maschen geht es schnell voran. Eine kleine Decke schaffen Sie in einer Stunde. Weil ohne Nadeln gearbeitet wird, ist es leichter zu verstehen, wie die Maschen entstehen. So können Sie leicht experimentieren und vielleicht sogar eigene Modelle entwerfen.

DER ANFANG

Auch beim Armstricken beginnen Sie mit einer Anfangsschlinge, dann folgt der Maschenanschlag. Wenn das Modell Nähte hat, lassen Sie am Anfang immer dort, wo neues Garn angesetzt wird, lange Fäden zum Zusammennähen hängen. Legen Sie zuerst alle Utensilien bereit, und lesen Sie die Anleitung vorab bis zum Ende durch.

DIE ANFANGSSCHLINGE

1 Sie brauchen zum Anschlagen ein langes Garnende (1,2 m pro 10 Maschen). Das Ende über den Arbeitsfaden legen, sodass ein Kreis entsteht. Dann das Ende unter den Kreis legen, es steht über die Mitte hinaus.

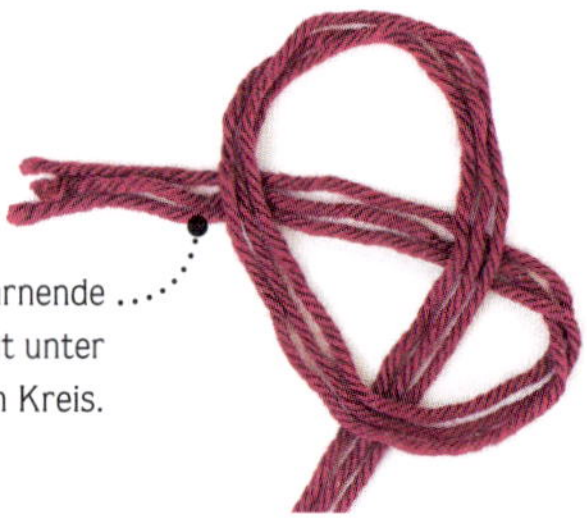

2 Das Garnende mit einer Hand festhalten. Gleichzeitig den Faden, der unter dem Kreis liegt, hochziehen, sodass sich eine Schlaufe bildet. Durch Zug am Garnende zieht sich diese Schlaufe zu.

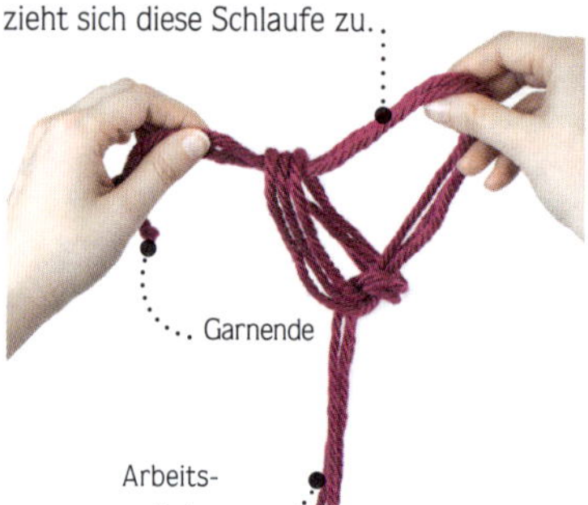

3 Die Schlaufe um das rechte Handgelenk legen. Das Garnende liegt vorn, der Arbeitsfaden hängt herab. Die Anfangsschlinge so weit zuziehen, bis die Schlaufe locker um das Handgelenk liegt.

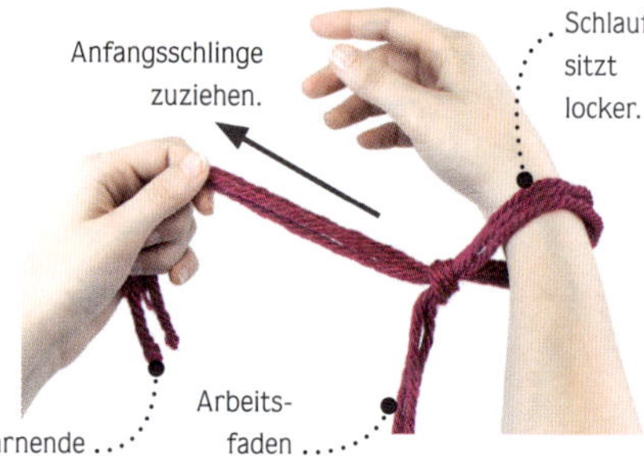

EINFACHER ANSCHLAG

Dieser Anschlag ist lockerer als der Kreuzanschlag (S. 171), braucht aber weniger Garn.

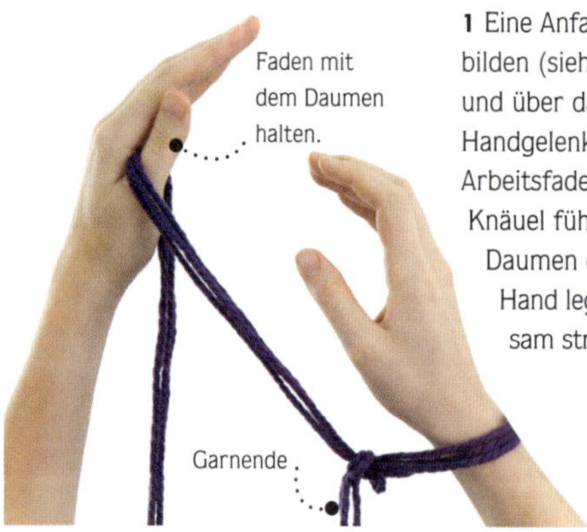

1 Eine Anfangsschlinge bilden (siehe oben) und über das rechte Handgelenk legen. Den Arbeitsfaden, der zum Knäuel führt, um den Daumen der linken Hand legen und behutsam straff ziehen.

2 Die linke Hand drehen, sodass Sie in die Innenfläche schauen. Der Faden verläuft nun quer über die Handinnenfläche.

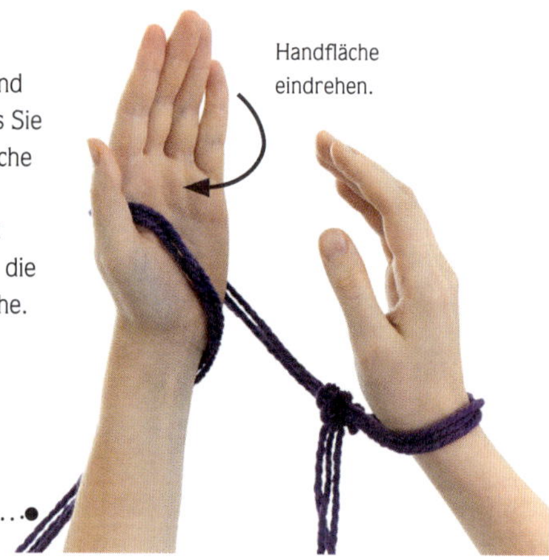

3 Die rechte Hand unter den Faden auf der linken Handfläche schieben und nach oben abziehen, bis die Schlaufe ganz auf der rechten Hand ruht. Das ist – die Anfangsschlinge mitgezählt – die zweite Masche.

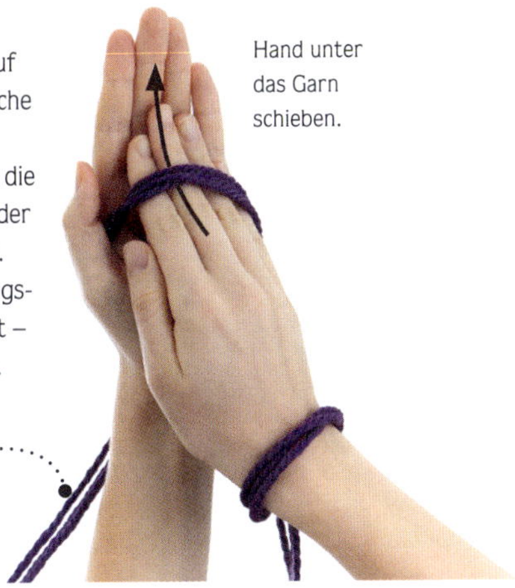

4 Die Masche auf den rechten Unterarm schieben. Schritte 1–3 wiederholen, bis die gewünschte Maschenzahl erreicht ist.

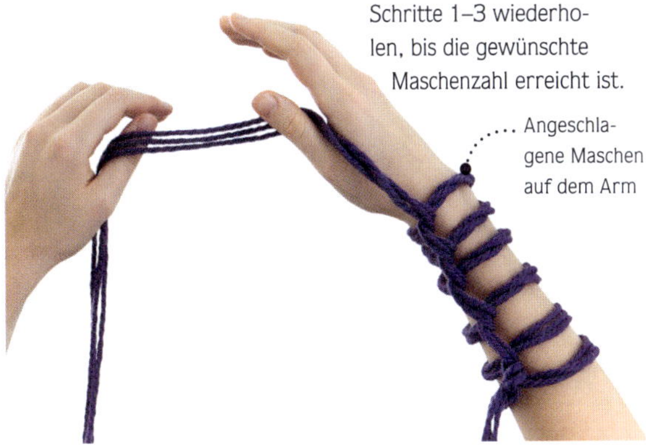

KREUZANSCHLAG

1 So viel Garn abwickeln, dass es dreimal so lang wie der gewünschte Anschlag ist. Dort eine Anfangsschlinge bilden und um das rechte Handgelenk legen. Das Garnende um den linken Daumen legen, den Arbeitsfaden um den linken Zeigefinger. Die Finger spreizen, sodass die beiden Fäden ein »V« bilden.

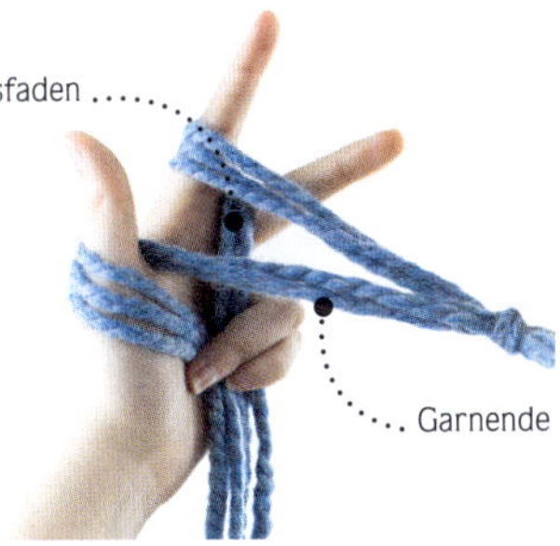

2 Die rechte Hand von unten unter den Faden vor dem linken Daumen schieben …

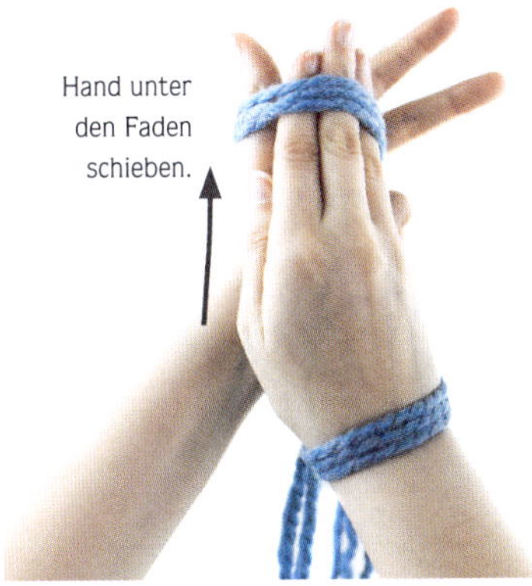

3 … und den Arbeitsfaden greifen, der vor dem linken Zeigefinger liegt.

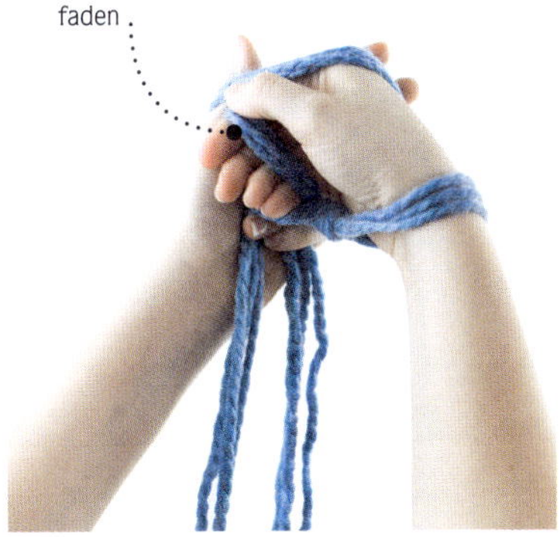

4 Die Schlaufe durchziehen und um die rechte Hand legen.

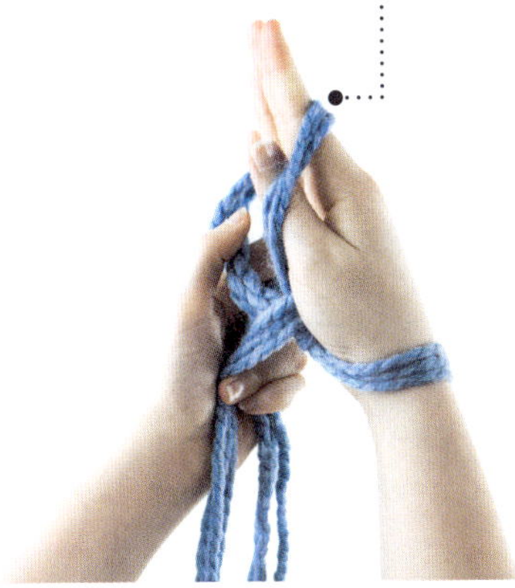

5 Am Arbeitsfaden und am Garnende ziehen, um die Schlaufe zu schließen. Sie muss so locker bleiben, dass sie sich später beim Stricken wieder über die Hand ziehen lässt.

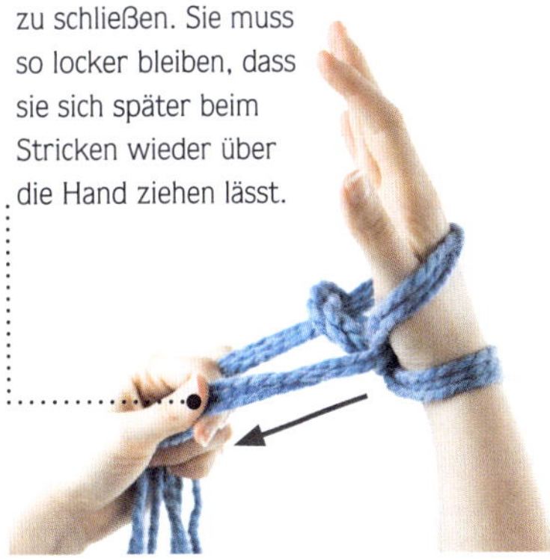

6 Diese Schritte fortlaufend wiederholen, bis die gewünschte Maschenzahl erreicht ist. Die Anfangsschlinge wird als erste Masche gezählt.

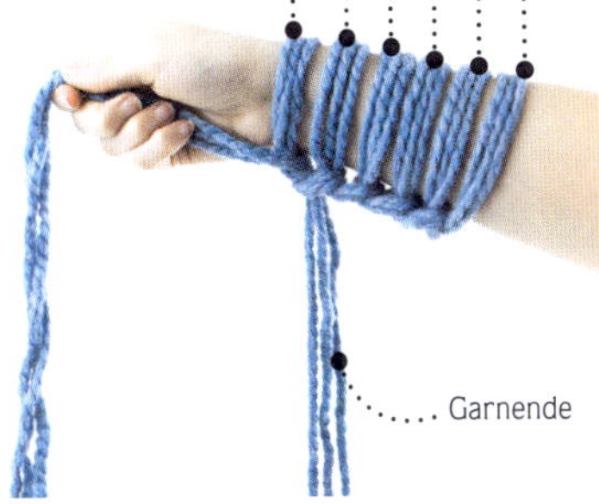

MASCHEN

Beim Armstricken werden nur rechte und linke Maschen gearbeitet. Weil man die Arbeit nicht wenden kann, wird abwechselnd vom linken zum rechten Arm abgestrickt und wieder zurück. Werden in beide Richtungen nur rechte Maschen gestrickt, entsteht ein glatt rechtes Maschenbild. Strickt man rechte Maschen hin und linke Maschen her, entsteht ein kraus rechtes Muster. Beim Stricken mit Nadeln ist es genau umgekehrt.

RECHTE MASCHE

1 Strickt man in Hin- und Rückreihen rechte Maschen, entsteht ein glatt rechts gestricktes Werkstück. Das liegt daran, dass man die Arbeit nicht wenden kann, die rechte Seite zeigt also immer zum Körper.

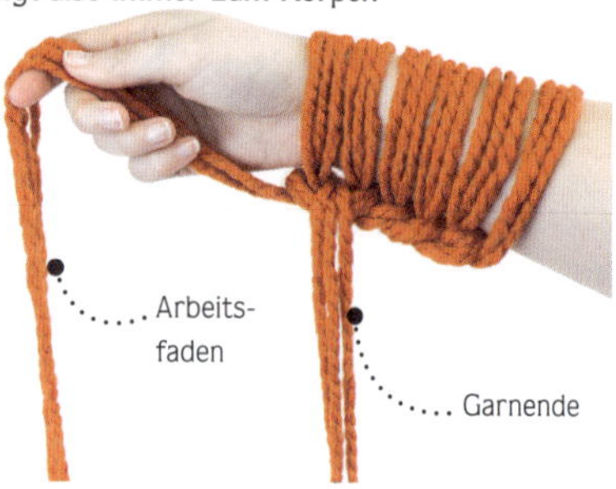

2 Den Arbeitsfaden von vorn nach hinten um den rechten Daumen legen. Die Finger der rechten Hand um den Arbeitsfaden schließen.

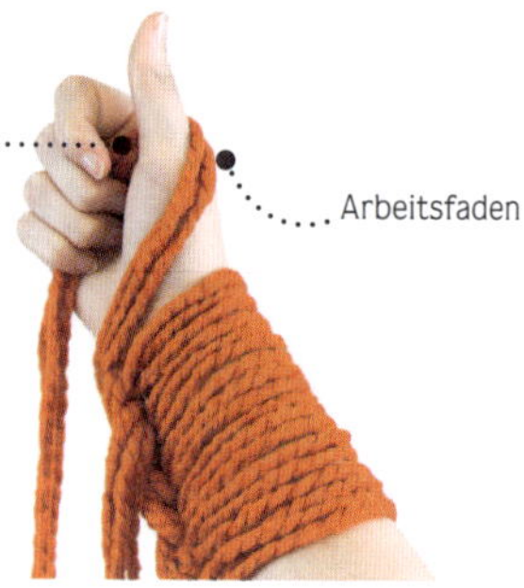

3 Die erste Anschlagmasche vom Arm hinter dem rechten Daumen und über die rechte Faust schieben.

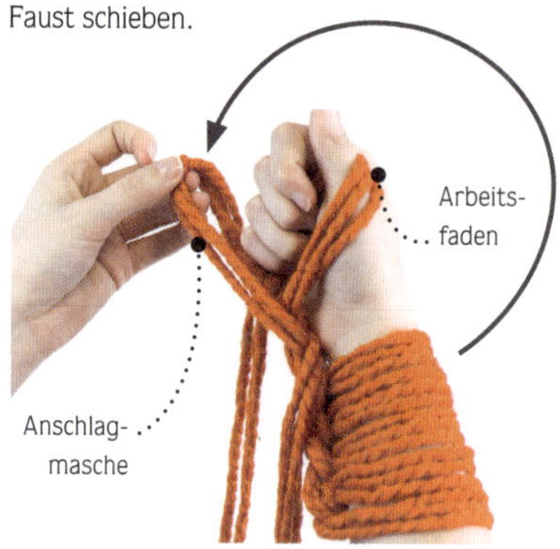

4 Den Arbeitsfaden noch halten, die Anschlagmasche loslassen.

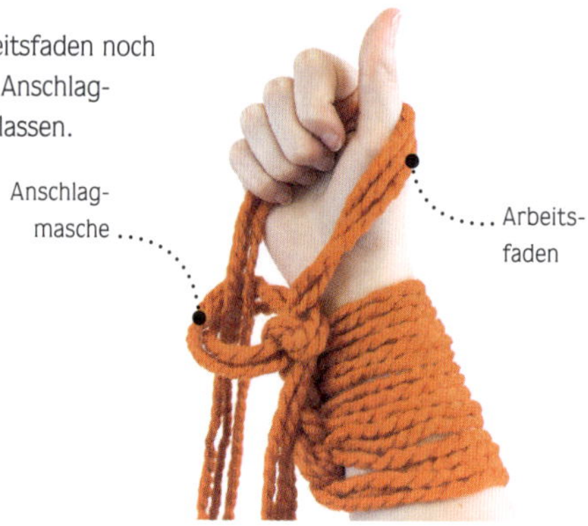

5 Die linke Hand von rechts unten in die erste Masche auf der rechten Hand schieben.

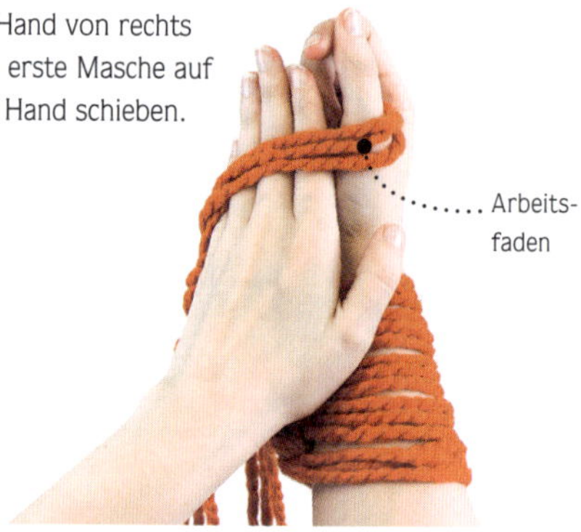

6 Die Masche auf das linke Handgelenk schieben. Dabei wird sie gedreht, sodass ihre rechte Seite zum Körper weist.

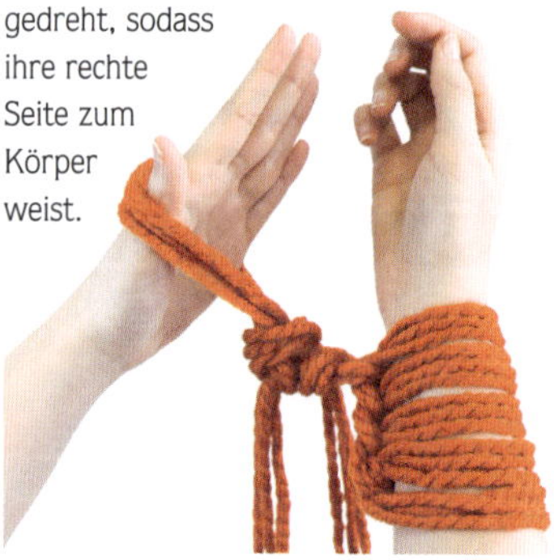

7 Vorsichtig am Arbeitsfaden ziehen, um die Masche auf dem linken Arm zuzuziehen.

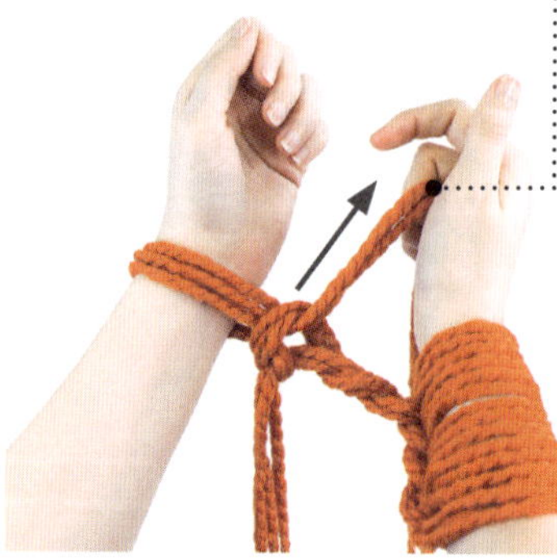

8 Schritte 2–7 wiederholen, bis alle Maschen vom rechten auf den linken Arm gewandert sind. Die Schritte gegengleich durchführen, um wieder auf den rechten Arm abzustricken. Das Maschenbild erscheint glatt rechts.

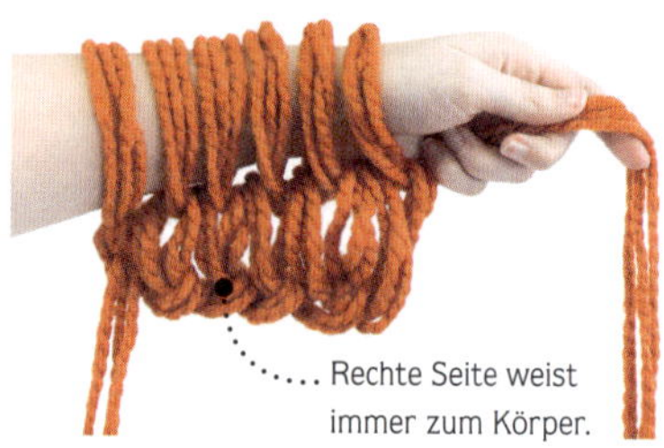

LINKE MASCHE

1 Der Arbeitsfaden liegt vorn. Den Arbeitsfaden von vorn nach hinten zwischen die beiden ersten Maschen des rechten Arms legen. Den Arbeitsfaden loslassen.

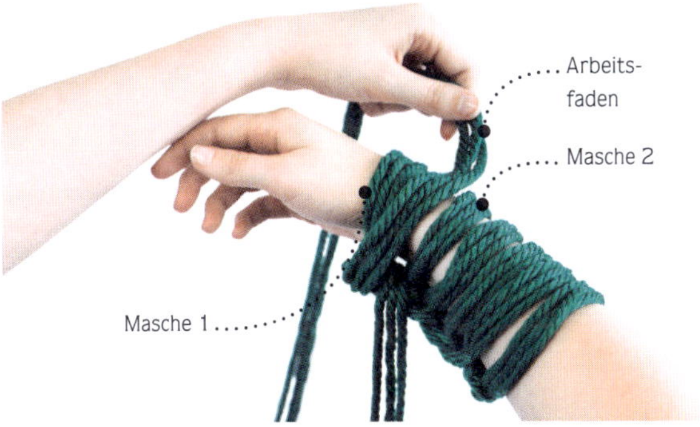

2 Mit der linken Hand unter die erste Masche greifen, den Arbeitsfaden greifen und eine Schlaufe durchziehen. Das ist die neue Masche.

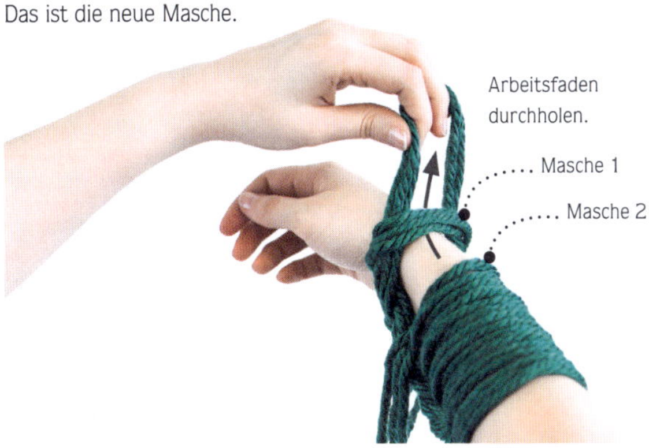

3 Die alte Masche vom rechten Arm streifen.

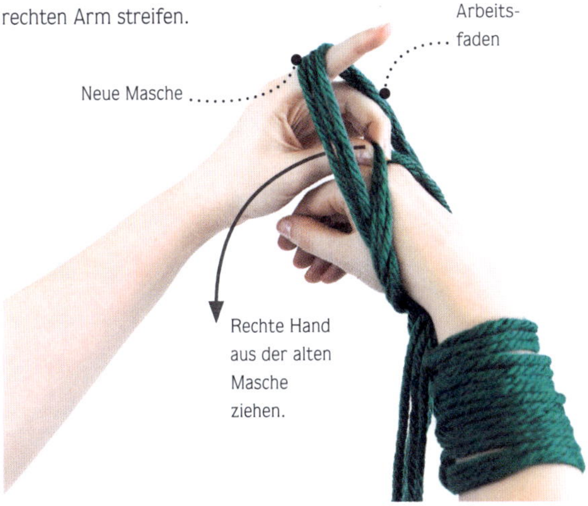

4 Die neue Masche auf den linken Arm schieben.

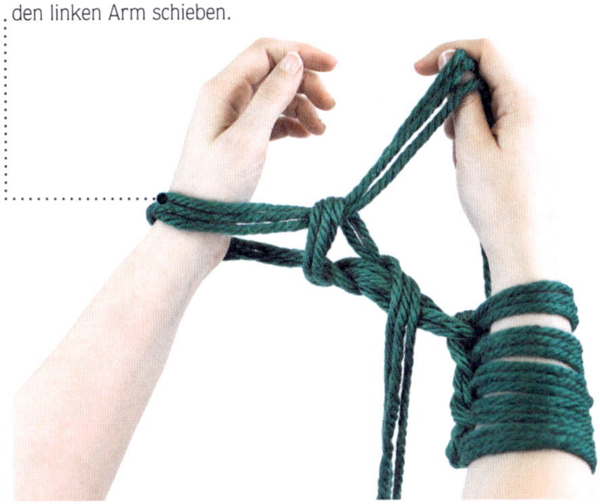

5 Am Arbeitsfaden ziehen, um die Masche zu schließen. Beim Linksstricken muss der Arbeitsfaden immer aus dem vorderen Maschenglied herauskommen, sonst verdreht sich die Masche.

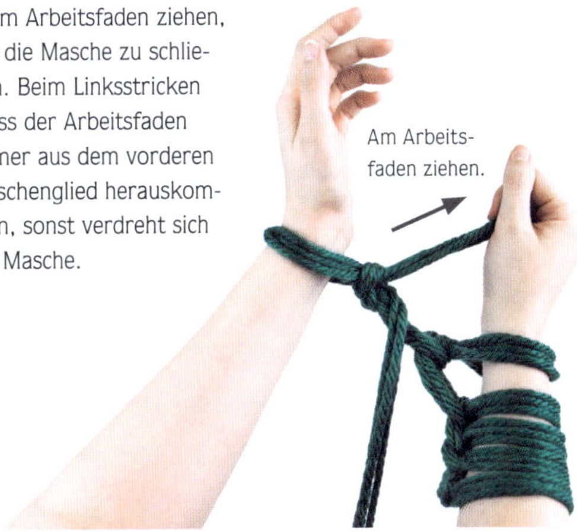

6 Schritte 1–5 wiederholen, bis alle Maschen auf den anderen Arm abgestrickt sind. Strickt man abwechselnd Reihen rechter und linker Maschen, entsteht – anders als mit Nadeln – das Maschenbild kraus rechts.

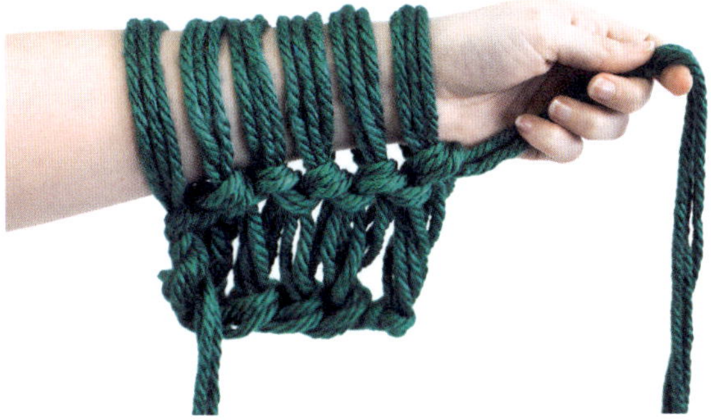

ABKETTEN

Wenn das Werkstück fertig ist und vom Arm genommen werden soll, müssen die Maschen abgekettet werden, damit sie nicht aufribbeln. Hier wird das Abketten vom rechten Arm gezeigt. Es ist aber auch links möglich.

ABKETTEN

Beim Abketten werden die Maschen gesichert, damit sie nicht aufgehen können. Sie gehen dabei ebenso vor wie beim Stricken mit Nadeln, nur werden hier die Maschen allmählich von den Armen abgenommen.

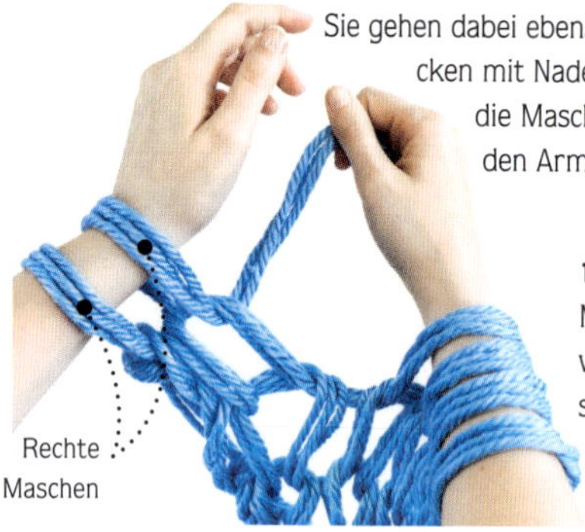

1 Die ersten beiden Maschen der Reihe wie gewohnt stricken.

2 Die hintere Masche (dem linken Ellenbogen näher) greifen und …

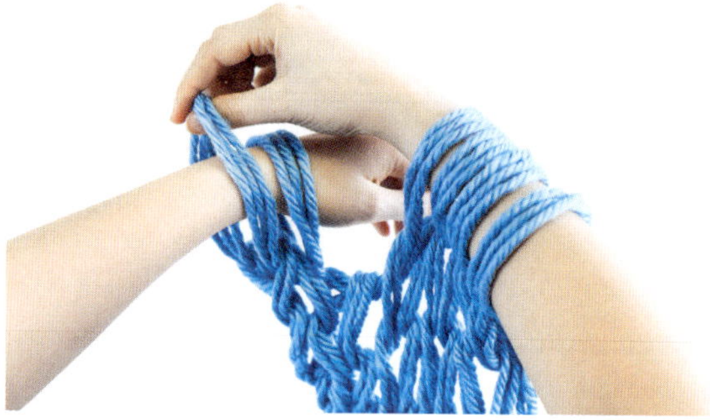

3 … komplett über die vordere (der Hand näher) ziehen.

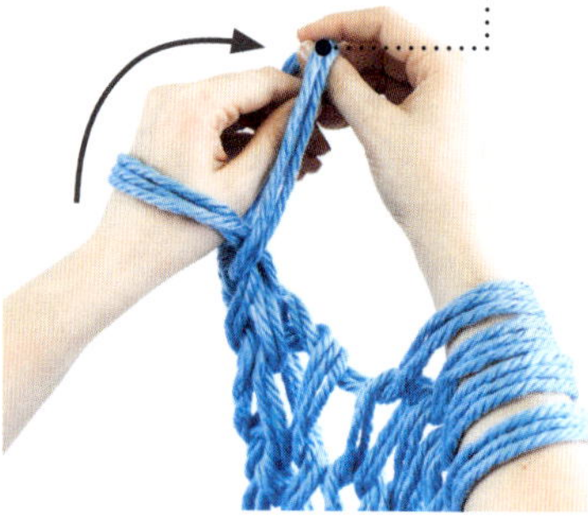

4 Die Masche loslassen. Auf dem linken Arm liegt noch eine Masche.

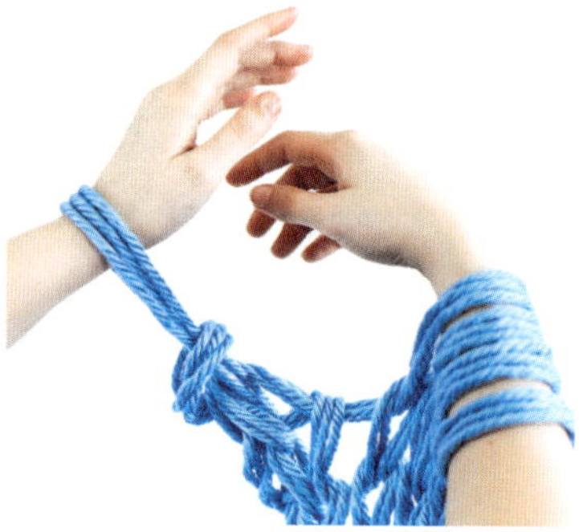

5 Eine Masche vom rechten Arm abstricken. Es liegen wieder zwei Maschen auf dem linken Arm.

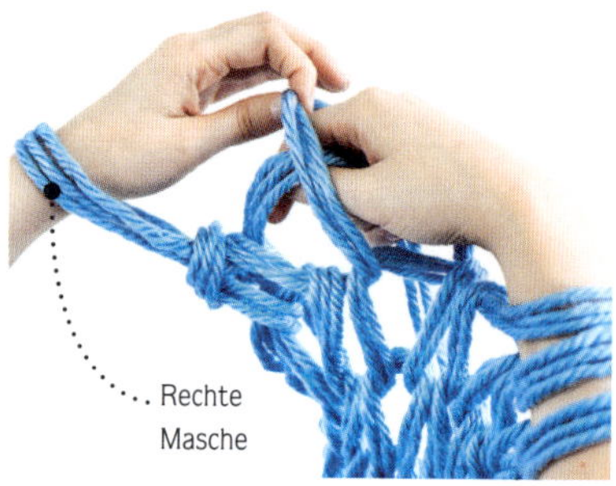

6 Erneut die hintere Masche (näher am Ellenbogen) greifen, über die vordere ziehen und loslassen. Schritte 5 und 6 wiederholen, bis nur noch eine Masche auf dem linken Arm liegt. Den Arbeitsfaden abschneiden, aber ein langes Ende zum Vernähen hängen lassen.

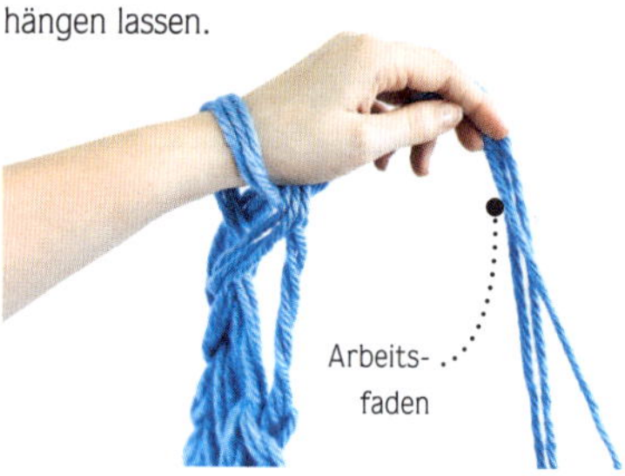

7 Die letzte Masche vom linken Handgelenk nehmen, den Arbeitsfaden durchfädeln und daran ziehen, um die Masche zu schließen.

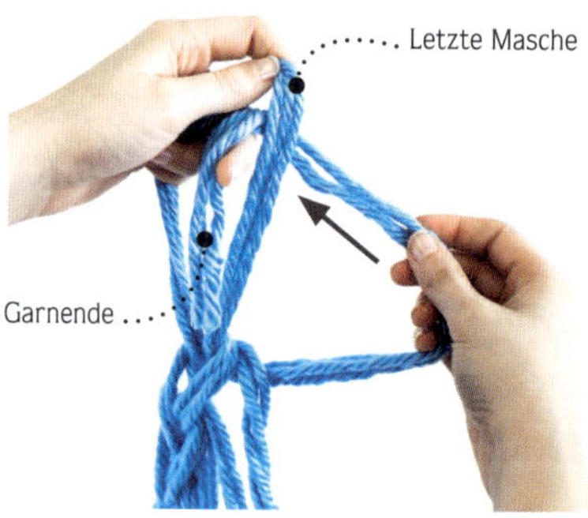

Die Abkettkante ähnelt einem Zopf, der auf dem Rand des Werkstücks liegt.

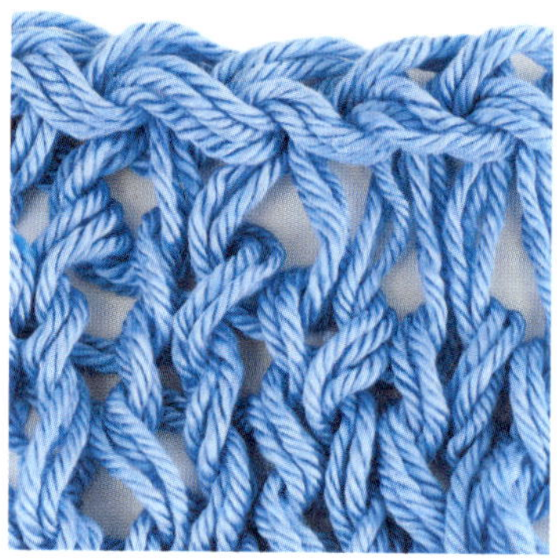

FERTIGSTELLUNG

Für Nähte haben Sie die Wahl zwischen überwendlichem Stich (sichtbar) und Matratzenstich (fast unsichtbar). Der Rückstich eignet sich nicht für diese Projekte, weil die Nähte zu dick ausfallen. Zuletzt werden alle Fadenenden vernäht (siehe unten). Enden von Wollgarn können Sie auch mit einer Filznadel im Strick verankern.

ÜBERWENDLICHER STICH

1 Den Nähfaden (hier orange) von unten nach oben durch die rechte Masche beider Teile ziehen. Wenn Sie kein Garnende verwenden, sondern einen separaten Faden, lassen sie sein Ende ausreichend lang. Es wird später vernäht.

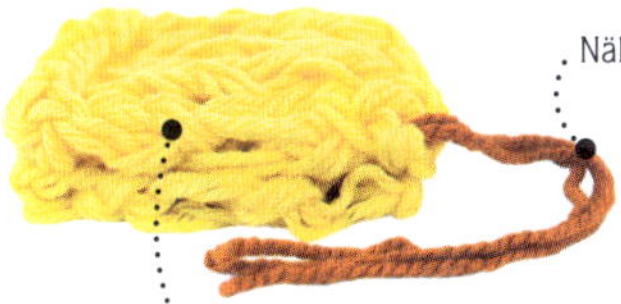

2 Den Faden nun von unten nach oben durch die beiden nächsten Maschen beider Teile ziehen. Der sichtbare Teil des Stichs läuft schräg über die Außenkante.

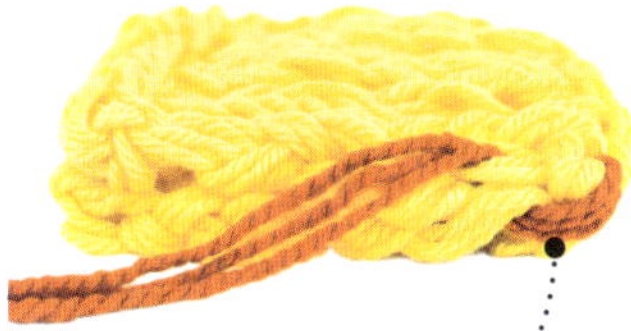

3 Schritt 3 fortlaufend bis zum Ende der Naht wiederholen. Darauf achten, dass die Stiche möglichst gleichmäßig ausfallen.

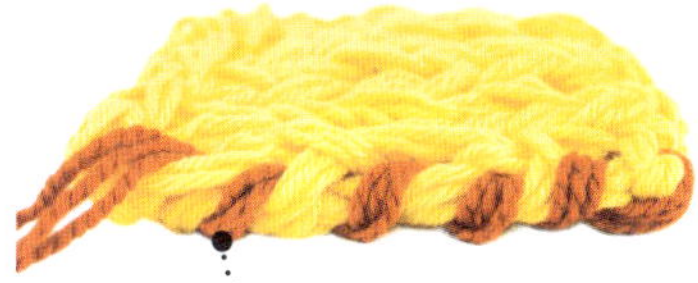

MATRATZENSTICH

1 Die beiden Teile liegen nebeneinander. Die Seitenkanten etwas dehnen, damit die kleinen Querfäden sichtbar werden. Den Nähfaden (hier orange) unter dem ersten Querfaden des linken Teils durchziehen.

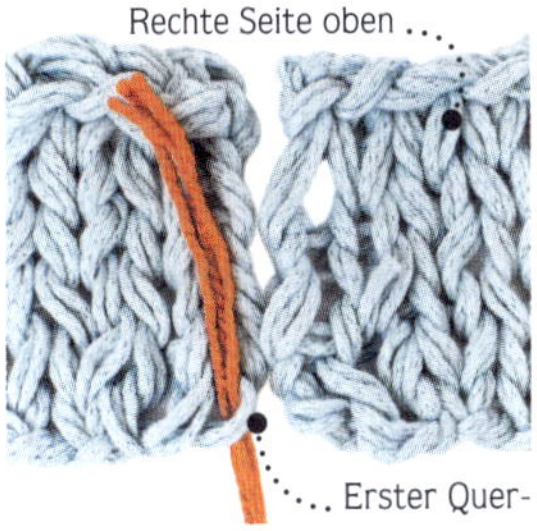

2 Ebenso unter dem ersten Querfaden des rechten Teils durchziehen.

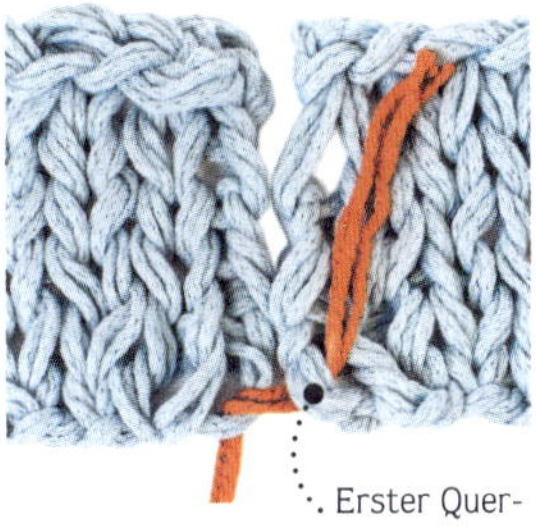

3 Nun den Faden unter dem zweiten Querfaden des linken Teils durchziehen.

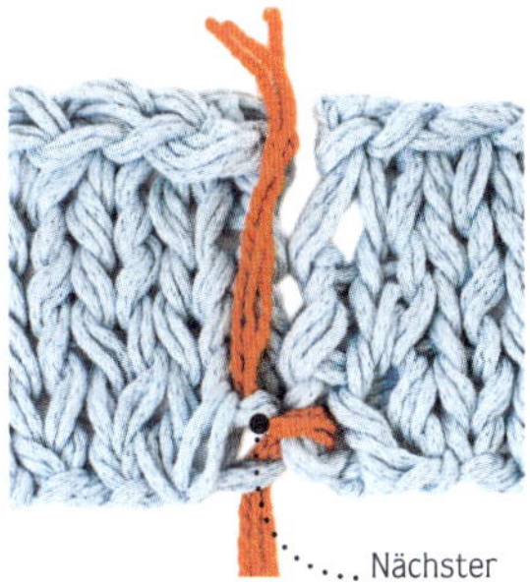

4 Fortlaufend wiederholen, dabei alle Querfäden erfassen. Zuletzt fest (nicht zu fest) an beiden Fadenenden ziehen. So ziehen sich die Stiche zusammen, und die Naht wird nahezu unsichtbar.

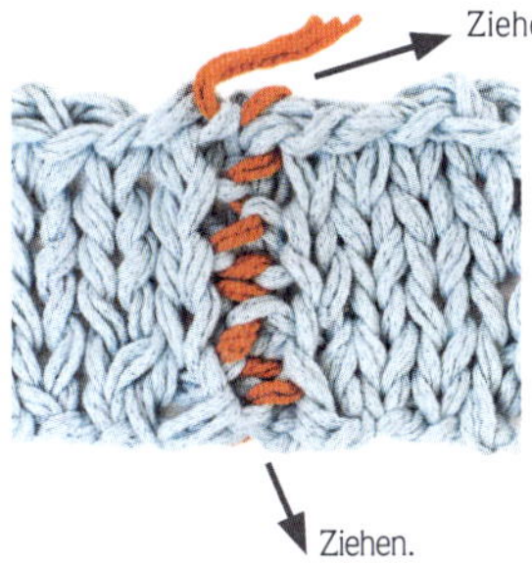

FÄDEN VERNÄHEN

1 Auf der linken Seite der Arbeit das Garnende (hier orange) unter der nächstliegenden Masche durchziehen.

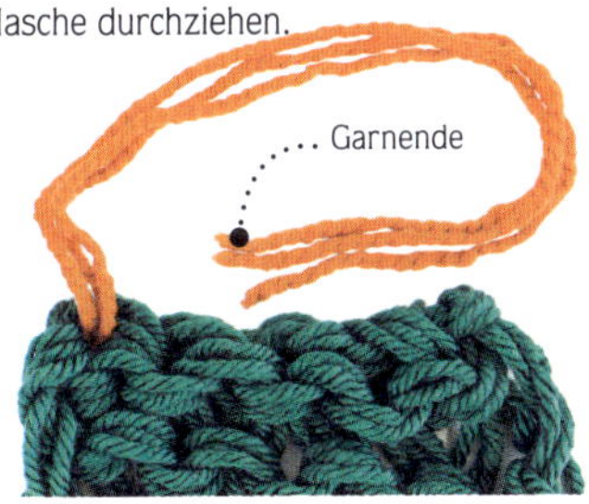

2 Den Faden unter weiteren Maschen durchziehen, dabei dem Maschenverlauf folgen.

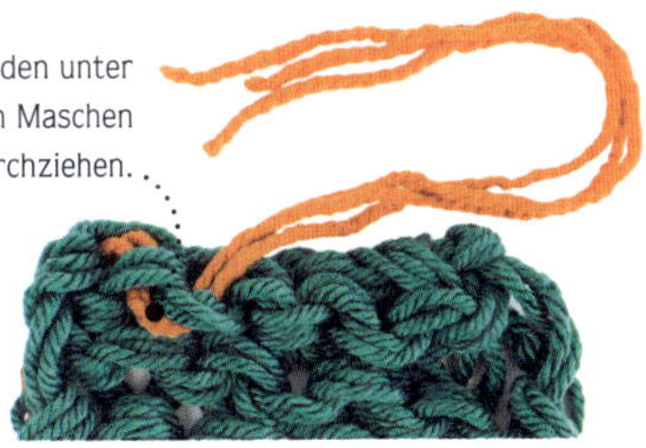

3 Fortfahren, bis ein längeres Stück vernäht ist. Den Faden so abschneiden, dass sein Ende in einer Masche verschwindet.

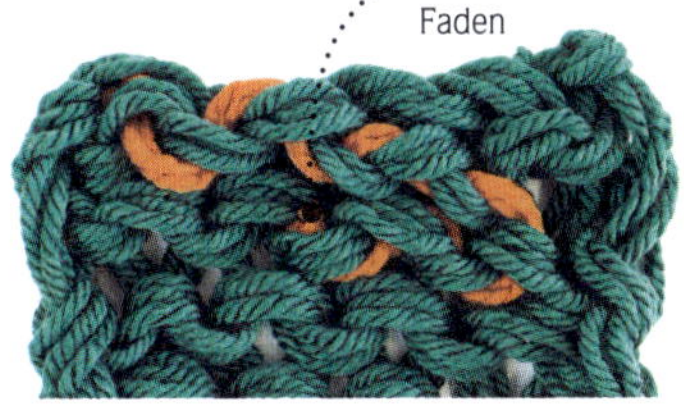

GARN ANSETZEN

Wenn Ihnen mitten in der Reihe das Garn ausgeht, müssen Sie einen neuen Faden ansetzen. Günstig ist es, wenn der Ansatz am Reihenanfang liegt. Die Spleißtechnik eignet sich nur für Garne aus reiner Wolle, weil sie verfilzen.

SPLEISSTECHNIK

1 Um einen neuen Faden in derselben Farbe anzusetzen, brauchen Sie das Ende des Arbeitsfadens und das Ende des neuen Garns.

2 Beide Garnenden etwa 8 cm weit aufdrehen. Die aufgedrehten Enden aufeinander legen, die Fäden verlaufen in entgegengesetzte Richtungen.

3 Die Garnenden anfeuchten, dann zwischen den Handflächen kräftig reiben, damit die Fasern verfilzen.

4 Reiben und rollen, bis die zusammengelegten Enden wie ein durchgehender, verdickter Faden aussehen. Dann ist eine haltbare, verfilzte Verbindung entstanden.

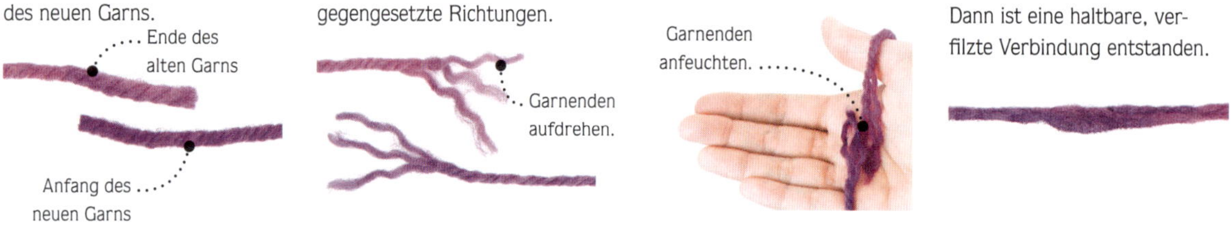

NEUES GARN ANSETZEN ODER FARBE WECHSELN

Beim Ansetzen eines neuen Fadens kommt es auf die feste Verbindung an.

1 Am Anfang einer neuen Reihe den neuen Faden in die linke Hand nehmen, dabei ein 25 cm langes Ende hängen lassen. Das neue Garn locker um den Arbeitsfaden knoten.

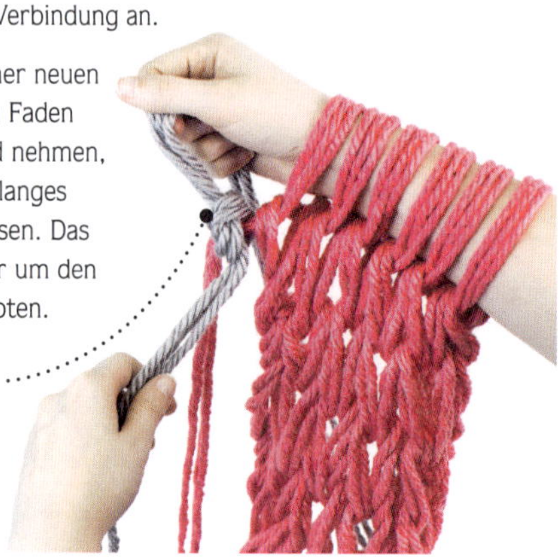

2 Das neue Garn in die rechte Hand nehmen. Die erste Masche der Reihe mit der linken Hand greifen und über die rechte Hand ziehen.

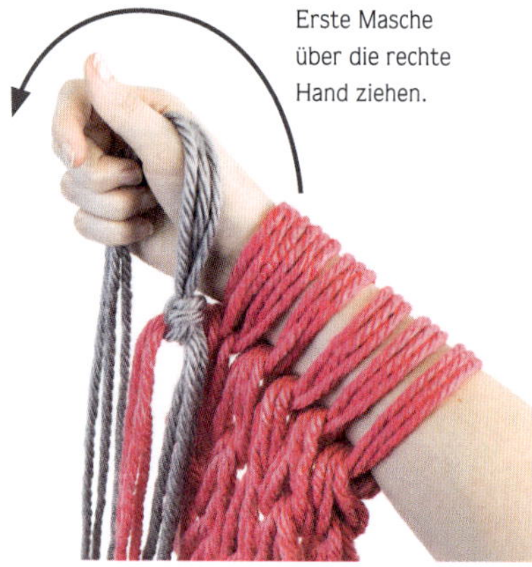

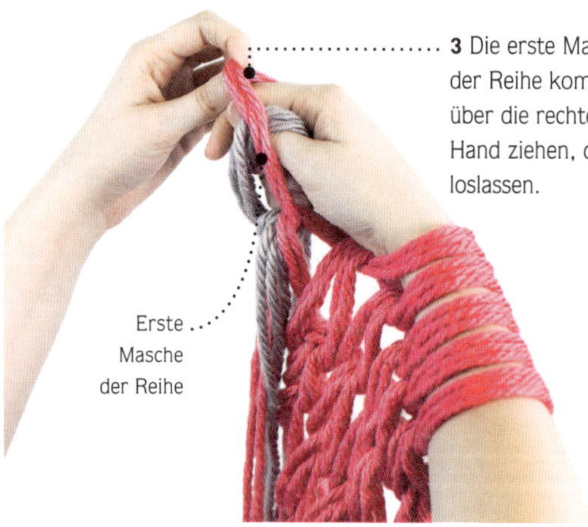

3 Die erste Masche der Reihe komplett über die rechte Hand ziehen, dann loslassen.

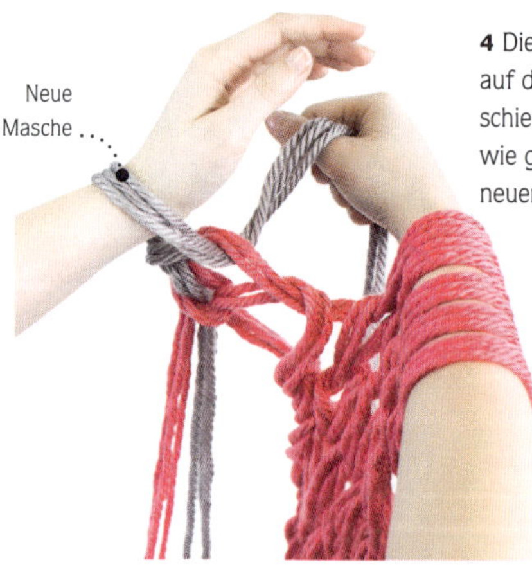

4 Die neue Masche auf den linken Arm schieben. Die Reihe wie gewohnt mit dem neuen Garn fortsetzen.

WEITERE TECHNIKEN

Das Armstricken ist einfach, aber das Hantieren mit mehreren Fäden kann schwierig sein. Es passiert leicht, dass man nicht alle Fäden erwischt, sodass Maschen unregelmäßig aussehen. Das lässt sich vermeiden, wenn man die Einzelfäden zuerst zu einer Luftmaschenkette verarbeitet und dann mit dieser strickt.

LUFTMASCHENKETTE

Aus einem dünnen Faden kann man mit den Fingern eine Luftmaschenkette häkeln, die dann zum Armstricken verwendet wird.

1 Eine Anfangsschlinge bilden und auf eine Länge von etwa 30 cm aufziehen.

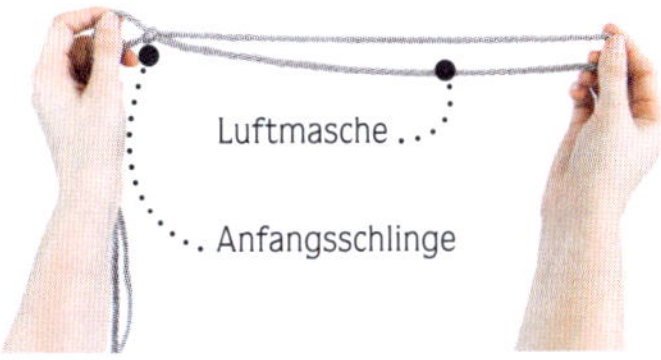

2 Den Knoten mit der linken Hand festhalten. Mit der rechten Hand durch die Schlaufe greifen, den Arbeitsfaden erfassen und eine neue Schlaufe durchholen. Auch diese auf etwa 30 cm aufziehen.

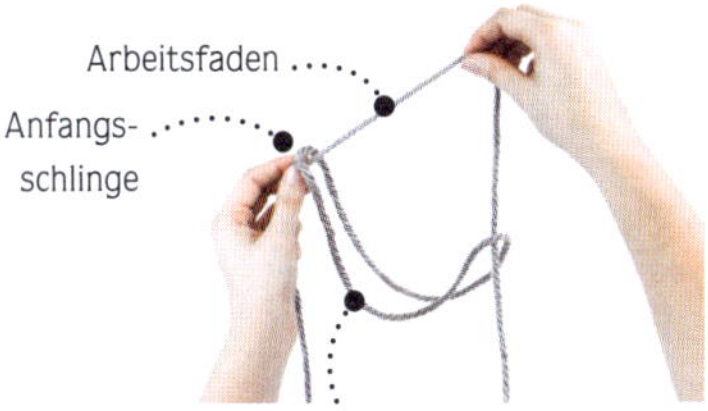

3 Den Knoten loslassen. Mit der linken Hand alle drei Stränge der zweiten Luftmasche festhalten. Mit der rechten Hand durch die Schlaufe greifen, den Arbeitsfaden fassen und eine dritte Schlaufe durchholen. Auf etwa 30 cm aufziehen. Fortlaufend wiederholen.

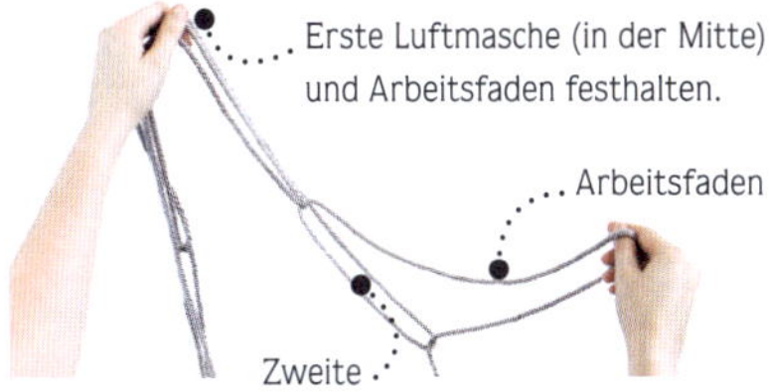

MASCHEN AUFNEHMEN

1 Die rechte Seite des Werkstücks liegt oben. Die Kante, an der Maschen aufgenommen werden sollen, zeigt nach oben.

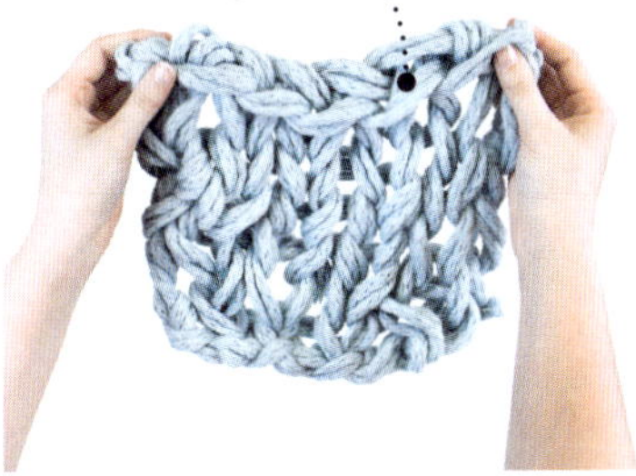

2 Die Finger durch das hintere Glied der ersten Abkettmasche schieben, den Arbeitsfaden greifen und eine Schlaufe durch die Masche ziehen. Ein ausreichend langes Ende zum Vernähen hängen lassen.

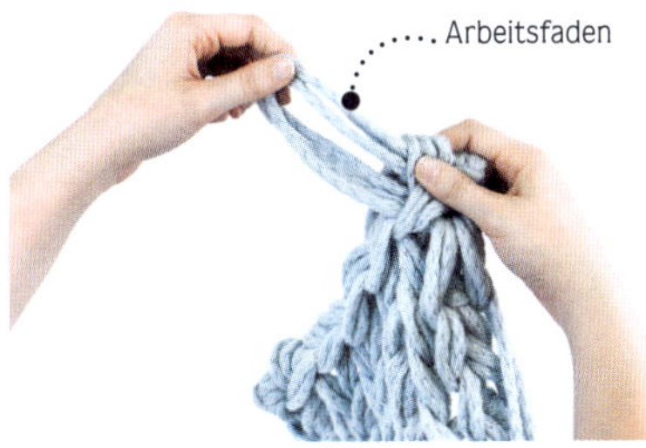

3 Die Masche auf den rechten Arm nehmen. Der Arbeitsfaden hängt am vorderen Maschenglied dieser Masche.

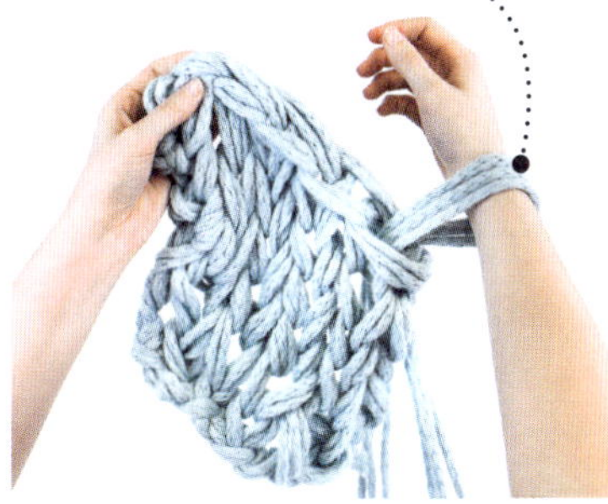

4 Die Finger der rechten Hand durch das hintere Glied der nächsten Abkettmasche schieben und wieder eine Schlaufe durchholen.

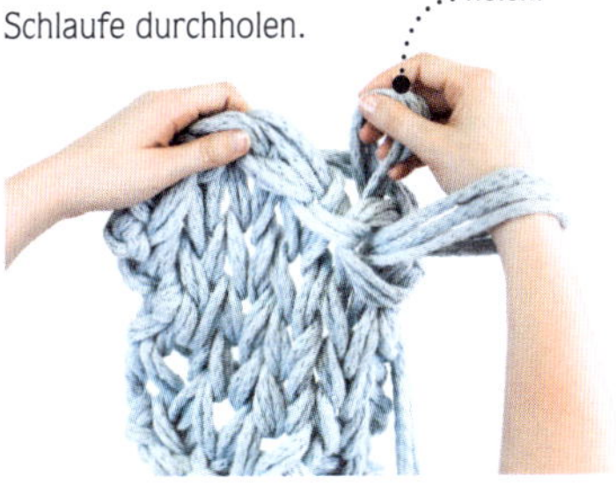

5 Die Masche auf den rechten Arm nehmen. Der Arbeitsfaden hängt wieder am vorderen Maschenglied.

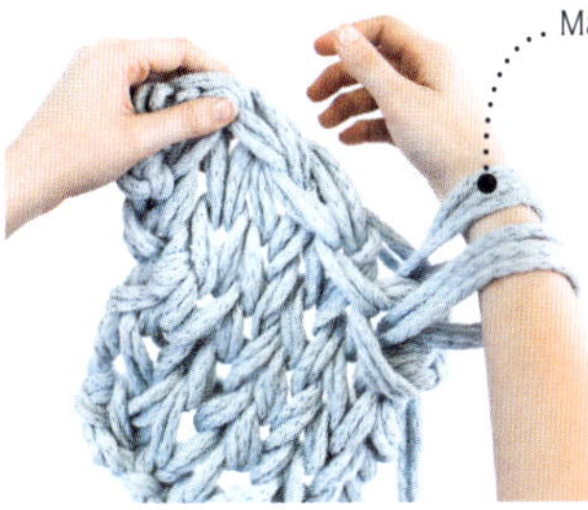

6 Schritte 4 und 5 entlang der Kante wiederholen, bis die gewünschte Maschenzahl erreicht ist. Aus jeder Masche der Abkettkante eine neue Masche holen.

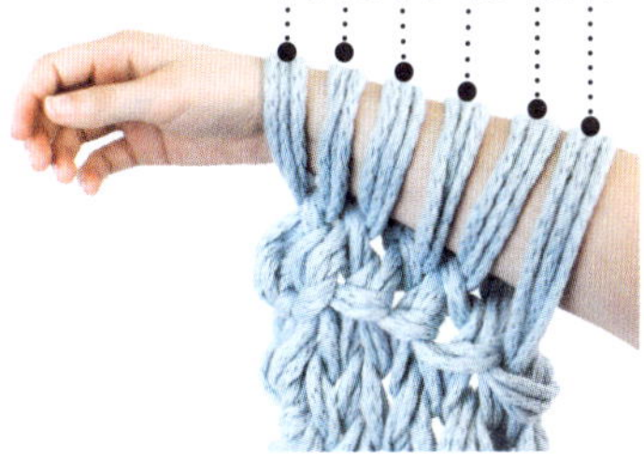

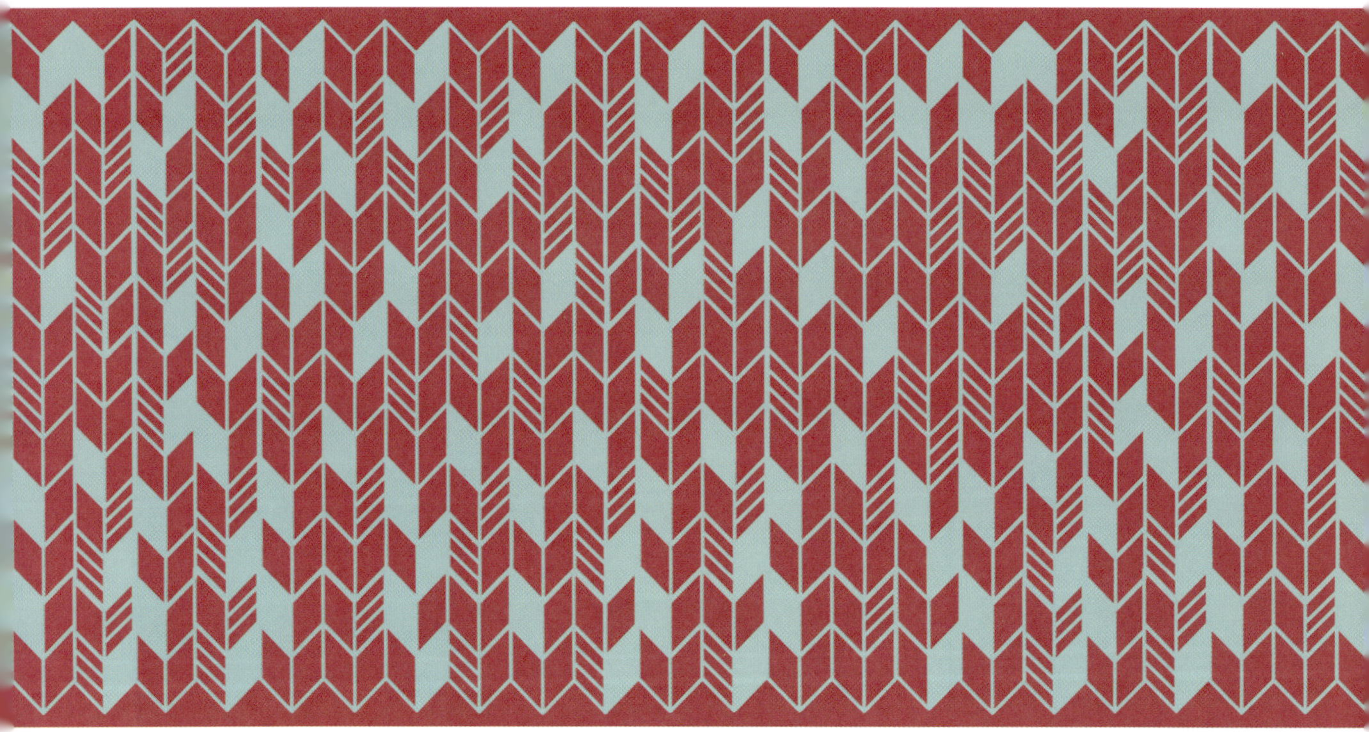

PROJEKTE

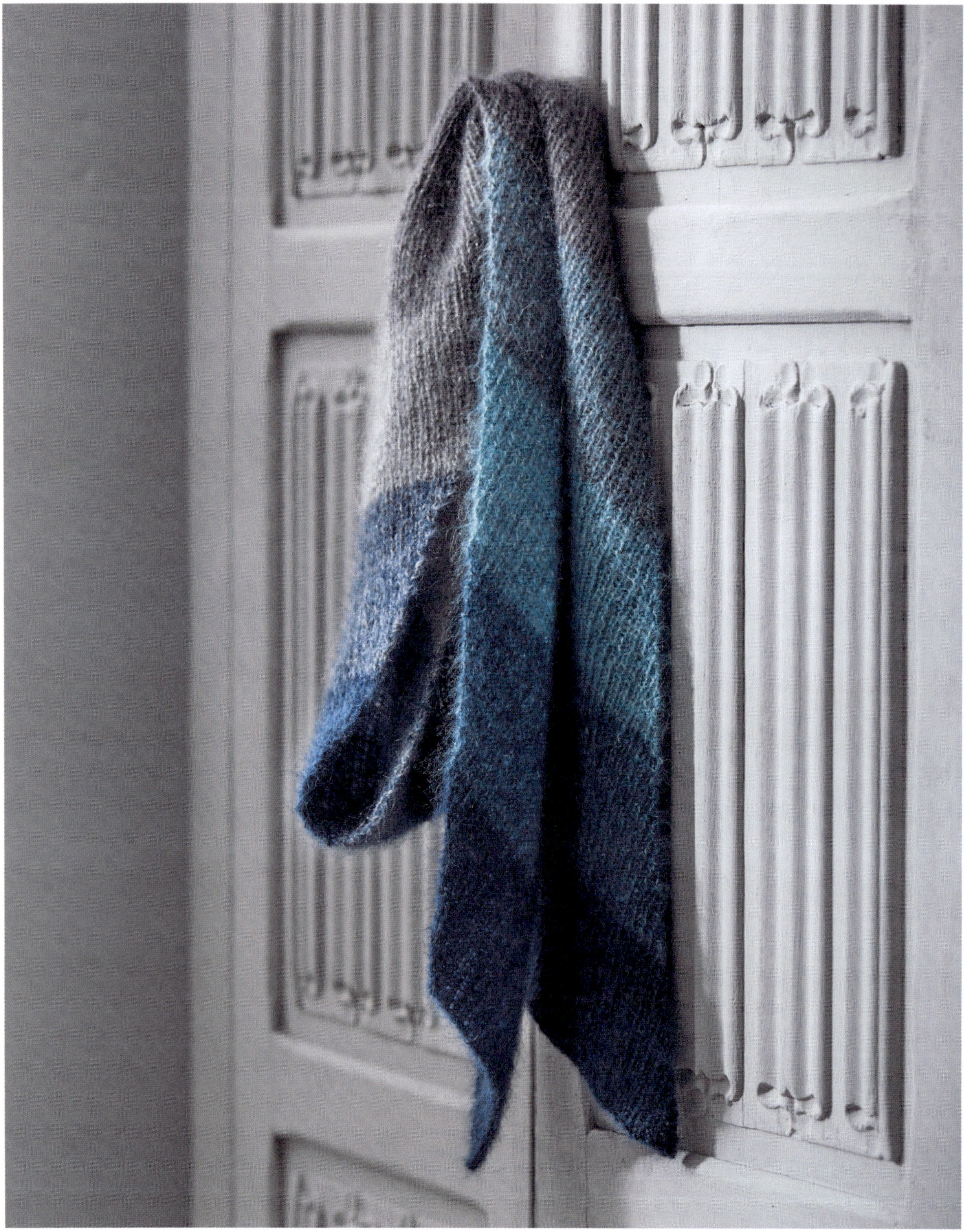

SCHAL IN BLAUTÖNEN

Diesen warmen, herrlich weichen Schal stricken Sie mit zwei Fäden gleichzeitig. Fließende Übergänge ergeben sich, indem jeweils nur eine Garnfarbe gewechselt wird. Der schräge Streifenverlauf entsteht durch einfache Zu- und Abnahmen (S. 114).

SCHWIERIGKEITSGRAD
Mittel

TECHNIKEN
Gedrehter Kreuzanschlag **S. 41,** Einerrippen **S. 59,** Abketten im Rippenmuster **S. 50**

GRÖSSE
ca. 14 cm breit und 2 m lang

GARN
Rowan Kidsilk Haze 25 g
(70 % Mohair, 30 % Seide)

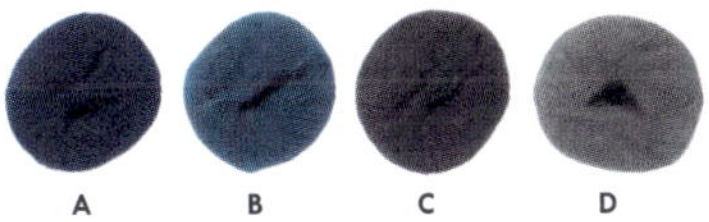

A: 3 × 632 Hurricane
B: 2 × 582 Trance
C: 2 × 605 Smoke
D: 2 × 664 Steel

NADELN
1 Paar Stricknadeln 4 mm

MASCHENPROBE
26 Maschen und 31 Reihen in Einerrippen mit doppeltem Faden = 10 cm × 10 cm

ANLEITUNG

Achtung: Der gesamte Schal wird mit doppeltem Faden gestrickt.
AA = mit 2 Fäden in Farbe A arbeiten.
AB = mit je 1 Faden in Farbe A und Farbe B arbeiten usw.
Anschlag: 50 M mit Garn AA. Einen elastischen Anschlag für Rippen verwenden.
Reihe 1 (Rück-R): [1 M re, 1 M li] bis R-Ende.
Reihe 2: 1 M abh, 1 M li, abgeh M überz, [1 M re, 1 M li] bis zu den letzten 2 M: 1 M re, [1 M li, 1 M re] in die nächste M. (=50 M).
Reihe 3: [1 M li, 1 M re] wdh bis zu den letzten 2 M: 2 M li.
Reihe 4: 1 M abh, 1 M re, abgeh M überz, [1 M li, 1 M re] wdh bis zu den letzten 2 M: 1 M li [1 M re, 1 M li] in die nächste M. (=50 M).
Reihe 1–4 fortlaufend wiederholen.
Nach jeweils 28 Reihen einen (nur einen!) Faden abschneiden und einen neuen hinzunehmen. Streifen von 28 Reihen in dieser Farbfolge stricken: AB, BB, BC, CC, CD, DD, DA, AA, AD, DD, DC, CC, CB, BB, BA, AA.
Insgesamt 17 Streifen stricken.
Alle M elastisch abketten, wie sie erscheinen. Alle Fäden vernähen.

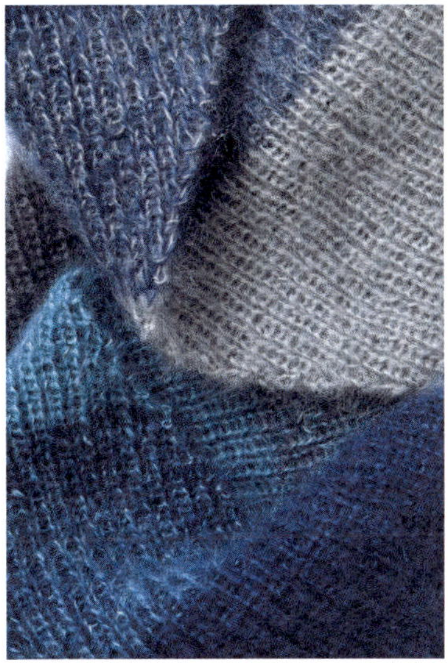

Dünnes Mohairgarn lässt sich ganz unauffällig im fertigen Strick vernähen (S. 62). Die abgeschnittenen Enden verschwinden in der flauschigen Oberfläche.

FARBVERTEILUNG

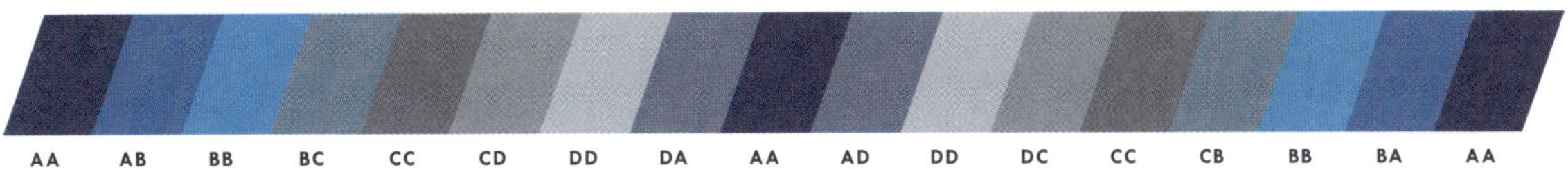

Immer, wenn zwei verschiedene Garnfarben gleichzeitig verstrickt werden, ergeben sich Melange-Töne, die für weiche Farbübergänge sorgen.

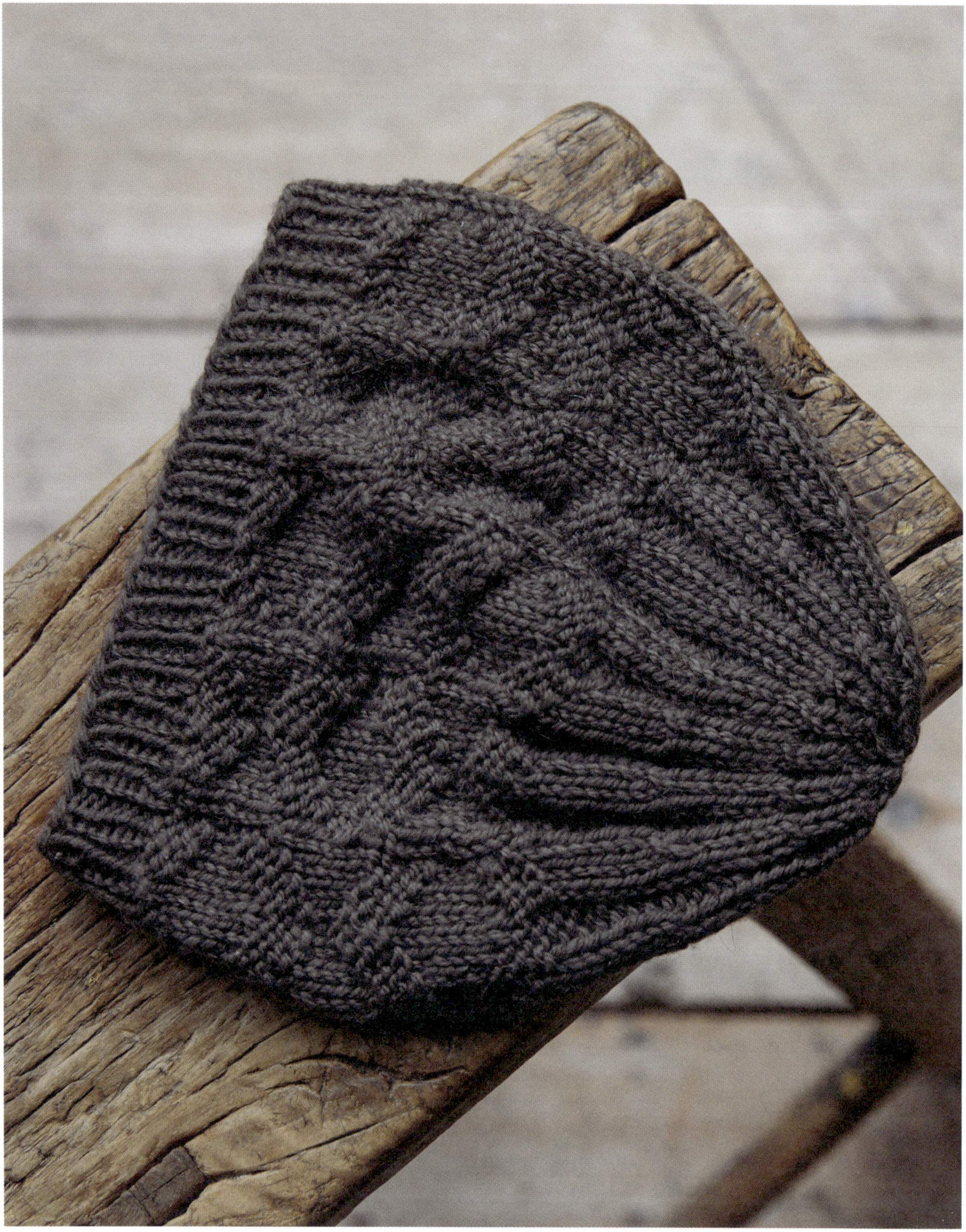

MÄNNERMÜTZE

Diese Mütze ist eigentlich simpel, aber durch das Strukturmuster kein bisschen langweilig. Das Muster können Sie auch für andere glatt gestrickte Modelle verwenden. Einsteigerinnen können an diesem Projekt gut das Rundstricken üben.

SCHWIERIGKEITSGRAD

Leicht

TECHNIKEN

Stricken mit einem Nadelspiel **S. 126**, Symmetrisch abnehmen **S. 80**, Unauffällig zunehmen **S. 69**

GRÖSSE

Universalgröße

GARN

Rico Essentials Soft Merino Aran 50 g (100 % Merinowolle)

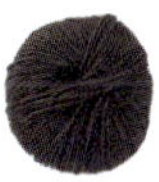

2 × 044 Khaki

NADELN

A: Nadelspiel 4,5 mm

B: Nadelspiel 5 mm

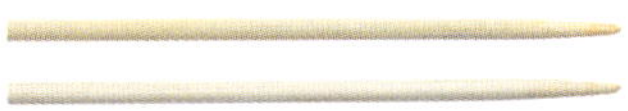

MASCHENPROBE

18 Maschen und 24 Reihen glatt rechts mit Nadelstärke 5 = 10 cm × 10 cm

ANLEITUNG

Anschlag: 90 M mit Nadelstärke 4,5. Zur Runde schließen, Maschen nicht verdrehen. Den Rundenanfang markieren.

RIPPENMUSTER

Runde 1: [1 M re, 1 M li] bis zum Ende. Diese Runde wdh, bis eine Höhe von 3 cm erreicht ist.

STRUKTURMUSTER

Mit Nadelstärke 5 fortfahren. 30 Rd gemäß Zählmuster str. Jede Rd besteht aus 5 Mustersätzen (à 18 M).

Nächste Runde: (3 M re, 3 M li) bis Ende. Diese Rd noch 2× wdh. Bei Bedarf hier die Mützenhöhe anpassen.

Abnahmerunden:

Runde 1: [3 M re, 1 M li, 2 M li zus-str] bis Ende. (=75 M)

Runden 2–4: [3 M re, 2 M li] bis Ende.

Runde 5: [1 M re, 2 M re zus-str, 2 M li] bis Ende. (=60 M)

Runden 6–8: [2 M re, 2 M li] bis Ende.

Runde 9: [2 M re, 2 M li zus-str] bis Ende. (=45 M)

Runden 10–12: [2 M re, 1 M li] bis Ende.

Runde 13: [2 M re zus-str, 1 M li] bis Ende. (=30 M)

Runden 14–16: [1 M re, 1 M li] bis Ende.

Runde 17: 2 M re zus-str bis Ende. (=15 M)

Runde 18: 2 M re zus-str, letzte M re str. (=8 M). Den Faden abschneiden, durch die restlichen Maschen ziehen und fest vernähen. Alle Fäden vernähen. Die Mütze vorsichtig in Form ziehen oder dämpfen (Hinweise auf der Banderole beachten).

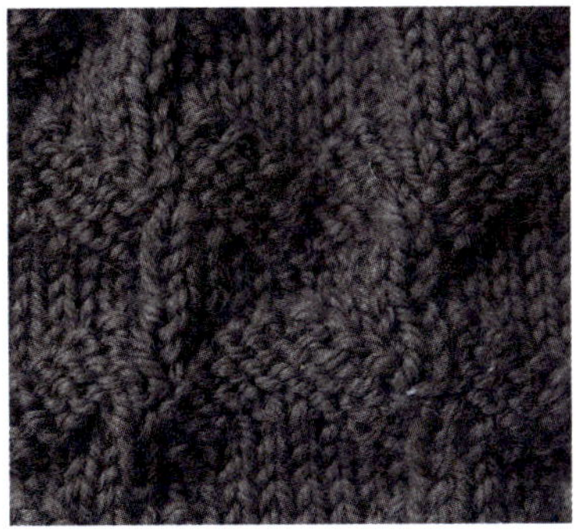

Aus der Nähe ist gut zu erkennen, dass das kompliziert aussehende Strukturmuster nur aus rechten und linken Maschen besteht.

ZÄHLMUSTER

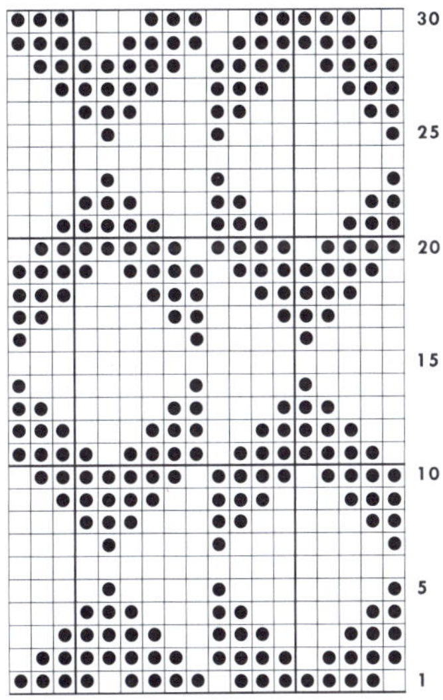

ZEICHENERKLÄRUNG

☐ re M

● li M

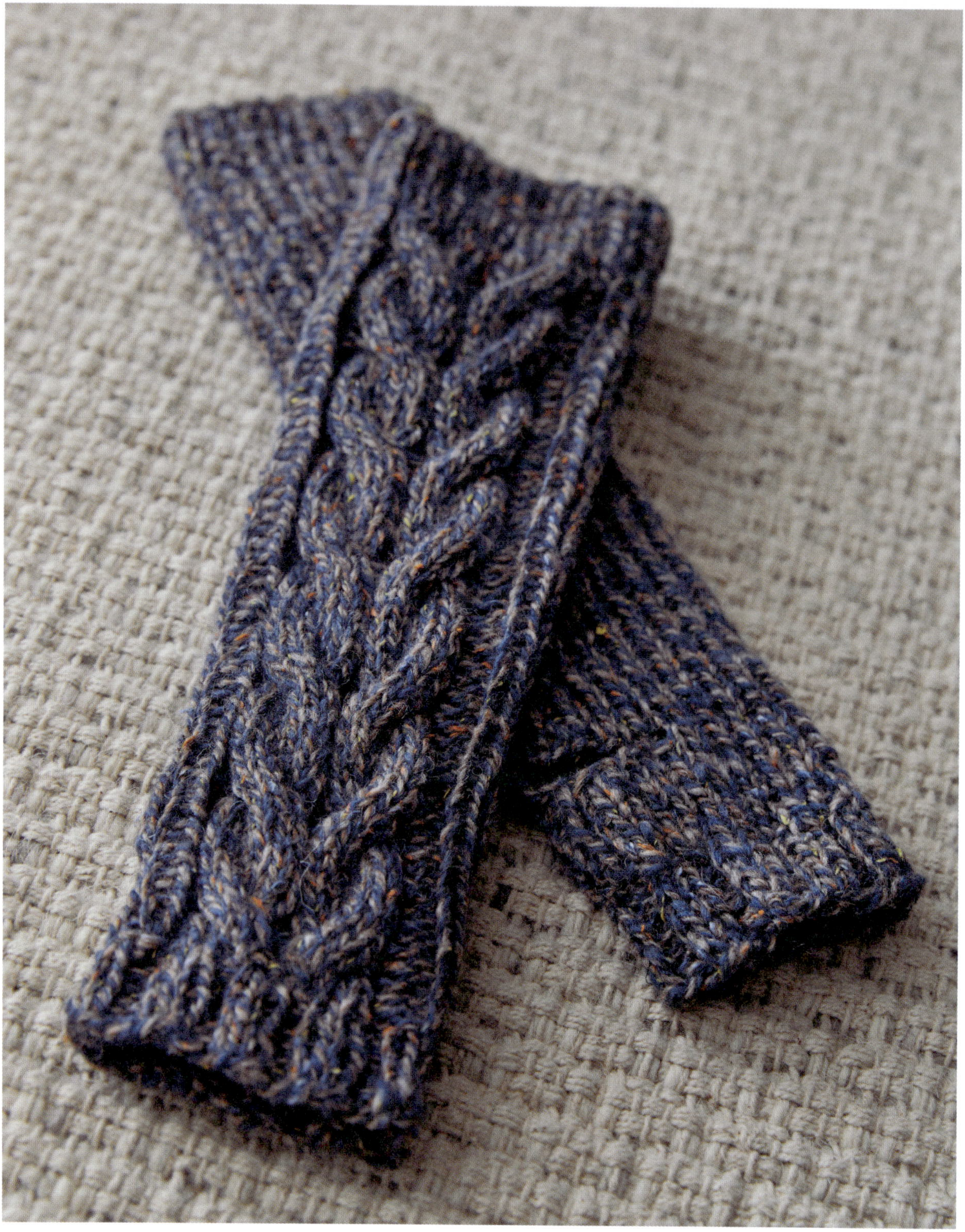

PULSWÄRMER MIT ZOPFMUSTER

Diese hübschen Pulswärmer halten Puls und Hände warm, aber die Finger bleiben frei. Das Zopfmuster ist nicht schwierig, und die Öffnung für den Daumen wird wie ein Knopfloch gestrickt. Sie können die Pulswärmer auch auf einer Rundnadel stricken.

SCHWIERIGKEITSGRAD
Mittel

TECHNIKEN
Kordelanschlag **S. 37**, Stricken mit einem Nadelspiel **S. 126**, Zopfmuster **S. 87**, Aufschlingen **S. 35**, Abketten im Rippenmuster **S. 50**

GRÖSSE
Passend für eine Frau

GARN
New Lanark Mills DK, Donegal Silk Tweed 50g (90% Wolle, 10% Seide)

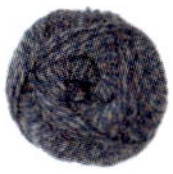

2 × Aviemore

NADELN
A: 4er-Nadelspiel 4,5mm
B: Zopfnadel

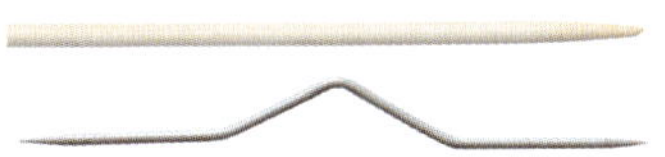

MASCHENPROBE
20 Maschen und 28 Reihen in Zweierrippen mit Nadelstärke 4,5 = 10cm × 10cm

BESONDERE ABKÜRZUNGEN
6 M lvkr
Hin-R: 3 M auf die Zopf-Nd nehmen und vor die Arbeit legen. 3 M re, dann 3 M re von der Zopf-Nd str.
6 M rvkr
Hin-R: 3 M auf die Zopf-Nd nehmen und hinter die Arbeit legen. 3 M re, dann 3 M re von der Zopf-Nd str.

ANLEITUNG

LINKE ARMSTULPE
Anschlag: 40 M im Kordelanschlag.
Auf 3 Nadeln verteilen: je 13 M auf Nadel 1 und 2, 14 M auf Nadel 3. Zur Runde schließen. 10 Rd Einerrippen stricken: * 1 M re, 1 M li. Ab * wdh bis Rd-Ende.
Zunahmerunde: 14 M im Rippenmuster, 1 M li zun, [4 M im Rippenmuster, 1 M li zun] 3 ×, im Rippenmuster bis Rd-Ende str. (=44 M)
Zopfmuster:
13 M im Rippenmuster, 18 M gemäß Zählmuster, 13 M im Rippenmuster. Bis zu einer Gesamthöhe von 22cm str. **
Daumenöffnung:
Runde 1: 3 M im Rippenmuster, 6 M abk, im Muster bis Rd-Ende str. (= 38 M)
Runde 2: 3 M im Rippenmuster, 4 M aufschlingen, im Muster bis Rd-Ende str. (=42 M)
Runde 3: 1 M re, 1 M li, 2 M re, 1 M li, 2 M re, im Muster bis Rd-Ende str.
Die letzte Rd wdh, bis eine Höhe von 3cm über der Daumenöffnung erreicht ist (mind. 2 Rd über der letzten Zopfmuster-Rd).
Abnahme-Runde: 3 M gemäß Muster str, 2 M re verschr zus-str, 8 M gemäß Muster str, 2 M re verschr zus-str, 2 M re, 2 M re zus-str, 2 M li, 2 M re verschr zus-str, 2 M re, 2 M re zus-str, gemäß Muster bis zu den letzten 2 M: 2 M li zus-str. (=36 M). Mit Zweierrippen fortfahren.
Nächste Runde: 1 M re, [2 M li, 2 M re] wdh bis zu den letzten 3 M: 2 M li, 1 M re. Die letzte Rd noch 4 × wdh.
Die M abk, wie sie erscheinen. Alle Fäden vernähen.

RECHTE ARMSTULPE
Wie linke Armstulpe stricken bis **.
Runde 1: Gemäß Muster bis zu den letzten 9 M str: 6 M abk, im Rippenmuster bis Rd-Ende str. (=38 M)
Runde 2: Gemäß Muster bis zu den letzten 3 M str: 4 M aufschlingen, im Rippenmuster bis Rd-Ende str. (=42 M)
Runde 3: Gemäß Muster bis zu den letzten 7 M str: 2 M re, 1 M li, 2 M re, 1 M li, 1 M re. Die letzte Rd wdh, bis eine Höhe von 3cm über der Daumenöffnung erreicht ist (min. 2 Rd über der letzten Zopfmuster-Rd).
Abnahme-Runde: 2 M li zus-str, 13 M gemäß Muster str, 2 M re verschr zus-str, 2 M re, 2 M re zus-str, 2 M li, 2 M re verschr zus-str, 2 M re, 2 M re zus-str, 2 M li, 1 M re, 1 M li, 1 M re, 1 M li, 2 M re verschr zus-str, 1 M re, 1 M li, 1 M re. (=36 M)
Nächste Runde: 1 M re, [2 M li, 2 M re] wdh bis zu den letzten 3 M: 2 M li, 1 M re. Die letzte Rd noch 4 × wdh. Die M abk, wie sie erscheinen. Alle Fäden vernähen.
Die Armstulpen von Hand waschen, in Form ziehen und liegend trocknen.

ZÄHLMUSTER ZOPF

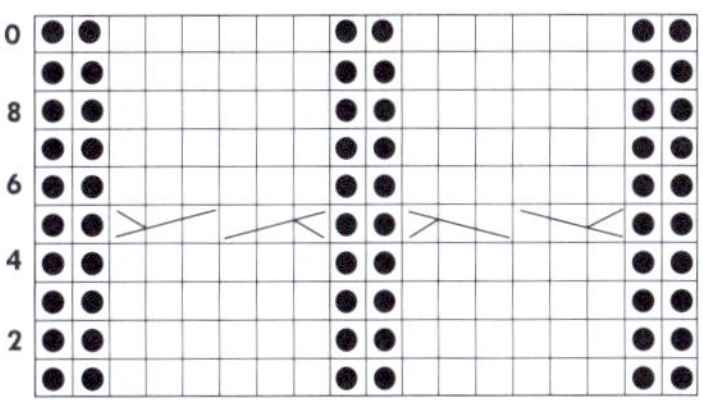

ZEICHENERKLÄRUNG
- li M in Hin-R, re M in Rück-R
- re M in Hin-R, li M in Rück-R
- 6 M lvkr
- 6 M rvkr

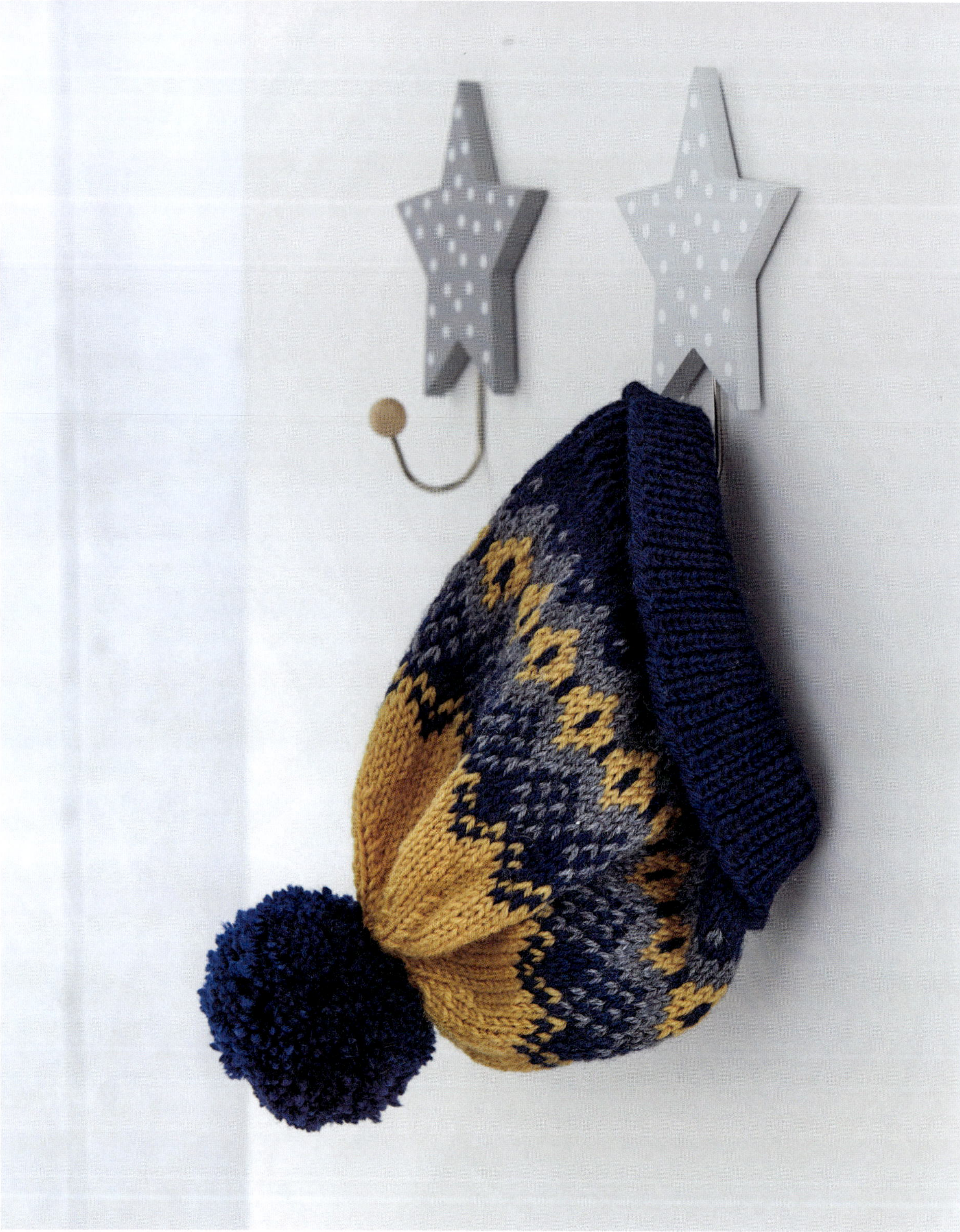

KINDERMÜTZE MIT MUSTER

So eine kunterbunte Pudelmütze finden alle Kinder prima. Beim Muster werden die nicht verwendeten Garnfarben locker auf der Rückseite der Arbeit mitgeführt. Den Pompon können Sie mit einem speziellen Werkzeug oder einfach mit zwei Pappringen herstellen.

SCHWIERIGKEITSGRAD
Mittel

TECHNIKEN
Kordelanschlag **S. 37**, Glatt rechts **S. 58**, Stricken nach Zählmuster **S. 95**, Norwegermuster **S. 96**

GRÖSSE
Passend für einen Kopfumfang von ca. 43 cm

GARN
King Cole Merino Blend DK 50 g (100 % Wolle)

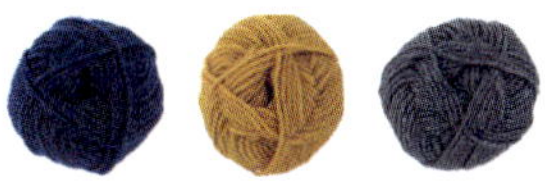

A B C

A: 2 × 052 Irish Navy
B: 1 × 855 Mustard
C: 1 × 049 Clerical

NADELN
A: 1 Paar Stricknadeln 3,25 mm
B: 1 Paar Stricknadeln 4 mm

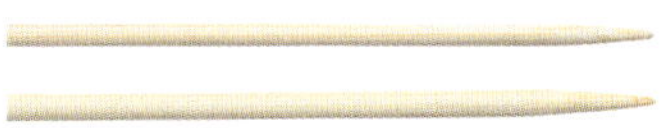

A
B

MASCHENPROBE
22 Maschen und 28 Reihen glatt rechts mit Nadelstärke 4 = 10 cm × 10 cm

SONSTIGES ZUBEHÖR
Pompon-Werkzeug oder Pappringe

ANLEITUNG
Anschlag: 111 M mit Garn A und Nadelstärke 3,25 mm (Kordelanschlag für Einerrippen verwenden).
Reihe 1–24: Einerrippen str
Mit Nadelstärke 4 und glatt rechts fortfahren. 4 R str, mit einer Rechtsreihe beginnen.
Glatt rechts gemäß Zählmuster fortfahren. Die Fäden auf der Rückseite nicht zu stramm ziehen.
Muster/Hin-R: 1 M re (A bis B), Mustersatz stets wdh, (C bis D) am R-Ende.
Muster/Rück-R: 2 M li (D bis C), Mustersatz stets wdh, (B bis A) am R-Ende.
Fortfahren, bis alle 19 R des Musters gestrickt sind.
Mit Garn B 7 R glatt rechts str, mit einer Linksreihe beginnen.

KOPFRUNDUNG
Reihe 1: 3 M re, [2 M re zus-str, 4 M re] bis Ende. (=93 M)
1 Reihe li M str.
Reihe 3: 3 M re, [2 M re zus-str, 3 M re] bis Ende. (=75 M)
1 Reihe li M str.
Reihe 5: 3 M re, [2 M re zus-str, 2 M re] bis Ende. (=57 M)
1 Reihe li M str.
Reihe 7: 3 M re, [2 M re zus-str, 1 M re] bis Ende. (=39 M)
1 Reihe li M str.
Reihe 9: 3 M re, [2 M re zus-str] bis Ende. (=21 M)
1 Reihe li M str.
Den Faden abschneiden, durch die restlichen Maschen ziehen und vernähen.

FERTIGSTELLUNG
Die Naht schließen und alle Fäden vernähen.
Einen Pompon mit etwa 8 cm Durchmesser anfertigen und oben an der Mütze festnähen.

ZÄHLMUSTER

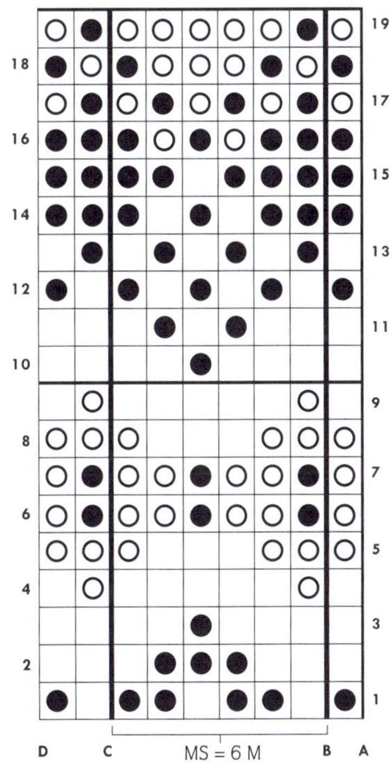

FARBSYMBOLE

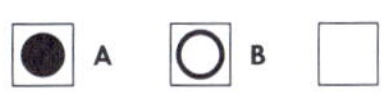

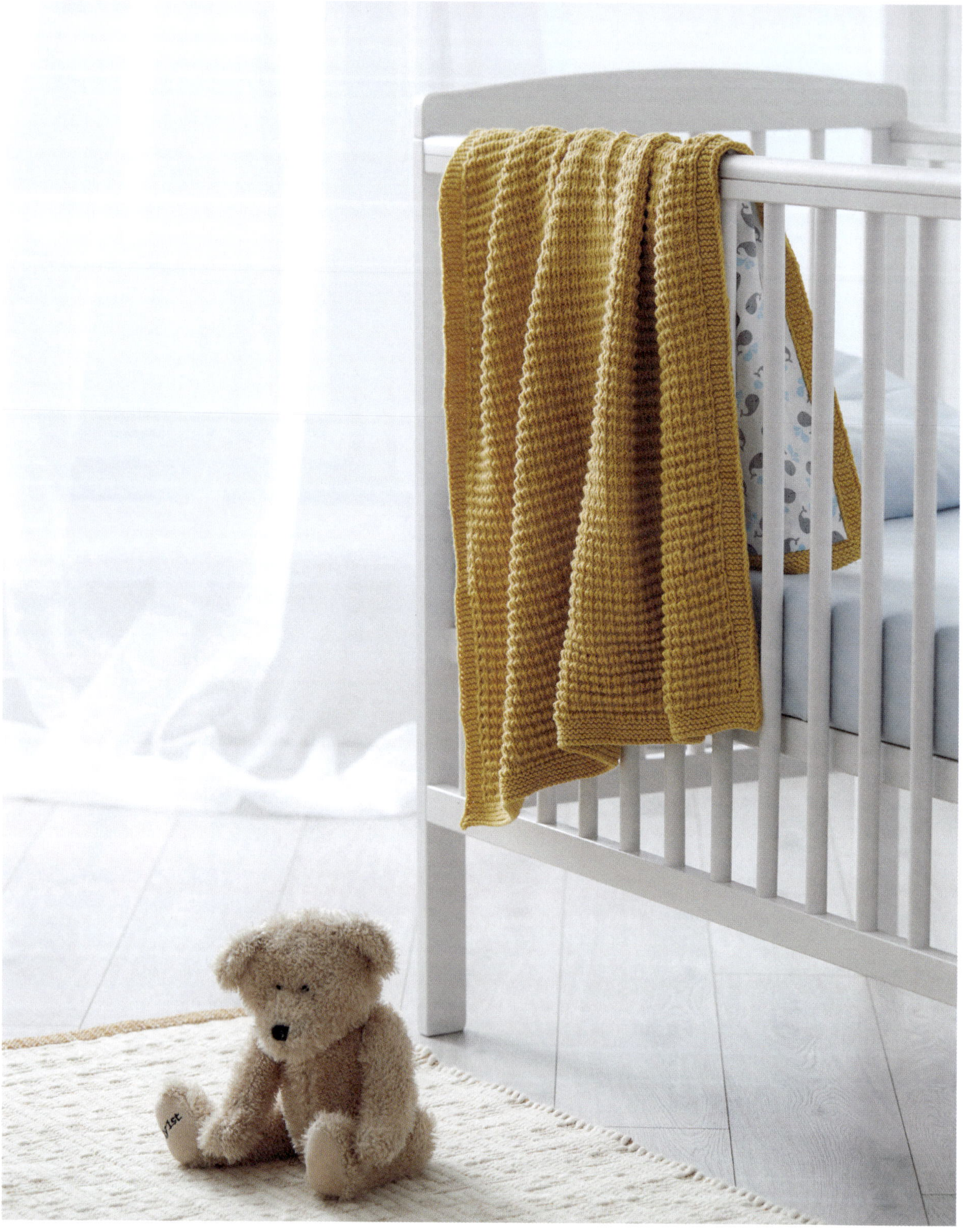

BABYDECKE

Eine schmuseweiche Decke mit glatter Stoffrückseite ist ein schönes Geschenk für junge Eltern. Diese ist rundherum mit einer kraus rechts gestrickten Kante eingefasst. Bei der Wahl der Garnfarbe und des Stoffs haben Sie natürlich freie Hand.

SCHWIERIGKEITSGRAD
Mittel

TECHNIKEN
Provisorischer gehäkelter Anschlag **S. 46**, Kraus rechts **S. 58**, Spannen **S. 147**

GRÖSSE
ca. 70 cm × 90 cm

GARN
Drops Cotton Merino 50 g
(50 % Baumwolle, 50 % Merinowolle)

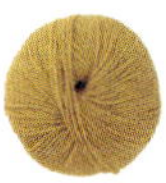

9 × 015 Mustard Yellow

NADELN
Rundstricknadel 4 mm, 70 cm lang

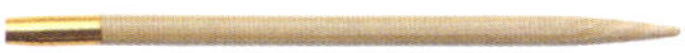

SONSTIGES ZUBEHÖR
Stoff für die Rückseite (68 cm × 88 cm), Nähnadel und passendes Nähgarn

MASCHENPROBE
21 Maschen und 28 Reihen glatt rechts mit Nadelstärke 4 = 10 cm × 10 cm
21 Maschen und 38 Reihen im Strukturmuster mit Nadelstärke 4 = 10 cm × 10 cm

ANLEITUNG

Anschlag: Provisorisch mit der Häkelnadel 147 M auf der Rundstricknadel 4.

KANTE
8 Reihen kraus rechts mit Kettenkante.
Reihe 1: 1 M li abh (Fv), re M str, letzte M re verschr str.

HAUPTFLÄCHE
Strukturmuster mit kraus rechts gestricktem Rand und Kettenkante.
Reihe 1 (Hin-R): 1 M li abh (Fv), 4 M re, 1 M li, re M str bis zu den letzten 6 M: 1 M li, 4 M re, 1 M re verschr.
Reihe 2: 1 M li abh (Fv), 5 M re, li M str bis zu den letzten 6 M: 5 M re, 1 M re verschr.
Reihe 3: 1 M li abh (Fv), 4 M re, 1 M li, [1 M re, 1 U, 1 M abh] bis zu den letzten 7 M: 1 M re, 1 M li, 4 M re, 1 M re verschr.
Reihe 4: 1 M li abh (Fv), 5 M re, [1 M li, 2 M re zus-str] bis zu den letzten 7 M: 1 M li, 5 M re, 1 M re verschr.
Diese 4 Reihen bilden einen Mustersatz. Reihen 1–4 fortlaufend wdh, bis eine Höhe von 87,5 cm erreicht ist.
Mit Reihe 1 des Musters enden.
8 Reihen (4 Rippen) kraus rechts mit Kettenkante stricken. Abketten.
Alle Fäden vernähen. Auf Maß spannen und vorsichtig dämpfen.

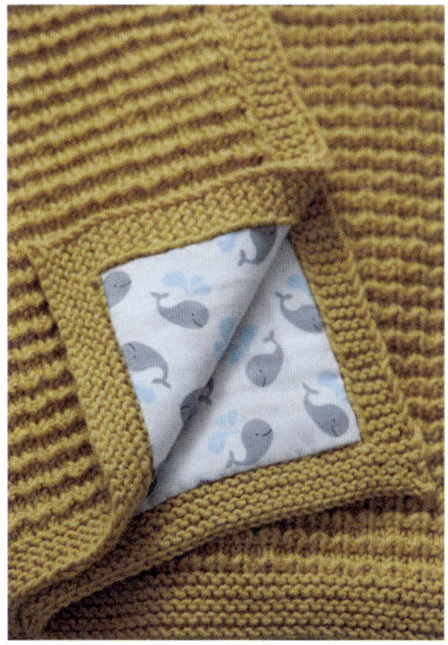

Die Rückseite aus Stoff wird an der kraus rechts gestrickten Kante festgenäht. So gibt es keine Löcher, in denen kleine Finger hängen bleiben könnten.

RÜCKSEITE AUS STOFF
Den Stoff für die Rückseite an allen vier Kanten 1,5 cm nach links einschlagen und bügeln. Stoff und Decke links auf links stecken und heften. Die kraus rechts gestrickte Kante bleibt frei. Die umgebügelten Stoffkanten mit unauffälligen überwendlichen Stichen an die Decke nähen.

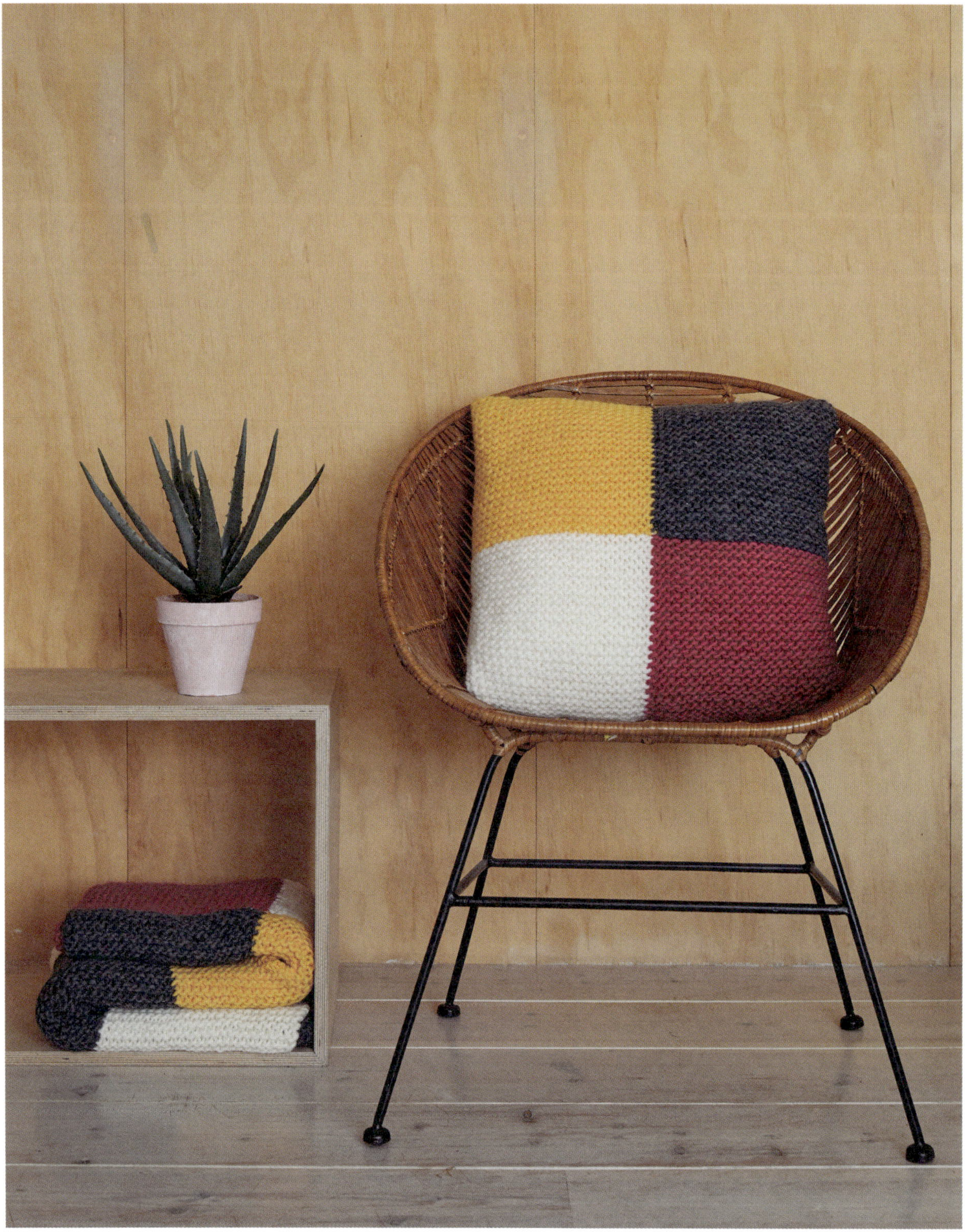

KAROKISSEN

Dieses gemütliche Kissen in fröhlichen Farben gelingt auch Einsteigerinnen auf Anhieb. Es wird ganz ohne Zu- oder Abnahmen kraus rechts gestrickt, Sie müssen nur ab und zu die Farbe wechseln. Mit einem Reißverschluss lässt sich der Bezug zum Waschen abnehmen.

SCHWIERIGKEITSGRAD
Leicht

TECHNIKEN
Aufstricken **S. 36**, Kraus rechts **S. 58**, Intarsientechnik **S. 102**, Rechts abketten **S. 49**, Überwendlicher Stich **S. 149**, Reißverschluss einnähen **S. 153**

GRÖSSE
ca. 50 cm × 50 cm

GARN
Drops Eskimo 50 g
(100 % Wolle)

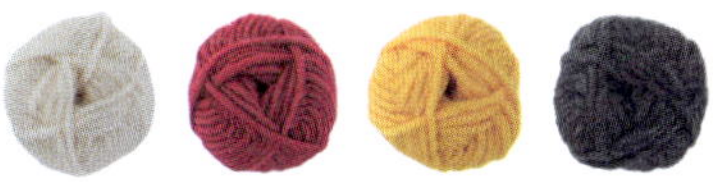

A B C D

A: 2 × 01 Off White
B: 2 × 26 Hot Pink
C: 2 × 24 Yellow
D: 2 × 14 Dark Grey

NADELN
1 Paar Stricknadeln 10 mm

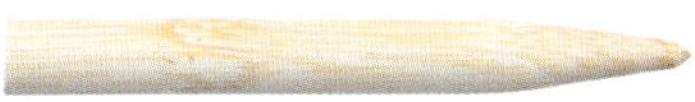

SONSTIGES ZUBEHÖR
Kisseninlett 50 cm × 50 cm,
alternativ Polyesterfüllwatte
Reißverschluss 50 cm (nach Belieben)

MASCHENPROBE
10 Maschen und 19 Reihen kraus rechts mit Nadelstärke 10 = 10 cm × 10 cm

ANLEITUNG

Die erste Masche jeder Reihe wird abgehoben. Dadurch entsteht eine saubere, feste Kante, die sich später gut zusammennähen lässt. Sie haben die Wahl zwischen dem sichtbaren, überwendlichen Stich und dem fast unsichtbaren Matratzenstich.
Der Kissenbezug besteht aus vier zweifarbigen Streifen.

STREIFEN 1 (2 × STRICKEN)
Anschlag: 25 M mit Garn D und Nadelstärke 10. 46 Reihen re M str.
Mit Garn B fortfahren. 46 Reihen re M str. Abketten.

STREIFEN 2 (2 × STRICKEN)
Anschlag: 25 M mit Garn C und Nadelstärke 10. 46 Reihen re M str.
Mit Garn A fortfahren. 46 Reihen re M str. Abketten.

FERTIGSTELLUNG
Zum Vernähen der Fäden eine dicke Sticknadel ohne Spitze verwenden.
Sie durchsticht die Fäden der gestrickten Fläche nicht.
Die Streifen rechts auf rechts aufeinander legen, Anschlag- und Abkettkante auf gleicher Höhe. Die Kanten mit überwendlichen Stichen zusammennähen. Die Stiche fallen bei kraus rechts im Maschenbild am wenigsten auf. Nach Belieben in eine Naht einen Reißverschluss einsetzen.
Alle Fäden vernähen und den Kissenbezug vorsichtig dämpfen.

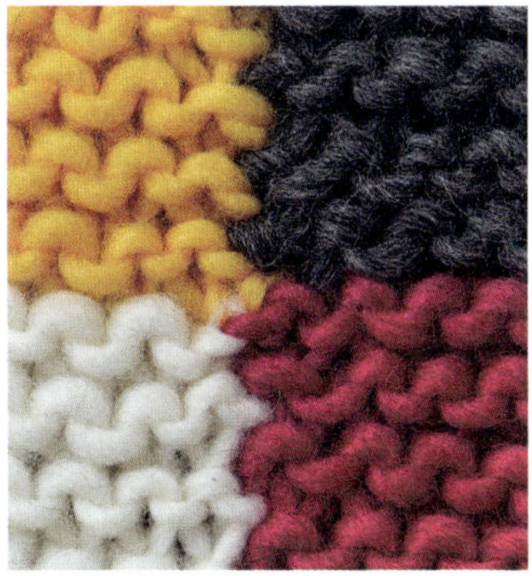

In kraus rechts gestrickten Flächen fallen die Grenzen der Farbflächen auf der rechten Seite schön gerade aus, wenn Sie den Farbwechsel in einer ungeraden Reihe vornehmen. Rechte und linke Seite des Werkstücks lassen sich gut unterscheiden, weil der Farbwechsel auf der linken Seite anders aussieht.

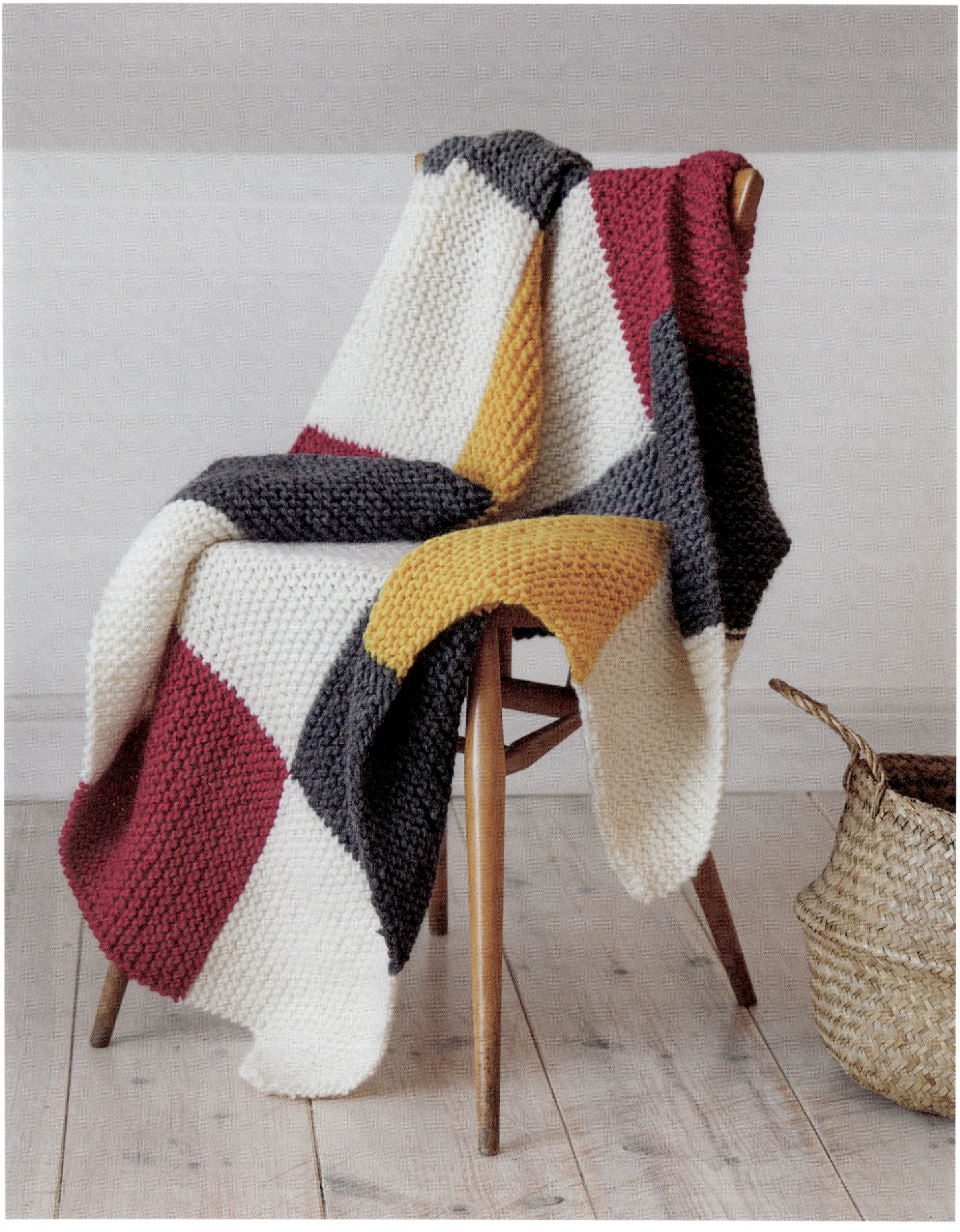

KARODECKE

Für diese warme Decke brauchen Sie nicht viel Zeit. Das Maschenbild sieht auf beiden Seiten gleich aus, und weil sich die Ränder nicht einrollen, braucht die Decke nicht gespannt zu werden. Dazu passt hervorragend das Kissen von S. 190–191.

SCHWIERIGKEITSGRAD
Leicht

TECHNIKEN
Aufstricken **S. 36**, Kraus rechts **S. 58**, Intarsientechnik **S. 102**, Rechts abketten **S. 49**, Überwendlicher Stich **S. 149**

GRÖSSE
ca. 100 cm × 125 cm

GARN
Drops Eskimo 50 g
(100 % Wolle)

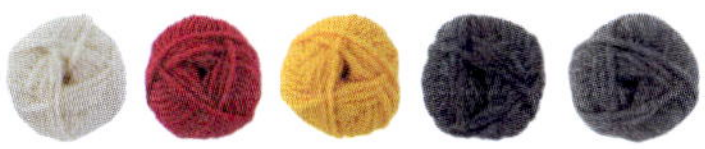

A: 6 × 01 Off White
B: 3 × 26 Hot Pink
C: 2 × 24 Yellow
D: 5 × 14 Dark Grey
E: 2 × 46 Medium Grey

NADELN
1 Paar Stricknadeln 10 mm

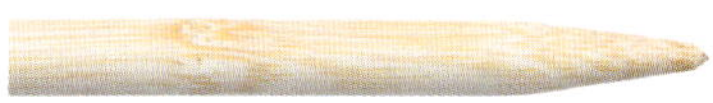

MASCHENPROBE
10 Maschen und 19 Reihen kraus rechts mit Nadelstärke 10 = 10 cm × 10 cm

ANLEITUNG

Die Decke besteht aus vier Streifen, die von unten nach oben gestrickt werden. Die Anordnung erfolgt von links nach rechts (siehe Schema rechts unten).

STREIFEN 1
Anschlag: 25 M mit Garn B und Nadel 10. 46 Reihen re M str.
Mit Garn D 46 Reihen re M str.
Mit Garn A 46 Reihen re M str.
Mit Garn B 46 Reihen re M str.
Mit Garn A 46 Reihen re M str.
Der Streifen soll 125 cm lang sein.
Abketten.

STREIFEN 2
Anschlag: 25 M mit Garn A und Nadel 10. 46 Reihen re M str.
Mit Garn C 46 Reihen re M str.
Mit Garn D 46 Reihen re M str.
Mit Garn A 46 Reihen re M str.
Mit Garn D 46 Reihen re M str.
Der Streifen soll 125 cm lang sein.
Abketten.

STREIFEN 3
Anschlag: 25 M mit Garn E und Nadel 10. 46 Reihen re M str.
Mit Garn D 46 Reihen re M str.
Mit Garn A 46 Reihen re M str.
Mit Garn E 46 Reihen re M str.
Mit Garn C 46 Reihen re M str.
Der Streifen soll 125 cm lang sein.
Abketten.

STREIFEN 4
Anschlag: 25 M mit Garn D und Nadel 10. 46 Reihen re M str.
Mit Garn A 46 Reihen re M str.
Mit Garn B 46 Reihen re M str.
Mit Garn D 46 Reihen re M str.
Mit Garn A 46 Reihen re M str.
Der Streifen soll 125 cm lang sein.
Abketten.

FERTIGSTELLUNG
Zum Zusammennähen eine dicke Sticknadel ohne Spitze verwenden, weil sie die Fäden des Stricks nicht durchsticht. Die Streifen jeweils rechts auf rechts aufeinanderlegen, Anschlag- und Abkettkanten auf gleicher Höhe. Mit überwendlichen Stichen zusammennähen. Diese Stiche fallen in der kraus rechts gestrickten Fläche kaum ins Auge. Alle Fäden vernähen. Die Decke vorsichtig dämpfen.

ANORDNUNG DER FARBEN

Streifen 1	Streifen 2	Streifen 3	Streifen 4
A	D	C	A
B	A	E	D
A	D	A	B
D	C	D	A
B	A	E	D

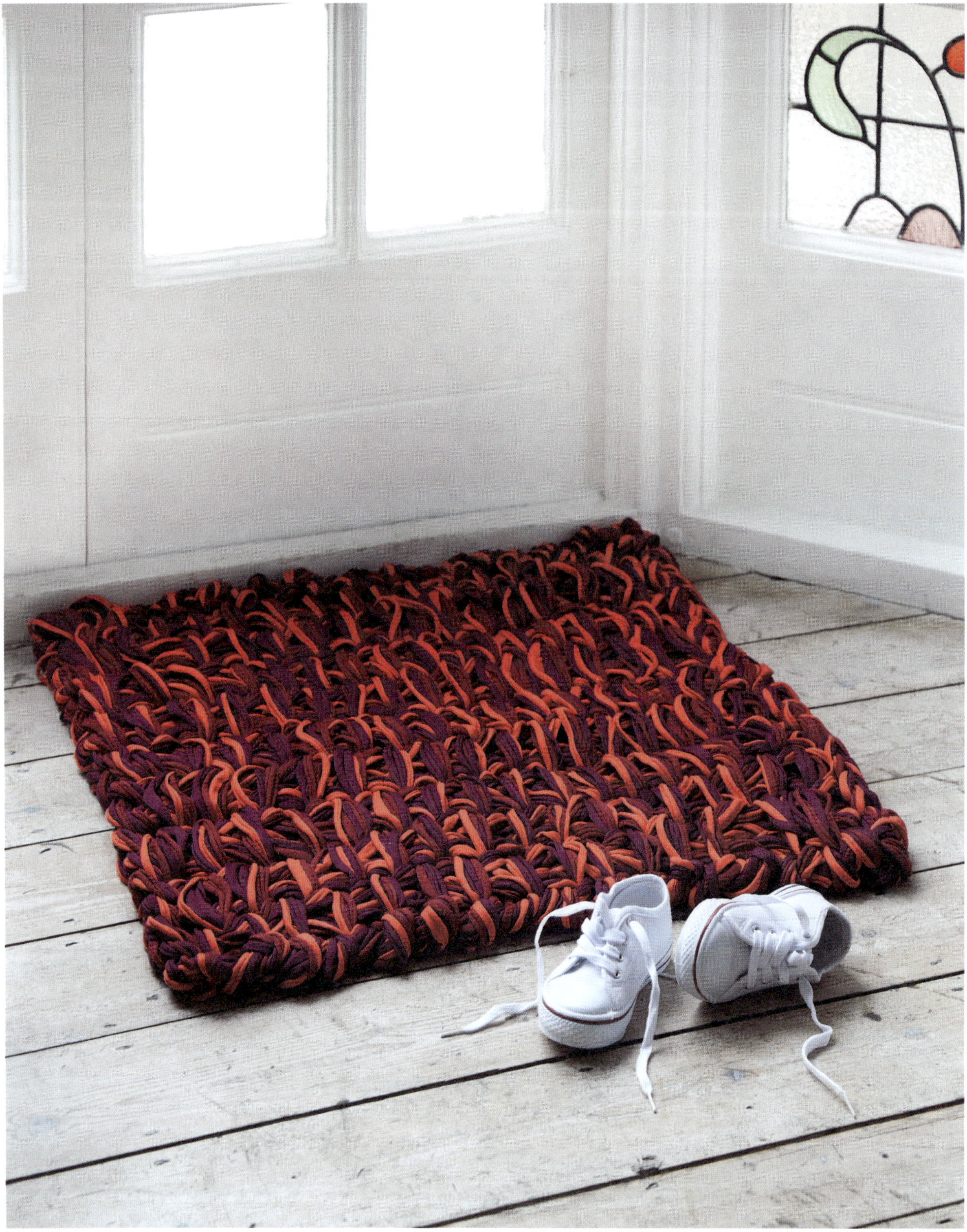

ARMSTRICK-FUSSMATTE

Für dieses Projekt brauchen Sie keine Stricknadeln! Mehrere dicke Fäden T-Shirtgarn werden mit den Armen gestrickt – es ist zu 100 % aus recylten Textilien. Lebendig wirkt das Maschenbild durch zwei sehr ähnliche Farben und eine Akzentfarbe. Natürlich können Sie auch andere Farben verwenden.

SCHWIERIGKEITSGRAD
Mittel

TECHNIKEN
Anfangsschlinge **S. 170,** Kreuzanschlag **S. 171,** Rechte Masche **S. 172,** Linke Masche **S. 173,** Abketten **S. 174,** Fäden vernähen **S. 175**

GRÖSSE
ca. 67 cm × 90 cm

GARN
Hoooked Zpagetti Super Chunky 850 g

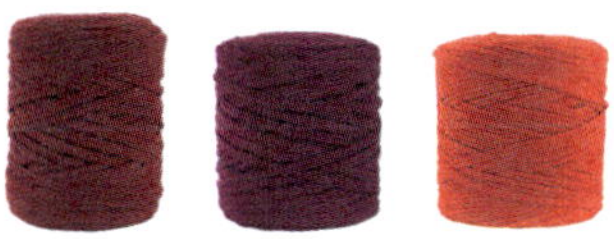

A B C

A: 2 × Bordeaux Autumn
B: 2 × Glittering Fuchsia
C: 1 × Red Romance

MASCHENPROBE
3 M und 4,5 R mit den Armen gestrickt = 10 cm × 10 cm

ANLEITUNG

Die Fäden aller Knäuel werden zusammen verarbeitet (insgesamt 5 Fäden). Anschlag: 20 Maschen mit dem einfachen Anschlag oder Kreuzanschlag, auf einen Arm legen.
Die Anfangsschlinge in ca. 5 m Abstand zu den Garnenden bilden und darauf achten, dass beim Anschlagen das Fadenende um den Daumen liegt (also zum Körper zeigt).

Alle Reihen sind Hin-Reihen.
Reihe 1 (Hin-R): 1 M re, [2 M re abh, dabei liegt der Arbeitsfaden vorn (Fv), 2 M re] wdh bis zu den letzten 3 M: Fv, 2 M re abh, 1 M re.
Reihe 2 (Hin-R): 1 M li, 2 M re, [Fv, 2 M re abh, 2 M re] wdh bis zur letzten M: 1 M li.

Diese beiden Reihen stets wiederholen, bis ab Anschlagkante 90 cm erreicht sind. Mit Reihe 2 enden. Fest abketten. Die Fäden mit den Händen »vernähen«.

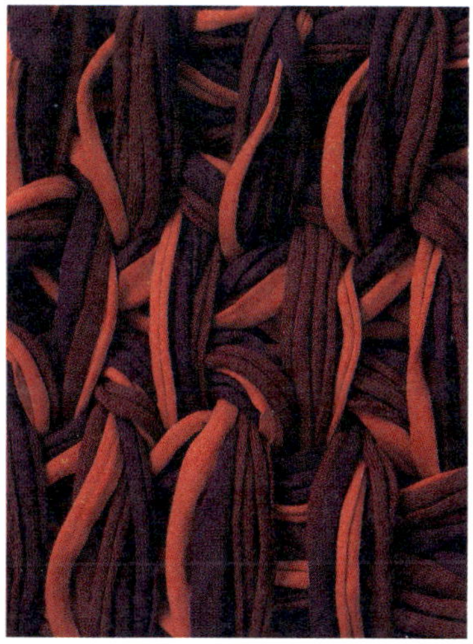

Mehrere dünnere Garne ergeben eine interessante Farbmischung, durch die das Maschenbild betont wird. Oft wird der Strick mit mehreren dünnen Fäden dichter als mit einem einzigen sehr dicken.

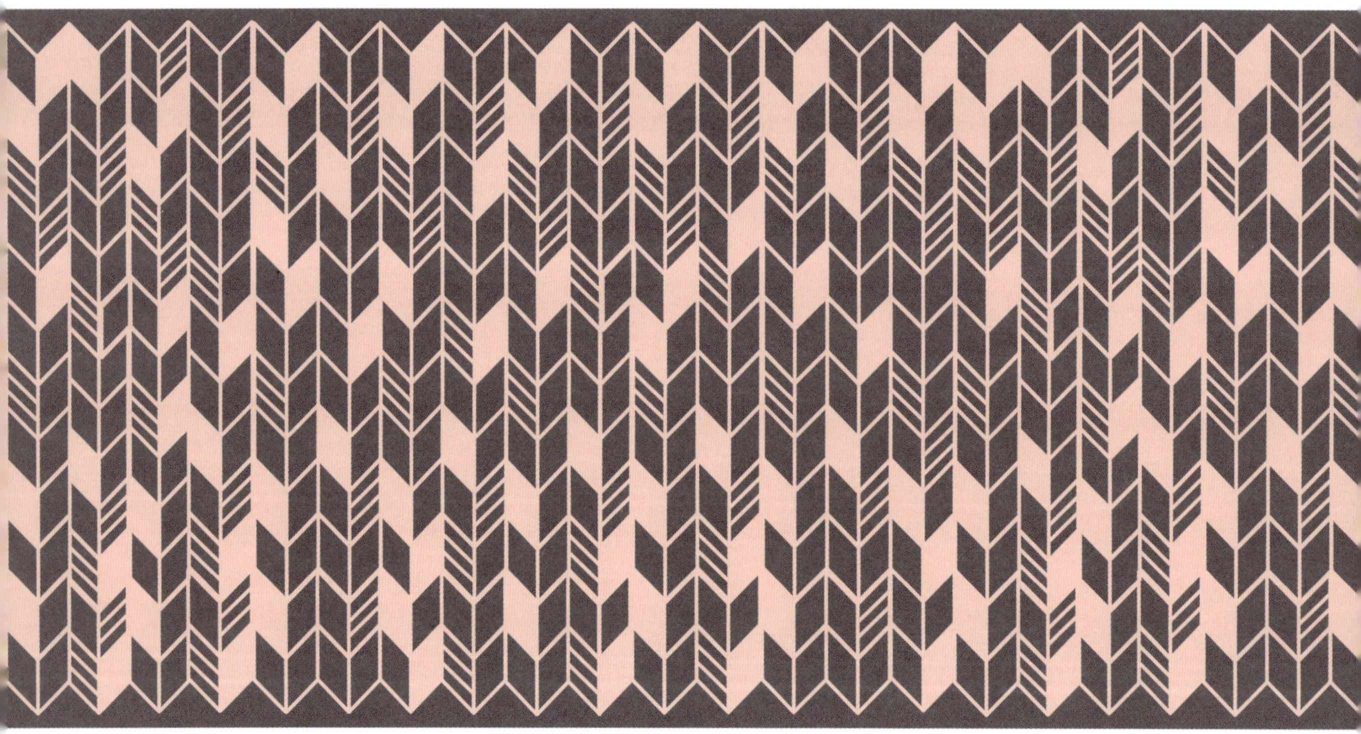

STRICKMUSTER

STRICKMUSTER

Die Muster auf den folgenden Seiten zeigen, wie die Techniken der Seiten 30–171 interessant und originell umgesetzt werden können. Auch als Anfänger haben Sie bestimmt schon von glatt rechts gestrickten Maschen oder Patentmuster gehört. Aber was Sie vermutlich noch nicht wissen: Es gibt unzählige Möglichkeiten, attraktive Effekte zu erzielen, wie beispielsweise Zopfmuster, mehrfarbig oder mit Perlen zu stricken. Beim Stöbern in diesem Kapitel finden Sie sicherlich die Strukturen und Farbeffekte, die Ihnen zusagen. Die entsprechenden Seitenverweise zum Technikkapitel sind jeweils vermerkt.

EINFACHE MUSTER AUS RECHTEN UND LINKEN MASCHEN

Hier finden Sie lediglich eine kleine Auswahl von Strickmustern, die durch die Kombination von rechten und linken Maschen entstehen. Jedes Werkstück ist flach, lässt sich wenden und ist einfach zu stricken. Werkstücke ohne ausdrückliche rechte Seite sehen auf Vorder- und Rückseite gleich aus. Die wenigen mit deutlich betonter rechten Seite weisen auch auf der linken eine attraktive Textur auf. Weil sich die Maschen an den Kanten nicht rollen, eignen sie sich für Schals, Babydecken und Überwürfe (siehe auch rechte und linke Maschen S. 58–59).

PERLMUSTER

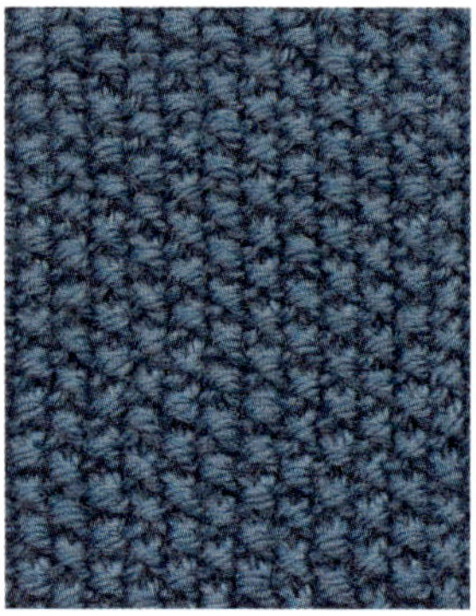

ANLEITUNG
Anschlag: gerade M-Zahl.
Reihe 1: [1 M re, 1 M li] wdh.
Reihe 2: [1 M li, 1 M re] wdh.
Reihe 1 und 2 stets wdh.

Anschlag: ungerade M-Zahl.
Reihe 1: [1 M re, 1 M li] wdh bis zur letzten Masche: 1 M re.
Diese R stets wdh.

ZWEIERRIPPEN (BÜNDCHENMUSTER)

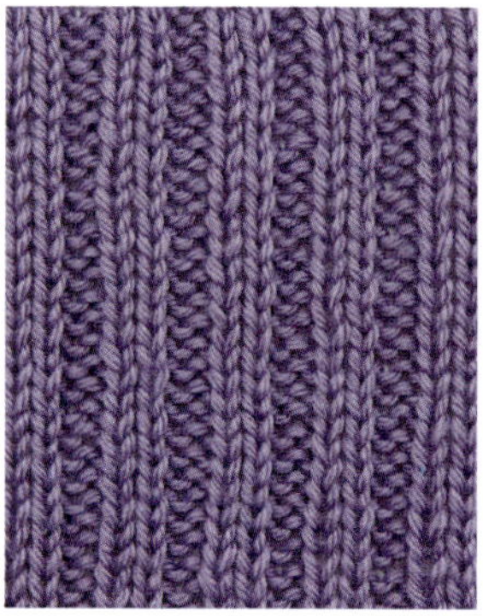

ANLEITUNG
Anschlag: M-Zahl teilbar durch 4.
Reihe 1: [2 M re, 2 M li] wdh.
Reihe 1 stets wdh.

EINERRIPPEN

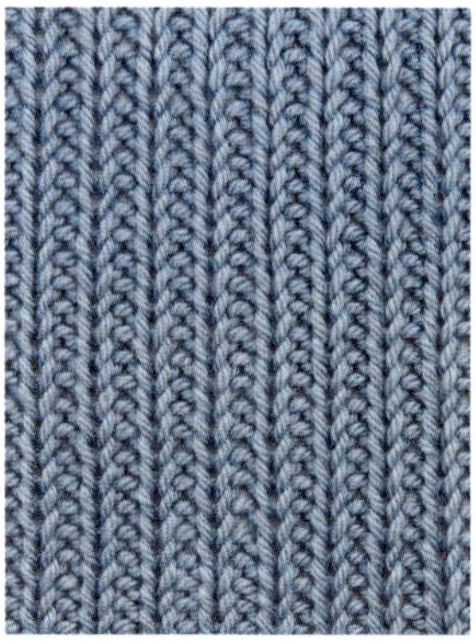

ANLEITUNG
Anschlag: gerade M-Zahl.
Reihe 1: [1 M re, 1 M li] wdh.
Reihe 1 stets wdh.

Anschlag: ungerade M-Zahl.
Reihe 1: [1 M re, 1 M li] wdh bis zur letzten M: 1 M re str.
Reihe 2: [1 M li, 1 M re] wdh bis zur letzen M: 1 M li str.
Reihe 1 und 2 stets wdh.

FALSCHES PATENT (siehe doppelte Maschen, S. 103)

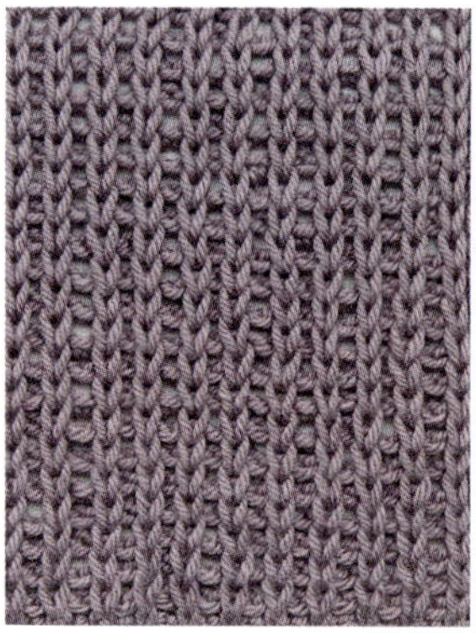

ANLEITUNG
Anschlag: ungerade M-Zahl.
Reihe 1: 1 M abh, [1 M li, 1 M re] wdh.
Reihe 2: 1 M abh, [1 M re1t, 1 M li] wdh.
Reihe 1 und 2 stets wdh.

PATENT (siehe doppelte Maschen, S. 103)

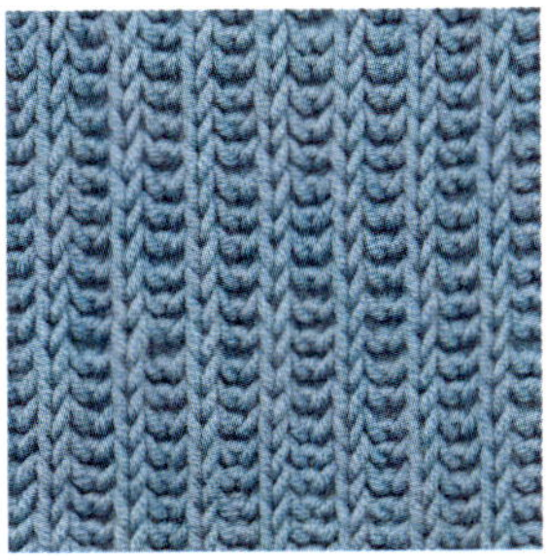

ANLEITUNG

Anschlag: ungerade M-Zahl, 1 Reihe re M stricken.

Reihe 1 (Hin-R): 1 M abh, [1 M re1t, 1 M li] wdh.

Reihe 2: 1 M abh, [1 M li, 1 M re1t] wdh bis zu den letzten 2 M: 1 M li, 1 M re str.

Reihe 1 und 2 stets wdh.

HALBES PERLMUSTER

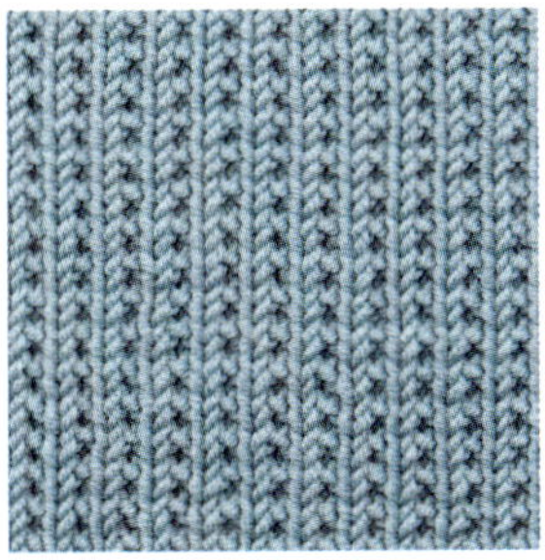

ANLEITUNG

Anschlag: ungerade M-Zahl.

Reihe 1 (Hin-R): [1 M li, 1 M re] wdh, letzte M re.

Reihe 2: re M str.

Reihe 1 und 2 stets wdh.

DOPPELTES PERLMUSTER

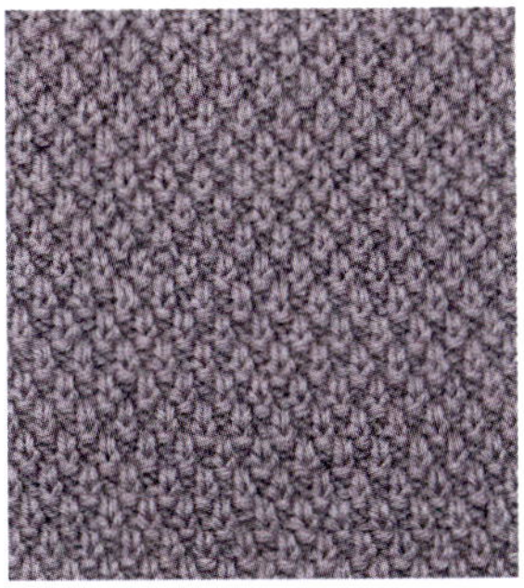

ANLEITUNG

Anschlag: ungerade M-Zahl.

Reihe 1 (Hin-R): [1 M re, 1 M li] wdh, letzte M re str.

Reihe 2: [1 M li, 1 M re] wdh, letzte M li str.

Reihe 3: wie Reihe 2.

Reihe 4: wie Reihe 1.

Reihe 1–4 stets wdh.

DURCHBROCHENES PERLMUSTER

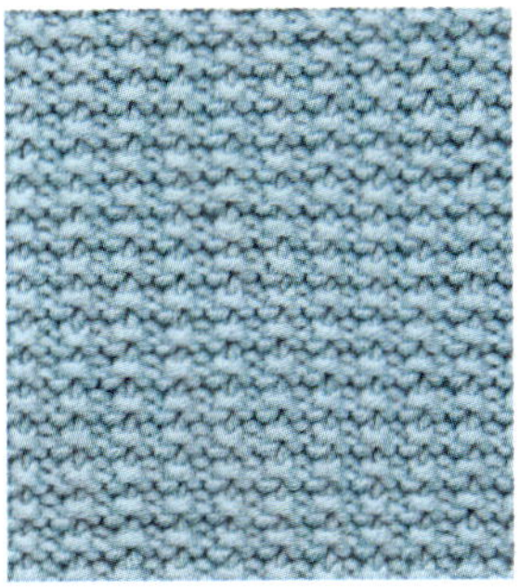

ANLEITUNG

Anschlag: ungerade M-Zahl.

Reihe 1 (Hin-R): re str.

Reihe 2: [1 M li, 1 M re] wdh, letzte M re str.

Reihe 1 und 2 stets wdh.

KLEINES SCHACHBRETTMUSTER

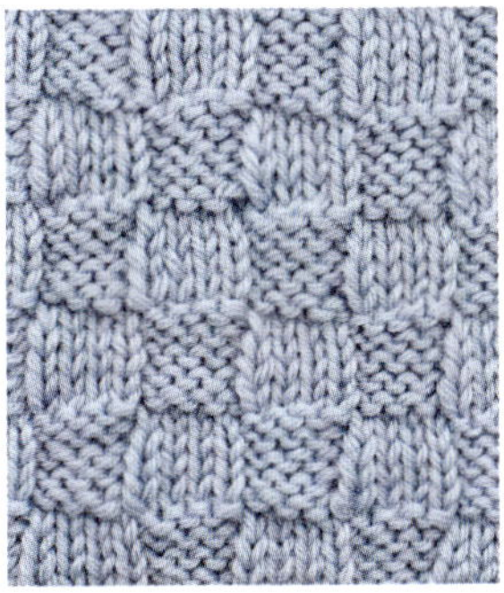

ANLEITUNG

Anschlag: M-Zahl teilbar durch 8.

Reihe 1–5: [4 M re, 4 M li] wdh.

Reihe 6–10: [4 M li, 4 M re] wdh.

Reihe 1–10 stets wdh.

KRAUSE RIPPEN

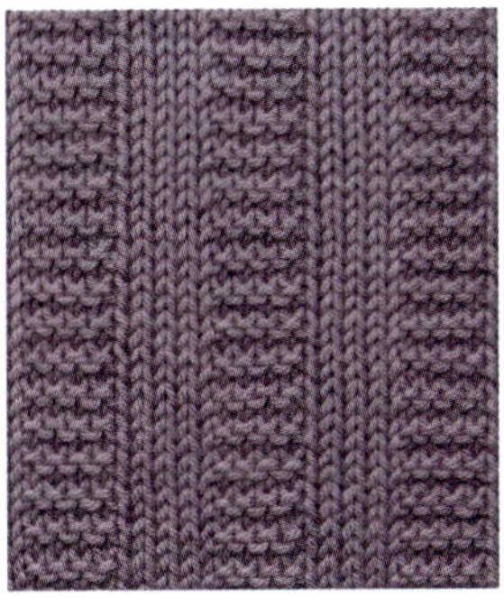

ANLEITUNG

Anschlag: Maschenzahl (teilbar durch 8) + 4.

Reihe 1 (Hin-R): 4 M re, [4 M li, 4 M re] bis R-Ende wdh.

Reihe 2: li str.

Reihe 1 und 2 stets wdh.

VERSETZTE RIPPEN

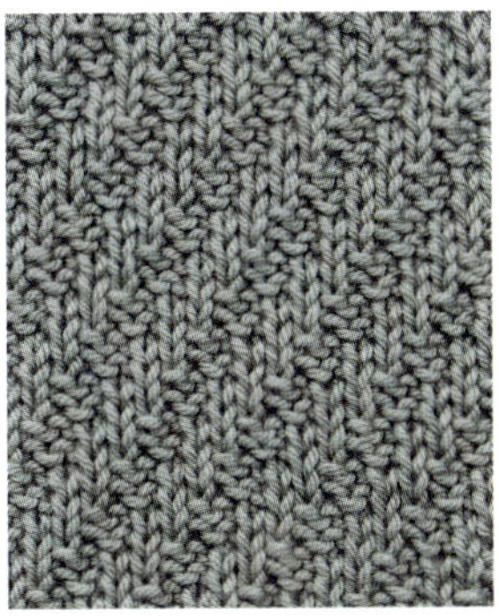

ANLEITUNG

Anschlag: Maschenzahl teilbar durch 4.

Reihe 1 (Hin-R): [2 M re, 2 M li] bis R-Ende wdh.

Reihe 2: wie Reihe 1.

Reihe 3: [1 M re, 2 M li, 1 M re] bis R-Ende wdh.

Reihe 4: [1 M li, 2 M re, 1 M li] bis R-Ende wdh.

Reihe 5: [2 M li, 2 M re] bis R-Ende wdh.

Reihe 6: wie Reihe 5.

Reihe 7: wie Reihe 4.

Reihe 8: wie Reihe 3.

Reihe 1–8 stets wdh.

SCHACHBRETT MIT STREIFEN

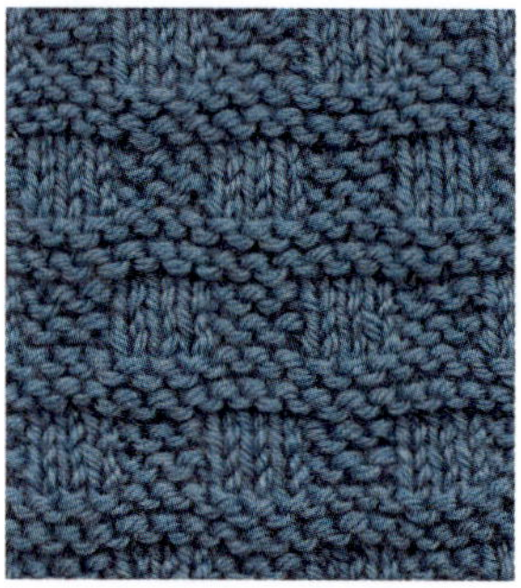

ANLEITUNG

Anschlag: M-Zahl (teilbar durch 6) + 3.

Reihe 1 und alle Hin-R: re M str.

Reihe 2: re str.

Reihe 4 und 6: 3 M li, [3 M re, 3 M li] wdh.

Reihe 8 und 10: re str.

Reihe 12 und 14: 3 M re, [3 M li, 3 M re] wdh.

Reihe 16: re str.

Reihe 1–16 stets wdh.

SCHACHBRETTMUSTER

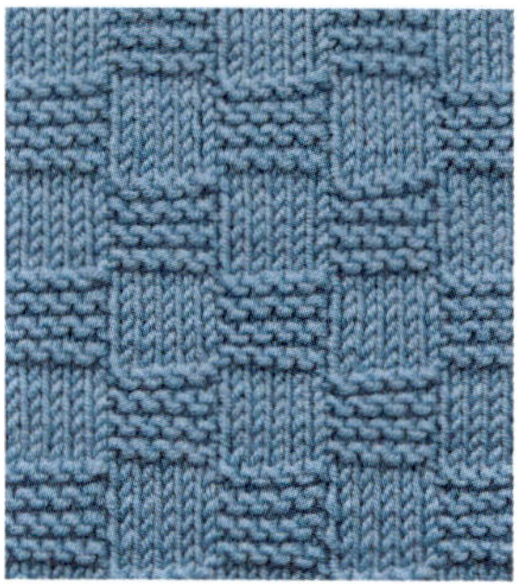

ANLEITUNG

Anschlag: M-Zahl teilbar durch 5.

Reihe 1: [5 M re, 5 M li] wdh bis zu den letzten 5 M: 5 M re.

Reihe 2: li str.

Reihe 1 und 2 noch 2× wdh, dann Reihe 1 wdh.

Reihe 8: 5 M re, [5 M li, 5 M re] wdh.

Reihe 9: re str.

Die letzten beiden Reihen noch 2× wdh, dann Reihe 8 wdh.

KLEINES WABENMUSTER

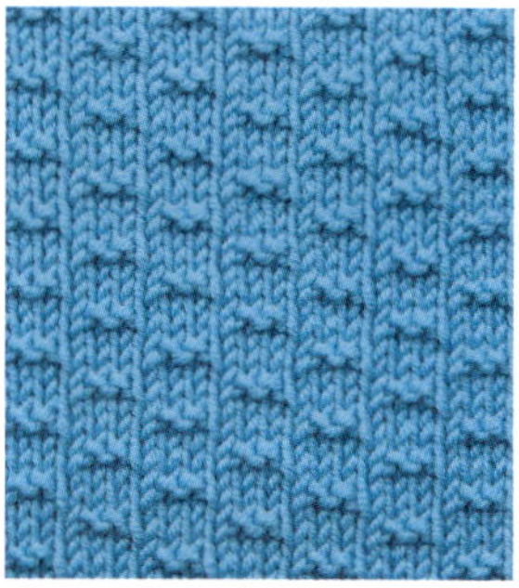

ANLEITUNG

Anschlag: M-Zahl (teilbar durch 6) + 2.

Reihe 1 (Hin-R): re str.

Reihe 2: 2 M re, [4 M li, 2 M re] bis R-Ende wdh.

Reihe 3: wie Reihe 1.

Reihe 4: 2 M li, [1 M li, 2 M re, 3 M li] bis R-Ende wdh.

Reihe 1–4 stets wdh.

RAUTENMUSTER

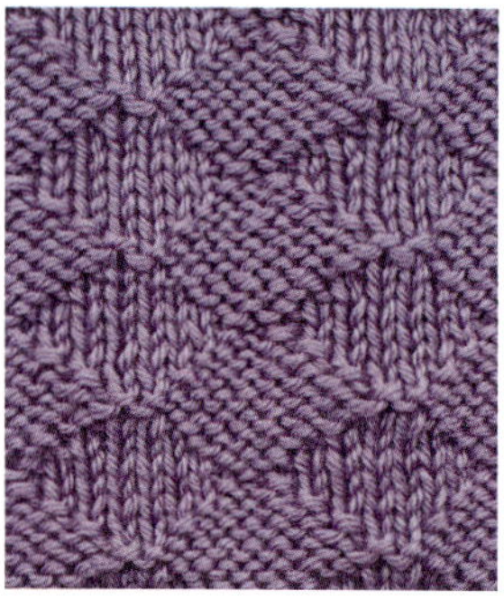

ANLEITUNG

Anschlag: M-Zahl teilbar durch 9.

Reihe 1 (Hin-R): 2 M re, [5 M li, 4 M re] wdh. Mit 5 M li, 2 M re enden.

Reihe 2: 1 M li, [7 M re, 2 M li] wdh. Mit 7 M re, 1 M li enden.

Reihe 3: li str.

Reihe 4: wie Reihe 2.

Reihe 5: wie Reihe 1.

Reihe 6: 3 M li, [3 M re, 6 M li] wdh. Mit 3 M re, 3 M li. enden.

Reihe 7: 4 M re, [1 M li, 8 M re] wdh. Mit 1 M li, 4 M re enden.

Reihe 8: wie Reihe 6.

Reihe 1–8 stets wdh.

ZACKENMUSTER

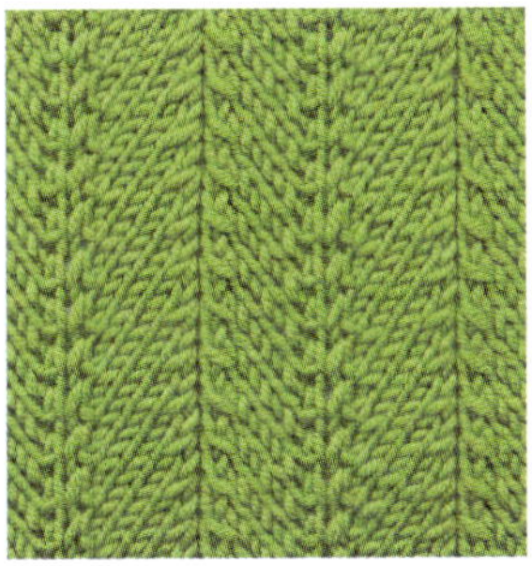

ANLEITUNG
Anschlag: M-Zahl teilbar durch 12.
Reihe 1 (Hin-R): [2 M re zus-str, 3 M re], [2 M aus 1 M re herausstr] 2× [3 M re, 1 M abh, 1 M re, abgeh M überz] bis R-Ende wdh.
Reihe 2: li str.
Reihe 1 und 2 stets wdh.

ZACKEN KRAUS UND GLATT

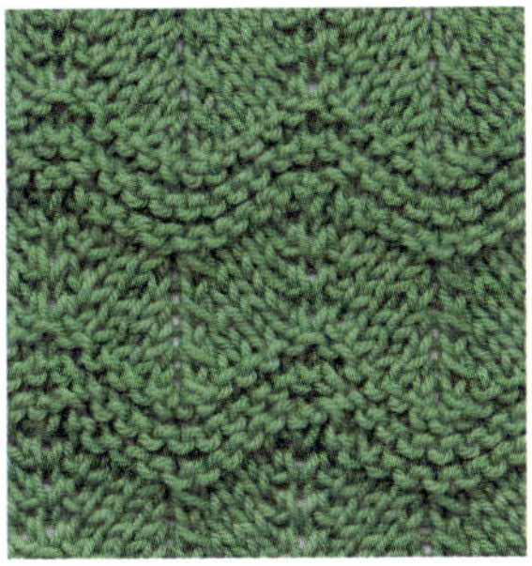

ANLEITUNG
Anschlag: M-Zahl teilbar durch 11.
Reihe 1 (Rück-R): re str.
Reihe 2, 3, 4, und 5: wie Reihe 1.
Reihe 6: [2 M re zus-str, 2 M re], [2 M aus 1 M re herausstr] 2× [3 M re, 1 M abh, 1 M re, abgeh M überz] bis R-Ende wdh.
Reihe 7: li str.
Die letzten 2 R noch 2× wdh, dann Reihe 6 wdh.
Reihe 1–12 stets wdh.

SCHRÄGE RIPPEN

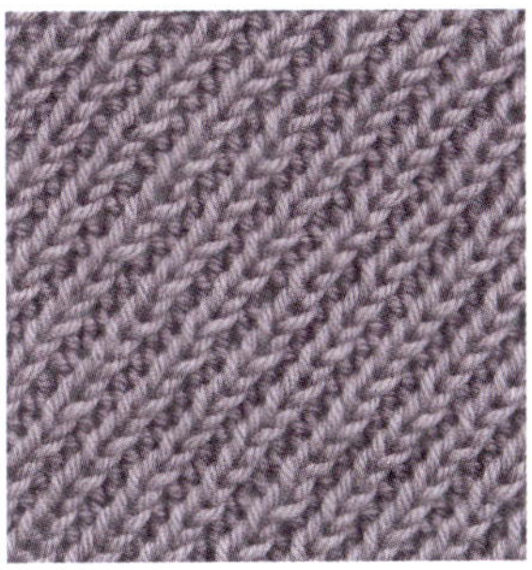

ANLEITUNG
Anschlag: M-Zahl teilbar durch 2.
Reihe 1 (Rück-R): [1 M re, 1 M li] bis R-Ende wdh.
Reihe 2: 1 M abh, 1 M li, abgeh M überz, [1 M re, 1 M li] wdh bis zu den letzten 2 M: 1 M re, [1 M li, 1 M re] in die nächste M.
Reihe 3: [1 M li, 1 M re] wdh, die letzten 2 M li str.
Reihe 4: 1 M abh, 1 M re, abgeh M überz, [1 M li, 1 M re] wdh bis zu den letzten 2 M: 1 M li [1 M re, 1 M li] in die nächste M.
Reihe 1–4 stets wdh.

BROMBEERMUSTER

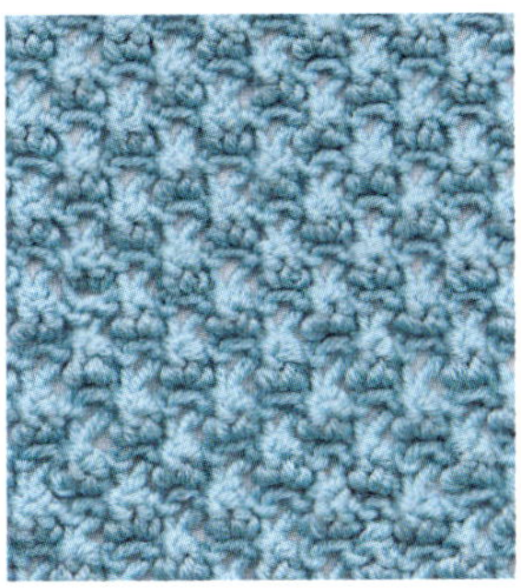

ANLEITUNG
Anschlag: M-Zahl (teilbar durch 4) + 2.
Reihe 1 (Hin-R): li str.
Reihe 2: 1 M re, [[1 M re, 1 M li, 1 M re] in die nächste M, 3 M li zus-str] wdh, letzte M re str.
Reihe 3: li str.
Reihe 4: 1 M re, [3 M li zus-str, [1 M re, 1 M li, 1 M re] in die nächste M] wdh, die letzte M re str.
Reihe 1–4 stets wdh.

ZOPFMUSTER & ZEICHENERKLÄRUNG

- Hin-R 1 M re, Rück-R 1 M li
- Hin-R 1 M li, Rück-R 1 M re
- 4 M rvkr
- 4 M lvkr
- 2 M lvkr
- 2 M rvkr
- 6 M rvkr
- 6 M lvkr
- 1 Noppe
- 1 Umschlag
- 8 M rvkr
- 8 M lvkr
- 2 M zus-str
- 2 M re überz zus-str
- 1 M abh, 2 M re zus-str, abgeh M überziehen
- ü2 M abh, 1 M re, beide abgeh M überziehen
- 4 M rvkr*
- 4 M lvkr*
- 2 M rvkr*
- 2 M lvkr*

*Achtung: Hier werden rechte und linke Maschen miteinander verkreuzt.

WELLENZOPF

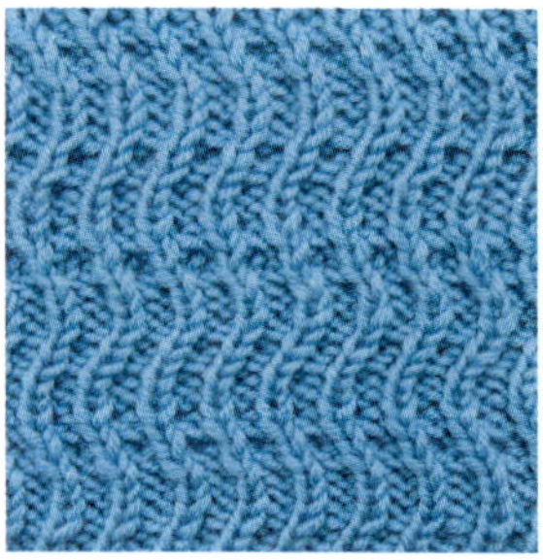

ANLEITUNG

Besondere Abkürzungen:

2 M rvkr und 2 M lvkr: siehe Zickzackmuster (S. 204).

Anschlag: M-Zahl teilbar durch 3 (mindestens 9 M).

Reihe 1 (Hin-R): [1 M li, 2 M rvkr] bis R-Ende wdh.
Reihe 2: 1 M re, [1 M li, 2 M re] bis R-Ende wdh.
Reihe 3: [2 M rvkr, 1 M li] bis R-Ende wdh.
Reihe 4: [2 M re, 1 M li] bis R-Ende wdh.
Reihe 5: [1 M re, 2 M li] bis R-Ende wdh.
Reihe 6: wie Reihe 4.
Reihe 7: [2 M lvkr, 1 M li] bis R-Ende wdh.
Reihe 8: wie Reihe 2.
Reihe 9: [1 M li, 2 M lvkr] bis R-Ende wdh.
Reihe 10: [1 M li, 2 M re] bis R-Ende wdh.
Reihe 11: [2 M li, 1 M re] bis R-Ende wdh.
Reihe 12: wie Reihe 10.
Reihe 1–12 stets wdh.

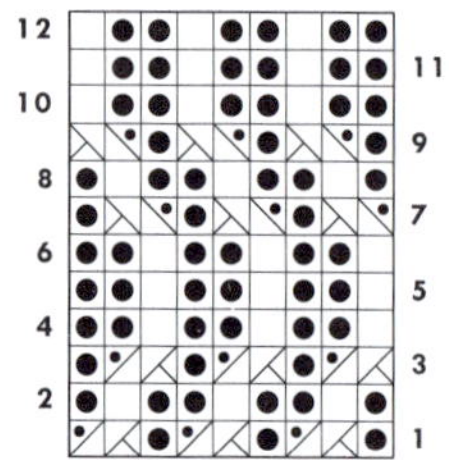

RAUTENZOPF

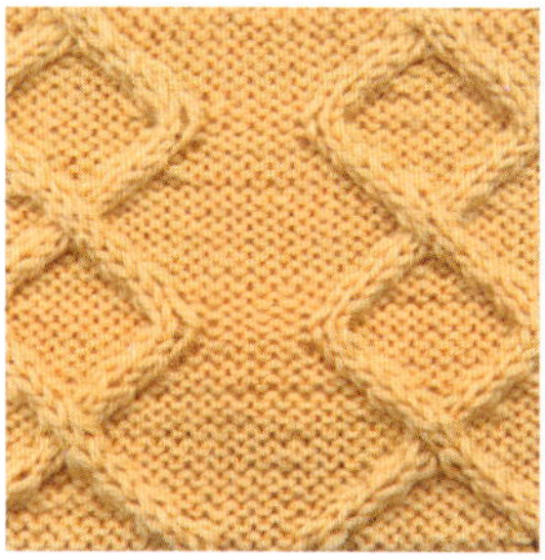

ANLEITUNG

Besondere Abkürzungen:

4 M lvkr: 2 M auf 1 Zopf-Nd vor die Arbeit legen. 2 M li, dann die 2 M von der Zopf-Nd re str.

4 M rvkr: 2 M auf der Zopf-Nd hinter die Arbeit legen. 2 M re, dann die 2 M von der Zopf-Nd li str.

Anschlag: M-Zahl teilbar durch 20.

Reihe 1: [8 M li, 4 M lvkr, 8 M li] bis R-Ende wdh.
Reihe 2: [8 M re, 4 M li, 8 M re] bis R-Ende wdh.
Reihe 3: [6 M li, 4 M rvkr, 4 M lvkr, 6 M li] bis R-Ende wdh.
Reihe 4: [6 M re, 2 M li, 4 M re, 2 M li, 6 M re] bis R-Ende wdh.
Reihe 5: [4 M li, 4 M rvkr, 4 M li, 4 M lvkr, 4 M li] bis R-Ende wdh.
Reihe 6: [4 M re, 2 M li, 8 M re, 2 M li, 4 M re] bis R-Ende wdh.
Reihe 7: [2 M li, 4 M rvkr, 8 M li, 4 M lvkr, 2 M li] bis R-Ende wdh.
Reihe 8: [2 M re, 2 M li, 1 M re, 2 M li, 2 M re] bis R-Ende wdh.
Reihe 9: [2 M li, 4 M lvkr, 8 M li, 4 M rvkr, 2 M li] bis R-Ende wdh.
Reihe 10: wie Reihe 6.
Reihe 11: [4 M li, 4 M lvkr, 4 M li, 4 M rvkr, 4 M li] bis R-Ende wdh.
Reihe 12: wie Reihe 4.
Reihe 13: [6 M li, 4 M lvkr, 4 M rvkr, 6 M li] bis R-Ende wdh.
Reihe 14: wie Reihe 2.
Reihe 1–14 stets wdh.

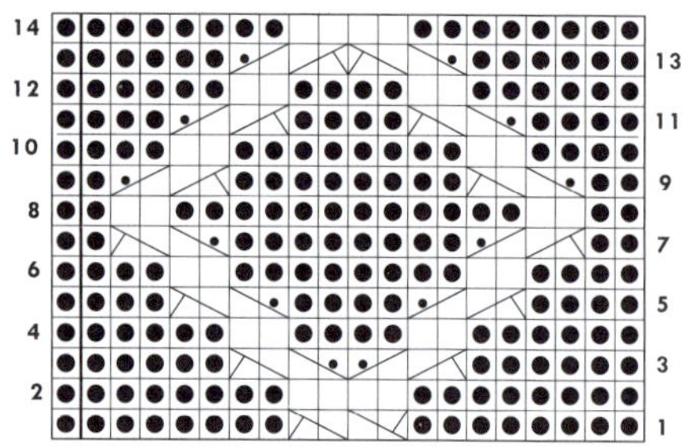

FLECHTZOPF

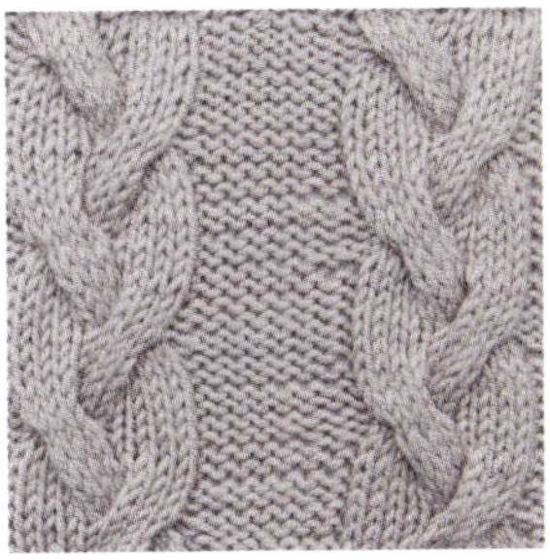

ANLEITUNG

Besondere Abkürzungen:

8 M lvkr: 4 M auf 1 Zopf-Nd vor die Arbeit legen, 4 M re str, dann die 4 M der Zopf-Nd re str.

8 M rvkr: 4 M auf 1 Zopf-Nd hinter die Arbeit legen, 4 M re str, dann die 4 M der Zopf-Nd re str.

Anschlag: M-Zahl teilbar durch 20.

Reihe 1: [4 M li, 12 M re, 4 M li] bis R-Ende wdh.
Reihe 2 und alle folgenden Rück-R: 4 M re, [12 M li, 4 M re] bis R-Ende wdh.
Reihe 3: [4 M li, 8 M lvkr, 4 M re, 4 M li] bis R-Ende wdh.
Reihe 5 und 7: wie Reihe 1.
Reihe 9: [4 M li, 4 M re, 8 M rvkr] bis R-Ende wdh.
Reihe 11: wie Reihe 1.
Reihe 12: wie Reihe 2.
Reihe 1–12 stets wdh.

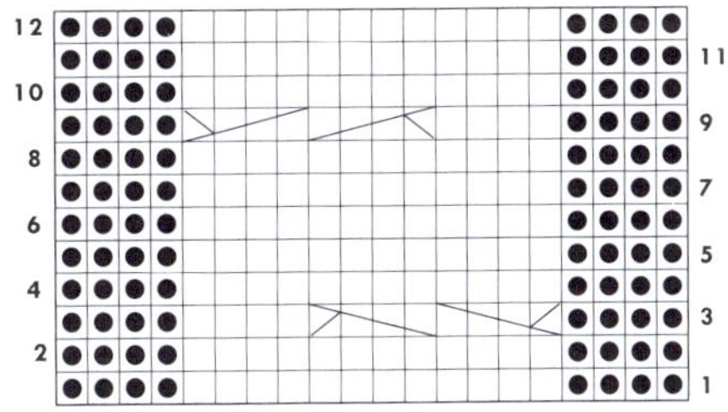

ZOPF ÜBER 4 MASCHEN

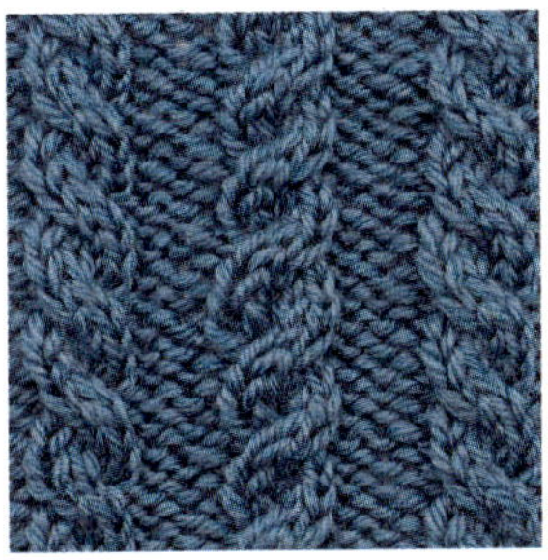

ANLEITUNG

Besondere Abkürzungen:

4 M lvkr: 2 M auf 1 Zopf-Nd vor die Arbeit legen, 2 M re str, dann die M der Zopf-Nd re str.

4 M rvkr: 2 M auf 1 Zopf-Nd hinter die Arbeit legen, 2 M re str, dann die 2 M der Zopf-Nd re str.

Anschlag: M-Zahl (teilbar durch 14) + 3.
Reihe 1 (Hin-R): 3 M li, [4 M re, 3 M li] wdh.
Reihe 2: 3 M re, [4 M li, 3 M re] wdh.
Reihe 3: 3 M li, [4 M re, 3 M li, 4 M lvkr, 3 M li] wdh.
Reihe 4: wie Reihe 2.
Reihe 5: 3 M li, [4 M rvkr, 3 M li, 4 M re, 3 M li] wdh.
Reihe 2–5 stets wdh.

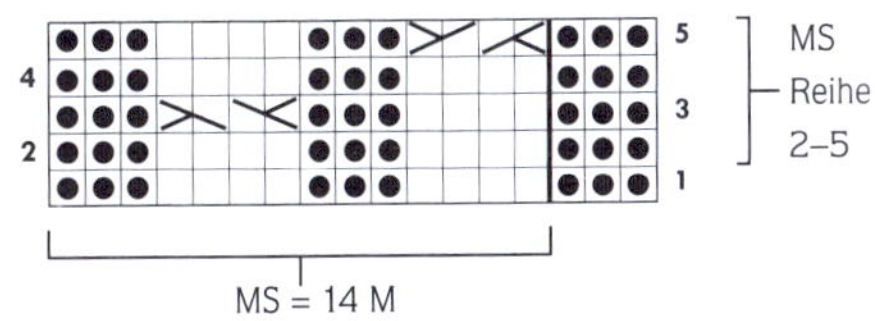

HUFEISENZOPF

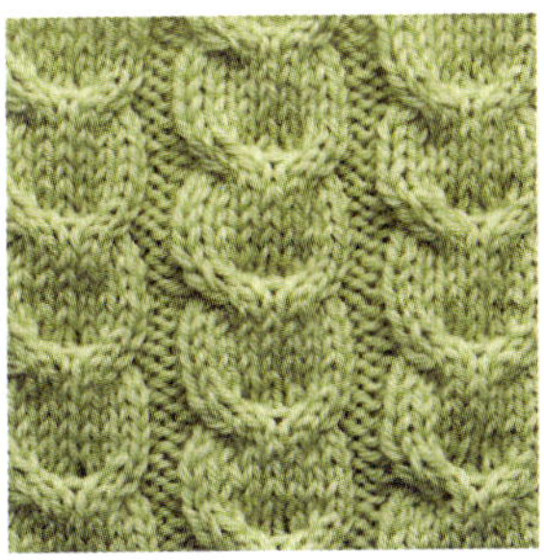

ANLEITUNG

Besondere Abkürzungen:

4 M lvkr und 4 M rvkr: siehe Zopf über 4 Maschen (siehe oben).

Anschlag: M-Zahl (teilbar durch 22) + 3.
Reihe 1 (Hin-R): 3 M li, [8 M re, 3 M li] wdh.
Reihe 2 und alle folgenden Rück-R: 3 M re, [8 M li, 3 M re] wdh.
Reihe 3: 3 M li, [8 M re, 3 M li, 4 M rvkr, 4 M lvkr, 3 M li] wdh.
Reihe 5: wie Reihe 1.
Reihe 7: 3 M li, [4 M rvkr, 4 M lvkr, 3 M li, 8 M re, 3 M li] wdh.
Reihe 9: wie Reihe 1.
Reihe 2–9 stets wdh.

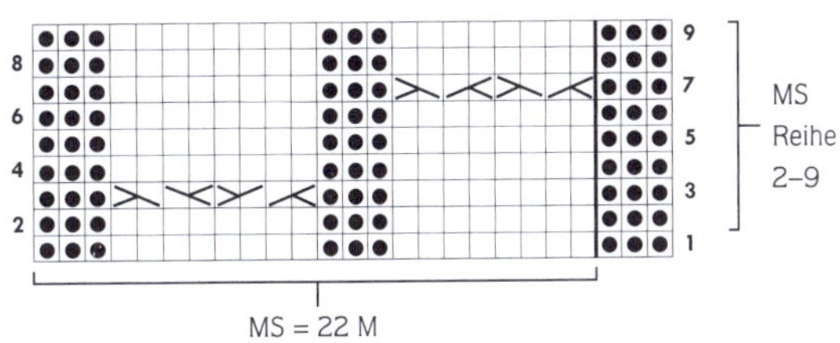

ZICKZACKMUSTER

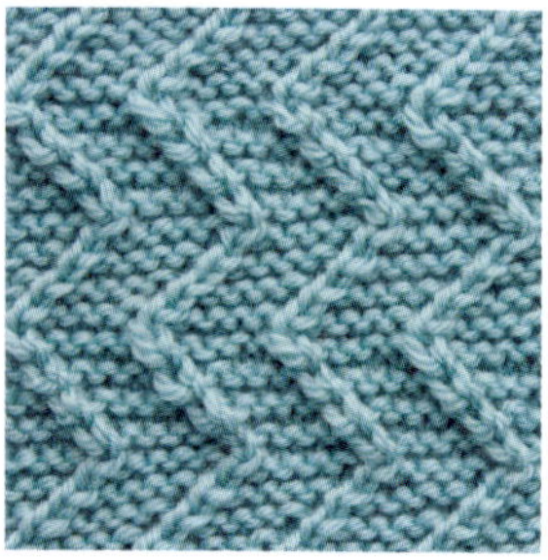

ANLEITUNG

Besondere Abkürzungen:

2 M rvkr: Die 2. M re str. und auf der Nadel lassen. Dann die 1. M re str. Beide Maschen zusammen von der Nadel gleiten lassen.

2 M lvkr: Von hinten an der 1. M vorbei in die 2. M auf der Nadel einstechen, re str. und hinter der 1. M durchziehen, dann die 1. M re str. und beide Maschen zusammen von der Nadel gleiten lassen.

Anschlag: M-Zahl (teilbar durch 6) + Randmasche.

Reihe 1 (Hin-R): re str.
Reihe 2: [5 M re, 1 M li] wdh, letzte M re str.
Reihe 3: 1 M re, [2 M lvkr, 4 M re] wdh.
Reihe 4: [4 M re, 1 M li, 1 M re] wdh, letzte M re str.
Reihe 5: 1 M re, [1 M re, 2 M lvkr, 3 M re] wdh.
Reihe 6: [3 M re, 1 M li, 2 M re] wdh, letzte M re str.
Reihe 7: 1 M re, [2 M re, 2 M lvkr, 2 M re] wdh.
Reihe 8: [2 M re, 1 M li, 3 M re] wdh, letzte M re str.
Reihe 9: 1 M re, [3 M re, 2 M lvkr, 1 M re] wdh.
Reihe 10: [1 M re, 1 M li, 4 M re] wdh, letzte M re str.
Reihe 11: 1 M re, [3 M re, 2 M rvkr, 1 M re] wdh.
Reihe 12: wie Reihe 8.
Reihe 13: 1 M re, [2 M re, 2 M rvkr, 2 M re] wdh.
Reihe 14: wie Reihe 6.
Reihe 15: 1 M re, [1 M re, 2 M rvkr, 3 M re] wdh.
Reihe 16: wie Reihe 4.
Reihe 17: 1 M re, [2 M rvkr, 4 M re] wdh.
Reihe 18: wie Reihe 2.
Reihe 3–18 stets wdh.

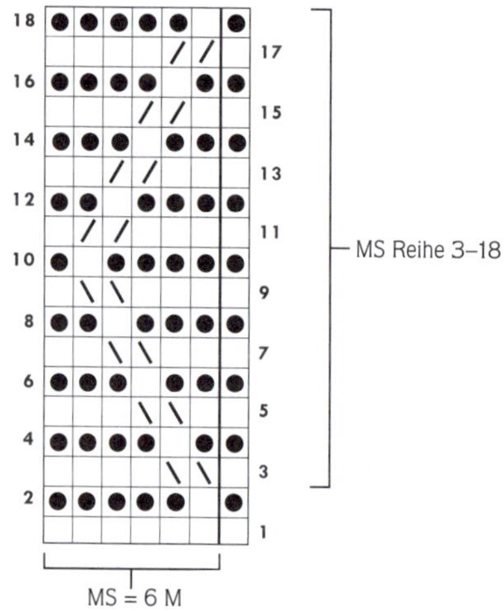

ZOPF KRAUS UND GLATT

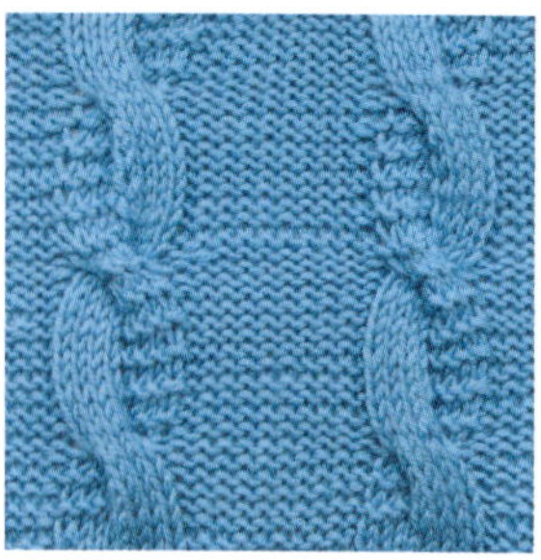

ANLEITUNG

Besondere Abkürzungen:

8 M lvkr: 4 M auf 1 Zopf-Nd vor die Arbeit legen, 4 M re str, dann die 4 M der Zopf-Nd re str.

Anschlag: M-Zahl teilbar durch 18.

Reihe 1 (Hin-R): [5 M li, 8 M re, 5 M li] bis R-Ende wdh.
Reihe 2: [9 M re, 4 M li, 5 M re] bis R-Ende wdh.
Beide Reihen noch 2× wdh.
Reihe 7: [5 M li, 8 M lvkr, 5 M li] bis R-Ende wdh.
Reihe 8: [5 M re, 4 M li, 9 M re] bis R-Ende wdh.
Reihe 9: wie Reihe 1.
Die letzten beiden R noch 4× wdh, dann Reihe 8 wdh.
Reihe 19: wie Reihe 7.
Reihe 20: wie Reihe 2.
Reihe 21: wie Reihe 1.
Reihe 22: wie Reihe 2.
Reihe 23: wie Reihe 1.
Reihe 24: wie Reihe 2.
Reihe 1–24 stets wdh.

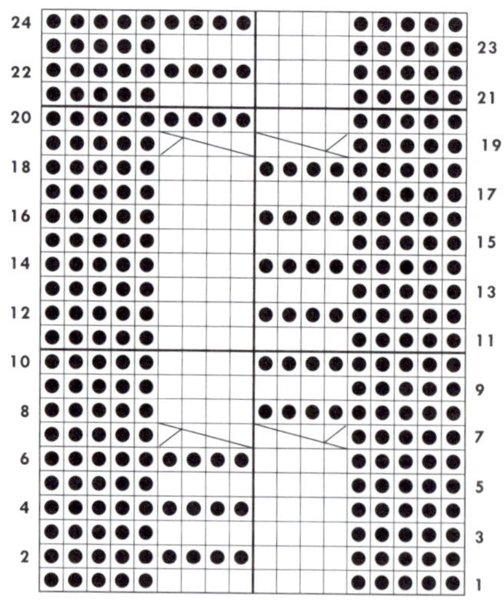

NOPPENZOPF

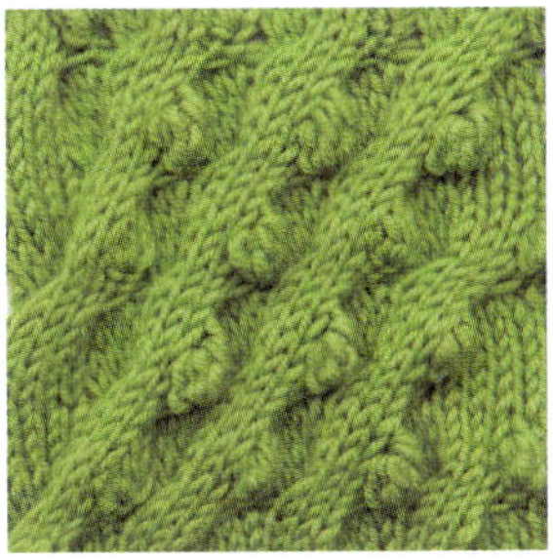

ANLEITUNG

Besondere Abkürzungen:

4 M rvkr: 4 M auf 1 Zopf-Nd hinter die Arbeit legen. 4 M re, dann die 4 M von der Zopf-Nd re.
N = Noppe: (1 M re, 1 U, 1 M re, 1 U, 1 M re) aus einer M herausstr (= plus 4 M), wenden, 5 M li, wenden, 4 M über die 5. M heben (= minus 4 M).

Anschlag: M-Zahl (teilbar durch 8) + 4 Randmaschen.
Reihe 1: re str.
Reihe 2 und alle folgenden Rück-R: li str.
Reihe 3: re str.
Reihe 5: 2 M re, [4 M rvkr] wdh, die letzten 2 M re str.
Reihe 7: 2 M re, [1 N, 7 M re] wdh, die letzten 2 M re str.
Reihe 9: re str.
Reihe 11: 6 M re, [4 M rvkr] wdh, die letzten 6 M re str.
Reihe 13: 6 M re, [1 N, 7 M re] wdh, die letzten 13 M re str.
Reihe 14: wie Reihe 2.
Reihe 3–14 stets wdh.

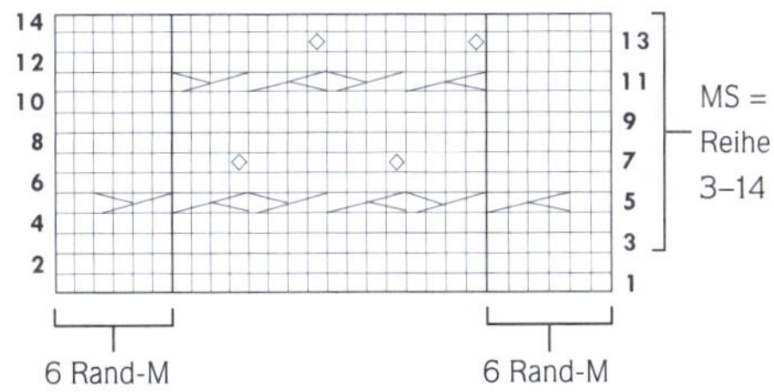

ZOPFGEFLECHT

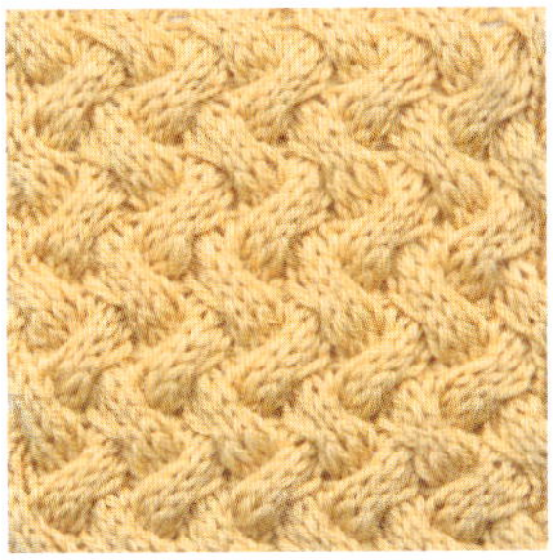

ANLEITUNG

Besondere Abkürzungen:

6 M lvkr: 3 M auf 1 Zopf-Nd vor die Arbeit legen. 3 M re, dann 3 M von der Zopf-Nd. re.
6 M rvkr: 3 M auf 1 Zopf-Nd hinter die Arbeit legen. 3 M re, dann 3 M von der Zopf-Nd. re.

Anschlag: M-Zahl teilbar durch 6.
Reihe 1 (Hin-R): re str.
Reihe 2 und alle folgenden Rück-R: li str.
Reihe 3: 3 M re, [6 M rvkr] wdh, die letzten 3 M re str.
Reihe 5: re str.
Reihe 7: [6 M lvkr] bis R-Ende wdh.
Reihe 8: wie Reihe 2.
Reihe 1–8 stets wdh.

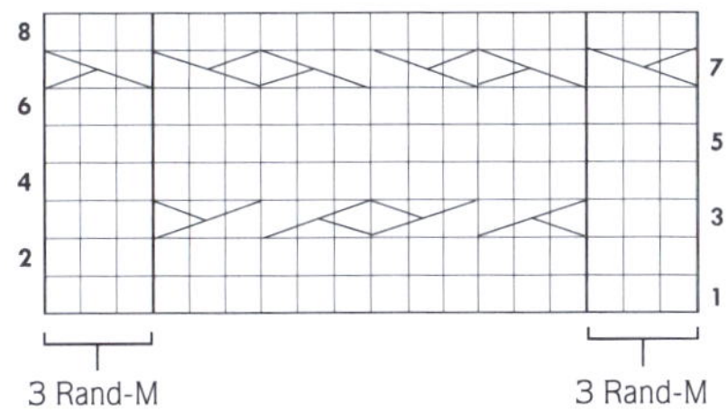

ZOPF-SCHACHBRETT

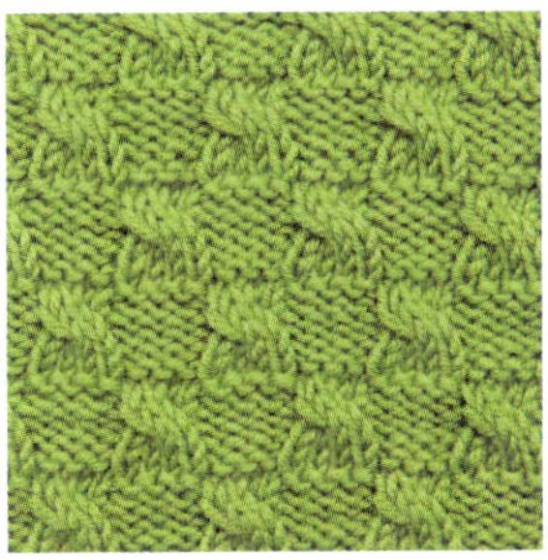

ANLEITUNG

Besondere Abkürzungen:

4 M lvkr: 2 M auf 1 Zopf-Nd vor die Arbeit legen. 2 M re, dann 2 M von der Zopf-Nd. re.

Anschlag: M-Zahl (teilbar durch 8) + 4.
Reihe 1 (Hin-R): [4 M li, 4 M re] wdh, die letzten 4 M li str.
Reihe 2: 4 M re, [4 M li, 4 M re] wdh.
Reihe 3: wie Reihe 1.
Reihe 4: wie Reihe 2.
Reihe 5: [4 M li, 4 M lvkr] wdh, die letzten 4 M li str.
Reihe 6 und 7: wie Reihe 2.
Reihe 8: wie Reihe 1.
Reihe 9: wie Reihe 2.
Reihe 10: wie Reihe 1.
Reihe 11: [2 M lvkr, 4 M li] wdh, die letzen 4 M lvkr.
Reihe 1–12 stets wdh.

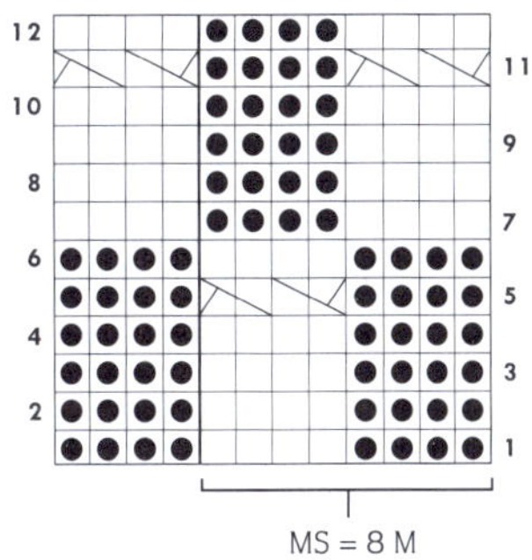

KETTENZOPF

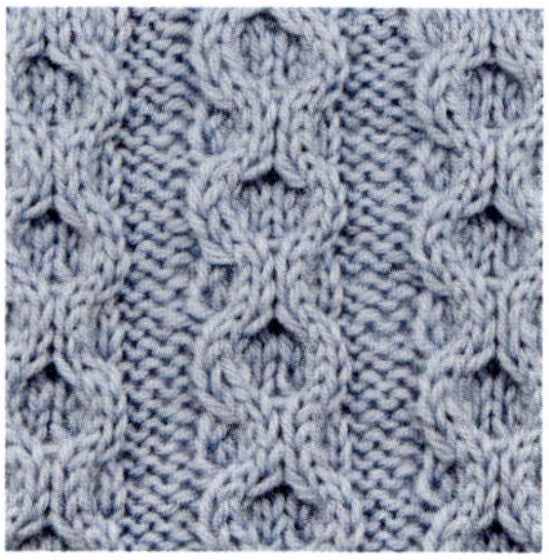

ANLEITUNG

Besondere Abkürzungen:

4 M lvkr und 4 M rvkr: siehe Zopf über 4 Maschen (siehe S. 203).

Anschlag: M-Zahl (teilbar durch 22) + 3.

Reihe 1 (Hin-R): 3 M li, [8 M re, 3 M li] wdh.

Reihe 2 und alle folgenden Rück-R: 3 M re, [8 M li, 3 M re] wdh.

Reihe 3: 3 M li, [8 M re, 3 M li, 4 M rvkr, 4 M lvkr, 3 M li] wdh.

Reihe 5: 3 M li, [4 M rvkr, 4 M lvkr, 3 M li, 8 M re, 3 M li] wdh.

Reihe 7: 3 M li, [8 M re, 3 M li, 4 M lvkr, 4 M rvkr, 3 M li] wdh.

Reihe 9: 3 M li, [4 M lvkr, 4 M rvkr, 3 M li, 8 M re, 3 M li] wdh.

Reihe 2–9 stets wdh.

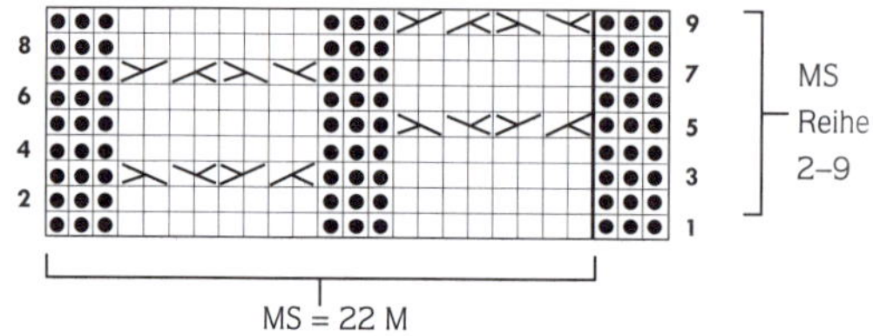

ZOPF ÜBER 6 MASCHEN

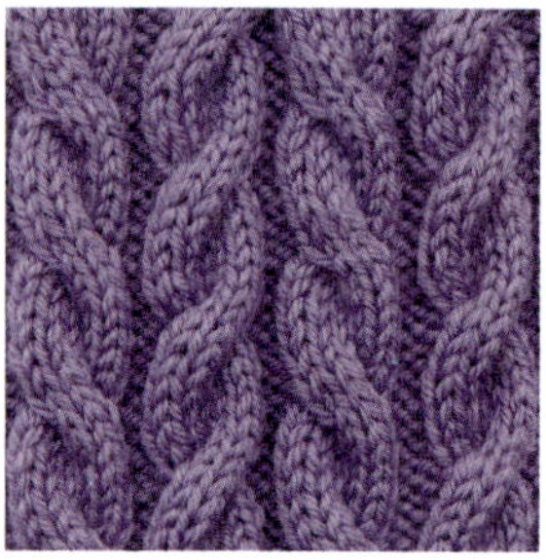

ANLEITUNG

Besondere Abkürzungen:

6 M lvkr: 3 M auf Zopf-Nd vor die Arbeit legen, 3 M re str, dann die 3 M der Zopf-Nd re str.

6 M rvkr: 3 M auf Zopf-Nd hinter die Arbeit legen, 3 M re str, dann die 3 M der Zopf-Nd re str.

Anschlag: M-Zahl (teilbar durch 18) + 3.

Reihe 1 (Hin-R): 3 M li, [6 M re, 3 M li] wdh.

Reihe 2 und alle folgenden Rück-R: 3 M re, [6 M li, 3 M re] wdh.

Reihe 3: 3 M li, [6 M re, 3 M li, 6 M lvkr, 3 M li] wdh.

Reihe 5: wie Reihe 1.

Reihe 7: 3 M li, [6 M rvkr, 3 M li, 6 M re, 3 M li] wdh.

Reihe 9: wie Reihe 1.

Reihe 2–9 stets wdh.

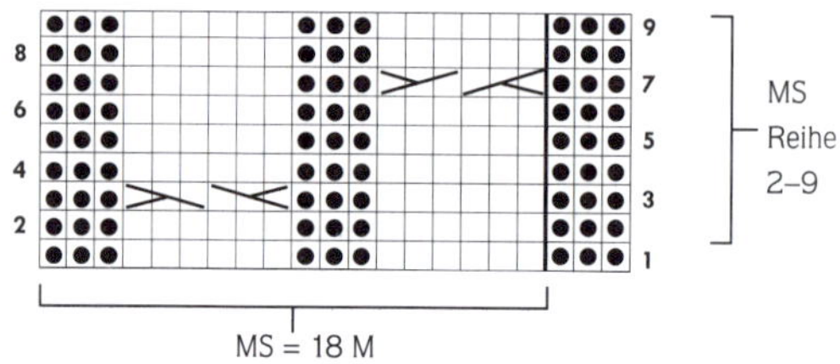

SMOKMUSTER

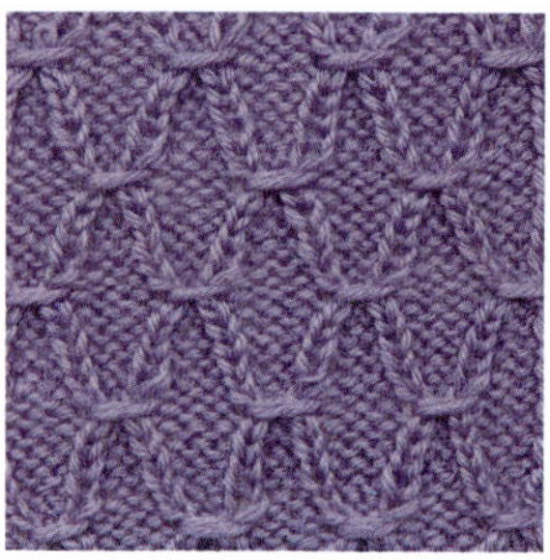

ANLEITUNG

Besondere Abkürzung:

5 Smok-M: 5 M auf Zopf-Nd vor die Arbeit legen. Faden 2× um diese M legen. Von der Zopf-Nd (1 M re, 3 M li, 1 M re) str.

Anschlag: M-Zahl (teilbar durch 8) + 7.

Reihe 1 (Hin-R): 1 M li, 1 M re, [3 M li, 1 M re] wdh, letzte M li str.

Reihe 2 und alle folgenden geraden R: 1 M re, 1 M li, [3 M re, 1 M li] wdh, letzte M re str.

Reihe 3: 1 M li, 5 Smok-M, [3 M li, 5 Smok-M] wdh, letzte M li str.

Reihe 5: wie Reihe 1. Die letzten beiden Reihen wdh, dann Reihe 2 wdh.

Reihe 9: 1 M li, 1 M re, 3 M li, [5 Smok-M, 3 M li] bis zu den letzten 2 M: 1 M re, 1 M li.

Reihe 11: wie Reihe 1.

Reihe 12: wie Reihe 2.

Reihe 1–12 stets whd.

MEHRFARBIG STRICKEN

Es geht auch unkompliziert: Dafür das Intarsienmuster nachträglich mit einfachen Maschenstichen (siehe S. 163–166) aufsticken.

HERZMOTIV IN INTARSIENTECHNIK

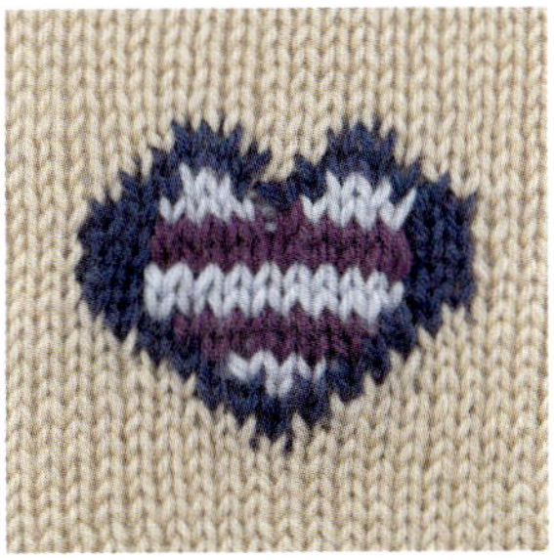

ANLEITUNG

Das Herz wird in der Intarsientechnik gestrickt. Sie brauchen vier Farben: eine für den Hintergrund plus drei für das Motiv.

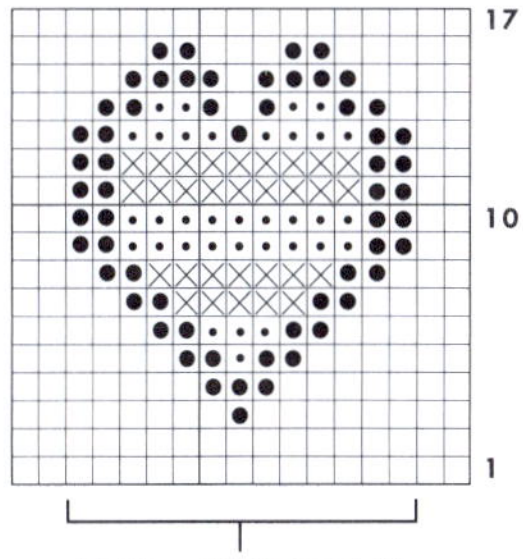

Motiv = 13 M (x 14 R)

ENTENMOTIV IN INTARSIENTECHNIK

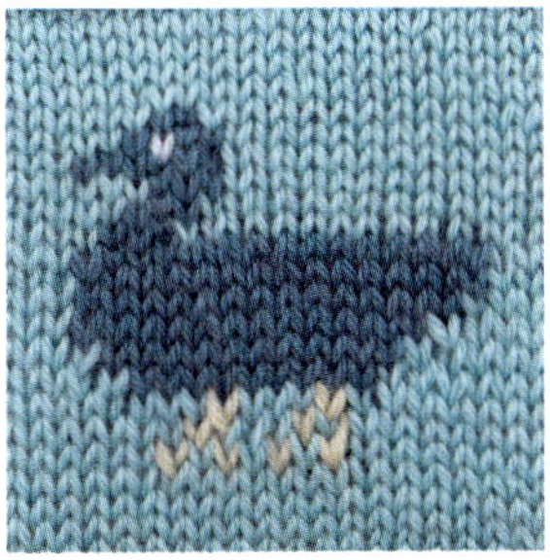

ANLEITUNG

Die Ente wird in der Intarsientechnik oder – als Musterrapport – in der Norwegertechnik gestrickt. Das Auge kann nachträglich im Maschenstich aufgestickt werden.

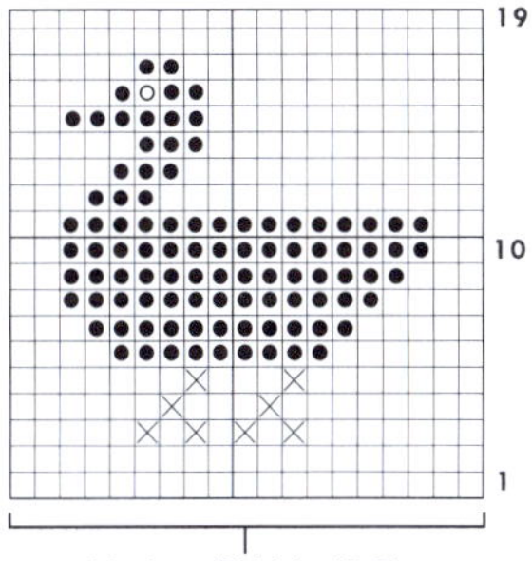

Motiv = 15 M (x 15 R)

SCHNEEFLOCKEN-MUSTER IN INTARSIENTECHNIK

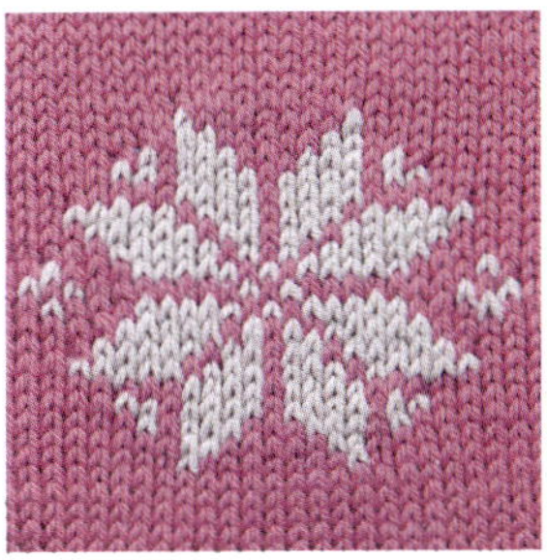

ANLEITUNG

Dieses Motiv wird in der Intarsientechnik gestrickt. Sie benötigen eine Farbe für den Hintergrund plus eine zweite für das Motiv.

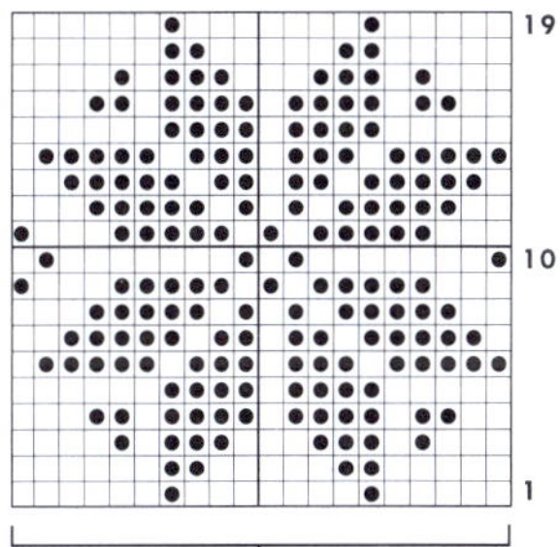

MS = 20 M

KATZENMOTIV IN INTARSIENTECHNIK

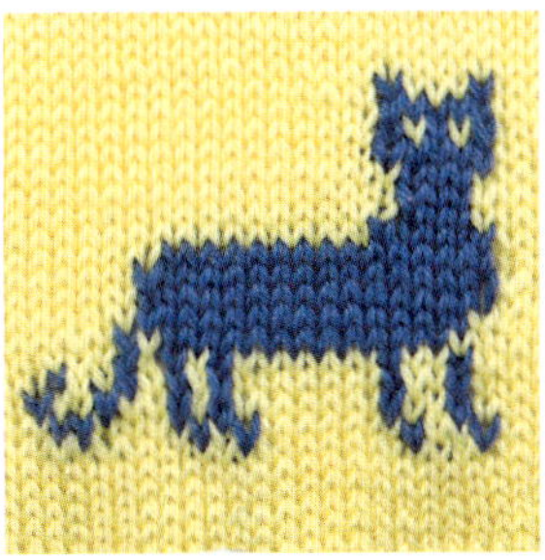

ANLEITUNG

Das Katzenmotiv wird in der Intarsientechnik gestrickt. Sie benötigen eine Farbe für die Katze plus eine für den Hintergrund.

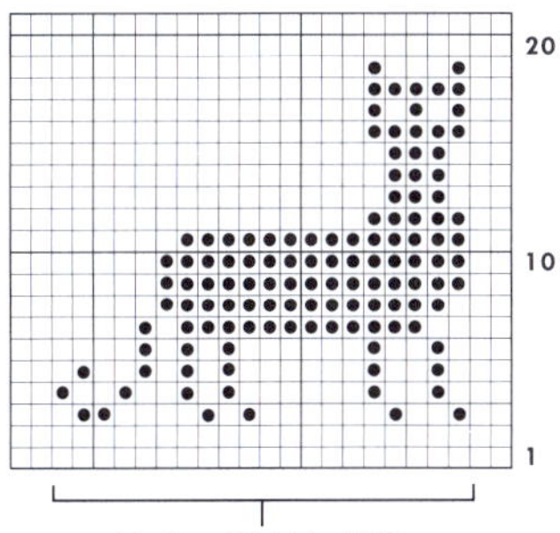

Motiv = 20 M (x 17 R)

VOGEL-MOTIV IN INTARSIENTECHNIK

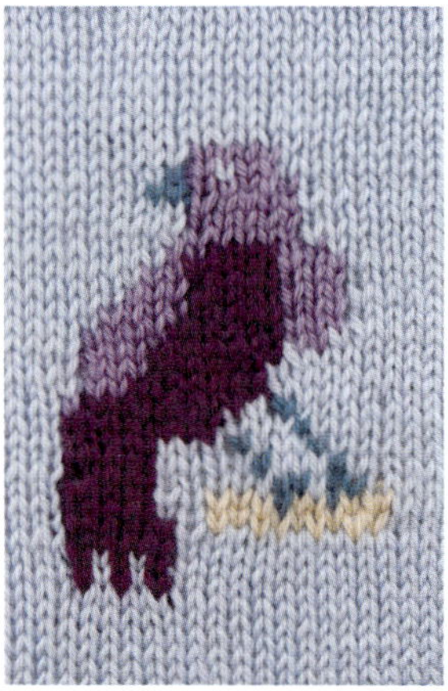

ANLEITUNG

Das vierfarbige Vogelmotiv wird in der Intarsientechnik gestrickt. Es ist als regelmäßiger Musterrapport ebenso schön wie frei über der Strickarbeit verteilt.

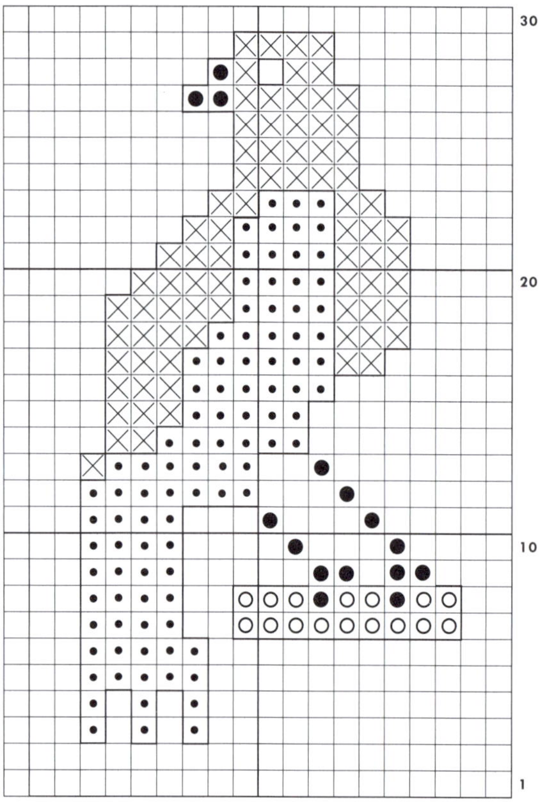

Motiv = 15 M (x 27 R)

KLEINE DAME IN INTARSIENTECHNIK

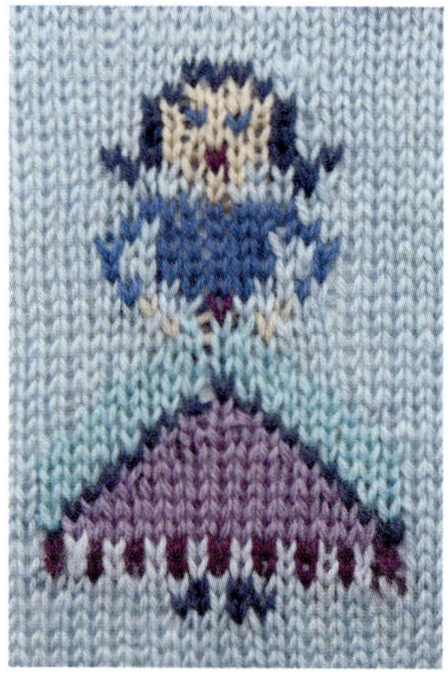

ANLEITUNG

Durch die Vielfarbigkeit des Motivs (acht Garnfarben) ist dies eine klassische Intarsienarbeit. Schön als regelmäßiger Musterrapport oder frei über die Strickarbeit verteilt.

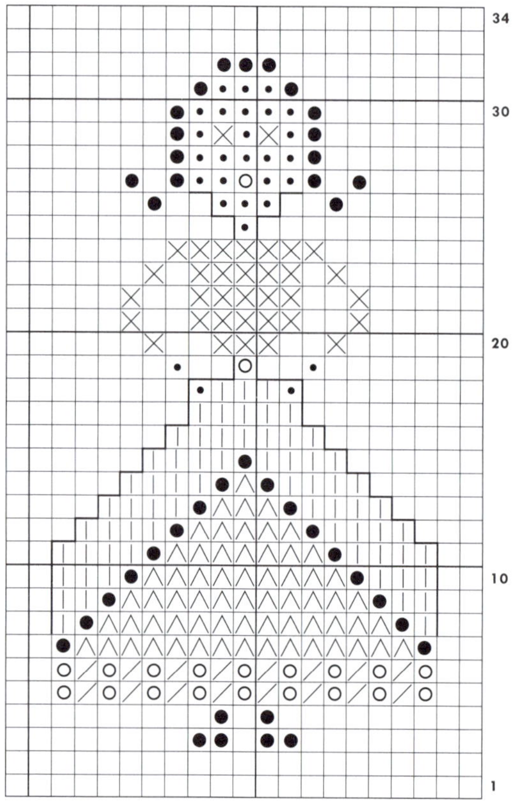

Motiv = 17 M (x 30 R)

EINFACHE MUSTERBORDÜREN IN NORWEGERTECHNIK

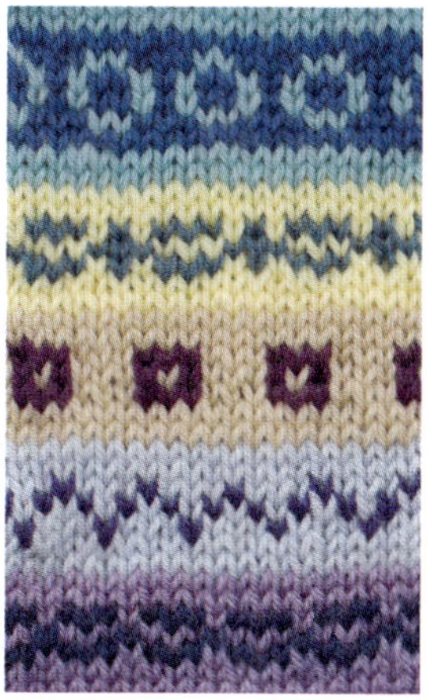

ANLEITUNG

Zweifarbige Musterbordüren in der Norweger- oder Fair-Isle-Technik. Sie können Hintergrund- und Musterfarbe für jede Bordüre ändern.

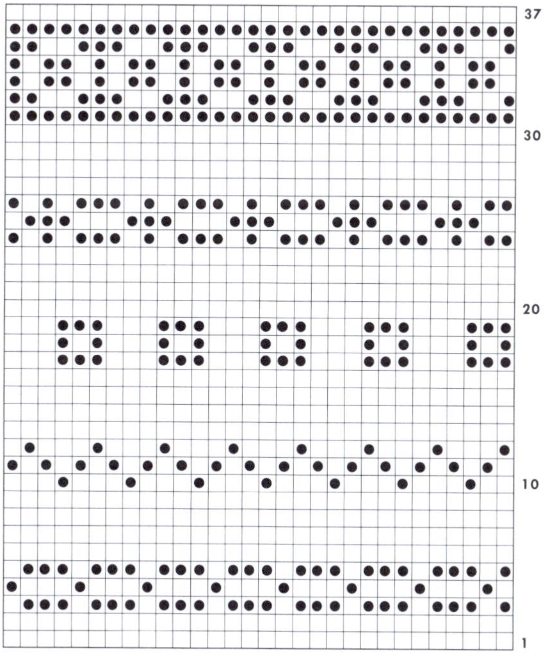

TULPENINTARSIEN

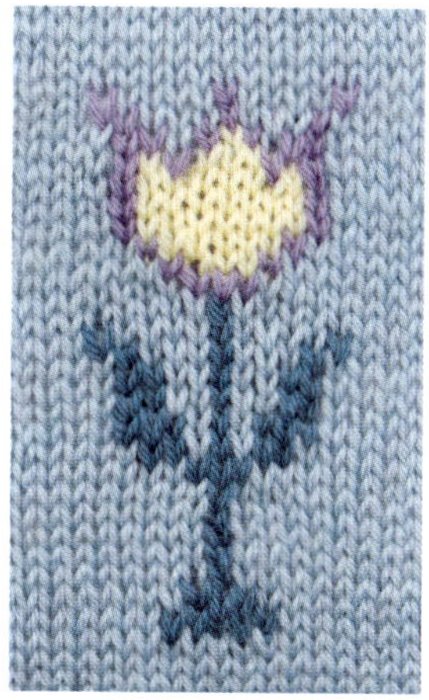

ANLEITUNG

Der zweifarbige Tulpenkopf wird in der Intarsientechnik und der Stiel mit den Blättern in der Norwegertechnik gearbeitet. Es wirkt als regelmäßiger Musterrapport ebenso schön wie in mehrfarbigen Reihen oder frei über die Strickarbeit verteilt. Sie brauchen eine Farbe für den Hintergrund plus drei für das Motiv.

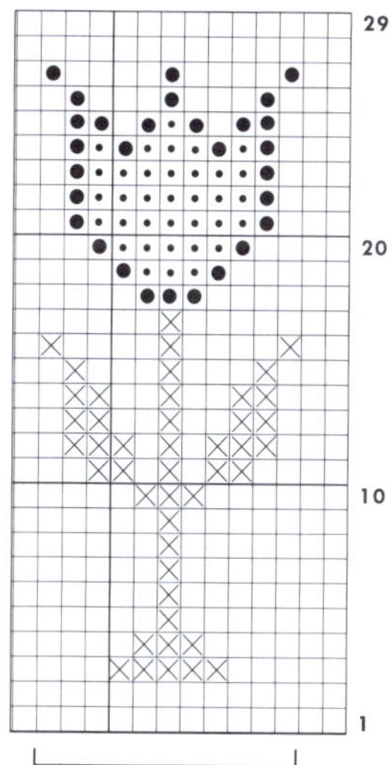

Motiv = 11 M (x 25 R)

KREISBORDÜRE IN NORWEGERTECHNIK

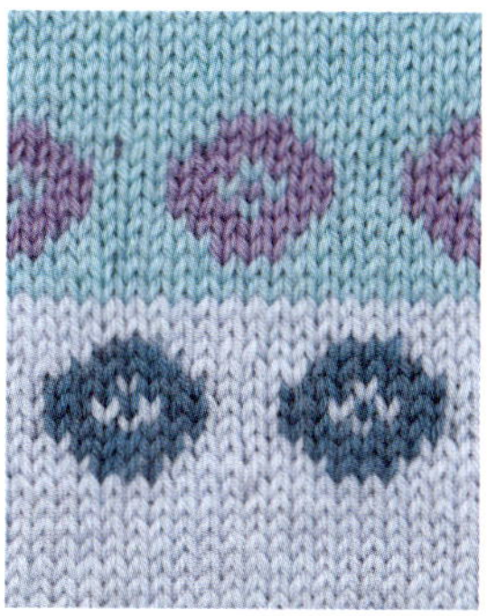

ANLEITUNG

Verwenden Sie vier Farben: je zwei für die Hintergründe und zwei für die Bordüren. Gestrickt wird in Norwegertechnik.

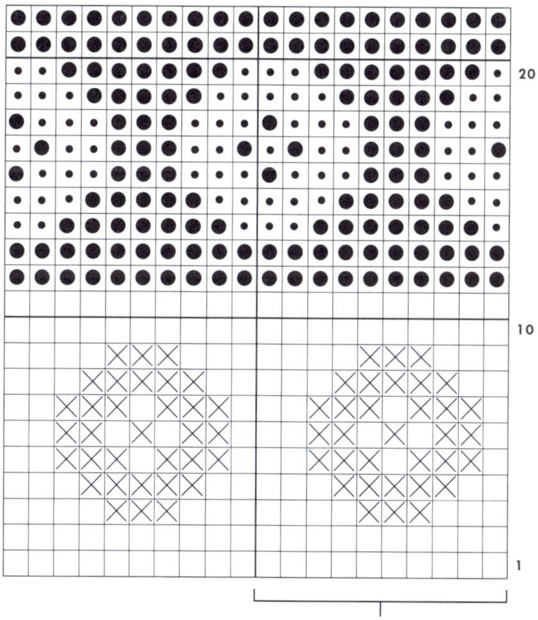

MS = 10 M (x 22 R)

HERZEN IN NORWEGERTECHNIK

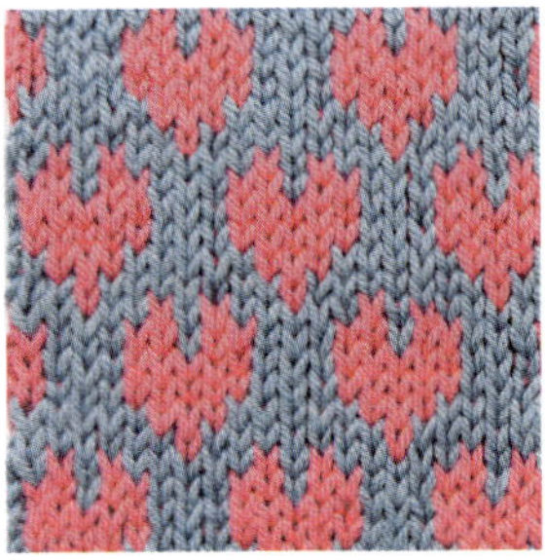

ANLEITUNG

Für dieses sich wiederholende Muster in Norwegertechnik brauchen Sie zwei Farben: eine für den Hintergrund plus eine für die Motive.

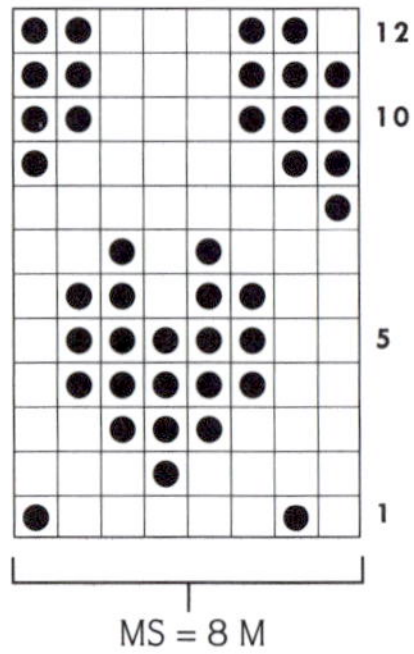

FAIR-ISLE-BLÜTEN

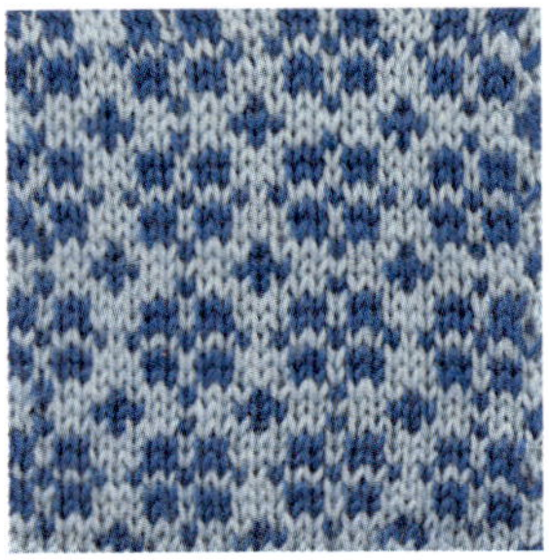

ANLEITUNG

Dieses dekorative, sehr einfach nachzuarbeitende zweifarbige Blütenmuster wird in der Norweger- oder Fair-Isle-Technik gearbeitet.

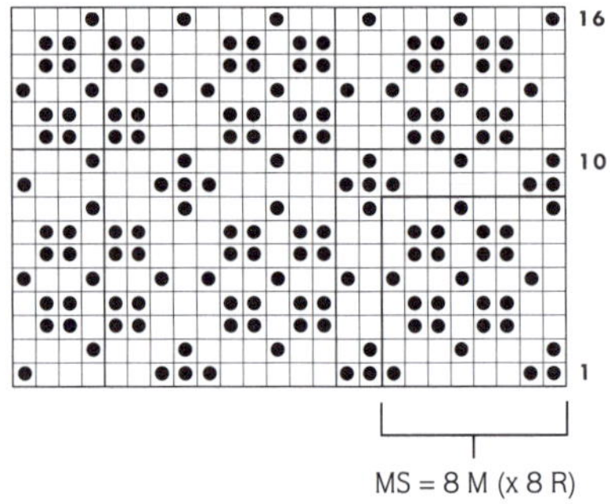

ARGYLE-MUSTER IN ZWEI TECHNIKEN

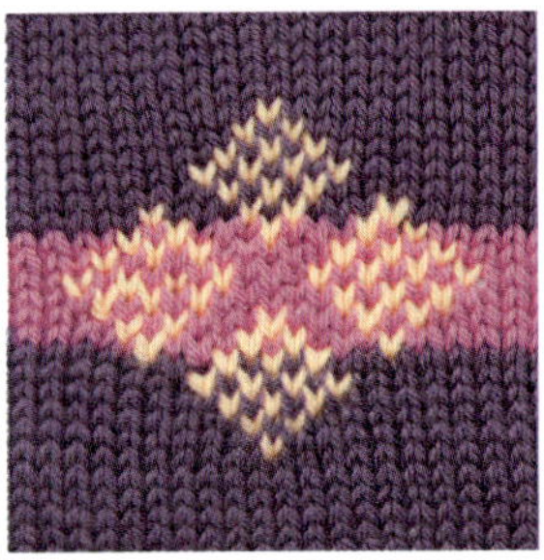

ANLEITUNG

Hier werden Intarsien- und Norwegertechnik kombiniert. Sie brauchen eine Farbe für den Hintergrund, eine für den Streifen und eine dritte für das Motiv.

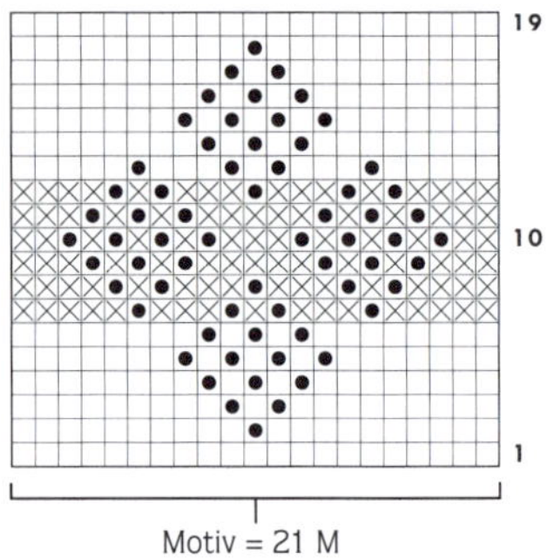

BUNTE ZACKEN IN NORWEGERTECHNIK

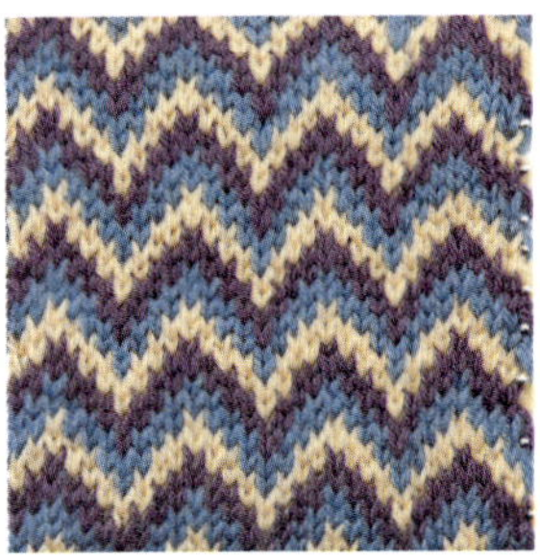

ANLEITUNG

Dieses Muster in Norwegertechnik sollten Sie in drei Farben stricken: einer hellen, einer mittleren und einer dunklen.

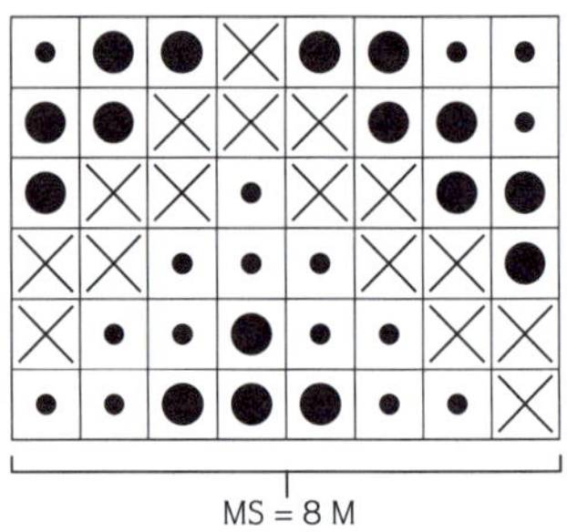

INTARSIENBLÜTEN

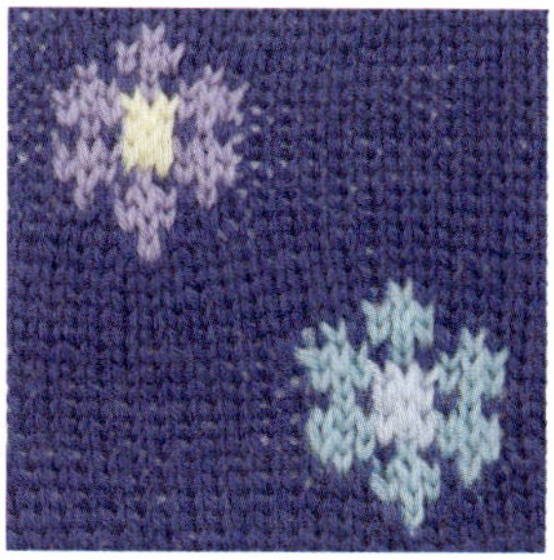

ANLEITUNG

Die Blüten werden in Intarsientechnik gestrickt, doch der Faden der Hintergrundfarbe kann wie bei der Norwegertechnik auf der Rückseite mitlaufen.

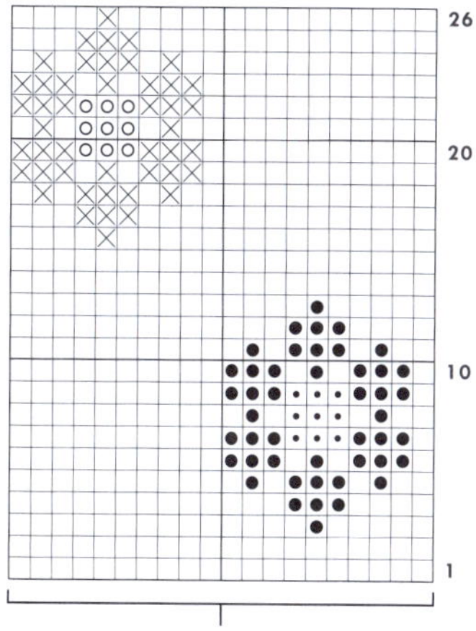

MS = 20 M (x 26 R)

ZAHLEN UND BUCHSTABEN ALS INTARSIEN

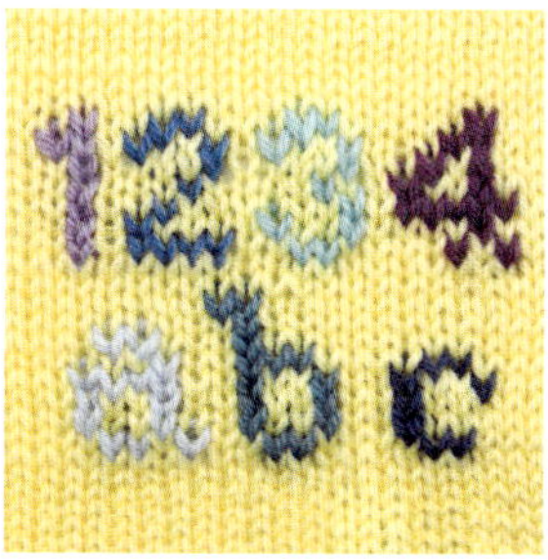

ANLEITUNG

Die Motive in Intarsientechnik stricken, aber den Faden der Hintergrundfarbe auf der Rückseite mitlaufen lassen. Sie brauchen acht Farben: sieben für die Motive plus einen für den Hintergrund.

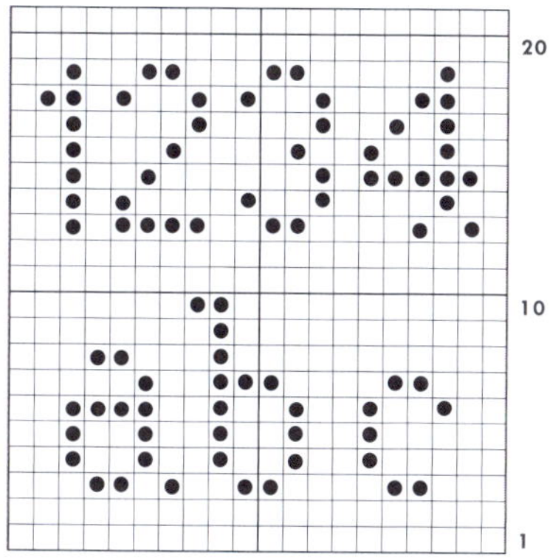

FARBEFFEKTE

PÜNKTCHENMUSTER

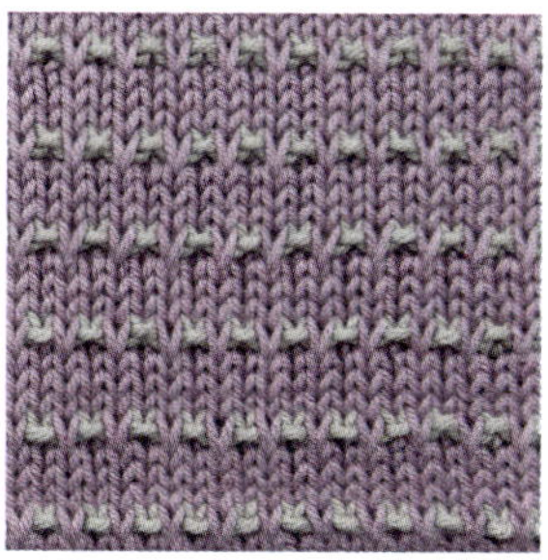

ANLEITUNG

Achtung: Alle M wie zum Li-str abheben.
Anschlag: Garn A, ungerade Maschenzahl.
Reihe 1 (Hin-R): Mit Garn A re str.
Reihe 2: Mit Garn A li str.
Reihe 3 und 4: wie Reihe 1 und 2.
Reihe 5: Mit Garn B, 1 M re, [1 M abh (Fh), 1 M re] bis R-Ende wdh.
Reihe 6: Mit Garn B, 1 M re, [1 M abh (Fv), 1 M re] bis R-Ende wdh.
Reihe 7/8 und 9/10: wie Reihe 1/2.
Reihe 11: Mit Garn B, 1 M abh (Fh), [1 M re, 1 M abh (Fh)] bis R-Ende wdh.
Reihe 12: Mit Garn B, 1 M abh (Fv), [1 M re, 1 M abh (Fv)] bis R-Ende wdh.
Reihe 2–9 stets wdh.

DOPPELBOGENMUSTER

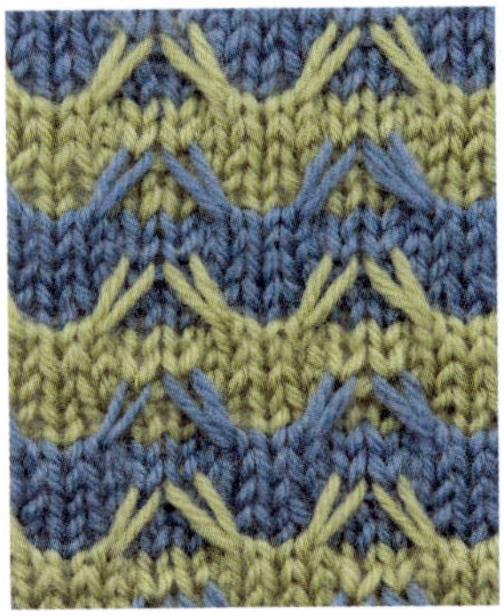

ANLEITUNG

Besondere Abkürzungen:

3 M lvkr: 1 M auf Zopf-Nd vor die Arbeit legen. 2 M re, dann 1 M re von der Zopf-Nd str.

3 M rvkr: 1 M auf Zopf-Nd hinter die Arbeit legen. 2 M re, dann 1 M re von der Zopf-Nd str.

Achtung: Alle Maschen wie zum Linksstricken abheben.

Anschlag: Garn A, M-Zahl (teilbar durch 7) + 1 Randmasche.

Reihe 1 (Hin-R): Garn A, re str.

Reihe 2: Garn A, li str.

Reihe 3: Garn B, [1 M re, 1 M abh, 4 M re, 1 M abh] wdh, die letzte M re str.

Reihe 4: Garn B, 1 M li, [1 M abh, 4 M li, 1 M abh, 1 M li] wdh, die letzte M li str.

Reihe 5: wie Reihe 3.

Reihe 6: wie Reihe 4.

Reihe 7: Garn B, [1 M re, 3 M lvkr, 3 M rvkr] wdh, die letzte M re str.

Reihe 8: Garn B, li str.

Reihe 9: Garn A, [1 M re, 1 M abh, 4 M re, 1 M abh] wdh, die letzte M re str.

Reihe 10: Garn A, 1 M li, [1 M abh, 4 M li, 1 M abh, 1 M li] wdh, die letzte M li str.

Reihe 11: wie Reihe 9.

Reihe 12: wie Reihe 10.

Reihe 13: Garn A, [*1 M re, 3 M lvkr, 3 M rvkr] wdh, die letzte M re str.

Reihe 14: Garn A, li str.

Reihe 3–14 stets wdh.

KLEINES DREIECKSMUSTER

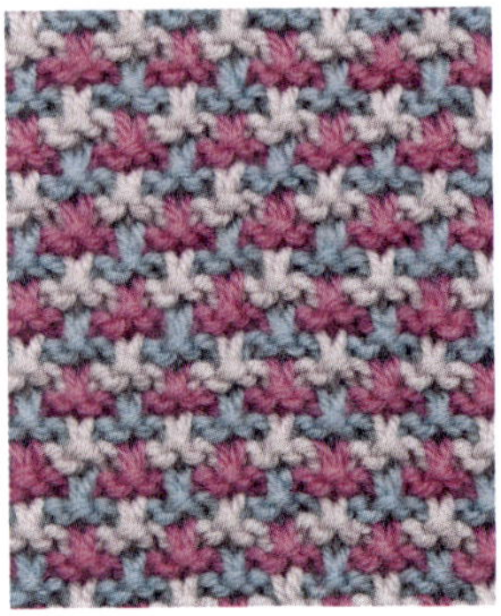

ANLEITUNG

Achtung: Alle Maschen wie zum Linksstricken abheben.

Anschlag: Garn C, M-Zahl (teilbar durch 4) + 3.

Reihe 1 (Hin-R): Garn A, 1 M re, [1 M abh, 3 M re] bis zu den letzten 2 M: 1 M abh, 1 M re.

Reihe 2: Garn A, 1 M re, [1 M abh (Fv), 3 M re] bis zu den letzten 2 M: 1 M abh (Fv), 1 M re.

Reihe 3: Garn B, 3 M re, [1 M abh, 3 M re] wdh bis R-Ende.

Reihe 4: Garn B, 3 M re, [1 M abh (Fv), 3 M re] wdh bis R-Ende.

Reihe 5: Garn C, 1 M re, [1 M abh, 3 M re] bis zu den letzten 2 M: 1 M abh, 1 M re.

Reihe 6: Garn C, 1 M re, [1 M abh (Fv), 3 M re] bis zu den letzten 2 M: 1 M abh (Fv), 1 M re.

Reihe 7: Garn A, 3 M re, [1 M abh, 3 M re] wdh bis R-Ende.

Reihe 8: Garn A, 3 M re, [1 M abh (Fv), 3 M re] wdh bis R-Ende.

Reihe 9: Garn B, 1 M re, [1 M abh, 3 M re] wdh bis zu den letzten 2 M: 1 M abh, 1 M re.

Reihe 10: Garn B, 1 M re, [1 M abh (Fv), 3 M re] wdh bis zu den letzten 2 M: 1 M abh (Fv), 1 M re.

Reihe 11: Mit Garn C, 3 M re, [1 M abh, 3 M re] wdh bis R-Ende.

Reihe 12: Mit Garn C, 3 M re, [1 M abh (Fv), 3 M re] wdh bis R-Ende.

Reihe 1–12 stets wdh.

WEBMUSTER

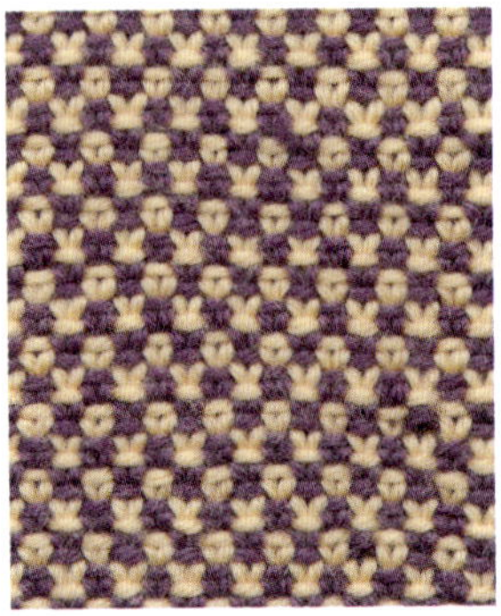

ANLEITUNG

Achtung: Alle Maschen wie zum Linksstricken abheben.

Anschlag: Garn A, gerade M-Zahl.

Reihe 1 (Hin-R): Garn A, [1 M re, 1 M abh (Fv)] wdh bis R-Ende.

Reihe 2: Garn A, [1 M li, 1 M abh (Fh)] wdh bis R-Ende.

Reihe 3: Garn B, [1 M re, 1 M abh (Fv)] wdh bis R-Ende.

Reihe 4: Garn B, [1 M li, 1 M abh (Fh)] wdh bis R-Ende.

Reihe 1–4 stets wdh.

STUNDENGLASMUSTER

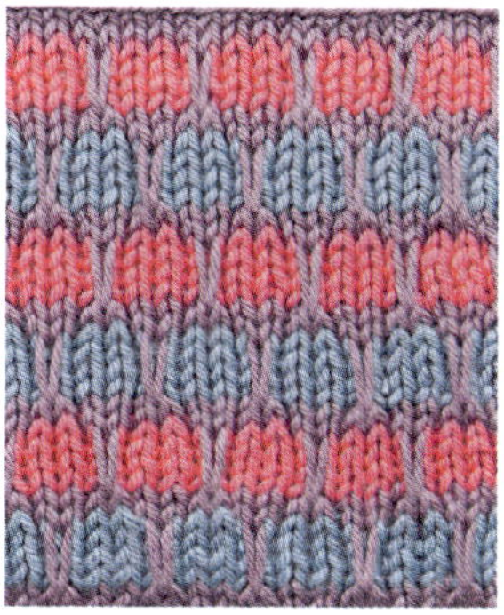

ANLEITUNG

Achtung: Alle Maschen wie zum Linksstricken abheben.

Anschlag: Garn A, M-Zahl (teilbar durch 4) + 1 Randmasche.

Reihe 1 (Hin-R): Garn A, re str.
Reihe 2: Garn A, li str.
Reihe 3: Garn B, [1 M abh, 3 M re] wdh, die letzte M re str.
Reihe 4: Garn B, 1 M li, [3 M li, 1 M abh] wdh, die letzte M li str.
Reihe 5: wie Reihe 3.
Reihe 6: wie Reihe 4.
Reihe 7: Garn A, re str.
Reihe 8: Garn A, li str.
Reihe 9: Garn C, [2 M re, 1 M abh, 1 M re] wdh, die letzte M re str.
Reihe 10: Garn C, 1 M li, [1 M li, 1 M abh, 2 M li] wdh, die letzte M li str.
Reihe 11: wie Reihe 9.
Reihe 12: wie Reihe 10.
Reihe 13: Garn A, re str.
Reihe 14: Garn A, li str.
Reihe 3–14 stets wdh.

SENKRECHTE STREIFEN

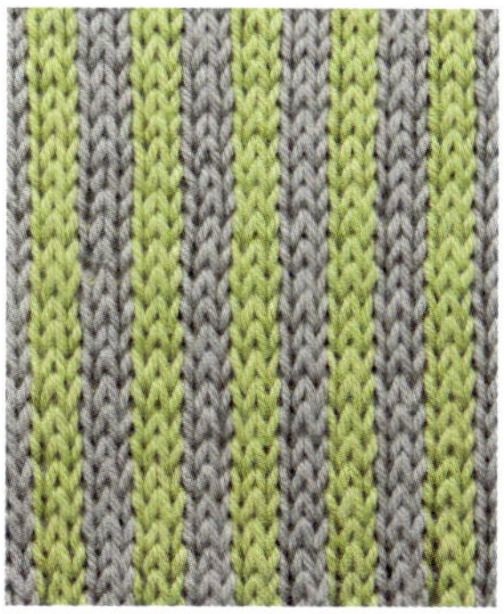

ANLEITUNG

Achtung: Alle Maschen wie zum Linksstricken abheben.

Wegen der Streifen aus abgehobenen Maschen fällt die Maschenprobe schmaler aus. Zum Ausgleich sollte etwa ein Drittel mehr Maschen angeschlagen werden.

Anschlag: Garn A, M-Zahl teilbar durch 4 (mind. 12).

Reihe 1 (Hin-R): Garn A, re str.
Reihe 2: Garn A, li str.
Reihe 3: Garn B, 3 M re, 2 M abh, [2 M re, 2 M abh] wdh, die letzten 3 M re str.
Reihe 4: Garn B, 3 M li, 2 M abh, [2 M li, 2 M abh] wdh, die letzten 3 M li str
Reihe 5: Garn A, 1 M re, 2 M abh, [2 M re, 2 M abh] wdh, die letzte M re str.
Reihe 6: Garn A, 1 M li, 2 M abh, [2 M li, 2 M abh] wdh, die letzte M li str.
Reihe 3–6 stets wdh.

DURCHBROCHENE STREIFEN

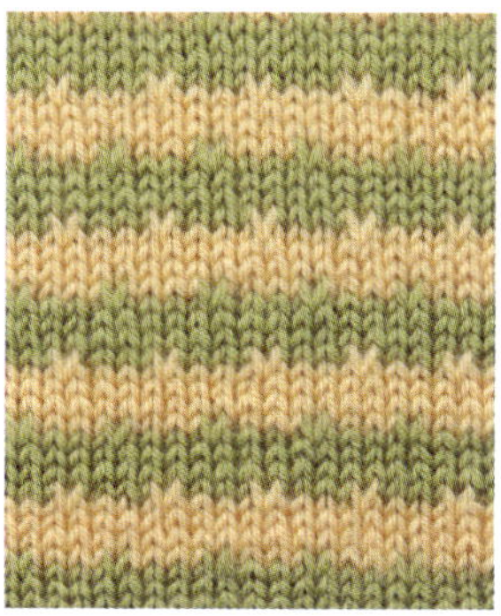

ANLEITUNG

Achtung: Alle Maschen wie zum Linksstricken abheben.

Anschlag: Garn A, M-Zahl (teilbar durch 4) + 2.

Reihe 1 (Hin-R): Mit Garn A re str.
Reihe 2: Mit Garn A li str.
Reihe 3 und 4: wie Reihe 1 und 2.
Reihe 5: Mit Garn B, 2 M re, [1 M abh, 3 M re] bis R-Ende wdh.
Reihe 6: Mit Garn B li str.
Reihe 7: Mit Garn B re str.
Reihe 8: Mit Garn B li str.
Reihe 9: Mit Garn A, 4 M re, [1 M abh, 3 M re] bis zu den letzten 2 M: 1 M abh, 1 M re.
Reihe 2–9 stets wdh.

MUSCHELBORTE

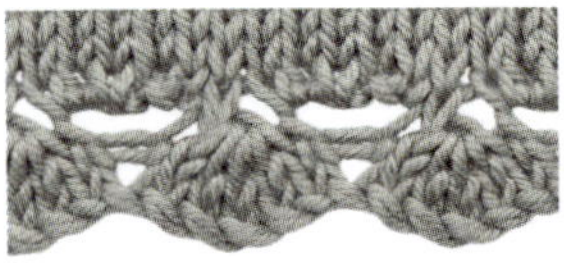

ANLEITUNG
Anschlag: M-Zahl (teilbar durch 6) + 1.
Reihe 1 (Hin-R): re str.
Reihe 2: li str.
Reihe 3: [[1 M re, 1 M li, 1 M re, 1 M li, 1 M re] in die nächste M, 5 M re zus-str] wdh bis R-Ende.
Reihe 4: li str.
Reihe 1–4 stets wdh.

PERLENBORTE

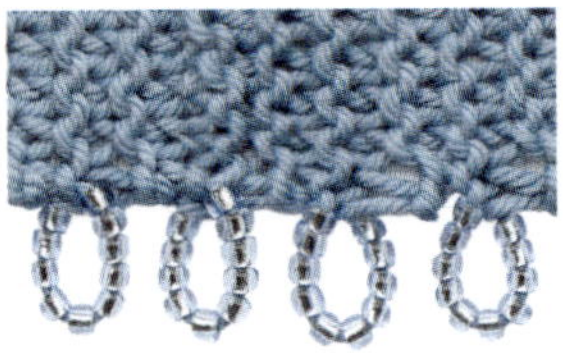

ANLEITUNG
Die Perlen (10 Stück pro Schlaufe) vorab auffädeln, zum Knäuel schieben und jeweils heranholen, wenn sie benötigt werden.
Anschlag: 6 M.
Reihe 1 und 2 (Hin-R): re str.
Reihe 3: 10 Perlen heranholen und dicht an die 1. M auf der li Nd schieben. 1 M re verkr. re fortfahren. So entsteht eine Perlenschlaufe.
Reihe 4, 5 und 6: re str.
Reihe 1–6 stets wdh.

ZICKZACKBORTE

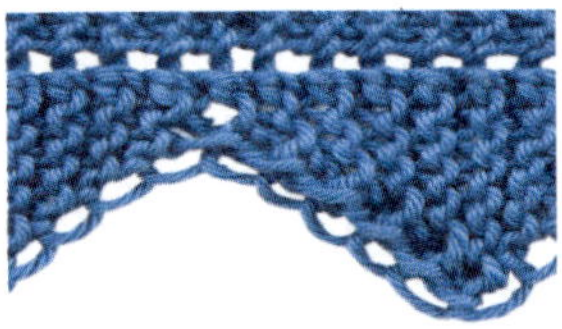

ANLEITUNG
Anschlag: 6 M.
Reihe 1 und alle folgenden Hin-R: re str.
Reihe 2: 1 U, 2 M re, 2 M re zus-str, 1 U, 2 M re (= 7 M).
Reihe 4: 1 U, 3 M re, 2 M re zus-str, 1 U, 2 M re (= 8 M).
Reihe 6: 1 U, 4 M re, 2 M re zus-str, 1 U, 2 M re (= 9 M).
Reihe 8: 1 U, 5 M re, 2 M re zus-str, 1 U, 2 M re (= 10 M).
Reihe 10: 1 U, 6 M re, 2 M re zus-str, 1 U, 2 M re (= 11 M).
Reihe 12: 1 U, 1 M abh, 2 M re zus-str, abgeh M überz, 4 M re, 2 M re zus-str, 1 U, 2 M re (= 10 M).
Reihe 14: 1 U, 1 M abh, 2 M re zus-str, abgeh M überz, 3 M re, 2 M re zus-str, 1 U, 2 M re (= 9 M).
Reihe 16: 1 U, 1 M abh, 2 M re zus-str, abgeh M überz, 2 M re, 2 M re zus-str, 1 U, 2 M re (= 8 M).
Reihe 18: 1 U, 1 M abh, 2 M re zus-str, abgeh M überz, 1 M re, 2 M re zus-str, 1 U, 2 M re (= 7 M).
Reihe 20: 1 U, 1 M abh, 2 M re zus-str, abgeh M überz, 2 M re zus-str, 1 U, 2 M re (= 6 M).
Reihe 1–20 wdh. Mit einer 20. R enden.
Alle Maschen re abk.

TAUFKLEIDCHENBORTE

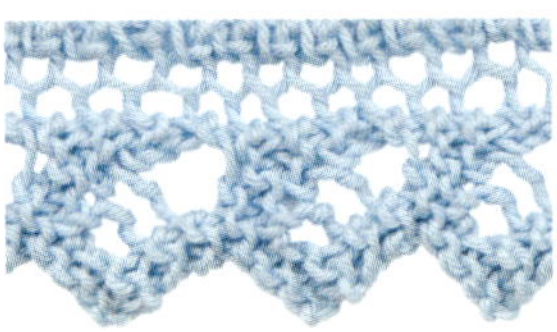

ANLEITUNG
Anschlag: 7 M.
Reihe 1 (Hin-R): 2 M re, 1 U, 2 M re zus-str, 2 U, 2 M re zus-str, 1 M re (= 8 M).
Reihe 2: 3 M re, 1 M li, 2 M re, 1 U, 2 M re zus-str (= 8 M).
Reihe 3: 2 M re, 1 U, 2 M re zus-str, 1 M re, 2 U, 2 M re zus-str, 1 M re (= 9 M).
Reihe 4: 3 M re, 1 M li, 3 M re, 1 U, 2 M re zus-str (= 9 M).
Reihe 5: 2 M re, 1 U, 2 M re zus-str, 2 M re, 2 U, 2 M re zus-str, 1 M re (= 10 M).
Reihe 6: 3 M re, 1 M li, 4 M re, 1 U, 2 M re zus-str (= 10 M).
Reihe 7: 2 M re, 1 U, 2 M re zus-str, 6 M re (= 10 M).
Reihe 8: 3 M re abk, 4 M re, 1 U, 2 M re zus-str (= 7 M).
Die Reihe 1–8 bis zur gewünschten Länge wdh.
Mit einer 8. Reihe enden. Alle M re abk.

BOGENBORTE

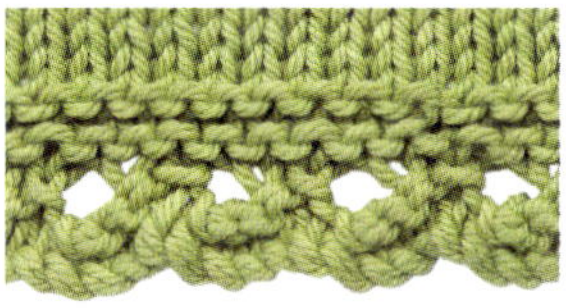

ANLEITUNG
Alle Maschen werden mit der Daumenmethode angeschlagen (siehe Aufschlingen, S. 35).
Anschlag: M-Zahl (teilbar durch 6) + 2.
Reihe 1 (Hin-R): re str.
Reihe 2: [1 M re, 3 M abk] wdh bis R-Ende.
Reihe 3: 1 M re, [1 M anschl, 2 M re] wdh bis zur letzten M: 1 M anschl, 1 M re.
Reihe 4, 5 und 6: re str.

RÜSCHENBORTE

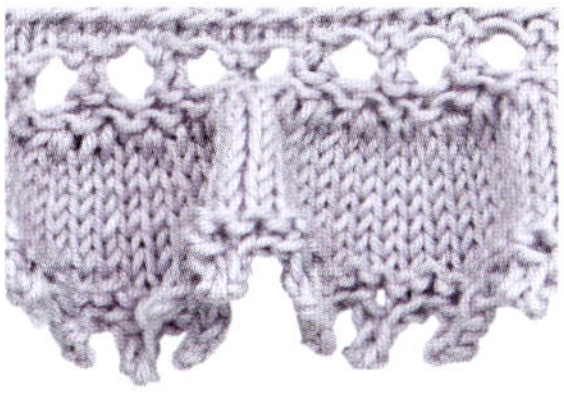

ANLEITUNG
Achtung: Diese Borte wird quer gearbeitet. Dafür eine ungerade Maschenzahl anschlagen.
Reihe 1 (Hin-R): re str.
Reihe 2: re str.
Reihe 3: [2 M re zus-str, 1 U] wdh, die letzte M re str.
Reihe 4, 5 und 6: re str.
Reihe 7: 1 M re, [[1 M re, 1 M li, 1 M re] in die folg M, [1 M re, 1 M li] in die folg M] wdh. (Diese Reihe multipliziert die Maschenzahl mit 2,5.)
Reihe 8: li str.
Reihe 9: re str.
Reihe 10/11 und 12/13: wie R 8/9.
Reihe 14 (Rück-R): li str.
Reihe 15 und 16: re str.
In Picots abk wie folgt:
[2 M auf der li Nd durch Aufstricken anschl, 5 M re abk, die M auf der re Nd zurück auf die li Nd schieben] wdh, letzte verbliebene Maschen abk, wie sie erscheinen.

FRANSENBORTE

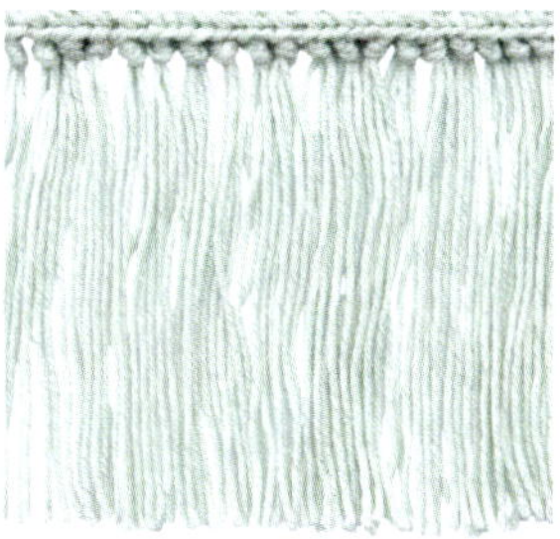

ANLEITUNG
Achtung: Strickgarn doppelt nehmen und sehr fest stricken. Die Fransenlänge durch Variieren der rechten Maschen am Ende von Reihe 1 und entsprechend der li M am Anfang von Reihe 2 verändern.
Anschlag: 12 M.
Reihe 1 (Hin-R): 2 M re, 1 U, 2 M re zus-str, 8 M re.
Reihe 2 (Rück-R): 7 M li, 2 M re, 1 U, 2 M re zus-str, 1 M re.
Reihe 1 und 2 wdh, bis die gewünschte Länge erreicht ist. Mit einer Rück-R enden.
Abketten (Hin-R): 5 M re abk, Faden abschneiden und durch die M auf der Nd ziehen, restl 6 M zur Fransenkante ausstreichen. Fransen glatt streichen, bei Bedarf leicht dämpfen. Die Schlaufen aufschneiden. Die Fransen in Vierergruppen zusammenknoten, die Knoten hochschieben. Die Fransenkante glatt abschneiden.

ZACKENBORTE

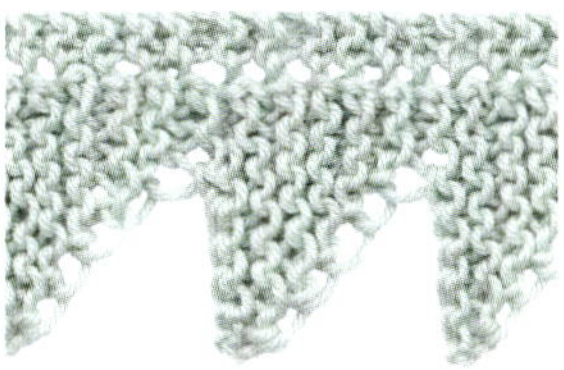

ANLEITUNG
Anschlag: 6 M.
Reihe 1 (Hin-R): re str.
Reihe 2: 1 U, 2 M re, 2 M re zus-str, 1 U, 2 M re (= 7 M).
Reihe 3: re str.
Reihe 4: 1 U, re M str bis zu den letzten 4 M: 2 M re zus-str, 1 U, 2 M re (= 8 M).
Reihe 5/6, 7/8, 9/10: wie Reihe 3/4 (= 11 M).
Reihe 11: re str.
Reihe 12: 5 M locker re abk, 1 M re, 2 M re zus-str, 1 U, 2 M re (= 6 M).
Reihe 1–12 wdh, bis die gewünschte Länge erreicht ist. Mit einer 12. R enden.
Alle Maschen re abk.

STRICKEN MIT PERLEN

VERTEILTE PERLEN

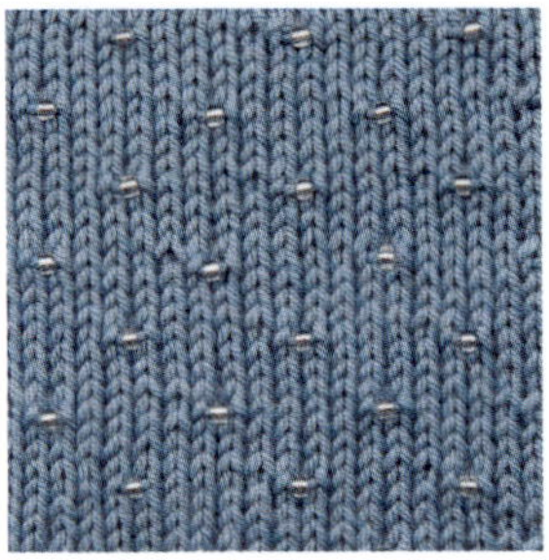

ANLEITUNG
Besondere Abkürzung:
P: Perle einfügen.

Anschlag: M-Zahl (teilbar durch 6) + 2.
Reihe 1 (Hin-R): re str.
Reihe 2: li str.
Reihe 3: 1 M re, [P, 5 M re] wdh, die letzte M re str.
Reihe 4: li str.
Reihe 5: re str.
Reihe 6: li str.
Reihe 7: 1 M re, [3 M re, P, 2 M re] wdh, die letzte M re str.
Reihe 8: li str.
Reihe 1–8 stets wdh.

SCHRÄGE PERLENREIHEN

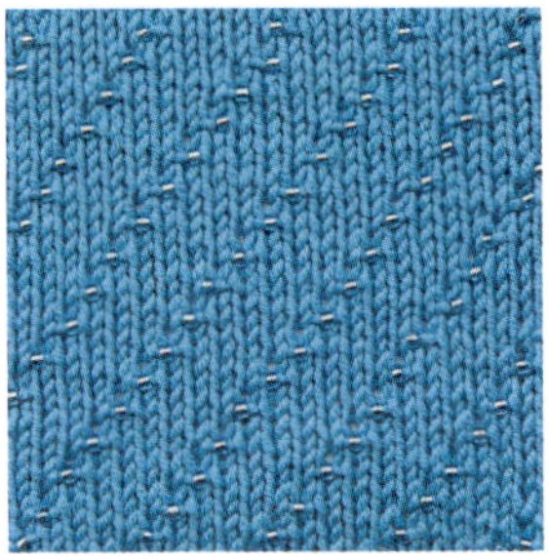

ANLEITUNG
Besondere Abkürzung:
P: Perle einfügen.

Anschlag: M-Zahl (teilbar durch 5) + 2.
Reihe 1: 1 M re, [2 M re, P, 2 M re] wdh, die letzte M re str.
Reihe 2 und alle folgenden geraden Reihen: li str.
Reihe 3: 1 M re, [1 M re, P, 3 M re] wdh, die letzte M re str.
Reihe 5: 1 M re, [P, 4 M re] wdh, die letzte M re str.
Reihe 7: 1 M re, [4 M re, P] wdh, die letzte M re str.
Reihe 9: 1 M re, [3 M re, P, 1 M re] wdh, die letzte M re str.
Reihe 10: li str.
Reihe 1–10 stets wdh.

GLATT RECHTS MIT PERLEN

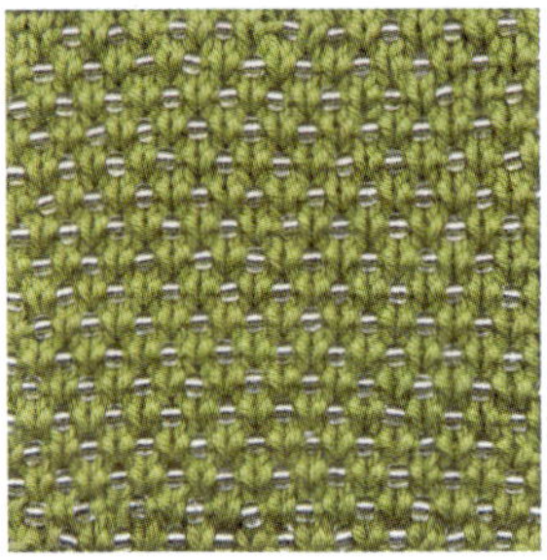

ANLEITUNG
Besondere Abkürzung:
P: Perle einfügen.

Anschlag: ungerade M-Zahl.
Reihe 1: 1 M re, [P, 1 M re] wdh bis R-Ende.
Reihe 2: li str.
Reihe 3: 1 M re, [1 M re, P] wdh, die letzte M re str.
Reihe 4: li str.
Reihe 1–4 stets wdh.

PERLENWABEN

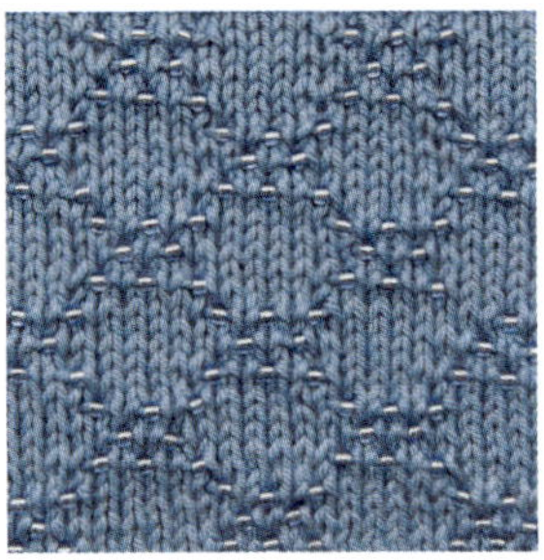

ANLEITUNG
Besondere Abkürzung:
P: Perle einfügen.

Anschlag: M-Zahl (teilbar durch 10) + 7.
Reihe 1 (Hin-R): 1 M re, [[P, 1 M re] 3 ×, 4 M re] wdh bis zu den letzten 6 M: [P, 1 M re] 3 ×.
Reihe 2 und alle folgenden Rück-R: li str.
Reihe 3: 2 M re, [[P, 1 M re] 2 ×, 6 M re] wdh bis zu den letzten 5 M: [P, 1 M re] 2 ×, 1 M re.
Reihe 5: wie Reihe 1.
Reihe 7: 6 M re, [[P, 1 M re] 3 ×, 4 M re] wdh, die letzten 5 M re str.
Reihe 9: 7 M re, [[P, 1 M re] 2 ×, 6 M re] wdh bis R-Ende.
Reihe 11: wie Reihe 7.
Reihe 1–12 stets wdh.

PERLEN IM RAHMEN

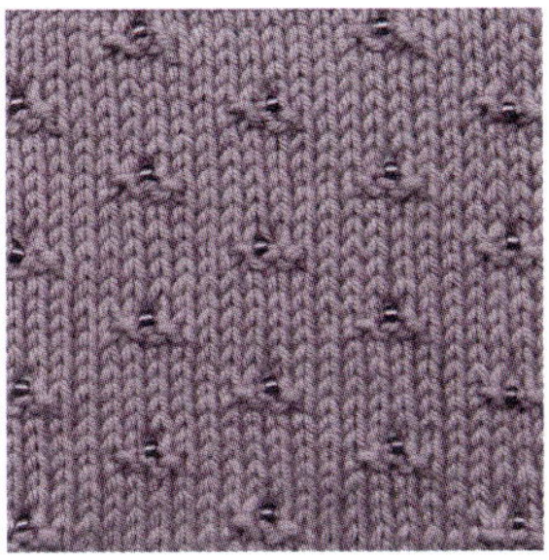

ANLEITUNG

Besondere Abkürzung:

P: Perle einfügen.

Anschlag: M-Zahl (teilbar durch 10) + 5.

Reihe 1 (Hin-R): re str.

Reihe 2: 1 M li, [3 M re, 7 M li] bis zu den letzten 4 M: 3 M re, 1 M li.

Reihe 3: 2 M re, [P, 9 M re] wdh, die letzten 2 M re str.

Reihe 4: li str.

Reihe 5: re str.

Reihe 6: 6 M li, [3 M re, 7 M li] wdh bis zu den letzten 9 M: 3 M re, 6 M li.

Reihe 7: 7 M re, [P, 9 M re] wdh bis zu den letzten 8 M: P, 7 M re.

Reihe 8: li str.

Reihe 1–8 stets wdh.

KRAUS RECHTS MIT PERLEN

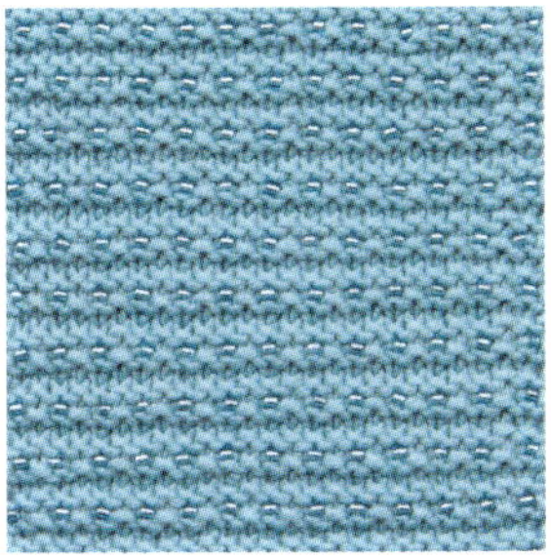

ANLEITUNG

Besondere Abkürzung:

P: Perle einfügen.

Anschlag: ungerade M-Zahl.

Reihe 1 (Hin-R): re str.

Reihe 2 und alle folgenden Rück-R: re str.

Reihe 3: 1 M re, [P, 1 M re] wdh bis R-Ende.

Reihe 5 und 6: re str.

Reihe 1–6 stets wdh.

PERLENRAUTEN

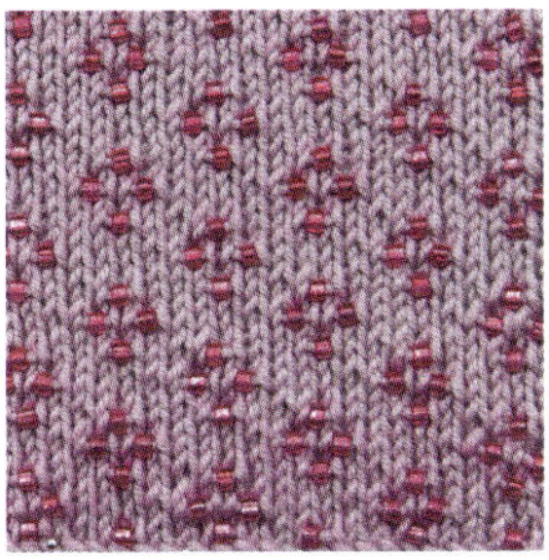

ANLEITUNG

Besondere Abkürzung:

P: Perle einfügen.

Anschlag: M-Zahl teilbar durch 8 + 2.

Reihe 1 (Hin-R): 1 M re, [1 M re, P, 3 M re, P, 2 M re] wdh, die letzte M re str.

Reihe 3: 1 M re, [4 M re, P, 1 M re, P, 1 M re] wdh, die letzte M re str.

Reihe 5: 1 M re, [1 M re, P, 3 M re, P, 2 M re] wdh, die letzte M re str.

Reihe 7: 1 M re, [P, 1 M re, P, 5 M re] wdh, die letzte M re str.

Reihe 8: li str.

Reihe 1–8 stets wdh.

PAILLETTENSTREIFEN

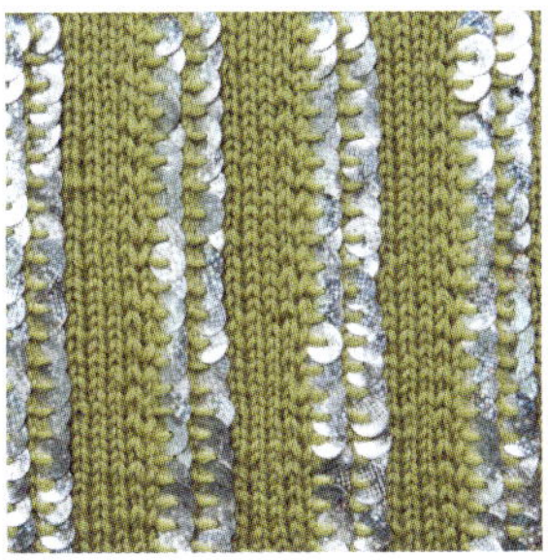

ANLEITUNG

Besondere Abkürzung:

P: Paillette einfügen.

Anschlag: M-Zahl (teilbar durch 8) + 1.

Reihe 1: 1 M re, [2 M re, P, 1 M re, P, 3 M re] wdh bis R-Ende.

Reihe 2: li str.

Reihe 1 und 2 stets wdh.

GLOSSAR

Abheben
Eine Masche von der linken auf die rechte Nadel nehmen, ohne sie abzustricken (d. h. ohne eine neue Fadenschlaufe durchzuziehen). Normalerweise sticht man in die abzuhebende Masche wie zum Linksstricken ein. Hebt man jeweils die erste Masche einer Reihe ab, entsteht eine sehr saubere Kante.

Abketten
Auch Abmaschen genannt. Fertigstellung eines Werkstücks durch eine abschließende Reihe, die dafür sorgt, dass die Maschen nicht aufräufeln.

Abketten mit drei Nadeln
Eine Technik, bei der die Maschen von zwei parallel liegenden Nadeln gemeinsam abgekettet werden. Dabei werden die gestrickten Kanten fest und sauber verbunden. Auf der rechten Seite entsteht eine glatte, stabile und saubere Naht. Gut geeignet für die Spitzen von Strümpfen oder Handschuhen.

Abnehmen
Technik, um die Maschenzahl in einer Reihe zu verringern. Dient zur Formgebung eines Werkstücks (z. B. Abnahmen an Armausschnitten), aber auch zur Gestaltung verschiedener Strukturmuster.

Anfangsschlinge
Eine einfache, mit der Hand geknüpfte Schlinge, die zu Beginn der Anschlagreihe auf die Nadel gelegt wird.

Anschlagen
Bildung der ersten Maschenreihe zu Beginn eines Werkstücks. Es gibt verschiedene Anschlagmethoden, die sich in Aussehen und Festigkeit bzw. Elastizität unterscheiden.

Aufstricken
Eine Anschlagmethode, bei der die erste Reihe bereits mit zwei Nadeln »gestrickt« wird. Sticht man vorn in die Maschen ein, entsteht eine weiche Kante. Sticht man von hinten in die Maschen ein (= verschränkt abstricken), wird die Kante fester.

Bändchengarn
Garn, das keinen runden Querschnitt hat, sondern flach wie ein Band ist. Je nachdem, ob es beim Stricken gedreht wird oder nicht, ergibt sich ein glattes oder ungleichmäßiges Maschenbild.

Banderole
Handelsübliche Wollknäuel werden von einem Papierstreifen zusammengehalten, auf dem Informationen über das jeweilige Garn aufgedruckt sind, z. B. genaue Materialzusammensetzung, Gewicht und Lauflänge des Knäuels, empfohlene Nadelstärke, Maschenprobe und Hinweise zu Wäsche oder Reinigung.

Bio-Wolle
Wolle von Schafen, die auf Gelände gegrast haben, das nicht mit Herbiziden, Pestiziden und Kunstdünger belastet ist. Die Wolle selbst ist nicht mit synthetischen Chemikalien behandelt.

Doppelseitig stricken
Man strickt mit geraden Nadeln und hebt jede zweite Masche nur ab. Dabei entsteht ein Maschenwerk, das auf beiden Seiten gleich aussieht.

Einerrippen *siehe* **Rippenmuster**

Einfädiger Anschlag
Verschiedene Anschlagmethoden (z. B. Aufschlingen), für die nur ein Garnfaden verwendet wird. Dabei entsteht meist eine relativ weiche Kante. Fester fällt sie aus, wenn man die Maschen verdreht.

Einfacher Kreuzanschlag
Eine Anschlagmethode, bei der die Maschen der Anschlagreihe aus zwei Fäden (dem Arbeitsfaden zum Knäuel und einem langen Fadenende vor der Anfangsschlaufe) gebildet werden. Ergibt eine recht feste Kante, die sich für Rippenmuster gut eignet.

Fair-Isle-Muster
Mehrfarbige, oft geometrische Muster, die traditionell von der Fair Isle und den Shetland-Inseln stammen. Sie werden mehrfädig gestrickt, die jeweils nicht verwendete Garnfarbe läuft als Spannfaden auf der Rückseite mit. *Siehe auch* **Norwegermuster**

Fasern
Grundbestandteil aller Garne. Fasern können tierischen oder pflanzlichen Ursprungs oder synthetisch hergestellt sein. Sie werden auf verschiedene Weise bearbeitet und dann zu Garn versponnen.

Fully fashioned
Eine dekorative Methode der Formgebung bei glatt gestrickten Werkstücken, bei der die Abnahmen sichtbar und parallel zu den Kanten der Teile gearbeitet werden.

Garnwickler
Kleine Kunststoffhalter, auf die man bei der Intarsientechnik die verschiedenen Arbeitsfäden wickelt, damit sie sich nicht verheddern.

Glatt rechts
Ein Strickmuster, das entsteht, wenn man in allen Hinreihen rechts und in allen Rückreihen links strickt.

Haspel
Ein Haltewerkzeug mit einer drehbaren Krone aus verstellbaren Armen. Man legt einen Wollstrang um die Arme, um ihn mit einem Knäuelwickler oder von Hand zum Knäuel abzuwickeln.

Hebemaschen / Tief gestochene Maschen
Techniken, um mehrfarbige Effekte innerhalb einer Reihe zu erzielen. Hebemaschen werden nicht abgestrickt, sondern aus vorherigen, andersfarbigen Reihen abgehoben. Für tief gestochene Maschen sticht man nicht in die Masche der Vorreihe, sondern in eine tiefer liegende.

Intarsientechnik
Eine Technik zum Stricken von Mustern mit größeren Farbflächen. Es wird mit mehreren separaten Fäden innerhalb der Reihe gearbeitet, die beim Farbwechsel jeweils miteinander verkreuzt werden, damit keine Löcher entstehen. Weil bei dieser Methode keine Spannfäden auf der Rückseite mitgeführt werden, ist der Garnverbrauch geringer als bei der Norwegertechnik.

Knäuelwickler
Ein mechanisches Gerät, meist mit einer Kurbel, um Strangwolle zum Knäuel zu wickeln. Der Strang wird dazu auf eine Haspel gelegt. Auch geeignet, um mehrere Garne, die gemeinsam verstrickt werden wollen, zusammenzuwickeln.

Kordelanschlag
Eine Anschlagmethode, die eine feste, kordelähnliche Kante ergibt.

Kraus rechts
Ein Strickmuster, bei dem in Hin- und Rückreihen immer rechts gestrickt wird. Dabei entsteht ein relativ dickes Maschenwerk, das auf beiden Seiten gleich aussieht und sich an den Rändern nicht einrollt.

Lace-Garn
Sehr dünnes, meist zweifädiges Garn, das für Strickspitze und zarte Lochmusterarbeiten verwendet wird.

Linke Masche
Eine der beiden Grundmaschenarten, aus denen sich alle Strickmuster zusammensetzen.

Linkshändig stricken
Der Arbeitsfaden wird in der linken Hand gehalten und mit dem Zeigefinger vor oder hinter die Nadel gelegt. Die Maschen werden mit der rechten Hand durchgeholt. Diese Methode ist in den meisten Ländern des europäischen Kontinents üblich.

Lochmuster-Anschlag
Eine Anschlagmethode, die eine besonders lockere, zarte Kante ergibt. Besonders gut geeignet für Strickspitze und Lochmusterarbeiten.

Maschenprobe
Ein Probestück, das gestrickt wird, um für eine bestimmte Garnsorte die Anzahl der Maschen und Reihen auf 10 cm zu ermitteln. Nur wenn die Maschenprobe mit den Angaben in der Anleitung übereinstimmt, werden die Abmessungen des fertigen Werkstücks denen der Anleitung entsprechen.

Matratzenstich
Ein Handstich zum nahezu unsichtbaren Zusammennähen gestrickter Teile. Er wird auf der rechten Seite des Werkstücks gearbeitet. Auf der linken Seite ergibt sich nur eine flache Naht.

Mehrfädige Garne
Garne, die aus mehreren gesponnenen Fäden bestehen (z. B. 2-fädig, 4-fädig bzw. 2-fach, 4-fach etc.). Die meisten Handarbeitsgarne sind mehrfädig. Der Vorteil besteht darin, dass sich das Garn beim Stricken weniger dreht, wodurch sich das Maschenwerk schräg verziehen könnte.

Mercerisieren
Ein chemisch-mechanisches Behandlungsverfahren für Baumwolle, das die Stabilität verbessert und Glanz verleiht. Mercerisiertes Baumwollgarn eignet sich gut für Taschen und andere Werkstücke, die haltbar und formstabil sein sollen.

Nadelkappen
Kunststoffkappen, die auf die Enden von Stricknadeln gesteckt werden. Sie verhindern, dass die Maschen von der Nadel rutschen.

Nadelspiel
Fünf zusammengehörende, relativ kurze Stricknadeln mit zwei zugespitzten Enden. Sie werden benötigt, um nahtlose Werkstücke mit geringem Durchmeser (z. B. Handschuhe, Strümpfe) in Runden zu stricken.

Norwegermuster
Traditionelle Muster aus Skandinavien, die mehrfädig mit mitlaufenden Spannfäden gestrickt werden. Die Muster bestehen häufig aus mehreren jeweils zwei- oder dreifarbigen Bordüren. *Siehe auch* **Fair-Isle-Muster**

Patent
Ein Muster aus rechten und linken Maschen, bei dem jede zweite Masche gestrickt wird. Dickes, warmes Maschenwerk mit leichter Rippenstruktur.

Perlen einstricken
Perlen werden normalerweise vor dem Stricken auf das Garn gefädelt, sodass beim Stricken jeweils an der erforderlichen Stelle eine Perle zu den Nadeln hochgeschoben und beim Durchziehen der Masche erfasst werden kann.

Pilling
Bildung von Faserknötchen auf der Oberfläche von Strick, meist infolge von Reibung beim Tragen.

Pompon
Flauschige Kugel aus Wolle, dient zur Dekoration.

Rechte Masche
Eine der beiden Grundmaschen, aus denen sich alle Strickmuster zusammensetzen.

Rechtshändig stricken
Der Arbeitsfaden wird um die Finger der rechten Hand geführt und mit dem rechten Zeigefinger um die Nadel gelegt. Diese Methode ist vor allem in England gebräuchlich.

Rippenmuster
Besonders elastische Strickmuster, z. B. für Bündchen oder figuranliegende Kleidung. Es werden abwechselnd rechte und linke Maschen gestrickt. Einerrippen = 1 M re, 1 M li. Zweierrippen = 2 M re, 2 M li.

Rückstich
Auch Steppstich genannt. Ein Handstich für feste, stabile Nähte. Wird auf der linken Seite des Werkstücks gearbeitet.

Rund stricken
Nahtlose Werkstücke werden spiralförmig in Runden gestrickt, d. h. die Arbeit wird nicht gewendet und man arbeitet immer auf der rechten Seite. Je nach Durchmesser strickt man mit einer Rundstricknadel (Ärmel) oder einem Nadelspiel (Strümpfe, Handschuhe).

Rundstricknadel
Zwei kurze Stricknadeln mit einem flexiblen Verbindungsstück. Wird zum Rundstricken benötigt, aber auch für sehr breite Werkstücke, die auf konventionellen Sricknadeln zu schwer werden.

Seitlich mitlaufen lassen
Bei zweifarbigen Streifenmustern, deren Streifen jeweils eine gerade Reihenzahl haben, ist es nicht notwendig, den Faden nach jedem Streifen abzuschneiden. Stattdessen dreht man die Fäden umeinander und führt den nicht benötigten am Rand der Arbeit mit.

Spanndrähte
Spezielle Drähte, die zum Spannen in die Kanten feiner Lochmusterarbeiten gefädelt werden. Danach wird das Werkstück angefeuchtet. Die Drähte werden erst nach dem Trocknen wieder entfernt.

Spannen
Manche gestrickten Werkstücke, z. B. Teile von Kleidungsstücken, müssen vor dem Zusammennähen in Form gespannt und angefeuchtet oder gedämpft werden.

Sportgarn
Relativ dünnes, normalerweise vierfädiges Garn, das beispielsweise für leichte Pullover, Kinderkleidung, Strümpfe und Accessoires verwendet werden kann.

Strang
Ein locker gedrehter Ring aus Wolle. Strangwolle muss vor der Verarbeitung zum Knäuel gewickelt werden.

Stricknadelmaß
Kleine Karte aus stabilem Kunststoff mit Bohrungen, in die man Stricknadeln steckt, um ihre Größe zu ermitteln.

Strumpfspanner
Eine flache Form aus Holz oder Kunststoff, die nach dem Stricken in einen angefeuchteten Strumpf geschoben wird, um ihn in Form zu spannen.

Überwendlicher Stich
Ein Handstich zum Zusammennähen gestrickter Teile. Die Kanten werden rechts auf rechts gelegt. Die Nadel wird immer von hinten nach vorn durch die Randmaschen geführt.

Umschlag (U)
Schlingt man den Faden um die Nadel und strickt die nächste Masche normal ab, entsteht eine zusätzliche Masche und ein kleines Loch. Umschläge dienen hauptsächlich dekorativen Zwecken, z. B. in Lochmustern. Das Aussehen des Umschlags hängt von seiner Arbeitsrichtung (vorn nach hinten/hinten nach vorn) und seiner Position ab (zwischen zwei rechten Maschen, zwischen zwei linken oder zwischen zwei verschiedenen, am Anfang oder im Verlauf der Reihe).

Verkreuzte Maschen
Werden zwei Maschen miteinander verkreuzt, entsteht ein schmaler Zopf. Eine Zopfnadel ist dafür nicht erforderlich.

Verkürzte Reihen
Methode zur Formgebung an Schultern, gerundeten Säumen oder für Abnäher, bei der bereits vor dem Reihenende gewendet wird. Es gibt verschiedene Möglichkeiten, dabei die Bildung von Löchern an der Wendestelle zu vermeiden.

Vernähen
Ein Arbeitsschritt der Fertigstellung. Alle Fadenenden (z. B. vom Anschlag, vom Abketten oder von Farbwechseln) werden in die Rückseite des Werkstücks eingearbeitet, damit sie sich nicht lösen können.

Verschränkt abstricken
Beim Abstricken von hinten in die Masche der Vorreihe einstechen, sodass sich die beiden Fäden, aus denen sie besteht, im unteren Bereich überkreuzen.

Zopfmuster
Geflechtartige, plastische Strickmuster, die entstehen, indem man zwei oder mehr Maschen nebeneinander miteinander verkreuzt.

Zopfnadel
Eine kurze, in der Mitte U-förmige oder abgewinkelte Stricknadel. Wird zum vorübergehenden Stilllegen von Maschen verwendet, die in einem Zopfmuster miteinander verkreuzt werden sollen.

Zunehmen
Produzieren zusätzlicher Maschen innerhalb einer Reihe. Kann der Formgebung dienen, oder – meist in Verbindung mit anderen Maschen – der Gestaltung von Strukturmustern.

Zweifädiger Anschlag
Verschiedene Anschlagmethoden, die mit zwei Fäden gearbeitet werden. Die meisten erzeugen eine stabile, elastische Kante.

REGISTER

H

I

J

K

L

M

N

O

P

Q

R

S

T

U

V

W

Z

DANK

DIE AUTORINNEN

Vikki Haffenden, die Autorin des umfangreichen Kapitels über Techniken, ist Designerin für Strickmoden. Sie unterrichtet an der Universität von Brighton. Ihre Arbeiten wurden in verschiedenen Publikationen vorgestellt, darunter *Woolcraft* (1993), *The Cool Girl's Guide to Knitting* (2005) und *The Cool Girl's Guide to Crochet* (2006). Sie hat als Designberaterin an der Entwicklung von Handarbeitsgarnen und Büchern mitgewirkt (2005–2006) und selbst ein Buch über das Stricken auf der Strickmaschine (*Double-bed Machine Knitting Explained*, 1997) veröffentlicht.

Frederica Patmore, die Autorin der Kapitel Material, Projekte und Strickmuster, ist als Designberaterin für die Firma Rowan tätig, einen der größten internationalen Hersteller hochwertiger Handarbeitsgarne. Sie bietet Strickkurse für Anfänger und Fortgeschrittene an, außerdem ist sie Mitarbeiterin verschiedener englischer Handarbeitszeitschriften. Doch vor allem mit ihren Entwürfen für Strickmuster und gestrickte Modelle hat sie sich einen Namen gemacht.

DANK

Vikki Haffenden
Ich danke dem Verlag Dorling Kindersley und insbesondere Penny Smith für ihre beständige Unterstützung. Vielen Dank an meine Familie, an Ross, Jack, Ben und Tom. Ich danke auch allen Strickerinnen, die uns Anregungen geliefert haben und liefern werden.

Frederica Patmore
Ich danke Rowan Yarns für die großzügige Unterstützung mit Garnen und anderen Produkten, vor allem Sarah und Sharon, den Kidsilk Queens. Besonderer Dank gebührt allen, die mit flinken Fingern für mich stricken oder mit scharfem Blick Strickmuster kontrollieren. Und schließlich herzlichen Dank an Dorling Kindersley für den Auftrag zu diesem Buch. Es war ein Vergnügen, mit euch zu arbeiten.

Dorling Kindersley UK dankt:
Für die erste Ausgabe: DK India: Alicia Ingty, Ekta Sharma, Neha Ahuja, Divya PR, Era Chawla, Mansi Nagdev, Mini Dhawan, Glenda Fernandes, Navidita Thapa, Pankaj Sharma, Sunil Sharma, Dheeraj Arora, Jagtar Singh, Tarun Sharma, Sourabh Challariya; DK UK: Danielle Di Michiel, Jane Ewart, Roxanne Benson-Mackey, Dawn Henderson, Marianne Markham, Nicola Powling, Ben Marcus, Alice Sykes, Sonia Charbonnier. Rose Sharp Jones für ihre technische Unterstützung beim Fotoshooting, Rachel Vowles für die Überprüfung der Strickmuster, Dorothy Kikon und Becky Alexander für die redaktionelle Unterstützung, Irene Lyford fürs Korrekturlesen und Dr. Laurence Errington für das Register.

Für die zweite Ausgabe dankt DK UK Millie Andrew für die Lektoratsassistenz und Sophie State für die Designassistenz.

DK | Penguin Random House

DK London / Delhi

Lektorat
Mary-Clare Jerram, Amy Slack, Oreolu Grillo, Rishi Bryan, Stephanie Farrow, Soma B. Chowdhury, Arani Sinha

Gestaltung und Bildredaktion
Maxine Pedliham, Christine Keilty, Glenda Fisher, Tarun Sharma, Umesh Singh Rawat

Herstellung
Tony Phipps, Rebecca Parton, Sunil Sharma

Fotos
DK Picture Library
Alle Bilder © Dorling Kindersley Limited

Für die deutsche Ausgabe:
Projektbetreuung Doreen Wolff
Herstellungskoordination Bettina Bähnsch
Herstellung Inga Reinke
Covergestaltung Jürgen Katzenberger, München
unter Verwendung von Illustrationen von: 123RF.com: ssstocker, Olena Tieriekhova

Titel der englischen Originalausgabe:
Knit step by step. Techniques, stitches, and patterns made easy.

Übersetzung Wiebke Krabbe, Damlos
Lektorat Lesezeichen Verlagsdienste, Köln
Satz Roman Bold & Black, Köln

ISBN 978-3-8310-3954-8
5902-316650-21465-08

Druck und Bindung Leo Paper Products, China

FSC MIX Papier | Fördert gute Waldnutzung FSC® C018179 www.fsc.org

www.dk-verlag.de